Mark Jones
Am Anfang war Gewalt

Mark Jones

AM ANFANG WAR GEWALT

Die deutsche Revolution 1918/19 und der Beginn der Weimarer Republik

Aus dem Englischen von
Karl Heinz Siber

Propyläen

Die Originalausgabe erschien 2016
unter dem Titel »Founding Weimar.
Violence and the German Revolution of 1918–19«
bei Cambridge UP.

MIX
Papier aus verantwortungsvollen Quellen
FSC® C014496

Propyläen ist ein Verlag der Ullstein Buchverlage GmbH
www.propylaeen-verlag.de

ISBN: 978-3-549-07487-9

Gesetzt aus der Kepler
Satz: Pinkuin Satz und Datentechnik, Berlin
Druck und Bindearbeiten: GGP Media GmbH, Pößneck
Printed in Germany

Inhalt

In Erinnerung an meine Eltern

Einleitung

Am 11. März 1919 senkte sich eine unheimliche Stille auf den Innenhof des Gebäudes Französische Straße 32 in Berlin-Mitte herab. In einer Ecke des Hofes lag Hugo Levin auf dem kalten Boden und stellte sich tot. Rechts und links von ihm lagen 29 tote Männer, darunter die Leiche seines Bruders Erwin. Mit ihnen zusammen war Hugo Levin wenige Minuten zuvor vor ein Hinrichtungskommando gestellt worden. Die Brüder gehörten zu einer Gruppe von 150 oder mehr Marinesoldaten, die man unter dem Vorwand zu dem Haus in der Französischen Straße gelockt hatte, sie würden dort ihre Entlassungspapiere und ihren restlichen Sold erhalten. Es war eine Falle, aufgestellt von Offizieren der Truppen, die in der Endphase des »Märzaufstandes« in Berlin auf Seiten der Regierung kämpften. Die Männer wurden bei ihrer Ankunft nacheinander festgenommen, und um die Mittagszeit wurden 30 von ihnen, ohne auch nur den Anschein eines militärgerichtlichen Verfahrens, von Offizieren zur Erschießung ausgewählt. Die Auswahl erfolgte auf Grund ihrer äußeren Erscheinung und der Wertsachen, die sie bei sich trugen. Soldaten trieben die Ausgewählten unter Schlägen auf den Innenhof. Wie Levin später aussagte, ahnte er zunächst nicht, was ihm bevorstand, bis er zu seinem Schrecken sah, wie auf der gegenüberliegenden Seite des Hofareals in aller Eile ein Erschießungskommando zusammengestellt wurde. Er und sein Bruder beteuerten laut schreiend ihre Unschuld, als auch schon die ersten Schüsse fielen. Eine Kugel traf ihn in den Arm, worauf er ohnmächtig nach vorne fiel. Als er wieder zu sich kam, blieb er regungslos liegen und stellte sich tot. Die ersten Stimmen, die er vernahm, gehörten den Soldaten, die auf die Männer gefeuert und seinen Bruder erschossen hatten. Was sie sagten, ließ ihm vollends das Blut in den Adern gefrieren: »Der da lebt noch! Der da. Der zweite dort lebt noch!« Jedes Mal, wenn er diese Worte hörte, »krachte ein Schuss«. Doch auf ihn wurden die Täter nicht aufmerksam. Er wagte nicht, sich zu rühren, und harrte der Dinge – stundenlang, so kam es ihm zumindest vor. Dann hörte er die Stimmen einiger Männer, die darüber redeten, den toten Männern die Stiefel abzunehmen. Anschließend kehrte wieder Stille ein, bis schließlich ein anderer Mann den Innenhof betrat. Es war ein mit einer Pistole bewaffneter Leutnant. Levin, der das Sichtotstellen nicht mehr aushielt, erhob sich, schaute dem Leutnant in die Augen und bat kniend um Gnade. Der Offizier wandte sich ab und lief davon. Später berichtete Levin seine Erlebnisse in einem Prozess vor einem Militärgericht, das das Massaker untersuchte und die dafür verantwortlichen Offiziere freisprach. Hugo Levin war der einzige der 30 Männer, der den Kugelhagel überlebt hatte.[1]

Das Massaker in der Französischen Straße zeigt eindringlich, dass die Auswüchse mörderischer Gewalt, die die Geschichte Deutschlands im 20. Jahrhundert prägten, ihren Anfang nicht 1933, 1939 oder 1941 nahmen. Vielmehr schlug ihre Geburtsstunde schon in der Gründungsphase der Weimarer Republik; hier schwenkte Deutschland auf den Kurs ein, der später in die Horror-Exzesse des Dritten Reiches und des Zweiten Weltkriegs mündete, ohne dass damit behauptet werden soll, diese seien eine zwangsläufige Folge jener frühen Entwicklung gewesen. In den Winter- und Frühjahrsmonaten 1918/19 hielten Formen von Gewalt Einzug, die bis dahin auf dem Boden des Deutschen Reiches niemals vorgekommen waren, und das in einer nie dagewesenen Größenordnung. Dieses Buch will erklären, wie und warum es dazu kam. Es zeigt auf, dass die zunehmende Brutalisierung aus der Interaktion politischer, militärischer und kultureller Faktoren erwuchs, nicht zuletzt auch aus der populären Forderung, der neue Staat müsse hart durchgreifen, um seinen Machtwillen und die Legitimität seiner Macht zu untermauern. Dieses Buch stellt Fragen wie: In welchen Formen trat die tödliche Gewalt im Verlauf der deutschen Revolution von 1918/19 zutage, und wie reagierten die tonangebenden Politiker und Meinungsmacher auf sie? Wie kommunizierten die Täter ihre Taten, und wie rechtfertigten sie die Ermordung von Mitbürgern? Wie kam es, dass Ende Dezember 1918/Anfang Januar 1919 die Einstellung zur Gewalt umschlug und dass so kurz nach einer den Frieden verheißenden Revolution und nach einem Krieg, der so viele Menschen dazu gebracht hatte, der Gewalt abzuschwören (auch und gerade Veteranen des Grabenkrieges), dennoch so viele politische und publizistische Stimmen nach staatlicher Gewaltanwendung riefen? Und weshalb war kaum der politische Wille vorhanden, diejenigen, die Gräueltaten begangen hatten, vor Gericht zu stellen? Warum verabschiedeten sich die politischen Herren des neuen Staates, die führenden Männer der SPD, vom traditionellen Bekenntnis ihrer Partei zur Gewaltlosigkeit, ordneten stattdessen standrechtliche Erschießungen ohne vorherigen Prozess an und verteidigten Soldaten, die Gräueltaten begingen?

Auf der Suche nach Antworten auf diese Fragen wird der Verlauf der Revolution von 1918/19 unter dem speziellen Blickwinkel der Gewalt erkundet. Das Buch liefert die erste eingehende historische Analyse der Rolle blutiger Gewalt in der Novemberrevolution und exponiert das Thema anschließend, indem es eine Serie gewaltvoller Ereignisse unter die Lupe nimmt, die prägend für die deutsche Politik in der Zeit nach dem Waffenstillstand waren. Jeder der untersuchten Vorgänge markierte eine Eskalationsstufe auf dem Weg zu immer brutaleren Gewaltakten. Dazu gehörten das Niedermähen eines Pulks von Demonstranten mitten in Berlin am 6. Dezember 1918; der »Sturmangriff« auf das Berliner Stadtschloss und den Marstall am 24. Dezember; der »Aufstand« in Berlin in der ersten Januarhälfte 1919 und dessen Niederschlagung; die Ermordung von Karl Liebknecht und Rosa Luxemburg im gleichen Monat; der »Märzaufstand« in Berlin und die Verhängung des Standrechts, das Regierungstruppen willkürliche Hinrichtungen erlaubte; die wahllose Ermordung von Männern, Frauen und Kindern als Konsequenz aus dieser Entscheidung und die Niederschlagung der Münchner Räterepublik Anfang Mai 1919.

Die Anzahl derer, die Opfer politisch motivierter Gewalt wurden, potenzierte sich während dieses Zeitraums. Den besten verfügbaren Schätzungen zufolge starben nach der Ausrufung des Generalstreiks in Berlin am 3. März innerhalb von 10 Tagen 1200 Personen; das war das Vier- bis Fünffache der geschätzt 200 bis 250 Personen, die in der deutschen Hauptstadt zwischen Anfang November 1918 und Mitte Januar 1919 ums Leben kamen. In München war die Steigerung noch krasser: Im November 1918 hatten revolutionäre Massen die Abdankung des bayerischen Königs erzwungen, ohne dass es dabei zu einem einzigen aktenkundigen Todesfall gekommen war. Sechs Monate später, zwischen dem 29. April und dem 6. Mai 1919, starben in der Stadt und ihren Vororten mehr als 1000 Menschen eines gewaltsamen Todes. Hier wie dort fiel die Zunahme der Verlustzahlen extrem einseitig aus: Die Regierungstruppen hatten Zugriff auf die Kampftaktiken und das Waffenarsenal der Westfront. Sie setzten Flugzeuge ein, Artillerie, Panzerwagen, Flammenwerfer, Mörser, Handgranaten und Maschinengewehre – gegen Revolutionäre, die ihnen in aller Regel zahlenmäßig unterlegen waren und nur über Gewehre und Maschinengewehre verfügten. Viele der Getöteten, wenn nicht die meisten, waren unbeteiligte Zivilisten.[2]

Innerhalb dieser »Gewaltgeschichte« kommt Gräueltaten und Gräuelgeschichten eine besondere Rolle zu. Meine These lautet, dass diese Gräueltaten einen Ansatz für ein tieferes Verständnis der politischen Kultur Deutschlands in der Gründungsphase der Weimarer Republik liefern. *Am Anfang war Gewalt* baut darauf, dass wir, wenn wir die Dynamik hinter den Gräueln erkennen, für die es zeitgenössische Darstellungen gibt (wie z. B. das Protokoll der Aussagen Hugo Levins), die Voraussetzungen und Gegebenheiten besser verstehen, die zum Tod Tausender Deutscher führten, von denen viele unter nebulösen, nie aktenkundig gewordenen Umständen zu Tode kamen. Zu den Gräueltaten, die sogar in einigen der bekanntesten Werke zur Geschichte der Weimarer Republik kaum Erwähnung finden, während sie für dieses Buch eine zentrale Rolle spielen, gehören die Ermordung von sieben Unterhändlern nach der Kapitulation der Besetzer des *Vorwärts*-Gebäudes am 11. Januar 1919, die Abschlachtung zweier »galizischer« Häftlinge im Zellengefängnis Moabit am 10. März 1919 und die brutale Ermordung von 21 für Spartakisten gehaltenen Mitgliedern eines katholischen Vereins am 6. Mai 1919 in München.

Selbst wenn jede dieser Gräueltaten eine andere Vorgeschichte und Dynamik hatte, wiesen sie doch eine Gemeinsamkeit auf: Sie konnten nur geschehen, weil die politischen Führer der Republik bestimmte politische Entscheidungen getroffen hatten mit dem Ziel, ihre Macht und ihren Herrschaftswillen um jeden Preis zu demonstrieren.[3] Nachdem die entsprechenden Beschlüsse einmal gefasst waren, unternahm die von Friedrich Ebert und nach ihm von Philipp Scheidemann geführte Regierung nur wenig, um die ihnen unterstellten Soldaten im Zaum zu halten, obwohl sie wusste, dass diese Truppen Gräueltaten begingen. Ganz im Gegenteil wurde es zu einem zentralen Anliegen der Regierung und ihrer Anhänger, das Vorgehen von Regierungstruppen und Freikorps ohne Rücksicht darauf, was diese anstellten, zu verteidigen. Dieses rigorose Eintreten für staatliche Gewalt unter sozialdemokratischer Herrschaft verschob die Paradigmen der deutschen politischen Kultur und hinterließ ein bitteres Vermächtnis. Dieses Vermächtnis machte den späteren Zusammenbruch der Weimarer Republik sicher nicht unausweichlich, untergrub aber doch ihre Legitimität, lieferte ihren Gegnern, nicht zuletzt Hitler, einige ihrer wichtigsten ideologischen Argumente, gab ihrem Antisemitismus Auftrieb und bestärkte sie in der Verherrlichung antikommunistischer Gewalt.

Am Anfang war Gewalt ist das Ergebnis jahrelanger Forschungen und Recherchen zur Geschichte der Revolution von 1918/19. Die Quellen umfassen Material aus elf Archiven und über 60 Zeitungen, deren zeitgenössische Reportagen und Kommentare ausgewertet wurden. Die Bilanz lässt an Deutlichkeit nichts zu wünschen übrig: Auf dieser Etappe der Geschichte war Gewalt Politik, und Politik war Gewalt; jeder Versuch, die beiden zu trennen und als geschichtliche Kapitel für sich darzustellen, hieße den Grundcharakter dieser Epoche zu verkennen. Somit postuliert dieses Buch, dass jeder, der sich mit der Geschichte Deutschlands im 20. Jahrhundert befasst, die entscheidende Rolle berücksichtigen muss, die Gewalt, staatlich geförderte Gräuel und der Streit um deren Legitimität in der Gründungsphase der Weimarer Republik spielten. Die vielen von Historikern vorgelegten Darstellungen dieser Ära, ob älter, ob neuer, die dies unterlassen, bleiben im besten Fall bruchstückhaft und laufen im schlimmsten Fall auf eine kritiklose Apologie der Gründerväter der ersten deutschen Demokratie hinaus.[4]

Gewalt ist etwas Physisches: Sie verwundet und tötet und gemahnt alle, die mit ihr konfrontiert werden, an die Fragilität ihrer eigenen leiblichen Existenz. Jede wissenschaftliche Auseinandersetzung mit politisch motivierter Gewalt muss daher versuchen zu verstehen, wie die von Gewalt ausgehende Gefahr die Reaktion der Zeitgenossen auf diese Gewalt prägte. Eine der zentralen Überlegungen dieses Buches ist die, dass die politischen Führer der im Entstehen begriffenen Weimarer Republik und große Teile der damaligen deutschen Gesellschaft aus Angst, Opfer revolutionärer Gewalt zu werden, am Ende die Anwendung bis dahin unerhörter Mittel kriegsmäßiger Gewalt durch Regierungstruppen und Freikorps gegen den (wirklichen oder vermeintlichen) inneren Feind guthießen. Im Winter 1918/19 nährte sich die Angst vor der Gewalt aus dem Zusammenwirken realer Gewaltakte in deutschen Städten mit imaginierten Szenarien dessen, was in Deutschland geschehen könnte oder würde, wenn Gewaltexzesse, wie man sie mit der Französischen Revolution, der Pariser Kommune von 1871, vor allem aber mit dem noch im Gang befindlichen Bürgerkrieg in Russland verband, auch in Deutschland vorkommen würden.

Zu den Phantasmagorien, die aus dem Zusammenwirken von geschichtlicher Überlieferung, aktuellen Nachrichten und angstbesetzten Vorstellungen resultierten, gehörten der Glaube der Revolutionäre an ein Korps bewaffneter Konterrevolutionäre, die Überzeugung vieler, Karl Liebknecht verfüge über eine Geheimarmee, die bereitstand, auf seinen Befehl hin die Macht zu übernehmen, und auf einer allgemeineren Ebene die Befürchtung, die gesellschaftliche und politische Ordnung Deutschlands stehe am Rande des totalen Zusammenbruchs. Das Zusammenwirken dieser Vorstellungen führte dazu, dass die staatlich sanktionierte Gewalt für große Teile der deutschen Gesellschaft eine charismatische Qualität gewann.

In einem von extremer Angst geprägten Klima war es für viele beruhigend zu wissen, dass die regierungstreuen Truppen Artillerie einsetzten und sogar Flugzeuge und Flammenwerfer in ihrem Arsenal hatten. Das gab ihnen die Gewissheit, dass der neue Staat stark genug war, die Ordnung wiederherzustellen und Deutschland vor dem Absturz in den »Abgrund« der Revolution zu bewahren. Wenn wir die Logik der staatlich verordneten Gewalt im Frühjahr 1919 verstehen wollen, müssen wir deren ostentativen Charakter erkennen: Sie sollte dem Publikum eine leicht begreifbare Botschaft übermitteln, die weit über die unmittelbare Situation hinaus, in der physische Gewalt ausgeübt wurde, von Bedeutung war.[5] So unangenehm es vielen Historikern sein mag, die über die Weimarer Republik gearbeitet haben, so müssen wir doch in Erinnerung rufen, dass der Beschluss der sozialdemokratisch geführten Regierung, den Soldaten das Recht zur Durchführung standrechtlicher Erschießungen zu gewähren, den Gegnern der revolutionären Umwälzung half, ruhiger zu schlafen und sich in der Sicherheit zu wiegen, dass der Staat dabei war, die Ordnung wiederherzustellen.

Nur wenige Deutsche denken heute noch darüber nach, dass die Novemberrevolution und ihre Nachwehen eine entscheidende Weggabelung auf dem Weg Deutschlands in das dunkelste Kapitel seiner Geschichte darstellten.[6] Nur wenige wissen, dass die Novemberrevolution einen bemerkenswert geringen Blutzoll forderte, dass der Waffenstillstand vom 11. November den Erfolgen der Revolutionäre zu verdanken war und dass die revolutionäre Regierung, der Rat der Volksbeauftragten, in ihren ersten sechs bis acht Wochen bewusst ihr Möglichstes tat, um jedes Aufflackern weiterer Gewalt zu verhindern – bis es in den letzten zehn

Tagen des Jahres 1918 zu einer dramatischen Verhärtung der Fronten kam. Niemand in Deutschland gedenkt je der Ermordung von 16 Menschen auf einer belebten Straße im Zentrum Berlins am 6. Dezember 1918; es war das erste Mal, dass auf deutschem Boden Demonstranten unter Maschinengewehrfeuer genommen wurden. Nur die wenigsten Deutschen erinnern sich daran, dass ein militärischer Sturmangriff unter Führung der preußischen Garde-Kavallerie-Schützen-Division auf Stadtschloss und Marstall am 24. Dezember 1918 den ersten willkürlichen, im Affekt angeordneten Einsatz moderner Artillerie in der deutschen Hauptstadt darstellte – eine schwerwiegende Weichenstellung, die gleichsam als Testlauf für den Einsatz kriegsmäßiger militärischer Gewalt auf breiter Front gegen radikale revolutionäre Kräfte in deutschen Großstädten fungierte. Und wie viele Deutsche wissen, dass die ersten Fliegerbomben nicht im Zweiten Weltkrieg in der Reichshauptstadt einschlugen, sondern im Verlauf des Märzaufstandes von 1919?

Jede dieser Lücken im Wissen der heutigen Deutschen über ihre jüngere Vergangenheit ist Teil einer größeren Verdrängungsleistung: Die in der deutschen Geschichtsschreibung jüngst vollzogene Abkehr von der Sonderweg-These geht einher mit einer allzu nachsichtigen Rückschau auf das Deutsche Kaiserreich. Der Preis für diese Neuorientierung ist offenbar der, dass problematische Aspekte der deutschen Zeitgeschichte wie die mangelnde Bereitschaft der Elite des Deutschen Reiches, der Bevölkerung demokratische Mitwirkungsrechte zuzugestehen, immer weniger Beachtung finden. Auf einer allgemeineren Ebene lässt sich sagen, dass das Missverhältnis zwischen der wichtigen Stellung, die die deutsche Revolution in der Geschichte der politischen Gewalt einnimmt, und ihrer weitgehenden Verdrängung aus dem geschichtlichen Gedächtnis der Bevölkerung durch den Kunstgriff einer einfachen Dichotomisierung zunehmend größer geworden ist – durch die Gleichsetzung Weimars mit einem guten Deutschland und der auf Weimar folgenden zwölf Jahre mit seiner hässlichen Kehrseite. In dieser Sicht der Dinge – die auch von manchen mit der SPD sympathisierenden Historikern geteilt wird – erscheinen die Sozialdemokraten im Rückblick als Verfechter und Verteidiger der Weimarer Demokratie und als Opfer des Nationalsozialismus in deren Endphase, während ihre Rolle als aktive Förderer neuer Formen brutaler staatlicher Gewalt in der Entstehungsphase dieser Republik aus dem Blick gerät.

Die geschichtliche Überlieferung sollte uns zu einer vielschichtigeren Betrachtung der deutschen Vergangenheit anregen. Es gab in Deutschland in der Anfangsphase der Weimarer Republik das Gute wie das Schlechte, und das Kräftespiel zwischen denen, die nach Gewaltanwendung riefen, und denen, die sie ablehnten, war ein zentrales Motiv der Politik dieser Umbruchphase, in der die Gewalt ebenso präsent war, wie sie auch anderswo ständige Begleiterscheinung von Staatsgründungen war und ist. Angesichts dieses Zusammenhangs besteht die vordringliche Aufgabe des Historikers nicht darin, moralische oder politische Urteile zu fällen, sondern darin, ein Verständnis dafür zu gewinnen, wie und weshalb die politischen Akteure zu den Entscheidungen kamen, die sie damals trafen. Wenn wir auf diese Weise an die Geschichte herangehen, können wir uns ein besseres Verständnis dafür erarbeiten, warum sich die Sozialdemokraten von ihrer jahrzehntelangen Tradition des Einstehens für die Schwachen und Unterdrückten im Frühjahr 1919 so gründlich verabschiedeten, sich in Befürworter standrechtlicher Erschießungen verwandelten und zusahen, wie diejenigen, die Gräueltaten begangen hatten, straflos ausgingen. Verstehen zu lernen, wie es dazu kam, dass große Teile der deutschen Bevölkerung in staatlich angeordneter Gewalt eine gute Sache sahen und sie akzeptierten, ist die zentrale Aufgabe dieses Buches. Indem es zeigt, welches große gesellschaftliche und politische Potential für brutale Gewalt in Deutschland schon 14 Jahre vor der Errichtung des NS-Staates und 20 Jahre vor den Eruptionen der Jahre 1939–45 schlummerte, erhebt es den Anspruch, einen sehr viel klareren Blick auf die dynamischen Prozesse zu eröffnen, die im weiteren Verlauf der ersten Hälfte des 20. Jahrhunderts noch viel größere und extremere Exzesse der Gewalt möglich machten.

KAPITEL EINS

Kein Endkampf 1918

Die Oberste Heeresleitung (OHL) in der besetzten belgischen Stadt Spa war das neuralgische Zentrum für die militärische und politische Beschlussfassung der Deutschen während des letzten Jahres des Ersten Weltkriegs. Hier trafen die Oberbefehlshaber General Erich von Ludendorff und Paul von Hindenburg Entscheidungen, die das Leben von Millionen Menschen bestimmten. Am 29. September 1918 standen die Generäle Albrecht von Thaer und Ernst von Eisenhart-Rothe in einem überfüllten Raum Seite an Seite. Sie nahmen an einer Versammlung ranghoher Offiziere der OHL teil. Generalquartiermeister Erich Ludendorff ergriff das Wort. Tagsüber hatte das Gerücht die Runde gemacht, er werde etwas überaus Wichtiges bekanntgeben, etwas, das keiner der Männer für möglich halten würde.[1] Diesem Gerücht zufolge hatte Ludendorff kurz vorher einer Handvoll der wichtigsten Männer des deutschen Kaiserreichs, darunter Kaiser Wilhelm II., Generalfeldmarschall Paul von Hindenburg, Staatssekretär des Auswärtigen Paul von Hintze und Reichskanzler Georg von Hertling, eröffnet, Deutschland habe den Krieg verloren. Als Ludendorff zu reden begann, traute keiner der Männer seinen Ohren. Thaer war 50, Eisenhart 56 Jahre alt. An diesem Nachmittag eröffnete Ludendorff ihnen, dass es mit allem, woran sie geglaubt hatten, aus und vorbei war.

Thaer beschrieb die Wirkung dessen, was Ludendorff aussprach, als »unbeschreiblich«, den Zustand, in den es ihn versetzte, als »völlig außer mir«. Nach mehr als vier Jahren Krieg und fast zwei Millionen deutschen Gefallenen hatte Ludendorff nichts Besseres mitzuteilen, als dass »die OHL und das deutsche Heer [...] am Ende [seien]; der Krieg sei nicht nur nicht mehr zu gewinnen, vielmehr stehe die endgültige Niederlage wohl unvermeidbar bevor. Bulgarien sei abgefallen. Österreich und die Türkei, am Ende ihrer Kräfte, würden wohl bald folgen. Unsere eigene Armee sei leider schon schwer verseucht durch das Gift spartakistisch-sozialistischer Ideen. Auf die Truppen sei kein Verlass mehr.«[2] Thaer fragte sich: »Wache oder träume ich?«

Der Abgrund, der sich in diesem Moment auftat, überforderte viele der Anwesenden. Die Kultur des harten Mannestums, die bis dahin das Auftreten der OHL nach innen und außen geprägt hatte, geriet nach dieser Enthüllung vollkommen aus den Fugen. Nicht wenigen der in dem Raum versammelten Männer liefen Tränen übers Gesicht. Albrecht von Thaer und Ernst von Eisenhart-Rothe fassten einander an der Hand, während von allen Seiten gedämpftes Schluchzen an ihre Ohren drang. Thaer presste seine Hand so heftig in die seines Kameraden, dass er später meinte, sie »kaputt« gedrückt zu haben.[3]

Die sich abzeichnende Niederlage war schlimmer, als die Männer es sich hätten vorstellen können. Das Deutsche Reich war auf militärischen Siegen aufgebaut. Es hatte noch keinen Krieg verloren. Die letzte Niederlage Preußens lag mehr als hundert Jahre zurück: 1806/07 hatten die Heere Napoleons sogar vorübergehend Berlin besetzt. Doch die Schmach der Niederlage gegen Napoleon hatten die Preußen durch die Niederringung des Franzosenkaisers 1813/15 und durch die Siege Bismarcks in den deutschen Einigungskriegen getilgt. Jetzt, Ende September 1918, schien gewiss, dass die Niederlage, die Ludendorff voraussagte, niemals mehr wettgemacht werden konnte. Falls man nicht einen sofortigen Waffenstillstand herbeiführe, warnte Ludendorff, müsse mit einem feindlichen Vormarsch von unvorstellbarer Wucht gerechnet werden. Die Front werde restlos zusammenbrechen, und das Westheer werde »den letzten Halt verlieren und in voller Auflösung zurückfluten über den Rhein und werde die Revolution nach Deutschland tragen«.[4] Es war ein Schreckensszenario, das für Ludendorff nicht einfach nur eine militärische Niederlage beinhaltete, sondern das für *Finis Germaniae* stand, für das Ende Deutschlands.[5]

Ludendorffs düstere Voraussage war das Ergebnis des sich beschleunigenden Kriegsgeschehens im Verlauf des Jahres 1918. Da war zunächst die anfänglich erfolgreiche, letzten Endes aber ergebnislose deutsche Offensive vom Frühjahr und Sommer 1918, mit der Ludendorff hoffte, den Krieg entscheiden zu können, bevor sich die Gewichte an der Westfront durch das Eintreffen von immer mehr US-amerikanischen Truppen immer weiter verschieben würden. Nach einigen erfolgreichen deutschen Vorstößen, bei denen kleine Truppenteile die Marne erreichten und sich Paris bis auf 70 Kilometer näherten, kam die Offensive, für die Deutschland einen ungeheuren Preis zahlte, zum Erliegen.[6] Nicht nur gelang es nicht, Frankreich oder Großbritannien zu besiegen; schlimmer noch war, dass die Offensive die deutschen Armeen restlos auslaugte. Die kampfstärksten Divisionen des deutschen Heeres erlitten den Löwenanteil der Verluste, viele ihrer besten Leute fanden den Tod. Auch die Moral der Männer, die überlebt hatten, war eine völlig andere geworden: Sie hatten dem Feind alles entgegengeworfen, was sie besaßen, und hatten nichts gewonnen – und mancherorts waren deutsche Soldaten, wenn sie doch einmal bis zu den Schützengräben des Feindes vordrangen, aus allen Wolken gefallen angesichts der Vorräte, die sie dort vorfanden. Mit der Erkenntnis konfrontiert, dass die Menschen auf der anderen Seite der Schützengräben ein besseres Leben hatten, kam vielen der Männer der Wille abhanden, gegen einen offensichtlich überlegenen Feind bis zum letzten Atemzug weiterzukämpfen.[7]

Dann starteten die Mächte der Entente ihre Gegenoffensive: als Erstes die Franzosen am 18. Juli 1918 bei Villers-Cotterêts, dann die Briten mit Hilfe von Imperialen Truppen am 8. August bei Amiens – Ludendorff bezeichnete diesen 8. August als den »schwarzen Tag des deutschen Heeres«.[8] Von diesem Moment an ging der Stellungskrieg, der bis dahin das militärische Geschehen an der Westfront dominiert hatte, langsam, aber unübersehbar in einen Bewegungskrieg über. Die Verluste näherten sich wieder den Höchstwerten von 1914 an. Doch anders als in jenen ersten Kriegsmonaten bestand jetzt die einzige Vorwärtsbewegung deutscher Soldaten darin, dass sie sich massenhaft ihren Feinden ergaben. Und auch wenn die deutsche Propaganda ihr Bestes tat, das Lagebild zu retuschieren, war es eine Tatsache, dass das deutsche Heer im Verlauf des Sommers und Herbstes 1918 allerorten auf dem Rückzug war.[9]

Die militärisch aussichtslose Lage im Gefolge des deutschen Scheiterns an der Westfront war einer von zwei wesentlichen Gründen für Ludendorffs Einschätzung, dass der Krieg verloren war. Der zweite war die Angst vor dem Bolschewismus. Die Furcht vor einer Revolution unter Führung der Industriearbeiterschaft war mindestens schon seit den 1890er Jahren eines der beherrschenden Motive in der politischen Ideenlandschaft Deutschlands gewesen. Im Verlauf des Jahres 1918 verlieh der Aufstieg des russischen Bolschewismus dieser Angst eine sehr viel größere Virulenz. Unter Bolschewismus stellte man sich nicht nur eine Revolution vor, sondern einen Exzess barbarischer Gewalt. Es war dies keine ganz unrealistische Einschätzung, denn der durch die Revolution ausgelöste Bürgerkrieg in Russland erwies sich schon in seinem ersten Jahr als ein mit erheblicher Brutalität ausgetragener Konflikt. Die Deutschen erfuhren von den Vorgängen in Russland im Verlauf des Jahres 1918 aus diversen Quellen.[10] Zeitungskorrespondenten schickten aus Sankt Petersburg und Moskau Reportagen und Berichte, die der deutschen Öffentlichkeit erklärten, was der Bolschewismus war: eine Spielart des Terrorismus, die mit einer Welle von Plünderungen, Morden und Hungersnöten sowie mit einer ganzen Anzahl weiterer negativer Erscheinungen einherging – was in der Summe dazu führte, dass der Ausdruck »russische Zustände« im politischen Denken der Deutschen zu einem Synonym für Weltuntergang wurde.[11]

Die Zeitungskorrespondenten waren nicht die einzigen Deutschen im ehemaligen Zarenreich. Der im März 1918 geschlossene Vertrag von Brest-Litowsk hatte weitläufige Territorien im östlichen Europa unter direkte oder indirekte deutsche Herrschaft gestellt. Die Militärführung beließ bis zu einer Million deutsche Soldaten in diesen Gebieten, um die territoriale Kriegsbeute, die Deutschland im Osten gemacht hatte, zu sichern. Diese Männer konnten die Realität des Bolschewismus und des russischen Bürgerkrieges aus nächster Nähe beobachten. Viele von ihnen wurden sogar zu aktiven Bürgerkriegsteilnehmern.[12] In Finnland, wo antibolschewistische Truppen im Mai 1918 10 000 Aufständische massakrierten, kämpfte die deutsche »Ostsee-Division« unter dem Befehl von Generalmajor Rüdiger von der Goltz auf Seiten der Nationalisten.[13] In der Ukraine lieferten sich deutsche Soldaten im Zeichen hasserfüllter Feindseligkeit Kämpfe mit Rebellen, in denen beide Seiten Gräueltaten begingen. An der Schwarzmeerküste exekutierten deutsche Soldaten, nachdem 39 ihrer Kameraden bei einem feindlichen Überfall im Juni 1918 gefallen waren, zur Vergeltung rund 2000 bolschewistische Gefangene.[14] Im Juli 1918 wurde in Kiew der ranghöchste militärische Befehlshaber in der Ukraine, Generalfeldmarschall Hermann von Eichhorn, ermordet. Wenig später wurde der deutsche Botschafter bei der bolschewistischen Regierung, Graf Mirbach, im Gebäude der deutschen Botschaft in Moskau ermordet. Kaum hatten die Deutschen diese haarsträubenden Ereignisse verdaut, da erfuhren sie, dass der abgesetzte Zar und seine Familie in einem sibirischen Verlies brutal ermordet worden waren.[15]

Die wachsende Angst vor dem Bolschewismus hatte nicht nur mit den Nachrichten über Gewaltexzesse weit im Osten zu tun, sondern auch etwas mit den im Inneren absehbaren Bedrohungen. Der Weltkrieg hatte eine bis dahin nicht gekannte Zahl von Ausländern nach Deutschland gespült, wenn auch längst nicht in der Größenordnung der Zwangsarbeiterheere, die die Nationalsozialisten im Verlauf des Zweiten Weltkrieges importieren sollten. 1914 hatte es im Deutschen Reich 1,25 Millionen zugewanderte ausländische Arbeitskräfte gegeben; 1918 hielten sich innerhalb der Grenzen Deutschlands allein 1,4 Millionen (oder mehr) unterernährte russische Kriegsgefangene aus ehemaligen Provinzen des Zarenreichs auf. Das entsprach mehr als dem Doppelten der Anzahl französischer und mehr als dem Achtfachen der Zahl britischer Kriegsgefangener. Viele Deutsche fürchteten 1918 für den Fall, dass man diese Männer freiließ, es könne in Deutschland zu einer Revolution nach bolschewistischem Vorbild kommen, einschließlich der mit dem Bolschewismus assoziierten Gewaltexzesse.[16]

Als Ludendorff einmal zu der Einsicht gelangt war, der Krieg sei verloren, leitete er die politischen Konsequenzen unverzüglich ein. Er, der bis dahin alle Vorstöße in Richtung auf Friedensverhandlungen abgewürgt und alle Urheber solcher Initiativen politisch ausgeschaltet hatte, forderte jetzt einen sofortigen Waffenstillstand als das einzige Mittel, Deutschland vor dem doppelten Unheil eines militärischen Zusammenbruchs und eines bolschewistischen Umsturzes zu bewahren. Die Wünsche Ludendorffs wurden unverzüglich erfüllt. Am 30. September 1918 verkündete Wilhelm II. per Erlass die Einrichtung einer parlamentarischen Regierung in Deutschland. Der ins Gerede gekommene Reichskanzler Graf Hertling, ein alter Mann, der sich innerlich schon von seinem Amt verabschiedet hatte, wurde durch Prinz Max von Baden ersetzt. Der trat mit dem Auftrag an, das autoritäre politische System des deutschen Kaiserreichs in eine moderne parlamentarische Demokratie westlichen Zuschnitts zu verwandeln – etwas, wogegen sich die deutsche Rechte während der gesamten Dauer des Krieges zunehmend heftiger gewehrt hatte, mit der Begründung, so etwas sei mit der deutschen Kultur unvereinbar.[17] Die von Ludendorff verordnete »Revolution von oben« galt vielen als notwendige Voraussetzung dafür, den US-Präsidenten Woodrow Wilson davon zu überzeugen, dass Deutschland ein gutwilliger Partner bei der Schaffung einer neuen, auf Rechtsstaatlichkeit und Demokratie basierenden internationalen Ordnung sein würde.[18] Es war ein cleverer Schachzug Ludendorffs – und zumindest teilweise darauf berechnet, die Verantwortung für die Niederlage Deutschlands auf eine zivile politische Führung abzuwälzen –, dass er die erstmalige Berufung sozialdemokratischer Politiker in die Regierung empfahl. Ein aufmerksamer Beobachter des Geschehens, der Historiker Gustav Mayer, meinte, als er von all diesen Veränderungen erfuhr, sie wären für Deutschland ein echter »Segen« gewesen, wenn sie mindestens ein Jahr früher vollzogen worden wären. Da man sie aber erst unter dem Eindruck des »Hammerschlags« an der Westfront eingeleitet habe, würden spätere Historiker, wie Mayer klug voraussah, zu dem Urteil gelangen: »Alles das kam zu spät.«[19]

Bei den Befehlshabern der deutschen Kriegsmarine herrschte blankes Entsetzen. Erst vor wenigen Wochen, im August 1918, war eine eigenständige Seekriegsleitung (SKL) ins Leben gerufen worden. Nach dem Vorbild der OHL strukturiert und mit ihrem eigenen hochfliegenden U-Boot-Bauprogramm als kriegsentscheidendem Trumpf-As ausstaffiert, war die SKL geschaffen worden, um an die Stelle des wenig praxistauglichen multipolaren Systems zu treten, innerhalb dessen mehrere unterschiedliche Instanzen in Konkurrenz zueinander um die richtige Seekriegs-Strategie gerungen hatten. In der kurzen Zeit ihres Daseins stand die SKL unter dem beherrschenden Einfluss von drei Persönlichkeiten: des Admirals Reinhard Scheer (Oberbefehlshaber der deutschen Kriegsmarine), seines Stabschefs, Konteradmiral Adolf von Trotha, und des Haudegens Kapitän Magnus von Levetzow. Um eine bessere Koordination zwischen den Führungsstäben der Marine und des Heers zu gewährleisten, wurde zum Sitz der SKL das belgische Spa gewählt, wo auch die OHL ihr Hauptquartier hatte. Am Abend des 29. September, als viele Heeresoffiziere damit beschäftigt waren, den Schock zu verarbeiten, den Ludendorff ihnen mit seiner Ankündigung versetzt hatte, unternahmen Scheer und Levetzow einen Spaziergang. Kein Zeugnis ihrer Unterhaltung ist erhalten geblieben, doch vermitteln uns die Briefe, die Scheer regelmäßig an seine Frau Emilie schrieb, einen Einblick in ihr Denken. In dem Brief an sie, den er an dem betreffenden Abend verfasste, bezeichnete er es als die vordringlichste Aufgabe, sich um die Verbesserung der »unbefriedigenden [...] inneren Lage« zu kümmern. Wenn Deutschland wieder mehr »Mut« und »Festigkeit« gewinne, sei es, da war er sich sicher, »noch lange nicht verloren«.[20] Auf der Suche nach weiteren guten Gründen für Optimismus äußerte er die Zuversicht, Deutschland könne die Lage in Mazedonien noch stabilisieren, wo sich durch den Zusammenbruch Bulgariens ein weiteres Loch in der Front aufgetan hatte, das Deutschland mit der ständig sinkenden Zahl seiner wehrfähigen Männer füllen musste. Während im Offizierskorps des Heeres Niedergeschlagenheit vorherrschte, konnte Scheer zu seiner Freude feststellen, dass bei seinen Marineoffizieren »die Stimmung ganz gut und keineswegs gedrückt [ist]«.[21]

Es sollten drei bis vier Wochen vergehen, ehe die Einschätzung Scheers einen praktischen Niederschlag fand. In der ersten Septemberwoche war die einzige Meinung, die wirklich zählte, die von Ludendorff. Er platzte vor Wut, als sich die Umsetzung seines Waffenstillstandsplans um bloße zwei Tage verzögerte. Höchst verärgert forderte er Prinz Max ultimativ auf, unverzüglich eine Friedensnote an die Amerikaner zu schicken. Obwohl der Reichskanzler zunächst zögerte und darauf hinwies, dass man damit den Amerikanern alle Trümpfe in die Hand spiele, gab er dem von Ludendorff ausgeübten Druck alsbald nach. Die erste deutsche Note wurde der US-Regierung am 3. Oktober 1918 über Schweizer Kanäle zugeleitet. Sich bewusst von der Geheimdiplomatie vom Juli 1914 absetzend, gab Prinz Max den Inhalt seiner Note am 5. Oktober 1918 bei seiner Jungfernrede im Reichstag bekannt.[22] In einer Ansprache, über die eine angesehene Zeitung schrieb, es sei eine der wichtigsten, die je ein deutscher Staatsmann gehalten habe, erklärte Prinz Max, er habe eine Note an Präsident Wilson geschickt und ihn gebeten, einen Friedensprozess auf der Grundlage seiner 14 Punkte einzuleiten (die der deutschen Öffentlichkeit bei ihrer erstmaligen Bekanntgabe im Januar 1918 nur in einer zensierten Fassung zugänglich gemacht worden waren). Wilson hatte damals die Errichtung eines »Völkerbundes« als zentrales Instrument für die künftige Beilegung aller internationalen Streitigkeiten und Konflikte gefordert. Für die in umstrittenen Grenzprovinzen lebenden Deutschen hörte sich freilich eine Friedenslösung à la Wilson eher katastrophal an: Sie fürchteten die Eingliederung in neue Nationalstaaten, in denen die Deutschen nur noch eine Minderheit sein würden, und gehörten daher zu denen, die im Oktober 1918 am lautesten gegen die Friedensnote des Prinzen Max protestierten.

Die meisten Historiker haben nicht zur Kenntnis genommen, dass Prinz Max, während er seine »Friedensangebote« an die große Glocke hängte, zugleich auch über eine mögliche Fortsetzung des Krieges sprach. In dem Teil seiner Reichstagsrede, die bei der deutschen Rechten den größten Anklang fand, gab der neue Reichskanzler zu bedenken, zu einem Friedensschluss könne es nur kommen, wenn Deutschland Friedensbedingungen zugestanden wurden, die sich mit seiner Ehre vertrugen.[23] Ohne ein Wort über die Forderungen Ludendorffs oder die Schwäche der deutschen Truppen an der Front zu verlieren, versprach Prinz Max, falls die Feinde Deutschlands nicht willens seien, einem mit der Ehre Deutschlands zu vereinbarenden Frieden zuzustimmen, werde der Krieg weitergehen. Er setzte dem noch die Aussage hinzu, Deutschland sei, wenn nötig, zu einem »Endkampf auf Leben und Tod« bereit. Ergänzend fügte er den bleischweren Satz hinzu: »Kein Zagen befällt mich bei dem Gedanken, dass dieses zweite Ergebnis eintreten könnte; denn ich kenne die Größe der gewaltigen Kräfte, die auch jetzt noch in unserem Volke vorhanden sind, und ich weiß, dass die unwiderlegliche Überzeugung, um unser Leben als Nation zu kämpfen, diese Kräfte verdoppeln würde.«[24]

Es lässt sich kaum ergründen, wie viel Glauben Prinz Max selbst und andere Abgeordnete in diese Worte setzten. Schon vor der durch Ludendorffs Offenbarung ausgelösten Krise hatten deutsche Sozialdemokraten die Überzeugung geäußert, Deutschland müsse nur noch einige Wochen lang mit dem Mut der Verzweiflung kämpfen, um sich einen besseren Frieden sichern zu können.[25] Es liegen sehr viele Belege dafür vor, dass die Nachricht von Ludendorffs Eingeständnis der deutschen Niederlage in Kreisen der deutschen Eliten weite Verbreitung fand, obwohl sie streng vertraulich behandelt werden sollte. Des Weiteren lassen die Initiativen, die Prinz Max später ergriff, als er zur treibenden Kraft hinter dem Drängen auf einen Verhandlungsfrieden wurde, darauf schließen, dass er sehr genau wusste, dass eine Fortsetzung des Krieges auf einen militärischen Selbstmord Deutschlands hinauslaufen würde.[26]

Ungeachtet der Frage, ob Prinz Max in seiner ersten Reichstagsrede die verbliebene militärische Reststärke Deutschlands bewusst überbewertete oder nicht, liefen seine Worte auf eine öffentliche Festlegung hinaus, die die Weiterführung des Krieges als Wahl zwischen einem ehrenhaften, für Deutschland annehmbaren Frieden und einem Endkampf auf Leben und Tod definierte.[27] Diese Botschaft war wohl kaum geeignet, die deutsche Öffentlichkeit adäquat auf das Ergebnis einer Friedensinitiative vorzubereiten, die auf Geheiß einer Militärführung gestartet worden war, die nach drei Monaten voller militärischer Rückschläge in Panik geraten war und fürchtete, Deutschland stehe an der Schwelle zu einem völligen Zusammenbruch. Noch schwerer ins Gewicht fiel jedoch, dass Prinz Max mit dem, was er sagte und andeutete, die deutschen Gegner eines Friedens à la Wilson geradezu einlud, gegen die eigene Regierung mobilzumachen und Pläne für eine Fortführung des Krieges zu schmieden. An Leuten, die sich diese Sicht der Dinge zu eigen machten, herrschte kein Mangel, am wenigsten in den Reihen der nationalistischen Verbände und bei den deutschen Bewohnern von Gebieten wie Danzig, die dem Reich verlorengehen konnten, wenn Wilsons Politik des Selbstbestimmungsrechts der Völker in die Tat umgesetzt wurde. Männer wie Scheer hörten aus der Rede von Prinz Max genügend Gründe heraus, um anzunehmen, dass der Krieg weitergehen würde. Wie Scheer seiner Frau mitteilte: »Die Rede des Prinzen Max von Baden bei der Reichstags-Eröffnung gefällt mir sehr.« Er dachte dabei sicher nicht an die Aussicht auf einen Völkerbund.[28]

Zeitungskommentatoren taten das Ihrige, um noch mehr Deutsche davon zu überzeugen, dass ein neues Kapitel des Krieges, ein »Endkampf« um das Überleben der Nation, eine reale Möglichkeit war.[29] Eine vielgelesene konservative Zeitung, der *Berliner Lokal-Anzeiger*, prophezeite ihren Lesern, die Erklärung von Prinz Max bedeute, dass es nun Präsident Wilson obliege, die Entscheidung zwischen einem ehrenhaften Frieden und der Zerstörung weiterer Landschaften und vieler weiterer Menschenleben zu treffen. »Bis zum letzten Blutstropfen«, hieß es in dem Kommentar, »wird das ganze deutsche Volk gegen diejenigen kämpfen, die ihm einen demütigenden Frieden diktieren wollen. Ungebrochen steht unsere Front noch in Feindesland. Gegen den Angriff der Verbündeten durch bulgarisches Gebiet werden wir uns leichter verteidigen können als gegen die Millionenheere Russlands, die uns drei Jahre lang vergebens bedrohten.«[30] Theodor Wolff, der liberale Chefredakteur des *Berliner Tageblatts*, ein Mann, der besser informiert war als die meisten anderen Beobachter der deutschen Politik, hielt den Friedensbefürwortern öffentlich entgegen, Deutschland habe die Kraft, noch lange weiterzukämpfen.[31] Nur einige sozialdemokratische Zeitungen warnten davor, die Rede des Prinzen Max simplifizierend darauf zu reduzieren, dass nur noch die Wahl zwischen »ehrenhaftem Frieden« und fortdauerndem Krieg bestand.[32]

Nur wenige Stunden nachdem Prinz Max die Vision einer schicksalhaften Entscheidung zwischen Endkampf und ehrenhaftem Frieden präsentiert hatte – und während deutsche Zeitungsleser sich noch die veröffentlichten Meinungen zu Gemüte führten –, skizzierte ein in Berlin stationierter Marineoffizier, Kapitän William Michaelis, in einem Schreiben an Levetzow seine Vorstellungen darüber, auf welche Weise die deutsche Überwasserflotte ihren Beitrag zum bevorstehenden Endkampf leisten konnte.[33] In seinem große Beachtung findenden Brief stellte er die These auf, die Überwasserflotte sei momentan die einzig verbliebene Waffe, mit der Deutschland noch einen »sichtbaren militärischen Erfolg« erringen könne.[34] Wenn die Marine zu einem heroischen Endkampf antrete, werde das, so sagte er voraus, die deutsche Bevölkerung aufrütteln und einen »positiven Stimmungswandel« herbeiführen. Im Zeichen dieses Umschwungs werde das deutsche Volk dem Austausch diplomatischer Friedensnoten eine Absage erteilen und sich dafür entscheiden, den Kampf so lange weiterzuführen, wie es nötig sei.[35] Michaelis' Brief fand allerhöchste Zustimmung. Schon wenige Tage später begann eine Gruppe von Seekriegsplanern auf Anweisung Scheers mit der Ausarbeitung geheimer Operationspläne, um die Vision der SKL, dass der Prolog zum deutschen »Endkampf« auf See stattfinden würde, in die Tat umzusetzen.

Während die Flottenstrategen im Geheimen an Einsatzplänen arbeiteten, gewann um sie herum die Verheißung eines Endkampfs zunehmend an Virulenz, vor allem weil die diplomatischen Noten der US-Regierung im Verlauf der Oktober-Sondierungen immer rigoroser wurden.[36] Zum Wortführer derjenigen, die den Standpunkt vertraten, Deutschland sei nicht besiegt und brauche nicht unbedingt einen sofortigen Waffenstillstand, wurde der Industrielle und Intellektuelle Walther Rathenau. Er hatte schon vor der Rede des Prinzen Max, am 2. Oktober, in einem Zeitungsartikel erklärt, Deutschland sei in der Lage weiterzukämpfen. Wahrscheinlich in Kenntnis dessen, was innerhalb der OHL vor sich gegangen war, hatte er gefragt: »Sollen wir uns von den Nerven der Pariser beschämen lassen? Der Feind steht nicht zwischen Jüterbog und Wittenberg und wird, solange wir leben, nicht dastehen; doch wenn er da stände, so hätten wir zu kämpfen. Zu kämpfen um das, was Not tut: den Frieden in Ehren.«[37] Nach der Rede von Prinz Max gewann die Argumentation Rathenaus eher noch an Kraft. Einen Tag nachdem Michaelis seine Gedanken über einen möglichen Beitrag der Marine zum Endkampf zu Papier gebracht hatte, gab Rathenau öffentlich zu bedenken, was Wilsons 14 Punkte für Deutschland auch bedeuten würden: eine Zeche von bis zu 50 Milliarden für den Wiederaufbau Belgiens und Nordfrankreichs, dazu den Verlust des Elsass und möglicherweise auch Lothringens und Danzigs. Er stellte die Frage, ob die Initiatoren der von ihm als »übereilt« bezeichneten Friedensinitiative »das übersehen« hätten. Er forderte sodann die Entlassung Ludendorffs: »Wer die Nerven verloren hat, muss ersetzt werden.«[38]

Rathenaus Thesen stießen auf breite Resonanz. Sogar die alldeutsche *Deutsche Zeitung* und der ultranationalistische und antisemitische *Reichsbote* vergaßen für kurze Zeit ihre traditionelle Abneigung gegen einen Juden wie Rathenau und stellten sich hinter seine Argumente.[39] Scheer bescheinigte Rathenau ein »sehr treffendes Urteil«.[40] Im Verlauf des Oktobers wurde der Chor derjenigen immer lauter, die forderten, die Regierung müsse den Austausch diplomatischer Noten mit Wilson beenden. In Anspielung auf die historische Rolle deutscher Patrioten in den napoleonischen Kriegen fragte die nationalistische Presse: »Ist kein Yorck da?«[41] Ein Mitglied der Regierung des Prinzen Max von Baden gab Mitte Oktober 1918 zu bedenken: »Das Volk würde es nicht verstehen, wenn wir jetzt, wo wir noch im Feindesland [stehen], die Waffen streckten.«[42] Selbst der sozialdemokratische *Vorwärts*, das Parteiorgan der SPD, druckte wehrfreudige Artikel und erklärte, es könnten Umstände eintreten, in denen es besser sei, weiterzukämpfen als einen demütigenden Frieden hinzunehmen.[43] Als Friedrich Ebert am 24. Oktober eine Rede im Reichstag hielt, versprach er sogar, die Sozialdemokraten würden ihr Land nicht im Stich lassen, falls der ersehnte Friede nicht zustande käme.[44]

Während im Inneren Deutschlands diese Diskussionen im Gang waren, wurde an der Front weiterhin gekämpft. Obgleich die Offensiven der Entente an Schwung verloren, ging es für die deutschen Truppen weiterhin rückwärts.[45] Mitte des Monats begann dann jedoch sogar Ludendorff umzudenken und näherte sich der Position, dass ein Weiterkämpfen möglicherweise besser wäre als die Fortsetzung der Friedensbemühungen. Ursache für seine Meinungsänderung war die zweite Friedensnote der Amerikaner. In dieser schlug der US-Präsident eine härtere Tonart an als in seiner zurückhaltend formulierten ersten Antwortnote. Nach dem Empfinden des liberalen Staatssekretärs Conrad Haußmann schlug die zweite amerikanische Note »wie eine Bombe« ein, ließ sie doch keinen Zweifel daran, dass ein Friede nach den Grundsätzen Wilsons nichts anderes bedeuten würde als die Kapitulation Deutschlands.[46] Konkret hieß es in der zweiten Note, bevor die USA den Briten und Franzosen auch nur das Angebot machen könnten, die deutschen Friedensvorschläge formell zur Kenntnis zu nehmen und sie mit Briten und Franzosen zu erörtern, müsse Deutschland die endgültige Festschreibung einer für die Entente vorteilhaften militärischen Lage als Vorbedingung für einen Waffenstillstand akzeptieren. Konkret bedeutete das, dass die deutschen Truppen sich aus den von ihnen besetzten Gebieten in Frankreich und Belgien würden zurückziehen müssen, und zwar nach einem von den Generälen der Entente vorgegebenen und kontrollierten Zeitplan. Während Prinz Max betont hatte, wie wichtig es für Deutschland war, einen mit der deutschen Ehre vereinbaren Frieden zu erlangen, warfen die Amerikaner in ihrer Antwortnote dem deutschen Militär unehrenhaftes Verhalten auf den Schlachtfeldern und auf See vor. Ludendorff zog aus der Note den Schluss, dass es höchste Zeit war, noch einmal darüber nachzudenken, ob Deutschland wirklich einen Waffenstillstand brauchte. Bei einer entscheidenden Unterredung mit der zivilen Regierung Mitte Oktober begann schließlich auch er, offen von einem »Endkampf« mit realen Erfolgsaussichten zu reden.[47]

Den Anstoß zu diesem Wechsel des Tenors gab nicht zuletzt die öffentliche Meinung in Großbritannien und den USA. Am 11. Oktober 1918 versenkte ein deutsches U-Boot in Sichtweite der Bucht von Dublin ein Passagierschiff, mit dem Ergebnis, dass 450 Menschen starben, darunter 135 Frauen und Kinder und einige Amerikaner.[48] Diese Freveltat empörte Briten und Amerikaner und weckte bei beiden Nationen auch Erinnerungen an die Versenkung der *Lusitania* im Mai 1915. Doch anders als Ludendorff, der in seinem Eintreten für einen Verhandlungsfrieden schwankend geworden war, erkannte Prinz Max spätestens Mitte Oktober, dass ein Weiterkämpfen nur dazu führen würde, dass Deutschland später einen noch schlechteren Friedensvertrag akzeptieren müsste. Als Ludendorff am 17. Oktober erklärte, schlimmer als mit den von den Amerikanern jetzt angebotenen Friedensbedingungen könne es fur Deutschland nicht kommen, entgegnete Prinz Max: »Oh ja, sie brechen in Deutschland ein und verwüsten das Land.«[49] Entschlossen, dieses Fortsetzungskapitel zu verhüten, schickte Prinz Max am 20. Oktober 1918 eine dritte versöhnliche Note an die USA. Er stimmte darin den amerikanischen Forderungen zu und verteidigte das Verhalten der deutschen Truppen im Krieg. Zu diesem Zeitpunkt bewegten sich viele Deutsche auf die Einsicht zu, die einzige Möglichkeit, wie ihr Land sich noch einen erträglichen Friedensschluss nach Wilsons Muster sichern könne, sei die Abdankung des Kaisers.

Das ging der OHL zu weit. Als die Amerikaner in ihrer Antwort vom 23. Oktober 1918 deutlicher als je zuvor durchblicken ließen, dass sie einem republikanischen Deutschland gegenüber mehr Nachsicht zeigen würden (oder wenigstens einem Deutschland ohne Kaiser), verlegte sich dieselbe OHL, die noch Ende September einen sofortigen Waffenstillstand gefordert hatte, darauf, die Arbeit der Regierung zu sabotieren und die diplomatischen Friedensfühler zu kappen.[50] Am 24. Oktober erließen Ludendorff und Hindenburg einen Heeresbefehl, in dem sie die Forderungen des amerikanischen Präsidenten als unannehmbar bezeichneten und ein Ende des Austauschs diplomatischer Noten forderten. Dann gingen sie daran, konspirativ die Entlassung des Reichskanzlers einzufädeln. Doch zum ersten Mal seit Kriegsausbruch erlitt Ludendorff mit einer seiner politischen Intrigen Schiffbruch. Der Kaiser, verärgert über Ludendorffs politische Manöver, entließ ihn am 26. Oktober 1918, wohl auch in der Hoffnung, damit den Amerikanern glaubhaft zu machen, dass in Deutschland neue Männer am Ruder waren. Hindenburg genoss im Volk eine so große Beliebtheit, dass man nicht wagte, ihn anzutasten; er wurde angewiesen, im Amt zu bleiben.[51]

Jetzt, da es ums Ganze ging, sahen die Befehlshaber der deutschen Marine ihre Stunde gekommen. Jetzt konnten sie den Beweis dafür liefern, dass die deutsche Überwasserflotte in der Lage war, sich im offenen Kampf zu bewähren und dem deutschen Volk neuen Kampfesmut einzuhauchen – dies zu unterlassen bedeutete nach der Logik ihrer ultra-nationalistischen Weltanschauung, sowohl die Existenz der Flotte als auch die der Nation preiszugeben.[52] Es war vielleicht kein Zufall, dass die Operationsplaner der Marine ihr Konzept für den Beitrag der Seestreitkräfte zum »Endkampf« genau am 24. Oktober 1918 fertigstellten, an dem Tag, an dem die OHL beschloss, Prinz Max von Baden auszubooten.

Die Entscheidungsprozesse dieser Offizierselite werden vielfach als Ausfluss der besonderen Mentalität einer Gruppe von Männern gedeutet, deren Erwartungshorizont von der ganz eigenen Welt geprägt war, in der sie lebten: der Welt des Offizierskorps der kaiserlichen Marine. Historiker wie Hans-Ulrich Wehler haben in diesem Sinn in Bekenntnissen und Aufrufen zum »Endkampf« nicht mehr gesehen als »Durchhalteparolen«

und einen »letzten Propagandakreuzzug«.[53] Selbst wenn in beiden Formulierungen ein Stückchen Wahrheit steckt, bleibt der Beitrag, den sie zum Verständnis des Schlusskapitels des Ersten Weltkrieges leisten können, begrenzt. Hinter dem Befehl der Seekriegsleitung, den Angriff auf Großbritannien zu wagen, steckte nicht nur der Wunsch nach einer glorreichen Zukunft für die deutsche Kriegsflotte, sondern auch die Essenz aus einem allgemeineren gesellschaftlichen und politischen Diskurs über den Topos »Endkampf«.[54] Die Seekriegsleitung war kein Monolith; sie war nur eine von mehreren einflussreichen Organisationen, in denen darüber nachgedacht wurde, wie Deutschland den »Endkampf« meistern könnte. In der OHL zermarterten sich Heeresoffiziere den Kopf darüber, wie der Krieg weitergeführt werden sollte und konnte, wenn man sich von der relativen Stabilität verabschiedete, die der Stellungskrieg bis dahin geboten hatte. Sie dachten über einen Bewegungskrieg neuen Typs nach, bei dem dichtbesiedelte Gebiete in Belgien und in den deutschen Westprovinzen zu »Kampfzonen« werden würden – um den Preis einer nicht abzuschätzenden Zahl von Menschenleben. Beamte im preußischen Kriegsministerium suchten währenddessen gedanklich nach Mitteln und Wegen, Hunderttausende zusätzliche Soldaten für den Fronteinsatz auszuheben, so dass Deutschland den Krieg fortführen konnte. Wenn Differenzen zwischen den Planungsstäben in SKL, OHL und Kriegsministerium, den Leitartiklern der nationalen Presse und den nationalistischen Volksrednern bestanden, die die Vorstellung vom »Endkampf« als einer aussichtsreichen Strategie propagierten, dann waren es eher Unterschiede in Bezug auf Machbarkeit als in Bezug auf Mentalität. Mit einer auslaufbereiten Flotte im Rücken war es für die Offiziere der SKL wesentlich einfacher, von der Planungs- auf die Einsatzphase des vielbeschworenen Endkampfs umzuschalten, als für ihre Kollegen in der Heeresleitung oder im Kriegsministerium.[55]

Nach Erteilung des Befehls zum Auslaufen war Admiral Scheer in aufgekratzter Stimmung. Die Mission, die er seiner Flotte befohlen hatte, übertraf in der Größenordnung alles, was sich in den zurückliegenden vier Kriegsjahren auf See abgespielt hatte. Zum ersten Mal würden alle verfügbaren Schiffe der deutschen Überwasserflotte, unterstützt von U-Booten, Kurs auf Englands südöstliche Flanke nehmen, ausdrücklich zu dem Zweck, die Royal Navy zu einer Schlacht herauszufordern. Um die Briten zu provozieren, sollte eine kleine Zahl deutscher Kriegsschiffe in die Themsemündung einfahren und London unter Granatenbeschuss nehmen. Ungefähr gleichzeitig damit sollten mehr als 800 Kilometer weiter nördlich einige wenige deutsche U-Boote etwas vollbringen, das sich bis dahin stets als undurchführbar erwiesen hatte: Sie sollten die Sperren überwinden, die den wichtigsten Kriegshafen und Stützpunkt der Royal Navy bei Scapa Flow schützten, und so viele der dort liegenden britischen Kriegsschiffe versenken oder manövrierunfähig schießen, wie sie konnten. (Wie vorherzusehen, wurde ein deutsches U-Boot versenkt, als es diesen Auftrag zu erfüllen versuchte, bevor es auch nur einem einzigen britischen Schiff die kleinste Schramme zufügen konnte; 35 deutsche Seeleute fanden dabei den Tod.[56]) Sobald die britische Flotte aus Scapa Flow auslief, um den deutschen Angriff abzuwehren, sollte sie von einer Phalanx weiterer deutscher U-Boote, die ihr entlang der erwarteten Route auflauern würden, provoziert und geschwächt werden. Gingen die Briten in diese Falle, so konnte man hoffen, die Royal Navy werde, wenn sie schließlich auf die deutsche Überwasserflotte traf, so geschwächt sein, dass ihre zahlenmäßige Überlegenheit geschrumpft und ein deutscher Sieg eine reale Möglichkeit wäre.

Der Oberbefehlshaber der deutschen Flotte, Admiral Franz Ritter von Hipper, rechnete damit, dass er den Einsatz nicht überleben würde. Doch auch wenn das Offizierskorps der Marine überzeugt war, der ehrenvolle Tod unter deutscher Flagge sei einer Kapitulation auf See vorzuziehen, war der Einsatz nicht als Himmelfahrtskommando gedacht, wie die heftigsten Kritiker der Seekriegsleitung es später behaupteten.[57] Es ist vielmehr treffender, die Operation als einen vorsätzlichen Akt des militärischen Terrorismus einzustufen.[58] Sie sollte den Amerikanern klarmachen, dass die Reden des zivilen Politikers Prinz Max von Baden und seine Botschaft, in Deutschland seien neue Männer am Ruder, irrelevant waren. Nach innen sollte die Operation eine Botschaft an die Soldaten und vor allem an die Heimatfront senden, und diese Botschaft besagte, dass die Politik des Reichskanzlers und seine diplomatischen Noten ein Fehler waren. Der Sturmlauf der deutschen Marine gegen die britische Flotte würde, so sagte Scheer es in einem Brief voraus, den er seiner Frau zu ihrem Geburtstag am 27. Oktober 1918 schrieb, den Deutschen wieder zu mehr Selbstachtung verhelfen und ihren Willen zum Weiterkämpfen stärken. »An den Untergang unseres Volkes kann ich nicht glauben«, schrieb Scheer. »Aus der Flut von Hass, die uns jetzt umströmt, wird doch einmal, und ich glaube sogar bald, das Gefühl der Achtung vor unserer Willenskraft aufgehen und uns zu Ehren und Ansehen bringen.«[59] Dieses Denken folgte derselben Logik wie das Mantra, dass Selbstaufopferung wichtiger sei als das schnöde Überleben, ein Mantra, das Hitler in der Endphase des Zweiten Weltkriegs daran hinderte, die Unausweichlichkeit der militärischen Niederlage einzusehen; das Festhalten an dieser Logik kostete 1944/45 Millionen Menschenleben. Der Unterschied war, dass im Oktober 1918 dieser Akt aufopfernder Gewalt letztlich nicht stattfand.

Helden

Die Seekriegsplaner hatten drei Wochen gebraucht, um ihre Operationspläne für den Angriff auf die Royal Navy auszuarbeiten. Dann machten die Matrosen und Heizer der deutschen Kriegsschiffe die Pläne innerhalb von 24 Stunden zu Makulatur. Zuerst wurde die Feindfahrt wegen schlechten Wetters verschoben, doch als dann am 30. Oktober 1918 die Anker gelichtet werden sollten, kam es zu einem der bedeutsamsten Fälle soldatischen Ungehorsams in der deutschen Geschichte des 20. Jahrhunderts. Die Matrosen und Heizer, die die Ausführung der ihnen erteilten Befehle verweigerten, wussten nichts Bestimmtes über die Einsatzpläne, waren aber sicher, dass etwas in der Luft lag. Allein schon der Materialaufwand, der in der Vorbereitungsphase betrieben wurde, ließ keinen Zweifel daran, dass eine Großoffensive bevorstand: erhöhte Kohleanlieferungen, die Anzahl der seeklar gemachten Schiffe und das Auftreten der Offiziere, all das ließ darauf schließen, dass die Überwasserflotte kurz davor war, auf große Angriffsfahrt zu gehen, und das sprach sich bei den Mannschaften herum. Niemand schenkte den offiziellen Verlautbarungen Glauben, denen zufolge die gesamte deutsche Überwasserflotte vor Wilhelmshaven zusammengezogen wurde, um ein Manöver abzuhalten.

Einige Matrosen und Heizer deuteten die Zeichen und verdrückten sich. Die eigentlichen Zentren des Ungehorsams waren jedoch die größeren Schiffe, und die Befehlsverweigerungen ereigneten sich teils zu einem Zeitpunkt, an dem die Geschwaderkommandeure der Flotte bei der SKL ihre Instruktionen abholten, teils unmittelbar danach, als die Schiffskapitäne den Befehl zum Seeklarmachen erteilten. Manche Matrosen beschädigten wichtige Schiffsbauteile, indem sie etwa die Ankerwinden unbrauchbar machten, um so das Auslaufen ihres Schiffs zu erschweren. Andere löschten die Kohlefeuer unter den Dampfkesseln, so dass ihre Kapitäne auf antriebslosen Schiffen saßen. Dies waren Sabotageakte, auf die schwerste Strafen standen, doch blieben gewalttätige Reaktionen zunächst weitgehend aus. Am dichtesten schrammten die Kriegsschiffe *Helgoland* und *Thüringen* daran vorbei, auf Befehl kaisertreuer Offiziere beschossen zu werden.[60] Ein Marinesoldat an Bord eines Torpedoboots, das den Auftrag erhalten hatte, die Ordnung wiederherzustellen, musste mit »ohnmächtiger Wut« ansehen, wie die Meuterer auf den beiden Schiffen »unsere Maschinengewehre, unsere Geschütze und Torpedos« klarmachten und auf sein Torpedoboot richteten. Die Minuten, die vergingen, bis die Matrosen schließlich doch aufgaben, kamen ihm wie Stunden vor.[61] Die Meuterei fand fast so schnell ein Ende, wie sie begonnen hatte, weil sie ein begrenztes Ziel verfolgte: Die Matrosen wollten einfach nur das Auslaufen ihrer Schiffe zum Angriff auf die britische Flotte verhindern; sie machten keinen Versuch, dauerhaft die Kontrolle über die Flotte zu übernehmen, und es kam während der Dauer ihrer Meuterei nicht zu nennenswerten Gewalttaten.

Am 1. November 1918 glaubten die Flottenbefehlshaber trotz der Tatsache, dass die Matrosen den Abbruch der Offensive erzwungen hatten, die Lage wieder unter Kontrolle zu haben. Vizeadmiral Kraft, Befehlshaber des III. Geschwaders, dem 5000 Seeleute und die Kriegsschiffe *König*, *Bayern*, *Großer Kurfürst*, *Kronprinz* und *Markgraf* unterstanden, vergatterte seine Männer zu einem Manöver, um ihre Loyalität auf die Probe zu stellen. Nachdem die Mannschaften diese Prüfung bestanden und die Manöver nach Anweisung ausgeführt hatten, lief das Geschwader in der Nacht zum 1. November in den Kieler Hafen ein. Kurz vor dem Andocken wurden an Bord der *Markgraf* 47 Matrosen festgenommen. Einige von ihnen wurden in eine Haftanstalt in der Feldstraße im Zentrum Kiels verbracht. Als das Geschwader vor Anker lag, suchte Kraft den kurz vorher ernannten Gouverneur von Kiel, Vizeadmiral Wilhelm Souchon, auf, um mit ihm die Lage zu besprechen. Die beiden Männer kamen überein, den Matrosen einen Landgang zu erlauben. Sie verteidigten diese Entscheidung später mit der Begründung, sie hätten geglaubt, die Disziplin der Truppe würde halten, solange von oben her kein weiterer Versuch gemacht würde, eine Offensive zu starten.[62] In einem Krieg, der von unklugen Entscheidungen der deutschen Militärführung geprägt war, sollte diese Entscheidung der Tropfen sein, der das Fass zum Überlaufen brachte.

Umsturz in Kiel

Die Meuterei der Seeleute Ende Oktober 1918 war nicht der erste Fall von Ungehorsam deutscher Matrosen im Ersten Weltkrieg. 1917 waren nach einer Meuterei von Marinesoldaten die Heizer Albin Köbis (25) und Max Reichpietsch (23) hingerichtet worden. Die Erinnerung an das Los dieser beiden jungen Männer war bei den Kieler Matrosen präsent und blieb nicht ohne Einfluss auf ihr Verhalten. Nachdem ihre Schiffe angedockt hatten, suchten rund 250 von ihnen, unter ihnen eine kleine Zahl von Offiziersschülern – die große Mehrheit ihrer Kameraden hielt sich heraus –, am

Abend des 1. November das Kieler Gewerkschaftshaus auf. Zwei Themen standen im Mittelpunkt ihrer Diskussion: Lebenswille und Loyalität. Die Männer trieb die Sorge um, sie könnten einen zweiten Anlauf der SKL, zu einer Offensive gegen die Royal Navy abzulegen, womöglich nicht verhindern. Sie besprachen auch, was sie tun konnten, um ihren wegen der Meuterei verhafteten Kameraden das Schicksal zu ersparen, das Köbis und Reichpietsch ereilt hatte. Am Ende der Versammlung beschloss dieser kleine harte Kern hellhörig gewordener Seeleute, sich am folgenden Tag wieder zu treffen.[63]

Verdeckte Ermittler der politischen Polizei, die die Lage aufmerksam im Auge behielt, mischten sich, als Matrosen verkleidet, in die Bewegung. Sie fanden sich am nächsten Tag am Gewerkschaftshaus ein, wo man ihnen vertraulich die Adresse eines geheimen Versammlungsorts mitteilte, eines Exerzierplatzes an der Waldwiese im Süden Kiels. Als sie dort ankamen, bot sich ihnen ein interessantes Bild: Zwölf Wachleute hielten Ausschau nach ungebetenen Gästen von Polizei oder Militär (nicht wissend, dass deren Agenten, als Seeleute verkleidet, bereits vor Ort waren). An die hundert weitere standen wartend beieinander, während immer neue Gruppen von Seeleuten eintrafen. Die Versammlung wurde eröffnet, als von den Zehntausenden in Kiel weilenden Seeleuten und Arbeitern, die sich der Bewegung hätten anschließen können, 600–700 den Weg zur Waldwiese gefunden hatten.[64] Von den vielen, die im Laufe dieser Versammlung das Wort ergriffen, erkannten die Polizeiagenten, die sich unter die Menge gemischt hatten, nur einen: Hermann Popp von der Unabhängigen Sozialdemokratischen Partei (USPD). Auch wenn Popp später versuchte, sich als denjenigen hinzustellen, der die Sache ins Rollen gebracht hatte, lässt sich das, was in der Folge passierte, zutreffender als ein spontaner, von »unten« angetriebener Protest beschreiben. Jeder der Anwesenden konnte das Wort ergreifen, und die Polizeiagenten protokollierten Aussagen der Seeleute für und gegen alle möglichen vorgetragenen Ideen und Forderungen, darunter Hochrufe auf den Bolschewismus und die USPD wie auch Aufforderungen, Offiziere davonzujagen. Das mit Abstand meistdiskutierte Thema, das den Seeleuten wichtig genug war, um sich einem illegalen Protest anzuschließen, der für jeden von ihnen ernste Konsequenzen nach sich ziehen konnte, war die Sorge um das Schicksal ihrer gefangengesetzten Kameraden. Die Loyalität zu ihnen war in dieser Situation stärker als die Angst davor, selbst verhaftet zu werden.[65]

In den Polizeiakten schlummern wichtige Einsichten in die Einstellung der protestierenden Seeleute zur Gewalt. Auf ihrer ersten Versammlung waren sich die Matrosen einig, dass möglicherweise Gewalt angewendet werden müsse, um ein Auslaufen der Überwasserflotte zu einem Angriffseinsatz zu verhindern. Am nächsten Tag erntete ein Seemann Kritik, als er berichtete, dass einige seiner Kameraden im Verlauf der Meuterei den Gebrauch von Handfeuerwaffen abgelehnt hatten. Ein anderer Matrose erwiderte darauf, bei einer künftigen Meuterei könne es nötig werden, Schüsse in die Luft abzugeben; er fügte jedoch ausdrücklich hinzu, man dürfe niemals »Menschen, Väter, Mütter und Brüder und Schwestern« unter Feuer nehmen. Ein dritter Matrose meinte, man dürfe nur Schusswaffen einsetzen, wenn die Offiziere als Erste von der Waffe Gebrauch machten. Ein Mann wartete mit einer militanteren Variante auf: Es müsse erlaubt sein, Offizieren den Gewehrkolben über den Schädel zu ziehen. An diesen Mann gewandt, sagte einer der Redner, »es seien ja immer noch Leute der besitzenden Klasse vorhanden, die den Krieg fortführen wollten. Diese könnten ja ihre Stellungen einnehmen, weiterkämpfen und sich erschießen lassen.«[66] Ein anderer Redner, wahrscheinlich Popp, erklärte den versammelten Männern, wenn sie ihre Ziele mit friedlichen Mitteln nicht erreichen könnten, müssten sie zu Gewalt greifen. Am Ende der Zusammenkunft vom 2. November waren sich die Seeleute einig, dass sie am nächsten Tag, einem Sonntag, mit einer sehr viel größeren Teilnehmerzahl rechnen konnten und dass es für sie an der Zeit war, durch die Straßen Kiels zu ziehen, um den anderen zu zeigen, »dass sie noch da sind«.[67]

Die Voraussagen der Seeleute erwiesen sich als zutreffend. Am Sonntag, den 3. November versammelten sich 4000–8000 Menschen, darunter Frauen und Zivilisten, auf dem Exerzierplatz.[68] Erneut waren als Matrosen getarnte Polizeiagenten mit von der Partie. Sie spitzten die Ohren, als einige Aufrührer erklärten, die Seeleute täten besser daran, ihre Offiziere umzubringen, als zuzulassen, dass sie ausliefen und ihre Schiffe opferten.[69] Anders als am Vortag, als die Versammlung ohne weitere Aktionen zu Ende gegangen war, riefen die Rädelsführer die Teilnehmer an diesem Sonntag, als alle Reden gehalten waren, auf, mit ihnen in die Kieler Innenstadt zu marschieren und die in der Haftanstalt Feldstraße gefangengehaltenen Seeleute zu befreien. Dieses Ansinnen stieß nicht auf ungeteilte Zustimmung. Etliche Teilnehmer warnten vor den damit verbundenen Gefahren und rieten anderen, den Demonstrationszug zu verlassen.[70]

Alarmiert von dem, was sie gesehen und gehört hatten, beeilten sich die Polizeiagenten, zum nächstgelegenen Telefon zu gelangen und eine Nachricht an das Kieler Militärkommando durchzugeben, das daraufhin eine Patrouille in die Innenstadt entsandte mit dem Auftrag, den protestierenden Seeleuten den Weg zu verlegen.[71] Befehlshaber dieser Patrouille war Reserveleutnant Steinhäuser, ein kriegsversehrter Weltkriegsveteran.[72] Die Polizeiagenten schlossen derweil wieder zum Demonstrationszug auf und registrierten zu ihrem Verdruss, dass ein Teil der Demonstranten den Weg Richtung Stadtzentrum einschlug und gleich die erste Kaserne, die entlang der Strecke lag, erstürmte.[73] Während die Demonstranten die drei Kilometer entfernte Feldstraße ansteuerten, postierte sich Steinhäusers aus 30–40 Mann bestehende Patrouille vor dem Kaisercafé in unmittelbarer Nähe einer Kreuzung entlang der Strecke zur Feldstraße.[74] Etwa zwanzig Schritte vor den Soldaten fungierte ein dünner Polizeikordon als erster Sperrriegel gegen die Demonstranten. Im Licht der die Altstadt erhellenden Gaslaternen warteten die Ordnungskräfte auf die Aufrührer, die sie näher kommen hörten, bevor sie sie sehen konnten.[75] Während Steinhäuser seine Truppe ein letztes Mal inspizierte, gaben die Polizisten, sobald die Menschenmenge in Sicht kam, Fersengeld.

Steinhäusers Mannen zeigten mehr Mut. Steinhäuser trat der Menge entgegen und rief ihr einige Sätze zu. Er forderte sie auf, sich zu zerstreuen, und drohte für den Fall, dass sie es nicht taten, mit Schusswaffengebrauch.[76] Die Demonstranten gaben lautstarke Antworten, doch dann trat an die Stelle menschlicher Stimmen der Lärm von Gewehrsalven. Steinhäusers Männer hatten das Feuer eröffnet. Obwohl ihr Befehl lautete, »rücksichtslos von der Waffe Gebrauch zu machen«, feuerten die Soldaten ihre erste Salve über die Köpfe der marschierenden Menge hinweg.[77] Dann waltete jedoch keine Nachsicht mehr, als die Soldaten ihre zweite Salve abfeuerten. Dieses Mal wollten sie treffen. Sieben Demonstranten waren auf der Stelle tot, zwei weitere erlagen später ihren Verletzungen, 29 wurden verwundet.[78] Die Berichte über das, was anschließend passierte, widersprechen einander. Es ist denkbar, dass einige der Demonstranten das Feuer erwiderten, denn mindestens einer der Getöteten wurde von einer Kugel getroffen, die nicht zu den an Steinhäusers Truppe ausgegebenen Waffen passte.[79] Steinhäuser selbst kam nicht ungeschoren davon: Im Eifer des Gefechts erhielt er einen Hieb auf den Kopf und wurde von mindestens einer Kugel getroffen. Doch anders, als später behauptet wurde, blieb er am Leben. Ein Polizist und ein Offizier schleppten den Schwerverletzten in ein nahe gelegenes Lokal, wo sie ihn versteckt hielten, bis er gefahrlos in ein Militärlazarett transportiert werden konnte.[80] Blut war vergossen worden, doch die Schüsse hatten ihren hauptsächlichen Zweck erfüllt: Kein Gefangener wurde aus der Haftanstalt in der Feldstraße befreit, und im weiteren Verlauf der Nacht kehrte das Gefühl ein, die Ordnung sei wiederhergestellt.[81] In einer der ersten Zeitungsmeldungen über den Vorfall schrieb der Korrespondent einer Lokalzeitung: »Nur einige Blutlachen auf dem Pflaster und zahlreiche zertrümmerte Schaufenster in den anliegenden Geschäften bezeugen, dass sich hier Trauriges abgespielt hat.«[82]

Am nächsten Tag, dem 4. November 1918, blieb es in der Umgebung der Waldwiese ruhig; niemand kehrte dorthin zurück, wo sich am Vortag die demonstrierenden Massen in Bewegung gesetzt hatten. Dafür zogen jedoch bereits von Tagesanbruch an Gruppen wütender Seeleute von einer Kieler Kaserne zur anderen, riefen zu neuen Protesten auf und versuchten an Waffen und

Munition zu gelangen. Die Gewehrschüsse vom Vorabend hatten die Stimmung in der Stadt kippen lassen. Anfänglich schien es, als würden die Bemühungen der Aufrührer zu nichts führen. Doch um die Mittagszeit änderte sich die Lage von Grund auf. Empört über das Blutvergießen am Tag zuvor, schlossen sich Tausende der in den großen Marineanlagen im Norden Kiels stationierten Seeleute der Rebellion an. Auch die Kieler Arbeiterschaft erklärte ihre Solidarität und kündigte einen Streik zu Ehren der Opfer der Schießerei vom Vorabend an.[83] Der ranghöchste militärische Befehlshaber in Kiel, Vizeadmiral Souchon, erkannte um 14 Uhr, dass die Lage unbeherrschbar geworden war. Wie er später schrieb, befanden sich zu diesem Zeitpunkt im Stadtteil Wik bereits 2000 gut bewaffnete Männer in offenem Aufruhr und hätten nur um den Preis »starken Blutvergießens« zurückgedrängt werden können.[84] Selbst wenn Souchon willens gewesen wäre, das Feuer auf die Demonstranten eröffnen zu lassen, konnte er nicht sicher sein, wie viele der in Kiel stationierten militärischen Verbände bereit gewesen wären, einem Feuerbefehl zu gehorchen. Das war der springende Punkt: Marinetruppen, die noch einen Tag vorher als zuverlässig gegolten hatten, befolgten jetzt keine Befehle mehr, und Souchon fürchtete, die von ihm befehligten Männer würden sich eher gegen ihre Kommandeure stellen, als auf ihre Kameraden zu feuern.[85] Ganz entgegen dem Klischeebild vom kaiserlichen Offizier als einen Menschen, der für die Durchsetzung seiner Befehlsgewalt jeden Preis zu zahlen bereit ist, ergriff Souchon Schritte zur Entschärfung der Lage: Er lud Vertreter der protestierenden Männer zu einer Unterredung über ihre Forderungen ein. Im Verlauf dieses Gesprächs sagte er zu, noch am gleichen Nachmittag eine kleine Zahl Matrosen aus der Haft zu entlassen. Die 16 auf freien Fuß gesetzten Männer erhielten einen Ehrenplatz in einer Siegesparade von 2000 bewaffneten Seeleuten, die singend und rote Fahnen schwenkend durch die Straßen Kiels zogen.[86] An diesem Abend legte eine Abordnung der Matrosen, die ihre Machtposition durch die ihnen zujubelnden Menschenmengen entlang der Straßen gestärkt sahen, den Flottenbefehlshabern 14 Forderungen vor.[87] Das Zustandekommen dieser Abordnung markiert die Geburtsstunde des ersten Matrosen- und Soldatenrats der deutschen Revolution von 1918/19.

Nach diesem ersten Triumph der Matrosen entwickelten sich die Dinge in halsbrecherischem Tempo weiter. Kiel war mit einem Mal eine einsame Insel im Deutschen Reich, auf der die Militärführung die Macht an einen revolutionären Rat abgetreten hatte. Viele Leute in Kiel rechneten damit, dass es jederzeit zu Kämpfen kommen konnte. Sie waren erleichtert, als noch am selben Tag um 19:30 Uhr der Staatssekretär Conrad Haußmann und der militärpolitische Sprecher der SPD, Gustav Noske, in Kiel eintrafen. Die Reichsregierung hatte die beiden Männer am Morgen aus Berlin nach Kiel losgeschickt mit dem Auftrag, herauszufinden, wie es zu der Schießerei am Vorabend gekommen war. (Die Regierung wusste nichts von Scheers Angriffsplänen.)[88] Bei ihrer Ankunft wurden die Abgesandten von Hunderten euphorischen Matrosen empfangen und zum Wilhelmsplatz in der Kieler Altstadt geleitet. Dort hatte sich eine Menge von über tausend Menschen versammelt. Noske wurde mit ohrenbetäubendem Jubel empfangen. Unter den Augen Haußmanns rief er die revolutionär gesinnten Kundgebungsteilnehmer auf, Ruhe und Ordnung zu wahren und sich vor »nutzlosen Gewalttaten« zu hüten.[89] Die Rede Noskes wurde wiederholt von Beifallskundgebungen, Jubel und »Hochrufen auf die Republik« unterbrochen.[90] Noske versprach der Menge, er werde ihre Forderungen der Regierung in Berlin vorlegen; doch was er sagte, fiel im Grunde weniger ins Gewicht als die Tatsache seiner Anwesenheit in Kiel: Dass er aus Berlin angereist war, schien zunächst einmal auszuschließen, dass Soldaten von außerhalb in Marsch gesetzt wurden, um den Kieler Aufstand militärisch niederzuschlagen.[91]

Was dann geschah, überraschte alle Welt: Das Kieler Beispiel machte rasch entlang der norddeutschen Küsten Schule; in einer ganzen Reihe von Garnisonen und Städten, darunter in Wilhelmshaven, fiel die Autorität der Militärs in sich zusammen.[92] In dieser ersten Phase spielten Männer, die den Umsturz in Kiel erlebt hatten, eine Schlüsselrolle in der revolutionären Kettenreaktion. Schon im Moment ihres Triumphs in Kiel war ihnen klar, dass ihre Bewegung, wenn sie eine erfolgreiche Zukunft haben wollte, über diesen winzigen Brückenkopf hinauswachsen musste. Fast überall, wo Abordnungen der meuternden Matrosen hinkamen, fanden sie ein sympathisierendes Publikum, das ein Ende des Krieges forderte. Auf den Straßen schlossen sich ihnen revolutionsbereite Demonstranten in großer Zahl an, darunter Arbeiter, Frauen und Soldaten aus Garnisonen im ganzen Land, die die Abdankung des Kaisers, ein Ende des Krieges und die vollständige Demokratisierung des deutschen Staatswesens forderten.[93] Am 6. November fiel Hamburg, dem für jede denkbare Operation gegen die weitere Ausbreitung der Revolution im deutschen Norden eine strategische Schlüsselrolle zugekommen wäre, unter die Herrschaft der Revolutionäre.[94] Der Domino-Effekt hielt an. Am 7. November übernahmen Revolutionsräte in Hannover, Braunschweig und Köln die Macht. Nun gab es kein Halten mehr: In der Nacht vom 7. auf den 8. November 1918 rissen Revolutionäre unter Führung des USPD-Politikers Kurt Eisner in München die politische Herrschaft an sich und erklärten Bayern zur Republik. Am Abend des 8. November hatten revolutionäre Akteure, ohne dabei je auf mehr als symbolischen Widerstand zu stoßen, die Herrschaft über fast alle größeren deutschen Städte übernommen. Die wichtigsten Ausnahmen waren Berlin, Breslau und Königsberg.[95]

Obwohl detailliert ausgearbeitete Pläne für die Niederschlagung eines Aufstandes vorlagen, war keine der kaiserlichen Gardetruppen bereit, die monarchische Ordnung zu verteidigen.[96] Entgegen den Erwartungen der meisten Deutschen machten weder die Besatzungen der Garnisonen im Inland noch die an der Front stehenden deutschen Truppen Anstalten, gegen die Revolution in den Kampf zu ziehen.[97] Vielmehr schlossen sich Arbeiter, Soldaten und Frauen den protestierenden Matrosen an, mit der Folge, dass, um einen Beobachter zu zitieren, »der am festesten gefügte Staatsbau Europas [zusammenbrach] wie ein Kartenhaus«.[98] Die verbreitete Erwartung, die militärische und politische Elite des deutschen Kaiserreichs werde sich für den »Endkampf« und gegen Friedensverhandlungen entscheiden, bietet eine Erklärung dafür, dass das Aufbegehren der Soldaten, zumal es ausgerechnet in der stolzen Kriegsmarine seinen Anfang nahm, schnell zu einer breiten gesellschaftlichen Bewegung anschwoll, die Menschen und Orte erfasste, die mit den ursprünglichen Zielen der meuternden Matrosen kaum etwas zu tun hatten. Wie einer der Aufständischen am Vormittag des 9. November 1918 erklärte: Die Regierung habe sich einen Monat lang als unfähig erwiesen, einen Frieden herbeizuführen, deshalb sei es jetzt höchste Zeit, ihr zu zeigen, wie man das machte.[99] Am Ende gipfelte dieser revolutionäre Prozess in dramatischen Szenen und in der Berufung des sozialdemokratischen Parteiführers Friedrich Ebert zum Regierungschef eines Landes, das sich gegen Eberts Willen zur Republik erklärte.[100] Noch am selben Abend trat Kaiser Wilhelm II. die Flucht ins neutrale Holland an, und am 11. November unterzeichneten Vertreter der deutschen Regierung, die noch unter der Regierung des Prinzen Max von Baden nach Frankreich entsandt worden waren, in Compiègne den Waffenstillstand, der den Kämpfen an der Westfront ein Ende setzte und am Ende in den Friedensvertrag von Versailles mündete, der im Juni 1919 einen endgültigen Schlussstrich unter den Ersten Weltkrieg zog.[101]

KAPITEL ZWEI

Gewalt und die große Angst vom November 1918

Am frühen Nachmittag des 5. November 1918, keine 24 Stunden nachdem die Revolutionäre die Herrschaft in Kiel übernommen hatten, wurde ein Mitarbeiter der Sparkasse am Kleinen Kiel, der Lehrling Völkert, auf einer Bahre aus seiner Arbeitsstätte hinausgetragen. Er war angeschossen worden. Ein Fremder hatte einen Revolver gezogen und aus kurzer Entfernung einen Schuss auf Völkert abgefeuert. Ersthelfer brachten den jungen Mann in das Hilfslazarett im nahe gelegenen Hotel Europäischer Hof. Dessen ärztlicher Leiter, Dr. med. Bergmann, stellte fest, dass die wenigen Millimeter, die manchmal zwischen Leben und Tod liegen, in diesem Fall den Ausschlag zugunsten des Patienten gaben: Völkert hatte großes Glück gehabt, die Kugel war von der Seite in seinen Körper eingedrungen und hatte seine Lunge aufgerissen, doch war die Verletzung nicht lebensbedrohlich. In einer Klinik konnten Chirurgen die Kugel entfernen. Nach ihrem Urteil würde der Heilungsprozess lange dauern, aber immerhin wurde Völkert nach weniger als drei Wochen nach Hause entlassen. Wie es aussah, hatte einer der Kieler Revolutionäre in Tötungsabsicht auf ihn geschossen.

Andere Angestellte der Sparkasse berichteten in der Folge, was passiert war. Trotz der hohen Wellen, die die Geschehnisse vom Vortag in der Stadt schlugen, ging der Betrieb in der Filiale am Vormittag des 5. November 1918 seinen normalen Gang. Um

2 Uhr öffnete Oberstadtassistent von Pein, der an diesem Tag ranghöchste anwesende Filialmitarbeiter, im Kundenraum ein Fenster, weil er die Luft in dem Zimmer als stickig empfand. Beim Blick aus dem Fenster fiel ihm ein vorbeifahrendes Fuhrwerk auf, dessen Zügel ein Matrose führte. Von Pein beobachtete, wie der Matrose die Pferde zum Stehen brachte, und wandte sich dann wieder seiner Arbeit zu. Rund zehn Minuten später hielt sich Fräulein Stender, eine von zwei Hilfskräften der Sparkasse, in der Nähe desselben Fensters auf. Sie suchte auf dem Schreibtisch eines Kollegen nach einem Buch, als sie von draußen Schüsse hörte. Neugierig näherte sie sich dem Fenster, um zu schauen, was vor sich ging. Sie erspähte eine Gruppe von Soldaten, die »nach der Sparkasse zeigten«. Dann sah sie zu ihrem Schrecken, wie »einer von ihnen das Gewehr auf die Sparkasse in Anschlag brachte«. Sie tat einen Sprung vom Fenster weg und rief den anderen zu, sie sollten sich im Keller in Sicherheit bringen. Da sie aber nur eine Hilfskraft war, befolgte niemand ihre Aufforderung. Einige der anwesenden »Anwärterinnen« drängten sogar zum Fenster, um sich selbst ein Bild von der Situation zu machen. Dann aber durchschlugen die ersten Kugeln die Fenster des Gebäudes, und plötzlich ignorierte niemand mehr Fräulein Stenders Warnung. Alle flüchteten in den Keller, als Letzter von Pein. Er hatte zuvor hinter der Tür des Kontenraums Schutz gesucht und dort einen Signalpfiff aus einer »Batteriepfeife« gehört, an den sich eine neue Salve von Gewehrschüssen anschloss.

Die erschrockenen Filialmitarbeiter harrten im Keller aus, bis sie keine Schüsse mehr hörten. Sie ließen zur Sicherheit noch ein paar Minuten verstreichen und wagten sich dann aus ihrer Deckung, nur um gleich wieder umzukehren, als ein neuerliches Geknatter von Gewehrschüssen ihre Hoffnung zerstieben ließ, dass der Spuk vorbei sei. Doch dieses Mal ging der Lehrling Völkert nicht mit ihnen zurück in den Keller, sondern stieg, vielleicht um mögliche Diebstähle zu verhindern oder auch um die vielen weiblichen Angestellten der Sparkasse zu beeindrucken, nach oben und begann »die Sachen der Scheck-Giro-Abteilung wegzuräumen«. Niemand von seinen Kollegen und Kolleginnen, die noch eine Weile im Keller blieben, bekam mit, was dem Lehrling zustieß. Während sie noch warteten, drang ein Kommando Soldaten in den Keller ein und wies sie an, an Ort und Stelle zu bleiben, bis das gesamte Gebäude gründlich durchsucht war. Erst als die Soldaten den Sparkassenmitarbeitern sagten, es bestehe keine Gefahr mehr, gingen sie nach oben. Zu diesem Zeitpunkt hatte man Völkert bereits auf einer Bahre abtransportiert. Ein Matrose erzählte Fräulein Stender, »dass Völkert sich geduckt habe, wie ein Matrose durch ein eingeschlagenes Fenster eingedrungen sei. In der Meinung, dass Völkert schießen wollte, sei ein Torpedomatrose ihm zuvorgekommen und habe ihn niedergeschossen.« Als Nächstes erfuhren die Sparkassenmitarbeiter, sie befänden sich allesamt in Haft. Die Frauen erhielten fünf Minuten Zeit, sich umzuziehen, während von Pein, der einzige Mann unter den Inhaftierten, nach Waffen durchsucht wurde. Unter der Bewachung der Soldaten und Matrosen mussten die Festgenommenen anschließend zum vor kurzem eingerichteten Hauptquartier der Revolutionäre im Gewerkschaftshaus marschieren. Sie galten in diesem Moment als Konterrevolutionäre und wurden beschuldigt, entweder selbst aus dem Sparkassengebäude auf revolutionäre Seeleute und Soldaten gefeuert oder dem Heckenschützen, der das getan hatte, geholfen zu haben.

Die schlimmste Behandlung ließen die Revolutionäre dem im Gebäude wohnenden Hausmeister Oldenburg angedeihen. Zu Beginn der Schießerei hatte der sich mit seiner Familie in der Küche seiner Wohnung aufgehalten. Als die ersten Kugeln die Fenster im Obergeschoss der Filiale durchschlugen, wies er seine Familie an, in einer geschützten Ecke in Deckung zu gehen, und ging dann los, um die Lage zu erkunden. Im Flur stieß er auf eine Gruppe von »Flüchtlingen«, in der sich sowohl Zivilisten als auch Soldaten befanden. Dann wurde es plötzlich laut und tumultuös, und eine Gruppe von Soldaten schrie auf ihn ein und beschuldigte ihn, für die Schießerei verantwortlich zu sein. Niemand hörte auf seine mit ruhiger Stimme vorgetragenen Unschuldsbeteuerungen, im Gegenteil: »Man drang mehrfach mit Waffen auf ihn ein, erklärte ihn mindestens viermal für verhaftet, schrie ihn an, die

Hände hoch zu heben, und befahl ihm, die Treppe mit hinauf zu kommen, um die Wohnungen zu öffnen.« Seinen Amtspflichten gehorchend, lehnte er dies ab. Daraufhin schleppten ihn die Soldaten und Matrosen in den Kassenraum, der den größten Teil der Geschosseinschläge abbekommen hatte und »wüst« aussah. In diesem Moment wurde Oldenburg Zeuge, wie der verwundete Völkert auf einer Bahre hinausgetragen wurde, während zugleich »ein fremder Zivilist [...] mit einem Revolver [spielte]«. Oldenburg sprach den Fremden an und wies ihn eindringlich darauf hin, dass die Waffe fehl am Platz sei. Der Mann ignorierte die Appelle des Hausmeisters zunächst, steckte dann aber doch die Waffe weg. Inzwischen hatten wütende Revolutionäre Oldenburgs Familie festgenommen und fortgebracht. Während Oldenburg weiterhin seine Unschuld beteuerte, erklärten ihm die Männer, die ihn festhielten und bedrängten, seine Frau und seine Kinder würden die Zeche bezahlen, falls man den Täter nicht ermitteln könne. Oldenburg wurde anschließend ins Gewerkschaftshaus gebracht und dort vor ein eilig einberufenes Revolutionsgericht gestellt.

Das war der Moment, in dem sich für den Hausmeister das Blatt wendete. Die Soldaten und Matrosen legten dem Gericht im Gewerkschaftshaus ein Gewehr vor und behaupteten, damit sei auf sie geschossen worden. Kühlere Köpfe inspizierten die Waffe und stellten fest, dass aus ihr seit Jahren keine Kugel mehr abgefeuert worden war. Ein Mann intervenierte zugunsten Oldenburgs und seiner Familie und bot an, eine »Bürgschaft« für sie zu hinterlegen. Noch wichtiger war, dass die wutentbrannten Soldaten und Matrosen, die Oldenburg auf dem Kieker hatten, von anderen beschwichtigt wurden, die erkannten, was es mit dem Unglücklichen auf sich hatte: dass er einfach zur falschen Zeit am falschen Ort gewesen war. Der Vorwurf, Oldenburg habe Schüsse abgefeuert oder seine Stellung als Hausmeister genutzt, um dem Heckenschützen die Flucht aus dem Gebäude zu ermöglichen, wurde als das abgetan, was er war: ein Phantasieprodukt nervös gewordener Matrosen und Soldaten. Wenig später wurden Oldenburg und seine Familie, wie zuvor auch schon die in Haft genommenen Mitarbeiter der Sparkasse, auf freien Fuß gesetzt. Lehrling

Völkert wurde wieder ganz gesund. Wie er später vor dem Stadtrat aussagte, war der Zivilist mit dem Revolver der Mann, der auf ihn geschossen hatte.[1]

So viel Glück hatten im Winter und Frühjahr 1918/19 nicht alle Zeitgenossen in Deutschland. Immer wieder kam es, vor allem in Berlin und München, vor, dass »verirrte Kugeln« einen Pechvogel trafen, der ebenfalls zur falschen Zeit am falschen Ort weilte. Schon der Besitz eines Gegenstandes, den man mit etwas Phantasie als Waffe deklarieren konnte – und sei es ein Sammlerstück wie das, das dem Hausmeister Oldenburg fast zum Verhängnis geworden wäre –, genügte manchmal, um von Regierungssoldaten oder Freikorpskämpfern standrechtlich erschossen zu werden. Allein in Kiel gab es am Mittag jenes 5. November 1918 etliche, die nicht so viel Glück hatten wie der Lehrling Völkert. Die Schießerei vor der Sparkasse war nur ein Akt in einem größeren Drama, das zehn Menschenleben forderte und rund 20 Verwundete zurückließ. Die revolutionären Seeleute und Soldaten, die die zugehörigen Schüsse abfeuerten, glaubten sich in einem Kampf auf Leben und Tod gegen antirevolutionäre Offiziere, die mutmaßlich in Gebäuden und hinter Ecken lauerten und jede Chance nutzen würden, die Revolutionäre für die Eroberung der Herrschaft über die Stadt am Vortag zu bestrafen. Die Schüsse, die um die Mittagszeit und am frühen Nachmittag des 5. November in der Kieler Innenstadt fielen, forderten den größten einzelnen Blutzoll im gesamten Verlauf der revolutionären Unruhen, die sich zwischen dem 4. und dem 9. November 1918 über Deutschland ausbreiteten.[2]

Dieses blutige Scharmützel war kein weiteres Beispiel für ein Gefecht zwischen zu allem entschlossenen Revolutionären und militanten Gegenrevolutionären, wie man es von früheren Revolutionen in Europa gewöhnt war; es wies vielmehr alle Merkmale einer Panikreaktion auf. In der zum Zerreißen angespannten Lage konnte schon das Öffnen und Schließen eines Fensters oder der Schatten eines hinter einem Fensterflügel oder Vorhang stehenden Menschen ausreichen, um nervöse revolutionäre Soldaten und Matrosen so zu erschrecken, dass sie zu schießen begannen. Jedes Mal, wenn sie das taten, waren sie überzeugt, dass sie einen guten Grund dafür gehabt hatten. In einem der ersten Berichte beschrieben die *Kieler Neuesten Nachrichten* eine solche Episode in der Feldstraße, wo angeblich antirevolutionäre Offiziere bis drei Uhr nachmittags aus Maschinengewehren feuerten, als eine »lebhafte Schießerei«, die die Größenordnung einer »kleinen Schlacht« erreicht habe. In derselben Reportage wurde ein Schaufenster erwähnt, das von mindestens 40 Kugeln durchschlagen worden war. Es kursierte sogar die Behauptung, ein Schiff habe aus seinen Geschützen auf ein Gebäude gefeuert.[3] Am Wilhelmsplatz, wo am Vorabend Gustav Noske zu revolutionären Demonstranten gesprochen hatte, ließen angeblich »ganz plötzlich« Salven aus den Gewehren von Konterrevolutionären die Luft erzittern.[4] Ein Techniker bei den Licht- und Wasserwerken Kiel wurde erschossen, während er »harmlos seine Zigarre rauchte«.[5]

Die Schießereien in Kiel waren der Ausgangspunkt für eines der wichtigsten Produkte revolutionärer und gegenrevolutionärer Gewalt in Deutschland zwischen dem 4. und dem 11. November 1918: die Offiziersverschwörung. Dieses Produkt revolutionärer Mystik entsprang der Überzeugung, eine Clique konterrevolutionärer Offiziere habe sich verschworen, gewaltsam gegen Revolutionäre vorzugehen mit dem Ziel, die Revolution rückgängig zu machen. Im Wesentlichen entwickelte dieser Mythos zwei Varianten: In der einen war die Grundidee die, dass es Offiziere gab, die sich in Gebäuden oder auf Dächern verschanzt hatten und aus ihrer Deckung heraus Revolutionäre, die sich unten auf den Straßen bewegten, unter Feuer nahmen; die zweite Version ging davon aus, dass der konterrevolutionäre Feind draußen vor den Toren stand und vorhatte, einzumarschieren und den Revolutionären die Macht mit Gewalt zu entreißen. Diese »Offiziersverschwörung« war an vielen wichtigen Schauplätzen der Revolution, unter anderem in Kiel, Hamburg, München und Berlin, eine Begleiterscheinung der ersten zwölf bis 36 Stunden der revolutionären Umwälzung, und viele gute Gründe sprechen dafür, dass sie für einen beträchtlichen, wenn nicht sogar überwiegenden Teil der Todesfälle verantwortlich war, zu denen es im Verlauf der Novemberrevolution kam.[6] Der Mythos von der Offiziersverschwörung konnte nur entstehen, weil sowohl Revolutionäre als auch Beobachter der revolutionären Geschehnisse von der Furcht besessen waren, es stehe ihnen eine brutale und blutige Konterrevolution ins Haus – ein deutlicher Widerspruch zu der Vorstellung, die Revolution werde eine Periode der politischen und kulturellen Hochstimmung auslösen. Der durch den Mythos von der Offiziersverschwörung und die Angst vor der Konterrevolution provozierte Waffengebrauch hatte schwerwiegende Folgen: Mehr als alles andere schürte er bei den Zeitgenossen die Befürchtung, dass Revolution gleichbedeutend war mit Gewalt.

Die Gerüchte, die ein wesentliches Grundelement der »Offiziersverschwörung« waren, tauchten in Kiel erstmals am späten Nachmittag des 4. November 1918 auf – weniger als 24 Stunden vor Beginn der Schießereien am Tag danach, die zehn Menschen das Leben kosteten. Der Glaube daran, dass Offiziere sich zusammentun könnten, um die Revolution mit Waffengewalt rückgängig zu machen, war zu diesem Zeitpunkt nicht unbegründet: Viele ranghohe Militärs waren entschlossen, den Aufstand gewaltsam niederzuschlagen, und am 4. November hätten sich wohl nur die wenigsten Beobachter vorstellen können, wie schnell die Macht der Militärkommandeure im Lauf weniger Tage dahinschmelzen würde. Einige Truppenverbände wurden nach Kiel beordert, aber kaum dort angekommen, wechselten sie die Fronten und machten gemeinsame Sache mit den Revolutionären. In dieser Situation hatten Gerüchte Hochkonjunktur.[7] Eines dieser Gerüchte, das am Nachmittag des 4. November zirkulierte, besagte, eine Horde wütender Demonstranten sei auf dem Weg nach Düsternbrook und wolle die dortigen herrschaftlichen Villen plündern – nichts dergleichen geschah.[8] Ein anderes Gerücht wollte wissen, dass sich aus allen Richtungen »königstreue« Truppen Kiel näherten.[9] Wie der große französische Historiker Marc Bloch, der in den 1920er und 1930er Jahren Pionierarbeit in der Erforschung historischer Mentalitäten leistete, bevor die Gestapo ihn 1944 wegen seiner Zugehörigkeit zur französischen Résistance ermordete, erkannt hatte, entspringt »eine Falschmeldung [...] stets kollektiven Vorstellungen, die ihrer Entstehung vorausgehen«. Dazu passt, dass das Gerücht, das in Kiel in der Nacht vom 4. auf den 5. November die größte Aufregung hervorrief, einen spezifisch norddeutschen Bezug hatte.[10]

Das Gerücht besagte, die Wandsbeker Husaren, eine berittene Elitetruppe der preußischen Armee, seien in Marsch gesetzt worden mit dem Auftrag, den Aufständischen in Kiel die Macht wieder zu entreißen.[11] Eliteregimenter wie die Wandsbeker Husaren waren traditionell eng mit der Aristokratie verbunden und nahmen nur Angehörige adliger Familien oder Söhne der Oberschicht auf. So gesehen war es nicht unplausibel, dass die Husaren in der Absicht einmarschierten, den Aufstand niederzuwerfen.[12] Um zwei Uhr nachts erreichte die Angst vor dem möglichen Eingreifen einer von außen kommenden Truppe eine solche Intensität, dass die Revolutionäre vorübergehend Admiral Souchon als Geisel nahmen, um für den Fall, dass die Husaren oder andere »königstreue« Soldaten in Kiel einrückten, ein Faustpfand in der Hand zu haben.[13] Am folgenden Tag, dem 5. November, berichtete die *Kieler Zeitung* in ihrer Abendausgabe, die im Anmarsch befindlichen Husaren hätten im Verlauf der vergangenen Nacht kurz vor Meimersdorf gestanden, einer weniger als zehn Kilometer südlich des Kieler Stadtzentrums gelegenen Ortschaft. Nur dem Eingreifen von mit Maschinengewehren bewaffneten Matrosen sei es zu verdanken, dass sie kehrtgemacht hätten.[14] Nicht verifizierbare Gerüchte wie dieses waren ein Ausdruck der Befürchtungen, die in den ersten 24 Stunden nach Ausbruch der Revolution in Kiel umgingen.

Die ersten Schießereien in Kiel am Nachmittag des 4. November verstärken die drückende Angst. Sie gingen Hand in Hand mit der Verbreitung der besagten Gerüchte über eine Offiziersverschwörung gegen die Revolution. Anders als die 24 Stunden später gefallenen Schüsse hatten die ersten jedoch nicht den Zweck, Menschen zu verwunden oder zu töten; es waren Freudenschüsse in die Luft, abgefeuert, um den ersten Sieg der Revolution zu feiern. Matrosen feuerten die ersten dieser Freudenschüsse im Verlauf der Parade ab, die nach der Freilassung gefangengenommener Matrosen aus der Haftanstalt in der Feldstraße durch die Straßen zog. Die Parade verlief trotz des Fehlens jeder behördlichen Aufsicht im Wesentlichen gewaltfrei. Die Matrosen schwenkten rote Fahnen und sangen, während ihre Anführer nach Aussagen von Zeitzeugen die Männer immer wieder zu gutem Benehmen anhielten.[15] Selbst der Stadtgouverneur Souchon zeigte sich überrascht, dass die Seeleute im Moment ihres Triumphs keine einzige Gewalttat begingen.[16] Die *Kieler Zeitung* bezeichnete die ersten Gewehrsalven als offenkundige »Äußerungen der Freude über den Erfolg«.[17]

Später, als Noske seine Rede auf dem Wilhelmsplatz beendet hatte, wurden weitere Salven von Freudenschüssen in die Luft gefeuert. Diesmal wirkten sie jedoch nicht wie Bekundungen der revolutionären Euphorie, sondern lösten höchst sichtbare Panikreaktionen aus.[18] Die *Kieler Neuesten Nachrichten* schilderten, wie sich die Menge bereits beim Ertönen eines einzelnen Gewehrschusses »in Hast nach allen Seiten [zerstreute]«.[19] Die *Kieler Zeitung* berichtete, nachdem Noske den Platz verlassen habe, seien nicht weniger als 100 Freudenschüsse abgefeuert worden.[20] Erst gegen drei Uhr morgens sei Ruhe eingekehrt.[21] Obwohl diese Schüsse nicht dazu bestimmt waren, Personen oder Gebäude zu treffen, wurde am Wilhelmsplatz eine Person von einer Kugel getroffen und musste von einer Ambulanz abtransportiert werden.[22]

In der Nacht vom 4. auf den 5. November 1918 erwuchsen aus dem krachenden Lärm von Gewehrschüssen im Zusammenwirken mit umlaufenden Gerüchten Ängste, die wie Wellen durch die Stadt liefen. Dass Gewehrschüsse das bürgerliche Kiel in Angst und Schrecken versetzten, sollte nicht verwundern. Sicher standen viele Kieler ratlos an ihren Fenstern und fragten sich, was die Schießübungen wohl zu bedeuten hatten. Auch bei Conrad Haußmann und Gustav Noske hinterließen die Schüsse einen unauslöschlichen Eindruck. Haußmann glaubte sogar, in der Nacht »Handgranatenlärm« gehört zu haben, was höchstwahrscheinlich eine Übertreibung war.[23] Die Schießerei gab neuen angsterfüllten Gerüchten unter den durch die Straßen Kiels patrouillierenden Seeleuten Nahrung. Manche verknüpften das Gerücht von der Offiziersverschwörung gegen die Revolution mit den lauten Gewehrsalven, die sie hörten. Sie glaubten, die Schüsse hätten etwas mit konterrevolutionären Machenschaften der Offiziere zu tun, von denen es hieß, sie hielten sich in Gebäuden, auf Hausdächern oder hinter den Ecken verwinkelter Straßen versteckt und nähmen von dort aus revolutionäre Seeleute unter Feuer.

Die Befürchtungen der Revolutionäre, von Offizieren unter Beschuss genommen zu werden, wurden durch eine dramatische und höchst bemerkenswerte Konfrontation, die im Morgengrauen des 5. November im Kieler Hafen stattfand, verstärkt: Revolutionäre Matrosen hissten auf den im Hafen liegenden Schiffen die rote Fahne. Nur zwei Kapitäne versuchten, die Matrosen am Aufziehen der roten Flagge auf ihrem Schiff zu hindern. Eines dieser beiden Schiffe, die *Schlesien*, hisste die Reichskriegsflagge, legte unverzüglich ab und tuckerte wacker aus dem Hafen. Diese Möglichkeit war dem Kapitän des Flaggschiffs des III. Geschwaders, der *König*, versperrt, denn sein Schiff lag zur Reparatur im Dock.[24] Um ihre trotzig gehisste Reichskriegsflagge zu schützen, stellten sich der Kapitän der *König* und einige seiner Offiziere, nur mit Pistolen bewaffnet, vor den Flaggenmast. Nach ihren Maßstäben war es ehrenhafter, im Kampf mit den Revolutionären zu sterben, als die Fahne, auf die sie einen Eid abgelegt hatten, einzuholen. Auch wenn nicht klar ist, wer den ersten Schuss abfeuerte, steht außer Zweifel, dass es zu einer Schießerei kam. (Spätere Darstellungen, die den Waffengebrauch als einen heroischen Akt antirevolutionären Opfermuts qualifizieren, sind nicht glaubwürdig.) Den Offizieren gelang es zunächst, die Revolutionäre auf Distanz zu halten, indem sie auf jeden schossen, der in ihr Blickfeld geriet. Ihr Kampfesmut war jedoch vergeblich. Bald standen sie einer Übermacht an Männern und Waffen gegenüber.[25] Zwei Offiziere bezahlten für ihre Standhaftigkeit mit dem Leben – sie waren die ersten Todesopfer in Kiel seit dem Abend des 3. November. Der Kapitän des Schiffes wurde bei der Schießerei verwundet, überlebte aber. Er musste zu seinem Verdruss mit anhören, wie die Matrosen das Aufziehen der roten Fahne auf seinem Schiff bejubelten.[26] Später wurde noch ein weiterer Offizier von den Revolutionären erschossen, die behaupteten, er habe sich seiner Verhaftung durch Flucht zu entziehen versucht.[27]

Wenngleich diese Vorfälle zeigten, dass ein Potential für eskalierende Gewalt bestand, deuten sie doch auch auf das eher niedrige Niveau revolutionärer Gewalt hin, das zu dieser Zeit in Kiel herrschte. Ganz anders war es in Russland im Februar 1917 zugegangen, als in Kronstadt die russische Ostseeflotte gemeutert hatte; revolutionäre Matrosen hatten damals die Residenz des Kommandanten des Flottenstützpunktes Kronstadt, des 61-jährigen Admirals Viren, gestürmt. Nachdem sie ihren einstigen Oberbefehlshaber in ihre Gewalt gebracht hatten, hatten sie ihn windelweich geprügelt und den schwer Gezeichneten dann zum zentralen Platz der Stadt geschleppt, wo sie weiter auf ihn eingeschlagen hatten, noch lange nachdem er sein Leben ausgehaucht hatte. Wie in vielen anderen Fällen, bei denen es zu Leichenschändungen kam, diente dieses barbarische Vorgehen den aktiven Revolutionären dazu, die politische Umwälzung plastisch vorzuexerzieren.[28]

In Kiel kam es ungeachtet des einschüchternden Verhaltens revolutionärer Gruppen wie der Männer, die den Hausmeister Oldenburg festnahmen und seine Familie bedrohten, nicht zu solchen politisch motivierten Morden. Selbst den Offizier, der mit seiner »Treue zur Fahne« den Schusswechsel am frühen Morgen des 5. November ausgelöst hatte, ließen die Revolutionäre ohne weitere Strafaktion laufen. Was Historiker des »Zeitalters der Extreme« gerne vergessen, ist dass die Revolution in Kiel ohne eine einzige Gräueltat als Begleitmusik zur Geburt einer neuen Ära auskam.

Die Reaktion der Kieler auf die Schießübungen und Schießereien, wie sie sich in der Lokalpresse widerspiegelten, lassen darauf schließen, dass vielen Zeitgenossen bewusst war, dass die Schüsse Ausdruck von Panikreaktionen waren. Die *Kieler Zeitung* ermahnte ihre Leser am 6. November 1918: »Niemand sollte auch aus Neugierde Fenster im Hause öffnen, um hinauszusehen. Jeder, der das tut, setzt sich dem Verdacht aus, dass er heimliche Absichten habe. Heute, da die Gemüter erregt und die Nerven überreizt sind, muss unter allen Umständen alles vermieden werden, was zur Aufregung beitragen könnte. Vor allem ist es Pflicht der bürgerlichen Bevölkerung, ruhig und besonnen zu bleiben.«[29] Die sozialdemokratische *Schleswig-Holsteinische Volkszeitung* rief die Bevölkerung zu mehr Gelassenheit und »Vernunft« auf. Sie führte die Schießereien auf »Nervosität« zurück und appellierte an die Kieler, »unkontrollierbarsten Gerüchten« keinen Glauben zu schenken und sie nicht weiterzuverbreiten.[30] Der Kieler Arbeiter- und Soldatenrat erließ am selben Tag eine Verordnung, die den Bürgern ausdrücklich verbot, die Fenster offen stehen zu lassen.[31] Die *Kieler Neuesten Nachrichten* schlossen sich diesem Appell an und berichteten mit Genugtuung, in der Nacht vom 5. auf den 6. November sei kein einziger Schuss zu hören gewesen. Es sei dies »nach drei Tagen voller Aufregung« die erste Nacht gewesen, in der man sich »wieder in ununterbrochenem Schlaf für die jetzt doppelt schweren Pflichten der Stunde« stärken habe können.[32]

Trotzdem kamen auch weiterhin Gerüchte auf, die die Angst vor künftiger Gewalt schürten.[33] Ihre größte Wirkung entfalteten sie in den Nachtstunden, in denen sich der Glaube an die Existenz einer Offiziersverschwörung am stärksten verdichtete. So machte in der Nacht vom 6. auf den 7. November die Nachricht die Runde, 50 Offiziere hätten sich Maschinengewehre beschafft und warteten auf die Gelegenheit, die Stadt anzugreifen.[34] In derselben Nacht wurden den Aufzeichnungen zufolge die Seeleute alarmiert, weil mit einem Anschlag auf den Soldatenrat zu rechnen sei. Eines der Gerüchte besagte, das Kriegsschiff *Dresden* sei nach wie vor »königstreu« und bereit, das Feuer auf Kiel zu eröffnen. Kapitän dieses Schiffes war Prinz Adalbert von Preußen, der dritte Sohn Wilhelms II.; daher erschien es den Revolutionären nur logisch, die *Dresden* für eine Bastion der Konterrevolution zu halten. In derselben Nacht ging auch das Gerücht um, der Landsturm, dem alle Wehrpflichtigen angehörten, soweit sie nicht im Heer oder der Marine dienten, befinde sich im Vormarsch auf Kiel.[35] Zuweilen gipfelten solche Gerüchte in dramatischen Szenen: Matrosen klapperten im Laufschritt Kinos und Theater in der Stadt ab, schlugen Alarm und forderten alle ihre Kameraden auf, in die Verteidigungsstellungen einzurücken. Wie die *Kieler Zeitung* berichtete, seien wenig später die vor dem Gewerkschaftshaus postierten Artilleriegeschütze feuerbereit gemacht worden. In der Nacht vom 6. auf den 7. November durchstrahlten Suchscheinwerfer die Dunkelheit, während einzelne Gewehrschüsse die Spannung steigen ließen. Obwohl noch bis zum Morgen des 7. November Schüsse zu hören waren, verlief dieser spannungsgeladene Akt des Dramas im Sande, als kein Feind in Sicht kam.[36] Ein Beobachter schrieb am 7. November, in Kiel sei es sehr viel ruhiger geworden, nachdem das Schießen ein Ende gefunden habe. Dennoch seien die Bürger nach wie vor »sehr geängstigt«.[37]

Als der Stadt, von der die deutsche Revolution vom November 1918 ihren Ausgang nahm, kommt Kiel eine besondere Bedeutung in der Geschichte dieser Revolution zu. Indessen waren Gerüchte, Falschbehauptungen und rätselhafte Gewehrschüsse keine exklusive Spezialität der Geburtsstätte der Revolution. In Hamburg, wo die Revolution mit kleineren Protestaktionen in den Schiffswerften Blohm & Voss und Vulkan am Morgen des 5. November 1918 begann, rechneten die Revolutionäre, die die Stadt am 6. November in ihre Gewalt brachten, damit, dass der äußere Feind der Revolution aus Berlin anmarschieren werde. Das Königin Elisabeth Garde-Grenadier-Regiment, eine weitere preußische Elitetruppe, werde, so glaubten viele, mit dem Zug in Hamburg einfahren. Die Vorkehrungen für die erwartete Schlacht treffend, ließ der neugebildete Hamburger Soldatenrat in der Nähe des Hauptbahnhofes MG-Stellungen errichten. Die wachsende Spannung entlud sich sporadisch in aus Panik geborenen Gewehrsalven rund um den Hauptbahnhof, glaubten doch die Revolutionäre immer wieder einmal, konterrevolutionäre Offiziere pirschten sich heran, um aus dem Hinterhalt auf sie zu schießen. Es gab in Hamburg jedoch noch weniger Tote durch Gewehrkugeln als in Kiel.[38]

In München waren die ersten Gewehrschüsse in der Nacht vom 7. auf den 8. November zu hören, der Nacht, in der Anhänger des jüdischen Intellektuellen und Bohemiens Kurt Eisner von der USPD nach einer gewaltigen Protestkundgebung auf der Theresienwiese die Stadt in ihre Gewalt brachten.[39] Thomas Mann hielt die ersten Schüsse, die an sein Ohr drangen, für »Feuerwerkschüsse«. Gegen Mitternacht wurde er jedoch immer unruhiger, als die

Schüsse in kürzeren Abständen fielen und sich seinem Haus zu nähern schienen.[40] Wie ihre Genossen in Kiel gelangten auch die Revolutionäre in München im Lauf der Nacht zu der Überzeugung, hinter den Gewehrschüssen steckten Offiziere, die sich im Inneren von Gebäuden verschanzt hätten, unter anderem im Luxushotel Bayerischer Hof.[41] Wie Thomas Mann, der einmal sogar glaubte, aus der Ferne MG-Feuer gehört zu haben, später erfuhr, hatten die »Hauptkämpfe […] vorm Bayerischen Hof« und »vor der Kaserne Turnhalle Jahn« stattgefunden; angeblich waren mehrere Offiziere, die im Hotel Zuflucht gesucht hatten, erschossen worden.[42]

Die Befürchtung, antirevolutionäre Truppen würden von außen anrücken, um der Revolution den Garaus zu machen, war auch in München virulent. Einem Gerücht zufolge hatte die Reichsregierung bereits drei preußische Regimenter Richtung München in Marsch gesetzt.[43] Eine andere Version desselben Gerüchts besagte, Kronprinz Rupprecht von Bayern, Sohn des bayerischen Königs und Oberbefehlshaber einer der drei an der Westfront eingesetzten deutschen Armeen, sei dabei, seine kriegserprobten und loyalen Fronttruppen in die bayerische Hauptstadt zurückzuführen, um dort die Ordnung wiederherzustellen.[44] Im Verlauf des 9. November, eines Samstags, gewann dieses Gerücht eine so starke Wirkung, dass eine 600 bis 1000 Personen zählende Menschenmenge zur Reichenbachbrücke strömte und Sprechchöre wie »Gegenrevolution«, »Der Rupprecht ist da!«, »Er ist schon am Bahnhof!« und »Aus ist's, aus ist's« skandierte.[45] So wie in Hamburg nie der erwartete konterrevolutionäre Zug in den Bahnhof einrollte, kreuzte in München nie der Kronprinz Rupprecht vor der Stadt auf.

Andererseits kam es in beiden Städten, ähnlich wie zuvor in Kiel, in den ersten 24 Stunden nach Beginn des Aufstands zu einigen wenigen Konfrontationen, die gleichsam als szenische Repertoirestücke mithalfen, den Glauben an eine Offiziersverschwörung in den Köpfen der Menschen zu verankern. In Hamburg entbrannten mehrere Auseinandersetzungen vor der Kaserne an der Bundesstraße, bei denen etliche revolutionäre Demonstranten Schussverletzungen erlitten. In München wurden Demonstranten beschuldigt, sie hätten Offiziere unter Gewaltandrohung gezwungen, ihren Soldaten die Teilnahme an revolutionären Demonstrationen zu erlauben. Doch wie schon in Kiel zeigte sich auch in Hamburg und München, dass die Hemmschwellen, die eine Eskalation physischer Gewalt gegen Offiziere verhinderten, intakt geblieben waren. Es gab keine »Gründungsgewalt« seitens der Revolutionäre zur Demonstration ihrer Herrschaft. Das geriet in der Weimarer Republik rasch in Vergessenheit. Nach den Gräueln und staatlich legitimierten Gewaltexzessen des Jahres 1919 fühlten sich ranghohe Militärs aus den Reihen der antirepublikanischen Rechten zunehmend bemüßigt, zu behaupten, sie hätten nur deshalb vor der Revolution kapituliert, weil sie sich einer brutalen und gefährlichen Horde von Feinden gegenübersahen. In Ermangelung revolutionärer Gewaltexzesse wuchs dem öffentlichen Abreißen von Uniformkokarden als symbolischem Akt, der dem Ritual einer revolutionären Gründungsgewalt noch am nächsten kam, mit der Zeit der Status eines die Erinnerung an die Revolution prägenden Sinnbildes zu. Ehemalige Offiziere der antirepublikanischen Weimarer Rechten taten sich sehr viel leichter damit, zu behaupten, sie hätten sich ihre Kokarden erst abgerissen, als sie von einem feindseligen und gewaltbereiten revolutionären »Pöbel« bedrängt wurden, als zuzugeben, dass sie sie (was bei vielen der Fall war) bereitwillig und ohne die Spur eines kämpferischen Widerstands abgelegt hatten. Analog dazu gilt, dass in dem Maß, wie die Erinnerung an diese Facette der Revolution an Bedeutung gewann, die Tatsache, dass in der Anfangsphase der Revolution praktisch alle Schießereien, die Menschenleben kosteten, aus Panikreaktionen entsprungen waren, fast völlig in Vergessenheit geriet.[46] Weil die Republik sich in der Folge ständig gezwungen sah, die staatlich legitimierte Gewalt gegen die Revolution im Frühjahr 1919 zu rechtfertigen, durfte sie sich nicht mehr daran erinnern, wie weitgehend gewaltfrei die Revolutionäre im November 1918 agiert hatten.

Die Stadt, in der der Irrglaube, konterrevolutionäre Offiziere feuerten aus dem Hinterhalt auf Revolutionäre, den größten Einfluss auf den weiteren Fortgang der Revolution hatte, war Berlin, die Hauptstadt des Deutschen Reiches und nach Überzeugung der meisten Leute der erste Ort, an dem der Bolschewismus triumphieren würde. Schon bevor die Revolution physisch in der Hauptstadt ankam, sorgten Gerüchte über das, was im Rest des Landes vor sich ging, dafür, dass in der Stadt eine »fieberhafte Spannung« entstand.[47] In adligen Kreisen ging das Gerücht, die Revolutionäre hätten schwarze Listen erstellt, darunter solche mit den Wohnadressen reicher Leute, deren Häuser sie zu überfallen gedachten; falls es den Opfern einfallen sollte, sich »gegen ihre Peiniger« zu wehren, würde unweigerlich Blut fließen.[48] Mile Scheer, die Frau des Mannes, der die Vorgänge, die zum Ausbruch der Revolution in Kiel geführt hatten, an entscheidender Stelle mitgeprägt hatte, gelangte am 8. November zu der Überzeugung, ihr Mann und sie würden bald eines gewaltsamen Todes sterben.[49] Sie schrieb Sätze nieder, von denen sie annahm, sie könnten die letzte Botschaft sein, die ihr Mann je von ihr bekam: »Will's Gott, sehen wir uns hier noch wieder, sonst wollen wir auf ein besseres Jenseits hoffen, das Leben in dieser verirrten Welt ist nicht mehr sehr lebenswert. Wie es auch immer kommen mag, ich halte aus und muss ja auch versuchen, noch für Else zu sorgen. Ich bin voll Gottvertrauen und weiß, dass er mich nicht verlässt!«[50] Am selben Tag bekam ein Kamerad ihres Mannes, Georg Alexander von Müller, Chef des Marinekabinetts, eine Armeepistole samt Munition zur »Selbstverteidigung« ausgehändigt, und die *Deutsche Zeitung* artikulierte die düstere Vorahnung: »Vielleicht trennen uns nur noch Tage von der Einführung der anarchistischen Herrlichkeit.«[51]

Als am frühen Nachmittag des 9. November 1918, nach Bekanntwerden der Abdankung des Kaisers, Arbeiter und Soldaten in großer Zahl ins Zentrum von Berlin strömten, stieg die Spannung dramatisch an.[52] Zwar meldeten einige Zeitungen in Sonderausgaben vom Nachmittag des 9. November: »Es wird nicht geschossen«, doch standen dem Gerüchte entgegen, denen zufolge bereits am Abend mit einer »blutigen Auseinandersetzung« zwischen den Unabhängigen und den Mehrheitssozialdemokraten zu rechnen sei.[53] Andere Gerüchte wollten wissen, dass aus Wilhelmshaven Zeppeline mit 3000 Matrosen an Bord nach Berlin unterwegs seien oder dass 3000 Matrosen sich zu Fuß von Kiel aufgemacht hätten.[54] Wie zuvor schon andernorts, ratterten auch in Berlin die ersten Gewehrsalven, während Gerüchte dieser Art kursierten. Theodor Wolff, der liberale Chefredakteur des *Berliner Tageblatts*, vermerkte in seinem persönlichen Tagebuch, er sei am Nachmittag dieses 9. November auf dem Rückweg in die Redaktion von einem »kolossalen Geknatter von Geschossen« überrascht worden, »so laut und scharf, dass man immer glaubt, die Kugeln schlügen an die Wände, neben denen man geht«.[55] Einem Bericht der *Frankfurter Zeitung* zufolge fielen die ersten Schüsse etwa um 18 Uhr vor dem königlichen Stadtschloss am östlichen Ende des Boulevards Unter den Linden – also an der Stelle, an der Kaiser Wilhelm II. im August 1914 den vielzitierten »Burgfrieden« für die Dauer des Krieges beschworen hatte.[56]

Wer oder was die Schüsse am Stadtschloss ausgelöst hatte, darüber wurde heftig gestritten. Manche Zeugen behaupteten, als Erste hätten konterrevolutionäre Heckenschützen gefeuert, die sich im Schloss und nebenan im königlichen Marstall eingenistet hatten. Wie Wolff erfuhr, hatten sich »königstreue Offiziere, Kadetten und Jugendwehr verbarrikadiert [...] und angeblich aus den Fenstern [geschossen]«.[57] Zu den Geschichten, die kursierten, gehörte auch die Behauptung, Konterrevolutionäre hätten mit Maschinengewehren aus den Kellerfenstern des Schlosses sowie aus dem Erdgeschoss und dem ersten Stock in die Menge gefeuert.[58] Einmal in der Welt, verbreitete sich diese Behauptung schnell in ganz Berlin. Als Harry Graf Kessler später am Abend durch die Straßen von Berlin-Mitte streifte, um zu sehen, was der erste Revolutionstag angerichtet hatte, erklärte ihm ein revolutionärer Wachmann, im Schloss hätten sich Offiziere verschanzt und unter den Schützen seien auch »Lausejungens«, die sich im Schloss und im Marstall versteckt hielten. Kesslers Informant wollte wissen, dass diese unsichtbaren Feinde »geheime Gänge« nutzten, durch die sie »flüchteten und wieder auftauchten«.[59] Einem Zeitungsbericht zufolge dauerten die Schießereien am Marstall bis vier Uhr morgens an, dann seien einige Leute verhaftet worden.[60]

Auch diverse Gerüchte über von außen anrückende Feinde, die die Erfolge der Revolution zunichte machen wollten, spielten an jenem 9. November in Berlin eine wichtige Rolle. Theodor Wolff fiel auf, dass vom Nachmittag an immer wieder über die »angeblich königstreue Potsdamer Garnison« geredet wurde. Man rechnete damit, dass jeden Augenblick die Soldaten dieser Garnison auftauchen würden, um der Revolution den Garaus zu machen. Nach Einbruch der Dunkelheit gewann dieses Gerücht an Wucht. Kurz vor Mitternacht wurde der Potsdamer Platz geräumt, um als Schlachtfeld für einen »erwarteten Kampf mit feindlichen Ankömmlingen« zu dienen. Beobachter gewannen den Eindruck, es stehe ein Duell bevor zwischen den Revolutionären und der »königstreuen Garnison«.[61] Harry Graf Kessler stieß in der Leipziger Straße auf eine Menschenmenge in hellster Aufregung, aus der heraus gerufen wurde, Gegentruppen seien aus Potsdam angekommen, gleich werde geschossen. Als er jedoch in die Wilhelmstraße einbog, in der nach seiner Vermutung mit Kämpfen zu rechnen war, hörte und sah er nichts.[62] Wenig später fielen jedoch am Potsdamer Platz Schüsse.[63] Wolff beschrieb, was er dort sah, als »eine Art Panik«. Nicht darauf erpicht, so lange an Ort und Stelle zu verharren, bis klar war, ob tatsächlich konterrevolutionäre Truppen einmarschiert waren, rannten Wolf und seine Kollegen zum Tiergarten und suchten dort Schutz.[64] In dieser Nacht auf den 10. November waren weiterhin Schüsse zu hören; es war aber, wie Wolff einräumte, nicht ersichtlich, »welchen Sinn der Feuerkampf hatte«.[65]

Zu weiteren aus Panik entstandenen Feuerstößen kam es am nächsten Morgen bei Aschinger und vor dem einen oder anderen Hotel in der Umgebung des Bahnhofs Friedrichstraße. Der Berlin-Korrespondent der *Hamburger Nachrichten* schilderte in einer Reportage einen ominösen Vorfall vor zwei Hotels in einem Straßenabschnitt, in dem sich revolutionäre Soldaten und eine Menge

Neugierige drängten: Plötzlich »ratterte von den Kuppeln dieser beiden Gebäude das Maschinengewehrfeuer auf die Friedrichstraße nieder. Alles floh in wilder Hast, und die Soldaten erwiderten aus gedeckten Stellungen [...] das Feuer.« Das »heftige Gefecht« hielt dem Bericht zufolge rund 20 Minuten an. Der Reporter konnte nach eigenem Bekunden »die Offiziere bei der Bedienung ihrer Gewehre auf den Dächern und in den hochgelegenen Räumen sehr gut beobachten«. Verwundet worden sei »wunderbarerweise« niemand, fuhr er fort, und das »trotz der vielen Einschläge auf der Straße und unter der Brücke und trotz der zahlreichen, sich immer wieder aus der Deckung hervorwagenden Soldaten und Zuschauer«. Möglicherweise war es, wie zuvor auch in Kiel, der laute Widerhall ihrer eigenen Gewehrschüsse, der die Revolutionäre annehmen ließ, es müssten irgendwo Offiziere sitzen, die sie unter Beschuss nahmen. Als die revolutionären Soldaten auf der Straße das Feuer einstellten, durchsuchten sie die Hotels; später erklärten sie, die Offiziere, die angeblich aus dem Aschinger-Gebäude heraus geschossen hatten, seien wohl entkommen. Fünf Offiziere, die sich im Hotel Zentral aufgehalten hatten, wurden verhaftet, doch wie der Reporter zu bedenken gab, ließ sich nicht mit Gewissheit sagen, ob sie Schüsse abgegeben hatten.[66]

Zu einer weiteren »Panik-Schießerei« kam es wenig später Unter den Linden. Wieder begann es damit, dass revolutionäre Soldaten glaubten, von auf Gebäudedächern postierten Offizieren beschossen zu werden. Das Wolffsche Telegraphenbüro (das die Revolutionäre in ihre Gewalt gebracht hatten) brachte eine Meldung in Umlauf, die, ohne präzise Uhrzeiten und Ereignisabfolgen zu nennen, behauptete, revolutionäre Soldaten hätten aus ihren Stellungen am Opernhaus, an der Neuen Wache und vor dem Stadtschloss das Feuer eröffnet – oder vielmehr das Feuer erwidert, denn auch hier war immer wieder von Offizieren die Rede, die Straßen mit MG-Feuer bestrichen.[67] Angeblich hatten Offiziere MG-Stellungen im Café Victoria, in der königlichen Bibliothek und im Café Astoria errichtet, durchweg Adressen, die als Domänen des Offizierskorps und des gehobenen Bürgertums galten.[68] Auch weiter im Osten hätten sich, so hieß es, Offiziere im

Stadtschloss und Marstall verschanzt und von dort aus den Platz vor dem Marstall unter Feuer genommen.[69] Sogar im Alten Museum gegenüber dem Schloss hatten sich angeblich Offiziere eingenistet.[70] Die Feuerstöße Unter den Linden, die keiner eindeutig definierten Gruppe von Schützen zugeordnet werden konnten, zogen sich angeblich über rund 40 Minuten hin.[71] Laut dem Bericht des Wolffschen Telegraphenbüros gab es keine Erkenntnisse darüber, ob die Schüsse aus dem Stadtschloss und dem Marstall irgendjemanden trafen und verwundeten. Nachdem revolutionäre Soldaten beide Gebäude gestürmt hatten, hieß es ein weiteres Mal, man habe die »vermeintlichen Verteidiger« nicht gefunden.[72]

Bemerkenswerterweise hörten sämtliche Schießereien entlang des Boulevards Unter den Linden in dem Augenblick auf, als die entlang dieser Achse postierten revolutionären Soldaten die »strenge Anweisung« erhielten, das Feuer einzustellen. Der Wolff-Meldung zufolge hielten sich um 10:30 Uhr nach Überzeugung der Revolutionäre noch etwa 20 Offiziere in unterirdischen Geheimgängen zwischen den Gebäuden des Stadtschlosses versteckt. Die revolutionären Soldaten hatten freilich, wie der Bericht einräumte, bis dato noch keinen Ein- oder Ausgang eines solchen Geheimgangs gefunden. Sie waren jedoch überzeugt, im Zuge einer nachträglichen Suchaktion die Heckenschützen aufstöbern zu können. Trotz der vielen Schüsse, die gefallen waren, beschränkten sich die entstandenen Schäden auf zersprengtes Fensterglas.[73] Bevor die Schießereien dieses Vormittags abebbten, wurden auf der Straße zwischen dem Café Kranzler und dem Café Bauer fünf Soldaten verwundet, wahrscheinlich durch versehentlichen Beschuss seitens eigener Leute, wie er auch in Kiel vorgekommen war.[74]

Die mysteriösen Offiziere, die angeblich die Schießereien vom Zaun gebrochen hatten, wurden auch beschuldigt, sie hätten Dumdum-Geschosse verwendet.[75] Der Hinweis auf Dumdum-Patronen verdient besondere Beachtung. Während des Ersten Weltkrieges warfen beiden Seiten dem jeweiligen Gegner immer wieder vor, die als Dumdum-Patronen bekannten Zerlegungsgeschosse zu verwenden, die ursprünglich für den Einsatz bei Schießübungen entwickelt worden waren. Der Vorwurf war nicht von der Hand zu weisen, denn es gab im Ersten Weltkrieg Situationen, in denen Dumdum-Munition verwendet wurde, insbesondere wenn bei einer Einheit einmal die Munition knapp wurde oder wenn bei Munitionszuteilungen ein Fehler passierte.[76] Dass der Vorwurf eine so überproportionale Resonanz fand, lag nicht zuletzt an der traumatisierenden Wirkung dessen, was moderne Waffen anrichten konnten. Egal, an welcher Front Soldaten im Ersten Weltkrieg eingesetzt waren, egal, gegen welchen Gegner sie kämpften, viele von ihnen konnten einfach nicht glauben, dass die grauenhaften Verwundungen ihrer gefallenen Kameraden das Resultat normaler Waffen waren.[77] Das Wiederauftauchen dieser Vorwürfe am 9. November 1918 in Berlin-Mitte illustriert, wie traumatische Kriegserfahrungen in der Heimat ihre Wirkung entfalteten. Es zeigt des Weiteren, dass sich die Angst davor, Opfer konterrevolutionärer Gewalt zu werden, im Schreckbild von der Zerfetzung des eigenen Körpers manifestierte.[78] In einem wichtigen Punkt unterschied sich jedoch die Gewaltkultur der Revolution sowohl vom Eskalationsmuster der Gewalt an den Kriegsfronten als auch von dem, was ab Januar 1919 in Berlin und anderswo ablief, als der Vorwurf, die Revolutionäre setzten Dumdum-Geschosse ein, zur Rechtfertigung für die Tötung von Gefangenen durch Regierungstruppen wurde: Die November-Revolutionäre verübten keine Racheakte gegen ihre Feinde. Dort, wo sie physische Gewalt anwandten, waren es meistens aus Panik geborene Schießereien. Auch wenn viele der Faktoren, die im weiteren Verlauf der Revolution zu Gräueltaten führten, schon im November 1918 gegeben waren, kam es in dieser Phase der Revolution nicht zu Gräueltaten.

Ähnlich wie zuvor in Kiel, Hamburg und München, resultierte auch in Berlin der Glaube der Revolutionäre an eine Offiziersverschwörung wenigstens teilweise aus dem Erlebnis der Konfrontationen, die sich am Vormittag und Nachmittag des 9. November 1918 im Zentrum der Stadt zutrugen. Zum Zeitpunkt des Aufmarsches pro-revolutionärer Menschenmassen in Berlin-Mitte war die Abdankung des Kaisers bereits bekanntgegeben worden, daher beschränkten sich die Konfrontationen zunächst auf Aktionen mit Symbolwirkung wie das Schwenken oder Hissen roter Fahnen oder das aggressive Angehen von Offizieren mit dem Ziel, sie zum Abreißen ihrer Uniformkokarden zu bewegen. Es kam aber auch zu einer kleinen Zahl gewalttätiger Konfrontationen; die bedeutsamste ereignete sich in der Kaserne der Garde-Füsiliere nördlich des Stadtzentrums, einer im Volksmund als »die Maikäfer« bekannten Elitetruppe. In einem Scharmützel zwischen Offizieren und Demonstranten wurden dort drei Männer getötet und einer verwundet.[79] Ansonsten gingen die meisten Konfrontationen in der Hauptstadt glimpflich aus. An verschiedenen Orten quer durch Berlin befreiten revolutionäre Menschenmengen politische Häftlinge.[80] Als eine solche Menschenmenge das Polizeipräsidium am Alexanderplatz umstellte, konnten der Polizeipräsident und andere ranghohe Beamte – Männer, die in den zurückliegenden Jahren und Jahrzehnten Polizeieinheiten bei Zusammenstößen mit protestierenden Arbeitern befehligt hatten – einfach das Gebäude verlassen und sich ihren Weg durch die Menge bahnen, ohne aggressiv angegangen oder gar festgenommen zu werden.[81]

In Berlin bestritten viele Zeitgenossen ausdrücklich, dass Offiziere auf Revolutionäre geschossen hatten. Das Central-Hotel zum Beispiel gab eine Presseerklärung heraus, in der es Berichte, denen zufolge Offiziere aus dem Hotel heraus gefeuert hätten, für unwahr erklärte.[82] Der Verband Deutscher Ingenieure reagierte auf das Gerücht, Offiziere hätten aus seinem Gebäude heraus auf eine pro-revolutionäre Demonstration beim Bismarck-Denkmal unweit des Reichstags gefeuert, mit der Erklärung, eine solche Schießerei habe nicht stattgefunden.[83] Das Berliner Militärkommando erklärte darauf hin, dass alle Offiziere Anweisung hatten, nicht auf Revolutionäre zu schießen, und wies jede Verantwortung für die Schießereien, zu denen es gekommen war, von sich.[84] Auch die Domgemeinde des Berliner Doms gegenüber dem Stadtschloss gab eine Erklärung heraus, in der sie die Behauptung, vom Dach des Doms sei geschossen und auf seiner Kuppel sei ein Geschütz in Stellung gebracht worden, ins Reich der Phantasie verwies. Kategorisch bestritt das Domkirchenkollegium auch die Behauptung, es gebe einen vom Dom zum Stadtschloss führenden

Geheimgang.[85] Die Schießereien kommentierend, die sich wellenartig durch die Stadt fortgepflanzt hatten, schrieb der Berlin-Korrespondent der traditionell liberalen *Frankfurter Zeitung*, man könne sich des Eindrucks nicht erwehren, dass ein Großteil dieses sinnlosen Gewehrfeuers aus Nervosität resultierte.[86]

Auch die konservative Presse wies den Vorwurf zurück, Offiziere hätten sich als Heckenschützen betätigt. Die alldeutsche *Deutsche Zeitung* verwies in ihrer Ausgabe vom 13. November Behauptungen, Offiziere hätten auf Revolutionäre geschossen, ebenso ins Reich der Phantasie wie den Verdacht, Offizierskadetten aus Lichterfelde hielten sich in diversen Gebäuden in der Umgebung von Stadtschloss und Marstall versteckt und feuerten aus der Deckung auf Revolutionäre. (Auch dies war ein Gerücht, das am 9. und 10. November die Runde machte.) Nach Ansicht des Blattes erinnerten Gerüchte und Unterstellungen dieser Art an die starke Verbreitung, die Spionagegeschichten in den ersten Monaten des Ersten Weltkrieges gefunden hatten.[87] Eine weitere konservative Zeitung, der *Deutsche Kurier*, ging in ihrer Kritik an der These von der Offiziersverschwörung noch ein Stück weiter. Nach ihren Informationen war sogar der neue Polizeipräsident von Berlin, der USPD-Mann Emil Eichhorn, den die Revolution in dieses Amt katapultiert hatte und der kein Freund der Konservativen war, nach einer Untersuchung der Vorgänge zu dem Schluss gelangt, dass keinerlei Schießereien auf das Konto von Offizieren gingen.[88] Die ultranationalistische evangelische Zeitung *Der Reichsbote* vertrat am 21. November in einem Rückblick auf die Revolution in Berlin sogar die Ansicht, die Schießereien seien das Werk von Jugendlichen gewesen, denen Waffen in die Hände gefallen seien, die Soldaten am Vortag weggeworfen hatten.[89]

Gewalt und revolutionäre Autosuggestion

Nicht wenige der damals umlaufenden Gerüchte blieben noch über weite Strecken des 20. Jahrhunderts hinweg als vermeintliche Erklärungen für die Ereignisse vom November 1918 wirksam.

Im ersten Band seiner zum Klassiker gewordenen Geschichte der Arbeiterbewegung in der Weimarer Republik schreibt Heinrich August Winkler: »Am Nachmittag des 9. November entwickelten sich noch heftige Kämpfe am Marstall und in der Universität, wo sich einige Offiziere verschanzt hatten, die in die demonstrierende Menge schossen.«[90] Winkler sitzt hier einem Irrtum auf. Seine unzutreffende Feststellung beruht auf der Verwendung von Quellen, die den Inhalt von Gerüchten zur Erklärung dessen heranzogen, was sich am 9. November 1918 in Berlin ereignete. Unter dem Strich lässt das Quellenmaterial zu den Vorgängen in Berlin in der abwägenden Zusammenschau mit dem, was sich zuvor in Kiel, Hamburg und München abgespielt hatte, nur den Schluss zu, dass es das behauptete konterrevolutionäre Gewehrfeuer aus dem Hinterhalt nicht gab. Vielmehr war es offenbar so, dass nachdem die revolutionäre Bewegung die Herrschaft über die Straßen übernommen hatte, eine Kombination aus Gerüchten und Panikreaktionen die Schüsse aus den Gewehren nervöser Revolutionäre auslöste. Anders als vielfach überliefert und geglaubt, waren die Schüsse auf Revolutionäre und Passanten nicht das Werk von Offizieren, sondern das Ergebnis von Panikreaktionen oder sogar von irrtümlichem Feuer eigener Leute.[91]

Wenn man die historische Rolle von Gerüchten und Irrglauben in Zeiten der Revolution besser verstehen will, ist es hilfreich, auf die Schriften von Georges Lefèbvre zurückzugreifen, einem der einflussreichsten Historiker der Französischen Revolution. Lange bevor der Ausdruck »fake-news« in Gebrauch kam, erkundete Lefèbvre in seinem 1932 erschienenen Klassiker *La Grande Peur de 1789* (»Die große Angst von 1789«) als Erster die Rolle, die Massenpanik, Angst, Gerüchte und Irrglaube in der Geschichte gespielt haben.[92] Einer von Lefèbvres wichtigsten Forschungsbeiträgen bestand darin, dass er das Konzept der »Autosuggestion« entwickelte. Anhand dieses Begriffes erklärte er, wie selbstgeschmiedete Überzeugungen zu allen Zeiten politischen Akteuren dabei geholfen haben, voll und ganz daran zu glauben, dass bestimmte Dinge passiert waren oder noch passierten, obwohl sich in Wirklichkeit nichts dergleichen ereignet hatte oder ereignete. In einer

Schlüsselpassage schrieb Lefèbvre: »Wenn nun eine Versammlung, eine Armee oder eine ganze Bevölkerung die Ankunft eines Feindes erwartet, wäre es sehr ungewöhnlich, wenn dieser Feind nicht früher oder später in Sicht käme.« In einem so aufgeladenen Klima genüge »eine verdächtige Gestalt, eine Staubwolke oder sogar noch weniger: Ein Geräusch, ein Licht, ein Schatten können genügen, um einen Alarm auszulösen. […] Auf diese Art verfallen ganze Heere in Panik, gewöhnlich bei Nacht, und so entstanden auch die Paniken, die sich zur Großen Furcht aufschaukelten.«[93]

Eine Autosuggestion in Gestalt der Überzeugung, einer gefährlichen revolutionären Bedrohung ausgesetzt zu sein, war der Auslöser für den Entschluss des deutschen Kaisers, sich in der Nacht vom 9. auf den 10. November ins neutrale Holland abzusetzen. Aber nicht nur bei den Akteuren an der obersten Spitze der Gesellschaftspyramide des Deutschen Reichs spielte Autosuggestion eine handlungsrelevante Rolle; auch die Revolutionäre, die auf die Straßen der deutschen Städte strömten, standen unter dem Einfluss selbstgeschmiedeter Überzeugungen.

Die wenigen gewalttätigen Konfrontationen, die in Berlin stattfanden, waren maßgeblich verantwortlich dafür, dass der Glaube der Revolutionäre an eine Offiziersverschwörung so große Verbreitung fand. Konfrontationen weckten bei den Massen die Erwartung, sie würden es in der Folge weiterhin mit gewaltbereiten Gegnern der Revolution zu tun bekommen – Konfrontationen definierten die Revolution. Im Rahmen eines großen politischen Dramas waren es die Szenen der Konfrontation, die die größte Beachtung fanden. Sie lehrten die Menschen, noch größere Akte gewaltsamen Widerstandes gegen die Revolution zu erwarten als die, die schon stattgefunden hatten. So kam es, dass obwohl die allermeisten Menschen an der Revolution nur als Beobachter des Geschehens auf den Straßen oder als Mitläufer in gewaltlosen Demonstrationen teilnahmen, die wenigen gewalttätigen Zwischenfälle, die stattfanden, die Erwartungen hinsichtlich eines antirevolutionären Gegenschlags prägten. Aus den Konfrontationen speiste sich die Vorstellung, Offiziere des Deutschen Heeres seien bereit, in eine Menge unbewaffneter Revolutionäre zu schießen, und daraus entstanden Gerüchte, die sich dann rasch fortpflanzten. Auf diese Weise leisteten die wenigen Konfrontationen, die sich tatsächlich ereigneten, dem Glauben an weitere Konfrontationen Vorschub, die in Wirklichkeit ausblieben.

Andererseits gilt, dass in den ersten beiden Novemberwochen 1918 im Gegensatz zu dem, was sich nur wenige Monate später vollzog, die kulturellen und politischen Hemmschwellen, die später versagten und damit ein Einfallstor für zunehmend häufiger vorkommende gewaltsame Übergriffe öffneten, intakt blieben. Die Reaktionen der Revolutionäre auf konterrevolutionäre Gewalt blieben besonnen: Sie ließen sich nicht zu gewalttätigen Vergeltungsaktionen gegen die Männer hinreißen, die beschuldigt wurden, revolutionäre Genossen angegriffen und schwer oder tödlich verletzt zu haben. Sie lehnten die Anwendung symbolischer oder kathartischer Gewalt zur Demonstration der neuen Machtverhältnisse ab. In Kiel, Hamburg und Berlin trugen Konfrontationen, bei denen Revolutionäre oder Passanten verwundet oder getötet wurden, und der durch solche Erfahrungen geschärfte Sinn für die eigene körperliche Verwundbarkeit zur Verbreitung von Gerüchten und Falschmeldungen bei. Das allein reichte jedoch nicht, um Gräueltaten zu provozieren oder, schlimmer noch, einen Teufelskreis der Gewalt in Gang zu setzen, angetrieben etwa von einem Verlangen der Revolutionäre, an denen Rache zu nehmen, denen man zutraute, dass sie die Revolution niederschießen wollten. Das Maß der von der Revolution angewandten Gewalt blieb begrenzt.

Eine Anzahl von Faktoren hilft uns zu verstehen, warum das so war: Da ist zunächst die Tatsache, dass die Revolutionäre ihre hauptsächlichen Ziele schnell und fast kampflos erreichten: die Abdankung des Kaisers und die Ausrufung einer deutschen Republik. Symbolische Gesten wie das Hissen roter Fahnen oder das Abreißen von Uniformkokarden dienten da nur noch als ergänzende demonstrative Zeichen dafür, dass sich in Deutschland eine Revolution vollzog. Der wichtigste Faktor war jedoch der, dass die Revolution ihre Wurzeln in einer Bewegung hatte, die ihre Legitimation aus dem Versprechen schöpfte, die Gewaltorgie, die der Erste Weltkrieg war, zu beenden. Das war der Grund dafür, dass die Rufe nach einer Eskalation revolutionärer Gewalt, die es tatsächlich gab, bei den vielen auf taube Ohren stießen, die verstanden hatten, dass der langfristige Erfolg ihrer Bewegung davon abhing, dass sie es schaffte, friedlich zu bleiben. Die SPD und die spontan entstandene Rätebewegung spielten eine Schlüsselrolle bei der Verbreitung dieser Botschaft: In ihrer Presse und in den Reden ihrer politischen Wortführer pochten die Sozialdemokraten immer wieder auf Ruhe und Disziplin und warnten vor Gewaltanwendung, die nur denen nützen würde, deren Ziel die Bolschewisierung Deutschlands sei.[94]

Auf der anderen Seite ist es wichtig, sich zu vergegenwärtigen, dass der Donnerhall von Gewehrschüssen und der daraus gezogene Schluss, dass bewaffnete Konfrontationen im Gang waren, all jene Zeitgenossen, die in ihrem Denken Revolution mit russischem Bolschewismus und mit der Erinnerung an die Gewaltexzesse der Revolutionen von 1789, 1848 und der Pariser Kommune von 1871 assoziierten, in Angst und Schrecken versetzten. So zum Beispiel einen Angestellten der *Neuen Hamburger Zeitung*, der am 6. November 1918 um 10:30 Uhr ein Telegramm an seine Zeitung schickte. Es begann mit einer Warnung vor dem bedrohlichen Gewaltpotential der revolutionären Massen, die sich aus den Arbeiterbezirken Hamburgs auf den Weg in ins Stadtzentrum gemacht hatten. »Die Menge ist mit Maschinengewehren, Bajonetten und Revolvern bewaffnet, rote Fahnen werden im Zuge getragen«, berichtete der beunruhigte Telegrammschreiber. »Bis jetzt«, fuhr er fort, sei »die Ordnung im allgemeinen gewahrt geblieben«.[95] Niemand konnte in diesem Moment sagen, ob die »Ordnung« bestehen bleiben würde, d. h. ob die Worte »bis jetzt« weiterhin Gültigkeit behalten würden. Das zeigte sich erst Mitte November, als die Lage sich beruhigte. Dazwischen lag eine Woche, in der, wie die *Berliner Morgenpost* schrieb, eine »ungeheure Spannung« in der Luft lag und sowohl Anhänger als auch Gegner der Revolution um ihre persönliche Sicherheit und die ihrer Familien bangten.[96]

Der Zusammenbruch aller staatlichen Autorität war für alle

Deutschen ein Schock. Harry Graf Kessler war wie vom Donner gerührt und bezeichnete den 9. November als »einen der denkwürdigsten, furchtbarsten Tage der deutschen Geschichte«.[97] Theodor Wolff begrüßte zwar die Geburt einer deutschen Republik, fand aber die latente Gefahr, die von unkontrollierbaren Massenaufmärschen im Zentrum Berlins ausging, beängstigend. »Der ganze Eindruck stark unheimlich und nervenerregend«, schrieb er, »besonders auch wegen der vielen Halbwüchsigen und zweifelhaften Gewehrträger.«[98] In München machte das Krachen von Gewehrschüssen Thomas Mann »nervös und etwas verfolgungsirr«. Vom Lärm entfernten Gewehrfeuers aus dem Halbschlaf geweckt, malte er sich aus, »geholt« zu werden. Die Lautstärke der Schüsse, die ertönten, war das Barometer, an dem er seine persönliche Sicherheit und die seiner Familie maß.[99] Und als in Berlin Ernst Troeltsch am 11. November erstmals seit dem 9. November einen Erkundungsgang ins Stadtzentrum machen wollte, ließ seine Frau ihn nur unter der Bedingung aus dem Haus gehen, dass er zu seinem *persönlichen* Schutz einen Revolver mitnahm. Der greise Theologe geriet freilich nie in eine Situation, in der er die Waffe hätte ziehen müssen. »In Wahrheit«, konstatierte er anschließend, »war alles absolut ruhig.«[100]

Das war die große Tragödie (wenn man so will) der deutschen Revolution in den ersten zehn Novembertagen des Jahres 1918: Eine weitestgehend gewaltlose Revolution, getrieben von dem Verlangen, das Blutbad des Ersten Weltkrieges unverzüglich zu beenden und eine deutsche Republik zu erschaffen, erreichte ihre Ziele fast über Nacht. Und doch war die Angst, dass die Revolution am Ende von einer Welle revolutionärer und konterrevolutionärer Gewalt überflutet würde, so groß, dass sie die ganze Zeit über ein Wesensmerkmal des politischen Lebens in Deutschland blieb. Statt abzuflauen, nahm die »große Furcht« der deutschen Revolution in den Wochen und Monaten nach dem 9. November 1918 eine neue Gestalt an. Sie krallte sich an einem anderen Schreckgespenst fest, das die Vision von einer unvermeidlichen Eskalation der revolutionären Gewalt verkörperte: dem Spartakismus.

KAPITEL DREI

Der Liebknecht-Mythos

Es begann im April 1915. Die Mitglieder der armenischen Elite in Konstantinopel kamen als Erste an die Reihe. Dann weitete sich der Mord- und Vernichtungsfeldzug der Türken auf ganz Anatolien aus. Todesmärsche. Kinderleichen. Vergewaltigung, Ermordung und Versklavung von Frauen und Mädchen. Mindestens eine Million Armenier kam um. Es war der erste Genozid des 20. Jahrhunderts. Hitler war beeindruckt und vergaß es nicht. Viele Deutsche wissen heute nichts mehr davon, dass das Deutsche Kaiserreich im Ersten Weltkrieg mit einem völkermörderischen Regime verbündet war. Niemand trat diesem Bündnis mit geschlossenen Augen bei, und offenbar waren Mord, Vertreibung und Vernichtung für die deutsche Regierung nicht Grund genug, ihrem osmanischen Verbündeten den Rücken zu kehren. Der Genozid blieb keineswegs geheim, die Deutschen erfuhren vom Los der Armenier über Kontakte zu christlichen Missionaren, von ihren im osmanischen Reich stationierten Offizieren und durch Diplomaten. Viele Deutsche, die Zeugen des brutalen Vorgehens wurden, waren zu Recht schockiert und zutiefst beschämt, aber nur wenige erhoben ihre Stimme. Karl Liebknecht war einer von den wenigen, die den Mut dazu aufbrachten.

Am 11. Januar 1916 meldete er sich im Deutschen Reichstag zu Wort und forderte die Regierung auf, helfend einzugreifen, um das Leben der noch verbliebenen Armenier zu schützen. Er stieß damit aber auf taube Ohren. Am nächsten Tag wurde er aus der

Reichstagsfraktion der SPD ausgeschlossen. Mehr als für seinen Friedensappell vom 1. Mai 1916 gilt für seinen Aufruf, den Armeniern zu Hilfe zu kommen, dass dies sein größtes Ruhmesblatt war.

Karl Liebknecht wurde am 13. August 1871, wenige Monate nach dem Triumph Bismarcks im deutsch-französischen Krieg, als Sohn Wilhelm Liebknechts, des Mitbegründers des Allgemeinen Deutschen Arbeitervereins (ein Vorläufer der SPD), geboren. Im Kaiserreich gehörte er zu den führenden Kritikern des deutschen Militarismus. 1907 veröffentlichte er eine anti-imperialistische Streitschrift mit dem Titel *Militarismus und Antimilitarismus*. Die Strafe dafür waren eineinhalb Jahre Zuchthaus. Das damit einhergehende Negativimage verschaffte ihm jedoch einen großen Bekanntheitsgrad, und so wurde er 1908 ins preußische Abgeordnetenhaus und vier Jahre später in den Reichstag gewählt.

Als Angehöriger des für eine Revolution eintretenden linken Flügels der SPD hatte Liebknecht im August 1914 die Bewilligung der Kriegskredite durch die sozialdemokratische Reichstagsfraktion persönlich verurteilt, aber dennoch mit Ja gestimmt, weil er fürchtete, dass Widerstand dagegen zu einer Spaltung der SPD führen würde. Doch vier Monate später fühlte er sich, nicht zuletzt weil die in den ersten Kriegswochen von deutschen Soldaten an belgischen und französischen Zivilisten verübten Gräuel ihn zutiefst verstörten, nicht mehr in der Lage, das Gemetzel gutzuheißen. Am 2. Dezember 1914 stimmte er als erster und einziger Reichstagsabgeordneter gegen die Bewilligung weiterer Kriegskredite zur Finanzierung des Krieges. Vor dem Hintergrund des patriotischen Furors, in den sich die Deutschen in der zweiten Jahreshälfte 1914 hineingesteigert hatten, kam Liebknecht diese Entscheidung teuer zu stehen. Sein Nein, ausgesprochen nur wenige Monate nachdem Truppen des russischen Zaren im Zuge ihres kurzen Gastspiels als Invasoren Ostpreußens im August 1914 Gräueltaten an deutschen Zivilisten begangen hatten, wurde ihm als flagranter Akt des Landesverrats ausgelegt, den man ihm nie verzeihen würde.[1]

Zwei Jahre später saß Liebknecht im Gefängnis. Der erste

Versuch der Reichsregierung, ihn zum Schweigen zu bringen, bestand in der Einziehung zum Kriegsdienst: 1915 wurde er, obwohl noch immer gewählter Reichstagsabgeordneter, als »Armierungssoldat« rekrutiert – als nicht kämpfender Soldat, der lediglich verpflichtet war, den Streitkräften seine Arbeitskraft zur Verfügung zu stellen.[2] Liebknecht wurde an die Ostfront geschickt, wo sich seine ablehnende Haltung gegen den Krieg noch verstärkte, als er bei der Bergung von Leichen gefallener Soldaten eingesetzt wurde. Zusammen mit einer kleinen Zahl gleichgesinnter Mitglieder des linken Flügels der Sozialdemokratischen Partei, darunter Rosa Luxemburg, gründete er insgeheim die Gruppe Internationale, die sich später »Spartakusbund« nannte. Ihr Ziel war es, den Krieg zu beenden, wenn möglich mittels einer sozialistischen Revolution.

Am 1. Mai 1916 rief Liebknecht bei einer Kundgebung am Potsdamer Platz »Nieder mit dem Krieg! Nieder mit der Regierung!«, womit er den Tatbestand des Landesverrats erfüllte. Das war selbst für ein Mitglied des Deutschen Reichstags ein Schritt zu viel. Liebknecht wurde verhaftet und ins Gefängnis geworfen. Er sollte bis kurz vor Kriegsende hinter Gittern bleiben. Die Entscheidung, ihn auf freien Fuß zu setzen, wurde von den Sozialdemokraten angestoßen. Drei Wochen nach ihrem Eintritt in die Reichsregierung unter Prinz Max von Baden Anfang Oktober 1918 gelangten sie zu der Überzeugung, die fortdauernde Einkerkerung Liebknechts sei ein wirkmächtiges Symbol monarchischen Unrechts. Seine Freilassung passte auch dem rechten Flügel der Sozialdemokraten ins Konzept (der Liebknechts Inhaftierung über zwei Jahre lang fast tatenlos hingenommen hatte), glaubte er damit doch Pluspunkte sammeln zu können. Unter Hinweis auf diese Geste konnten sich die Sozialdemokraten nämlich damit brüsten, sie hätten als Preis für ihren Eintritt in die Regierung des Prinzen Max von Baden eine Amnestie für politische Gefangene erwirkt.

Liebknecht saß seine Strafe im Zuchthaus von Luckau ab, rund 75 Kilometer südlich von Berlin.[3] Nach seiner Entlassung am 23. Oktober 1918 fuhr er mit dem Zug nach Berlin, wo er kurz nach 17 Uhr am Anhalter Bahnhof, dem damals größten Bahnhof

Berlins, ankam. Eine große Masse jubelnder Anhänger erwartete ihn. Darunter waren zahlreiche Frauen und Arbeiter, Linkssozialisten und auch eine unbekannte Zahl von Soldaten.[4] Es war Karl Liebknechts politische Heimkehr. Als er aus dem Zug stieg, setzten Hochrufe aus der Menge ein. Zu hören waren Hochrufe auf die Sozialistische Internationale, Forderungen nach Frieden, und mindestens einmal wurde die »Marseillaise der Arbeiter« gesungen, ein beliebtes Revolutionslied zur Melodie der französischen Nationalhymne. Die Anhänger Liebknechts waren überzeugt, ihr Idol werde ihnen einen Weg aus dem Elend weisen. Nachdem er seine engsten politischen Mitstreiter begrüßt hatte, trugen ihn Arbeiter auf ihren Schultern zu einem vor dem Bahnhof wartenden Lastwagen mit offener Ladefläche.[5]

Gefolgt von einer Prozession jubelnder Anhänger, tuckerte der Lastwagen zum Potsdamer Platz. Den das Geschehen verfolgenden Polizisten eine Nase drehend – einige von ihnen hätten den Rückkehrer wohl am liebsten gleich wieder festgenommen –, hielt Liebknecht genau an der Stelle, an der er verhaftet worden war, eine kurze Rede, in der er die Deutschen aufrief, den Heldentaten der russischen Bolschewisten nachzueifern. Er beendete die Rede sogar mit einem Hochruf auf die Rote Armee.[6] Der Zug machte sich dann auf den Weg zum Reichstag, doch ein Polizeikordon verlegte ihm den Weg dorthin.[7] So bog man auf den Boulevard Unter den Linden ab und marschierte zur russischen Botschaft. Liebknecht hielt dort eine weitere Rede, über Deutschland und den Bolschewismus – seit April 1918 und der Unterzeichnung des Friedensvertrages von Brest-Litowsk residierten diplomatische Vertreter des bolschewistischen Russland in der Botschaft.[8] Gertrud Simon, die Frau des USPD-Politikers Hugo Simon, äußerte am Abend dieses Tages die Vermutung, die Prozession zur Feier der Freilassung Liebknechts werde für lange Zeit der einzige Triumphzug sein, den Berlin erlebte.[9]

Am nächsten Tag fanden sich Liebknecht und seine engsten Mitstreiter erneut in der russischen Botschaft ein und feierten, als hätten sie den Krieg gewonnen. Auf einem vom Botschafter Adolf Joffe, einem altgedienten Revolutionär, veranstalteten offiziellen

Empfang schlürften die sozialistischen Parteiführer Wein aus Bleikristallgläsern und bekamen ein exquisites Mahl serviert.[10] Der Widerspruch zwischen der opulenten Feier in der Botschaft und dem Hunger auf den Straßen Berlins war so krass, dass die junge idealistische Sozialistin Mathilde Jacob vor Empörung außer sich geriet. Aber sie stand mit ihrer Wut allein auf weiter Flur, alle anderen waren erfüllt von überbordender Begeisterung über die pompösen Tischreden, in denen Liebknecht und Joffe den russischen Bolschewismus rühmten und gelobten, alles in ihrer Macht Stehende zu tun, um die Revolution in Deutschland auf bolschewistischen Vordermann zu bringen.[11]

Der Traum von einer sozialistischen Revolution unter Führung des Spartakusbundes sollte für Liebknecht nie auch nur in Reichweite kommen. Zwar übernahmen hier und da USPD-Politiker wichtige Rollen, etwa Kurt Eisner in München, aber es gab nie eine zentrale Kommandostelle für die Revolution, und die wichtigsten politischen Institutionen, die die Revolution hervorbrachte, die Arbeiter- und Soldatenräte und der Rat der Volksbeauftragten, kamen unabhängig von Liebknechts Wirken zustande. Sosehr manche Politiker als revolutionäre Führer aufzutreten versuchten, so wenig kann dies darüber hinwegtäuschen, dass der Startschuss zur Revolution, der in Kiel fiel, für Liebknecht ebenso überraschend kam wie für den deutschen Kaiser. Aber obwohl Liebknecht über vieles von dem, was in den Wochen und Monaten nach seiner Freilassung Ende Oktober 1918 ablief, keine Kontrolle hatte und er eher den Status einer Randfigur einnahm, wurde er zum wichtigsten Kristallisationspunkt der deutschen Ängste vor Ordnungsverlust und revolutionärer Gewalt.[12] Liebknecht gelang es dank seiner anerkannten Verdienste als prominentester sozialistischer Gegner des deutschen Militarismus weitaus besser, Angst vor der Revolution zu verbreiten, als Unterstützung für sie zu mobilisieren.[13]

Die Historiker haben niemals wirklich klären können, wie das möglich war. Wie konnte ein Mann, der so wenig Unterstützung von denen erfuhr, um die es ihm ging – die Arbeiterschaft

Berlins –, zu einem solchen Schreckgespenst für die große Mehrheit der Deutschen werden, die ihn und alles, wofür er stand, ablehnten? Um diese Frage beantworten zu können, müssen wir uns vergegenwärtigen, dass die Zeitgenossen während der Wintermonate 1918/19 den Ausgang der deutschen Revolution nicht absehen konnten. Für sie war eine Machtübernahme Liebknechts eine reale und konkrete Möglichkeit. In der ersten Novemberhälfte 1918 schien einiges dafür zu sprechen, weil Liebknecht genau in dem Moment auf freien Fuß kam, als die Deutschen vom Zusammenbruch der staatlichen Ordnung in ganz Deutschland, in Russland und im ehemaligen Österreich-Ungarischen Kaiserreich, Deutschlands wichtigstem Waffenbruder, erfuhren.

Eine besonders wichtige Rolle spielte Liebknechts freundschaftliche Beziehung zu den Bolschewisten in der Botschaft. Aus dieser Freundschaft speisten sich Gerüchte, die besagten, die Botschaft sei das Hauptquartier einer Organisation, die auf den Ausbruch der Revolution hinarbeite. Die Fürstin Blücher bezeichnete die Botschaft als eine »Brutstätte des Bolschewismus und der Anarchie« und fügte hinzu, Liebknecht gehe dort »aus und ein«.[14] Zu den ab Ende Oktober 1918 umlaufenden Gerüchten gehörte auch die Unterstellung, die Russen schickten per Diplomatenpost kistenweise gefährliche Propagandaschriften nach Berlin, mit denen die deutschen Arbeiter zur Revolution angestachelt würden. Die politische Abteilung der Berliner Polizei, deren Aufgabe es war, subversive Kräfte zu beobachten, warf wenig später den Russen vor, sie schmuggelten Waffen und anderes Material in die Botschaft.[15] Die Regierung von Prinz Max zeigte sich zunächst nicht willens, etwas zu unternehmen, und die russische Botschaft dementierte die Gerüchte.[16] Allein, die Kombination aus Angst, Misstrauen und Verdacht trieb Tag für Tag heftigere Blüten. Am 4. November 1918, als am Bahnhof Friedrichstraße wieder einmal Diplomatenpost ausgeladen wurde, behaupteten deutsche Agenten, eine der Kisten sei geborsten und man habe gesehen, dass sie mit gefährlicher »bolschewistischer Propaganda« gefüllt war.[17] Damit war eine Grenze überschritten. Unmittelbar nach diesem Zwischenfall wurden der Botschafter Joffe und seine Mitarbeiter aus Deutschland ausgewiesen und der deutsche Botschafter aus Moskau abberufen.[18]

Der Vorfall am Bahnhof Friedrichstraße ereignete sich am selben Tag, an dem Österreich kapitulierte und in Kiel der Aufstand der Matrosen begann. Die Menschen erfuhren also von der Ausweisung des Botschaftspersonals genau zur selben Zeit wie vom Zusammenbruch der staatlichen Ordnung im östlichen Mitteleuropa und im deutschen Norden. Die Vorgänge in Kiel folgten scheinbar einem Muster, das mit der Ausrufung von Republiken in Budapest, Prag, Warschau und Bulgarien innerhalb weniger Tage europaweit Schule zu machen schien. Diese Gleichzeitigkeit verstärkte den mentalen Mechanismus, der bewirkte, dass viele Deutsche den beginnenden Umsturz im Inneren mit dem russischen »Bolschewismus« identifizierten.[19] Viele gelangten zu der Überzeugung, Liebknecht sei der heimliche Kopf der Revolution, derjenige, in dessen Hand die Fäden eines Geschehens zusammenliefen, das in Wirklichkeit eine Abfolge unverbundener Ereignisse war. Das war insbesondere für diejenigen, die mit den deutschen Bemühungen während des Krieges vertraut waren, revolutionäre Umtriebe im Lager der Feinde Deutschlands zu fördern, keine ganz unlogische Vermutung. Schließlich hatte Deutschland zahllose Agenten hinter den feindlichen Linien abgesetzt, die den Auftrag hatten, alle Welt zum Kampf gegen Frankreich, Großbritannien und Russland anzustacheln – heute kennen die meisten Europäer nur noch den Namen eines dieser Agenten: Wladimir Iljitsch Lenin.

Die zunehmende Angst vor einer kurz bevorstehenden Revolution war das Hauptreservoir, aus dem sich die wachsende Angst vor Liebknecht speiste. Just als sich die ersten Meldungen über Aufruhr und Revolution in Kiel über Deutschland zu verbreiten begannen, fand ein amtlicher Bericht über die »Verbrechen« der bolschewistischen Botschaft weite Verbreitung, in dem hervorgehoben wurde, deutsche Agenten hätten bolschewistische Propagandaschriften entdeckt, die zu einer »blutigen Revolution« aufriefen. Die Rede war in dem Bericht von Aufrufen an deutsche Revolutionäre, Morde zu begehen und terroristische Aktivitäten in die Wege zu leiten.[20] In einem Chor der Empörung beschuldigte die deutsche Presse den bolschewistischen Botschafter Joffe (der Jude war), mit verschwörerischen Mitteln die Revolution herbeiführen zu wollen, und warnte, Deutschland stehe an der Schwelle zu einer gefährlichen Spirale der Gewalt.[21] Selbst die liberale *Frankfurter Zeitung* zeigte sich befremdet. Das Blatt, das bis 1914 zu den wichtigsten kritischen Stimmen gegen den Antisemitismus im kaiserlichen Deutschland gehört hatte, erklärte jetzt, die Erkenntnisse der politischen Polizei bestätigten den alten Verdacht, dass »Juden« im Zusammenwirken mit der russischen Botschaft die Verbreitung gefährlichen Materials förderten.[22] Ein typisches Beispiel für die publizistische Verurteilung des Bolschewismus lieferte die *Berliner Morgenpost* mit der nachgeschobenen Behauptung, das »Schreckensregiment« der Bolschewisten kenne nichts anderes, als Menschen zu »hängen«, zu »erschießen«, zu »foltern« und »einzusperren«.[23] Die Sozialdemokraten behaupteten, die Urheber der Flugblätter wollten die deutsche Arbeiterklasse spalten und ihr »russische Zustände« aufzwingen.[24] Als Fürstin Evelyn Blücher erfuhr, dass das Botschaftspersonal des Landes verwiesen worden war, reagierte sie mit einem »Seufzer der Erleichterung«.[25]

Zementierung des Liebknecht-Mythos: Karl Liebknecht am 9. November 1918 am königlichen Schloss

Doch nur eine Woche später war das Unvorstellbare eingetreten: Rote Fahnen wehten auf den zentralen Plätzen großer und kleinerer Städte im kaiserlichen Deutschland. Der Historiker Gustav Mayer, der das Geschehen auf den Straßen Berlins aufmerksam verfolgte, zeigte sich betroffen vom Anblick von Soldaten mit abgerissenen Kokarden und provokativ aufgeknöpfter Uniformjacke, die ihr Gewehr mit nach unten gerichtetem Lauf trugen. Noch mehr als alle diese Anklänge an revolutionäre europäische Traditionen beeindruckte ihn die Präsenz so vieler roter Fahnen. Er gewann während seines nachmittäglichen Streifzugs den Eindruck, dass in jedem der Fahrzeuge, die im Berliner Stadtzentrum unterwegs waren, mindestens ein »verlotterter« Soldat mitfuhr, der nichts anderes tat, als eine rote Fahne zu schwenken. Manche konservativen Beobachter sahen im Anblick so vieler roter Fahnen gar ein klares Indiz dafür, dass die Revolution von langer Hand geplant gewesen sein musste. Seit dem Umsturz in Kiel hatte sich das Heer als unfähig erwiesen, die revolutionäre Flut aufzuhalten, und der Kaiser und alle anderen deutschen Fürsten hatten entweder das Weite gesucht oder abgedankt. Das Deutsche Reich war eine Republik. Die Drohung, die Liebknecht zu personifizieren schien, vervielfachte plötzlich ihre Virulenz. Sein Auftritt vor dem Berliner Schloss am 9. November 1918 half mit, die Angst anzuheizen. Getrieben von dem allen Extremisten eigenen Hunger nach öffentlicher Aufmerksamkeit, begab er sich am frühen Nachmittag des 9. November hastig zum Schloss, proklamierte die Errichtung einer deutschen sozialistischen Republik und rief die Deutschen auf, es den russischen Bolschewisten gleichzutun. Im Theaterstück der deutschen Revolution von 1918–19 war dies die dramatisch wichtigste Szene.

Dass Liebknechts Wahl auf das königliche Schloss fiel, hatte vor allem mit der Geschichte des Gebäudes zu tun. Er postierte sich für die Ausrufung der »freien sozialistischen Republik Deutschland« vor dem imposanten Portal des Stadtschlosses, eingerahmt von rote Fahnen schwingenden Anhängern. Im Anschluss an die Proklamierung deutete er auf das Gebäude und erklärte, es sei höchste Zeit, »an der Stelle, wo die Kaiserstandarte wehte, die rote Fahne der freien Republik Deutschland [zu] hissen«.[26] Kurze Zeit später zeigte sich Liebknecht auf dem Schlossbalkon.[27] Mit einer überdimensional großen roten Fahne hinter sich, verkündete er, er stehe jetzt genau an der Stelle, an der 70 Jahre zuvor, 1848, König Friedrich Wilhelm IV. von Preußen unter dem Druck der damaligen Ereignisse vor mehr als 180 getöteten Revolutionären die Mütze abgenommen habe. Deren »blutüberströmte Leichname« hatte man im Vorhof des Schlosses gelagert, bevor sie auf dem Friedhof der Märzgefallenen in Friedrichshain bestattet wurden. Seit jener ersten deutschen Revolution und ihrem Scheitern habe der Kapitalismus, so rief Liebknecht aus, ganz Europa in ein »Leichenfeld« verwandelt. Er forderte sodann seine Zuhörer auf, sich vorzustellen, dass »die Geister der Millionen« im Krieg Getöteten vor dem Schloss vorbeimarschierten.[28] Tröstlich sei allein, erklärte er, dass jetzt »eine unübersehbare Menge begeisterter Proletarier an demselben Ort« versammelt sei, »um der neuen Freiheit zu huldigen«.[29]

Schon vor dem Betreten des Schlosses hatte Liebknecht sich öffentlich zur Ausweisung des bolschewistischen Botschaftspersonals am 4. November 1918 geäußert. Jetzt, in seiner großen Rede an die versammelte Menge, erklärte er: »Wir rufen unsere russischen Brüder zurück. Sie haben bei ihrem Abschied zu uns gesagt: ›Habt Ihr in einem Monat nicht das erreicht, was wir erreicht haben, dann wenden wir uns von Euch ab.‹ Voller Stolz fügte er hinzu: »Und nun hat es kaum vier Tage gedauert.« Es war eine Lüge, aber inmitten des Durcheinanders vom November 1918 fühlte es sich an, als könne es die Wahrheit sein. Am Schluss seiner Ansprache wiederholte Liebknecht seine Forderung, Deutschland müsse dem russischen Beispiel folgen. Er beendete die Rede mit einem Aufruf zur »Weltrevolution«, woraufhin alle Anwesenden mit hochgereckten Händen einen Treueeid auf die »freie sozialistische Republik Deutschland und die Weltrevolution« ablegten.[30]

Die Botschaft, die Liebknecht verkündete, verfehlte ihre Wirkung auf diejenigen, denen sie galt. Am Abend desselben Tages taten sich die Unabhängigen Sozialdemokraten mit den Mehrheitssozialdemokraten zur Bildung eines Rates der Volksbeauftragten zusammen. Am nächsten Tag scheiterte Liebknechts Versuch, sich bei einer Versammlung im Circus Busch die Unterstützung einer Mehrheit der neugewählten Ratsmitglieder zu sichern. Die große Mehrheit der 3000 Delegierten brach in begeisterten Jubel aus, als Ebert verkündete, es sei Zeit für die Bildung einer von beiden sozialdemokratischen Parteien getragenen Regierung. Als Liebknecht sich in seiner Rede gegen Ebert positionierte, erntete er demonstrative Buhrufe. Die Leute aus dem Führungszirkel des Spartakusbundes sahen sich nicht nur von jeglicher Machtposition innerhalb der neuerrichteten Institutionen der Revolutionsregierung ausgeschlossen, sondern sie mussten auch sehr schnell zur Kenntnis nehmen, wie gering ihr Einfluss auf die Straße war – der wichtigsten politischen Bühne bei einer Revolution.

Friedrich Eberts erste Botschaft an die Deutschen nach seiner Berufung zum Regierungschef am 9. November war ein Aufruf an alle Protestierenden: »Verlasst die Straßen! Sorget für Ruhe und Ordnung!« Jedwede weiteren Proteste könnten, so warnte er seine Landsleute, die ohnehin schon sehr schwierige Ernährungssituation weiter verschlechtern.[31] Die führenden Spartakisten, voller Empörung darüber, dass die Macht in den Händen Eberts gelandet war, richteten genau gegenteilige Aufrufe an die Massen. Sie forderten sie auf, ihre Waffen nicht abzulegen, auf der Straße zu bleiben und sich gegen allfällige Versuche zu wappnen, die Revolution rückgängig zu machen. Sie schärften den revolutionären Demonstranten ein: »Die Sache der Revolution ist nur in den Händen des Volkes sicher. Die Aufforderungen des vom gestürzten Kaiser neu gebackenen Reichskanzlers verfolgen nur den Zweck, die Massen nach Hause zu schicken, um die alte ›Ordnung‹ wiederherzustellen. Arbeiter, Soldaten, bleibt auf der Hut!«[32] Allein, die Spartakisten fanden sich, wie zuvor im Circus Busch, so auch jetzt in der ebenso bedeutsamen Arena, in der es um die Hoheit auf der Straße ging, auf der Verliererstraße: Die proletarischen Massen folgten der Anweisung Eberts – nur zwei Tage nachdem enorme Ansammlungen revolutionärer Demonstranten in Berlin-Mitte so viel Angst und Schrecken verbreitet hatten, blieben die Straßen jetzt auffallend ruhig, und in der deutschen Hauptstadt kehrte wieder eine, wenn auch fragile, Ordnung ein.[33] Es war ein klarer Punktsieg für Ebert, und Karl Liebknecht und Rosa Luxemburg zeigten sich am 11. November »deprimiert in dem Gefühl, doch nicht die Massen hinter sich zu haben«.[34]

Liebknechts Auftritt am Schloss erwies sich freilich in einer anderen Hinsicht als erfolgreich: Indem er sich öffentlich als der revolutionäre Anführer mit engen Bindungen zu den Bolschewisten präsentierte, bestärkte er das Publikum in der Angst, in Deutschland würden bald »russische Zustände« einkehren. Damit nicht genug, gab er mit seiner Behauptung, die revolutionäre Bewegung mit bolschewistischer Unterstützung initiiert zu haben, all den Gerüchten und Unterstellungen der voraufgegangenen Wochen über russische Einmischung in deutsche Angelegenheiten neue Nahrung. Das Bild des Agitators Liebknecht vor einer riesigen roten Fahne auf dem Balkon des Kaisers verängstigte die Menschen mehr, als dass es sie inspirierte.

Die Angst vor Liebknecht nach dem 9. November 1918

In den Tagen und Wochen nach dem 9. November 1918 verflüchtigten sich diese Ängste nicht. Sie verstärkten sich im Gegenteil noch. Die von den Spartakisten lancierte Kampfzeitung *Rote Fahne* bestärkte die Leute in der Befürchtung, Liebknecht arbeite auf die gewaltsame Übernahme der Macht hin.[35] In ihrer Ausgabe vom 10. November gab die *Rote Fahne* die Parole aus, bislang habe sich in Deutschland lediglich eine »bürgerliche Revolution« vollzogen, die wenig mehr bewirkt habe, als die Ruinen des Feudalismus zu beseitigen. Laut der *Roten Fahne* stand die wirkliche Revolution erst auf der Tagesordnung, wenn das siegreiche Proletariat die »politische und wirtschaftliche Macht« erobert hatte, die nötig sei, um aus »dem Schutt und den Trümmern des Weltkrieges« heraus eine neue Wirtschaft zu errichten.[36]

Es war dies eine Botschaft, die die Sozialdemokraten zutiefst erschreckte. Trotz des politischen Sieges, den sie am 9. und 10. November errungen hatten, waren sie nicht in Feierstimmung.[37] Ebert eröffnete seine erste Kabinettssitzung als Kanzler am 10. November mit den Worten: »Das Schicksal des Landes stellte mich auf diesen Platz. Die Lage verbietet eine feierliche Ansprache.«[38] Für Ebert und die anderen aus der sozialdemokratischen Führung bestand das beste Mittel, ein Abgleiten ins »Chaos« zu verhindern, darin, sich das Herrschaftswissen der alten kaiserlichen Eliten zunutze zu machen. In einer seiner ersten öffentlichen Verlautbarungen – gerichtet an jene Deutschen, denen die im Gang befindlichen revolutionären Veränderungen unheimlich waren – ließ Ebert die deutsche Öffentlichkeit wissen, die neue Regierung habe die Macht ergriffen, »um das Deutsche Volk vor Bruderkrieg und Hungersnot zu bewahren und seine berechtigten Forderungen nach Selbstbestimmung durchzusetzen«. Er warnte die Beamten davor, der revolutionären Regierung den Rücken zu kehren, denn damit würden sie Deutschland der »Anarchie« und »schrecklichstem Elend« ausliefern.[39]

Es war dies genau die Logik, die Ebert zu seinem berüchtigten, höchst umstrittenen Pakt mit General Groener bewog, der eine Zusammenarbeit zwischen der alten Militärführung und der neuen revolutionären Regierung vorsah. Viele Historiker vertraten später die Auffassung, Ebert habe durch dieses Paktieren mit den Generälen die Chance einer gründlicheren Demokratisierung der wichtigsten Institutionen des Staates vertan und damit die Weimarer Republik zum Scheitern verurteilt. Die Angst Eberts, Deutschland stehe an der Schwelle zu Chaos und Bürgerkrieg, erklärt, weshalb er nie auch nur darüber nachdachte, ob es sich vielleicht lohnen würde, mehr Demokratie zu wagen.[40]

Fixierung auf Liebknecht

Die Fixierung auf die Person Liebknecht erwuchs sowohl aus der Angst vor der Revolution als auch aus der niederschmetternden Erkenntnis, dass Deutschland den Krieg verloren hatte. Die täglichen Tagebucheinträge des Historikers Karl Hampe liefern uns klare Indizien dafür, wie es dazu kam. Als Hampe von der Abdankung des Kaisers erfuhr, schrieb er, auch wenn ihm Wilhelm II. nie sympathisch gewesen sei, erfülle sein Abgang ihn und seine Frau doch »mit tiefer Wehmut und Bitterkeit«.[41] Das Ende der Hohenzollern-Dynastie entlockte ihm die düstere Betrachtung: »Aber ohne unsre Kinder und die Sorge für sie erschiene uns das weitere Leben wenigstens für unsre augenblickliche Stimmung wenig mehr lebenswert.«[42]

Am nächsten Tag, im Anschluss an einen weitere von Verzweiflung zeugende Klage, bei der sich nervöse Anspannung, Wut und Angst die Waage hielten, bezeichnete Hampe die Revolution als den »schlimmsten Tag meines Lebens« und prophezeite, was Deutschland demnächst erwartete: »Verstümmelung, Willenlosigkeit, eine Art Schuldknechtschaft nach außen; im Innern brutale Klassenherrschaft unter trügerischem Schein der Freiheit, Bürgerkrieg, Hungersnot, Chaos.«[43] Als er von den Waffenstillstandsbedingungen erfuhr, brachen er und seine Frau in Tränen aus. Es lässt einen frösteln, zu lesen, dass die Eheleute in diesem Moment den Tod willkommen geheißen hätten, hätten sie sich nicht für ihre Kinder verantwortlich gefühlt.[44] Hampe sagte voraus, die neue Regierung werde sich nur bis zu dem Tag halten, an dem die Unabhängigen Sozialdemokraten einen Staatsstreich verübten. Falls die geplante Nationalversammlung, so schrieb er, den Sozialisten gegen den Strich gehe, würden diese sie »schlicht und einfach kastrieren«.[45] In diesem geschichtlichen Augenblick richtete sich der Blick Hampes fast zwanghaft auf Liebknecht, dessen Machtergreifung nach seiner Überzeugung nur noch eine Frage von Tagen war.[46]

In der alten Elite des Kaiserreichs entwickelten sich bei anderen Leuten ähnliche Obsessionen.[47] Kurt Riezler, ein enger Vertrauter des früheren Reichskanzlers Bethmann Hollweg, notierte am 12. November, die Frage sei jetzt nur noch, »welcher A[rbeiter]- und S[oldaten] Rat die Oberhand behält und ob Liebknecht mit einer Handvoll Fanatiker sich der kaum bewachten Centralen bemächtigt«.[48] Der Journalist Theodor Wolff schrieb am selben Tag in sein Tagebuch: »Tatsächlich ist das ganze Volk gegen den Bolschewismus. Was nicht verhindert, dass die Spartakusleute und sehr viel Gesindel bewaffnet auf eine Gelegenheit zu putschen lauern und keine genügend organisierte Schutzmacht da ist. Und dass man über die Auflösung an der Westfront bereits sehr bedrohliche Dinge erzählt. Es gab auch heute viel Schießerei, an allen Enden der Stadt, wo angeblich noch immer königstreue Offiziere und Jugendwehr in Häusern versteckt war.«[49] Einen Tag später, am 13. November, gab der Historiker Gustav Mayer seiner Sorge Ausdruck, die Regierung habe der »revolutionären Energie« Liebknechts und Luxemburgs nichts Ebenbürtiges entgegenzusetzen, und die Unabhängigen Sozialdemokraten würden sich mit den Spartakisten zusammentun, wenn der richtige Augenblick dafür gekommen sei. Mayers noch schlimmere Befürchtung war die, dass die Rückkehr einer großen Zahl von Soldaten nach Berlin zu einem »Terror der Straße wie in der französischen und russischen Revolution« führen könnte.[50]

Eine Woche nach dem Ausbruch der Revolution hatte sich die Angst vor Liebknecht noch weiter gesteigert. Am 17. November kam Gustav Mayer zu der Einschätzung, die Regierung sei so schwach, dass 2000 »entschlossene Soldaten von der Spartakusgruppe sich der Stadt bemächtigen können«.[51] Unter dem Eindruck von Gesprächen mit anderen Vertretern des Berliner Bürgertums berichtete er, viele von ihnen hätten begonnen, sich Liebknecht als künftigen Diktator vorzustellen.[52] Major Gustav Böhm, Beamter im preußischen Kriegsministerium, schrieb, Liebknecht, die Spartakusgruppe und mehrere russische Bolschewisten arbeiteten »fieberhaft« auf einen Umsturz hin. »Unter [Liebknechts] Fahne sammelt sich ein übles Gesindel von Verbrechern und Fahnenflüchtigen, dem er 20 M pro Kopf und Tag zahlen soll«, führte Böhm aus. Er vergaß nicht den Hinweis, das Geld sei »offensichtlich russischen Ursprungs«, und referierte schließlich noch ein ominöses Gerücht: »Es ist eine Organisation zur Beseitigung der Offiziere gebildet [worden]. Das Bürgertum wird planmäßig entwaffnet und das ganze Reich mit einem Netz von Spartakuszellen überzogen.«[53]

Über solche Schreckensszenarien sprach man nicht nur in Berlin: Am 19. November schrieb Thomas Mann in München, die Unabhängigen und die Kommunisten in Berlin wollten eine »proletarische Diktatur«. Nach Manns Informationen schien ein Bürgerkrieg »unvermeidlich«: »Jedermann sieht ihn voraus.«[54] Sorgen bereitete ihm, was seine Frau über Gespräche erzählte, die sie bei einer Zugfahrt aufgeschnappt hatte. Er zog daraus den Schluss, dass Plünderungen in seiner Wohngegend geplant waren. Mann hatte sich für den Fall, dass eines Tages Plünderer vor seiner Tür stehen würden, einen Plan zurechtgelegt: »Ich nahm mir [...] vor, zu sagen: ›Hört, ich bin weder ein Jude, noch ein Kriegsgewinnler, noch sonst etwas Schlechtes, ich bin ein Schriftsteller, der sich dies Haus von dem Gelde gebaut hat, das er mit seiner geistigen Arbeit verdient. In meiner Schublade habe ich 200 Mark, ich schenke sie euch, teilt sie und macht mir dafür meine Sachen und Bücher nicht entzwei.‹«[55]

Während das Schreckgespenst Liebknecht die Phantasie derjenigen beflügelte, die die Spartakisten fürchteten und bekämpften, erlebte der reale Liebknecht weiterhin Enttäuschungen. Das Ergebnis seiner Bemühungen in den Tagen nach dem 9. November, die Zahl seiner Anhänger zu vervielfachen, lässt sich in einem Wort zusammenfassen: Fehlanzeige. Von einer kleinen Gefolgschaft abgesehen, blieb er isoliert. Wie alle nach öffentlicher Wirkung strebenden Extremisten bemühte er sich jedoch weiterhin, sich selbst als die wahre Leitfigur der Revolution zu inszenieren. So schaffte er es beispielsweise am 20. November, während der Begräbnisfeierlichkeiten für einige der bei den revolutionären Ereignissen am 9. und 10. November 1918 Umgekommenen, sich mit einem überraschenden Auftritt am Grab in den Vordergrund zu spielen.[56] Vor Hunderten, wenn nicht Tausenden Trauernden erklärte er feierlich, es sei an der Zeit, im Geist »der Gefallenen« für eine proletarische Republik und für die Verwirklichung des Sozialismus einzutreten. Liebknechts Rede endete mit den Worten: »Gründet fest die Herrschaft der Arbeiterklasse! Seid entschlossen gegen jeden, der sich ihr widersetzt! Auf zur proletarischen, zur sozialistischen Revolution!«[57] Als Reaktion darauf vertraute der Historiker Gustav Mayer an diesem Abend seinem Tagebuch an: »Mit unheimlicher Geschwindigkeit treibt die Revolution hier in Berlin nach links.«[58]

Zwei Tage später, am 22. November, schrieb Mayer: »Man hört nur pessimistische Stimmen: in Berlin sei der Sieg des Bolschewismus nicht mehr aufzuhalten; Liebknecht zahle den ihm anhängenden Soldaten zehn Mark täglich; in Kiel soll er bereits völlig triumphieren, nicht wesentlich besser stünde es in Hamburg und Köln. Wollten diese sich und ihre Sache noch zu retten versuchen, so müssten sie Berlin preisgeben und nach Cassel zu

Hindenburg gehen.«[59] Am nächsten Tag erreichte dieses Gerücht München, und Thomas Mann verewigte es in seinem Tagebuch mit dem Eintrag: »100 000 Mann Soldatengesindel soll den Extremisten zur Verfügung stehen.«[60] Es klang wie ein Echo auf Thomas Manns Schreckensvisionen zur Situation in Berlin, dass Mayer die Vermutung äußerte, die süddeutschen Länder könnten sich vom bolschewistischen Preußen lossagen und sich zu einem eigenen Staat zusammenschließen oder sich für unabhängig erklären – das Szenario einer Rückkehr zu der Konstellation vor der Errichtung eines deutschen Nationalstaats unter preußischer Führung 1871.[61] Wie Mayer, bangte auch Mann um seine persönliche Sicherheit. Anfang Dezember kam ihm ein Gerücht zu Ohren, das besagte, es werde »heute in der Stadt sehr unruhig sein«. Am Tag darauf notierte er, es laufe das Gerücht um, dass ein »kommunistischer Putsch« bevorstehe; drei Tage später hielt er fest, seine Frau sei besorgt: »Die Kinder wurden wegen bevorstehender Unruhen von der Schule nach Hause geschickt.«[62]

Ende November verliehen zwei der klügsten deutschen Köpfe des frühen 20. Jahrhunderts in Tagebucheinträgen, die in Berlin bzw. Leipzig entstanden, der Erwartung Ausdruck, ihrem Land stünden gewalterfüllte Zeiten unmittelbar bevor. Der Historiker und Theologe Ernst Troeltsch, wohnhaft in einem der westlichen Nobelviertel Berlins, schrieb, die Revolution habe die Gefahr eines »allgemeinen militärischen, wirtschaftlichen und nervösen Zusammenbruches« heraufbeschworen.[63] Weiter schrieb er: »Noch kann man kaum die Ungeheurigkeit der Ereignisse ausdenken, obwohl man in diesen Jahren an Ungeheures wahrlich gewöhnt war. Noch fürchtet man für das elementarste persönliche Dasein. Die Bedeutung für Deutschland und für die Welt sieht noch niemand ab, kaum hat man Ruhe, sie zu bedenken. Man wundert sich, wenn man aus dem Hause geht, dass Häuser und Bäume noch stehen.«[64]

Am selben Tag notierte in Leipzig der Romanist Victor Klemperer: »Wir leben vollkommen ruhig und gleichmäßig [...] Alles ist hier in völligen friedlichen Alltag getaucht. Und doch ersieht man aus den Zeitungen, dass das Chaos überall zunimmt, und doch ist es möglich, ja wahrscheinlich, dass wir in Kurzem Bürgerkrieg und alle möglichen Gräuel hier wie in ganz Deutschland haben werden. Es ist mit dieser Revolution wie mit der ›Leere des Schlachtfeldes‹. Das meiste geht unterirdisch vor sich; am wenigsten weiß und sieht, wer mitten drin steht.«[65]

Den Brennstoff, der diese angstvollen Prophezeiungen befeuerte, lieferten die ständig nachwachsenden Gerüchte und durch Autosuggestion gewonnenen Überzeugungen, Liebknecht verfüge über eine Geheimarmee. Hieß es Ende November noch, Liebknecht könne sich auf 20 000 bis 30 000 Kämpfer stützen, so katapultierte eine neue Gerüchtewelle diese Zahl Anfang Dezember auf ein Mehrfaches hoch: Man glaubte nunmehr, Liebknecht verfüge über eine gut bewaffnete Truppe von 100 000 Mann. Genau wie die angeblichen Divisionen »kaisertreuer« Soldaten, die für so viele Deutsche in ihrer subjektiven Wahrnehmung der Revolution im November eine so wichtige Rolle gespielt hatten, hieß es jetzt von Liebknechts Geheimarmee, sie stehe bereit und warte nur auf seinen Befehl zur Machtergreifung. Die amtierende Regierung war sich angeblich klar darüber, dass sie dieser Armee nichts entgegenzusetzen hatte.[66] In Wirklichkeit hatten die Spartakisten zu diesem Zeitpunkt keine Armee.[67] Dessen ungeachtet unkte Anfang Dezember eine Gruppe normalerweise gut informierter Akademiker in Berlin, dass »noch nie eine Revolution auf halbem Weg stehen geblieben sei und nur jeder sehen könne, dass er so gut wie möglich durch die bevorstehende Bolschewisten-Herrschaft durchkomme«.[68]

Wir wissen nicht, was Karl Liebknecht über all die Gerüchte gedacht hat, die über ihn im Umlauf waren. Ein Zeitungsartikel von Rosa Luxemburg, der am 18. November 1918 erschien, beweist jedoch eindeutig, dass sie diese Gerüchte kannte. Sie machte sich in dem Beitrag über die Angst vor den Spartakisten lustig, die inzwischen so groß geworden sei, dass die Leute Gespenster sähen: »Klirrt irgendwo auf der Straße eine Fensterscheibe, platzt an der Ecke ein Pneumatik mit lautem Knall, gleich schaut sich der Philister mit gesträubten Haaren und einer Gänsehaut auf dem Rücken um: Aha, sicher ›kommen die Spartakus Leute!‹«

Des Weiteren schrieb Luxemburg, Liebknecht werde inzwischen mit zahllosen persönlichen Bitten um Verschonung vor dem bevorstehenden »bethlehemischen Kindermord« durch spartakistische Schergen eingedeckt – eine sarkastische Anspielung auf die Tötung aller Neugeborenen in Bethlehem auf Befehl des Herodes. In der *Roten Fahne* warf Luxemburg ihren politischen Gegnern vor, sie verbreiteten Gerüchte dieser Art, um die Öffentlichkeit auf ein »Pogrom« gegen die Spartakisten vorzubereiten.[69] Die *Berliner Morgenpost* veröffentlichte eine direkte Antwort auf Luxemburgs Vorwurf, verwahrte sich gegen diesen und pochte darauf, dass vier Fünftel der deutschen Bevölkerung für die Wahl einer Nationalversammlung seien.[70]

Die durch Gerüchte und autosuggestive Überzeugungen angeheizten Ängste zeitigten politische Konsequenzen: Anfang Dezember vertrat Walther Reinhardt, Anwärter auf den Posten des preußischen Kriegsministers, den er wenig später übernahm, die Auffassung, die Lage sei so ernst, dass die Bürgerschaft sich bewaffnen solle – etwas, womit nach seiner Überzeugung die Spartakisten bereits begonnen hatten. Möglicherweise in Reaktion auf Luxemburgs Artikel äußerte Reinhardt sich kritisch zum Verhalten der Besitzer von Luxusvillen im Grünen, die seiner Annahme zufolge den Spartakisten Schutzgelder bezahlten, um von ihnen verschont zu werden. Als Beispiel führte er an, im vornehmen Bezirk Grunewald (wo auch Ernst Troeltsch lebte) hätten Immobilienbesitzer bereits mehrere 100 000 Mark an Bestechungsgeldern für die »Bolschewisten« aufgebracht, damit nach deren Machtübernahme ihre Villen ungeschoren blieben.[71] Reinhardt vertrat den Standpunkt, solche individuellen Versuche, sich zu schützen, seien aussichtslos. Vielmehr müssten die Berliner Bürger »Widerstandszentren überall in der Stadt« einrichten. In diesen Zentren müssten »Stoßtrupps« stationiert werden, die immer dann, wenn in dem betreffenden Bezirk »Widerstandsgruppen« von den Spartakisten angegriffen wurden, ausrücken und ihnen zu Hilfe kommen könnten. »Wenn allerdings jeder glaube«, erklärte Reinhardt, »zum Schutze seiner Familie und seines Eigentums zu Hause bleiben zu müssen, lasse sich nichts organisieren; dann wird eben jeder einzelne überwältigt.«[72]

Wie Reinhardt hatten auch andere Konservative die Angst vor Liebknecht zu diesem Zeitpunkt so tief inhaliert, dass sie glaubten, der bevorstehende Staatsstreich der Spartakisten werde entweder schon vor oder spätestens während der Heimkehr der Frontsoldaten stattfinden, mit der noch in der ersten Dezemberhälfte gerechnet wurde.[73] In Berlin waren einige der Gerüchte über die Pläne der Spartakisten so konkret, dass sogar ein bestimmtes Gebäude und eine Uhrzeit für den Beginn des Umsturzes genannt wurden.[74]

Der Liebknecht-Mythos

Zweifellos gingen von der deutschen Revolution vom November 1918 kraftvolle Impulse aus, die die gesamte geistige Avantgarde Deutschlands erfassten und bahnbrechend für eine enorme künstlerische Kreativität waren, die während der gesamten Zeit der Weimarer Republik fruchtbar blieb.[75] Ein »Traumland des Waffenstillstandsperiode« gab es allerdings nie.[76] Vielmehr waren die Wochen nach der Revolution vom 9. November für alle Gegner Liebknechts und des Spartakismus eine politische, kulturelle und psychologische Schreckenszeit, in der sie sogar glaubten, um ihre Existenz fürchten zu müssen. In diesem historischen Feuchtbiotop konnten Mythen gedeihen, die sich aus Gerüchten und weitverbreiteten Falschbehauptungen entwickelt hatten. Ein Mythos war die hoch virulente Vorstellung, die deutschen Armeen hätten an den Weltkriegsfronten weiterkämpfen können, wenn nicht hinter ihrem Rücken die Revolution ausgebrochen wäre – die berüchtigte Dolchstoß-Legende, die eine so wichtige Rolle beim Niedergang der Weimarer Republik spielen sollte. Sie erblickte schon im November und Dezember 1918 das Licht der Welt, nicht erst im Verlauf des Jahres 1919, wie so oft suggeriert wird. Doch der Mythos, der in den beiden letzten Monaten des Jahres 1918 die größte Wirkung entfaltete, entspann sich um Karl Liebknecht. Und seine Botschaft war die, dass dieser Mann und seine Spartakisten nach dem Vorbild der russischen Bolschewisten die politische Macht in Deutschland an sich reißen könnten.

Wie für alle Mythen mit großer politischer Wirkkraft gilt auch für den Liebknecht-Mythos, dass er zum großen Teil schon »vorgeburtlich« angelegt war: In einem Zeitalter, in dem die Erinnerung an große Männer wie Bismarck, Wilhelm I., Hindenburg oder auch Karls Vater Wilhelm Liebknecht und ihre Vorbildwirkung die Deutschen dazu erzogen hatte, Geschichte und Politik als eine Domäne heroischer Führer zu betrachten, war Karl Liebknecht dank seiner prominenten Rolle als Einzelkämpfer gegen den Krieg schon vor seiner Freilassung am 23. Oktober 1918 in die Rolle eines überlebensgroßen nationalen Antihelden hineingewachsen.[77]

In den Wochen, die auf den Umsturz vom 9. November folgten, steigerte sich die Angst vor Liebknecht kontinuierlich. Spätestens Anfang Dezember hatte sich die Spartakisten-Phobie in den Köpfen großer Teile der deutschen Bevölkerung festgesetzt. Die Furcht vor Liebknecht und »russischen Zuständen« erreichte in diesem Klima der Angst eine solche Intensität, dass sich keine Gelegenheit für einen positiven Gründungsakt ergab, mit dem man die Revolution und ihre Errungenschaften hätte feiern können. Im Gegenteil gerieten die Leistungen der Protagonisten, die die friedliche Revolution vom 9. November möglich gemacht hatten, schnell in Vergessenheit. Stattdessen beherrschten weiterhin Gerüchte und paranoide Vorstellungen die Szene: Immer mehr Menschen glaubten, dass irgendwo im Untergrund Geheimarmeen mit Tausenden von Kämpfern darauf warteten, auf Befehl Liebknechts loszuschlagen. Männer fürchteten um das Leben ihrer Frauen und Kinder, und Vorkehrungen zum Schutz des eigenen Lebens wurden zu einem Anliegen von höchster Priorität.[78] Das alles führte dazu, dass ungeachtet der Tatsache, dass Liebknecht bei fast allem, was bisher geschehen war, eine Nebenrolle gespielt hatte, ausgerechnet dieser Mann, der sich seinerzeit mit großem Mut hingestellt und ein Ende der Gräuel gegen das armenische Volk gefordert hatte, zum zentralen Objekt der Angst der Deutschen vor einer gefährlichen und gewalttätigen Zukunft avancierte.

KAPITEL VIER

Blutiger Freitag

Als es passierte, war es grauenvoll. Zum ersten Mal im Verlauf der deutschen Revolution von 1918/19 wurden Maschinengewehrsalven in eine protestierende Menschenmenge gefeuert. Es war eine Explosion der Gewalt, die die schlimmsten Befürchtungen vieler Leute bestätigte, dass Revolution gleichbedeutend mit Gewalt war. Das Blutbad fand am 6. Dezember 1918 kurz vor 18 Uhr an der Kreuzung Chausseestraße und Invalidenstraße statt, an einem der belebtesten Verkehrsknotenpunkte im nördlichen Teil von Berlin-Mitte, nicht weit vom Spreeufer. Es dauerte höchstens eineinhalb bis zwei Minuten, hatte aber verheerende Auswirkungen. Hunderte Gewehrkugeln pfiffen über eine Kreuzung und durch eine Straße, auf der viele Menschen unterwegs waren, die sich auf dem Heimweg von der Arbeit befanden. Eine Straßenbahn der Linie 32 geriet in die Schusslinie. Sie kam schlagartig zum Stehen. Viele ihrer Fahrgäste stürzten zu Boden, Blut begann durch den Waggon zu rinnen. Neben dem Straßenbahnzug durchsiebten Kugeln ein vor einen Karren gespanntes Pferd. Auf dem Gehweg rannten schreiende Menschen um ihr Leben und stießen einander zu Boden. Einige retteten sich, indem sie sich durch die Schaufensterscheiben ins Innere eines großen Kaufhauses stürzten – die Schnitte der Glasscherben waren weniger tödlich als die MG-Salven und Gewehrschüsse. Geschockte Straßenbahnfahrgäste versuchten sich aus dem Zug zu retten. Ein Ingenieur aus Reinickendorf sah den vor ihm stehenden Soldaten, von mehreren Kugeln getroffen, tot niedersinken. Auch eine Frau, die hinter ihm stand, wurde getroffen. Sie erlitt schwere Verletzungen. Der Ingenieur blieb körperlich unversehrt, aber seine Kleider waren besudelt. Es war das Blut der Opfer, die vor und neben ihm gestanden hatten.[1]

Nachdem die Soldaten das Feuer eingestellt hatten, legte sich für eine Weile eine fast vollkommene Stille über den Schauplatz des Geschehens. Dann wagten sich die ersten Leute auf die Straße hinaus und schauten sich das Schlachtfeld an.[2] Sie sahen Menschenleiber am Boden liegen. Auf der Straße hatten sich Blutlachen gebildet. Verwundete Personen, darunter mindestens fünf Frauen, wanden sich stöhnend und um Hilfe rufend am Boden.[3] Es waren nicht genügend Ambulanzen vorhanden, um alle Verwundeten in Kliniken zu bringen – später war auch zu hören, die Zahl der Getroffenen sei so groß gewesen, dass niemand habe sagen können, wie sie alle versorgt werden sollten. Insgesamt kamen mindestens 16 Menschen zu Tode. Das jüngste Opfer war ein 16-jähriges Mädchen, das es in der Straßenbahn erwischt hatte. Weitere 80 Personen hatten Verwundungen oder Verletzungen davongetragen, mindestens zwölf von ihnen waren schwer verwundet.[4] Unter den Toten waren einige, die in einer Gruppe an einer Straßenbahnhaltestelle gewartet hatten.[5]

Es war das erste Mal seit Beginn des 20. Jahrhunderts, dass in der deutschen Hauptstadt ein Maschinengewehr im Affekt eingesetzt worden war. Nach Wochen voller Angst vor der von Karl Liebknecht und den Spartakisten ausgehenden Gefahr machte dieser explosive Vorfall schlagartig deutlich, wie gefährlich die Lage werden konnte, wenn es zu Gewaltausbrüchen auf breiter Front kam. Überall in Deutschland nahmen Menschen zur Kenntnis, wie die Vernichtungskraft der Waffe, die zum Wahrzeichen des Ersten Weltkriegs geworden war, eine gewöhnliche Großstadtstraße unvermittelt in ein Schlachtfeld mit Toten und Verwundeten verwandeln konnte. Ein vielzitierter Augenzeugenbericht begann mit dem Satz: »Ein kurzes Kommando: ›Feuer!‹, und in der Chausseestraße fing das mit der Mündung nach dem Oranienburger Tor aufgestellte Maschinengewehr an zu tacken.«[6]

Die *Vossische Zeitung* meldete: »Mehrere Kugeln schlugen in den Straßenbahnwagen ein, andere in die Schaufenster der Banken und Läden auf der linken Seite der Chausseestraße.« Gleich nach den ersten Schüssen seien zahlreiche Passanten zusammengebrochen.[7] Die *Berliner Morgenpost* schrieb, das MG-Feuer habe eine »unbeschreibliche Panik« ausgelöst, und der Korrespondent der *Neuen Hamburger Zeitung* fügte hinzu, viele Frauen, die nicht von Kugeln getroffen wurden, seien vom bloßen Knattern der Schusswaffen ohnmächtig geworden.[8] In einer ultranationalistischen Zeitung hieß es: »Viele Zivilisten, die in ihrer kopflosen Angst nicht wussten, was zu tun sei, wurden von den an Feuer gewöhnten Soldaten zu Boden gerissen und niedergehalten.«[9]

Es war der größte Verlust an Menschenleben in der Hauptstadt seit der Revolution, ein Vorfall mit mehr Toten und Verletzten, als Berlin am 9. und 10. November 1918 zu beklagen gehabt hatte. Die Schockwelle, die er auslöste, wurde schnell und bewusst politisiert. Die Episode hatte eine Vorgeschichte: Gegen 17 Uhr – 45 Minuten, bevor die Schießerei begann – hatte sich eine Gruppe schwerbewaffneter Soldaten und Matrosen Zugang zur Reichskanzlei verschafft und Ebert aufgefordert, sich auf die Straße hinauszubegeben. Als er dem Folge leistete, sah er sich von bewaffneten Soldaten und Matrosen in Reih und Glied empfangen, die strammstanden, als wollten sie eine Parade abhalten. Ein Offizier niedrigen Ranges, von dem wir wenig mehr wissen als seinen Namen – Spiro –, erstieg ein hastig zusammengezimmertes Podium, hielt eine Ansprache und erklärte Ebert, es sei an der Zeit, die Regierung aus dem Würgegriff des Vollzugsrats zu befreien – des auf der Versammlung im Circus Busch am 10. November gewählten höchsten Organs der Berliner Arbeiter- und Soldatenräte. Des Weiteren forderte Spiro Ebert auf, die Wahl zur Nationalversammlung auf den 20. Dezember 1918 vorzuverlegen. Er versprach Ebert, die auf der Straße angetretenen bewaffneten Männer würden ihm den militärischen Rückhalt geben, den er brauchte, um sich diktatorische Vollmachten zu verschaffen. Schließlich rief er Ebert zum »Präsidenten der Deutschen Sozialen Republik« aus. Fast zum selben Zeitpunkt drangen 25 bewaffnete Soldaten mit Gewalt in den Preußischen Landtag ein und erklärten alle Teilnehmer an der laufenden Sitzung des Vollzugsrats für verhaftet.

Es war nichts anderes als der Versuch eines Staatsstreichs. Zu den Drahtziehern gehörten außer Spiro Offiziere mittleren und niedrigen Ranges, die den Einfluss der Arbeiter- und Soldatenräte beenden wollten. Sie fürchteten, auf dem bevorstehenden Nationalkongress der Arbeiter- und Soldatenräte würden sich Abgesandte aus dem bolschewistischen Russland durchsetzen und vielleicht verhindern, dass die geplante Wahl einer Nationalversammlung jemals stattfand – ein weiterer Fall von unbegründeter Angst. Der versuchte Staatsstreich vom 6. Dezember (zehn Tage vor dem Termin des gefürchteten Kongresses der Arbeiter- und Soldatenräte) blieb erfolglos. Nachdem Spiro seinen Auftritt beendet hatte, wies Ebert seine Forderungen zurück und betonte, dass die Wahl zur Nationalversammlung erst stattfinden könne, wenn alle Soldaten von der Front heimgekehrt seien.[10] Darüber hinaus erklärte Ebert, die Regierung und der Vollzugsrat (auf den er im Übrigen nicht gut zu sprechen war) würden weiterhin zusammenarbeiten. Unterdessen ging im Preußischen Landtag der Versuch, den Vollzugsrat festzusetzen, ebenfalls schief, unter anderem weil Emil Barth, Volksbeauftragter von den Unabhängigen Sozialdemokraten, die mit der Durchführung dieses Teils des Komplotts beauftragten Fußtruppen mit dem Argument entwaffnet hatte, sie hätten ihre Befehle nicht vom Rat der Volksbeauftragten erhalten.[11]

Um die Frage, ob zwischen dem versuchten Staatsstreich und der Schießerei an der Kreuzung Chaussee- und Invalidenstraße ein Zusammenhang bestand, entbrannten erbitterte Kontroversen.[12] Die Kritiker Eberts waren von Anfang an der Meinung, das Blutbad sei als Begleitmusik zum Staatsstreich geplant gewesen. Diese Behauptung konnte nie bewiesen werden. Hingegen steht zweifelsfrei fest, dass sich, kurz nachdem sich die Nachricht von dem versuchten Staatsstreich verbreitet hatte, drei relativ kleine spartakistische Demonstrationszüge im Norden Berlins in Bewegung setzten.[13] Als Reaktion darauf beorderte Otto Wels, einer der SPD-Helden vom 9. November, der inzwischen den Posten des Berliner Stadtkommandanten innehatte, 60 Soldaten an die Kreuzung Chaussee- und Invalidenstraße.[14] Dort angekommen, spannten die schwerbewaffneten Soldaten eine Kette über die Straße und stellten am rechten Straßenrand ein Maschinengewehr auf. Als die Soldaten in Stellung gegangen waren, sammelten sich an der Kreuzung offenbar Hunderte neugierige Passanten, um zu beobachten, was hier vor sich ging.[15] Wodurch das, was anschließend passierte, ausgelöst wurde, ist bis heute ungeklärt geblieben.

Sozialdemokraten, Liberale und Konservative bestritten alle gleichermaßen, dass die Soldaten einen Feuerbefehl erhalten hatten. Sie warfen vielmehr Liebknecht und den Spartakisten vor, die Schießerei provoziert zu haben. Sie behaupteten, die Spartakisten hätten, als sie in Sichtweite der die Kreuzung sichernden Soldaten gelangten, als Erste das Feuer auf diese eröffnet.[16] In den Berichten über den Vorfall, die die Spartakistenführer für das Blutbad verantwortlich machten, kamen Behauptungen vor wie die, spartakistische Demonstranten hätten, bevor sie zu schießen begannen, den Soldaten zugerufen: »Legt eure Waffen nieder, Hände hoch!«[17] In anderen Berichten hieß es, die Demonstranten hätten erst Hochrufe auf Liebknecht ausgebracht und dann das Feuer auf die Soldaten eröffnet, die angeblich erst zurückgeschossen hätten, als einer der ihren von einer Kugel in den Magen getroffen wurde.[18] Otto Wels, dessen Kollegen der Meinung waren, er habe unter dem Eindruck des Geschehens einen Nervenzusammenbruch erlitten, verteidigte das Verhalten seiner Soldaten und stellte die Spartakisten als die eigentliche und schlimmste Gefahr für die öffentliche Ordnung dar; seine Soldaten, erklärte er, seien an die Kreuzung beordert worden, um die Regierung zu schützen.[19]

Im diametralen Gegensatz zu diesen Darstellungen beharrten Karl Liebknecht und die *Rote Fahne* darauf, die Schießerei sei bewusst herbeigeführt worden, quasi als begleitender Trommelwirbel zu den beiden anderen Akten des versuchten Staatsstreichs.[20] Beweisen ließ sich eine Verbindung zwischen dem Blutbad und dem Komplott freilich nie. Eine minutiöse Analyse der Vorgänge führt vielmehr zu der Vermutung, dass eine Kombination aus Panik und Autosuggestion die Schießerei ausgelöst haben könnte – Georges Lefèbvre, der bedeutende Historiker der Französischen Revolution, hat als Erster diesen geschichtlichen Wirkmechanismus identifiziert.[21] Nicht zu bezweifeln ist, dass die Schießerei, als sie erst einmal begonnen hatte, eine unkontrollierbare Eigendynamik entwickelte. Wie der Ingenieur aussagte, der als Fahrgast in der Straßenbahn unverletzt überlebte, hätte die Zahl der Toten und Verwundeten weitaus geringer ausfallen können, wenn die Soldaten ein »bedachtes, kaltblütiges Verhalten« an den Tag gelegt hätten.[22]

Doch kaum jemand war willens, die bedenkenswerte Analyse dieses Mannes zur Kenntnis zu nehmen. Im hochpolitisierten Klima des Winters 1918/19 entbrannte über die Schießerei vielmehr eine Deutungsschlacht zur Schuldfrage. Nachdem die antispartakistischen Zeitungen in ihren ersten Berichten über den Vorfall Liebknecht und die Spartakisten für die Toten und Verwundeten verantwortlich gemacht hatten, legten sie in der Folge mit weiteren Ausschmückungen des Geschehens nach, um ihre Version zu untermauern. Den Vogel schoss die nationalistische Presse dabei mit der Behauptung ab, auf den Versammlungen der Spartakisten sei schon zu einem Zeitpunkt, als sich die Nachricht von den Vorgängen in der Reichskanzlei noch gar nicht verbreitet hatte, die Parole ausgegeben worden, der Zeitpunkt für die Errichtung der »Diktatur des Proletariats« sei gekommen.[23] Dieser Deutung zufolge war in eine Spartakistenversammlung, die gerade einen Beschluss zum Losschlagen gefasst hatte, ein aufgeregter Anhänger geplatzt und hatte verkündet, Ebert sei soeben zum Reichspräsidenten gekürt worden und Soldaten mit Bajonetten seien dabei, die Straßen zu besetzen.[24] Manche Zeitungen behaupteten, die Anhänger der Spartakisten hätten lauthals verkündet, sie würden Rache für die versuchte Verhaftung des Vollzugsrats nehmen und »Ebert an die nächste Laterne hängen«.[25]

In den nächsten Tagen wurde es für die Gegner des Spartakismus immer wichtiger, die Spartakisten für das Blutvergießen verantwortlich zu machen. Dieses Pochen auf die Schuld der

Spartakisten an dem Gewaltausbruch war zum Teil eine Reaktion darauf, wie Liebknecht und die *Rote Fahne* den Vorfall politisierten. Nach der Lesart der Spartakisten war die Schießerei bewusst herbeigeführt worden, um das Komplott gegen den Vollzugsrat zu unterfüttern.[26] Die *Rote Fahne* bezeichnete in ihrer ersten nach dem Vorfall erschienenen Ausgabe Wels, Scheidemann, Ebert und deren »Freunde« als Verbrecher, die die Angst vor dem Bolschewismus benutzten, um in Berlin eine »Pogromatmosphäre« zu erzeugen.[27] Am 8. Dezember legte die *Rote Fahne* neue Behauptungen nach: In dem bewussten Bemühen, eine Verbindung zwischen dem Vorfall und der russischen Revolution herzustellen, behauptete sie, die Schießerei habe erst aufgehört, als unbewaffnete russische Kriegsgefangene aus der nahe gelegenen Oranienstraße herbeigeeilt seien, um ihren deutschen Kameraden das Leben zu retten. Den Soldaten warf die *Rote Fahne* vor, sie hätten eine verbotene Munition eingesetzt, als sie in die Menge feuerten, nämlich die gefürchteten »Dumdum-Geschosse«.[28] Die Gegner der Spartakisten mussten auf diese Behauptungen reagieren – es nicht zu tun wäre einem Schuldeingeständnis gleichgekommen, das ihren Gegnern politischen Auftrieb gegeben hätte.

Die Spartakisten hatten einen zusätzlichen Grund, sich zu empören: Seit Anfang Dezember nahm die Zahl der öffentlichen Aufrufe zu einem gewaltsamen Vorgehen gegen die Spartakistenführer zu, bis hin zu der Forderung, Liebknecht zu ermorden, die auf zahlreichen Litfaßsäulen prangte.[29] Und als der Versuch, Ebert zum Präsidenten zu küren, fehlschlug, marschierten einige der wütenden Verschwörer zum Redaktionsgebäude der *Roten Fahne*, besetzten es für kurze Zeit und drohten mit weiteren Gewaltakten gegen die Spartakistenführer.[30] Als Antwort darauf rief die *Rote Fahne* am 7. Dezember zu einem Generalstreik aus Protest gegen das »Blutbad« auf und beschwor die Arbeiterschaft, zum Schutz der Revolution auf die Straße zu gehen. In diesem Sinn kündigte die *Rote Fahne* auch eine große Protestkundgebung an, die am Sonntag, den 8. Dezember 1918 im Treptower Park im Osten Berlins stattfinden sollte.[31]

Der Aufruf der Spartakisten zu massenhaften Protestdemonstrationen gegen die Regierung blieb ungehört.[32] Nur eine kleine Zahl Spartakus-Anhänger demonstrierte am 7. und 8. Dezember im Zentrum Berlins.[33] Aber auch diese kleinen Demonstrationen reichten schon, um in einer bereits außerordentlich aufgeheizten Situation die Spannung noch weiter zu erhöhen.[34] Am 7. Dezember setzte sich ein aus 800 bis 1000 Spartakisten bestehender Zug von Moabit aus Richtung Mitte in Marsch und bewegte sich auf den Platz vor dem Reichstag und die Siegesallee zu. Die Spitze des Zuges bildeten zwei »Panzerwagen«, und einige Spartakisten führten Maschinengewehre mit sich.[35] Unweit des Kemperplatzes, auf dem sich Standbilder zweier brandenburgischer Markgrafen aus dem 13. Jahrhundert, Otto III. und Johann I., befanden, brachten die Spartakisten ihre Maschinengewehre in Stellung und positionierten sich mit anderen Demonstranten davor, während die restliche Menge Hochrufe auf Liebknecht ausbrachte.[36] Dieser hatte sich auf einem Denkmal Albrechts des Bären postiert, einer Heldengestalt aus dem 12. Jahrhundert, und rief seinen Anhängern zu, »die Massen müssten erkennen, wohin die Politik dieser Kaisersozialisten treibe. Es sei gar nicht zu leugnen, dass der Putsch von der Regierung verursacht worden sei, es müsse doch auch dem Harmloseren auffallen, dass die Ereignisse des blutigen Freitags miteinander im Zusammenhang stehen. Die deutschen Proletarier müssen mit allen Mitteln versuchen, die Macht, die sie am 9. November mit ihrem Blute erkauft, wiederzugewinnen.«[37] Danach fuhren Lastwagen, vollgepackt mit Liebknecht-Anhängern und Maschinengewehren, die Siegesallee auf und ab. Später führten sie ähnliche militärische Scharaden vor dem Reichstagsgebäude auf.[38]

Die Spartakus-Demonstrationen markierten einen entscheidenden Moment in der Nachkriegsgeschichte des Maschinengewehrs. Nur einen Tag, nachdem MG-Feuer mitten in Berlin ein so verheerendes Blutbad angerichtet hatte, demonstrierten Liebknecht und seine Spartakisten, dass auch sie über diese mörderische Waffe verfügten. Das sprach sich herum und verlieh der gefühlten Gefahr, die sie darstellten, eine neue Dimension.[39] Es gab in diesem aufgeheizten Klima kaum Raum für besonnene Stimmen, die zu einer Absage an Gewalt hätten mahnen können, und

Nervosität und Angst hatten einen so hohen Grad erreicht, dass eine politische Debatte darüber, weshalb die Soldaten so ziellos in die Menge geschossen hatten, nicht möglich war.[40] Stattdessen richteten sich die Blicke verschiedener Gruppen des politischen Publikums wie hypnotisiert auf Liebknecht. Die traditionell liberale *Vossische Zeitung* reagierte aggressiv auf Liebknechts neueste Rede. Sie erklärte, die *Rote Fahne* habe kein Recht, »Konterrevolution!« zu krakeelen. Seit der Gründung des Spartakusbundes habe dieses »Lumpenpack« nach Waffen gerufen und den offenen Kampf gepredigt. Daher dürfe sich die *Rote Fahne* nicht darüber wundern, dass nun schließlich der offene Kampf da sei. Die *Vossische Zeitung* verteidigte das Verhalten der Verschwörer, deren einziges Ziel es gewesen sei, Deutschland vor dem »Terror einer winzigen Minderheit« und bewaffneter Banden zu bewahren, die die Hauptstadt in ein »Schlachtfeld« zu verwandeln drohten. Sie schloss mit einer düsteren Warnung: »Die katastrophale Entwicklung in Russland beleuchtet den Weg, den auch Deutschlands Geschick nehmen muss, wenn nicht schleunigste Hilfe gebracht wird.«[41]

Wie die *Vossische Zeitung* vertrat auch die *Berliner Morgenpost* die Ansicht, der Versuch, die Macht in die Hände Eberts zu legen, sei nichts weiter gewesen als ein »spontaner« Ausdruck des Verlangens einer Mehrheit der Deutschen nach einer starken Regierung. Sie fügte hinzu, Ebert habe recht daran getan, das Angebot auszuschlagen, unterließ aber nicht den Hinweis, viele Deutsche seien der Ansicht, ein Politiker mit einem napoleonischen Naturell hätte sich anders entschieden. Die *Morgenpost* kommentierte dies mit den Worten: »Wir wollen [...] keine Wiederholung der Französischen Revolution, ebenso wenig wie wir eine solche der russischen Revolution wünschen. Wir Deutschen sind ein Volk der Gesetzlichkeit. Und das wollen wir bleiben, auch in der Revolution.«[42]

Theodor Wolff und das *Berliner Tageblatt* machten für den Gewaltausbruch Liebknecht verantwortlich. Wolff warf den Spartakisten »Terrorismus« vor und schmähte Liebknecht als einen »Barden, der vom sicheren Platz die anderen zur Schlacht aufrief«.[43] Ein Leitartikel in der *Frankfurter Zeitung* mahnte, die Regierung müsse sich darauf einstellen, dass ihre Gegner über Maschinengewehre verfügten.[44] Der Berliner Korrespondent der wichtigsten liberalen Tageszeitung im Südwesten Deutschlands machte ebenfalls die Spartakisten für das Blutvergießen verantwortlich.[45] In seiner Reportage vom 8. Dezember findet sich sogar die Behauptung, es könne nach den Geschehnissen der vergangenen Wochen kein Zweifel mehr daran bestehen, dass die Spartakisten vorhatten, sich mit Gewalt in den Besitz der »uneingeschränkten Macht in Berlin« zu setzen.[46] Einen Tag später, am 9. Dezember, äußerte sich der Leitartikler der *Vossischen Zeitung* ebenfalls höchst besorgt über das, was er als »die Maschinengewehr-Politik« der Spartakisten bezeichnete.[47]

Die konservative Presse gebärdete sich ähnlich aufgeregt.[48] In den Augen der *Deutschen Zeitung* war Liebknechts Artikel in der *Roten Fahne* nichts anderes als ein Aufruf zum »offenen Kampf« zwischen den Regierungssozialisten und den Spartakisten.[49] Am selben Tag, dem 7. Dezember, warnte der *Reichsbote* in seiner Nachtausgabe: »Liebknecht hat erreicht, was er wollte. Blut ist geflossen auf den Straßen Berlins, es ist auf die von ihm und seinen Gesinnungsgenossen aufgeheizten und in Marsch gesetzten Volkshaufen geschossen [worden]. Nun hat er den Zündstoff, den er braucht, um die Gemüter seines Anhanges bis zur Siedehitze, zum Überkochen zu bringen, indem er ihnen sagt: Die Regierung Ebert-Haase lässt gerade so auf das ›Volk‹ schießen wie die frühere sogenannte ›reaktionäre‹.«[50]

Weiter meinte der *Reichsbote*, wenn es Liebknecht gelänge, die Macht zu übernehmen, werde seine Herrschaft »grenzenlosen Terror« und Gewalt mit sich bringen und es würde eine ähnliche Lage entstehen wie in den »Junitagen«, einer der gewalttätigsten Phasen der Französischen Revolution. Diese düstere Prophezeiung gipfelte in der Warnung, wenn die deutschen Zeitgenossen nicht in ausreichender Zahl begriffen, in welcher Gefahr sie schwebten, würden auch sie »massenhaft ins Blut sinken«.[51]

Die These, dass die Toten vom 6. Dezember auf das Konto Liebknechts zu buchen seien, fand verbreitete Zustimmung. So erklärte etwa die *Coburger Zeitung* in ihrer Bewertung der Berichte aus der Hauptstadt im Brustton der Überzeugung: »Die Demonstrationen, bei denen etwa 20 Personen getötet, etwa 40 verwundet wurden, stellen sich immer mehr als ein Versuch der Spartakusleute heraus, die Regierung zu stürzen, um selber das Heft in die Hand zu bekommen.«[52] Vor dem Hintergrund dieses wirkmächtigen politischen Narrativs, das den Spartakisten die Schuld an dem Blutvergießen zuschob, fällt es schwer, der Verlautbarung des Rates der Volksbeauftragten vom 7. Dezember einen Sinn abzugewinnen, in der es hieß, man habe alles getan, was möglich gewesen sei, »um das entsetzliche Blutvergießen in der Chausseestraße zu sühnen«.[53] Der sozialdemokratische *Vorwärts* ging sogar so weit, den Spartakisten vorzuwerfen, sie hätten eine Situation herbeigeführt, in der die Soldaten keine andere Wahl gehabt hätten, als zur Selbstverteidigung in die Menge zu feuern. Die *Rote Fahne* frontal angreifend, hob der *Vorwärts* hervor, die Soldaten, die geschossen hätten, seien freie Bürger der Republik; niemand habe sie gezwungen – und niemand habe ihnen erlaubt –, »unschuldiges Blut zu vergießen«.[54] Als die am 6. Dezember zu Tode gekommenen Menschen bestattet wurden, bezeichnete der *Vorwärts* sie als »Opfer des Spartakismus«.[55]

Die Straßenpolitik vom 8. Dezember 1918

Die Sozialdemokraten waren nicht willens, den Spartakisten kampflos die Straße zu überlassen. Um das Bemühen Liebknechts, die Arbeiterschaft zu mobilisieren, zu durchkreuzen, initiierte die SPD 16 Demonstrationen. Gleichzeitig organisierten die Unabhängigen Sozialdemokraten weitere vier Demonstrationsmärsche und Verbände des wirtschaftlichen Mittelstandes ebenfalls deren vier.[56] Wie den Zeitgenossen spätestens am Sonntag, den 8. Dezember 1918 klarwurde, war der Ort, an dem Politik stattfand und gemacht wurde, jetzt nicht die Reichskanzlei oder der Preußische Landtag. Es war vielmehr die Straße. Ältere historische Darstellungen der deutschen Revolution von 1918/19, wie die Werke von Heinrich August Winkler, die dem politischen Geschehen auf den Straßen Berlins wenig Aufmerksamkeit widmen, lassen daher entscheidende Teile dessen, was sich damals zutrug, außer Acht. Der *Vorwärts* schrieb an jenem 8. Dezember, es sei ein »Sonntag angebrochen, wie man ihn in Berlin noch niemals erlebt hat«: »Eine dumpfe Spannung liegt über der Riesenstadt, die wie ein geduldiges Schlachtopfer den kommenden Ereignissen entgegenharrt. Wir möchten auch in diesem Augenblick die Hoffnung nicht aufgeben, dass morgen ein befreiendes Aufatmen durch die Bevölkerung gehen wird, dass sich die Ruhe, die Besonnenheit, die das Berliner Proletariat stets auszeichnete, auch heute bewähren wird.«[57]

Wie die *Coburger Zeitung* später rückblickend schrieb, konnte man das so verstehen, dass der *Vorwärts* zwar hoffte, dass alles gutgehen werde, aber auch auf eine »Katastrophe« vorbereitet war.[58] Der Korrespondent der *Frankfurter Zeitung* übermittelte im Verlauf dieses Sonntags telegraphisch die Botschaft, spartakistische und regierungstreue Demonstranten marschierten gleichzeitig durch Berlin. Eine weitere Kostprobe davon, welche Alarmstimmung die Zeitungen mit ihrer »Liveberichterstattung« aus der Hauptstadt verbreiteten, lieferte die *Frankfurter Zeitung* mit der Behauptung, Liebknecht habe die Arbeiter angewiesen, Waffen mitzuführen und eine »Rote Garde« zu bilden. Sie schloss ihren Bericht mit dem ominösen Satz: »Kein Mensch kann zur Stunde sagen, welchen Ausgang diese Demonstrationsversammlungen nehmen werden.«[59]

Die Demonstration der Spartakisten begann im Treptower Park, wo von sechs Lastwagen herab Reden gehalten wurden. Karl Liebknecht und Rosa Luxemburg waren die prominentesten Redner; des Weiteren sprachen der spätere Präsident der DDR, Wilhelm Pieck, Paul Levi, der 1919 für kurze Zeit an die Spitze der KPD treten sollte, und Eugen Leviné, der im Juni 1919 als einer der Anführer der zweiten Münchner Räterepublik hingerichtet wurde. Die einzige nennenswerte Menschenmenge sammelte sich vor dem in der Mitte postierten Lastwagen, der Karl Liebknecht als Podium diente. Er bekräftigte ein weiteres Mal seine These, die Schießerei sei geplant und Bestandteil des Komplotts gewesen, und forderte die Aufstellung einer Roten Garde – die *Berliner Morgenpost* schrieb, er habe wieder seine »bekannte Rede« gehalten. Im Anschluss an die Kundgebung marschierten etwa 12 000 bis 15 000 Gegner der Sozialdemokratie durch Berlin-Mitte zum Reichstag. Die Demonstration machte einen militanten Eindruck: Mit Maschinengewehren bestückte Lastwagen und Automobile begleiteten den Zug, und Schilder kündeten davon, dass die Demonstranten Handgranaten mitführten. Unterwegs wurde erneut die russische Botschaft als Kulisse für weitere Ansprachen gewählt, in denen die Spartakisten ihre Verbundenheit mit dem russischen Bolschewismus unterstrichen. Vor der Kommandantur – dem Amtssitz von Otto Wels – wurden nochmals Reden geschwungen, einschließlich skandierter Sprechchöre wie: »Nieder mit Wels, nieder mit Scheidemann!«[60] In einem später erschienenen Bericht hieß es sogar, Wels und seine Frau hätten die Flucht ergriffen, bevor eine Gruppe Spartakisten sein persönliches Amtszimmer erreichte.[61]

Zwischen 18 und 19 Uhr legten die Demonstranten vor dem Gebäude der Reichskanzlei einen weiteren Stopp ein. Wie in späteren Darstellungen behauptet wurde, forderte die Menge Emil Barth, eines der drei USPD-Mitglieder des Rates der Volksbeauftragten, auf, eine Rede zu halten, nachdem sie ihn an einem Fenster erspäht hatte. Er habe das Wort ergriffen und die Gelegenheit genutzt, Kritik an Liebknecht zu üben und darauf hinzuweisen, dass dieser keine Gruppe der Arbeiterschaft hinter sich habe. Er erinnerte Liebknecht daran, dass er im Circus Busch unterlegen war, und forderte ihn zu einem Streitgespräch in Gegenwart der Berliner Arbeiterschaft auf, die, so sagte er voraus, auch dieses Mal wieder den Versuch Liebknechts, sie zu vereinnahmen, zurückweisen würde. Für diese Äußerungen erntete Barth Buhrufe und Beschimpfungen, es kam jedoch nicht zu gewalttätigen Übergriffen. In manchen Zeitungsberichten hieß es, einige der Demonstranten hätten sich angeschickt, Barths Büro zu stürmen, und nur das persönliche Eingreifen Liebknechts habe sie daran gehindert.[62] Einige aus der Menge skandierten offenbar auch Parolen für Barth und erinnerten die anderen an dessen Leistungen und Verdienste für die Revolution.[63] Angeblich beobachtete Ebert das ganze Geschehen aus einem abgedunkelten Fenster am anderen Ende des Gebäudes. Ein Beobachter, Major Gustav Böhm, beschrieb das, was sich vor der Reichskanzlei abspielte, als »dramatisch und grotesk zugleich«.[64]

An den von den Sozialdemokraten veranstalteten Kundgebungen und Demonstrationsmärschen nahm eine große Zahl von Menschen teil. Ihren Höhepunkt und Abschluss bildete eine Kundgebung im Lustgarten, einem Ort von hoher Symbolkraft, der zwischen dem Berliner Stadtschloss der Hohenzollern und dem Berliner Dom lag.[65] Dort lauschten nach Schätzungen 20 000 Anhänger der SPD einer Rede Friedrich Eberts.[66] Fast genau einen Monat, nachdem er die Abdankung des Kaisers mit der Warnung vor einem drohenden Chaos beantwortet hatte, erklärte er jetzt: »Täglich rufen Liebknechts fanatische Anhänger zur Gewalt, täglich verteilen sie Waffen, täglich drohen sie die Regierung der Republik mit Waffengewalt anzugreifen. Wir werden mit äußerster Entschlossenheit allen diesen Versuchen begegnen. [Vielfache Zurufe: Weghalten! Zupacken!] Wir sind keine Regierung der Gewalt. Unsere Legitimation der Regierung beruht einzig und allein auf dem Willen unseres Volkes.«[67]

Der *Vorwärts* versprach in seiner Erwiderung auf den militanten Aufmarsch der Spartakisten »auf's Wort«, die republikanische Soldatenwehr, eine auf den Schutz der Regierung verpflichtete revolutionäre Truppe, verfüge über »noch viel mehr Maschinengewehre als Liebknecht«. Dem fügte der *Vorwärts* die drohende Ankündigung hinzu, die disziplinierten und schwerbewaffneten Soldaten an den Toren Berlins würden nötigenfalls mit Gewalt für Ordnung sorgen und die Spartakisten niederwerfen. »Herr Liebknecht ist nicht von dieser Welt«, resümierte der *Vorwärts*.[68]

Maschinengewehre und die von ihnen ausgehende Gefahr standen auch jetzt wieder im Mittelpunkt der Presseberichte über die Demonstrationen. In ihren Reportagen über die Abläufe und Vorgänge in der Hauptstadt brachten regionale Zeitungen in ganz Deutschland ähnlich klingende Kassandrarufe über Liebknecht, Luxemburg, Schreckensherrschaft, Unordnung, Chaos und das Fehlen von Ordnungskräften in der Hauptstadt unter.[69] Die *Coburger Zeitung* bezeichnete in einem Beitrag Karl Liebknecht als den »entarteten Sohn« Wilhelm Liebknechts und Rosa Luxemburg als »die bluttriefende Rosa«.[70] In der konservativen Presse äußerten Offiziere und andere die Hoffnung, die Rückkehr der Frontsoldaten nach Berlin werde die Chance zur Wiederherstellung der Ordnung eröffnen.[71] Dahinter stand die Vorstellung, Heerestruppen würden in der Hauptstadt stationiert werden, die Spartakisten entwaffnen und sich die Herrschaft über Straßen und Plätze zurückholen, wie der *Vorwärts* es bereits angedroht hatte.[72] Das wiederum schürte die virulenten politischen Ängste zusätzlich, zumal in der Hauptstadt bereits Gerüchte umgingen, denen zufolge »konterrevolutionäre« Soldaten kurz davor seien, Berlin unter militärische Kontrolle zu stellen.[73]

Die von solchen Gerüchten ausgehende Wirkung ist entscheidend wichtig für ein Verständnis der Art und Weise, wie sich die Einstellungen zur Gewalt im Verlauf der Revolution von 1918–19 wandelten. Der Historiker Gustav Mayer schrieb am 7. Dezember 1918, die spartakistischen Demonstrationen hätten zu einer »schwülen« Stimmung in der Hauptstadt geführt.[74] Wie das Tagebuch des Heidelberger Geschichtsprofessors Karl Hampe verrät, hatte er sich die Überzeugung, die Schuld an dem Blutvergießen vom 6. Dezember trage Liebknecht, vollständig zu eigen gemacht. Er beschrieb den Vorfall als den »längst erwarteten ersten Putschversuch der Spartakisten«.[75] Er war sicher, dass dies nur der Auftakt zu weiteren Kämpfen gewesen war, und fügte hinzu, man werde jetzt an einem »Reinigungsprozess« ohnehin nicht mehr vorbeikommen. Man musste sich einen solchen nach seiner Überzeugung sogar wünschen, »solange die Sache nicht allzu viele Opfer fordert«.[76] Oberst van den Bergh, der als Beamter im Kriegsministerium die Vorgänge in Berlin aus größerer Nähe erlebte, hielt die Lage für »sehr kritisch«. Seinem Eindruck nach setzten die politischen Akteure »alle Mittel« ein, um die »Volksseele anzuheizen«.[77]

Am Abend des 7. Dezember war van den Bergh einer von etlichen Beamten, die auf das Ergebnis einer Unterredung zwischen dem Rat der Volksbeauftragten und Mitgliedern des Vollzugsrats warteten. Diese Sitzung, in der die Fetzen flogen, begann um 19 Uhr und dauerte bis Mitternacht. Wie zerrüttet das Verhältnis zwischen den beiden wichtigsten im Zuge der politischen Kompromisse vom 9./10. November geschaffenen Institutionen war, zeigte sich beispielhaft daran, dass der sozialdemokratische Volksbeauftragte Philipp Scheidemann mitten in der Debatte aus dem Saal stürmte, weil er sich wie ein Schuljunge behandelt fühlte (nachdem er sich wie ein solcher benommen hatte).[78] Van den Bergh schilderte in seinem Tagebuch die nervöse Stimmung unter den Beamten, die gespannt auf den Ausgang der Versammlung warteten. Man hatte ihm gesagt, es sei damit zu rechnen, dass Ebert aus seinem Regierungsamt abgewählt werden würde. In Erwartung dessen bezeichnete er ein Treffen bei Kriegsminister Heinrich Scheuch, an dem er später am gleichen Abend teilnahm, als »Kriegsrat«.[79]

Als van den Bergh nach Hause kam, erklärte er seiner Frau die Lage, woraufhin die beiden ihre »eigenen Kriegspläne« schmiedeten. In seinem Tagebuch hielt er den Entschluss seiner Familie fest, Vorkehrungen zu treffen, um nach einer Machtübernahme Liebknechts Berlin sofort verlassen zu können. Weil es sich hier um ein bedeutsames Beispiel dafür handelt, wie sehr die Ereignisse in Berlin-Mitte Angehörige der politischen und militärischen Elite in Sorge um die Sicherheit von Haus, Hof und Familie versetzten, verdient es ausführlich zitiert zu werden:

> Die für die Regierung gegebene Richtlinie hieß: Heraus aus Berlin, denn auf freiem Fuß wäre unter Liebknecht keiner von uns geblieben. Darum hätte auch Grete nicht in der Wohnung bleiben dürfen. Wir wollten für diesen Fall mit der ganzen Familie zu Frau Otto nach Potsdam übersiedeln und trafen am Sonntag früh alle Vorbereitungen dafür. So sah uns also der gestrige Morgen bei allen Vorbereitungen des Auszuges der Kinder Israel. Grete mit Berta und den drei Kindern sollten bereit sein, jederzeit auf Telefonanruf mit Fahrrädern nach

> Potsdam zu fahren. Für jeden wurde ein kleiner Handkoffer gepackt. Nur das Allernotwendigste war darin, im übrigen Lebensmittel aller Art. Ich bekam ein in Papier gewickeltes Packetchen mit dem Nötigsten mit und in jede Manteltasche eine Konservenbüchse. So zog ich los. Grete präparierte inzwischen mit Erhards Hilfe die Wohnung. Die noch übrigen Lebensmittel wurden verteilt und versteckt, ebenso einige Wertgegenstände. – Das Namensschild vor der Tür wurde fortgenommen. So war alles bereit.[80]

Während van den Bergh Notrationen in seinen Manteltaschen verstaute, um auf das Schlimmste vorbereitet zu sein, warnten Agenten des Nachrichtendienstes die Gardedivision und das Generalskommando vor einem Angriff der Spartakisten, mit dem noch am selben Abend oder in der Nacht zu rechnen sei.[81]

Die Rückkehr der Frontsoldaten und die Erfolge der Sozialdemokraten

Die erwarteten Angriffe der Spartakisten blieben aus. Dagegen marschierten ab dem 10. Dezember 1918 von der Front zurückgekehrte Soldaten in Divisionsstärke durch die deutsche Hauptstadt. Keine nennenswerten Akte physischer Gewalt störten diese Parademärsche.[82] Der bedeutendste von ihnen fand am 10. Dezember 1918 statt, als in Begleitung einer riesigen Menschenmenge 7000 singende Soldaten durch den Westen Berlins und die Innenstadt paradierten.[83] Ein Etappenziel des Umzugs war der Pariser Platz auf der Ostseite des Brandenburger Tors, auf dem sich nicht weniger als 25 000 Menschen drängten. Weitere 100 000 säumten den Berichten zufolge die restliche Marschroute entlang dem Boulevard Unter den Linden. Auf dem Pariser Platz hatte man ein Podium errichtet, auf dem unter anderen Ebert, Vertreter der preußischen Regierung, der Oberbürgermeister von Berlin, Kriegsminister Scheuch sowie – nur Tage nach dem folgenschweren Blutvergießen vom 6. Dezember – Otto Wels die

Soldaten begrüßten.[84] Bei dieser Gelegenheit verkündete Friedrich Ebert den Soldaten: »Kein Feind hat euch überwunden« und half dadurch mit, die Vorstellung in den Köpfen zu verankern, die Revolution sei dem deutschen Heer in den Rücken gefallen – eine Vorstellung, die schon in den ersten konservativen Reaktionen auf die Abdankung des Kaisers aufgetaucht war.

Die Paraden waren ein Erfolg für die Sozialdemokraten. Sie stärkten den Rückhalt für die Einheit Deutschlands zu einem Zeitpunkt, als viele Leute sich fragten, ob nicht einige der deutschen Länder bessere Friedensbedingungen bekommen würden, wenn sie die Einheit des Reichs aufkündigten. Ferner weckten sie die Zuversicht, dass wenn die Lage sich weiter zuspitzte, die Frontsoldaten jeder Gefahr eines Abgleitens ins Chaos einen Riegel vorschieben würden. Und noch bevor die Aufmärsche zurückgekehrter Frontsoldaten in Berlin zum Abschluss kamen, fuhren die Sozialdemokraten einen weiteren Erfolg ein: Die Novemberrevolution hatte überall in Deutschland zur Bildung von Arbeiter- und Soldatenräten geführt. Deren Abgesandte versammelten sich am 16. Dezember 1918 erstmals in Berlin, um den weiteren Fortgang der Revolution zu beraten. Diese Konferenz, der erste Nationalkongress der Arbeiter- und Soldatenräte, war die wichtigste politische Zusammenkunft seit der entscheidenden revolutionären Versammlung am 10. November 1918 im Circus Busch. Sie führte 512 Delegierte zusammen, die Arbeiter- und Soldatenräte in ganz Deutschland zuvor auf Versammlungen gewählt hatten.[85] Der Kongress fand im Gebäude des Preußischen Landtags statt. Während unter den Teilnehmern mehr als 300 sozialdemokratische Delegierte waren, hatten nur zwölf Spartakisten ein Mandat erhalten, darunter der Russlanddeutsche Eugen Leviné, der von den Arbeiterräten in Essen gewählt worden war. Rosa Luxemburg und Karl Liebknecht war es nicht gelungen, sich ein Mandat zu verschaffen. Als die Spartakisten am ersten Kongresstag den Antrag stellten, die beiden als Gäste mit beratender Stimme zuzulassen, lehnte die Versammlung zweimal demonstrativ ab.[86]

Dessen ungeachtet spielte die von den Spartakisten ausgehende Gefahr in den Diskussionen des Kongresses eine zentrale Rolle. Am ersten Tag drang eine Gruppe Spartakisten in den Sitzungssaal ein und erklärte, sie habe ein Mandat der vor dem Landtagsgebäude protestierenden Arbeiter. Die Eindringlinge behaupteten, die Zahl der sie unterstützenden Demonstranten draußen liege bei 250 000 – laut *Berliner Morgenpost* lag die wirkliche Zahl eher bei 3000 bis 4000.[87] Dieser Bluff ermöglichte es ihnen, eine Unterbrechung der Debatte zu erreichen.[88] Während etliche Delegierte den Versuch machten, durch einen Blick aus einem der Fenster festzustellen, ob sich draußen wirklich eine so riesige Menschenmenge versammelt hatte, verlasen drinnen die Spartakisten eine Liste ihrer Forderungen. Sie verlangten unter anderem die Auflösung des Rats der Volksbeauftragten, die Übertragung der gesamten politischen Macht an die Rätebewegung und die Erhebung des Vollzugsrats zur höchsten Regierungsinstanz der Republik. Des Weiteren sprachen sie sich dafür aus, alle Konterrevolutionäre zu entwaffnen, die proletarischen Roten Garden mit Waffen auszustatten und eine Proklamation zu verabschieden, die die Arbeiter und Soldaten aller Länder der Erde zur Bildung von Räten auffordern sollte mit dem Ziel, eine »Weltrevolution« herbeizuführen.[89]

Während sich all dies im Inneren des preußischen Parlaments zutrug, sprach Liebknecht zu der draußen versammelten Menge. In seiner Rede forderte er den Kongress auf, für die »Weltrevolution« zu arbeiten und »unseren russischen Brüdern« in freundschaftlicher Verbundenheit die Hand zu reichen.[90] Am nächsten Tag behauptete die *Rote Fahne*, während der Rede Liebknechts hätten »über eine Viertelmillion Proletarier« jedes einzelne seiner Worte bejubelt, nicht zuletzt seinen Kampfruf »Nieder mit Ebert-Scheidemann«, den die Massen mit dem Ruf »Nieder mit den Scheidemännern« beantwortet hätten.[91] Karl Liebknecht selbst erklärte in einem Aufruf, der am selben Tag in der *Roten Fahne* erschien, die Zeit für den Endkampf zwischen Kapital und Arbeit sei gekommen.[92]

Die Kampfparolen Liebknechts fanden im Inneren des Landtagsgebäudes kein Gehör. Am 18. Dezember 1918, dem dritten Tag des Kongresses, stimmte, wie nicht anders erwartet, eine überwältigende Mehrheit der Delegierten dem Plan Eberts zu, die Wahl zu einer Konstituierenden Versammlung am 19. Januar 1919 durchzuführen, dem frühesten der von der Regierung vorgeschlagenen Termine.[93] Zusätzlich zu diesem wichtigen Etappensieg zementierten die Sozialdemokraten ihre Machtposition durch die Etablierung einer neuen Leitungsebene: des Zentralrats der Arbeiter- und Soldatenräte. Anders als beim Vollzugsrat stellten die Sozialdemokraten alle 27 Mitglieder des Zentralrats. Die neue Instanz, zu deren Vorsitzendem Robert Kleinert gewählt wurde, ein Sozialdemokrat aus Hannover, übernahm ab sofort die umstrittene und unscharf definierte Aufgabe des Vollzugsrats, im Namen und Auftrag der Rätebewegung als Ganzer das Handeln des Rates der Volksbeauftragten zu überwachen. Ein noch wichtigeres Ergebnis, das sich am Ende des fünftägigen Kongresses abzeichnete, war, dass die Rätebewegung, die aus der Novemberrevolution hervorgegangen war, den Versuch, eine institutionelle Alternative zur parlamentarischen Demokratie durchzusetzen, nicht zu unterstützen gewillt war. Der Kongress legitimierte darüber hinaus einige der umstrittensten politischen Projekte der sozialdemokratischen Volksbeauftragten, unter anderem deren Entscheidung, viele der militärischen Schlüsselfiguren des Kaiserreichs, darunter auch Hindenburg, im Amt zu belassen.[94]

Der »Terror der Straße«

Der Kongress hätte für die deutschen Sozialdemokraten zu einem krönenden Moment werden können. Zwar hatten sie sich im Oktober und noch Anfang November gegen die Revolution postiert, aber nachdem diese vollzogen war, hatten sie es geschafft, sich die Kontrolle über die wichtigsten von der Revolution geschaffenen politischen Institutionen zu sichern. Es gab jetzt nur noch einen Bereich, in dem ihnen der Erfolg versagt blieb: Die Angstphantasien der Deutschen blieben ungezügelt. Angefacht wurden die Ängste vor einer kommenden Revolution von dem, was auf den Straßen Berlins passierte, und namentlich von dem schockierenden blutigen Vorfall vom 6. Dezember 1918. So kam es, dass weniger die gelungene Zähmung der Rätebewegung die politische Agenda der sozialdemokratischen Führung bestimmte als die vermeintliche Gefahr, die »von unten« her drohte. Der Historiker Gustav Mayer blieb, obwohl er die Abstimmungserfolge der Sozialdemokraten im Parlamentsgebäude aus nächster Nähe miterlebte, seiner Überzeugung treu, solange Liebknecht in der Lage sei, Arbeitermassen zu Demonstrationen zu mobilisieren, drohe ein »Terror der Straße«. Damit nicht genug, prophezeite er, Deutschland sei dem baldigen »geistigen Zerfall« geweiht, mit der Folge, dass »es [...] uns schlimmer [ergeht] als nach dem 30jährigen Krieg«.[95] Ähnlich pessimistisch äußerte sich Harry Graf Kessler am 19. Dezember 1918: Liebknecht habe mit seiner »Agitation« für eine »allgemeine Beunruhigung« gesorgt. Falls die Regierung nicht vor der Demobilisierung des Heeres gegen die »Spartakusleute« vorgehe, »werden später die Spartakusleute, die bewaffnet sind und dreißig Mark täglich erhalten, Oberwasser haben«.[96]

Die Angst vor Liebknecht erreichte ein solches Ausmaß, dass die *Deutsche Zeitung* ihn den »Dämon der Revolution« nannte. Höre man ihn reden, glaube man einen Fanatiker vor sich zu haben, der »die R in ›revolutionär‹ abschnurrt und die letzten Silben in Berliiiin und Diktatuuuuur endlos gedehnt hinaussingt, wie ein Muezzin vom Minarett hinab sein gottbegeistertes Allah!«[97] Nicht nur nationalistische Propagandablätter wie die *Deutsche Zeitung* stießen in dieses Horn. Als Max Weber Mitte Dezember in Berlin eintraf, um mit der Arbeit an einer neuen deutschen Verfassung zu beginnen, vertraute der Historiker Gustav Mayer seinem Tagebuch an, Weber nehme die Aufgabe nicht allzu ernst, gehe er doch davon aus, dass die Gewalt der Straße die Revolution in eine neue Umlaufbahn katapultieren werde. Wie Mayer im gleichen Atemzug notierte, zeigte sich Friedrich Meinecke außerordentlich bedrückt von der Aussicht, dass man bald auch »hier« den Bolschewismus haben werde.[98]

Diese Ängste erwuchsen aus der ständigen Beschwörung des Beispiels Russland, den Verweisen auf Hungersnot und Gewalt, die in dem zusammengebrochenen russischen Reich herrschten, und auf die aggressive Rhetorik der Wortführer der Spartakisten, die zudem auch immer wieder ihre Verbundenheit mit dem russischen Bolschewismus betonten.[99] Vor dem Hintergrund dieser Dynamik standen die Erfolge der Sozialdemokraten innerhalb der Rätebewegung im Schatten der bedrohlichen Bilder und Visionen, die das Geschehen auf den Straßen Berlins und die Nachrichten aus dem ehemaligen Zarenreich lieferten.[100] Am 23. Dezember 1918 griff die erzkonservative, einflussreiche *Kreuz-Zeitung* diese Themen in einem Artikel auf, in dem es hieß, auf den Straßen Berlins tummelten sich inzwischen mehr als 100 000 Arbeitslose. Die Zeitung bezeichnete diese Leute als »Abschaum der Menschheit« und erklärte, sogar die traditionellen politischen Gegner der Konservativen, die Sozialdemokraten, hätten allmählich begriffen, dass ihre Revolution dank Rosa Luxemburg und Karl Liebknecht »entgleist« und zur Revolution des »Pöbels« geworden sei.[101] Nur einen Tag später, drei Wochen nachdem das Maschinengewehr sein Debüt auf den Straßen Berlins gefeiert hatte, brachen die schwachen Dämme, die bis dahin die Gewalt noch im Zaum gehalten hatten, als die sozialdemokratische Führung sich durch eine Abfolge von Ereignissen über die rote Linie treiben ließ, die bis dahin verhindert hatte, dass sie der Forderung der Konservativen nachgab, die Ordnung unter Einsatz von Frontsoldaten und militärischen Mitteln wiederherzustellen.

KAPITEL FÜNF

Blutweihnacht

Die Revolution brachte den Spielbetrieb an der Oper nicht zum Stillstand; am 23. Dezember 1918 bekamen die Berliner Opernbesucher sogar mehr als erwartet geboten. Während der Aufführung übertönte plötzlich der haarsträubende Lärm von Gewehrschüssen, der von draußen hereindrang, die Stimmen der Sänger. Ein Journalist, der gerade dort vorbeikam, schilderte den Hergang. Vor dem Niederländischen Palais (das zum »Palais des alten Kaisers« gehörte) war es zu einem Schusswechsel zwischen einer Gruppe bewaffneter Matrosen und einem Panzerauto gekommen. Das Panzerauto hatte an dem dort eingerichteten Kontrollpunkt nicht angehalten. Mit Beginn des Schusswechsels suchten alle Passanten das Weite. Der Journalist fand Deckung hinter einer Ecke des in das Palais führenden Torwegs. Voller Schrecken registrierte er die peitschenden Schüsse aus den Gewehren der Matrosen, die vom »charakteristischen Knacken« des auf dem Panzerauto montierten Maschinengewehrs überlagert wurden. Er war dem gefahrvollen Geschehen so nahe, dass er das Vibrieren des Mauerwerks spüren konnte, das die um ihn herum in die Gebäudefassade einschlagenden Geschosse verursachten. Die Knallerei war so laut, dass der Journalist, als sie aufhörte, das Gefühl hatte, als lege sich Totenstille über die ganze Straße.

Die von den Matrosen abgefeuerten Schüsse hatten dem Panzerauto nichts anhaben können, es fuhr unversehrt davon. Die Matrosen waren nicht so gut davongekommen. Zwei von ihnen waren getroffen worden. Vier Matrosen trugen einen ihrer Kameraden ins Foyer der Oper und legten ihn dort auf den Steinfliesenboden. Er war blutüberströmt. Als der Journalist auf den Mann zutrat, um zu sehen, in welchem Zustand er war, erkannte er, dass der Tod bereits eingetreten war. Abgesehen von seinem Namen, Zeicker, wissen wir kaum etwas über den Getöteten. Neben ihm lag ein weiterer Matrose mit Schussverletzungen auf dem Boden. Er war ins Bein getroffen worden. Sanitäter leisteten ihm Erste Hilfe. Wenig später wurde er abtransportiert. Zu diesem Zeitpunkt hatte der größte Teil der Besucher die Oper bereits verlassen; sie zogen es vor, sich in Sicherheit zu bringen, anstatt sich die Aufführung bis zum Ende anzusehen. Die Sänger blieben, getreu ihrem Berufsethos, auf der Bühne und spielten weiter – vor einem fast leeren Saal.[1]

Das Feuergefecht vor der Oper war Teil einer Abfolge zusammenhängender Vorfälle, die sich am 23. und 24. Dezember auf den Straßen von Berlin-Mitte zutrugen. Alle zeichneten sich wesentlich durch angedrohte und ausgeübte Gewalt aus. Am 23. Dezember versuchten wütende Matrosen, den in der Reichskanzlei tagenden Rat der Volksbeauftragten zu inhaftieren. (Die für den Schutz der Regierung abgestellte Leibwache blieb faktisch tatenlos.) Am Abend desselben Tages kam es zu einer weiteren Konfrontation in der Reichskanzlei, als erregte und bewaffnete Soldaten und Matrosen aneinandergerieten. Als sie sich gerade anschickten, die Waffen sprechen zu lassen, setzte das persönliche Eingreifen Friedrich Eberts der Konfrontation ein Ende – sehr zum Verdruss einiger der Soldaten, die sich um eine blutige Abrechnung geprellt sahen. Unweit davon gab es weiteren Ärger in der Kommandantur, dem Amtssitz des Sozialdemokraten Otto Wels, des Mannes, in dem viele den Verantwortlichen für die Schießerei und die Toten vom 6. Dezember 1918 sahen. Wütende Matrosen stürmten in Wels' Büro und nahmen ihn und zwei seiner ranghöchsten Mitarbeiter in Geiselhaft. Sie führten die drei zum Schloss.[2]

Innerhalb weniger Stunden hatte Berlin-Mitte mehr gewalttätige Auseinandersetzungen erlebt als in den sechs Wochen zuvor. Für den Tagebuchschreiber Harry Graf Kessler deuteten alle diese Vorkommnisse darauf hin, dass Deutschland dabei war, »zum Teufel zu gehen«.[3]

So dramatisch diese Vorgänge gewesen waren, sie verblassten im Vergleich zu dem, was am nächsten Tag passierte. Während Ebert noch am frühen Abend des 23. Dezember an Soldaten wie Matrosen gleichermaßen appelliert hatte, jedes Blutvergießen zu vermeiden, war er innerlich entschlossen zu handeln. Bis zu diesem Stadium der Revolution war er nicht gewillt gewesen, den heimgekehrten Frontsoldaten die Anwendung von Gewalt zur Wiederherstellung der Ordnung zu erlauben. Die Ereignisse vom 23. Dezember setzten ihn und seine engsten Mitarbeiter jedoch so unter Druck, dass sie ihre Position revidierten.[4] Am späten Abend setzte sich Ebert telefonisch mit der OHL in Verbindung. Die Sozialdemokraten in der Regierung eröffneten den Generälen, dass es an der Zeit sei, in Berlin mit militärischen Mitteln vorzugehen. Es war ein Anruf, auf den die OHL gewartet hatte. Jetzt, da sie grünes Licht bekommen hatte, kontaktierte sie unverzüglich ihre Berliner Untergliederungen mit dem altgedienten General Arnold Lequis an der Spitze, der schon bei der militärischen Vernichtung der Herero in der deutschen Kolonie Südwestafrika zu den ranghöchsten Truppenführern gehört hatte. Die meisten unter seinem Befehl stehenden Soldaten gehörten der Gardedivision an – es waren die Männer, die am 10. Dezember 1918 den Parademarsch der heimkehrenden Frontsoldaten durch das Brandenburger Tor angeführt hatten. Noch im Verlauf der Nacht machten sie sich im Schutz der Dunkelheit nach Berlin-Mitte auf. Die Militärs hatten bekommen, was sie sich seit Wochen wünschten: das Recht, Artilleriewaffen und Taktiken des Sturmangriffs gegen »die Revolution« einzusetzen. Sie wollten ein Exempel statuieren und die Hierarchien wiederherstellen, die im Gefolge der Revolution vom 9. November 1918 verlorengegangen waren.

Ihr Hauptgegner dabei war eine Gruppe von Matrosen, die sich den Namen Volksmarinedivision gegeben hatte. Im November war diese Division mit Rückendeckung des preußischen Kriegsministers Heinrich Scheuch und des Berliner Stadtkommandanten Otto Wels – desselben Mannes, den sie im Zuge der anarchischen Vorfälle vom 23. Dezember 1918 in Geiselhaft genommen hatten – mit dem Auftrag ins Leben gerufen worden, Plünderungen zu verhindern und wichtige Gebäude im Regierungsviertel zu schützen, darunter die Reichskanzlei und die Reichsbank. Einquartiert wurde die Division im Berliner Stadtschloss und im Marstall am Ostende des Boulevards Unter den Linden. Doch schon ab Mitte Dezember trachtete die Regierung danach, die Division loszuwerden. Man verdächtigte sie, die Spartakisten zu unterstützen, und beschuldigte sie des Diebstahls wertvollen Volkseigentums aus dem Schloss.[5] Das Fass zum Überlaufen brachte der 23. Dezember, an dem wütende Mitglieder der Volksmarinedivision die Regierung festzunehmen versuchten, vor der Oper eine Schießerei mit einem Panzerauto veranstalteten und Otto Wels in Geiselhaft nahmen. Niemand rechnete damit, dass die zu Hilfe gerufenen Frontsoldaten sich schwertun würden, die Matrosentruppe, in der viele kaum mehr als einen disziplinlosen Haufen sahen, zu entwaffnen.[6]

Doch sie versagten. Am Mittag des 24. Dezember 1918 war der Sturmangriff der Gardedivision auf die Matrosen vorbei. Noch am gleichen Nachmittag akzeptierte sie die Kapitulationsbedingungen ihrer Gegner und marschierte gedemütigt aus der Stadt. Die Gardedivision hatte nicht nur ihre Aufgabe nicht erfüllt, sondern – nur Tage nachdem Ebert ihr versichert hatte: »Kein Feind hat euch besiegt« – eine spektakuläre Niederlage erlitten.[7] Einer der führenden konterrevolutionären Verschwörer in den frühen Jahren der Weimarer Republik, Waldemar Pabst – der Mann, zu dessen Referenzen die Verantwortung für die Ermordung Karl Liebknechts und Rosa Luxemburgs gehört –, bezeichnete dieses Versagen der Gardedivision am 24. Dezember später als einen der »für alle Angehörigen der stolzesten Regimenter Preußens [...] erschütterndsten Augenblicke ihres militärischen Lebens«.[8]

Anfänglich war der Sturmangriff nach Plan verlaufen: Die ersten Artilleriesalven schlugen um acht Uhr ins Schloss und den Marstall ein. Gleich die erste Granate, die das Schloss traf, riss eine mehrere Meter breite Bresche im Bereich zwischen »den

Fenstern und dem ersten Stock«. Bald darauf trafen weitere Einschläge den Balkon, von dem aus Kaiser Wilhelm II. im August 1914 seine berühmte Burgfrieden-Rede gehalten hatte.[9] Bald darauf begannen, wenn man Zeitungsberichten Glauben schenken darf, die Angreifer, das Schloss vom Dach des Zeughauses aus und von der Schlossbrücke her mit MG-Feuer zu bestreichen. Die Matrosen hatten ihrerseits Maschinengewehre an den Fenstern des Schlosses in Stellung gebracht. Wenig später glaubten die Angreifer, sich ausreichend Feuerschutz verschafft zu haben. Sie stürmten über die Schlossbrücke und durch den Lustgarten zum vierten Portal des Schlosses. Allein, es war nicht der Spaziergang, mit dem sie gerechnet hatten. Die Matrosen hatten Maschinengewehre auch auf dem Dach des Schlosses postiert und eröffneten von dort aus das Feuer auf die anstürmenden Soldaten. Vier der Angreifer wurden tödlich getroffen, weitere zehn verwundet. Derweil versuchten die bis zum Portal durchgekommenen Soldaten, mit Handgranaten das Tor aufzusprengen und sich Zutritt zum Schloss zu verschaffen.[10]

Darstellungen von Parteigängern der Soldaten behaupteten, sie seien in dieser Phase ins Schloss eingedrungen und es sei im Weißen Saal (einem der schönsten, traditionell für königliche Empfänge genutzten Räume des Schlosses) zu Kämpfen Mann gegen Mann gekommen. Von Seiten der Matrosen wurde später ausdrücklich bestritten, dass dieses Scharmützel jemals stattgefunden habe. Des Weiteren wurde berichtet, es seien im Schlossinneren Handgranaten geworfen und MG-Salven abgefeuert worden.[11] Anderswo findet sich die Angabe, die Angreifer hätten mit ihren Bajonetten Plünderer vertrieben.[12] Es wurde sogar behauptet, im Verlauf des Angriffs hätten sich den Regierungstruppen um 9:15 Uhr im Lustgarten »Spartakisten« entgegengestellt. In einem Bericht ist die Rede davon, Spartakisten hätten im Lustgarten mit vorgehaltenen Pistolen den Angreifern zwei Maschinengewehre abgenommen. Diese seien, so heißt es in dem Bericht weiter, von den »Spartakistenführern« anschließend in der Spree versenkt worden. Es sei den Soldaten jedoch, indem sie die »Spartakistenführer« mit aufgepflanztem Bajonett in Schach hielten, gelungen, die Lage im Lustgarten zumindest teilweise unter Kontrolle zu halten.[13]

Zweifelsfrei fest standen die durch die Kämpfe angerichteten Zerstörungen. Spätestens um 11:15 Uhr war der berühmte Schlossplatz nicht wiederzuerkennen. Er glich einem Trümmerfeld aus Sandsteinbrocken. Die elektrischen Fahrdrähte der Straßenbahnen waren heruntergerissen und schlängelten sich am Boden. Auch der Marstall bot ein erschreckendes Bild. Seine Außenmauern waren mit Einschusslöchern übersät. In einigen Bereichen waren alle Fenster zerschmettert. Aus Löchern an der Seite des Gebäudes quoll Rauch ins Freie. Auf der dem Schlossplatz zugewandten Seite war kein einziger Fensterrahmen mehr an Ort und Stelle.[14] Anderswo entlang des Boulevards Unter den Linden war laut Berichten ein Denkmal Friedrichs des Großen unter den Geschädigten: »Der alte Fritz trägt seit dem schmachvollen 24. Dezember Kugelspuren an der Brust und am rechten Arm.«[15]

Das Scheitern des Sturmangriffs markierte einen entscheidenden Wendepunkt.[16] Der Angriff hatte eine Gruppe von Männern, die Matrosen, die mit ihrer Meuterei die im Krieg befindliche Nation »verraten« hatten und deren Anwesenheit im Berliner Schloss symbolisch für alles stand, was an der revolutionären Umwälzung verabscheuenswert war, zu Todfeinden der Frontsoldaten gemacht, der Bannerträger des deutschen Militarismus, und das nur Tage nachdem diese im Triumphzug durch das Brandenburger Tor marschiert und als »im Felde unbesiegte« Helden gefeiert worden waren.[17] Jetzt waren sie mitten in Berlin besiegt worden, in Sichtweite des Zeughauses, des Lustgartens, der Neuen Wache und des Berliner Doms – allesamt Orte, die eng mit der ruhmvollen preußischen und deutschen Militärgeschichte verbunden waren.[18] Das Resultat dieser Niederlage war ein großer Schock, gab sie doch vielen Zeitgenossen das Gefühl, auf Gedeih und Verderb ihren Feinden ausgeliefert zu sein.[19]

In diesem Moment bisher ungekannter Angst mussten die für den Sturmangriff verantwortlichen Offiziere der deutschen Öffentlichkeit den erlittenen Fehlschlag erklären. Wenige Stunden nach ihrer Niederlage stellten sich die beiden ranghöchsten

Befehlshaber der Operation, die Generäle Hofmann und Lequis, der *Vossischen Zeitung* zu Interviews, die anschließend von Zeitungen in ganz Deutschland nachgedruckt wurden. Im Hinblick auf das Bemühen, die Ursachen für das Scheitern des Angriffs verständlich zu machen, erscheinen die Aussagen der beiden Generäle ganz besonders problematisch, konzentrierten sie sich doch in einem historischen Moment, in dem die politische und psychologische Krise ihrem Höhepunkt zusteuerte und viele Deutschen fürchteten, der Triumph der Matrosen bedeute, dass Liebknecht die Macht übernommen hatte (oder im Begriff stand, sie zu übernehmen), allein auf die militärischen Aspekte des Geschehens. Die Generäle, die den Einsatz befehligt hatten, führten das Auftauchen von Horden von Zivilisten, angeführt von Frauen und Kindern, als Hauptursache für das Fehlschlagen der Operation an.[20] Hofmann behauptete, im Schloss sei, kaum dass seine Männer sich Zutritt verschafft hatten, ein Unterhändler aus dem Marstall aufgetaucht und habe die Kapitulation der Matrosen angeboten. Hofmann habe daraufhin eine Kampfpause von 20 Minuten gewährt. In dieser Zeit hätten, so behauptete er, seine Männer die Fähigkeit zum Weiterkämpfen verloren. Gemäß seiner Darstellung der Ereignisse waren seine Männer in dieser Zeit von einer Menschenmenge, der auch Frauen und Kinder angehörten, umzingelt worden. »Dadurch«, erklärte er, »wurden meine Truppen, die auf keinen Fall auf Frauen und Kinder feuern sollten, außer Gefecht gesetzt. Teile von ihnen wurden abgedrängt. Es kam zu einer Feuerpause, und ich zog meine Truppen in die Universität zurück.«

General Lequis behauptete in seinem Interview, das in der Morgenausgabe vom 25. Dezember erschien, die 20-minütige Waffenruhe habe »der unbewaffneten Menge, unter denen sich viele Frauen und Kinder befanden, das Eingreifen gegen meine Soldaten ermöglicht. Meine Soldaten schießen nicht auf Frauen und Kinder. Das halte auch ich für ausgeschlossen. So kam der Fehlschlag. Eine Reihe meiner Truppen wurde abgedrängt, legte die Waffen nieder, und der Rest kehrte in die Universität zurück.«[21]

In Heidelberg verstand Karl Hampe, als er diese Erklärung für das Scheitern der Operation vernahm, die Welt nicht mehr. Wie er seinem Tagebuch anvertraute: »Die Regierungstruppen waren im Siege, als sie vor vorgeschickten Frauen und Kindern, auf die sie nicht feuern durften, offenbar zurückgewichen sind.« Wütend fuhr der Geschichtsprofessor fort: »Dieser Humanitätsdusel wird geradezu zum Verbrechen, weil er bewirkt, dass Aufruhr, der anfangs mit wenig Blut erstickt werden könnte, lawinenartig wächst und schließlich ganze Ströme fordert, ganz abgesehen von allen anderen Zerstörungen.«[22]

Gegen die Schuldzuweisungen der Offiziere lässt sich einwenden, dass eine große Fülle von historischen Belegen existiert, die zeigen, dass das Scheitern des Sturmangriffs sich nicht auf eine einzelne Ursache zurückführen lässt – und erst recht nicht allein auf die Anwesenheit von Frauen und Kindern.[23] Tatsächlich missglückte die Operation aufgrund des Zusammenwirkens mehrerer Faktoren wie einer unzureichenden Planung durch die Offiziere, einer zu geringen Zahl eingesetzter Kräfte und einer taktischen Vorgehensweise, die eher geeignet war, ein Schauspiel militärischer Gewalt aufzuführen, als das Einsatzgebiet zu sichern und die Matrosen zum Abzug zu zwingen. Auch die militärische Gegenwehr der Matrosen und die Verluste, die sie den Angreifern zufügten, spielten eine Rolle, die oft ignoriert wird. Des Weiteren machte das Eintreffen bewaffneter Verstärkungen, die entschlossen waren, den Matrosen zu Hilfe zu kommen, die Lage für die Regierungssoldaten deutlich bedrohlicher.[24] Sicher spielte auch das zivile Publikum eine wichtige Rolle, gleich ob es sich um Neugierige, Unterstützer oder Gegner der Matrosen handelte; die Anwesenheit von Zivilisten im Vorfeld des Schlosses und beim Marstall machte es für die Angreifer zunehmend schwerer, ihre Operation durchzuführen.[25]

Der Gegensatz zwischen der chaotischen Natur dessen, was sich abgespielt hatte, und der Bestimmtheit, mit der die Offiziere das Eingreifen von Zivilisten, insbesondere Frauen und Kindern, zum entscheidenden Faktor erklärten, war eine der wichtigsten und folgenschwersten historischen Weiterungen des Morgens danach.[26] Die von den Offizieren verkündete Botschaft, Ausgeburt eines Moments nie dagewesener Verunsicherung, verbreitete sich wie ein Lauffeuer durch die militärische Zunft. Die Botschaft benannte ausdrücklich Kampfpausen, Verhandlungsbereitschaft und vor allem die Weigerung, auf Frauen und Kinder zu schießen, als etwas, das zweifelsfrei zum Scheitern militärischen Handelns führte. Es war ein wichtiger Organisations-Lernprozess. Lequis legte seinem Vorgesetzten, General Groener, nachdrücklich ans Herz, dass es für das Heer höchste Zeit sei, von der Polizei Methoden und Taktiken für die Auflösung großer Menschenansammlungen und für das Operieren in dicht bebauten Stadtgebieten zu erlernen. Seiner Meinung nach konnte es vielleicht sogar notwendig sein, die Soldaten im Umgang mit Gaswaffen zu schulen. Allein, niemand hörte ihm zu. Lequis hatte versagt, und innerhalb des deutschen Militärs verband sich sein Name von jetzt an mit der erlittenen Schmach. Er wurde entlassen.[27] Karl Hampe sollte nicht enttäuscht werden. Anstatt den wohlbedachten Empfehlungen von Lequis zu folgen, führten die an seiner Stelle ernannten Offiziere, darunter General Lüttwitz und Hauptmann Pabst, mit Unterstützung führender Sozialdemokraten sehr viel radikalere Einsatzregeln ein, die garantieren sollten, dass die unter ihrem Befehl stehenden Soldaten nie wieder eine solche Niederlage erleiden würden. Ab Frühjahr 1919 erhielten alle Truppeneinheiten die strenge Anweisung, beim Zusammentreffen mit einer feindseligen Menschenmenge in jedem Fall das Feuer zu eröffnen. Mit der Anweisung einher ging die Warnung, dass eine Nichtbefolgung zu Bestrafungen führen werde.[28]

Die mentale und politische Krise, die das Misslingen des Sturmangriffs auf das Schloss nach sich zog, ist entscheidend für ein Verständnis dieser Entwicklung. Tagelang hatte man den Deutschen eingetrichtert, es sei höchste Zeit, die Volksmarinedivision aufzulösen, und jetzt erfuhr das Publikum, dass die Matrosen den Angriff der Soldaten siegreich zurückgeschlagen hatten. Die veröffentlichte Meinung war sich einig darin, was dies bedeutete. Die *Berliner Morgenpost* bezeichnete die Übereinkunft zwischen der Regierung und den Matrosen als »glatte Kapitulation«.[29] Noch vor Bekanntwerden der Übereinkunft gab die angesehene, traditionell liberale *Vossische Zeitung* in ihrer Morgenausgabe vom 24. Dezember die Parole aus, in Berlin herrsche »die Anarchie«.[30] Nach dem Scheitern des Versuchs, die Matrosen zu vertreiben, erklärte die Zeitung in ihrer Abendausgabe vom 24. Dezember, die Anarchie bestehe weiterhin, und prophezeite, »dass ohne einen letzten energischen Entschluss die Katastrophe unmittelbar vor der Tür steht«.[31]

Am nächsten Tag, dem 25. Dezember 1918, fand sich auf der Titelseite der Morgenausgabe der *Vossischen Zeitung* ein Kommentar des einflussreichen Journalisten Alexander Redlich, der ebenfalls Alarm schlug: Die Niederlage der Frontsoldaten zeige, dass »wir [...] am Rande des Abgrundes [stehen]«. In einer alarmistisch anmutenden Rhetorik bemühte Redlich eine Mixtur aus dramatischen und biblischen Motiven, um die Nation zum Losschlagen gegen die Spartakisten aufzurufen. Das Einzige, was Deutschland noch retten könne, mahnte er, sei eine Regierung mit dem »Willen zur unwiderstehlichen und allgewaltigen Schöpferkraft«. Das deutsche Volk könne nur »durch die Tat seiner Führer [...] neu geschaffen« werden; nur so könne es »ein geordnetes organisches Ganzes [werden], das selbst wiederum fähig ist, zu schaffen«. Ihrer biblischen Metaphorik entkleidet, war es eine simple Botschaft, die Redlich verkündete: Ein gewaltsames Vorgehen gegen die Kräfte der Unordnung und des Spartakismus war erforderlich, um die Ordnung wiederherzustellen.[32]

Der Historiker Gustav Mayer, sonst ein gewissenhafter Mann, pflichtete dem bei.[33] Wie er am 25. Dezember 1918 in sein Tagebuch schrieb: »Es geht dem Abgrund zu! Der Schlund der Hölle hat sich aufgetan. Deutschland versinkt. Ob das andere Europa es um Vieles überleben wird, wer vermöchte das heute zu sagen? Die Ereignisse des gestrigen Tages machen mich ganz mutlos.«[34]

Ähnliche Beschwörungen und Sprachbilder fanden sich in der konservativen Presse, die sich in der Einschätzung einig war, die Regierung habe »kapituliert«.[35] Der ultranationalistische und antisemitische *Reichsbote* schrieb, es sei nicht zu bestreiten, dass »wir auf einem Vulkan stehen, der jeden Augenblick Tod und Verderben über seine Umgebung verbreiten kann«.[36] Zum wiederholten Mal wies das Blatt warnend darauf hin, die Lektionen der Geschichte, insbesondere die Lehren aus der Französischen Revolution und der Revolution von 1848, seien nicht gelernt worden. Nach Überzeugung des *Reichsboten* trug die Regierung die Schuld daran, dass die Frontsoldaten es nicht geschafft hatten, »die Ordnung« wiederherzustellen.[37] Ähnliche Töne schlug die rechtskonservative *Post* an. Nachdem sie die Regierung anfänglich noch dafür gelobt hatte, dass sie »endlich« den »Mut« aufgebracht habe, die Frontsoldaten auf die Matrosen loszulassen, nannte sie die ausgehandelte Vereinbarung eine »Bankrott-Erklärung aller Regierungsgewalt«; die Matrosen seien damit »für Gewalt und Plünderungen, Mord und Terror« belohnt worden.[38]

In den Augen der SPD und ihres Parteiorgans *Vorwärts* war das Scheitern des Sturmangriffs schlechterdings ein Desaster.[39] Schon nach den chaotischen Vorkommnissen vom 23. Dezember verkündete die wichtigste Tageszeitung der Sozialdemokraten in ihrer Morgenausgabe vom 24. Dezember: »Es darf nicht geduldet werden und es darf sich nie wieder ereignen, dass eine Schar bewaffneter Leute sich als Herren Berlins und des ganzen Reichs aufspielt, dass sie Behörden in ihrer Tätigkeit gewaltsam behindern und Personen widerrechtlich ihrer Freiheit berauben. Das darf nicht noch einmal vorkommen, wenn nicht das ganze Reich darüber zum Teufel gehen soll.«[40] In der Nachtausgabe vom selben Tag erklärte der Chefredakteur des Blattes, Friedrich Stampfer, ein Weltkriegs-Veteran, man befinde sich gerade an einer für die Zukunft Deutschlands entscheidenden Weggabelung.[41] Das Land stehe vor der Wahl zwischen »Volksherrschaft« und »Verbrecherherrschaft«. In seinem Leitartikel schmähte er die Matrosen im Schloss als »ein paar junge Wirrköpfe«, die »in der Aufrichtung einer asiatischen Hunger- und Schreckensherrschaft wie in Russland ihr Ziel erblicken«. Noch schlimmer war es freilich in den Augen Stampfers, dass Tausende Berliner Arbeiter, wenn auch längst nicht alle, »den Kompass im Gehirn verloren zu haben scheinen, dass sie nicht wissen, wie sie sich zu den Ereignissen stellen sollen, und den blödesten Schlagworten besinnungslos nachlaufen. Mit diesem Mitläufertum muss es jetzt ein Ende haben.«[42] Der Leitartikel endete mit den beschwörenden Worten: »Die Soldaten haben draußen ihr Blut vergossen, um heimgekehrt ein freies Vaterland zu finden, nicht ein Land, in dem alles in Blut, Schmutz, Hunger untergeht, in dem Wahnsinn und despotische Willkür herrscht. Ja, wir, die wir Soldaten gewesen sind, die wir draußen gelegen haben in Dreck und Schlamm, den Tod vor den Augen, und dabei von einer freien, glücklichen Zukunft unseres Volkes geträumt haben, wir müssen jetzt fest zusammenstehen und müssen uns klar sein, um was es geht. Meuterei und Aufruhr gegen die Behörden unserer Republik dürfen wir nicht dulden, keinen, der sie predigt oder fördert, können wir als einen ehrlichen Kameraden betrachten. Wir müssen zu unserem Volk stehen und es davor schützen, dass es unter die Gewaltherrschaft einer verbrecherischen Minderheit gerät.«[43]

Am Tag nach dieser aufstachelnden Predigt musste der *Vorwärts* seinen Lesern erklären, dass der Sturmangriff mit einer Verhandlungslösung geendet hatte, die alles andere bezeugte als den Triumph und die Demonstration staatlicher Stärke, die sein erklärtes Ziel gewesen waren. Der *Vorwärts* bezeichnete die Vereinbarung als »nicht ideal«, versuchte aber, den Fehlschlag abzumildern, indem er hinzufügte, »der Weihnachtsfrieden von Berlin« habe die Bürgerkriegsgefahr gebannt.[44] Das *Berliner Tageblatt* kommentierte dies mit der schneidenden Frage, welchen Sinn die Worte Stampfers hatten, wenn »die Regierung, der er dient, nicht so handelt, wie er schreibt«.[45]

In diesem Augenblick der Krise verbreitete sich die Vorstellung, die von Ebert geführte Kompromissregierung sei gestürzt und Liebknecht habe die Macht übernommen.[46] Am 25. Dezember erreichte diese Autosuggestion eine solche Intensität, dass das Gerücht, die Spartakisten hätten die Herrschaft an sich gerissen, sich wie ein Lauffeuer durch Berlin und über ganz Deutschland verbreitete. Es war nur eines von mehreren Gerüchten, die in dieser kritischen Phase aufkamen und sich lawinenartig ausbreiteten. Während einer Weihnachtsmesse im Berliner Dom kam es zu einer plötzlichen Panik, als nervöse Gottesdienstbesucher glaubten, Spartakisten seien in die Kirche eingedrungen, um die Messe zu stören. Andere Gerüchte besagten, von den Hafenstädten im Norden hätten sich weitere 30 000 Matrosen auf den Weg nach Berlin gemacht.[47] Viele Leute glaubten ferner, es habe in Berlin-Mitte am 25. und 26. Dezember weitere bewaffnete Auseinandersetzungen gegeben; in Wirklichkeit fand an beiden Tagen nichts dergleichen statt; auf den Straßen der Hauptstadt blieb es, von kleineren Demonstrationen abgesehen, ruhig.[48]

Das Gerücht, dem zufolge Liebknecht die Macht übernommen hatte, lässt sich eventuell auf kleinere Demonstrationen gegen die Regierung am 25. Dezember zurückführen. Diese Demonstrationen nahmen ihren Anfang auf der Siegesallee, wo neben Karl Liebknecht auch einige wenige der Matrosen sprachen, die an den Kämpfen des vorangegangenen Tages teilgenommen hatten. Liebknecht rief ein weiteres Mal zur Weltrevolution auf. Anders als die spätere Legendenbildung es wahrhaben wollte – der zufolge Hunderttausende regierungsfeindliche Demonstranten auf dieser Kundgebung anwesend waren –, berichtete die Tagespresse, darunter die führende pro-revolutionäre Zeitung *Die Republik*, damals von Teilnehmerzahlen zwischen 3000 und 4500.[49]

Als Gustav Mayer von den neuesten Gerüchten erfuhr, verwendete er einige Zeit darauf, ihren Wahrheitsgehalt zu überprüfen.[50] Einige der Personen, mit denen er sich austauschte, warnten vor allzu großer »Nervosität«. Andere jedoch zeigten, wie Mayer in seinem Tagebuch festhielt, Anzeichen tiefster Besorgnis, wie der sozialdemokratische Theoretiker Eduard Bernstein, der in seiner Bestürzung über den Gang der Dinge überzeugt war, dass der Ausbruch eines »Bürgerkriegs« kurz bevorstand.[51] Am selben Tag prophezeite in München der Schriftsteller Thomas Mann, man werde es bald mit »Bürgerkrieg, Anarchie, Einmarsch« zu tun haben.[52]

Am darauffolgenden Tag kam eine Zeitung sogar mit der sensationsheischenden, fett gedruckten Schlagzeile heraus: »Liebknecht regiert!« Sie fügte der aufsehenerregenden Meldung den einschränkenden Hinweis hinzu, wegen des späten Zeitpunkts, zu dem die Nachricht eingegangen sei, habe man keine amtliche Bestätigung dafür einholen können.[53] In Reaktion auf diese Gerüchte gaben Kadetten der deutschen Marineschule in Flensburg-Mürwik eine Erklärung heraus, die von der Presse verbreitet wurde. Die Seeleute riefen darin ihre Kameraden auf, sich ihnen im Kampf gegen den Bolschewismus und für die Rettung Deutschlands vor dem endgültigen Untergang anzuschließen. Die Erklärung endete mit dem Satz: »Nieder mit der Spartakistengruppe und ihren Führern.«[54] Eine Reihe von Zeitungen betonte die Notwendigkeit, in Alarmbereitschaft zu bleiben, während der *Vorwärts* erneut vor dem »Terror« der Spartakisten warnte.[55] Die *Berliner Morgenpost* nutzte die Meldung über die umlaufenden Gerüchte, um das Gefühl einer hereinbrechen Krise zu verstärken; sie schrieb, niemand wisse, »ob wir im Augenblick noch eine Regierung Ebert-Haase haben«.[56]

Später zog Mayer, obwohl er in Erfahrung gebracht hatte, dass die Regierung Ebert noch im Amt war, für sich den Schluss: »Spartacus ist trotzdem auf dem Weg zur Herrschaft hier in Berlin. Er weiß, was er will, ihn peitscht Temperament, revolutionäres Temperament, er will Unbedingtes, aber er will es auch ›unbedingt‹, er ist bereit, sein Leben in die Schanze zu schlagen. Die Regierungsleute dagegen sind in ihrer Mehrzahl nur Bureaukraten, eifrig in ihren Dienststunden, die sich aber nach Feierabend nicht gern durch die bösen Geschäfte, die in stürmischer Zeit bei Tag und Nacht nicht abreißen, stören lassen wollen.«[57] Harry Graf Kessler hörte am selben Tag gerüchteweise, der Regierung Ebert stünden nur »vielleicht noch hundert Mann zuverlässiger Truppen zur Verfügung«.[58] In Heidelberg drängte sich dem Historiker Karl Hampe nach allem, was er über die Lage in Berlin erfahren hatte, der Eindruck auf, dass dort »Anarchie« herrschte. Erneut hielt er in seinem Tagebuch fest, dass viele Leute in Heidelberg auf eine Besetzung durch die Entente hofften. Er selbst war allerdings der Meinung, Deutschland würde damit »in den tiefsten Abgrund unserer schmachvollen Erniedrigung« gestoßen, die ihm »glühend auf der Brust« brannte. Denn nach seiner Überzeugung konnte das nur zu »jahrelanger Knechtschaft« führen.[59]

In seiner Bewertung des Versagens der Frontsoldaten und der Schwäche des Staates kam das *Berliner Tageblatt* zu dem

Schluss, dass, wie jedermann wisse, Karl Liebknecht der Urheber der in Berlin-Mitte herrschenden Unordnung war. Die Zeitung forderte, die Regierung müsse die Straßendemagogen vollständig entwaffnen.[60] Eine immense Angst hatte die Menschen ergriffen. Hermann Molkenbuhr, eines der einflussreichsten Mitglieder der SPD, sagte am 25. Dezember seinen Kindern, die ständig in der Luft liegende Gefahr eines Bürgerkrieges nach russischem Muster sei jetzt »unerträglich« geworden.[61] Oberst van den Bergh, der Beamte im Kriegsministerium, der nach dem Blutbad vom 6. Dezember Vorkehrungen für die Flucht seiner Familie aus Berlin getroffen hatte, hielt mittlerweile die Gefahr, dass eine Regierung unter Führung von Liebknecht und Ledebour die Macht übernehmen würde, für »aufs äußerste angewachsen«. Im Hauptquartier des Heeres in Kassel war die Angst vor Liebknecht inzwischen so groß, dass manche Stabsoffiziere die Auflösung der OHL forderten, damit sie nach Hause fahren und ihre Familien beschützen könnten.[62]

Die sozialdemokratischen Volksbeauftragten Ebert, Scheidemann und Landsberg befanden sich in einer kaum weniger panischen Stimmung. Den Memoiren Scheidemanns ist zu entnehmen, dass Ebert, der den größten Teil seiner Zeit im Gebäude der Reichskanzlei zubrachte, die Bereitstellung von Leitern angeordnet hatte, für den Fall, dass er und seine Kabinettskollegen sich aufs Dach retten müssten – keine ganz unrealistische Befürchtung angesichts der Ereignisse vom 23. Dezember, als Aufständische in das Gebäude eingedrungen waren, um die Regierung gefangen zu setzen.

Sie dachten dabei nicht nur an sich selbst. Der Artilleriedonner am 24. Dezember hatte Friedrich Eberts Frau zutiefst erschreckt. Es sollte noch schlimmer kommen. Ein Anrufer warnte vor einem direkt bevorstehenden spartakistischen Überfall auf die Familie Ebert. Daraufhin verließ diese sofort ihr Haus in der Nähe des Treptower Parks im Osten Berlins. Es war dies nur eines von mehreren Malen im Verlauf der Revolution von 1918/19, dass Ebert oder Mitglieder seiner Familie fürchten mussten, in Geiselhaft genommen zu werden oder noch Schlimmeres. Wie der erste

Präsident der Weimarer Republik sich später erinnerte, durchlebte er in dieser Zeit so »fürchterliche Aufregungen und Gefahren«, dass er »jede Nacht [erwartete], erschlagen zu werden«.[63] Im Mai 1919 erklärte ein anderer sozialdemokratischer Politiker vor dem preußischen Parlament, er habe in der Revolutionszeit beständig seinen Aufenthaltsort gewechselt, weil er fürchtete, jeden Augenblick gefangen genommen zu werden.[64]

Aus der Intensität dieser Angst erklärt sich, weshalb sich innerhalb der sozialdemokratischen Führung nach dem Scheitern des Sturmangriffs eine zunehmende Entschlossenheit breitmachte, der Bedrohung, die von den Spartakisten ausging, ein Ende zu setzen. Unter dem Eindruck des gescheiterten Angriffs veröffentlichte die sozialdemokratische Führung ihre aggressivste Erklärung seit dem 9. November. Sie verteidigte darin ihr Verhalten im Verlauf der Vorgänge, die dem Sturmangriff auf Schloss und Marstall vorausgegangen waren. Ohne Ordnung im Inneren sei Deutschland, so warnte sie, nur Tage davon entfernt, seine Staatlichkeit einzubüßen, und werde dann nicht mehr in der Lage sein, Verhandlungen mit der Entente zu führen und den Friedensschluss herbeizuführen. Damit nicht genug, schob sie die Schuld an allem, was danebengegangen war, ohne ausdrücklich Namen zu nennen, auf Liebknecht und Luxemburg: »Die klagen wir an, welche Tag für Tag unsern Genossen in der Regierung alle Verbrechen angedichtet haben! Die kein andres Wort mehr kennen als ›Bluthund‹ und selbst im Blute waten! Die angeblich für die Revolution kämpften und nichts andres wollen als Vernichtung, Anarchie, Terror! Denen die russische Wüste und ihr verhungerndes Volk noch nicht genug sind, die noch eine Wüste anstreben: Deutschland! Die Weltrevolution predigen und nur eins erreichen werden: Weltuntergang!«[65]

Angstvolle Zeiten: Straßenpolitik nach dem 24. Dezember 1918

In einem geschichtlichen Moment, in dem die militärische Macht einen nie zuvor erlebten Tiefpunkt und die Angst vor einer hereinbrechen Krise einen nie gekannten Pegelstand erreicht hatte, sah Berlin sich mit folgenschweren neuen Schockwellen einer »Politik der Straße« konfrontiert. Die Spartakisten organisierten unter dem Eindruck des gescheiterten Sturmangriffs Demonstrationen gegen die Regierung, aber sie stellten nur einen Bruchteil derer, die in Reaktion auf dieses Ereignis auf die Straße gingen. Am 25. und 26. Dezember versammelten sich Tausende Berliner Unter den Linden, um sich anzuschauen, was Artillerie- und MG-Feuer am Schloss und am Marstall angerichtet hatte.[66] Wie die *Berliner Morgenpost* berichtete, nahmen sich die Leute sogar Trümmerteile als Erinnerungsstücke mit. Während die *Morgenpost* sich ein wenig pikiert darüber äußerte, dass Passanten, die einander fremd waren, sich auf der Straße zu kleinen Gruppen sammelten und politische Diskussionen führten – »die Straße ist zu einem politischen Forum geworden«, erklärte sie ihren Lesern –, konzedierte sie, dass abgesehen von der ungewohnten Kulisse aus patrouillierenden Matrosen, Trümmerschutt und zerschossenen Gebäudefassaden alles seinen gewohnten Gang ging. Sie erwähnte sogar, die Berliner Jugend fröne nach wie vor dem Sport des Flirtens.[67]

Diese bemerkenswerte Ruhe sollte nicht von Dauer sein. Im Hinblick auf das für den 29. Dezember anberaumte Begräbnis der beim Sturmangriff erschossenen Matrosen und in Reaktion auf die scheinbar prekäre Lage, in der sich die sozialdemokratische Parteiführung befand, rief der *Vorwärts* die Anhängerschaft der SPD auf, an dem betreffenden Tag auf den Straßen Flagge zu zeigen. In einem ausführlichen Leitartikel erklärte der *Vorwärts*, die »Schreckensherrschaft« der Spartakisten habe die Wut der Berliner bis zum »Siedepunkt« gesteigert. Man dürfe nicht länger dulden, dass 90 Prozent der Bevölkerung von einer »bewaffneten Bande« terrorisiert wurden; vielmehr müsse jeder, der für »Ordnung« und »Frieden« sei, sich dem Aufmarsch gegen die »blutige Diktatur des Spartakusbundes« anschließen.[68] Sich hinter die Politik der sozialdemokratischen Führung stellend, verkündete der *Vorwärts*: »Dass wir nicht Gewalt, sondern Freiheit, nicht Bürgerkrieg, sondern Einigkeit wollen, bedarf keines Beweises mehr. Aber wir wissen auch, dass die anderen ihre Sache auf nackte Gewalt und Bürgerkrieg gestellt haben. Darum dürfen wir keinen Augenblick vergessen, dass wir jede Minute bereit sein müssen, für unsere Genossen in der Regierung und damit für die Sache der Sozialdemokratie bis zum Allerletzten einzustehen. Sollte es trotzdem eines Tages Liebknecht und seinen Leuten gelingen, durch einen Überraschungsstreich sich in den Besitz von Regierungsgebäuden zu setzen, so wird es die Pflicht der organisierten Arbeiter sein, sie schon am nächsten Tag mit ihren Fäusten wieder herauszuschmeißen. Wir Volk müssen zeigen, dass wir nicht gesonnen sind, auf unserem Rücken herumtrampeln zu lassen!«

Warnend fügte der *Vorwärts* hinzu, das »arbeitende Volk Berlins« müsse »der Schreckensherrschaft ein Ende machen« und im »eigenen Hause Ordnung schaffen«, sonst drohe eine »Ordnung des Kirchhofs«. Zu Formulierungen greifend, die ein weiteres Mal die Radikalisierung der politischen Kultur offenbarten, gab das sozialdemokratische Parteiorgan fast gleichzeitig mit dem Aufruf der *Roten Fahne* an ihre Gefolgsleute, die Regierung Ebert/Scheidemann zu stürzen, die Parole aus: »Tod jeder Tyrannei!«[69]

Die vom *Vorwärts* in die Welt gesetzte Botschaft stieß auf erhebliche Resonanz.[70] Regionale sozialdemokratische Zeitungen äußerten sich zustimmend,[71] und sogar die *Deutsche Zeitung* lobte die aggressive Rhetorik des *Vorwärts*.[72] Die *Post* kommentierte, der *Vorwärts* hätte noch mehr Eindruck gemacht, wenn er zum »Tod der Tyrannei der Spartakisten und Matrosen« aufgerufen hätte.[73] Ins gleiche Horn stieß der *Berliner Börsen-Courier*, der erklärte, niemand wolle Liebknecht, Luxemburg und deren »ganze östliche Verwandtschaft«, die Deutschland ins »Rote Meer des Bürgerkrieges hineinregiert« hätten.[74] Plakate und Spruchbänder, die an Berliner Hausmauern prangten, hielten ähnliche Botschaften bereit. Ein regierungsfreundlicher Plakatanschlag stellte die Behauptung auf, ein Matrose habe am späten Abend des 24. Dezember versprochen, er und seine Genossen würden Rache an der Regierung nehmen und die für das »Blutbad« Verantwortlichen hinrichten. Was diese Drohung bedeutete, daran ließ ein in fetten Lettern gedruckter Text darunter keinen Zweifel: »*Keine Nationalversammlung heißt Anarchie,* heißt bolschewistischer *Terror,* heißt *Raub, Plünderung und Mord.* Darum Arbeiter, Bürger, Genossen, wenn Euch Eure gesicherte Zukunft, Euer Leben, das Eurer *Frauen und Kinder* lieb ist, *hütet Euch vor Spartakus! Hütet Euch vor Liebknecht! Stellt Euch hinter die Regierung! Macht sie stark!* Und lasst nicht zu, dass eine Verbrecherbande an ihre Stelle gesetzt werde!«[75] Nicht die gesamte veröffentlichte Meinung schlug so aggressive Töne an, aber über ein breites Spektrum hinweg waren sich die politischen Lager in der Stoßrichtung einig: Der Verzicht auf ein gewaltsames Vorgehen gegen die Spartakisten hatte die Regierung an einen Punkt geführt, an dem ihr Fortbestand nunmehr von Liebknecht und seinen Anhängern ernsthaft bedroht schien. Der Schluss, den diese Argumentation nahelegte, lautete: Solange man nicht gegen Liebknecht, den personifizierten Verursacher der Krise, vorging, würde alles nur noch schlimmer werden.[76] In den Augen derjenigen, die diese Botschaften propagierten und guthießen, durfte es jetzt keine Kompromisse mehr geben.

KAPITEL SECHS

Der 29. Dezember 1918

Am 29. Dezember 1918 bevölkerten Menschenmengen die Straßen von Berlin-Mitte. Am Wilhelmplatz, unweit der Reichskanzlei, lieferten sich zwei über der Menge thronende Männer ein auffälliges Duell. Der eine stand auf dem Winterfeldt-Denkmal. Weithin sichtbar schwenkte er immer wieder brüllend seine Mütze. Der andere hatte einen Laternenpfahl erklettert und äffte den ersten nach. Immer wenn dieser seine Mütze hochreckte, ließ der Zweite seine Faust nach unten fallen, als wolle er etwas in den Boden hämmern. Als Beobachter musste man nahe genug an die Szenerie herankommen, um zu verstehen, was gespielt wurde. Der Mann mit der Mütze skandierte: »Hoch Liebknecht!« Sein Gegenspieler konterte: »Nieder mit Liebknecht!« Immer wieder tönte es mit donnernder Stimme abwechselnd: »Hoch Liebknecht«, »Nieder mit Liebknecht«, »Hoch Liebknecht«, »Nieder mit Liebknecht, nieder, nieder, nieder!« Ein Beobachter äußerte die Vermutung, der Liebknecht-Hochrufer müsse wohl ein Straßenverkäufer sein, für den Tag angeheuert und mit russischem Geld von Joffe bezahlt (dem russischen Botschafter, der Anfang November aus Berlin ausgewiesen worden war).

Den Anlass für das lautstarke Duell hatte die Straßenpolitik des 29. Dezember 1918 geliefert. Fünf Tage nach dem fehlgeschlagenen Sturmangriff auf Schloss und Marstall hatten alle maßgeblichen politischen Kräfte Berlins ihre Anhänger aufgerufen, auf der Straße Flagge zu zeigen. Die Lage schien so ernst, dass die

Frankfurter Zeitung meinte, die Demonstrationen würden über die Zukunft der deutschen Politik entscheiden.[1] Theodor Wolff sprach in diesem Zusammenhang von einem »Plebiszit«.[2]

Spartakisten und Unabhängige Sozialdemokraten hatten anlässlich der Bestattung der am 23. und 24. Dezember ums Leben gekommenen Matrosen zu Demonstrationen aufgerufen. Die Anhänger der Spartakisten versammelten sich am Vormittag auf der Siegesallee. Am entgegengesetzten Ende von Unter den Linden nahmen die Anhänger der USPD vor dem Schlossplatz Aufstellung. Etwa um dieselbe Zeit strömten Anhänger der SPD und der liberalen DDP zu Sammelstellen in den acht Berliner Wahlbezirken. Von dort aus setzten sie sich in Richtung Berlin-Mitte in Marsch. Am Tiergarten angekommen, sammelten sich die Liberalen am Fuß des Standbilds des älteren Moltke, des militärischen Helden der unter preußischem Oberkommando geführten deutschen Einigungskriege. Nicht weit von ihnen strömten die SPD-Anhänger auf der gegenüberliegenden Seite des Königsplatzes zusammen.[3]

Zu dem Zeitpunkt, an dem die Sozialdemokraten und die Liberalen ihre Sammelpunkte erreichten, befanden sich die meisten Spartakus-Anhänger bereits auf dem Weg in den Osten Berlins, wo sie sich mit den Unabhängigen Sozialdemokraten vereinigten, die von Osten her westwärts den verabredeten Treffpunkt vor der Oper Unter den Linden ansteuerten. Es war kein willkürlich gewählter Treffpunkt: Sie kehrten an die Stelle zurück, wo am 23. Dezember 1918 der Matrose Zeicker sein Leben auf den Steinfliesen des Opernhauses ausgehaucht hatte. Von da aus marschierten beide Gruppen gemeinsam ostwärts zum Friedhof der Märzgefallenen von 1848 im Volkspark Friedrichshain, wo die am 23. und 24. Dezember getöteten Matrosen bestattet werden sollten.

Die Begräbnisse und Trauerfeiern und die sie begleitenden Demonstrationen waren politische Schauveranstaltungen, doch ungeachtet dessen wäre es ein Fehler, ihre Bedeutung weiterhin zu unterschätzen.[4] Die Demonstrationen der Anhänger von SPD und DDP, von denen führende Historiker der Revolution, nicht zuletzt Heinrich August Winkler, keinerlei Notiz genommen haben, liefen auf nichts anderes hinaus als ein bemerkenswertes öffentliches Bekenntnis zur Radikalisierung der Politik der SPD, die sich im Verlauf der zurückliegenden Woche vollzogen hatte. Sie erweckten den Eindruck, die große Mehrheit der Berliner sei einverstanden mit der Entscheidung vom 24. Dezember, die zurückgekehrten Frontsoldaten auf die im Schloss und Marstall befindlichen Matrosen loszulassen. Auch ging von den Demonstrationen eine wirkmächtige Botschaft über den geschwundenen Vorrat an gemeinsamen Werten aus: Die Kluft zwischen beiden Lagern verbreiterte sich kontinuierlich und war inzwischen so groß, dass nicht einmal mehr die traditionellen Gepflogenheiten, die bisher für Begräbnisse politischer Gegner gegolten hatten, beachtet wurden. Diese Botschaft trug zur zunehmenden Entfremdung zwischen den Gegnern und den Anhängern der Regierung bei.[5]

Wichtiger noch war, dass am selben Tag, an dem sich die Massen auf den Straßen Berlins sammelten, die Deutschen aus der Presse erfuhren, dass die am 9. und 10. November 1918 gebildete Kompromissregierung auseinandergebrochen war. Nach tagelangen hitzigen Debatten darüber, wer den Frontsoldaten die Erlaubnis oder den Befehl zur Erstürmung von Schloss und Marstall gegeben hatte, waren die Unabhängigen Sozialdemokraten aus der Regierung der Volksbeauftragten ausgeschlossen worden. Am späten Abend des 28. Dezember 1918 hatten die drei von der USPD gestellten Volksbeauftragten Emil Barth, Wilhelm Dittmann und Hugo Haase auf Druck des sozialdemokratisch beherrschten Zentralrats der Arbeiter- und Soldatenräte ihren Rückzug aus dem Kabinett erklärt.[6] Auf Einladung der drei verbliebenen SPD-Volksbeauftragten Friedrich Ebert, Philipp Scheidemann und Otto Landsberg waren zwei weitere Sozialdemokraten, Gustav Noske und Rudolf Wissell, in den Rat der Volksbeauftragten eingetreten, der von diesem Augenblick an immer mehr wie ein Kabinett traditionellen Typs zu agieren begann. Die zeitgleich mit dem Bekanntwerden dieser einschneidenden politischen Veränderungen stattfindenden antispartakistischen Demonstrationen wurden so zu öffentlichen Kundgebungen der Unterstützung für ein Ende der Kompromisspolitik. Die Massen, die an diesem 29. Dezember ein entschlossenes Vorgehen gegen die Spartakisten forderten, bestärkten die neue Regierung in ihrer Radikalisierung, indem sie sie dazu drängten, die Maske der politischen Mäßigung endgültig abzustreifen.[7]

In einer Situation, in der die Anhänger aller Linksparteien auf die Straße gingen, wollte die neugegründete Deutsche Demokratische Partei, die politische Erbin der Liberalen und der Fortschrittlichen Volkspartei, nicht abseits stehen. Zum ersten Mal in der deutschen Geschichte eiferte eine politische Partei des Bürgertums aktiv dem Politikstil der Sozialisten nach und forderte ihre Anhänger auf, auf der Straße Präsenz zu zeigen.[8] Die *Vossische Zeitung* unterstützte die angekündigten Demonstrationen trotz ihrer Einschätzung, dass die Situation sich kritisch zuspitzen werde; sie schärfte ihren Lesern ein, auch die Demokraten müssten »auf die Straße, für die demokratische Republik, gegen Spartakus und den Terror der Minderheit«.[9] Wie die *Vossische Zeitung* rief auch das Massenblatt *Berliner Morgenpost* seine Leser in einer fetten Schlagzeile auf der Titelseite zur Teilnahme an den »Massen-Kundgebungen« auf – und lieferte Wegbeschreibungen zu den Sammelpunkten sowohl der SPD- als auch der DDP-Märsche.[10] Die traditionellen konservativen Eliten, die die Politik der Straße immer verachtet hatten, fanden das alles verabscheuenswert. Die *Kreuz-Zeitung* wünschte sich von Jagow zurück, den früheren Polizeipräsidenten von Berlin, der vor und während des Ersten Weltkrieges die Arbeiterklasse daran gehindert hatte, sich der Straße zu bemächtigen.[11]

Die diversen Demonstrationszüge addierten sich zu einer Teilnehmerzahl, die den 29. Dezember 1918 zu einem Tag machte, wie es ihn in der deutschen Geschichte bis dahin wohl noch nie gegeben hatte. Nach Abschluss der Umzüge schätzte die *Berliner Morgenpost*, dass alleine die SPD nicht weniger als 400 000 Männer und Frauen auf die Straße gebracht hatte.[12] Die ersten ihrer Anhänger trafen gegen 14 Uhr vor dem Reichstag ein, als der Demonstrationszug der Spartakisten diesen Bereich bereits verlassen und sich auf den Weg zum Opernhaus gemacht hatte.[13] Es dauerte eine volle Stunde, bis sich alle zur Teilnahme an der, wie sich zeigte, gut durchinszenierten Massenkundgebung formiert hatten.[14] Als diese zu Ende war, bildeten die Teilnehmer einen Demonstrationszug und marschierten in Richtung Wilhelmstraße und Reichskanzlei.[15] Kurz vor Erreichen der Reichskanzlei fand die Demonstration ihren Abschluss vor dem Hotel Kaiserhof am Wilhelmplatz. Von hier aus machte sich, obwohl die eigentliche Demonstration für beendet erklärt worden war, ein kleinerer Zug, bestehend aus rund 15 000 SPD-Anhängern, auf den Weg zu einem letzten ostentativen Kraftakt: Sie marschierten zum Gebäude des *Vorwärts*-Verlags, um ihre Solidarität mit dem Parteiorgan zu bekunden. Nach dieser letzten Manifestation ihrer politischen Kraft zerstreuten sich die Demonstranten, wie es in einem Zeitungsbericht hieß, »in voller Ruhe«.[16]

Bei der ersten Kundgebung, zu der sich die Anhänger der SPD versammelten, wurde das Ausscheiden der Unabhängigen Sozialdemokraten aus der Regierung bekanntgegeben und lautstark bejubelt.[17] Später, um drei Uhr nachmittags, während im Osten Berlins die Trauerfeier für die Matrosen stattfand, verkündete ein Redakteur des *Vorwärts*: »Wenn Liebknechts Deserteure noch nicht genügend geschossen haben, so rufen wir ihnen von heute ab ein energisches Halt zu. Wir dulden keinen Bruderkrieg mehr. Das freie Wahlrecht ist das Zeichen, in dem wir siegen werden. Unser Todfeind ist die Anarchie. Dagegen demonstrieren wir heute, ebenso wie gegen die Tollheiten Liebknechts.«[18] Ein anderer Presseartikel zitierte denselben Redner mit der Aussage: »Wir wollen bei der kommenden Abstimmung die Stimmen zählen und nicht die Maschinengewehre. [...] Es geht nicht, dass ein bewaffnetes Häuflein die Massen terrorisiert und in die Zeitungen einfällt, ohne dass der Polizeipräsident etwas dagegen tut.«[19]

Diese Demonstrationen schöpften zwar aus einem bewährten Repertoire sozialdemokratischer Straßenpolitik – u. a. dem Einsatz von Hunderten Ordnern, die den Massen den Weg wiesen –, doch markierte die Teilnahme »ganzer Regimenter« uniformierter Soldaten an der Spitze mehrerer Marschkolonnen einen deutlichen Unterschied zur Straßenpolitik der Vorkriegszeit in Deutschland.[20] Das erstaunlichste Beispiel für diese historische Kehrtwende war die Tatsache, dass an der Spitze einer der sozialdemokratischen Kolonnen die Maikäfer marschierten – nur wenige Wochen nachdem das zügellose Gebaren eben dieses Regiments am 6. Dezember 1918 nicht nur sozialistische Demonstranten, sondern auch unbeteiligte Passanten das Leben gekostet hatte.[21]

Otto Wels, in den Augen der SPD-Anhänger durch die Ereignisse vom 23./24. Dezember zum Helden geadelt, wurde mit ohrenbetäubendem Applaus überschüttet, als er im Lauf des Tages an drei verschiedenen Stellen zu den SPD-Anhängern sprach.[22] Bei der Kundgebung vor dem *Vorwärts*-Gebäude forderte er die Demonstranten auf, für das Parteiorgan »zur Stelle« zu sein, falls je ein weiterer Versuch unternommen werden sollte, es wie am 25. Dezember zu besetzen.[23] Neben roten Fahnen trugen die Demonstranten auch Banner und Schilder mit Parolen, die Unterstützung für die Sozialdemokratie signalisierten: »Für Ruhe, Ordnung und Einigkeit«; »Für die Regierung Ebert«; »Gegen den Spartakusbund«; »Gegen Gewaltherrschaft und Anarchie«; »Wir bekämpfen jeden Putsch von rechts und links«. Ein Demonstrant gab die bemerkenswerte Losung aus: »Wilhelm Liebknecht, nicht Karl Liebknecht!«[24]

Nach Schätzungen der *Berliner Morgenpost* nahmen an der Demonstration der DDP um die 50 000 Personen teil. Anders als bei den Umzügen der Sozialisten, bei denen die rote Fahne dominierte, war es hier eine Mischung aus Schwarz-Rot-Gold, der Fahne der Revolution von 1848, und Schwarz-Weiß-Rot, den Farben des Deutschen Reiches.[25] Wie eine andere Zeitung berichtete, war die Teilnehmerzahl, als sich die Anhänger der DDP vor dem Standbild Moltkes sammelten, auf 80 000 bis 100 000 angewachsen.[26] Redner der Partei hatten schon zuvor in ihren Saalveranstaltungen Liebknecht beschuldigt, er terrorisiere Berlin. Jetzt erklärte Bernhard Dernburg, einer der Gründer der Partei, den vor dem Moltke-Standbild versammelten Massen: »Wir dürfen es nicht länger dulden, dass von zweitausend Spartakisten ganz

Berlin terrorisiert wird, und wir müssen aufs Dringendste von der Regierung verlangen, dass sie ihre Machtmittel gebraucht und nicht, wie bisher, unbenutzt an der Wand hängen lässt. Kann sie das nicht, so ziehen wir alle noch einmal gern den feldgrauen Rock an, um die Ordnung und Ruhe herzustellen.«[27] Botschaften mit ähnlichem Tenor verkündeten auch andere Redner, darunter Friedrich Naumann, der am Fuß der Siegessäule in der Nähe des Reichstags sprach und betonte, nur eine strenge »Ordnung« könne Deutschland vor der »Katastrophe« bewahren. Am Ende seiner Rede sang die Menschenmenge »Deutschland, Deutschland über alles«.[28]

Angesichts der Tatsache, dass die demonstrierenden Massen zur selben Zeit am selben Ort unterwegs waren, konnte es nicht ausbleiben, dass die Anhänger der SPD und der DDP einander begegneten.[29] Liest man die Zeitungsberichte über solche Begegnungen, so fällt auf, dass sie in deutlich gedämpfterem Ton gehalten waren und die Besonderheit dieser Momente betonten. Die *Vossische Zeitung* hielt den Augenblick fest, in dem die Anhänger der beiden Parteien einander über die Straße hinweg anstarrten.[30] An anderer Stelle schilderte dieselbe Zeitung, wie kurz danach »Hunderttausende [...] friedlich« an der Reichskanzlei vorbei zum Wilhelmplatz marschiert waren, unter Skandieren lautstarker Hochrufe auf die soziale und bürgerliche Demokratie und unter Absingen der Hymne »Deutschland, Deutschland über alles«; auch die Parole »Nieder mit den Bolschewismus! Raus mit Spartakus!« sei zu hören gewesen.[31] Anhänger beider Parteien legten an einem Punkt sogar eine Marschpause ein, um sich die Rede eines Zeitungsredakteurs anzuhören, der ihnen für ihre »imposante Kundgebung« dankte und sie als die »Mehrheitsparteien« bezeichnete, »mit denen die Demokratie von jetzt ab Schulter an Schulter zum Wohle des Vaterlandes kämpfen« werde.[32]

Der spartakistische Demonstrationszug war deutlich kleiner. Er hatte sich zur Mittagsstunde in der Siegesallee formiert. Von dort aus waren die Teilnehmer, hinter den Bannern des Spartakismus marschierend, durch das Brandenburger Tor gezogen und schließlich um halb zwei Uhr nachmittags vor dem Gebäude der Berliner Oper angekommen. Während sich dieser überwiegend spartakistische Demonstrationszug westlich vom Brandenburger Tor aufgestellt hatte, hatten sich ungefähr um dieselbe Zeit Anhänger der Unabhängigen Sozialdemokraten auf dem Platz vor dem Stadtschloss eingefunden. Hier standen, eingerahmt von Kränzen und von Vertretern der großen Berliner Fabriken – Regie führten wahrscheinlich die Revolutionären Obleute –, die Särge der bei den Kämpfen vom 23. und 24. Dezember Gefallenen im Mittelpunkt der Aufmerksamkeit.[33] Otto Trost, einer der führenden Männer der Volksmarinedivision, erklärte der versammelten Trauergemeinde, das einzige Mittel, mit dem man künftige Menschenopfer vermeiden könne, sei die Einigung der Arbeiterklasse. Als nächster Redner forderte der altgediente Sozialdemokrat Georg Ledebour, der sich 1917 der USPD angeschlossen hatte, die Trauernden auf, die Hand zu erheben und einen Eid auf die Revolution abzulegen. Teil der Zeremonie war eine Ehrenkompanie, die Böllerschüsse zu Ehren der Toten abfeuerte. Zum Abschluss der Feier wurden Flaggen gehisst, und eine Blaskapelle spielte einen Trauermarsch.[34]

Von diesem Punkt an gliederten sich die spartakistischen Demonstranten in den großen Trauerzug ein, der sich auf den Weg nach Friedrichshain machte. Die *Rote Fahne* behauptete, entlang des Weges sei unaufhörlich der Ruf »Nieder mit der Regierung Ebert-Scheidemann« erklungen. Der Korrespondent einer Hamburger Zeitung, der den Zug aus nächster Nähe verfolgte, machte die folgende Beobachtung: »Man sah es den Schreiern ganz deutlich an, dass sie mit derselben lächelnden Gleichgültigkeit den Bolschewismus und die Weltrevolution hochleben ließen, wie sie ihre Niederrufe gegen Scheidemann und Ebert ausbrachten.«[35]

Nach Schätzungen der *Berliner Morgenpost* nahmen an dem Trauermarsch an die 20 000 Personen teil; die meisten seien jedoch, fügte sie hinzu, dabei gewesen, um den Getöteten Tribut zu zollen, nicht um die Spartakisten zu unterstützen.[36]

Auf dem Friedhof der Märzgefallenen wurden die Matrosen neben den Gräbern zur letzten Ruhe gebettet, die vor kurzem für die Todesopfer des 9.–10. November und des 6. Dezember ausgehoben worden waren. Ringsumher lagen die Ruhestätten der Toten der Revolution von 1848. Zwei Kleinflugzeuge überflogen den Friedhof während der Bestattungszeremonie. Anders als zuvor bei der Trauerfeier vor dem Stadtschloss, bei der die Unabhängigen Sozialdemokraten den Ton angegeben hatten, hielt jetzt Liebknecht die Trauerrede an den offenen Gräbern. Es war das letzte Mal, dass der Friedhof der Gefallenen der Revolution von 1848 als Begräbnisstätte für die Toten der Revolution von 1918/19 diente. Denn wenig später untersagte die sozialdemokratische Regierung in dem bewussten Bemühen, den Toten der Novemberrevolution die posthume Legitimation zu verwehren, die dieser Friedhof als Symbolort der revolutionären Tradition Berlins bot, die Bestattung linker Revolutionäre auf dem Friedhof der Märzgefallenen.[37]

Auch wenn es an diesem 29. Dezember zu keinen nennenswerten Gewaltszenen kam, gerieten Anhänger der SPD und der DDP doch einige Male mit Gefolgsleuten des Spartakusbundes aneinander.[38] Wiederholt verhinderten die für die Lenkung der Menschenmassen eingesetzten Ordner den Ausbruch von Streitigkeiten. Einmal begannen beispielsweise Arbeiter zu buhen, als sie Offiziere erblickten, die im Demonstrationszug der DDP mitmarschierten, doch blieb die Lage unter Kontrolle.[39] Ein andermal kam es in der Nähe des Lustgartens, also am Ort der Trauerfeier für die Matrosen, zum Austausch lautstarker »Schmähungen und Drohungen«, als einander nicht wohlgesinnte Demonstrantengruppen in Tuchfühlung miteinander gerieten und einige »Heißblütige« einer Gruppe von Demonstranten der DDP eine schwarz-rot-goldene Fahne zu entreißen versuchten. Die Demokraten verfügten jedoch über genügend Leute, um ihr politisches Symbol zu beschützen, und zudem griff die Sicherheitswehr ein, bevor etwas Ernsteres als ein paar Fausthiebe passieren konnte.[40] Harry Graf Kessler hielt eine dieser Szenen in einer längeren Tagebuch-Passage fest, in der er auch erwähnte, die Demokraten hätten auf ihrem Weg entlang dem Boulevard Unter den Linden unter anderem »Die Wacht am Rhein« gesungen.[41]

Die *Vossische Zeitung* kam in ihrem Rückblick auf die Ereignisse des Tages zu der Einschätzung, die Präsenz einer so großen Zahl regierungstreuer Demonstranten zeige, dass die von den Spartakisten organisierte Trauerprozession, anders als von ihren Initiatoren erwartet, nur eine »Episode« im Mosaik des Berliner Straßengeschehens darstelle. Die eigentlichen Sieger des Tages waren nach Ansicht der *Vossischen Zeitung* die »unübersehbaren Massen«, die sich als »Beherrscher« der deutschen Hauptstadt erwiesen und eindrucksvoll gegen die »Gewaltherrschaft einer Minderheit« protestiert hätten. Dieselbe Zeitung hielt fest, die DDP habe sich gegen den Widerstand einiger ihrer eigenen Mitglieder durchgesetzt und eine erfolgreiche »nichtsozialdemokratische Demonstration« auf die Beine gestellt.[42] Ähnlich euphorisch äußerte sich die Zeitung über die Masse der sozialdemokratischen Demonstranten.[43] In einem Kommentar, der deutlich macht, wie wichtig die Politisierung der Straße geworden war, vertrat diese Zeitung der deutschen Bildungselite die Ansicht, das Bürgertum müsse sich jetzt ebenso auf der Straße zeigen wie die Arbeiterschaft und »die Furcht vor der Öffentlichkeit verlieren«. Der Kommentar endete mit dem Aufruf an die neue Regierung, ein »Volksheer« aufzustellen und zur Zementierung ihrer Macht Gewaltmittel einzusetzen.[44]

Einen ähnlichen Standpunkt vertrat die *Berliner Morgenpost*. Ihrer Meinung nach hatte der massenhafte Rückhalt für die SPD deutlich gemacht, dass die neue Regierung erheblich mehr Unterstützung genoss als ihre Vorgängerin unter Ebert und Haase, die nicht in der Lage gewesen sei, der von den Spartakisten ausgehenden Gefahr Herr zu werden. Die neue Regierung müsse jetzt, so mahnte die *Morgenpost*, die nötige Willenskraft aufbringen, um ihre Politik durchzusetzen, denn das deutsche Volk werde sich, so versprach die *Morgenpost*, eine Herrschaft Liebknechts nicht einmal einen einzigen Tag lang bieten lassen. »›Deutschland will nicht Russland werden.‹ So hieß es gestern in Plakaten, die den Demonstrationszügen vorangetragen wurden. Damit ist in einfachen Worten gesagt, was unser Volk jetzt von der Regierung erwartet.«[45] Im *Berliner Tageblatt* äußerte sich Theodor Wolff ähnlich enthusiastisch über die Demonstrationen für Ruhe und Ordnung. Nach seinem Eindruck hatten die Redner am meisten Applaus bekommen, wenn sie die Demonstranten aufgerufen hatten, die Republik gegen »Gossentribunen und Reaktionsritter und gegen fremde Vernichtungsgelüste« zu verteidigen. In einer weiteren bildhaften Beschwörung dessen, was womöglich bevorstand, bediente Wolff sich der Metaphern, die bald darauf den Einsatz exzessiver Gewaltmittel gegen die Spartakisten rechtfertigen sollten. Er behauptete, Liebknecht und Ledebour hätten »die entwendeten Maschinengewehre und Handgranaten, das russische Geld, einige Häupter der ›Sicherheitsbehörden‹ [und] die unreifsten Elemente unter den heutigen Kasernenbewohnern« auf ihrer Seite. Gegen dieses Konsortium drohender Gefahren musste die neugebildete Regierung nach Überzeugung Wolffs einschreiten.

Wie viele andere sah Wolff in dem Verzicht auf den Einsatz von Gewaltmitteln gegen die Spartakisten ein Zeichen staatlicher Schwäche, das nach seiner Ansicht »Liebknecht und der roten Rosa« zugutekam. Er vergaß nicht hinzuzufügen, es bestehe jetzt Anlass zu großen Hoffnungen, dass Gustav Noske einen Beitrag zur Wiederherstellung der Ordnung leisten werde. Die enorme Größe der regierungstreuen Massen verschaffe der Regierung einen unschätzbaren moralischen Auftrieb. Auf der anderen Seite dürfe sich niemand über die »Größe der Gefahr« hinwegtäuschen, die es zu überwinden gelte. Bei allem Positiven, das die antispartakistischen Demonstrationen des 29. Dezember bewirken könnten, dürfe doch niemand, so mahnte Wolff, übersehen, welche Gefahren von dem »rabiaten Fanatismus, der Zügellosigkeit und dem Waffenbesitz des kleineren Haufens« ausgingen.[46]

Die Demonstrationen vom 29. Dezember bildeten den Schlussakt der dramatischsten Woche in der Geschichte der Revolution seit jener Woche, die mit den ersten Matrosenprotesten in Kiel am 3. November begonnen hatte. Seit den Gewaltausbrüchen auf den Straßen von Berlin-Mitte am 23. Dezember und dem fehlgeschlagenen Sturmangriff am Tag darauf hatte sich das politische Antlitz der Revolution vollständig gewandelt. Es war zu Grenzüberschreitungen auf mehreren Ebenen gekommen. Innerhalb der Institutionen der Revolutionsregierung war die Ersetzung der USPD-Vertreter durch zwei Sozialdemokraten vollzogen worden; einer von ihnen war der Hardliner Gustav Noske.[47] Ein analoger Vorgang sollte sich wenig später innerhalb der preußischen Regierung vollziehen. Beim Militär, nicht zuletzt innerhalb der neuaufgestellten freiwilligen Einheiten, die bald unter der Bezeichnung Freikorps von sich reden machen sollten, hatte sich unter dem Eindruck des »Versagens« der Frontsoldaten am 24. Dezember die Botschaft verbreitet, künftige Einsätze dieser Art müssten sich durch mehr Rücksichtslosigkeit auszeichnen, einschließlich der Bereitschaft, auch auf Frauen und Kinder zu schießen. Der Sturmangriff auf das Schloss und den Marstall bildete überdies, auch wenn er fehlschlug, den Gründungsakt für den Einsatz antirevolutionärer Gewalt: Der Angriff, bei dem Artilleriewaffen zum Einsatz kamen, machte deutlich, welcher Art des militärischen Einschreitens es bedurfte, um die »Ordnung« in Deutschland wiederherzustellen. Noch wichtiger als alles andere war, dass die Ereignisse vom 24. Dezember zeigten, dass die Sozialdemokraten bereit waren, die rote Linie zu überschreiten, die sie bis jetzt davon abgehalten hatte, den Militärs den Einsatz kriegerischer Mittel gegen die Revolution zu gestatten.

Es war dies ein schwerwiegendes und folgenreiches Umdenken. Am Ende dieser Woche nahm die SPD eine entschieden andere Haltung zur Gewaltfrage ein, als sie es bis dahin getan hatte. Es waren vor allem die Demonstrationen in den letzten Tagen des alten Jahres, die dem Umschwenken der Parteiführung auf eine sehr viel härtere Linie politische Legitimität verschafften. Mit diesem härteren Kurs gewann sie Sympathien. Ein ganz wichtiger Aspekt war dabei der, dass die Zeitgenossen weitere Auseinandersetzungen erlebt hatten, die sie nachhaltig an ihre eigene physische Verwundbarkeit gemahnten. Die Bilder vom Sturmangriff, der Kanonendonner und das Wissen darum, dass es Tote gegeben hatte, trugen zu der von Schreck und Panik geprägten Stimmung bei und verstärken das Gefühl, dass eine sehr düstere Zukunft womöglich kurz bevorstand. In einer solchen Situation fanden Gerüchte und Autosuggestionen üppige Nahrung, und es bestand keine Aussicht auf eine vernünftige Diskussion über die Frage, ob die Taktik des militärischen Sturmangriffs angemessen war (zumal der Angriff fehlgeschlagen war), oder über die Risiken für das politische Klima, die mit der erneuten Anwendung dieser Taktik verbunden waren. In der letzten Dezemberwoche 1918 entwickelte die neue deutsche Republik die Fähigkeit, militärische Mittel aus dem Erfahrungsschatz der Westfront zur »Wiederherstellung der Ordnung« in deutschen Städten einzusetzen. Diese Normalisierung der Gewalt sollte schreckliche Folgen noch weit über das Jahr 1919 hinaus zeitigen.

KAPITEL SIEBEN

Der Januaraufstand

Oskar Lange, ein 58-jähriger Postbeamter, ging am 2. Januar 1919 morgens zur Arbeit und kehrte nie mehr nach Hause zurück. Der beliebte Beamte arbeitete seit 25 Jahren als Geldbriefträger. Als er nicht zur gewohnten Zeit in seine Dienststelle zurückkam, schöpften seine Kollegen Verdacht. Sie prüften nach, ob er eventuell direkt von der Arbeit nach Hause gegangen war. Als sie erfuhren, dass dem nicht so war, schlugen sie Alarm, und noch am selben Abend begann die Polizei zu ermitteln. Schon bald hatte sie Langes letzte Wege rekonstruiert. Er hatte am Morgen mit 8000 Mark in bar und Geldbriefen im Wert von zusammen über 50 000 Mark das Postamt in der Französischen Straße verlassen. Als Erstes hatte er, wie vorgesehen, gegen neun Uhr die Nordische Grundkredit-Aktienbank angesteuert, anschließend das Hotel Bristol und danach das weltberühmte Hotel Adlon am Pariser Platz. Seine nächste Anlaufstation war das Juweliergeschäft Friedländer, wo er jedoch nie ankam. Ein Friseur des Hotels Adlon berichtete der Polizei, er habe auf dem Weg durch das Hotelfoyer Lange die Freitreppe zum ersten Obergeschoss hinaufgehen sehen. In Ermangelung irgendwelcher in eine andere Richtung weisender Anhaltspunkte begann die Polizei am Morgen des 3. Januar die Zimmer des Luxushotels zu durchsuchen.

Oskar Lange saß aufrecht in einem großen Sessel im Salon einer der Familiensuiten des Hotels. Man hatte ihn so an dem Sessel festgebunden, dass er die Arme nicht bewegen konnte. Seine leere Geldtasche war um seinen Leib geschlungen. Sein Gesicht war mit einem Badetuch verhängt. Als die Polizei es abnahm, war auf Anhieb zu erkennen, dass Lange erdrosselt worden war. Von seinen Sachen waren nur noch einige Papiere und zahlreiche leere Briefumschläge vorhanden. Sofort wurde eine Mordkommission gebildet. Langes Arbeitgeber und die Polizei setzten eine Belohnung von 10 000 Mark für jeden Hinweis aus, der zur Ergreifung des Mörders führen würde. Der Mieter der Suite, in der Langes Leiche gefunden wurde, war ein Mann von rund 1,75 Meter Körpergröße gewesen, wohlproportioniert, teuer gekleidet und Träger eines schwarzen Spitzbarts. An der Rezeption hatte er erklärt, er sei Hausbesitzer, komme aus Hamburg und heiße Hans von Winterfeldt. Wie aus den Buchungsunterlagen des Hotels hervorging, war er am 27. Dezember 1918 angereist. Am nächsten Tag war er abgereist, hatte aber seine baldige Rückkehr angekündigt. Als er am Neujahrstag wiederkam, hatte er dem Empfangspersonal gesagt, er erwarte seine Eltern aus Russland, und erneut um Unterbringung in einer der Familiensuiten des Hotels gebeten. Am 2. Januar 1919 bemerkte in dem wuseligen Hotel niemand, dass der Mann das Haus verließ – um nie zurückzukehren.

Die Mordkommission leiteten die Kriminalkommissare Tegtmeyer und Hoppe, unterstützt vom Leiter des Erkennungsdienstes, Dr. Schneikert. Wie sie herausfanden, hatte der angebliche Hans von Winterfeldt einen neuen Trick benutzt, um Oskar Lange in seine Hotelsuite zu locken. Im Unterschied zu der bekannten Masche, eine Geldsendung zu veranlassen, in der Absicht, den Geldbriefträger zu berauben, hatte der Mörder bei zwei Lotteriegeschäften angerufen und ihnen den Auftrag erteilt, ihm seine bescheidenen Lotteriegewinne ins Hotel zu schicken – eine Zeitung vermutete, er habe wohl nicht über genug flüssige Mittel verfügt, um als Lockmittel eine Summe einsetzen zu können, wie sie bei Gästen des Hotels Adlon üblich war. Wahrscheinlicher ist jedoch, dass er sich des telefonischen Auftrags an die Lotteriegeschäfte bediente, um keine Aktenspuren zu hinterlassen. Alles, was die Polizei hatte, waren Personenbeschreibungen des Täters und die Unterschrift, die er beim Einchecken geleistet hatte.

Sonst hatte er keinerlei verwertbare Spuren hinterlassen. In der Suite fanden sich zwei Koffer und eine Handtasche, die jedoch allesamt nur alte Zeitungen enthielten. In der Badewanne stand noch ein wenig Wasser und auf einem Tisch im Salon, in der Nähe des Toten, ein Glas mit einer klaren Flüssigkeit darin. Die Kripo glaubte zunächst, es könne sich um ein Gift handeln, doch die Spur verflüchtigte sich, als sich herausstellte, dass es nur Wasser war. Das Beste, was sich sonst noch an Verwertbarem fand, waren zwei Schmuckstücke, die für einen von Langes Empfängern bestimmt gewesen waren. Die Polizei hoffte, der Mörder habe seine Fingerabdrücke auf den Schmuckstücken hinterlassen, doch wie sie zugeben musste, hatte sich der Mann, der den Postbeamten Oskar Lange ermordet hatte, jedem erdenklichen polizeilichen Zugriff bereits entzogen, noch bevor Langes Kollegen Alarm geschlagen hatten.[1]

Oskar Lange wurde durch tragisches Pech zur historischen Figur. Hätte er an dem Tag eine andere Route bekommen, er hätte wohl kaum Eingang in die Geschichtsbücher gefunden. Wahrscheinlich wären zu seinen 25 Jahren im Postdienst weitere hinzugekommen. Er hätte vielleicht sogar noch als alter Mann den Ausbruch des Zweiten Weltkriegs erlebt. Andererseits: So tragisch sein Schicksal war, können wir doch zumindest sagen, dass wir seine Identität kennen und wissen, wie er zu Tode kam: Die Presse griff seine Geschichte auf, und die Polizei und seine Kollegen gaben sich alle Mühe, seinen Tod aufzuklären und seinen Mörder zu finden und vor Gericht zu bringen. Dasselbe lässt sich nicht über 150 bis 200 andere Personen sagen, die zwischen dem 6. und dem 11. Januar 1919 in Berlin ums Leben kamen, nur Tage nach der Ermordung des Geldbriefträgers. Sie starben im Zuge einer Reihe außergewöhnlicher Ereignisse, die man damals in ihrer Gesamtheit als den »Spartakusaufstand« bezeichnete und für die sich später auch Begriffe wie »Januar-Unruhen« oder »Januaraufstand« einbürgerten.[2] Wenn es sich denn um einen Aufstand handelte, so ist er heute weitgehend aus der Erinnerung der Deutschen verschwunden, obgleich er eines der folgenschwersten Ereignisse in der deutschen Geschichte des 20. Jahrhunderts war.

Der erste Akt des Aufstands begann in der Abenddämmerung des 5. Januar 1919 damit, dass bewaffnete Rebellen mehrere wichtige Pressehäuser im Berliner Zeitungsviertel (im Süden der Stadtmitte) besetzten. Untypisch für einen Aufstand dieser Art war freilich, dass erst am Nachmittag des folgenden Tages – fast 24 Stunden später – die ersten im Affekt abgefeuerten Schüsse fielen. Als die blutige Gewalt freilich einmal begonnen hatte, wurde sie sehr schnell zum Wesensmerkmal des Aufstands. Regelloses Feuer aus Scharfschützengewehren führte dazu, dass auf den Straßen von Berlin-Mitte plötzlich Passanten tot umfielen. Ersthelfer trugen die Verwundeten und Sterbenden im Laufschritt zu improvisierten Notlazaretten im *Vorwärts*-Verlagsgebäude in der Lindenstraße, in der Neuen Wache Unter den Linden und am Brandenburger Tor. Viele der Getöteten und Verwundeten wiesen Schusswunden an Kopf, Schultern, Beinen oder in der Brust auf.[3] Die Morgenzeitungen vom 8. Januar schätzten die Zahl der Getöteten auf rund 30 und die der Verwundeten auf 45.[4] Drei Tage später war diese Zahl auf geschätzt über 100 angewachsen – die Gesamtzahl der Todesopfer des Aufstands wurde am Ende auf 150 bis 200 taxiert.[5] Ein frösteln machender Bericht in der *Berliner Morgenpost* enthielt die Beschreibung eines der Todesopfer, eines Mannes, dessen Hände und Füße unter einer Decke hervorlugten, die man in einem der Notlazarette über ihn gebreitet hatte. Die Kugel eines Scharfschützen hatte ihn getötet, doch anders als beim Geldbriefträger Oskar Lange wissen wir bei diesem Opfer nichts über die letzten Minuten seines Lebens und noch weniger über den Mann, der den tödlichen Schuss auf ihn abfeuerte. Wir kennen weder den Namen des Opfers noch den seines Mörders.[6]

Der Aufstand

Ausgelöst wurde der Januaraufstand durch den Aufmarsch großer Massen regierungsfeindlicher Demonstranten am 5. Januar 1919 in Berlin-Mitte. Das unmittelbare Ziel der Demonstration bestand darin, dem Berliner Polizeipräsidenten Emil Eichhorn den

Rücken zu stärken, einem altgedienten Sozialdemokraten, der jetzt dem linken Flügel der USPD angehörte. Im Lauf des Dezembers 1918 war Eichhorn zu einer Symbolfigur des revolutionären Umbruchs in der deutschen Hauptstadt aufgestiegen. Als am 9. November Traugott von Jagow vom Amt des Polizeipräsidenten zurücktrat, übernahm Eichhorn, damals Mitte 50, den Posten. Jetzt, um die Jahreswende 1918/19, waren sich Sozialdemokraten, Liberale und Konservative einig darin, ihn loswerden zu wollen. In einer für ihre Weltsicht typischen Weise sahen sie die Revolution als eine Bedrohung, bei der innere und äußere Gefahren zusammenwirkten, und warfen Eichhorn vor, Beziehungen sowohl nach Moskau als auch zu Unterweltkreisen in Deutschland zu unterhalten. Anhänger der Regierung unterstellten sogar, ihm flössen Einkünfte aus Beutezügen der organisierten Kriminalität zu, unter anderem aus dem spektakulären Überfall auf einen Geldtransportzug, und er pflege enge Kontakte zu bolschewistischen Agenten.[7] Des Weiteren beschuldigte man ihn, überall in der Stadt geheime Waffendepots zu unterhalten und gegen die vorübergehende Besetzung des *Vorwärts*-Verlagshauses am 25. Dezember 1918 nichts unternommen zu haben.[8]

In Anbetracht all dieser Vorwürfe gegen Eichhorn waren die Sozialdemokraten entschlossen, ihn abzusetzen und den Berliner Polizeiapparat unter ihre Kontrolle zu bringen. Es war ein logischer Schritt: Seit Ende Dezember beherrschten die Sozialdemokraten unangefochten den Rat der Volksbeauftragten und die preußische Regierung und hatten den bedingungslosen Rückhalt des vom Kongress der Arbeiter- und Soldatenräte eingesetzten Vollzugsrats. Eichhorn bekleidete eines der wenigen Ämter, von denen noch Querschüsse drohten.[9] Am 4. Januar, einen Tag nachdem Eichhorn dem sozialdemokratischen Innenminister von Preußen, Paul Hirsch, erklärt hatte, dass er ihn nicht als weisungsberechtigt anerkenne, holten die Sozialdemokraten zum Schlag aus: In einem wortkargen Schreiben teilten sie Eichhorn mit, er sei seines Amtes enthoben. In den Worten des sozialdemokratischen Theoretikers Eduard Bernstein war dies »der Zündfunke«, der bei den Unabhängigen Sozialdemokraten Berlins den Feueralarm auslöste. Zusammen mit den Revolutionären Obleuten Berlins – einer Gruppierung radikaler Arbeiter mit Hochburgen in den Fabriken im Norden Berlins, die sich weder den Unabhängigen Sozialdemokraten noch den Spartakisten bzw. Kommunisten unterordnen wollte – organisierten sie einen Protestmarsch gegen die Entlassung Eichhorns. Erst danach fragten Unabhängige und Obleute bei den Spartakisten an, ob diese sich der Demonstration anschließen wollten, und als sie das bejahten, veröffentlichten die drei Gruppen eine gemeinsame Erklärung. Diese Erklärung wurde noch am selben Abend plakatiert und am 5. Januar in der USPD-Zeitung *Die Freiheit* und in der kommunistischen *Roten Fahne* abgedruckt.[10]

Es war ein Aufruf an die Arbeiterschaft Berlins, zur Unterstützung Eichhorns auf die Straße zu gehen.[11] Der Verlust des Polizeipräsidiums würde, so lautete die Botschaft, das Ende der Revolution und einen Rückfall in die alte Zeit bedeuten, in der die Polizei als Werkzeug zur Unterdrückung der Arbeiter gedient habe.[12] Da die Arbeiter sich nur allzu gut an repressive Polizeieinsätze vor dem und im Ersten Weltkrieg erinnerten, fiel diese Botschaft auf fruchtbaren Boden. So kam es am 5. Januar 1919 zur größten revolutionären Massendemonstration in Berlin seit dem Vormittag des 9. November 1918.

Zunächst lief das Ganze nach einer vertrauten Choreographie ab. Eine kleinere Gruppe von Anhängern Eichhorns versammelte sich in den Germaniasälen an der Chausseestraße, wo Eichhorn ihnen erklärte, die Kompromisse, auf die die USPD sich im November eingelassen habe, seien ein schwerer Fehler gewesen. Unter Führung Eichhorns setzte sich die Gruppe anschließend Richtung Siegesallee in Bewegung, wo sie sich mit den Teilnehmern einer anderen regierungsfeindlichen Demonstration, die dort stattfand, vereinigte. Diese andere Demonstration war ursprünglich zu dem Zweck organisiert worden, gegen den Ausschluss der jüngsten Rekrutenjahrgänge aus dem Prozess der unverzüglichen Demobilisierung der Streitkräfte zu protestieren. Sie wurde jetzt umdeklariert und schloss sich dem Protest gegen die Absetzung Eichhorns an.[13]

Als die Reden gehalten waren, wuchs die Menschenmenge weiter an und setzte sich von der Siegesallee aus in Richtung des Polizeipräsidiums am Alexanderplatz in Marsch.[14] Wie die *Rote Fahne* später euphorisch behauptete: »Mächtig donnerten aus den hellen Kehlen der jungen Mannschaften die Rufe: ›Nieder mit den Bluthunden Ebert-Scheidemann, hoch Liebknecht, hoch Luxemburg, hoch Eichhorn!‹« Des Weiteren hieß es in der Reportage, immer wenn die Demonstranten unterwegs auf Heeresoffiziere getroffen seien, hätten sie diese gezwungen, ihre »alten Kokarden« abzulegen. Im Kontrast zu dem von der *Roten Fahne* verbreiteten Enthusiasmus schrieb die rechtskonservative *Post* über denselben Demonstrationszug, er sei von Kolonnen bewaffneter jugendlicher Zivilisten angeführt worden.[15] Die konservative *Kreuz-Zeitung* schrieb, die Demonstranten hätten rote Fahnen und »die bekannten Tafeln« mitgeführt.[16] Einen Tag später stellte die Zeitung beklommen fest: »Die Straße beherrscht die Politik.«[17]

Im Polizeipräsidium hatten bewaffnete Angehörige der Sicherheitswehr Stellung auf dem Balkon und an den Fenstern bezogen. Als die Demonstration ihren Zielpunkt erreichte, füllte sich der Platz vor dem Präsidium mit Zehntausenden. Die *Rote Fahne* sprach von dem »gewaltigsten Massenaufgebot, das das Berliner Proletariat bis jetzt auf die Beine gebracht hatte«[18] – auch die *Rote Fahne* konnte einmal den Nagel auf den Kopf treffen. Und sogar in der *Kreuz-Zeitung* war zu lesen: »Immer weitere Massen schwenkten ein.« Der Korrespondent der *Frankfurter Zeitung* fügte die Beobachtung hinzu, die »Erregung der Massen« habe sich, während sich die Demonstranten auf das Polizeipräsidium zudrängten, »von Minute zu Minute [gesteigert]«.[19] Eichhorn erschien auf einem der Balkone und verkündete der Menschenmenge: »Ich habe mein Amt von der Revolution empfangen, und ich werde es nur der Revolution zurückgeben. [...] Ich verlasse mich auf die Macht des Proletariats.« Auch Georg Ledebour, Ernst Däumig und Karl Liebknecht hielten Reden von unterschiedlichen Balkonen herab.[20] Ledebour schärfte nach Presseberichten den Demonstranten ein, sie müssten jederzeit gerüstet sein, »derartige konterrevolutionäre Versuche im Keime zu ersticken«.[21]

Die Rolle, die Karl Liebknecht bei diesen Demonstrationen spielte, wurde mit großer Aufmerksamkeit registriert. Auf der Siegesallee hatte er die Massen ermahnt, sie müssten bereit sein, »die Nationalversammlung mit Gewalt auseinander zu jagen«.[22] Später kletterte er vor dem Innenministerium auf ein Fahrzeug und hielt eine weitere Rede.[23] In dieser bezeichnete er angeblich Ebert und Scheidemann als »Verbrecher« und forderte das Proletariat auf, sich zu bewaffnen und einen »eisernen Ring« um das Polizeipräsidium zu legen.[24] In seiner anschließenden Rede am Polizeipräsidium erklärte Liebknecht, »es gelte jetzt den entschlossensten Kampf des revolutionären Proletariats, nicht nur, um zu verhüten, dass die noch gehaltenen revolutionären Errungenschaften durch die Ebert-Regierung geraubt werden, sondern auch um die Revolution weiterzuführen zur sozialistischen Revolution, die in die Weltrevolution einmünden muss«.[25]

Harry Graf Kessler streifte auch an diesem Tag wieder durch die Straßen Berlins. Seine Worte liefern uns ein weiteres Indiz dafür, wie sehr Liebknecht in den Augen all derer, denen es vor einem Fortgang der Revolution graute, inzwischen zum Symbol für alles geworden war, was schiefgehen konnte. Auch wenn Kessler sich, wie er zugab, schwertat, alles zu verstehen, was Liebknecht sagte, hatte dessen vom Wind über den Platz getragener »Singsang« für ihn etwas Betörendes. »Am Schluss«, schrieb Kessler, »brüllte alles im Chore ›Hoch!‹, rote Fahnen bewegten sich, Tausende von Händen und Hüten flogen auf. Er war wie ein unsichtbarer Priester der Revolution, ein geheimnisvolles, tönendes Symbol, zu dem diese Leute aufblickten.« Kessler empfand die Kundgebung als eine Symbiose aus Politik und Religion: »Halb schien das Ganze eine Messe, halb ein riesiges Konventikel.« Er verglich »die Welle des Bolschewismus, die von Osten kommt«, mit der »Überflutung durch Mohammed im siebenten Jahrhundert. Fanatismus und Waffen im Dienste einer unklaren neuen Hoffnung, der weithin nur Trümmer alter Weltanschauungen entgegenstehen. Die Fahne des Propheten weht auch vor Lenins Heeren.«[26]

Mit Einbruch der Dämmerung lösten sich die Demonstrationen auf. Die *Rote Fahne* berichtete, als sich die Teilnehmer auf den

Heimweg machten, seien Stimmen laut geworden, die Taten forderten.[27] Ein Mann, der mitlief, berichtete später, er habe aus der Menge heraus Rufe wie »Nach dem *Vorwärts*!« gehört.[28] Ein Zeitungskorrespondent schrieb, er habe, als sich die Kundgebungsteilnehmer zerstreuten, noch länger lautstarke Verwünschungen gegen Ebert und Scheidemann vernommen.[29] Nach diversen Presseberichten wurden von den vielen Tausenden, die sich an den Demonstrationen beteiligt hatten, anschließend rund 600 Personen von den Arbeiterräten der Fabriken Berlins in Richtung des *Vorwärts*-Verlagsgebäudes in der Lindenstraße geführt. Das Gebäude stand zu dem Zeitpunkt unter dem Schutz einer 80 Mann starken, mit sechs Maschinengewehren bestückten Garde unter dem Kommando des Sozialdemokraten Otto Wels. Diese Wache, deren Aufgabe es eigentlich war, die Druckerei vor Übergriffen zu schützen, blieb beim Anblick der angriffslustigen Menschenmenge tatenlos und ließ es geschehen, dass der *Vorwärts* zum zweiten Mal binnen weniger als zwei Wochen besetzt wurde.[30]

Als es Nacht wurde, streiften dem Vernehmen nach Menschen in kleineren Gruppen durch die Straßen von Berlin-Mitte und diskutierten die Lage. Vor dem *Vorwärts*-Gebäude setzte eine dieser Gruppen einen Stapel frisch gedruckter Plakate der Regierung in Brand.[31]

Nach der Besetzung des *Vorwärts* ließen die Demonstranten ein Plakat drucken, auf dem sie bekanntgaben, dass »revolutionäre Elemente« das Verlagshaus »zum zweiten Male erobert« hatten. An die Arbeiterschaft gerichtet, hieß es in der Proklamation: »Haltet [den *Vorwärts*] fest, kämpft mit Nägeln und Zähnen für ihn. Lasst ihn Euch nicht entreißen, macht ihn zu dem Organ, das er sein soll: einem Vorkämpfer auf dem Wege zur Freiheit.«[32] Das war eine Anspielung auf die Ereignisse vom 25. Dezember 1918, als wütende Kritiker der SPD nach dem gescheiterten Sturmangriff regierungstreuer Soldaten auf Schloss und Marstall das Zeitungshaus für kurze Zeit besetzt gehalten hatten.[33] Damals hatten die Besetzer das Gebäude um den Preis einer gedruckten Unterstützungserklärung für die Revolutionären Obleute Berlins und des Versprechens, dass die *Vorwärts*-Redakteure künftig ihren Ton ändern würden, geräumt. Im Rückblick auf diese Vorgänge ließe sich die Besetzung vom 5. Januar als ein Akt der Kontinuität begreifen, ein Moment, in dem die militanten Demonstranten ein bereits vertrautes Verhaltensmuster wiederholten.[34] Allerdings wies die Besetzung, die am Abend des 5. Januar begann, deutlich veränderte Merkmale auf, was ihre Dimensionen betraf: Nach erfolgter Inbesitznahme des Gebäudes begaben sich kleinere Gruppen entschlossener und bewaffneter Revolutionäre zu den Verlagsgebäuden anderer Zeitungen, und als der Morgen anbrach, hatten sie das Wolffsche Telegraphenbüro ebenso besetzt wie die Häuser der Verlage Büxenstein, Mosse, Scherl und Ullstein und die Druckerei des *Berliner Tageblatts*.[35]

In diesem historischen Schlüsselmoment erlangten wieder einmal Gerüchte und der Glaube an die eigene Stärke eine entscheidende Bedeutung. Eine besonders maßgebliche Rolle spielte beides im Verlauf einer entscheidenden Sitzung, die nach dem Ende der Massendemonstrationen im Polizeipräsidium stattfand. Angesichts der überraschend großen Teilnehmerzahlen bei den Protestdemonstrationen des Nachmittags hatten die Anführer der revolutionären Parteien jetzt Entscheidungen über die nächsten Schritte zu treffen. Von den 90 Teilnehmern gehörten rund 70 den Revolutionären Obleuten an. Ihr wichtigster Vertreter war Richard Müller. Zu ihnen gesellten sich führende Mitglieder der Berliner USPD, darunter Eichhorn selbst, Ernst Däumig und Georg Ledebour. Karl Liebknecht und Wilhelm Pieck nahmen als Vertreter der kurz zuvor gegründeten KPD (Spartakusbund) teil.[36] Rosa Luxemburg war bei der Versammlung nicht zugegen. Die Männer waren sich individuell und als Parteienvertreter höchst uneinig darüber, wie, wann und ob eine »zweite« Revolution auf der Tagesordnung stand. Als sie sich am Abend zuvor getroffen hatten, um zu entscheiden, wie sie auf den Versuch der SPD-Regierung, Eichhorn zu entlassen, reagieren sollten, hatten sogar die führenden Köpfe der KPD, anders als es die aggressive Rhetorik der *Roten Fahne* hätte vermuten lassen, jeden Versuch abgelehnt, diese Gelegenheit für einen Griff nach der Macht zu nutzen.[37]

Jetzt, keine 24 Stunden später, führte das Zusammenwirken

von Ideologie, Gerüchten und Autosuggestion dazu, dass sie es sich anders überlegten. Heinrich Dorrenbach, der Ambitionen hatte, das Kommando über die Volksmarinedivision zu übernehmen, spielte bei dem Treffen im Polizeipräsidium eine entscheidende Rolle. Er versicherte, seine Matrosen seien zum Kampf gegen die Regierung Ebert-Scheidemann bereit.[38] Angeblich fügte er sogar hinzu, sämtliche in Berlin stationierten Garnisonstruppen seien bereit, »an der Seite der Berliner Arbeiterschaft zum Sturz der Regierung Ebert-Scheidemann die Waffen zu ergreifen«.[39] Unter Berufung darauf, dass bisher die in Berlin stationierten Soldaten die Sozialdemokratie unterstützt hatten, wandten sich einige der Anwesenden gegen die Einschätzung Dorrenbachs. Dessen Kritiker schafften es aber nicht, gegen die Euphorie des Augenblicks anzukommen. Immer wieder sorgten eintreffende Gerüchte dafür, dass die Debatte unterbrochen wurde. So hieß es einmal, im Westen Berlins, in Spandau, stünden »große Massen für uns bereit [...], um uns nötigenfalls zu Hilfe zu eilen mit 2000 Maschinengewehren und 20 Geschützen«. Und in Frankfurt an der Oder, rund 80 Kilometer östlich von Berlin, standen angeblich ebenfalls Truppen bereit, um für die Revolution in den Kampf zu ziehen.[40] Während diese Gerüchte kontinuierlich das Bild der Versammlungsteilnehmer von den Vorgängen draußen beeinflussten, traf die Meldung ein, das Verlagshaus des *Vorwärts* sei von den Massen besetzt worden, »ohne dass der Revolutions-Ausschuss davon wusste«.[41]

Es war dies nicht das erste Mal im Verlauf der Krise, dass Autosuggestion und Gerüchte die Akteure veranlassten, sich Ereignisse auszumalen, die gar nicht stattfanden. Gerüchte hatten, wie schon in den vorausgegangenen Kapiteln gezeigt, seit Anfang November die Art und Weise geprägt, wie die Zeitgenossen die Revolution wahrnahmen. Am stärksten wirkte solcherlei Imagination in Momenten extremer Spannung und Ungewissheit. Dass Gerüchte ihre Wirkung taten, lag daran, dass sie sich aus einem Konglomerat von Teilwahrheiten speisten. Es war noch nicht einmal zwei Wochen her, dass die Volksmarinedivision der Regierung eine militärische Demütigung bereitet hatte. Die Empfänger dieser speziellen »Nachrichten« waren nicht in der Lage, Wahrheit von Fiktion zu unterscheiden. Sie hatten keine Möglichkeit zu überprüfen, ob Berichte über Soldaten, die angeblich bereitstanden, um für ihre Sache zu kämpfen, einen ebenso großen Wahrheitsgehalt hatten wie die ungefähr zeitgleich eintreffende Nachricht von der Besetzung von Zeitungsverlagen.

In dieser Situation beschloss die improvisierte Koalition, die zu den Demonstrationen für Eichhorn aufgerufen hatte, dass der Zeitpunkt gekommen war, »aufs Ganze zu gehen«. Sie meinten damit nichts Geringeres, als die sozialdemokratische Regierung durch ein Regime ihrer eigenen radikalen bolschewistischen Machart zu ersetzen. Wenn wir dem Bericht Richard Müllers über die Versammlung Glauben schenken wollen, sprachen sich nur sechs Anwesende gegen diesen Beschluss aus, darunter Müller selbst und Däumig. Dagegen gab es niemanden, der gegen die Ausrufung eines Generalstreiks gestimmt hätte. Sowohl Karl Liebknecht als auch Wilhelm Pieck setzten sich dafür ein, nach der Macht zu greifen, und es ist sogar möglich, dass ein Plan für die Verhaftung ihrer einflussreichsten politischen Gegner im weiteren Verlauf der Nacht ausgeheckt wurde.[42] Ein Revolutionsausschuss, bestehend aus entweder 33 oder 53 Personen, wurde gewählt, der dann wiederum Ledebour, Liebknecht und den Revolutionären Obmann Paul Scholze zu seinen Vorsitzenden bestimmte.[43] Falls die zweite Revolution gelänge, würden diese drei Männer den Kern der neuen deutschen Regierung bilden.

Eine neue Proklamation wurde veröffentlicht. Sie rief die Arbeiterschaft auf, am nächsten Tag auf der Straße ihre Unterstützung für die revolutionäre Machtergreifung zu demonstrieren. Dieselben Organisationen, die am 5. Januar zu den Demonstrationen für Eichhorn aufgerufen hatten, verkündeten nunmehr in ihrer neuen Proklamation, jetzt gehe es »um Größeres«. Die Zeit sei reif, »die Revolution zu befestigen und durchzuführen«. An die revolutionären Massen erging die Aufforderung: »Auf zum Kampfe für den Sozialismus! Auf zum Kampfe für die Macht des revolutionären Proletariats!«[44] Die *Rote Fahne* fügte hinzu, es sei höchste Zeit, dass die Arbeiter die Revolution »mit ihren Leibern«

verteidigten. »Die Proletarier des ganzen Reiches«, hieß es in dem Aufruf, »blicken in dieser Stunde auf Berlin. Für die Berliner Arbeiter und Soldaten gibt es nur eine Losung: Kampf bis zum letzten Atemzug unter dem Ruf: Nieder mit Ebert-Scheidemann!«[45]

Das war der Moment, in dem die Proteste und Besetzungen des 5. Januar zum »Januaraufstand« gelierten. Im Kontrast zu späteren Mythen, in denen die Rebellion als gutorganisierter »spartakistischer Aufstand« dargestellt wurde, lässt sich das, was in jener Nacht begann, am besten als ein improvisierter Umsturzversuch mit sehr geringen realen Erfolgsaussichten charakterisieren. Da war schon einmal die Tatsache, dass die bewaffneten Rebellen sich entschieden, sich gemäß einer aus dem 19. Jahrhundert stammenden Taktik in einigen ausgewählten Gebäuden zu verschanzen, womit sie ihre Überlebenschancen von vornherein auf null herunterschraubten, namentlich wenn ihre Gegner mit Artilleriebeschuss antworteten, was man sich nach den Ereignissen vom 24. Dezember an fünf Fingern hätte abzählen können. So groß der symbolische Wert der Verlagsgebäude sein mochte, ihr strategischer Wert war bescheiden. Der Aufstand bewirkte nicht viel mehr, als dass einige Fernzüge von und nach Berlin angehalten wurden, doch wenn die Besetzung der Zeitungsverlage den Zweck gehabt haben sollte, die Presse im Vorfeld der Wahl zur Nationalversammlung zum Schweigen zu bringen (wie die Sozialdemokraten hinterher behaupteten), verfehlten sie dieses Ziel kläglich. Zwar konnten wichtige Tageszeitungen wie der *Vorwärts*, die *Berliner Morgenpost* und die *Vossische Zeitung* infolge der Besetzungen nicht erscheinen, aber der allergrößte Teil der deutschen Tagespresse, darunter auch einige der in Berlin erscheinenden politischen Blätter, erschienen während der gesamten Krise.

Die Entscheidung der Anführer, den Aufstand fortzusetzen, ist eine wichtige Mahnung an die zentrale Rolle, die ideologische Faktoren in diesem Moment der europäischen Zeitgeschichte spielten.[46] So zerstritten die führenden Köpfe der revolutionären Bewegung in Fragen der Taktik sein mochten, so klar strukturiert waren bei ihnen allen die ideologischen Szenarien, die vorsahen, dass eines Tages das revolutionäre Proletariat die politische Macht ergreifen werde.[47] In der Nacht vom 5. auf den 6. Januar führten diese Szenarien im Zusammenspiel mit Autosuggestionen und Gerüchten zur Auslösung des Aufstandes. Möglich wurde dieses Zusammenspiel dank der alle Erwartungen übertreffenden Zahl der Demonstranten, die sich am 5. Januar auf den Straßen Berlins eingefunden hatten.[48] Noch Monate später, nachdem alles in die Binsen gegangen war, sprach Ledebour in glühenden Worten von dem erhebenden Anblick der das Polizeipräsidium umlagernden Massen.[49] Die Euphorie, die von Männern wie Ledebour Besitz ergriff, speiste sich aus dem Gefühl, dass die radikalen Kräfte im Kampf um die politische Herrschaft auf den Straßen Berlins plötzlich die Oberhand gewonnen hatten. Am 5. Januar hatte es mit einem Mal den Anschein, als habe man den Sozialdemokraten, die seit dem 9. November 1918 stets den Anspruch erhoben hatten, die Hoheit auf den Straßen zu besitzen, plötzlich den Boden unter den Füßen weggezogen, ein Erfolg, den Rosa Luxemburg am 7. Januar in der *Roten Fahne* mit großer Genugtuung feierte.[50]

Die Regierung antwortet: Frauen und Kinder, geht nach Hause!

Die Reaktion der Regierung Ebert ließ nicht lange auf sich warten.[51] Schon im Lauf der Nacht vom 5. auf den 6. Januar gab sie eine alternative Proklamation heraus, in der sie die Arbeiter Berlins aufrief, sich zum Schutz der Regierung an der Reichskanzlei in der Wilhelmstraße zu versammeln.[52] Als Folge dieser politischen Mobilisierung kam es am Morgen des 6. Januar zu mehreren kuriosen Begegnungen, als regierungsfreundliche und regierungsfeindliche Gruppen auf dem Weg zu ihren jeweiligen Sammelpunkten aufeinandertrafen.[53] Beide Gruppen führten Schilder und Transparente mit, auf denen neben Parolen für bzw. gegen die Regierung auch der Ruf nach Arbeit und Brot zu lesen war.[54] Bei manchen Beobachtern weckte der beginnende Aufmarsch schwerste Befürchtungen, doch kam es in dieser Phase zu keinen nennenswerten gewaltsamen Zusammenstößen zwischen den Gruppen; die Massen machten nicht den Eindruck, auf Krawall aus zu sein.[55]

In der Siegesallee war erneut Liebknecht der Redner, dem die größte Aufmerksamkeit zuteilwurde. Berichten zufolge erklärte er, die Zeit zum Handeln sei gekommen. Er forderte die Arbeiter auf, nicht in die Fabriken zurückzukehren, sondern die Siegesallee so lange besetzt zu halten, »bis wir unsere Aufgabe erfüllt haben«. Er versprach ihnen, die Soldaten Berlins würden sich ihnen anschließen; sie seien »der tatbereite Teil«.[56] Liebknecht beschwor die Notwendigkeit einer sozialistischen Revolution; diese werde »wirken auf die Entente, auf alle Völker, über die ganze Welt hin«. Man dürfe, so fügte er hinzu, nicht ruhen, ehe sich nicht die ganze Welt von der Regierung Ebert-Scheidemann abwende. In der einzigen Passage seiner Rede, in der er auf das Thema Gewalt anspielte, erklärte er: »Es heißt für uns, Gewehr bei Fuß stehen, aber auch Gewehr geladen.«[57]

Führende Vertreter der Regierung Ebert empfingen ihre Anhänger in der Wilhelmstraße und bearbeiteten sie. Um elf Uhr erschien Philipp Scheidemann vor der Reichskanzlei. Immer wieder unterbrochen von lauten Sprechchören »Wir wollen Waffen!«, erklärte er der versammelten Menge: »So wie die Dinge jetzt gehen, können sie nicht weitergehen. Mit dieser Schweinerei muss Schluss gemacht werden. Denn wenn es so weitergeht, müssen wir schließlich verhungern. Es darf nicht sein, dass eine kleine Minderheit das Volk beherrscht, heute so wenig wie früher unsere Herren von Heydebrand. Das ganze Volk soll entscheiden, und die Minderheit hat sich der Mehrheit zu beugen. Deshalb verlangen wir die Nationalversammlung.« Es war ein Ausdruck der durch die Revolution geschaffenen Veränderungen in der politischen Landschaft, dass Scheidemann anschließend »das bewaffnete Volk, die Soldaten«, aufrief, sich der Regierung zur Verfügung zu stellen.[58]

Jubel brandete auf, als Ebert sich aus einem Fenster an die Menge wandte. In mahnendem Ton erklärte er, man sehe sich mit einer außerordentlich ernsten Lage konfrontiert; er betonte, dass

Gewalt in der Luft liege, und forderte alle anwesenden Frauen auf, sofort nach Hause zu gehen.[59] Um 11:30 Uhr trat der Sozialdemokrat Robert Leinert aus Hannover, der beim Kongress der Arbeiter- und Soldatenräte im Dezember eine wichtige Rolle gespielt hatte, vor dieselbe Menge und kündigte an, die Regierung werde mit »dieser Bande« abrechnen. »Jetzt muss endlich Schluss gemacht werden mit diesem Terror der Straße.«[60]

Leinerts Rede zeigte auch, was für eine zentrale Rolle das abschreckende Beispiel der russischen Revolution spielte. Er kam auf den Revolutionär Karl Radek zu sprechen, der sich als Abgesandter der russischen Bolschewisten illegal in Deutschland aufhielt, und behauptete, Radek und Eichhorn würden nichts lieber tun, als russische Soldaten am Rhein aufmarschieren zu lassen, um sie in einer neuen Kriegskoalition mit den Deutschen gegen Engländer und Franzosen ins Feld zu führen. Er schrieb die Verantwortung für die kommende Gewalt mit Nachdruck den Spartakisten zu: »Neues Blutvergießen soll angerichtet werden. Es ist uns schwer geworden, unser Einverständnis dazu zu erklären, dass auf Frauen und Kinder, auf Väter und Mütter geschossen werden soll. Aber die Spartakusbande will es nicht anders und nun müssen auch wir handeln! [...] Soldaten, die Ihr draußen im Felde Eure Pflicht getan habt, Ihr habt zu bedenken, dass es jetzt auch Eure Pflicht ist, dafür zu sorgen, dass in Berlin Ordnung einkehrt, dass wir den Frieden bekommen und Ihr Eure Lumpen ausziehen könnt, die ihr viereinhalb Jahre habt tragen müssen!« Leinert beendete seinen mit »stürmischem Beifall« bedachten Auftritt mit der Aufforderung: »Frauen und Kinder, geht nach Hause, macht es nicht wie die Spartakusleute, die Frauen und Kinder vortreiben. Jetzt hat die Arbeit der Männer begonnen!«[61]

Wenig später erklangen erneut Applaus und Hochrufe, als eine Gruppe kampfbereiter Soldaten zur Verteidigung der Reichskanzlei eintraf.[62] Wie die Zeitungen am nächsten Tag berichteten, hatten tausend zuverlässige Kämpfer die Bewachung der Reichskanzlei übernommen.[63] Dieselbe Regierung, die in den vorausgegangenen Wochen mit Kritik überschüttet worden war, erntete jetzt für ihr Bekenntnis zur Gewalt Lob von der Presse.[64]

Es ist wichtig, sich zu vergegenwärtigen, dass beide Seiten in radikaler Rhetorik den Einsatz von Gewaltmitteln zur Erreichung ihrer Ziele angekündigt hatten, bevor es auch nur zu einem einzigen Akt tödlicher Gewalt gekommen war. Die Spartakisten und die *Rote Fahne* hatten sich schon seit Wochen dieser aggressiven Sprache bedient. Was sich geändert hatte, war nicht die Rhetorik der öffentlichen Verlautbarungen der radikalen Revolutionäre, sondern der reale Hintergrund, vor dem die Botschaft jetzt kommuniziert wurde. Ohne die Besetzung der Verlagsgebäude durch bewaffnete Revolutionäre, ohne die Errichtung von Barrikaden und ohne das Auftauchen großer regierungsfeindlicher Menschenmassen auf den Straßen von Berlin-Mitte wäre diese Rhetorik als weit weniger bedrohlich empfunden worden. Die Angst, dass derart viele Menschen sich in den Bann Liebknechts ziehen lassen könnten, erwies sich als entscheidend. Die Kräfte, die diese Angst freisetzte, speisten sich aus den zwei Wochen schwelender Chaosgefahr, die auf das Scheitern des Versuchs vom 24. Dezember folgten, mit Hilfe von Frontsoldaten die Herrschaft über das Zentrum Berlins wiederzuerlangen.

Von großer Bedeutung war in diesem Zusammenhang auch, dass diese Angst vor dem Chaos bei den Sozialdemokraten zu einer veränderten Einstellung gegenüber dem Einsatz bewaffneter Gewalt führte. Noch zwei Wochen zuvor hatte Friedrich Ebert ungeachtet der chaotischen Vorgänge am späten Nachmittag und Abend des 23. Dezember, als die Regierung vorübergehend inhaftiert und von ihren eigenen Wachmannschaften im Stich gelassen worden war und als bei der Schießerei Unter den Linden Matrosen getötet worden waren, in seinen öffentlichen Verlautbarungen vor den Gefahren eines gewaltsamen Vorgehens gewarnt und die Arbeiter beschworen, nach einem Krieg, in dem Deutschland bereits so furchtbare Verluste erlitten hatte, nicht noch mehr Blut zu vergießen.[65] Die entschiedenen Aufrufe der regierungsnahen Redner vor der Reichskanzlei am Abend des 6. Januar 1919 demonstrierten nur allzu deutlich, dass in den zurückliegenden zwei Wochen eine politische und kulturelle Radikalisierung stattgefunden hatte und dass die Sozialdemokraten nicht länger daran glaubten, dass Mäßigung und Zurückhaltung stets die bessere Lösung seien. Auch in dieser angespannten Situation spielten, wie schon am Abend zuvor, Gerüchte eine mitentscheidende Rolle für die Art und Weise, wie die Zeitgenossen das Geschehen wahrnahmen. Weiterhin machte sich Panik breit. Der sich zunehmend konservativer gebärdende Berlin-Korrespondent der *Frankfurter Zeitung* beschrieb die Lage in Berlin als »äußerst gespannt und sehr kritisch«. »Niemand kann sagen, was die Nacht bringt oder der frühe Morgen«, unkte er.[66] Den Geschichtsprofessor Friedrich Meinecke versetzten die Geschehnisse vom 5. Januar in tiefste Niedergeschlagenheit. Wie viele andere war er der Überzeugung, Deutschland stehe kurz davor, eine Neuauflage der berüchtigten »Junischlacht« zu erleben, die Paris während der Revolution von 1848 in Angst und Schrecken versetzt hatte. Meineckes Kollege Gustav Mayer gewann den Eindruck, Meinecke »wolle [...] nur noch um seiner Kinder willen« weiterleben.[67] Harry Graf Kessler war auch jetzt wieder inmitten der Massen auf den Straßen unterwegs. Nach seinem Eindruck war Berlin zu einem »brodelnden Hexenkessel« geworden, in dem »Gewalten und Ideen durcheinanderquirlen. In der Tat handelt es sich heute um Weltgeschichtliches; nicht nur um den Fortbestand des Deutschen Reiches oder des demokratisch-republikanischen Staates, sondern um die Entscheidung zwischen West und Ost, zwischen Krieg und Frieden, zwischen einer berauschenden Utopie und dem grauen Alltag. Nie seit den großen Tagen der Französischen Revolution hat so viel bei den Straßenkämpfen in einer Stadt für die Menschlichkeit auf dem Spiel gestanden.«[68]

Eines der Gerüchte, die die von Kessler beschriebene allgemeine Verunsicherung schürten, besagte, Ebert und Scheidemann hätten sich aus Berlin abgesetzt, nachdem sowohl die Reichs- als auch die preußische Regierung kollabiert seien. Einem anderen Gerücht zufolge waren 10 000 regierungstreue Soldaten, bewaffnet mit Gewehren und Maschinengewehren, auf dem Weg nach Berlin, um die Proteste und Demonstrationen niederzuschlagen – ein Echo der Gerüchte über die »königstreuen Soldaten« im November und ein Kontrastprogramm zu dem am Tag zuvor umlaufenden Gerücht, es seien radikale Soldaten auf dem Weg nach Berlin, um für die Revolution zu kämpfen. Ein weiteres Gerücht betraf die Reichsbank, die angeblich von Spartakisten ausgeraubt worden war – womöglich hatte dieses Gerücht seinen Ursprung in der Tatsache, dass die Wachmannschaft der Reichsbank aus Mitgliedern der Volksmarinedivision bestand. Eine Nachricht, die ebenfalls umlief, besagte, die Spartakisten hätten alle Schaltstellen der Macht in der Stadt besetzt.[69] Ferner gab es das Gerücht, große Teile der Gardetruppen hätten sich auf die Seite der Spartakisten geschlagen.[70] Als Liebknecht am Marstall auftauchte, genügte das, um das Gerücht entstehen zu lassen, der Marstall diene jetzt als Hauptquartier von Liebknechts »Oppositionsregierung«.[71] Im Kriegsministerium ging man davon aus, die Spartakisten würden das Gebäude in der Nacht auf den 7. Januar zu besetzen versuchen.[72] Der Kommandeur der Potsdamer Garnison alarmierte etwa um diese Zeit seine Truppe mit der Nachricht, eine spartakistische Streitmacht sei aus Berlin im Anmarsch.[73] Selbst die gewöhnlich so draufgängerische und wenig nachdenkliche *Rote Fahne* räumte ein, es sei wegen all der Gerüchte schwierig, Gewissheit darüber zu erlangen, was vor sich ging. Gerüchte waren, wie diese Beispiele deutlich machen, ein essentieller Teil des täglichen Erlebens der Menschen in den Tagen des Januaraufstandes, ein Aspekt, der in der bisherigen Geschichtsschreibung auffallend zu kurz gekommen ist. Wenn ich die Aufmerksamkeit auf die wichtige Rolle von Gerüchten lenke, geht es mir freilich um weit mehr als nur um die Behebung eines Defizits. Wenn man über das Phänomen der Gerüchte und über die beängstigende Unsicherheit nachdenkt, die sie zu verbreiten halfen, erkennt man, dass sie zu konstitutiven Elementen eines von sehr vielen Zeitgenossen geteilten Erwartungshorizontes wurden, der für Berlin – und womöglich für ganz Deutschland – das Abrutschen in eine Zeit noch größerer wirtschaftlicher Not und noch hemmungsloserer Gewalt erwarten ließ. Die Zunahme bedrohlicher und unüberprüfbarer Gerüchte im Verlauf des Revolutionswinters 1918/19 bietet, anders gesagt, eine Teilerklärung dafür, dass eine angsterfüllte Öffentlichkeit sich immer sehnlicher wünschte, der Staat werde mit – wenn nötig blutiger – Gewalt dafür sorgen, dass ihre schlimmsten Befürchtungen nicht eintraten.[74]

Die Ungewissheit steigerte sich dramatisch im Verlauf des 6. Januar, als in Berlin-Mitte Gewehrfeuer zu hören war; was die Berliner noch an Gleichmut besessen hatten, schwand damit endgültig dahin. Wann und warum die ersten Schüsse fielen, ließ sich nie mit Sicherheit klären.[75] Harry Graf Kessler hörte die ersten Gewehrschüsse seinen Aufzeichnungen gemäß kurz nach vier Uhr nachmittags. Um 17:30 Uhr verzeichnete er »eine gewaltige Schießerei [...], Maschinengewehre, Artillerie oder Minenwerfer, Handgranaten: Es ist ein Höllenspektakel, ein Schlachtgetöse. Dann Pause, dann um fünf Uhr vierzig dasselbe.«[76] Wie viel von dem, was Kessler hier schildert, ein Zeugnis seiner literarischen Phantasie ist und wie viel ein getreues Abbild tatsächlich stattfindender Kampfhandlungen, ist schwer zu sagen. Dass Mörser zum Einsatz kamen, ist sicherlich möglich, doch sind keine überzeugenden Belege dafür gefunden worden, dass in Berlin zu diesem Zeitpunkt Artilleriewaffen abgefeuert wurden. Der Widerhall heftigen Gewehrfeuers erweckte mancherorts den falschen Eindruck, es fänden in der Stadt Artillerieduelle statt.[77] Ein nachweislich falsches Gerücht besagte, der Bahnhof Friedrichstraße sei bei schweren Kämpfen zerstört worden.[78]

Von den blutigen Scharmützeln, die innerhalb der ersten 24 Stunden nach dem Beschluss der Radikalen, die politische Macht zu erobern, ausbrachen, gibt es zwei besonders anschauliche Beispiele für die planlose und zufällige Eskalation physischer Gewalt in der Anfangsphase des Januaraufstands. Das erste ereignete sich am Wilhelmplatz, dem Standort der Reichskanzlei, wo am 29. Dezember die Abschlusskundgebung der regierungstreuen Demonstranten stattgefunden hatte. Bewaffnete Anhänger und Gegner der Regierung trafen hier unvorhergesehen aufeinander. Wie der Reporter der katholischen Zeitung *Germania* schrieb, sei »wie immer im Dunkel« geblieben, welche der beiden Seiten den ersten Schuss abgefeuert habe. Der anschließende Schusswechsel habe mindestens einen Toten und acht Verletzte gefordert.[79] Das zweite gewaltsame Aufeinandertreffen fand nach Einbruch der

Dunkelheit, als in weiten Teilen Berlins bereits Ruhe eingekehrt war, an einem Lagerhaus in der Köpenicker Straße statt, nicht weit vom *Vorwärts*-Verlagshaus südlich des Stadtzentrums. Wie die *Germania* berichtete, beschrieben Augenzeugen die dortige Schießerei als »den heftigsten Straßenkampf, den Berlin in den Tagen der Revolution bis heute erlebt hat«.[80] Die Zahl der Opfer bezifferte die Zeitung auf einen bis 15 Tote und sieben bis 30 Verletzte.[81]

Nach Angaben der Presse wurzelte dieser Konflikt in einem Vorfall auf offener Straße einige Stunden zuvor. Angeblich verhafteten Mitglieder der Garde-Pionier-Division zwei Militärpersonen, die zu den Spartakisten »übergelaufen« waren. Bald darauf seien »revolutionäre Arbeiter« zur Kaserne der Division gezogen und hätten versucht, die Gardepioniere für ihre Sache zu gewinnen. Wie die *Frankfurter Zeitung* behauptete, hätten die Spartakisten, als die Pioniere ihnen eine Abfuhr erteilten, aus Maschinengewehren auf die Fenster der Kaserne gefeuert.[82] Die Schießerei habe ein Ende gefunden, als beide Seiten sich auf einen Waffenstillstand einigten. Dieser habe vorgesehen, dass die Gardepioniere in ihrer Kaserne blieben, die Kasernenwache aber aus Spartakus-Anhängern bestehen würde.[83]

Etwa zu der Zeit, als das Krachen von Gewehrschüssen durch die Stadt zu hallen begann, stellten die führenden Leute des Revolutionsausschusses fest, dass sie keinerlei Unterstützung fanden.[84] Als Karl Liebknecht sich zum Stadtschloss begab, um sich der Unterstützung der Volksmarinedivision zu versichern, biss er mit seinen Appellen auf Granit. Die gängige Vorstellung, Karl Radek habe als Drahtzieher der Revolution die Spartakisten dazu gedrängt, die Macht zu ergreifen, wird durch das Protokoll einer Sitzung des Vorstands der KPD vom 6. Januar Lügen gestraft, auf der der Vertreter der russischen Bolschewisten in Berlin den Beschluss, die Regierung zu stürzen, als einen Fehler bezeichnete. Drei Tage später appellierte er sogar an die Partei, den Aufstand ganz abzublasen, was Karl Liebknecht und Rosa Luxemburg vehement ablehnten.[85] Da es den Revolutionären nicht gelang, militärische Unterstützung für sich zu mobilisieren, löste sich weniger als 24 Stunden, nachdem sie beschlossen hatten, »aufs Ganze zu gehen«, die Revolutions-Euphorie, von der sich die meisten am Vorabend im Polizeipräsidium hatten forttragen lassen, in Luft auf. An ihre Stelle traten Niedergeschlagenheit und die Erkenntnis, dass sie die Dinge nicht mehr im Griff hatten. Spätestens am Abend des 6. Januar waren die meisten der selbsternannten Revolutionäre bereit, in Verhandlungen mit der Regierung über die Beendigung des Aufstands einzutreten.

Wie sehr es ihnen an Rückhalt mangelte, zeigte sich am nächsten Tag in Berlin-Mitte. Wo sich an den beiden Tagen zuvor noch die Menschenmassen gedrängt hatten, blieb es am 7. Januar in weiten Teilen der Stadt ruhig. Die *Freiheit* schrieb in einer Reportage, auf den Straßen seien neugierige Berliner flaniert und hätten aufmerksam beobachtet, wie immer wieder »Trupps revolutionäre Arbeiter und Soldaten« Hochrufe auf »die Weltrevolution« ausbrachten oder die Regierung Ebert-Scheidemann »verwünschten«.[86] An der Siegesallee, wo nach dem Willen der Spartakisten die Massen in gleicher Weise hätten Präsenz zeigen sollen wie am Vortag, versammelte sich zwar, wie die *Freiheit* registrierte, gegen elf Uhr »eine erhebliche Menschenmenge«, doch habe sich, auch wenn Liebknecht die Versammlung wie üblich angefeuert habe, sich zu bewaffnen und die Straßen in Besitz zu nehmen, nicht dasselbe Bild geboten wie an den Tagen zuvor. Die Zahl derer, die sich von Liebknecht mitreißen ließen, sei geringer gewesen.[87]

Teilweise spiegelte sich in dieser Diskrepanz die neue Kräftekonstellation, die am 6. und 7. Januar Platz gegriffen hatte. Sozialdemokratische Aktivisten, darunter zwei maßgebliche Leute aus dem *Vorwärts*-Verlag, Erich Kuttner und Albert Baumeister, hatten genug Gefolgsleute der SPD mit Waffen versorgt, um den Prozess der gewaltsamen Niederschlagung des Aufstands zu Ende zu bringen, womöglich sogar ohne dafür die Hilfe von Soldaten aus Potsdam oder aus anderen Garnisonen zu benötigen.[88] Jetzt, da auf den Straßen Berlins nicht mehr gewaltige Menschenmassen das Bild bestimmten, hoben die Zeitungen in ihren Reportagen die zunehmende Präsenz regierungstreuer Soldaten ebenso hervor wie die Rückkehr eines zumindest partiellen Gefühls der Sicherheit im Zentrum Berlins. So schrieb beispielsweise die *Germania* in ihrer Ausgabe vom 9. Januar, die Auseinandersetzungen in den Straßen hätten sich im Vergleich zu den Vortagen beruhigt. »Die Mengen, die gegen 9 Uhr dem Stadtinnern zustrebten, waren keine Demonstranten, sondern Geschäftsleute und Angestellte, die durch den Streik der Straßenbahner gezwungen waren, ihr Ziel zu Fuß zu erreichen.«[89] Die *Post* beschrieb am selben Tag die Straßen Berlins als »beträchtlich friedlicher als in den letzten Tagen«.[90]

Absage an Verhandlungen

Der Teilnehmerschwund bei den regierungsfeindlichen Demonstrationen am 7. Januar eröffnete beiden Seiten eine Gelegenheit, die von politischen Führern unter anderen Umständen vielleicht für einen Versuch genutzt worden wäre, den Aufstand gewaltlos zu beenden. Die fortdauernde Radikalisierung der politischen Rhetorik auf allen Seiten bietet eine partielle Erklärung dafür, dass dies nicht geschah. Am 7. Januar sprach ein *Vorwärts*-Redakteur vor der Reichskanzlei zu Anhängern der Regierung: »Eine Regierung Liebknecht«, erklärte er, »wird Deutschland völlig von dem schmalen Wege, der es noch vom Abgrund trennt, dort hineindrängen und das Chaos herbeiführen.« Das werde, fügte er hinzu, einen Bürgerkrieg auslösen, und das Proletariat werde »um die Früchte der Revolution betrogen«. Nach einer erneuten Beschwörung der Gefahr »russischer Zustände« fragte er die Menge: »Haben wir deshalb vier Jahre lange geblutet, um nun die Freiheit des Rheins mit den Bolschewisten gemeinsam zu verteidigen, wie Liebknecht es will? Wir wollen keinen Terror im Lande, der nur eine Hungernot bringen würde.«[91]

Der Versuch, Verhandlungen herbeizuführen, ging von führenden Persönlichkeiten der USPD aus, namentlich den Vorstandsmitgliedern Rudolf Breitscheid, Wilhelm Dittmann und Karl Kautsky.[92] Sie waren in einer guten Position für einen solchen Versuch. Im Gegensatz zu führenden Köpfen der Berliner Parteigliederung wie Georg Ledebour und Emil Eichhorn hatte sich der Vorstand bemüht, »neutral« zu bleiben. Seine prominenteren Anführer, darunter die ehemaligen Mitglieder des Rates der Volksbeauftragten Dittmann und Barth, hatten noch bis vor wenigen Tagen lange, wenn auch oft hitzige Diskussionen mit führenden Sozialdemokraten geführt. Jetzt entsandten sie Unterhändler in die Reichskanzlei und zu den führenden Männern des Revolutionsausschusses. Diese Sendboten erzielten zunächst Achtungserfolge. Dann jedoch wurde rasch deutlich, dass die Regierungsseite nicht gewillt war, auf ihre Vorschläge einzugehen. Das Scheitern des Versuchs, Verhandlungen anzubahnen, wurde in der Folge zu einem zunehmend wichtigeren Thema im USPD-Organ *Die Freiheit.* Am 8. Januar schrieb das Blatt, wenn die Regierung am Vortag guten Willens auf das Verhandlungsangebot eingegangen wäre, hätte die Besetzung der Zeitungsverlage bereits ein friedliches Ende gefunden. *Die Freiheit* stellte an dieser Stelle die Frage, ob Ebert wirklich »unter allen Umständen die Rolle des starken Mannes [übernehmen wolle], die Rolle des Gesellschaftsretters?«[93]

Dass sich plötzlich die Aussicht auf eine Verhandlungslösung auftat, stieß bei der *Roten Fahne* auf entschiedene Ablehnung. Unter der Überschrift »Versäumte Pflichten« druckte das Blatt am 8. Januar in einer Sonderausgabe eine von Rosa Luxemburgs wichtigsten öffentlichen Stellungnahmen zum Aufstand ab. Welche persönlichen Vorbehalte gegen den Versuch der Machtergreifung Luxemburg auch immer hegen mochte, es kann kein Zweifel daran bestehen, dass sie sich zu diesem Zeitpunkt nach außen hin voll und ganz zum Aufstand bekannte.[94] Wiederholt bezeichnete sie die Regierung Ebert-Scheidemann als eine »Mauer«, die man »wegreißen« müsse, und die Revolutionären Obleute und die führenden Leute der Berliner USPD forderte sie auf, einen aggressiveren Kurs zu verfolgen: »Die Regierung Ebert-Scheidemann hinwegräumen heißt nicht, ins Reichskanzlerpalais stürmen und die paar Leute verjagen oder festnehmen; es heißt vor allem sämtliche tatsächliche Machtpositionen ergreifen und sie auch festhalten und gebrauchen.«[95] In Luxemburgs Augen versäumten es die Unabhängigen Sozialdemokraten und die Revolutionären Obleute gleichermaßen, mit den Massen ausreichend zu kommunizieren. Besonders ärgerlich fand Luxemburg den in ihren Augen unverzeihlichen Verzicht darauf, nach der Besetzung des *Vorwärts* und des Wolffschen Telegraphenbüros beide als Mittel für die Propaganda zu nutzen. Als das schlimmste Verbrechen der Revolutionäre klagte sie jedoch die Anbahnung von Verhandlungen mit ihren »Todfeinden« an. Luxemburgs Aufruf zur revolutionären Tat schloss mit den Worten: »Die Erfahrung der letzten drei Tage ruft den führenden Organen der Arbeiterschaft mit lauter Stimme zu: Redet nicht! Beratet nicht ewig! Unterhandelt nicht! Handelt.«[96]

Das oft gezeichnete wohlmeinende Bild Rosa Luxemburgs als einer demokratischen Sozialistin kontrastiert mit ihrer kompromisslosen Aufforderung, Verhandlungen abzulehnen und stattdessen weiter auf die Option der revolutionären Gewalt zu setzen, eine Forderung, die offenbart, dass auch sie sich, als der Aufstand erst einmal begonnen hatte, von der Dynamik der Radikalisierung mitreißen ließ, die um sie herum Platz griff. Es war noch keine Woche her, dass sie bei der Verabschiedung des von ihr geschriebenen vorläufigen Programms der Kommunistischen Partei Deutschlands eine Sprache gebraucht hatte, die offensichtlich darauf ausgerichtet war, sich von jedem Putschismus abzugrenzen. »Der Spartakusbund wird nie anders die Regierungsgewalt übernehmen«, hieß es in diesem Programm, »als durch den klaren, unzweideutigen Willen der großen Mehrheit der proletarischen Masse in Deutschland, nie anders als kraft ihrer bewussten Zustimmung zu den Ansichten, Zielen und Kampfmethoden des Spartakusbundes.« Jetzt, drei Tage nach dem Beschluss, »aufs Ganze zu gehen« – der in Luxemburgs Abwesenheit gefasst worden war –, schien sie wild entschlossen, einen gewaltsamen Aufstand öffentlich zu unterstützen, hinter dem eindeutig nicht die Mehrheit der Arbeiterklasse stand, geschweige denn eine Mehrheit der Deutschen. Erklärlich wird dieser Widerspruch wenigstens teilweise aus ihrem Verständnis der

Aufgabe, die sie als politische Journalistin in dieser historischen Phase hatte. Nachdem der Aufstand ausgebrochen war, sah sie es als ihre Pflicht an, die Massen mittels einer radikalen Rhetorik aufzuwiegeln. Bemerkenswerterweise verwarf sie, wenn wir Karl Radek glauben wollen, jede Kritik, ihre Polemik sei unrealistisch und politisch naiv, mit dem Spruch: »Wenn ein gesundes Kind geboren wird, dann schreit es und piepst nicht.«[97] Es ist auch wichtig, sich zu vergegenwärtigen, was die Texte, die Luxemburg zu diesem Zeitpunkt veröffentlichte, in einem allgemeineren Sinn über die Dynamik der Radikalisierung verraten, die sich im Rahmen der Putsch-Strategie entfaltete: Nur Tage nachdem sie einen Griff nach der Macht abgelehnt hatte, solange man dafür nicht den Rückhalt einer Mehrheit der Arbeiterklasse besaß, war sie bereit, Auswüchse der Gewalt, die sie bis dahin kritisiert hatte, öffentlich gutzuheißen.

Die nichtsozialistische Presse teilte Luxemburgs Abscheu gegen Verhandlungen.[98] Die rechtslastige *Post* schrieb in ihrer Morgenausgabe vom 8. Januar, die *Rote Fahne* agitiere für »Gewalt, Gewalt bis zum Äußersten«.[99] Sie wiederholte die Botschaft, die die konservative Rechte seit Anfang Dezember predigte. Es war der Ruf nach kraftvollem Handeln mit dem Ziel, den »Schrecken« auf der Straße zu beenden und »uns von dem Terror Liebknechts [zu befreien]«. »Bei der Eigenart des Gegners«, warnte die Zeitung, »wird es ohne Blutvergießen nicht abgehen.«[100] Die gefühlte Gefahr, die von den Spartakisten, der Gewalt und den »russischen Zuständen« ausging, führte zu neuen Bündnissen in der deutschen Politik. Unter dem Eindruck des Januaraufstandes begannen die Grenzen zwischen Liberalismus, konservativem Nationalismus und Sozialdemokratie zu verschwimmen. Besonders deutlich wird das, wenn man die jeweilige Presse unter die Lupe nimmt. Bis 1914 hatten sozialdemokratische, konservative und liberale Zeitungen deutlich unterschiedliche Standpunkte vertreten und sich oft und ausdauernd über die richtige Deutung derselben Vorgänge gestritten. Doch jetzt, Anfang Januar 1919, zählte diese Vergangenheit kaum noch. Es bestanden jetzt beispielsweise nur noch graduelle Unterschiede zwischen Aufrufen zur Tat, wie sie in der rechtskonservativen *Post* formuliert wurden, und analogen Forderungen in der traditionell liberalen *Frankfurter Zeitung*.[101] Es klang wie ein Echo auf die *Post*, als die *Frankfurter Zeitung* in einem Leitartikel vom 8. Januar Berlin als einen »Hexenkessel« bezeichnete, wo das »Verteidigungszentrum der Regierung [...] wie in einer Zitadelle von den täglich an Macht und Aktivität zunehmenden Anhängern des Spartakusbundes eingekreist [ist] und [...] sein Heil in dem Eingreifen von außerhalb zugeführter Truppen zu erblicken [scheint]«. Es sei sonnenklar, warnte die *Frankfurter Zeitung*, dass wenn man jetzt nicht mit Gewalt durchgreife, der spätere »Entscheidungskampf nur blutiger wird«.[102] An einer Stelle verwies der Korrespondent der *Frankfurter Zeitung* beifällig auf Forderungen der konservativ-nationalistischen *Deutschen Allgemeinen Zeitung*: »Es muss reiner Tisch geschaffen werden. Dahin geht der Wille der Masse, die heute fester und treuer als je hinter der Regierung steht.«[103]

KAPITEL ACHT

»Die Stunde der Abrechnung naht«

»Abrechnung« ist kein Begriff, den wir mit der deutschen Sozialdemokratie der ersten Hälfte des 20. Jahrhunderts verbinden. Aber dann erhebt er doch sein Haupt, mitten im Januaraufstand, in Gestalt einer von der SPD angedrohten Vergeltung. Am 8. Januar 1919, als die Soldaten und Offiziere, die drei Tage später brutale Morde an gefangenen Aufständischen begehen sollten, in Berlin eintrafen, gab der von Friedrich Ebert geleitete Rat der Volksbeauftragten bekannt: »Gewalt kann nur mit Gewalt bekämpft werden. Die organisierte Gewalt des Volkes wird der Unterdrückung und der Anarchie ein Ende machen. Einzelerfolge der Feinde der Freiheit, die von ihnen in lächerlicher Weise aufgebauscht werden, sind nur von vorübergehender Bedeutung. Die Stunde der Abrechnung naht.«[1] Diese Parole wurde nicht etwa hinter den Kulissen ausgegeben; sie wurde von der Regierung auf Hauswänden und Litfaßsäulen in Berlin und anderswo plakatiert und von der Presse abgedruckt.[2] Zum ersten Mal seit November 1918 zeigte sich die rechte Presse mit den Sozialdemokraten zufrieden. Die *Post* war voller Lob über die Ankündigung, der *Reichsbote* tat seinen traditionellen politischen Gegnern sogar den Gefallen, ihr »Abrechnungs«-Versprechen in großen Lettern auf die Titelseite zu setzen.[3]

Auch zwei der bekanntesten katholischen Zeitungen Deutschlands taten ihre Zustimmung kund. Die *Kölnische Volkszeitung* schrieb: »Jetzt geht es hart auf hart, jeder Kompromiss wäre nur eine neue Niederlage der Mehrheitssozialisten und der endgültige

Beweis für ihre Unfähigkeit, Deutschland zur Ordnung und zum Frieden zu führen.«[4] Und die in Berlin erscheinende *Germania* rief mit extrafetten Lettern »Zu den Waffen«.[5] In einem Kommentar in derselben Ausgabe hieß es: »Der kranke deutsche Volkskörper verlangt nach einer Operation; sie mag schmerzhaft sein, aber sie scheint in unserer Lage die einzige Möglichkeit zu bieten, uns die Gesundheit wiederzugeben.«[6]

Es war ein bedeutsamer Hinweis auf die Art und Weise, wie Krieg und Revolution die politische Landschaft Deutschlands durcheinandergewirbelt hatten, so dass selbst die traditionell liberale *Frankfurter Zeitung*, bis 1914 stets eine kritische Stimme gegen Exzesse staatlicher Gewalt, die jetzt angekündigte Gewalt gegen die Aufständischen guthieß. Während des Aufstands machte ihr Berliner Redaktionsbüro in der Leipziger Straße, dem der politische Kommentator August Stein vorstand, in einem Telegramm nach dem anderen Stimmung für ein gewaltsames Vorgehen gegen die Rebellen.[7] In einer ihrer Reportagen meldete die *Frankfurter Zeitung* mit Genugtuung, dass Regierungstruppen an strategischen Punkten des Regierungsbezirks militärische Stützpunkte errichtet hatten, darunter im Reichstagsgebäude, auf dessen vier oberen Ecken sie jeweils ein gut sichtbares MG-Nest aufgebaut hatten. Ein frappantes Beispiel für die politische Kehrtwende, die die Zeitung seit 1914 vollzogen hatte, lieferte sie mit der beifälligen Kommentierung der Tatsache, dass die Regierungstruppen im Besitz von Flammenwerfern waren.[8]

Auch in Hannover trat die Presse mit Nachdruck dafür ein, dass es an der Zeit sei, in Berlin zum Endkampf anzutreten. Der *Hannoversche Kurier* forderte: »Revolutionsregierung, werde hart! Revolutionsregierung, greif zu und greif durch! Endlich, endlich.«[9] Andere Regionalblätter quer durch Deutschland schlossen sich solchen Aufrufen zur Gewalt in meist allgemeiner Form an, oft versehen mit dem Hinweis, dass vieles von dem, was schieflief, ein Resultat der besonderen Probleme Berlins sei.[10] Ein Professor schrieb in einem Kommentar für die liberale *Berliner Börsen-Zeitung*, wer jetzt die Regierung dafür tadelte, dass sie hart durchgriff, solle sich schämen.[11]

Dieser Chor von Aufrufen zur Gewalt und von Unterstützungsbekundungen für die Sozialdemokraten und ihre Ankündigung einer »Abrechnung« setzte genau zu einem Zeitpunkt ein, an dem klarwurde, dass der Aufstand in Berlin zum Scheitern verurteilt war. Die großen Menschenmassen, die noch am 5. und 6. Januar 1919 zur Unterstützung Eichhorns auf die Straße gegangen waren, hatten sich spätestens am 8. Januar verflüchtigt. Die Zahl der bewaffneten Rebellen stagnierte oder ging sogar zurück, der Aufstand war eher in die Defensive geraten, als dass er an Dynamik gewann. Spätestens am dritten Abend nach Beginn der Redaktionsbesetzungen stellte sich nicht mehr die Frage, ob es den Aufständischen gelingen würde, Berlin in ihre Gewalt zu bringen. Vielmehr lautete die einzige verbleibende Frage, wie lange sie sich in den paar Gebäuden noch würden halten können, die sie seit der Nacht vom 5. auf den 6. Januar besetzt hielten, und wie die Regierung den Aufstand beenden würde. Weshalb war dann der Rückhalt für die von den Sozialdemokraten angekündigte »Vergeltung« so breit und stark? Warum führte die Regierung nicht einfach den bereits in Gang gekommenen Prozess weiter, den Aufstand mit so wenigen Menschenverlusten wie möglich abzuwürgen?

Die erste Antwort auf diese Frage ist die, dass die Regierung und ihre Anhänger nicht einfach nur mit den Spartakisten in Berlin abrechnen, sondern auch Vergeltung im Namen ihrer ideologischen Gesinnungsbrüder, der Menschewiki in Moskau, üben wollten. Fest entschlossen, nicht wie diese auf dem Kehrichthaufen der Geschichte zu landen, genügte es ihnen nicht, die aufsässigen Besetzer der Redaktionsgebäude zur Aufgabe zu zwingen, sondern es war ihnen wichtig, der Welt zu zeigen, dass Deutschland nicht Russland war und es nicht werden würde, dass es den Sozialdemokraten nicht so ergehen würde wie Lenins sozialistischen Rivalen. Diese Botschaft hatte mit Beginn des Aufstands eine neue Intensität gewonnen, auch wenn die Angst vor »russischen Zuständen« seit November 1918 ständig in der Luft gelegen hatte. Viele glaubten, jede Menge russisches Geld ströme nach Berlin und helfe, den Aufstand zu finanzieren.[12] Auf Plakaten wurden die Spartakisten beschuldigt, russischen Methoden nachzueifern.[13] Ein Gerücht wollte wissen, in Berlin seien bis zu tausend russische Bolschewisten, verkleidet als uniformierte deutsche Soldaten, unterwegs.[14] Eine konservative Zeitung äußerte die Vermutung, die Spartakisten seien im Besitz von mehr als 20 000 Gewehren.[15]

Hand in Hand mit der Stimmungsmache gegen das, was in Russland ablief, ging das Bekenntnis zu einem demokratisch verfassten Deutschland. Die sozialdemokratische Führung war im Januar 1919 entschlossener denn je, für dieses Ideal zu kämpfen. Ihre Ankündigung einer »Abrechnung« war zugleich auch ein Versprechen, mit der Waffe in der Hand das demokratische Anrecht des deutschen Volkes auf eine freie und faire Wahl am 19. Januar 1919 zu verteidigen. Des Weiteren war sie entschlossen, ihre linken Gegner dafür zu bestrafen, dass sie die »Ordnung« störten und die »Volksernährung« in Gefahr brachten. Ein Plakat der Regierungsseite verlieh dieser Botschaft denkbar klaren Ausdruck. Es prangerte den »Katechismus« der Spartakisten an – ihre angebliche Strategie, die verarmten deutschen Arbeiter zuerst in den Hunger und die Erwerbslosigkeit zu treiben, um sich dann mit russischem Geld ihre Unterstützung zu erkaufen. Die Schlussfolgerung ließ es nicht an Deutlichkeit fehlen: »Spartakus organisiert Terror und abscheulichen Menschenmord!« Dem folgte die Aufforderung an die Gegner der Spartakisten: »Beweist euren Abscheu durch die Tat! Befreit Berlin und das Reich von der Spartakus-Gewaltherrschaft. Tretet ein in die Volkswehren, Gewalt gegen Gewalt. Spartakus zwingt dazu. Besiegt Spartakus. Freiheit und Ordnung sollen und werden siegen.«[16] Ein anderes sozialdemokratisches Plakat zitierte den Kommandeur des Regiments Reichstag, Erich Kuttner, mit der Aussage, der Feind wolle ein »bolschewistisches Tollhaus« eröffnen.[17] Liebknecht persönlich wurde beschuldigt, er wolle Berlin zum »Kriegsschauplatz« machen.[18] Auf einem anderen Plakat prangte die Warnung, falls die Spartakisten sich durchsetzen könnten, werde Deutschland »in Stücke gehen und unser aller Leben unter seinen Trümmern begraben«. Spartakus sei gleichbedeutend mit »Willkür und Wahnsinn«, mit »Gewalt und abermals Gewalt, die scheußlichste Tyrannei, die uns je bedrohte«. Der Plakattext endete mit dem Appell: »Deutsche, wacht auf!«[19]

Die Außenpolitik lieferte ein weiteres Motiv für die finstere Entschlossenheit der Sozialdemokraten, den Aufstand gewaltsam zu beenden. Nach ihrer Überzeugung hingen vom Ergebnis des Aufstands die Beziehungen Deutschlands zu den Siegermächten ab. Manche Beobachter befürchteten, falls es der Regierung nicht gelinge, mit den Spartakisten fertig zu werden, könne dies zu einer Besetzung Deutschlands durch die Siegermächte führen, und das deutsche Volk werde dann die »harten Fäuste des Siegers« und alle Schrecken einer Besatzungsherrschaft zu spüren bekommen.[20] Ein Beispiel dafür, wie diese ausgemalte Gefahr Anfang 1919 unter die Leute gebracht wurde, lieferten die liberalen *Münchener Neuesten Nachrichten* mit der Warnung, die Entente-Mächte würden womöglich abwarten, bis Berlin abgebrannt war, ehe sie die Stadt besetzen würden.[21] Andere vertraten die Ansicht, selbst wenn es nicht zu einer Besetzung käme, müsse die Regierung, wenn die Siegermächte Deutschland noch als Staat anerkennen sollten, demonstrieren, dass sie in Berlin das Sagen hatte. Solche Gedankengänge waren in der ersten Jahreshälfte 1919 von größerer Bedeutung, als wir es uns heute vorstellen mögen: Die meisten deutschen Entscheidungsträger waren daran gewöhnt, dass ihr Land zu den Großmächten der Welt zählte. Die Niederlage im Ersten Weltkrieg hatte an diesem Status genagt, und wie sich im Sommer 1919 in Versailles zeigen sollte, war Deutschland dieser Stellung ganz und gar verlustig gegangen; im Januar 1919 gab es indes noch etliche Politiker, die glaubten, ein kraftvoller Vernichtungsschlag gegen den Bolschewismus in Deutschland könne das Land in die Lage versetzen, sich einen Teil seines Vorkriegs-Nimbus als Mitglied im Club der Großmächte zu bewahren.[22]

Jenseits dieser Beweggründe waren es jedoch die aktuelle Zuspitzung der Gewalt und die Erfahrung, dass Blut floss, die mehr als alles andere den Durst der SPD-Führung nach Abrechnung beflügelten. Natürlich war die im Januar 1919 von den Aufständischen verübte Gewalt, wenn man sie mit den Ereignissen von

1933, 1939 oder 1941 vergleicht, sehr begrenzt. Doch wenn man die Bilanz der Gewalt des Januaraufstands mit dem vergleicht, was in Deutschland seit November 1918 oder generell in den verflossenen Jahrzehnten passiert war, kommt man zu dem Ergebnis, dass die revolutionäre Gewalt Anfang Januar 1919 eine Größenordnung und einen Charakter annahm, die sich von allem abhoben, was Deutschland zuvor erlebt hatte. Aus der Perspektive der Regierung war diese Gewalt ein Tabubruch, der bestraft werden musste.

Außer diesem geschichtlichen Kontrast gab es zwei weitere Faktoren, die die Zeitgenossen veranlassten, das Ausmaß der um sie herum stattfindenden Gewalt zu überschätzen. Der erste hatte mit den anhaltenden Versuchen zu tun, die Herrschaft über einige der weniger gut geschützten Gebäude wiederzugewinnen, die die Aufständischen besetzt hielten. Diese kleineren Erstürmungen waren Vorläufer des großen Sturmangriffs auf das *Vorwärts*-Gebäude am 11. Januar.[23] Sie fanden am 8., 9. und 10. Januar statt, vorwiegend im Schutz der Dunkelheit. Kleine Stoßtrupps, bewaffnet mit Flammenwerfern, Panzerwagen, Maschinengewehren und Handgranaten, versuchten die besetzten Gebäude zu erstürmen und die Rebellen in die Flucht zu schlagen – die ihrerseits mit ohrenbetäubendem MG- und Gewehrfeuer antworteten. Jeder dieser Sturmangriffe ließ den Aufstand sehr viel gewaltträchtiger erscheinen, als er es tatsächlich war.

Der Umstand, dass diese Sturmangriffe mit militärischen Mitteln vorgetragen wurden, bedeutete, dass sie mit beträchtlichen Menschenverlusten verbunden waren und dass die Wirkung der eingesetzten Waffen auf die Körper der Angreifer und Verteidiger, die getroffen wurden, für großes Entsetzen sorgte – zugleich hatte sie aber auch etwas Faszinierendes.[24] Die Zeitung *Germania* zeigte sich konsterniert über die großen Blutlachen, die nach einem Sturmangriff auf das Wolffsche Telegraphenbüro noch eine Weile auf der Straße standen. Dass »Tote und Verwundete [...] dort stundenlang liegen [blieben]«, fand die *Germania* verstörend und lieferte damit ein weiteres Beispiel dafür, wie sehr das, was die modernen Kriegswaffen an den menschlichen Körpern anrichteten, in den Mittelpunkt der Aufmerksamkeit rückte.[25] Unter diesen Vorzeichen wird sehr viel verständlicher, welches Ausmaß der Hass und das Verlangen, mit den für den Aufstand Verantwortlichen abzurechnen, annahmen, auch wenn wir heute wissen, dass dieser Hass und dieser Rachedurst auf lange Sicht katastrophale Folgen zeitigten.

Eine große Rolle spielten auch Phantasmagorien. Der donnernde Widerhall von MG-Salven und Gewehrschüssen ließ viele Leute einen wesentlich größeren Umfang der Kämpfe vermuten, als es den Tatsachen entsprach. Zeugen gaben an, erlebt zu haben, dass aus Panik geborene Gewehrsalven Kettenreaktionen in den Reihen der übernervösen Kämpfer auslösten.[26] Wie die *Freiheit* am 8. Januar 1919 schrieb: »Die Stimmung ist äußerst gespannt, die Soldaten haben das Gewehr meist schussfertig. [...] Jedermann weiß, wie schnell bei einem entsicherten Gewehr ein Schuss losgehen kann; geschieht dies, so nehmen die anderen Bewaffneten sofort an, es sei aus der Menge auf sie geschossen worden, und eine entsetzliche Knallerei setzt ein, ohne dass eine eigentliche Ursache dazu vorgelegen hätte.«[27] Eine lange Reportage der *Freiheit* in ihrer Ausgabe vom 9. Januar begann mit der Feststellung, in der Umgebung des Reichstags, des Brandenburger Tores und des Boulevards Unter den Linden vergehe kaum einmal eine Viertelstunde ohne »heftiges Maschinengewehr- und Infanteriefeuer«. Mit den Worten des USPD-Organs: »Wir selbst haben es beobachtet, und Dutzende von Zeugen brachten uns ähnliche Mitteilungen, dass die Regierungstruppen in vielen Fällen ohne jeden Grund gegen wehrlose Passanten das Feuer eröffneten. Eine Anzahl von Menschenleben sind dieser bübischen Schießerei zum Opfer gefallen, viele sind verwundet.« Ergänzend merkte die Zeitung an, Regierungssoldaten feuerten immer wieder auf Gebäude Unter den Linden, und kommentierte das mit der sarkastischen Frage, ob dort jetzt auch Spartakisten wohnten.[28] Solche Berichte über grundlose Schüsse auf Zivilisten waren auch in den Tagen danach immer wieder zu lesen.[29]

Diese aus Panik entstandenen Schießereien blieben nicht ohne Folge. Die *Rote Fahne* und die *Freiheit* warfen den Regierungstruppen sogar vor, Gräueltaten begangen zu haben. Die *Rote Fahne* beschuldigte sie, vorsätzlich Zivilisten zu provozieren, um dann das Feuer auf sie eröffnen zu können.[30] Die *Freiheit* behauptete, bei der Durchsuchung der Leichen von Zivilisten, die Regierungssoldaten am 8. Januar am Reichstag erschossen hatten, habe sich herausgestellt, dass keiner von ihnen eine Waffe trug.[31] In einer der geschilderten Episoden, die sich vor dem Brandenburger Tor abspielte, forderte ein Offizier eine kleine Menschenansammlung auf, sich zu entfernen, und nur Sekunden später eröffneten Soldaten seiner Einheit das Feuer auf die Gruppe. Auch auf der Straße vor der Kaserne der »Maikäfer«, der Division, die am 6. Dezember das Feuer auf vermeintliche spartakistische Demonstranten eröffnet hatte, begannen Soldaten einem Bericht zufolge zu schießen, als ein Passant laut »Lang lebe Liebknecht« rief.[32] Die *Freiheit* warf der Regierungsseite auch vor, Dumdum-Geschosse zu verwenden.[33]

An den von der *Freiheit* erhobenen Vorwürfen war mehr als nur ein Körnchen Wahrheit. Selbst die nationalkonservative *Tägliche Rundschau* räumte ein, dass viele der Toten und Verwundeten »mit den Kämpfen nichts zu tun hatten und als harmlose Passanten ahnungslos in eine Schießerei geraten und so ums Leben gekommen sind«.[34] Und die *Post*, ebenfalls ein Blatt, das mit der *Freiheit* nichts am Hut hatte, bestätigte in einer Reportage, dass es am Morgen des 8. Januar in der Nachbarschaft der Reichskanzlei zu einer »heftigen Schießerei« gekommen war, »ohne dass die Fußgänger in der Budapester und Poststraße, die entsetzt auseinanderstoben, einen Angreifer bemerken konnten«.[35] Eine Aussage, die Major Franz von Stephani, Kommandeur der zur Niederschlagung des Aufstands aus Potsdam herbeizitierten Truppe, im April 1919 vor Gericht machte, lieferte eine weitere Bestätigung dafür, dass anlassloser Schusswaffengebrauch bei den Regierungstruppen ein wiederkehrendes Problem war. Er berichtete, einige der unter seinem Kommando stehenden Soldaten hätten, um sich nicht dem Vorwurf einer fahrlässigen Feuereröffnung auszusetzen, mit im selben Straßenkarree einquartierten bewaffneten Matrosen die Plätze getauscht.[36] Das sei eines der wenigen

Mittel gewesen, um zwischen den bewaffneten Gruppen an den Straßenecken, wo es häufiger knallte, ein Gefühl der Berechenbarkeit herzustellen.

Ein weiteres Motiv für die angekündigte Abrechnung war der Wunsch, Stärke zu zeigen und die klare Botschaft zu verkünden, dass die Aufständischen es nicht verdient hatten, als Verhandlungspartner anerkannt zu werden. Viele politische Kommentatoren, die sich zwischen dem 7. und 10. Januar zu dem Konflikt äußerten, grauste es bei der Aussicht auf eine Beendigung des Aufstands durch einen Verhandlungsfrieden. Hinter den Kulissen wurde zwar durchaus verhandelt, aber nur das USPD-Organ *Die Freiheit* plädierte entschieden für eine Verhandlungslösung.[37] Während die Sozialdemokraten Vergeltung predigten, erinnerte die *Freiheit* ihre Leser an die Einmütigkeit, mit der die linken Parteien noch vor kurzem die Toten des Novembers betrauert hatten, und stellte die Frage, ob es unbedingt weitere Opfer geben müsse.[38] Als klar war, dass keine Verhandlungen stattfinden würden, machte die *Freiheit* dafür die Regierung verantwortlich: »Die Regierung will den Weg der Gewalt, sie will die Niederwerfung der revolutionären Arbeiter. Wenn wir gestern noch fragen konnten: Verständigung oder Bruderkrieg?, heute ist es keine Frage mehr: Der Bruderkrieg tobt in den Straßen.«[39] Nur Stunden später beklagte die *Freiheit* in ihrer Abendausgabe, dass die nichtsozialistische Presse sich einem gemeinsamen Ziel verschrieben hatte: »›Schießt, schießt, schießt! Werft sie nieder, so dass sie nie mehr sich erheben können!‹ So lautet's aus der bürgerlichen Presse.« Die *Freiheit* zog das bittere Fazit: »Der Geist und die Sprache vom August 1914 sind wieder lebendig. Nur geht es diesmal nicht gegen die Engländer, Franzosen und Russen, sondern gegen die revolutionäre Arbeiterschaft.«[40]

Die Botschaft, die *Die Freiheit* verkündete, kam bei allen Gegnern der Spartakisten sehr schlecht an. In ihren Augen war jeder Versuch, die Krise auf dem Verhandlungsweg beizulegen oder das Vorgehen derer, die gegen die Aufständischen kämpften, zu kritisieren, eine Sympathiebekundung für die Rebellen oder ein Aufruf, sie zu unterstützen. Schon seit November beantwortete die antispartakistische Presse jede Kritik an der Neigung der regierungstreuen Truppen zu brutaler Gewalt mit dem Vorwurf, die Kritiker wollten nur Unterstützung für Liebknecht mobilisieren. Der Kampf um die Deutungshoheit gewann zwischen dem 5. und dem 10. Januar 1919 – den gewalttätigsten sechs Tagen seit der Revolution vom 9. November – noch größere Bedeutung. Im Gegensatz zur Lage vor dem Ersten Weltkrieg, als in Deutschland noch ernstzunehmende politische und öffentliche Debatten über die Zulässigkeit bestimmter Formen staatlicher Gewalt geführt worden waren und exzessive Gewalt seitens Polizei und Militär auf breiter Front verurteilt worden war, sorgte die Radikalisierung der politischen Kultur dafür, dass im Januar 1919 keine solche Diskussion mehr stattfinden konnte. Öffentlich zuzugeben, dass Regierungstruppen womöglich außer Kontrolle geraten waren oder Gräueltaten begingen, wäre einem Eingeständnis der Niederlage im Kampf um die Deutungshoheit in Sachen Gewalt gleichgekommen. Das gebieterische politische Bedürfnis, das Vorgehen regierungstreuer Soldaten *ungeachtet dessen, was diese Soldaten tatsächlich taten*, gutzuheißen, lief auf einen Freibrief für die Regierungstruppen hinaus. Dieser Umstand sollte sich im Verlauf der nächsten sechs Monate als besonders folgenreich für den Verlauf des politischen Konflikts erweisen.

Das Hauptmotiv für den Durst nach Vergeltung war aber zum aktuellen Zeitpunkt der abgrundtiefe Hass, der sich in der sozialdemokratischen Führung angestaut hatte. Dieser Hass resultierte aus der Wechselwirkung zwischen dem, was die SPD-Führer über die Gewalt auf den Straßen von Berlin-Mitte erfuhren, und dem, was sie in der *Roten Fahne* lasen. Die Regierung und ihre Anhänger waren nämlich beileibe nicht die einzigen politischen Akteure, die hofften, dass der Januaraufstand mit einem exemplarischen Akt der Rache enden würde. Ausgerechnet die von Karl Liebknecht und Rosa Luxemburg herausgegebene *Rote Fahne* protestierte in den Tagen zwischen dem 6. und dem 11. Januar, während die *Freiheit* vor den Gefahren einer weiteren Gewalteskalation warnte, vehement gegen die Gefahren einer Verhandlungslösung.[41] In dem verzweifelten Versuch, mehr Arbeiter für ihren Kampf zu gewinnen, behauptete die *Rote Fahne* fälschlicherweise, sie habe die Massen hinter sich und die Bewegung sei dabei, sich über das ganze Reich auszubreiten.[42]

In den letzten Tagen des Aufstands nahm die Agitation der *Roten Fahne* gegen jede Form von Verhandlungen immer weiter an Schärfe zu. In ihrer Ausgabe vom 10. Januar antwortete sie auf die von der Regierung ausgegebene Parole »Die Stunde der Vergeltung naht«.[43] Sie forderte die Arbeiter auf, sich einem Generalstreik anzuschließen, und beschuldigte die Regierung Ebert-Noske, sie wolle gegen das Proletariat in den Krieg ziehen und gemeinsame Sache mit den »Massenschlächtern aller Zeiten und Länder« machen. Sie behauptete, der Ausgang der bevorstehenden Schlacht werde über das »Sein oder Nichtsein« des Proletariats entscheiden. In einer eschatologischen Sprache glorifizierte die *Rote Fahne* die proletarische Gewalt, für die nach ihrer Überzeugung jetzt die Stunde schlug: »Es sieht und kämpft nun, das Berliner Proletariat, für sich, für Deutschland, für das Proletariat aller Welt. Noch nie war ein Kampf schöner, noch nie einer gerechter, noch nie einer von höherem Werte in der Geschichte.«[44] Ein anderer Beitrag in derselben Ausgabe bezeichnete die Kompromisse vom November und Dezember als katastrophale Fehler. »Die Revolution kennt nur ein Entweder-Oder«, hieß es in dem Text. »Sie spricht: Wer nicht mit mir ist, der ist wider mich! Keine Vertuschungen, keine Harmonieduselei, wo es aufs Ganze geht!« Ganz auf Gewalt gepolt, lastete die *Rote Fahne* die gesamte Verantwortung für alle zu erwartenden Blutverluste dem »Gewissen der Ebert-Scheidemann« an. »Je energischer der Kampf der Massen sie hinwegfegen wird«, sagte sie voraus, »umso geringer werden die Kosten dieser Kämpfe sein.«[45]

In ihrer Ausgabe vom folgenden Tag, dem 11. Januar – dem Tag, an dem die Regierungstruppen dem Aufstand der Garaus machten –, verteidigte die Redaktion die Rolle, die die *Rote Fahne* im Verlauf des Aufstands gespielt hatte. Rosa Luxemburg erklärte, wie schon in ihren Beiträgen vom 7. und 8. Januar, dass ein Kompromiss eine Katastrophe wäre, und lud die Schuld für das Scheitern der Revolution unbeirrt bei den Unabhängigen

Sozialdemokraten ab. Sie hätten mit ihrer Vorliebe für Losungen wie »Einigkeit« und »Kein Blutvergießen« alles getan, um »die Kampfenergie der Massen zu lähmen, Verwirrung zu säen und die entscheidende Revolutionskrise in einem faulen Kompromiss mit der Gegenrevolution aufzulösen«. Nach Luxemburgs Überzeugung hatten die Unabhängigen Sozialdemokraten damit den revolutionären Instinkt der Massen geschwächt und »das wuchtige Auftreten der Massen auf der Straße« verpuffen lassen.[46] Sie ging so weit, die USPD als einen »Leichnam« zu bezeichnen, »dessen Zerfallsprodukte die Revolution vergiften«.[47]

Der Gebrauch des Ausdrucks »Leichnam« ist besonders bemerkenswert. Zu einem geschichtlichen Zeitpunkt, an dem es auf den Straßen Berlins Tote gab, an dem Leichen und Schwerverwundete eine zentrale Rolle in der Wahrnehmung des Konflikts spielten, benutzte Rosa Luxemburg just diese makabren Bilder als Versatzstücke für eine politische Botschaft. Es war kein Ausreißer. Varianten dieses Vokabulars waren seit Wochen Teil der spartakistischen Botschaft. In ihrer Ausgabe vom 10. Januar ging die *Rote Fahne* so weit, den »Scheidemännern« zu prophezeien, wenn sie in ihr Grab geworfen würden, werde ihnen ein einstimmiger Chor nachrufen: »Sie haben ihr Schicksal verdient!«[48]

Im Lauf der Zeit – und namentlich unter dem Eindruck der Ermordung Luxemburgs und Liebknechts – gerieten die aggressive Sprache, in der die Spartakisten die Revolution gepredigt hatten, und die ausgeprägt polemischen Debatten, die den Kontext für ihre veröffentlichten Texte bildeten, zunehmend in Vergessenheit. Stattdessen rückte der von Rosa Luxemburg erhobene Vorwurf, die USPD-Führung habe den machtvollen Aufmarsch der »Massen« am 6. Januar verpuffen lassen, mehr und mehr ins Zentrum der politischen und später der historischen Wahrnehmung und Darstellung des Januaraufstandes.[49] Es passte allen Seiten ins Konzept, die beeindruckende Dimension der Massendemonstrationen vom 5. und 6. Januar bzw. die von ihnen ausgehende Drohung hervorzuheben. Gustav Noske überzeichnete in seiner 1920 in Berlin erschienenen Darstellung der Vorgänge das Gefahrenpotential der Massenaufmärsche, um seine eigene

Bedeutung als der Mann, der Deutschland vor dem Sturz in den »Abgrund« bewahrt hatte, herauszustreichen, während Autoren, die mit den Spartakisten sympathisierten, zu derselben Überzeichnung griffen, um den Entschluss, »aufs Ganze zu gehen«, zu rechtfertigen.[50] Spätere historische Darstellungen beriefen sich in ihrer unkritischen Nachzeichnung der »zweiten Revolution« immer wieder auf diese Sichtweisen und Behauptungen.[51] Was die meisten von denen, die vorgaben, im Namen der Demonstranten vom 5. und 6. Januar 1919 zu sprechen, vergaßen, ist, dass die Aufmärsche, die der Auslöser für den Januaraufstand waren, friedlich verliefen, wie ein 1919 nicht veröffentlichter Bericht des Preußischen Justizministeriums akribisch dokumentierte.[52] Sie hatten sich innerhalb der traditionellen Konventionen sozialistischer Protestmärsche bewegt, Konventionen, die sich in Deutschland spätestens seit der Jahrhundertwende herausgebildet hatten. Im Gegensatz zu dem revolutionären Feuereifer, den Rosa Luxemburg und viele andere den Demonstranten vom 5. und 6. Januar 1919 zuschrieben, attestierte ihnen die Justizverwaltung, dass »›der Arbeiter‹ in dem Augenblick [verschwand], als die Demonstration sich in Putsch und bewaffneten Aufruhr verwandelte«.[53]

Die Überzeichnung der von den Menschenmassen des 5. und 6. Januar ausgehenden Gefahr war Teil einer allgemeineren Neigung, durch eine Vergrößerung der von dem Aufstand ausgehenden Bedrohung die vom Staat zu seiner Niederschlagung aufgebotene militärische Gewalt zu rechtfertigen.[54] Das Ausbleiben protestierender Massen war die einzige Deeskalation, die zwischen dem 6. und dem 10. Januar 1919 stattfand. Gemessen an der Schärfe der politischen Auseinandersetzung, am kulturellen Erstarken der Straße, an der Zunahme physischer Gewalt und deren umstrittener Wahrnehmung (einschließlich wirklicher und vermeintlicher Gräueltaten und wechselseitiger Schuldzuweisungen), kann man über die sechs Tage vom 6. bis zum 11. Januar nur sagen, dass sie eine Bühne für vielfältige Formen einer intensiven politischen und kulturellen Radikalisierung boten. Es gab für diese Radikalisierung keinen alleinigen treibenden Faktor.[55] Gewiss spielte die bedrohliche Ausstrahlung, die von den Massen des

5. und 6. Januar auszugehen schien, ebenso eine bedeutende Rolle wie die Besetzung der Zeitungsredaktionen, die Wirkmacht der Gerüchte und die radikale Rhetorik der spartakistischen Wortführer. Doch jeder dieser Faktoren war nur ein Teilelement eines vielschichtigen Radikalisierungsprozesses, in den die durch den Aufstieg des russischen Bolschewismus ausgelöste staatenübergreifende Krise ebenso hineinspielte wie die sehr viel »privatere« psychologische Krise, die sich entwickelte, als die Zeitgenossen sich angesichts der hautnah erlebten Gewalt gezwungen sahen, sich Gedanken über ihre eigene körperliche Verwundbarkeit zu machen. Die Interaktionen zwischen allen diesen Schichten führten zu einer dramatischen Radikalisierung der politischen Mentalitäten und zu einer Zunahme politischer Gewalt.

Andererseits bestand ein grundlegender Unterschied zwischen den Aufständischen, die das *Vorwärts*-Gebäude besetzten, und der Regierung. Die Ressourcen der Ersteren waren sehr begrenzt: Nur ein paar hundert Leute waren willens, im Sinne der von intellektuellen Revolutionären wie Liebknecht und Luxemburg ausgegebenen Parolen zu den Waffen zu greifen. Diese äußeren Umstände, namentlich die Diskrepanz zwischen den beiden Seiten zu Gebote stehenden Machtmitteln, erklären, weshalb die »rote« Gewalt sich im Großen und Ganzen auf die Besetzung einer Handvoll Zeitungsverlage und die Errichtung einiger Barrikaden beschränkte. Ganz anders bei ihren Gegnern: Angesichts der Tatsache, dass sie Zugriff auf ein großes Potential an Truppen und Material sowohl in Berlin als auch im Umland der Hauptstadt hatten und dass große Teile der deutschen Öffentlichkeit sie anfeuerten, mit Gewalt für Ordnung zu sorgen, war der Boden bereitet für eine spektakuläre Explosion. Zu dieser kam es am 11. Januar 1919 am *Vorwärts*-Gebäude in der Lindenstraße. Im Anschluss an dieses blutige Feuerwerk konnte kein Zweifel mehr daran bestehen, dass die Sozialdemokraten willens waren, ihre Herrschaft mit blutiger Gewalt zu verteidigen.

KAPITEL NEUN

Die ersten Gräuel: der 11. Januar 1919

Der Angriff auf den Vorwärts – *Rosa Luxemburg am Maschinengewehr*

Am Nachmittag des 11. Januar 1919 marschierte der selbsternannte »Bluthund« der deutschen Sozialdemokratie, Gustav Noske, an der Spitze einer Kolonne von 3000 Soldaten durch Berlin-Mitte – es war eine Siegesparade.[1] Weniger als eine Woche nach seinem Ausbruch war der »Januaraufstand« vorbei. Die Besetzung des *Vorwärts*-Verlagshauses in der Lindenstraße durch spartakistische Rebellen hatte um 10:45 Uhr ihr Ende gefunden.[2] Nach dem Verlust dieser Festung hatten die verbliebenen Rebellen zügig auch die anderen besetzten Gebäude geräumt. Den besonderen Zorn der Regierungssoldaten, die den Sturmangriff auf das *Vorwärts*-Haus geführt hatten, hatte ein bestimmtes Maschinengewehr der Rebellen erregt, das an der Straßenecke neben dem Gebäude postiert gewesen war. Ein Gerücht verbreitete sich in Windeseile unter den Männern. Es besagte, dieses eine Maschinengewehr sei für alle ihre Verluste verantwortlich.

Im Weiteren besagte das Gerücht, das tödliche MG sei von einer zierlichen Frau mit unglaublicher Präzision bedient worden. In dieser extremen Stresssituation, in der sie gerade den Tod einiger ihrer Kameraden hatten mitansehen müssen, machten sich viele der Regierungssoldaten, darunter ihr Befehlshaber Major Franz von Stephani – ein altgedienter Offizier und künftiger Nationalsozialist –, die Überzeugung zu eigen, bei der Frau am Maschinengewehr müsse es sich um Rosa Luxemburg gehandelt haben. Die Entstehung des Gerüchts ließ sich in die Tage vor dem Sturmangriff zurückverfolgen, als einige als Arbeiter und Spartakus-Anhänger verkleidete Offiziere das Gebäude erstmals ausgekundschaftet hatten. Wie sie danach behaupteten, hatten sie vor dem *Vorwärts*-Gebäude eine zierliche Frau beobachtet. Ihr Erscheinungsbild und der Eindruck, den die Offiziere von ihr gewannen – dass sie Autorität über die Männer um sie herum ausübte –, bewogen sie zu der Vermutung, sie sei Rosa Luxemburg. Nachdem sich diese Vorstellung in ihren Köpfen erst einmal festgesetzt hatte, gingen sie, als sie am 11. Januar ihre ersten Verluste erlitten, sogleich davon aus, dass Rosa Luxemburg persönlich dafür verantwortlich war. Der Plan für den Sturmangriff auf das *Vorwärts*-Gebäude hatte sich an der Logik der Operationen an der Westfront in den Jahren 1917 und 1918 orientiert, als das deutsche Heer versucht hatte, die feindlichen Stellungen durch kleinere überfallartige Operationen zu erobern, für die spezielle »Stoßtruppen« eingesetzt wurden, deren berühmtester Veteran Ernst Jünger war. Am 11. Januar 1919 kamen die Soldaten mit dieser Taktik im Kopf nach Berlin. Der Angriff begann mit einem Artillerie-Sperrfeuer auf das Gebäude. Getreu dem Versprechen der Regierung, dass nun die »Stunde der Abrechnung« gekommen sei, löste die erste 10,5-Zentimeter-Granate, die gegen acht Uhr morgens in das Gebäude einschlug, den Einsturz einer Mauer aus – und eine Erschütterung, die in der ganzen Umgebung Fensterscheiben zu Bruch gehen ließ.[3] Nach wenigen Minuten war die Mittelfassade des Gebäudes auf den Bürgersteig gestürzt, und etliche Zeugen sagten später aus, das herabstürzende Mauerwerk habe MG-Besatzungen der Rebellen unter sich begraben.[4]

Doch trotz aller waffentechnischen und zahlenmäßigen Überlegenheit der Regierungstruppen verlief der Sturmangriff nicht nach Plan.[5] Die Soldaten rückten in der Morgendämmerung von Süden her auf das Gebäude vor. Kaum hatten sie den Landwehrkanal überquert, als ihre vordersten Linien von Scharfschützen der Rebellen, die bei den Kolonnaden am Halleschen Tor postiert waren, unter Beschuss genommen wurden. Als sie den Belle-Alliance-Platz erreichten, den heutigen Mehringplatz, boten sie ein noch offeneres Ziel – sie kamen in Sichtweite der MG-Stellungen der Rebellen am *Vorwärts*-Gebäude, und das beginnende Tageslicht machte es ihren Gegnern leicht, sie aufs Korn zu nehmen.

Besonders zu leiden hatte die auf den Belle-Alliance-Platz vorgerückte Artillerie. Rebellenkugeln töteten zwei Artilleristen und verwundeten vier weitere. Die Weisungen an die Stoßtruppen lauteten, sie sollten zunächst durch einen viertelstündigen Artilleriebeschuss die Verteidiger zermürben; anschließend sollte der eigentliche Sturmangriff erfolgen, angeführt von einer Stoßtruppe, deren Aufgabe es war, in einem Sturmlauf das Gebäude zu erreichen und zu besetzen. Die erste Gruppe, die dies versuchte, wurde zur leichten Beute der Rebellen, die die anstürmenden Männer niedermähten. Dieser gescheiterte erste Ansturm bescherte den Regierungstruppen vier Tote und fünf bis zehn Verwundete.[6] Ihr Kommandeur, Major Franz von Stephani, erklärte später, seine Männer seien bei ihrem ersten Versuch, das *Vorwärts*-Gebäude zu erreichen, von »lebhaftem Maschinengewehr- und Gewehrfeuer« zurückgeschlagen worden.[7]

Die Angreifer brauchten 40 Minuten, um mit dem Maschinengewehr fertig zu werden, an dem nach ihrer Überzeugung Rosa Luxemburg stand. Um 9:35 Uhr hatten sie es endlich »zum Schweigen« gebracht.[8] Fünf Minuten vorher hatten sie ihre beiden ersten Gefangenen aus den Reihen der *Vorwärts*-Besetzer gemacht. Laut Angaben der verantwortlichen Offiziere und einiger Zeitungen handelte es sich bei diesen Gefangenen um spartakistische Kuriere, die erwischt wurden, als sie das Gebäude in der Absicht verließen, Botschaften an Rebellen anderswo in der Stadt zu überbringen.[9] In einem Artikel im *Vorwärts*, der kurz darauf erschien, hieß es (ohne dass das von vielen Soldaten geglaubte Gerücht über die MG-Schützin Rosa Luxemburg erwähnt worden wäre): »Die Wut unter den Soldaten gegen die Spartakusleute ist außerordentlich groß, man kann sich kaum davon eine Vorstellung machen.«[10] Noch euphorischer äußerte sich der Reporter eines rechten Blattes, der den Sturmangriff vor Ort miterlebte: »[Die Artillerie] wirkt Wunder«, schwärmte er.[11]

Während sich die Rebellen im noch intakten Hintergebäude weiterhin verschanzt halten konnten, hatten sich spätestens um zehn Uhr alle Vorteile, die sie anfänglich gehabt haben mochten, in Luft aufgelöst. Die Regierungstruppen hatten sich in Reaktion auf ihre frühen Verluste und das Scheitern des ersten Stoßangriffs darauf verlegt, die Rebellen mit Sperrfeuer einzudecken. Stephani hatte einen massiveren Artilleriebeschuss angeordnet, der den unteren Teil der Vorderfassade des Gebäudes zerfetzte. Derweil hatten sich andere Regierungssoldaten auf den Dächern benachbarter Gebäude postiert, von wo aus sie ihre Feinde gezielt unter Feuer nehmen konnten. Die Lage im Innern des Gebäudes wurde bald hoffnungslos. Angesichts der sich ausbreitenden Brände und der zahlreichen Toten und Verwundeten blieb den Rebellen keine andere Wahl, als zu kapitulieren.[12] Gegen zehn Uhr kamen fünf unbewaffnete Männer unter Schwenken unbedruckten weißen Zeitungspapiers, anstelle einer weißen Fahne, über die sie nicht verfügten, aus dem Gebäude. Sie identifizierten sich als Parlamentäre und bekundeten ihre Absicht, über die Übergabe des Gebäudes zu verhandeln. Die Soldaten ignorierten dies und nahmen die Männer auf der Stelle fest; zusammen mit den beiden ersten Gefangenen, die kurz zuvor weggebracht worden waren, landeten die fünf in der nahe gelegenen Garde-Dragoner-Kaserne. Die Gruppe bekam noch Zuwachs durch einen achten Mann, der jedoch bald wieder auf freien Fuß gesetzt wurde, als die anderen ihn entlasteten – er war ein Regierungssoldat, der fälschlicherweise für einen Spartakisten gehalten und festgenommen worden war.

Wenig später lagen die Leichen der sieben Verhafteten im Innenhof der Kaserne. Regierungssoldaten hatten die ersten sieben Gefangenen, die sie im Kampf um das Erbe der Revolution von 1918/19 gemacht hatten, brutal abgeschlachtet.[13]

Augenzeugenberichte liefern unterschiedliche Versionen darüber, wie die sieben Männer ums Leben gekommen waren. Franz von Stephani sagte aus, sie seien alle zusammen mit einer einzigen Gewehrsalve standrechtlich erschossen worden. Ein gewisser Willi Köhn, Mitglied der republikanischen Sicherheitswehr, widersprach dieser Darstellung. Nach seiner Aussage hatten die Soldaten die Gefangenen ohne jeden Feuerbefehl umgebracht. Er berichtete, 100 oder sogar 200 Mann hätten sich an der Gewaltorgie beteiligt, einer »allgemeinen Schießerei, die beinahe auch für die Zuschauer gefährlich gewesen wäre«.[14] Ein anderer Augenzeuge, Hans Stettin, Sanitäter bei den Garde-Dragonern, sagte aus, die Männer hätten schon vor ihrer Erschießung »an verschiedenen Stellen des Körpers« geblutet, »auch im Gesicht«.[15] Obwohl unter den Erschossenen kein einziger Russe war,[16] brüllten die Soldaten, als sie den ersten der Gefangenen töteten, »Russenschwein« und andere Beschimpfungen. »Er wurde«, sagte Stettin weiter aus, »ohne weiteres mit dem Gesicht an die Wand gestellt und durch einen Schuss in den Hinterkopf getötet.«[17] Anschließend hätten die Soldaten die anderen Gefangenen gezwungen, an der Leiche vorbeizudefilieren, hätten sie dabei beschimpft und ihnen gesagt, dass das gleiche Schicksal auch ihnen blühte.[18] Mit den Worten Stettins: »Der erste Mann wurde stehend erschossen; zwei oder drei Mann sind im Liegen erschossen worden, und zwar durch mehrere Kugeln, so dass die Gesichtshälften vollständig zerstört waren. Eine Leiche lag rechts am Pulverkasten; von deren Gesicht war nur noch ein kleiner Teil vorhanden. Man hatte wahllos darauf losgeschlagen.«[19]

Ein weiterer Zeuge, der Soldat Wilhelm Helms, schätzte, dass zwischen der Ermordung der ersten und der zweiten Gruppe der Gefangenen zehn Minuten vergingen. Nach seiner Schilderung wurden zunächst zwei Männer an die Wand gestellt und erschossen, danach eine zweite Gruppe, die man zwischen zwei Kutschen aufgestellt hatte. Helms sagte weiter aus, die Soldaten hätten schon vor der Erschießung der ersten beiden Männer ihre Gefangenen so schwer misshandelt, dass »die Leute [...] gar nicht mehr verhandlungsfähig [waren]; sie waren vollständig blutüberströmt und kamen als Menschen überhaupt nicht mehr in Frage; sie waren nur noch ein willenloses Stück Fleisch.«[20] Nach Meinung von Helms beteiligten sich 20 bis 30 Soldaten an dieser barbarischen Gewaltorgie. Die Gefangenen seien, so sagte er, getötet worden »wie im Felde«. Wie er weiter aussagte:

> Die Leute wurden in Gruppenkolonnen aufgestellt, und die Gefangenen wurden dann erschossen. Das Kommando »Feuer« erfolgte. Bei den ersten beiden waren ungefähr acht Schüsse. Die Wirkung war so furchtbar, dass das Gehirn der Leute auf der Erde lag, als ob man in einem Schlächterladen Brägen kauft. Man hat sich auch nachher noch vergnügt, auf die Leichen zu schießen, als angeblich sich einer noch rühren sollte; es war wohl schon eine Stunde später. Da wurde aber kein Kommando gegeben. Bei den fünf Mann ist die Sache noch exakter vor sich gegangen. Sie wurden an eine Mauer gestellt. Die Leute waren knapp fähig zu laufen und wurden zum Teil sogar noch geführt. Sie standen an der Mauer, zum Teil ganz zusammengefallen. 20 Mann stellten sich auf und erschossen sie. Es war ein Feldwebel, der den Befehl übernahm und sich die Truppen zusammenstellte, die die Leute regelrecht erschossen. Er kommandierte: »Feuer.«[21]

Die Ehefrau eines der Getöteten, Werner Möller, beklagte sich, ein Tod durch die Kugeln eines Erschießungskommandos wäre weitaus humaner gewesen als das, was ihr junger Gatte in den letzten Augenblicken seines Lebens durchmachen musste. Wie sie später aussagte, fand sich an seinem Rumpf nur eine Schusswunde, in der Nähe des linken Oberarms. Im Bereich des Herzens klaffe jedoch eine tiefe Stichwunde, die nach ihrer Meinung von einem Bajonettstoß herrührte. Eine Fleischwunde hatte er auch an der linken Halsseite, und der untere Teil seiner linken Gesichtshälfte war so stark zertrümmert, dass sein Ohr fast abgetrennt war. Wie Frau Möller weiter berichtete, hatten die Mörder ihres Mannes dessen Leichnam auch noch beraubt. Als sie ihren toten Mann fand, fehlten seine Schuhe, seine Brieftasche, seine Uhr und seine Mütze.[22]

Franz von Stephani, der für den Sturmangriff verantwortliche Offizier, wurde beschuldigt, die Hinrichtung der Gefangenen befohlen zu haben. Dies bestritt er. Immerhin fand er sich bereit, zuzugeben, dass er, als er die Leichen der Männer liegen sah, möglicherweise etwas äußerte wie: »Die Leute haben ihr Leben verwirkt.«[23] Es wurde nie festgestellt, wer die Misshandlungen begangen hatte, doch höchstwahrscheinlich waren daran Soldaten beteiligt, die zuvor beim Sturm auf das *Vorwärts*-Gebäude dabei gewesen waren, dazu junge Offiziersschüler, die in der Garde-Dragoner-Kaserne stationiert waren und bei der Metzelei mitmischten. Ein Zeuge sagte mit Bestimmtheit aus, diese jüngeren Soldaten hätten die Gefangenen mit Peitschen traktiert.[24] Niemand wurde jemals für diese Morde verurteilt.[25]

Etwa um dieselbe Zeit, als diese brutale Gewalttat in der Garde-Dragoner-Kaserne stattfand, ebbte in der Lindenstraße und auf dem Belle-Alliance-Platz der Lärm von Artilleriegeschützen und Maschinengewehren ab. Das einzige Geräusch, das danach in der Umgebung des *Vorwärts*-Gebäudes noch erklang, war Triumphgeheul aus Männerkehlen. Die letzten Schüsse wurden um 10:45 Uhr abgefeuert. Die Regierungssoldaten hatten den Sieg errungen. Im Verlauf der nächsten Stunde wurden, während erleichterte Berliner, die aus ihren Häusern strömten, einigen der Soldaten zum Dank für die Niederschlagung der Rebellion Kaffee und Zigarren kredenzten, die überlebenden Rebellen vor dem *Vorwärts*-Gebäude aufgereiht. Offiziere begannen sogleich, in ihren Reihen nach Anführern zu suchen, und hofften insbesondere, Rosa Luxemburg zu finden.[26]

Die Soldaten waren und blieben unglaublich aggressiv. Ein Offizier der Regierungstruppen wurde von wütenden Soldaten brutal zusammengeschlagen, nachdem er einigen der Rebellen die Hand geschüttelt hatte – sie hatten ihn im *Vorwärts*-Gebäude als Geisel gefangen gehalten, und er dankte ihnen dafür, dass sie ihn in all den Tagen gut behandelt hatten. Unter den nach

Schätzungen 200–300 in der Lindenstraße aufgereihten Rebellen waren 15–20 Frauen. Als die Soldaten unter ihnen keine Rosa Luxemburg finden konnten – sie hielt sich in ihrem Unterschlupf in Neukölln auf und hatte, soweit bekannt, während der gesamten Dauer der Besetzung das *Vorwärts*-Gebäude nie betreten –, projizierten sie alles, was sie sich über die morgendlichen Kämpfe zusammengereimt hatten, auf eine bestimmte Frau unter den Gefangenen, die sich von den anderen abhob: Frau Steinbring. Ihre Genossen bezeichneten sie später als eine Mutter aus Neukölln, während ihre Gegner sie als eine Atheistin mit jener Bubikopf-Frisur schmähten, in der die Konservativen in den Jahren danach ein verachtetes Symbol für alles sahen, was sie an der Weimarer Republik auszusetzen hatten.[27]

Frau Steinbring trat später als Zeugin der Verteidigung in der Verhandlung gegen den Unabhängigen Sozialdemokraten Georg Ledebour auf, der als vermeintlicher Anführer des Aufstands vor Gericht gestellt – und freigesprochen – wurde. Sie sagte aus, sie sei während der Kämpfe im Keller des *Vorwärts*-Gebäudes gewesen und habe dort den Verwundeten Erste Hilfe geleistet. Beim Verlassen des Gebäudes sei sie von den Soldaten mit »ein paar Ohrfeigen« begrüßt worden. Die Männer hätten »wie Indianer« zu heulen begonnen: »Die rote Rosa!«[28] Wie sie dazu bemerkte: »Ich war sehr empört darüber, denn ich bin eine ganz junge Frau, und Frau Luxemburg war eine alte Frau, dass man mich für die Rosa hielt. Ich war furchtbar aufgebracht.« Wie sie weiter aussagte, sei Graf Westarp, einer der den Angriff kommandierenden Offiziere, mit dem Ruf: »Diese ist es!« auf sie zugekommen. Als sie sich wegdrehte, sei sie von den Soldaten angegriffen worden: »Sie ohrfeigten mich […], traten mich mit Füßen, schlugen mich mit dem Kolben.«[29] Weiter berichtete Frau Steinbring, die Offiziere hätten sie für eine besondere Rolle ausgewählt. Sie schleppten sie vor die angetretenen Gefangenen und Soldaten und brüllten sie an: »Damit man dich Parteihure auch richtig sieht, wirst du einen Meter vorher gehen vor den Leuten!«[30]

Anders als bei so vielen anderen Zeugenaussagen aus den Tagen der Revolution von 1918–19, die widersprüchliche und oft miteinander unvereinbare Aussagen über Anlass und Verlauf von Gewalttaten enthalten, bestritt in diesem Fall niemand, dass Frau Steinbring in der geschilderten Situation geschlagen wurde. Sogar Stephani räumte später ein, eine der Frauen sei »sehr erschöpft« gewesen, so dass er persönlich dafür gesorgt habe, dass ihr während des kurzen Marsches zur Garde-Dragoner-Kaserne keine weitere Gewalt angetan wurde.[31] Diese Aussage Stephanis bestätigte Frau Steinbring zumindest teilweise: Wie sie später aussagte, war sie bis zu ihrer Ankunft in der Garde-Dragoner-Kaserne keinen weiteren Misshandlungen ausgesetzt.[32]

Auf dem kurzen Weg zur Kaserne ernteten die Soldaten Jubel- und Anfeuerungsrufe der Anwohner. Wie manche Zeitungen berichteten, riefen zivile Passanten oder Anwohner den die Gefangenen abführenden Soldaten zu: »An die Laterne mit diesen Zuchthäuslern!«[33] Als das Hauptkontingent in der Garde-Dragoner-Kaserne eintraf, attackierten die dortigen Soldaten die Gefangenen mit den Fäusten und wiederholt auch mit Reitpeitschen.[34] Graf Westarp wurde beschuldigt, den Gefangenen zugerufen zu haben: »Euch wird der Arsch aufgerissen bis zum Stehkragen!« Ein Zeuge fügte hinzu, Westarp habe auch gebrüllt, er werde »den Teufel aus der Hölle holen«, und sie seien alle »Räuber und Mörder«.[35] Es tauchte auch die Behauptung auf, auf das Hauptkontingent sei, als es wartend im Innenhof der Kaserne stand, ein Maschinengewehr gerichtet worden.[36] Ein Zeuge erinnerte sich, dass sechs oder sieben weiblichen Gefangenen, die sich im *Vorwärts*-Gebäude als »Samariterinnen« betätigt hätten, »förmlich die Kleider vom Leibe gerissen« worden seien.[37]

Auch Frau Steinbring musste noch einmal gewalttätige Übergriffe erdulden, weil die Soldaten sie für Rosa Luxemburg hielten. Wie ein Zeuge aussagte: »Da war die kleine Frau Steinbring, die kam auch heraus, und da stürzten sich die Soldaten wie Hyänen auf sie: ›Das ist die Rosa, da habt ihr die Rosa!‹« Er fuhr in seiner Schilderung fort: »Sie stürzten über sie her mit Reitpeitschen und Backpfeifen«, und fügte hinzu: »Da wurden wieder die furchtbaren Reden gehalten: ›Ihr Strolche, ihr werdet sehen, wie es geht, und es wird mit euch genauso!‹«[38] Frau Steinbring sagte im

Ledebour-Prozess aus, sie sei vor den Augen des einflussreichen Sozialdemokraten und *Vorwärts*-Redakteurs Friedrich Stampfer (der wenige Wochen zuvor den Berliner Arbeitern vorgeworfen hatte, sie hätten den Kompass im Gehirn verloren) und des Majors Franz von Stephani von den Soldaten zu den Leichen der abgeschlachteten Männer gezerrt worden, und man habe ihr angedroht, auch sie werde hier enden. Wörtlich sagte die Zeugin:

> Man holte mich heraus, die Soldaten nahmen mich in Empfang und unter Stoßen und Schlagen [...] wurde ich an die Wand gestellt, und indem ich an der Wand stand, sah ich auf einmal, dass sämtliche Soldaten zurücktraten; ich erstaunte und sah, dass ein Soldat auf mich anlegte. Ich sagte keinen Ton, weil mir alles piepe war in dem Augenblick. In demselben Augenblick war der Lauf herunter. Sie stürzten sich sämtlich auf [mich] und riefen: »Siehst, Pulver ist zu schade für dich, wir werden dich aufreißen und dich teilen, damit jeder ein Stück von dir hat.«[39]

In dieser Situation wurde Frau Steinbring durch das Eingreifen Stephanis gerettet. Er sagte später aus, er habe, als er sah, wie »ein Unteroffizier, anscheinend von den Dragonern, gerade auf diese Frau angelegt hatte«, den Mann zur Ordnung gerufen und ihm »ein derartiges Unternehmen« verboten. Danach hätten sich »dort keine weiteren Zwischenfälle ereignet«.[40] Ein anderer Zeuge bestätigte das Eingreifen des Offiziers,[41] doch ist es sehr wahrscheinlich, dass Stephani aus Rücksicht auf Friedrich Stampfer Frau Steinbring das Leben rettete. Welche Rolle Stampfer im Verlauf des Vormittags gespielt hatte, ist nicht ganz klar, aber auf jeden Fall erlebte er den Sturmangriff aus nächster Nähe mit. Wie Zeugen später bestätigten, mischte sich, als ein Offizier des Regiments Potsdam drauf und dran war, die Hinrichtung einer Frau zu erlauben, ein empörter Stampfer ein und forderte Stephani auf, die Erschießung zu verhindern.[42] Ein anderer Zeuge wusste zu berichten, Stampfer habe gleich nach diesem Vorfall darum gebeten, zu einem Raum mit einem Telefon gebracht zu werden, um die Regierung anzurufen und zu verlangen, dass sie die verbliebenen Gefangenen unter ihren Schutz stellte.[43] Um die Rolle Stampfers entbrannte später eine erbitterte Kontroverse; sie wurde gegen Jahresende zum Gegenstand einer Reihe widersprüchlicher, politisch höchst brisanter Artikel im USPD-Organ *Die Freiheit* und im sozialdemokratischen *Vorwärts*.[44] Bis an sein Lebensende bestritt Stampfer, irgendetwas von der Ermordung der sieben Parlamentäre mitbekommen zu haben, obwohl er zugab, sich in der Kaserne aufgehalten und dort eine Frau gerettet zu haben, die fälschlicherweise für Rosa Luxemburg gehalten wurde.[45] Es ist sehr wahrscheinlich, dass Stampfer log: Während der ganzen Zeit seiner Anwesenheit im Innenhof der Kaserne lagen die Leichen dort vor aller Augen, und seine eigene Intervention zugunsten von Frau Steinbring spricht dafür, dass er sehr wohl wusste, was sich dort zuvor zugetragen hatte.[46]

Reaktionen auf das Gemetzel

Unter dem unmittelbaren Eindruck der Erstürmung des *Vorwärts*-Gebäudes übergingen die meisten Kommentatoren die begangenen Bluttaten.[47] Die Zeitungen waren voll des Lobes für die Stoßtruppen. In ihren Schlagzeilen verkündeten sie, der Triumph der Soldaten sei ein »Sieg über den Terror« (*Berliner Morgenpost*), bedeute »das Ende der Spartacus-Herrschaft« (*Vorwärts*), stehe für den »Sieg der Ordnung« (*Frankfurter Zeitung*), für »Liebknechts Niederlage« (*Frankfurter Zeitung*) und für die »Befreiung« Berlins (*Reichsbote*).[48] Der Berlin-Korrespondent der *Frankfurter Zeitung* schrieb, nach der »Befreiung der Hauptstadt von dem Terror des Spartakusbundes und der ihm befreundeten Unabhängigen« komme man sich »vor wie aus einem wüsten Traum erwacht«.[49] Zu der Stunde, in der die Abonnenten der vielbeachteten liberalen Zeitung diese Sätze lasen, hatte für die Familien der in der Garde-Dragoner-Kaserne ermordeten Männer der Alptraum gerade erst begonnen.

Nur Stunden nach dem Tod der Männer tauchten unerwartet

und kurz nacheinander zwei Soldaten im Haus von Alice Fernbach in der Grunewaldstraße auf. Ihr Mann, Wolfgang Fernbach, war eines der sieben Opfer der brutalen Morde am Morgen dieses Tages in der Dragoner-Kaserne. Fernbach entstammte einer assimilierten deutsch-jüdischen Familie.[50] Alice und er hatten 1912 geheiratet und eine Zeitlang zusammen in London gelebt, wo Wolfgang als Zeitungskorrespondent für *The Financier and Bullionist* gearbeitet hatte.[51] Inzwischen waren sie Eltern zweier kleiner Kinder, von denen das jüngere noch nicht ganz fünf Jahre alt war.

Wolfgang Fernbach war von schmalbrüstiger Statur und kränklich – bei der Musterung für den Kriegsdienst hatte man ihn 1914 zunächst für untauglich befunden, ihn dann im November 1915 doch noch eingezogen, ihn aber schon neun Monate später wegen seiner gesundheitlichen Probleme wieder ausgemustert. Schon während seiner Dienstzeit als Soldat hatte er sich an den Untergrund-Aktivitäten des Spartakusbundes beteiligt.[52] Wir können annehmen, dass er im November 1918, inzwischen ein engagierter linker Aktivist, unter den Männern war, die unter Führung Ernst Meyers den *Berliner Lokal-Anzeiger* besetzten und die ersten beiden Ausgaben der *Roten Fahne* druckten. Innerhalb der spartakistischen Bewegung spielte Wolfgang Fernbach indes keine herausgehobene Rolle. Alles deutet vielmehr darauf hin, dass er ein Mitläufer war, ein Außenseiter, der vielleicht hoffte, es werde für ihn einmal die Zeit und Gelegenheit kommen, eine Hauptrolle zu übernehmen. Im November 1918 hatte Rosa Luxemburg ihn freundlich gebeten, sich auf das Verfassen kleinerer Artikel zu konzentrieren, nachdem er zuvor versucht hatte, aufbauend auf seiner journalistischen Vergangenheit Leitartikel für die *Rote Fahne* zu schreiben.

Die Besetzung des *Vorwärts*-Verlagshauses im Januar 1919 eröffnete diesem jungen Idealisten eine neue Chance. Die mit der Aktion verbundenen Gefahren mögen ein Faktor gewesen sein, der die Angehörigen der spartakistischen Führungsriege vom *Vorwärts*-Gebäude fernhielt – Karl Liebknechts minderjähriger Sohn Willi war unter den *Vorwärts*-Besetzern derjenige, der noch am ehesten einen Prominentenstatus hatte –, doch Fernbach wagte sich dorthin, entschlossen, an der Etablierung einer neuen kommunistischen Tageszeitung, des »*Roten Vorwärts*«, mitzuwirken. Er tat dies in dem vollen Bewusstsein, dass dieser Entschluss ihn das Leben kosten konnte. Er hatte einen Brief bei sich mit der kurzen Anweisung an dessen Finder, seine Frau Alice zu benachrichtigen, wenn man beim Durchsuchen seiner Leiche auf den Brief stieß. (Sehr wahrscheinlich war es dieser Brief, der die Soldaten am Nachmittag des 11. Januar zu Alice Fernbachs Haus führte.)

Am Morgen nachdem sie vom Tod ihres Mannes erfahren hatte, begab sich Alice Fernbach zusammen mit Wolfgangs Eltern und ihrem eigenen Vater Wilhelm Sabor zur Garde-Dragoner-Kaserne. Sie gingen dorthin in der Hoffnung, herauszufinden, wie es Wolfgang in den letzten Stunden seines Lebens ergangen war, vielleicht beteten sie innerlich auch darum, dass die von den Soldaten am Vorabend überbrachte Nachricht nicht stimmte. In der Kaserne angekommen, wurden auf Bitten von Wolfgangs Vater Eugen er und Alices Vater zu dem Stallgebäude geführt, in dem die Leichen der getöteten Männer am Boden aufgereiht lagen. Nach Eugen Fernbachs Aussage hatte man allen Toten ihre Habseligkeiten und ihre Schuhe abgenommen. Keiner der anwesenden Offiziere war bereit, den Angehörigen zu berichten, was am Vortag wirklich geschehen war.

Am 16. Januar besuchten Eugen und Alice Fernbach die Kaserne ein weiteres Mal. Dieses Mal riet ihnen ein Offizier, an Major von Stephani zu schreiben. Dieser war für sie bei ihrem ersten Besuch nicht zu sprechen gewesen und war inzwischen nach Potsdam zurückgekehrt. Am 17. Januar schrieb Eugen Fernbach im Namen seiner Schwiegertochter Alice einen Brief an Stephani. Er bat ihn, »aus Menschlichkeit« der Familie alles, was er wisse, »mitzuteilen, damit wir den Kindern meines Sohnes, wenn sie heranwachsen würden, Genaues über das Ende des Vaters überliefern und ihnen dessen Andenken rein von gehässigen Entstellungen zu erhalten in der Lage wären«. Als von Stephani keine Antwort kam, schrieb Fernbach ihm am 13. Februar einen weiteren Brief, dieses Mal in seinem eigenen Namen. Anders als den ersten schickte er diesen per Einschreiben. Die Botschaft des Briefes war dieselbe, lediglich ergänzt um die appellative Bemerkung, kein »Ehrenmann« dürfe einer »so schwer heimgesuchten Familie« die erbetenen Auskünfte verweigern.

Von Stephani schickte zwei Antwortbriefe, einen mit Datum vom 9. und einen mit Datum vom 13. Februar 1919. In dem ersten, an Wolfgangs Witwe Alice gerichteten äußerte er sein Bedauern über den ihr und ihren Kindern entstandenen Verlust. In beiden Briefen pochte er jedoch darauf, Wolfgang und die anderen sechs Männer seien mit der Waffe in der Hand gestellt worden und hätten die verhasste »Dumdum-Munition« bei sich gehabt. Von Stephani wiederholte dieselbe Behauptung später vor dem Preußischen Abgeordnetenhaus. Anfang März 1919 verstiegen sich er und Graf Westarp – die beiden Hauptverdächtigen in der Kontroverse um die Verantwortung für das Gemetzel – sogar dazu, die sieben getöteten Männer posthum wegen »Mordes und versuchten Mordes« anzuzeigen.[53]

Ungeachtet des Bedauerns, das von Stephani in seinen Briefen an die Familie Fernbach äußerte, zeigte er sich vollkommen uneinsichtig in der Frage der Verantwortung für den Tod Wolfgangs. Am 16. Januar 1919 – dem Tag, an dem Alice und Eugen Fernbach der Dragoner-Kaserne ihren zweiten Besuch abstatteten – gehörte Stephani zu den prominenten Trauergästen beim Begräbnis der im Zuge des Sturmangriffs umgekommenen Regierungssoldaten. Zugegen waren neben den Angehörigen der gefallenen Männer Vertreter der Verlagshäuser Mosse, Büxenstein und Vorwärts, Mitglieder der SPD und eine große Zahl Potsdamer Bürger.[54] Offenbar standen die Männer, die hier zu Grabe getragen wurden, von Stephani mehr als alles andere vor Augen, als er seine Briefe an die Familie Fernbach schrieb. In seinem zweiten Schreiben erklärte er: »Das Blut der gefallenen Soldaten, die den Kugeln der Verteidiger des ›Vorwärts‹ zum Opfer fielen, hat andere Familien, ebenso wie die Ihre, in tiefe Trauer versetzt. Sie fielen als Opfer ihrer Vaterlandsliebe und getreu der Verpflichtung, welche sie der Regierung gegenüber eingegangen waren. [...] Ich trauere mit Ihnen und den anderen bedauernswerten Familien, ja, wohl mit den meisten aller Deutschen um dies im Bruderkampf vergossene Blut. Aber die Schuld liegt bei denen, die zu ihm aufgerufen haben, und zu diesen gehörte Ihr Sohn.« In beiden Briefen gab er die Schuld an allen Todesfällen einzig und allein den Anführern des Spartakusbundes, wobei er in seinem zweiten Brief noch einen Schritt weiterging und die Verantwortung den »intellektuellen Kreisen« zuwies, »die aufgefordert haben, Widerstand zu leisten, nicht zu verhandeln«. Einzig sie seien »schuld an dem Blutvergießen, nicht die Soldaten, die die Regierung schließlich dahin geschickt hat« – das war ein unmissverständlicher Fingerzeig auf die Artikel Rosa Luxemburgs in der *Roten Fahne* in den letzten Tagen des Aufstands. Bei seiner Aussage vor dem Untersuchungsausschuss der Preußischen Landesversammlung im Mai 1919 machte von Stephani erneut Rosa Luxemburg persönlich für die Menschenverluste verantwortlich, auch dieses Mal ohne ihren Namen ausdrücklich zu nennen.

Nachdem der *Vorwärts* als Parteiorgan der SPD und die von der SPD gestellte Regierung »ihre« Opfer gemeinsam in Potsdam begraben hatten, bestand kaum eine Wahrscheinlichkeit, dass Fernbach und die vielen anderen Gehör finden würden, die gegen diesen ersten von Freikorps-Soldaten begangenen Mord an gefangengenommenen Gegnern protestierten. Die Familie Fernbach konnte schon deshalb nicht auf Gerechtigkeit hoffen, weil die rechtliche Würdigung des Gemetzels in einem mit hohem Einsatz geführten politischen Ringen um die Bedeutung des Aufstands und die Rechtmäßigkeit des Beschlusses der Regierung Ebert zerrieben wurde, zu seiner Beendigung militärische Gewalt und notfalls auch Artillerie einzusetzen. Diese politische Kontroverse beeinflusst bis heute die Deutung und Bewertung des Januaraufstands. Anhänger der SPD stehen dabei mehr oder weniger unversöhnlich denen gegenüber, die die gegen die Rebellen eingesetzten Gewaltmittel als unnötig erachten. Schon 1919 standen sich diese beiden Lager in ähnlicher Konstellation gegenüber. Die Anhänger der Regierung sahen in dem Aufstand einen verbrecherischen Akt, der eine harte Bestrafung rechtfertigte, während für ihre Kritiker das Gemetzel in der Garde-Dragoner-Kaserne die

Folge einer schrecklich verfehlten Regierungspolitik war, die sich an der Tradition und der Geschichte der deutschen Arbeiterbewegung versündigte.[55]

Die USPD-Zeitung *Die Freiheit* setzte sich an die Spitze derer, die der Regierung Ebert vorwarfen, ein Verbrechen begangen zu haben. Sie nannte die Sozialdemokraten Verräter, die ihre eigene Partei, deren Geschichte und alle Grundsätze, zu denen sie sich je bekannt hatte, besudelt hätten. Diese Regierung habe ein »Willkürregiment« errichtet und jegliches Vertrauen der Arbeiterklasse verspielt.[56] Unter dem noch frischen Eindruck seiner eigenen Erlebnisse als Zeuge des Sturmangriffs und der Bluttat in der Dragoner-Kaserne hielt *Vorwärts*-Redakteur Friedrich Stampfer das Gegenplädoyer. Er erklärte, die Regierung müsse die Spartakisten bekämpfen, weil sie antidemokratisch seien, die Republik und die Errungenschaften der Revolution bedrohten und zur Gewaltanwendung aufriefen. Sodann schrieb Stampfer in einer Diktion, die die Unvereinbarkeit zwischen dem, was er in der Dragoner-Kaserne gesehen hatte, und dem, was er anschließend öffentlich zu sagen bereit war, auf entlarvende Art deutlich machte: »Wir bekämpfen [Spartakus] nicht zuletzt aus sittlichen Gründen, weil sein Fanatismus die wahnsinnige Lüge als Kampfmittel verwendet und das gemeine Verbrechen mit seiner Flagge deckt.«[57]

Die *Frankfurter Zeitung* pflichtete der Argumentationslinie Stampfers bei. Ihr Berlin-Korrespondent wandte sich wütend gegen jede Kritik am Einsatz kriegerischer Mittel im Berliner Stadtzentrum.[58] Er ließ nicht den geringsten Zweifel daran zu, dass die sozialdemokratische Regierung für das »Blutvergießen« keinerlei Verantwortung trug.[59] Die Redaktion der *Frankfurter Zeitung* schloss sich seiner Auffassung an.[60] Nach ihrer Überzeugung war der Aufstand ein Versuch, die für den 19. Januar anberaumte Wahl zur Nationalversammlung zu sabotieren. Das Beste, was sich in ihren Augen über den siegreichen Sturmangriff Stephanis und seiner Truppe sagen ließ, war, dass er den Liebknecht-Anhängern gezeigt hatte, »dass auch die andere Seite zu schießen versteht, wie sich gezeigt hat sogar mit mehr Truppen und mit besserem Geschütz als sie selber, und sie werden daraus die Warnung entnehmen, dass sie ihre Ziele auch künftig nicht so leicht und gefahrlos würden erreichen können, wie viele von ihnen es sich wohl dachten.«[61]

Für die *Rote Fahne* und die Spartakus-Führung war das Gemetzel in der Garde-Dragoner-Kaserne ein zutiefst einschneidendes Erlebnis. Schon die zehn Tage vor diesem Ereignis waren für die führenden Köpfe der Gruppierung katastrophal verlaufen. Karl Liebknecht und Rosa Luxemburg hatten sich persönlich zunächst gegen einen Putsch ausgesprochen, um sich dann, nachdem er begonnen hatte, doch hinter ihn zu stellen. Die nötige Zuversicht lieferten ihnen die Massendemonstrationen gegen die Regierung am 5. und 6. Januar in Berlin-Mitte. Auch als die demonstrierenden Massen danach wieder verschwanden, hielten Liebknecht und Luxemburg den Rebellen, die die Verlagsgebäude besetzt hatten, die Stange und bemühten sich weiterhin, den begonnenen Umsturzversuch in einen Aufstand der Massen zu überführen. Doch zu dem Zeitpunkt, als Stephani seine Vorkehrungen für den Sturmangriff auf das *Vorwärts*-Verlagshaus traf, war bereits klar, dass ihre Strategie auf der ganzen Linie gescheitert war. Von dem Blutbad in der Dragoner-Kaserne erfuhren sie genau zu dem Zeitpunkt, als sie sich den größten Fehlschlag ihres bisherigen politischen Lebens eingestehen mussten. Die Bluttat empörte sie, eröffnete ihnen und ihren Gefolgsleuten aber auch die wichtige Chance, sich selbst – die Seite, die als Erste zu den Waffen gegriffen und Verlagsgebäude im Berliner Zeitungsviertel besetzt hatte – als Opfer der brutalen Gewalt ihrer Gegner hinzustellen.[62]

Für Rosa Luxemburg war noch mehr im Spiel als politisches Kalkül: Sie kannte Wolfgang Fernbach persönlich. Das galt erst recht für Mathilde Jacob, Luxemburgs Freundin und enge Vertraute. Sie und Wolfgang Fernbach waren seit der Vorkriegszeit miteinander befreundet. Wie Jacob sich später erinnerte, reagierte Rosa Luxemburg auf die Nachricht vom Tod Fernbachs mit »leisem Schluchzen« und schrieb anschließend einen Kondolenzbrief an Alice Fernbach. In diesem äußerte sie, wenn auf die Erinnerung Mathilde Jacobs Verlass ist – sie spülte das Manuskript des Briefes ins Klo, kurz nachdem sie selbst verhaftet worden war –, nach der Bekundung ihrer Anteilnahme den Wunsch, »auch meinen Tod im Kampf um unsere Sache zu finden«.[63]

Luxemburg machte das Blutbad zum zentralen Punkt ihrer scharfen Kritik an dem gesamten Militäreinsatz gegen die besetzten Verlagshäuser. Im letzten Zeitungsbeitrag, der zu ihren Lebzeiten erschien – in der *Roten Fahne* vom 14. Januar –, erinnerte sie an die jüngsten Opfer der Noske-Truppen, an »Parlamentäre, die über die Übergabe des *Vorwärts* verhandeln wollten und von der Regierungs-Soldateska mit Kolben bis zur Unkenntlichkeit zugerichtet wurden, so dass die Rekognoszierung ihrer Leichen unmöglich ist, Gefangene, die an die Wand gestellt und in einer Weise hingemordet werden, dass Schädel und Hirn herumspritzten«. Mit bitterem Sarkasmus fügte sie hinzu: »Wer denkt da noch angesichts so glorreicher Taten an die schmählichen Niederlagen vor den Franzosen, Engländern und Amerikanern? ›Spartakus‹ heißt der Feind, und Berlin der Ort, wo unsere Offiziere zu siegen verstehen. Noske, der ›Arbeiter‹, heißt der General, der Siege zu organisieren weiß, wo Ludendorff versagt hat.«[64]

Am selben Tag zollte die Regierung Friedrich Eberts den Stoßtruppen Stephanis höchstes Lob: Diese »braven Truppen der Republik« hätten es geschafft, »einen Aufstand niederzuwerfen, der alle freiheitlichen Errungenschaften der Revolution zu vernichten drohte«. »Irregeleitete Fanatiker« hätten sich, so hieß es in der Erklärung weiter, »mit dunklen Elementen der Großstadt [verbunden], um mit Hilfe einer fremden Mach die Gewalt an sich zu reißen, die ihnen das Volk, der alleinige rechtmäßige Auftraggeber der Regierung, aus freiem Willen niemals übertragen wird.« Hatten die linken Kontrahenten das, was sich in der Dragoner-Kaserne ereignet hatte, als Gräueltat verurteilt, so bezeichnete die Regierung nun den Aufstand als den eigentlichen »Gräuel« und versicherte, sie sei entschlossen, »die Wiederholung ähnlicher Gräuel mit allen Mitteln zu verhindern«. Der Zentralrat und der Rat der Volksbeauftragten gaben eine gemeinsame Erklärung heraus, in der sich sogar die Aussage fand, die Regierung habe zwei Tage lang mit einem Angriff gezögert und sich in der Zeit bemüht, eine Verhandlungslösung zu erreichen; lediglich die entschiedene Ablehnung einer solchen durch die Rebellen habe den Einsatz von Gewalt notwendig gemacht.[65]

Die Antworten der Sozialdemokraten auf die Kritik an ihrer Rückendeckung für den Militäreinsatz sind insofern aufschlussreich, als sie einen starken Wandel in Tonfall und Tenor offenbaren. Während Ebert in der ersten Dezemberhälfte noch wiederholt an die Öffentlichkeit appelliert hatte, »Blutverluste« zu vermeiden, hatte sich in der Zeit danach seine Einstellung (und die anderer einflussreicher Sozialdemokraten) zur Gewalt verändert. Anfang Januar hatten sie keine Skrupel mehr, zur Demonstration ihrer Autorität Gewalt einzusetzen; ihre alptraumhafte Angst vor Spartakus, »russischen Zuständen« und dem »Terror der Straße« lieferte ihnen von diesem Moment an die politische Rechtfertigung für diese Kehrtwende. Ihre unter Hochspannung gesetzte politische Kultur zeichnete sich durch eine hochgradige Selbstgerechtigkeit aus; sie erlaubte keine Einsicht in eigene Schwächen und kein Eingeständnis, dass das Vorgehen der Regierungssoldaten verwerflich gewesen sein könnte. Bestandteil dieser politischen Kultur war auch der Anspruch auf ein totales Wahrheitsmonopol.

Dass die Sozialdemokraten den Versuch gemacht hätten, die Krise auf dem Verhandlungsweg zu entschärfen, entsprach nicht der Wahrheit. Die Protokolle der entscheidenden Sitzungen und Beratungen der sozialdemokratischen Regierung und des Zentralrats am 7. Januar 1919 belegen, dass eine Mehrheit der Teilnehmer die Anwendung von Gewalt befürwortete, um ein Exempel staatlicher Macht zu statuieren. Auch wenn einige für Verhandlungen plädierten, herrschte auf den Sitzungen doch eindeutig die Ansicht vor, die Regierung müsse zur Wiederherstellung der Ordnung Gewalt anwenden. In der Anfangsphase der ersten Sitzung, die an diesem Tag stattfand, erinnerte Albert Grzesinski, sozialdemokratisches Mitglied des Zentralrats und von 1926 bis 1930 preußischer Innenminister, die Regierung daran, dass sie vom Zentralrat aufgefordert war, in die Offensive zu gehen, um die Sache zu Ende zu bringen.[66] Friedrich Ebert und Otto Landsberg baten daraufhin um Geduld, da die Regierung Zeit brauche, ihre Kräfte zusammenzuziehen. (Wie erwähnt, machten sich Stephanis Männer erst am Abend des 7. Januar auf den Weg nach Berlin.) Die Debatte drehte sich eher um die Frage, wann – nicht ob – militärische Gewalt zum Einsatz kommen sollte. Den Befürwortern einer militärischen Lösung der Krise erschien der bloße Gedanke, in Verhandlungen einzutreten, als etwas, das die Regierung der Gefahr eines Gesichtsverlusts aussetzen würde.[67] Nachdrücklicher als alle ihre Kollegen warnten Philipp Scheidemann und Rudolf Wissell, die beiden anderen an der Sitzung teilnehmenden Volksbeauftragten, jedes Abrücken von dem Kurs der geplanten Offensive werde die Glaubwürdigkeit der Regierung untergraben. Landsberg vertrat die Position: »Die beste Parade ist aber der Hieb, und wir haben uns nicht auf die reine Defensive festgelegt.«[68] Im April 1919 sagte Major von Stephani vor dem Untersuchungsausschuss des preußischen Abgeordnetenhauses aus, es habe keine andere Möglichkeit gegeben, als das Gebäude gewaltsam zu erobern. Niemand verschwendete einen Gedanken daran, welche Risiken mit der Entfesselung von zu viel tödlicher Gewalt im Zentrum Berlins verbunden sein könnten.[69]

Äußerungen aus Regierung und Zentralrat sowie zahlreiche tendenziöse Darstellungen in der liberalen, katholischen, nationalistischen, alldeutschen und auch sozialdemokratischen Presse überzeichneten die Rolle russischer Aktivisten bei der Besetzung der Zeitungsverlage um ein Vielfaches, immer wieder wurde das Schreckbild »russischer Zustände« an die Wand gemalt. Konkret wurde der Vorwurf erhoben, Russen seien maßgeblich am Aufstand beteiligt und riefen zum bewaffneten Kampf gegen Deutsche auf.[70] Diese Propaganda wurde weithin geglaubt und führte zu einer Zunahme der Ausländerfeindlichkeit bereits in der Gründungsphase der Weimarer Republik, die später im Dritten Reich weiter eskalierte. Tatsächlich stimmte nichts davon. Eine kaum bekannte Auswertung, die sich in den Akten des preußischen Justizministeriums findet, beleuchtet detailliert Herkunft und Hintergrund von 400 Personen, die wegen ihrer Rolle im Januaraufstand angeklagt wurden, in der Mehrheit Spartakisten, die während und nach der Kapitulation der Besetzer des *Vorwärts*-Gebäudes festgenommen wurden. Wie daraus hervorgeht, waren die Leute, die sich im Verlagsgebäude befanden, fast ausnahmslos Deutsche. Nur zwanzig der Festgenommenen, das waren fünf Prozent, hatten eine andere als die deutsche Staatsangehörigkeit; zu ihnen gehörten Italiener und Schweizer sowie, in sehr geringer Zahl, Russen.[71]

Das Beharren auf einer maßgeblichen Beteiligung von Russen am Aufstand lässt interessante Rückschlüsse darauf zu, wie der Zusammenbruch des Russischen Reiches auf die deutsche Volksseele wirkte, genauer auf die Art und Weise, wie die Deutschen mit der revolutionären Umwälzung, die sich im Winter 1918/19 in ihrem eigenen Land vollzog, zu Rande kamen. Es war der ständige Strom von Meldungen über das untergegangene Russische Reich, der zusammen mit der Anwesenheit russischer Kriegsgefangener die stark übertriebenen Behauptungen über eine russische Beteiligung an der deutschen Revolution sowohl bedrohlich als auch plausibel erschienen ließ. Die hier zutage tretende kognitive Dissonanz hilft uns, den Zusammenhang zwischen der staatlichen Gewalt und der politischen Angst vor »russischen Zuständen« besser zu verstehen.[72] Das Ausmaß an Gewalt, das die regierungstreuen Soldaten am 11. Januar 1919 anwandten, war zugleich ein wichtiger kommunikativer Akt: Es machte den Zeitgenossen deutlich, dass die Regierung der neuen Republik sich nicht scheute, mittels maximaler Gewaltanwendung zu verhindern, dass Deutschland dem Beispiel Russlands folgte.[73]

Dass es gelang, diese Botschaft zu übermitteln, hatte wichtige Konsequenzen. Alle politischen Gruppen, die bis dahin womöglich willens gewesen waren, Kritik an von Regierungstruppen begangenen Gräueltaten zu üben, waren von der Vorstellung, der Sturmangriff auf das *Vorwärts*-Gebäude habe sie von der Gefahr des Bolschewismus und »russischer Zustände« befreit, so euphorisiert, dass sie nicht mehr bereit oder nicht mehr fähig waren, sich Gedanken über die möglichen negativen Folgen der blutigen Operation zu machen. Zu diesen negativen Konsequenzen gehörte die weitere Normalisierung der Vorstellung, dass der Einsatz staatlicher Truppen mitsamt Artillerie und kriegserprobten Kampftaktiken gegen revolutionäre Kontrahenten in Berlin und anderen deutschen Städten zulässig oder sogar wünschenswert sei. Zu den Folgen gehörte des Weiteren, dass im Lager der nationalistischen Rechten und bei denen, die sich danach freiwillig zu einem der Freikorps meldeten, ein Kult der Frontsoldaten um sich griff, obwohl viele der Betreffenden zu jung waren, um persönlich in den Genuss realer »Stahlgewitter« an der Westfront gekommen zu sein. Schließlich ging von dem Gemetzel in der Dragoner-Kaserne, dem ersten Fall seit Ausbruch der Revolution, in dem wehrlose Gefangene umgebracht wurden, die Botschaft aus, dass der Einsatz politischer Gewalt ein neues Niveau erreicht hatte. Anstatt zu konstatieren, dass diese Bluttat einen Verstoß gegen die anerkannten Normen für das Verhalten von Soldaten auf dem Schlachtfeld und auch nach der Schlacht markierte, reagierten die Regierung und ihre Gefolgsleute mit einer Flut selbstgerechter Stellungnahmen, in denen sie ihre Gegner für die gesamte Eskalation der Gewalt verantwortlich machten. Das führte zur Herausbildung einer gefährlichen neuen politischen Konstellation: Die Militärs und die Sozialdemokraten fanden sich in einem neuen Raum der Gemeinsamkeit zusammen, in dem von da an alles, was regierungstreue Soldaten taten, um jeden Preis gerechtfertigt und verteidigt wurde, ganz gleich, welche Grauel sie sich dabei zuschulden kommen ließen. Der Ebert-Groener-Pakt war jetzt mit Blut besiegelt.

KAPITEL ZEHN

Karl Liebknecht und Rosa Luxemburg

Die Brüder Pflugk-Harttung

Horst von Pflugk-Harttung wurde im Juni 1889 geboren, sein Bruder Heinz 15 Monate später, im September 1890. Im Knabenalter waren sie einander so ähnlich, dass man sie für Zwillinge hätte halten können. Heinz und Horst, Horst und Heinz. Ihr Vater Julius von Pflugk-Harttung war ein angesehener Historiker, der in den 1880er Jahren als Professor an den Universitäten Tübingen und Basel gelehrt hatte. 1893, als die Jungen noch im Kindergartenalter waren, zog die Familie nach Berlin, wo der Vater eine leitende Stellung am preußischen Geheimen Staatsarchiv übernahm. Im Verlauf seiner akademischen Karriere veröffentlichte er Bücher über das Papsttum im Mittelalter und über die »Befreiung« Deutschlands 1813 durch die Niederwerfung Napoleons, dazu einen 1906 erschienenen, unverhohlen nationalistischen Essay mit einem Titel, der wie ein prophetisches Motto für das zukünftige Wirken seiner Söhne anmutet: *Kraft und Leben dem Vaterlande.* 1914 wirkte Julius von Pflugk-Harttung an der geistigen Mobilmachung für den Weltkrieg mit, und seine Söhne streiften für Deutschland den Soldatenrock über.

Heinz kämpfte an der Westfront. Im Dezember 1914, einen Monat nach dem berühmten »Opfergang« patriotischer deutscher Studenten bei Langemark, geriet er in eben diesem belgischen Städtchen in einen Kugelhagel. Er hatte Glück: Trotz eines Kopftreffers überlebte er. Während Heinz in mehreren Lazaretten und Kliniken nacheinander gesundgepflegt wurde, arbeitete sein Vater an einer bombastischen zweibändigen Propagandageschichte des ersten Kriegsjahres, *Die Weltgeschichte ist das Weltgericht* (erschienen 1915). Als Heinz wieder bei Kräften war, kehrte er im späten Frühjahr 1915 an die Front zurück. Sein Kopfschuss war nur die erste von mehreren Kriegsverwundungen, die dazukommen sollten. Seine Opfer- und Einsatzbereitschaft blieb nicht unbemerkt. Man beförderte ihn auf einen Posten im Divisionsstab der elitären Garde-Kavallerie-Schützen-Division, erlaubte ihm aber auch, die relative Sicherheit des Stabshauptquartiers gegen gelegentliche Kampfeinsätze an der Front einzutauschen. Sein Tatendrang resultierte in diversen Kommandos als Zug- und Batterieführer. In der zweiten Kriegshälfte trat er in eine Fliegerstaffel des Heeres ein, wo es sich bei einem Luftkampf im April 1917 eine weitere Verwundung holte. In einem Führungszeugnis, das sein vorgesetzter Offizier ihm im Frühjahr 1919 ausstellte, wurde er als »ganz besonders sympathischer Mensch« gerühmt. »Überall leistete er Vorzügliches und zeichnete sich durch vorbildliche Unerschrockenheit vor dem Feinde aus.«[1]

Einen ganz anderen Krieg erlebte Heinz' älterer Bruder. Horst hatte sich 1907, als 18-Jähriger, zur Marine gemeldet. Die Jahre 1914–1918 hatte er entweder auf Patrouillenfahrten auf See verbracht oder im Hafen mit gespanntem Warten darauf, was kommen würde. Im Juni 1917 hatte er in Kiel geheiratet. Obwohl er das Eiserne Kreuz Erster und Zweiter Klasse verliehen bekam (wie alle deutschen Marineoffiziere), hinterließ der ereignislose Seekriegsverlauf bei ihm eine tiefe Frustration. Schließlich waren alle diese Männer mit Berichten über glorreiche Seeschlachten und mit der Erwartung aufgewachsen, jeder künftige Krieg gegen Großbritannien werde mit einem massiven maritimen Kräftemessen beginnen, mit einer Art »Sedanschlacht auf See«.[2] Tatsächlich mussten die Offiziere der deutschen Kriegsmarine zwischen 1914 und 1918 die Kränkung hinnehmen, dass, während an der West- und an der Ostfront der Landkrieg tobte, das Marinekabinett der Meinung war, man dürfe nicht riskieren, die gesamte Kriegsflotte in Seegefechten aufs Spiel zu setzen. Noch schwerer wog für die Offiziere, dass sie den Eindruck gewannen, die Öffentlichkeit mache sich über sie lustig. Eine Parodie auf die deutsche Militärhymne *Die Wacht am Rhein* empfanden sie als besonders beleidigend: »Lieb' Vaterland, magst ruhig sein. Die Flotte schläft im Hafen ein.«

Viele Offiziere sahen nur einen einzigen Ausweg aus ihrem Dasein als verhinderte Kriegshelden: den freiwilligen Wechsel zur U-Boot-Flotte; ab 1917 entschieden sich immer mehr Marineoffiziere für diese Option, zumal nach der aus deutscher Sicht erfolgreichen Schlacht vor dem Skagerrak (31. Mai/1. Juni 1916), die dem Wunsch der jüngeren Offiziere, es der britischen Royal Navy zu zeigen, Auftrieb gegeben hatte.[3] Für Horst Pflugk-Harttung hatte die Aussicht auf den U-Boot-Krieg wenig Verlockendes – vielleicht bremste ihn das Wissen, dass die Zugehörigkeit zu einer U-Boot-Besatzung mit einer hohen Wahrscheinlichkeit verbunden war, den Krieg nicht zu überleben. (In den beiden letzten Kriegsjahren kehrten viele deutsche U-Boote, die zu Einsätzen ausliefen, nicht zurück.)[4] Er blieb bis zum September 1918 Kapitän seines Torpedoboots. Und just in dem Moment, als der Erste Weltkrieg an der Westfront in seine letzte und entscheidende Phase trat, nahm die militärische Karriere des Horst Pflugk-Harttung eine dramatische Wende: Er erkrankte an der Spanischen Grippe und musste sein Kommando abgeben. Schlimmer noch war für ihn, dass er zum Auskurieren der Krankheit nach Dänemark geschickt wurde und somit, wie ein anderer namhafter Rekonvaleszent, mit dem er das Geburtsjahr 1889 teilte, im November 1918 im Krankenbett von Revolution und Niederlage erfuhr. Noch qualvoller für ihn als das Warten auf einen entscheidenden Sieg auf See, der nie kam, war die niederschmetternde Erkenntnis, dass die Revolution, die die Welt, die er liebte, in den Abgrund riss, unter seinen eigenen Kameraden in der Marine ausgebrochen war.[5]

Ende November war Horst zurück in Berlin, entschlossen, Rache zu üben. Er wollte eine kampfstarke Truppe unter Führung von Marineoffizieren aufbauen, um die Revolution rückgängig zu machen und die Kampffähigkeit Deutschlands wiederherzustellen. Viele Jahre später erläuterte er in einer geheimen Niederschrift über seine Rolle in der Revolution die Aufgaben, die dieser neuen Truppe zugedacht waren: »Sie sollte nicht für den täglichen Kleinkram eingesetzt werden, sondern nur bei besonders wichtigen Unternehmungen mit dem besonderen Fernziel, den Gegner durch Wegschlagen der Führer lahmzulegen, dadurch die innenpolitische Lage schneller und gründlicher zu bereinigen und möglichst schnell die Möglichkeit zu Widerstand nach außen zu schaffen.«[6] Seinen Gedanken ließ Horst alsbald Taten folgen. In der Nacht vom 15. auf den 16. Januar 1919 leistete seine Gruppe einen entscheidenden Beitrag zur Ermordung von Karl Liebknecht und Rosa Luxemburg. Wahrscheinlich feuerte Horst selbst die tödlichen Schüsse auf Liebknecht im Tiergarten ab. Mit Sicherheit gehörte er der kleinen Gruppe an, die den Spartakistenführer ermordete. Wie er tags darauf einem anderen Marineoffizier namens Ernst von Weizsäcker (dem Vater des späteren Bundespräsidenten Richard von Weizsäcker) anvertraute, hatten sie im Tiergarten haltgemacht, Liebknecht losgebunden, um ihn zu einem Fluchtversuch zu veranlassen, und dann das Feuer auf ihn eröffnet. Ernst von Weizsäcker riet Horst von Pflugk-Harttung, unterzutauchen.[7]

Unmittelbar nach seiner Rückkehr nach Berlin im November 1918 hatte Horst keineswegs leichtes Spiel gehabt. Während er selbst sich ganz entschieden weigerte, sich mit Revolution und Niederlage abzufinden, zeigten sich die meisten ranghöheren Marineoffiziere, mit denen er sprach, wenig willens, sich an einem gegenrevolutionären Komplott zu beteiligen. Es wäre ihm vielleicht nie gelungen, seinen Plan in die Tat umzusetzen, wäre sein Bruder Heinz nicht gewesen. Anfang Dezember 1918 kehrte Heinz mit seiner Gardedivision in die Hauptstadt zurück, und sie reihten sich stolz in die Paraden der anderen heimgekehrten Frontsoldaten ein – sie waren die allererste Division, die im Zuge der ersten Parade am 10. Dezember 1918 durch das Brandenburger Tor marschierte. Heinz' Vorgesetzter, Hauptmann Waldemar Pabst, befand sich in der Spitzengruppe der die Parade anführenden Offiziere. Pabst war im Winter 1918/19 der Kreuz-Bube unter den gegenrevolutionären Offizieren in Berlin. Er war zu dem Zeitpunkt 39 Jahre alt. Das republikanische Deutschland wurde den militanten Nationalisten erst nach seiner Teilnahme am antirepublikanischen Kapp-Lüttwitz-Putsch im März 1920 los – den Rest der 1920er Jahre verbrachte er in Österreich, wo er einer der führenden Aktivisten in rechtsnationalen Kreisen wurde und eine faschistische »Weiße Internationale« gründete.

Irgendwann im Dezember 1918 machte Heinz seinen Bruder Horst mit Pabst bekannt. Es war ein Treffen verwandter Geister. Pabst brauchte nur wenige Wochen, um Horst in den Stab seiner Garde-Kavallerie-Schützen-Division einzugliedern. Darüber hinaus segnete er den Plan der Brüder ab, eine von ehemaligen kaiserlichen Heeresoffizieren befehligte gegenrevolutionäre Sondereinheit aufzustellen. Mit finanzieller Unterstützung Pabsts rekrutierten die Brüder Pflugk-Harttung ferner eine kleine Gruppe von Männern, die den Auftrag hatte, für die neue Einheit, das »Marine-Eskadron Pflugk«, Waffen und Ausrüstung zu beschaffen. Das Marine-Eskadron war kein typisches Freikorps, als das es in der Literatur über die Ermordung Liebknechts und Luxemburgs fälschlicherweise bezeichnet wird. Es war eine Geheimtruppe, die unsichtbar unter den Fittichen der Garde-Kavallerie-Schützen-Division, einer Eliteeinheit der Reichswehr, operierte. De facto unterstand sie einzig der Aufsicht des amtierenden Kommandeurs der Division, Hauptmann Pabst – wir wissen nicht einmal, ob Pabsts Vorgesetzte etwas von der Existenz des Eskadrons wussten. Heute würde man es eine Sondereinheit für verdeckte Operationen nennen, aber im Grunde entwickelte es sich im Verlauf des Januars 1919 zu einem Mordkommando.

Ende Dezember und Anfang Januar 1919 trainierten die von den Brüdern rekrutierten Kämpfer, vielleicht 50 bis 100 Mann, heimlich in den Randbezirken Berlins, vorwiegend in der Nähe des Botanischen Gartens. Am Abend des 15. Januar 1919 erhielt Horst dann die Meldung, auf die er gewartet hatte: Man hatte Liebknecht aufgespürt und festgenommen. Spätestens seit dem Januaraufstand waren Liebknecht und Luxemburg die meistgesuchten politischen Gegner der Regierung und vor allem ihres militärischen Gefolges – Hunderte Soldaten machten gezielt Jagd auf sie.[8] Sie waren gerade erst aus ihrem bisherigen Versteck in Neukölln fortgebracht worden, als sie in ihrem neuen Unterschlupf in der Mannheimer Straße im Westen Berlins von fünf Männern der Wilmersdorfer Bürgerwehr aufgespürt wurden.[9] Gegen neun Uhr abends stürmten die Männer das Versteck der beiden. Wer der Bürgerwehr den Tipp gegeben hatte, sie dort zu suchen, konnte nie herausgefunden werden. Als die Männer in die Wohnung eindrangen, gab Karl Liebknecht sich als jemand anders aus, er nannte sich Marcusson. (Marcusson war der Name des Mieters der Wohnung, in der er sich aufhielt.) Allein, sein Aussehen und Dinge, die er bei sich hatte, verrieten seine wahre Identität.

Seine Häscher wussten zunächst nicht, wohin sie ihn bringen sollten, erhielten aber nach kurzer Zeit Anweisung, ihn im Hotel Eden abzuliefern, einer Luxusherberge in der Nähe des Bahnhofs Zoologischer Garten, die zu der Zeit der Garde-Kavallerie-Schützen-Division als provisorisches Hauptquartier diente. In einem zweiten Wagen wurde auch Rosa Luxemburg dorthin gebracht. Die Mitglieder der Bürgerwehr wurden für ihren Fang reich belohnt: Zwei von ihnen erhielten jeweils 1700 Mark für ihre Beteiligung an der Festnahme der Spartakistenführer. Das war zu der Zeit eine erhebliche Geldsumme. Später wurde behauptet, sie hätten das Geld bekommen, um sich vor möglichen Racheakten schützen zu können, es sei keine Be- oder Entlohnung gewesen.[10]

Der Mord an Karl und Rosa

Als Liebknecht gegen 21:30 Uhr im Hotel Eden eintraf, wurde er in die private Suite von Hauptmann Waldemar Pabst geführt. Liebknecht machte zwar noch immer geltend, die Bürgerwehr habe den falschen Mann festgenommen, doch Pabst identifizierte ihn als den, der er war. Seine Häscher stellten überdies fest, dass sein Anzug ein Monogramm hatte, das nicht zu seiner Behauptung passte, Marcusson zu heißen. Als Horst benachrichtigt wurde, dass man Liebknecht gefangen hatte, alarmierte er seine Männer und beorderte sie ins Hotel Eden. Als sie in rasender Fahrt das Hotel ansteuerten, war auch Rosa Luxemburg schon auf dem Weg dorthin. Kurz nach 22 Uhr wurde sie Pabst vorgeführt. Während sie darauf wartete, wie es mit ihr weitergehen würde, begann sie ihren zerrissenen Rocksaum zu flicken, danach las sie in Goethes »Faust«.[11] Währenddessen trafen Horst und seine Männer im Hotel ein. Sie trugen ihre Kampfuniformen und waren bereit, in die Schlacht zu ziehen – womöglich rechneten sie damit, dass jederzeit spartakistische Kämpfer eintreffen und versuchen könnten, Liebknecht zu befreien. Als die Männer vollzählig angetreten waren, teilte Horst sie in zwei Gruppen auf. Er übernahm persönlich die Aufgabe, mit Karl Liebknecht abzurechnen. Nur einer seiner engsten Mitverschwörer, Leutnant Rudolf Leipmann (geboren 1894), hatte den Ersten Weltkrieg als Soldat der GKSD an der Westfront mitgemacht – jetzt gehörte er zu Pabsts engsten Vertrauten. Alle anderen Schlüsselfiguren dieser Episode waren in der Marine gewesen: Ulrich von Ritgen (Jahrgang 1894), Bruno Schultze (1895) und Heinrich Stiege (1895) waren bei Kriegsbeginn 1914 Marinekadetten gewesen. Man kann unterstellen, dass sie alle, wie Horst von Pflugk-Harttung, beschämt darüber waren, dass sie so wenig zur deutschen Kriegführung hatten beitragen können. Einer von ihnen, Stiege, war Sohn eines Konteradmirals.[12] Ein weiterer Kriegsveteran, der 29-jährige Oberleutnant Vogel, befehligte das Kommando, das Rosa Luxemburg ins Hotel Eden überführte.[13]

Sobald Pabsts Männer die Gewissheit hatten, die richtigen Leute geschnappt zu haben, setzten sie ihren Plan in die Tat um. Aber kaum dass sie Pabsts Suite verlassen hatten, nahm das Geschehen eine unerwartete Wendung. Während Luxemburg noch oben im Hotel der Dinge harrte, wurde Liebknecht, als seine Häscher ihn durch das Hotelfoyer führten, von einer Gruppe wütender Soldaten angegangen. Einer von ihnen, ein Husar mittleren Alters namens Otto Runge, der mit der Sondereinheit der Pflugk-Harttungs nichts zu tun hatte, versetzte Liebknecht einen Schlag mit seinem Gewehrkolben, der eine stark blutende Kopfwunde verursachte.[14] Als Pflugk-Harttungs Männer Liebknecht schließlich auf einen Kleintransporter mit offener Ladefläche gepackt hatten, schwang sich ein junger Adliger auf die Pritsche, um Liebknecht einen Faustschlag zu versetzen. Ein Hotelkellner erzählte später, dieser Mann sei danach zu seinen Kameraden im Hotel zurückgekehrt und habe seine blutbeschmierte Hand stolz nach oben gereckt.[15] Liebknecht blutete nach dem Kolbenhieb und war benommen, konnte aber noch sprechen, als der Transporter sich in Bewegung setzte. Nach kurzer Strecke hielt das Fahrzeug in der Dunkelheit des Tiergartens an, und Horsts Männer befahlen Liebknecht, auszusteigen. Dann gaben sie aus kurzer Entfernung drei Schüsse auf ihn ab.[16] Anschließend packten sie seinen reglosen Körper wieder auf die Pritsche, fuhren zur Rettungswache am Eingang zum Zoo, gegenüber dem Hotel Eden, und lieferten ihn um 23:15 Uhr dort ab. Sie behaupteten, es sei die Leiche eines Unbekannten.[17]

Kurz vor Mitternacht kam Rosa Luxemburg an die Reihe. Als ein anderes Kommando von Pflugk-Harttungs Eskadron sie durch das Hotelfoyer zerrte, wurde sie aufs Übelste angepöbelt. Aus der Menge der Offiziere, die den Raum bevölkerten, erschollen laute Rufe wie: »Schlagt sie tot!«[18] Als die zierliche Frau durch die Drehtür des Hotels geführt wurde, versetzte ihr Runge, der auf seinem Posten als Wachmann auf der rechten Seite des Hoteleingangs geblieben war, zwei Hiebe mit dem Gewehrkolben gegen den Kopf. Der erste streckte Rosa Luxemburg nieder, der zweite traf sie, als sie bereits bewusstlos am Boden lag. Mehrere andere Männer droschen ebenfalls noch auf sie ein. Ein Soldat hob einen ihrer Schuhe als Trophäe auf, ein anderer stahl einen Brief aus ihrer zu Boden gefallenen Handtasche – die sie nie wieder tragen würde.[19]

Wenig später wurde die blutende und ohnmächtige Frau auf den Rücksitz eines Automobils gepackt.[20] Als das Fahrzeug anfuhr, sprang ein Mann, der Offizier Hermann Souchon, auf eines der Trittbretter und schoss der Bewusstlosen eine Kugel in den Kopf. Später wurde die Frage diskutiert, ob Rosa Luxemburg durch diesen Schuss getötet wurde oder ob die brutalen Kolbenhiebe ihr schon zuvor den Garaus gemacht hatten. Es hieß, in dem Fahrzeug habe, als es am nächsten Tag untersucht wurde, noch eine rund zwei Zentimeter tiefe Blutlache gestanden.[21] In sicherer

Entfernung vom Hotel warfen die Soldaten Luxemburgs Leiche in den Landwehrkanal. Trotz einer Suchaktion mit Tauchern der Feuerwehr wurde der Leichnam erst viereinhalb Monate später zufällig aufgefunden.[22] Wie Runge sich später erinnerte, erzählten ihm Soldaten im weiteren Verlauf der Mordnacht: »Die alte Sau schwimmt schon.«[23]

Die Überzeugung, dass Karl Liebknecht und Rosa Luxemburg ins Jenseits befördert werden müssten, hatte im November und Dezember 1918 weite Verbreitung gefunden.[24] Schon am 7. Dezember hieß es in einem Artikel der *Freiheit*, der Tageszeitung der Unabhängigen Sozialdemokraten, in der Stadt seien Hunderttausende Flugblätter im Umlauf – und dazu Steckbriefe an jeder Litfaßsäule –, die den Tod Liebknechts forderten. Bemerkenswerterweise war auf einem weitverbreiteten Plakat dieser Aufruf zu lesen: »Schlagt die Juden tot! Tötet Liebknecht!«[25] Auf einem anderen Plakat standen die Worte: »Das Vaterland ist dem Untergang nahe. Rettet es! Es wird nicht bedroht von außen, sondern von innen, von der Spartakusgruppe. Schlagt ihre Führer tot! Tötet Liebknecht!«[26] Manche dieser Plakate kamen aus der Werkstatt neugegründeter antirevolutionärer Geheimorganisationen wie der »Antibolschewistischen Liga« oder des »Generalsekretariats zum Studium und zur Bekämpfung des Bolschewismus«.[27] Die Unabhängigen Sozialdemokraten verlangten Anfang Dezember, solche Mordaufrufe zu verbieten, doch die Mehrheits-Sozialdemokraten lehnten dies ab; sie bekannten sich zu dem Grundsatz, die Aufrufe zur Tötung Liebknechts zu unterbinden käme einer Rückkehr zu ebenjener Zensur gleich, der die Revolution ein Ende gemacht hatte. Der Streit verschärfte die Spannungen zwischen den beiden Parteien, ohne jedoch ihre Beziehungen unwiderruflich zu zerrütten.

Während solche Plakate womöglich viel dazu beitrugen, in der Öffentlichkeit ein Klima der Angst und Feindseligkeit zu erzeugen, taten die Brüder Pflugk-Harttung ihre Arbeit im Verborgenen. Doch selbst sie wurden von dem, was sich in jener Nacht im Hotel Eden zutrug, überrascht. Sehr wahrscheinlich wurde der Gang der Dinge im Hotel durch zwei einander überlagernde Komplotte zur Ermordung der Spartakistenführer bestimmt. Das erste und heute sehr viel unbekanntere ging auf das Konto von Pabst, der seiner geheimen Mördertruppe den Auftrag erteilt hatte, Liebknecht und Luxemburg zu liquidieren. Man kann vermuten, dass dieses verdeckt arbeitende Kommando nicht vorhatte, Liebknecht und Luxemburg im Foyer oder vor dem Eingang eines Luxushotels zu Tode zu prügeln, in dem sich viele wohlhabende Gäste aufhielten, die zu Augenzeugen des Spektakels wurden. Wahrscheinlicher ist, dass es ihr Plan war, ihre Gefangenen in den Tiergarten zu transportieren und sie dort im Schutz der Dunkelheit zu töten. Was jedoch weder Pabst noch die Brüder Pflugk-Harttung wussten, war, dass ein anderer an diesem Abend im Hotel Eden anwesender Offizier, Major Petri, der erst kurz vorher in den Stab der GKSD aufgenommen worden war, den ebenso festen Entschluss gefasst hatte, die Spartakistenführer umzubringen.

Petris Methode war die grobschlächtigere. Als er erfuhr, dass Liebknecht und Luxemburg im Hotel festsaßen, forderte er die anwesenden Soldaten auf, dafür zu sorgen, dass die beiden das Hotel nicht lebend verließen. Es ist mehr als wahrscheinlich, dass er den Männern auch Geldprämien anbot. Runge, der Wachtposten, der sowohl Liebknecht als auch Luxemburg mit Kolbenhieben attackierte, handelte höchstwahrscheinlich auf Befehl Petris.[28] Sein Eingreifen zog bedeutsame Konsequenzen nach sich: Viele Unbeteiligte wurden Zeugen des blutigen Geschehens im Hotel Eden, und am nächsten Morgen begannen etliche von ihnen zu berichten, was sie gesehen hatten. Die ersten Darstellungen der Vorgänge im Hotel, die sie am nächsten Morgen in den Zeitungen lasen, taten ein Übriges, dass sie sich zu Wort meldeten.[29]

Als Pabsts Männer spät in der Nacht zum Hotel Eden zurückkehrten, machten sie sich Gedanken über das, was passiert war. Drei von ihnen, Horst von Pflugk-Harttung, Leipmann und Schultze, setzten um 2:30 Uhr morgens eine schriftliche Erklärung auf. In dieser behaupteten sie, neben anderen Lügen, sie seien durch den Tiergarten gefahren, um dem Verkehr, der auf der direkten Route zu ihrem Ziel herrschte, aus dem Weg zu gehen.[30] Pabst verfasste sodann in Absprache mit den Mördern und zusammen mit dem Presseoffizier der Garde-Kavallerie-Schützen-Division eine Pressemitteilung.[31] Dieser entnahm die deutsche Öffentlichkeit am nächsten Morgen, Liebknecht sei auf der Flucht erschossen worden. Als das Transportfahrzeug wegen einer Reifenpanne habe anhalten müssen, habe er dies zu einem Fluchtversuch genutzt. Noch freieren Lauf ließ Pabst seiner Phantasie, als er schilderte, was mit Rosa Luxemburg geschehen war: Vermutlich aus der Erinnerung an die Ereignisse vom 24. Dezember schöpfend, griff Pabst zu der frei erfundenen Behauptung, eine große und bedrohliche Meute habe das Hotel belagert. Als diese Fanatiker Rosa Luxemburg erkannten, hätten sie sie ihren Bewachern aus den Händen gerissen und »bewusstlos« geprügelt, wonach sie aus der Menge heraus erschossen worden sei. Die Meute habe anschließend mit der Leiche das Weite gesucht, der Verbleib der Leiche sei unbekannt. Das Transportfahrzeug sei unweit des Landwehrkanals gefunden worden, aber ohne Leiche darin. Die Presseerklärung enthielt die ausdrückliche Aussage, es sei unmöglich gewesen, Luxemburg zu Hilfe zu kommen.[32]

Pabsts Erzählungen waren so widersinnig, dass man sich kaum vorstellen kann, dass irgendjemand (oder auch nur er selbst) glauben konnte, er werde damit durchkommen. Außerdem gab es einfach zu viele Zeugen, die gesehen hatten, wie die Spartakistenführer beim Verlassen des Hotels niedergeschlagen wurden. Pabst behauptete später in seinen unveröffentlichten Memoiren, er sei am 17. Januar 1919 persönlich mit Regierungsvertretern zusammengetroffen, um ihnen zu berichten, was passiert war. Nach der Unterredung habe er mit Ebert und Noske einen Händedruck getauscht. An anderer Stelle des Manuskripts schreibt er, Noske habe ihm vor dem 15. Januar eindeutig zu verstehen gegeben, dass es unbedingt nötig sei, die Spartakistenführer zu exekutieren.[33]

Die Behauptung Pabsts, die sozialdemokratische Führung habe die Ermordung Liebknechts und Luxemburgs ausdrücklich gutgeheißen, wiegt schwer, bleibt aber unbewiesen und könnte sehr wohl auch unwahr sein.[34] Andererseits liegen gewichtige historische Belege vor, die den Eindruck erwecken, viele einflussreiche Sozialdemokraten hätten die Nachricht vom Tod der beiden erfreut zur Kenntnis genommen; der Umstand, dass keiner der beiden Brüder Pflugk-Harttung den Rat Ernst von Weizsäckers, sich aus Deutschland abzusetzen, befolgte, deutet darauf hin, dass sie zumindest das Gefühl hatten, ihnen könne nichts passieren. Wenige Tage vor den Morden hatte der *Vorwärts* ein Gedicht von Arthur Zickler veröffentlicht, einem Mitglied der SPD und der *Vorwärts*-Redaktion; darin hatte er die Tatsache, dass Liebknecht und Luxemburg den Januaraufstand überlebt hatten, hämisch mit dem Tod von »Hunderten Proletariern« kontrastiert.[35] Noch schwerer wog, dass Philipp Scheidemann, nur wenige Wochen bevor er zum ersten demokratisch gewählten Regierungschef der Weimarer Republik aufstieg, in einer Rede auf einer SPD-Kundgebung in Kassel deutlich seine Überzeugung artikulierte, Deutschland sei ohne die beiden Spartakistenführer besser dran. In seiner Ansprache, die von den deutschen Historikern der Revolution fast durchweg ignoriert worden ist – sei es aus Sympathie für die Sozialdemokraten oder mangels Vertrautheit mit den Quellen –, erklärte Scheidemann am 16. Januar 1919:

> Ich bedauere den Tod der beiden aufrichtig aus gutem Grunde. Sie haben Tag für Tag das Volk zu den Waffen gerufen und zum gewaltsamen Sturz der Regierung aufgefordert. Sie haben Spazierfahrten durch Berlin mit Maschinengewehren veranstaltet, die sie uns wiederholt vor die Reichskanzlei fuhren, sie haben Tag für Tag ihre Anhänger bis zur Siedehitze aufgepeitscht, sie haben, nachdem durch ihre Schuld Arbeiter- und Soldatenblut im Strömen geflossen, uns als Mörder und Bluthunde Tag für Tag in ihren Zeitungen und in ihren Versammlungen beschimpft. So sind sie selbst Opfer ihrer eigenen blutigen Terrortaktik geworden.[36]

Weiter sagte er:

> Bei Frau Luxemburg, einer hochbegabten Russin, ist mir der Fanatismus begreiflich, nicht aber bei Liebknecht, dem Sohn Wilhelm Liebknechts, den wir alle verehrten und noch ver-

> ehren. Sein Sohn, der nunmehr tote Karl Liebknecht, hat sich leider vollkommen in die russisch-terroristische Taktik einspannen lassen.[37]

Scheidemann pochte nicht nur darauf, dass die Regierung verpflichtet gewesen sei, den Spartakisten das Handwerk zu legen, sondern lieferte an dieser Stelle auch eine moralische Rechtfertigung für das, was geschehen war:

> Wenn mein wahnsinniger Bruder die Flinte auf mich anlegt, so kann ich, wenn es [um] mich allein geht, mich erschießen lassen, um sein Blut zu schonen, aber wenn ich im Begriffe bin, mich in ein brennendes Haus zu stürzen, um Weib und Kind zu retten, und der wahnsinnige Bruder legt dann auf mich an, dann hilft nichts mehr, dann muss ich mich gegen ihn zur Wehr setzen, denn dann geht es nicht mehr um mich, sondern um viele andere.[38]

Scheidemann war der ranghöchste Sozialdemokrat, der sich öffentlich zum Tod Liebknechts und Luxemburgs äußerte. Friedrich Ebert verlor in der Öffentlichkeit darüber kein Wort.[39] Die Rede Scheidemanns wurde von weiten Teilen der deutschen Presse abgedruckt. Abgesehen von der wenig überzeugenden einleitenden Aussage, dass er den Tod der beiden bedaure, war der eigentliche Tenor seiner Rede, wie die zitierten Passagen eindeutig zeigen, der, dass Deutschland ohne Liebknecht und Luxemburg besser dran war.[40]

Wie Scheidemann vertrat auch die *Berliner Morgenpost* die Ansicht, bei allem Schrecken über das blutige Ende, das sie genommen hatten, seien die beiden Spartakistenführer an ihrem Schicksal doch weitgehend selbst schuld. Die Zeitung warf ihnen vor, sie hätten versucht, den russischen Bolschewismus nach Deutschland zu bringen, und hätten keine Ahnung von der Stärke ihrer Gegner gehabt. Ihr Tod werde, sagte die Zeitung voraus, das Ende der spartakistischen Partei bedeuten.[41] Die konservativnationalistische Presse frohlockte, als bekannt wurde, dass ihre verhassten politischen Gegner tot waren.[42] Der ultranationalistische und antisemitische *Reichsbote* nannte Liebknecht einen »Fanatiker«, der seine kürzlich erlittene Niederlage nicht habe wahrhaben wollen. Er habe, schrieb der *Reichsbote* voller Genugtuung, sein Leben verloren, bevor er wieder Kraft für ein erneutes Zuschlagen tanken konnte. Sein Tod bedeute, »dass viele unschuldige Menschen leben werden«.[43] Die *Tägliche Rundschau* schlug ähnliche Töne an. Sie schrieb: »Blut schrie nach Blut! Das Blutbad, das Liebknecht und Rosa Luxemburg angerichtet, verlangt Sühne. Sie ist schnell eingetreten und war bei Rosa Luxemburg grausam aber gerecht. Man schlug die Galizierin tot. Der Volkszorn, übermächtig und ungeheuerlich geworden, verlangte die Rache.«[44] In Heidelberg akzeptierte der Geschichtsprofessor Karl Hampe bereitwillig Pabsts Darstellung des Geschehens. Er schrieb in sein Tagebuch: »Moralisch muss man sagen, dass, so bedauerlich ein Lynchverfahren immer bleibt, es in diesem Falle verständlich wird. Denn wenn das Zutrauen zur gerichtlichen Bestrafung geschwunden ist, wenn alle paar Wochen die Sträflinge aus den Gefängnissen entlassen werden, so schafft sich das Volk selbst Recht.«[45]

Das *Berliner Tageblatt* und die *Frankfurter Zeitung*, beide führende liberale Tageszeitungen, nahmen die Nachricht mit gemischten Gefühlen auf. Beide begnügten sich mit einer halbherzigen Verurteilung des »Lynchmords« an den Spartakistenführern. Doch was sie über die Bedeutung des Todes der beiden und in ihrem Nachruf auf sie schrieben, war stark angereichert mit Hinweisen darauf, welche gefährlichen Bedrohungen sie verkörpert hatten: die kriminelle Unterwelt, den Bolschewismus und eine zweite Revolution. Auf die Leser wirkte all das letzten Endes wie eine Rechtfertigung der Morde, wenn auch eine in Moll gehaltene. Der springende Punkt war jedoch der, dass keine politische Gruppierung der Mitte oder der gemäßigten Linken Anstalten machte, den Wahrheitsgehalt der Pabst'schen Darstellung anzuzweifeln und eine gründliche Untersuchung der Vorgänge zu fordern.[46]

Stattdessen liefen die Dinge nach demselben Muster ab wie nach den Misshandlungen in der Dragoner-Kaserne: Wieder war es die *Freiheit*, das Organ der Unabhängigen Sozialdemokraten, die sich an die Spitze derer stellte, die die »amtliche« Darstellung des Geschehens hinterfragten. In ihrer Nachtausgabe vom 16. Januar schrieb sie, verantwortlich für die Morde seien die »Gewaltpolitik der Ebert-Scheidemann-Landsberg« und die »gewissenlose Hetze des *Vorwärts*« gewesen.[47] Während fast alle anderen die Pabst'sche Version der Vorgänge akzeptierten, gelang der *Freiheit* eine der Wahrheit näherkommende Rekonstruktion dessen, was sich zugetragen hatte. Mag sein, dass viele Zeugen der Vorgänge im Hotel Eden aus Angst vor Repressalien seitens der Garde-Kavallerie-Schützen-Division ihr Wissen für sich behielten; es gab aber genug andere, die sich nicht scheuten zu berichten, was sie gesehen hatten. Manche von ihnen sprachen mit der Presse, und bald reihte sich ein Augenzeugenbericht an den anderen. Zu diesen Zeugenaussagen kamen Mutmaßungen über Hintermänner und Informationen aus Liebknechts Familie. Die Leiche von Karl Liebknecht rückte schnell ins Zentrum der von der *Freiheit* betriebenen Kampagne. Die Behauptung Pabsts konterkarierend, Liebknecht sei bei einem Fluchtversuch erschossen worden, berichtete die *Freiheit*, die Untersuchung des Leichnams habe eindeutig ergeben, dass er seinen Mördern gegenüberstand, als sie ihn erschossen.[48] Empört forderte die Zeitung unabhängige Ermittlungen zum Tod der beiden Spartakistenführer.[49]

Der sozialdemokratische *Vorwärts* schoss umgehend zurück. Er lieferte einen weiteren anschaulichen Beleg für die tiefe Kluft zwischen Mehrheits-Sozialdemokraten und Unabhängigen Sozialdemokraten, indem er kein gutes Haar an den Aussagen der *Freiheit* ließ.[50] Dabei änderte der *Vorwärts* Zungenschlag und Zielrichtung seiner Darstellung. Hatte er anfänglich die Reaktion der konservativen Presse auf die Morde kritisiert, so warf er jetzt der *Freiheit* vor, sie versuche aus dem Tod der beiden Spartakistenführer politisches Kapital zu schlagen.[51] Eine ähnliche Verschiebung fand innerhalb der Regierung statt: Unter dem unmittelbaren Eindruck der Todesfälle und wenige Tage vor der Wahl zur Nationalversammlung hatte die SPD in einer Verlautbarung zunächst versprochen, die Regierung werde Verbrechen gegen Spartakisten genauso konsequent verfolgen wie Verbrechen, die von Spartakisten begangen wurden. Als die *Freiheit* mit immer größerem Nachdruck auf die Erfüllung dieses Versprechens drängte, rückten die Sozialdemokraten rasch von ihrer Zusage ab und verlegten sich stattdessen darauf, ihr eigenes Verhalten und das der Regierung zu rechtfertigen. Damit versetzten sie die Falken innerhalb der Partei – vor allem Scheidemann und Noske – in die Lage, den harten Kurs vorzugeben, den die Partei in der Folge steuern sollte.[52]

Zu einer unabhängigen Untersuchung der Morde kam es nie. Die Revolution hatte keine Breschen in das Militärrecht des kaiserlichen Deutschland geschlagen, das bestimmte, dass wenn ein Offizier oder Soldat eines Verbrechens bezichtigt wurde, die Militärgerichtsbarkeit Vorrang vor den zivilen Strafverfolgungsbehörden hatte. Das bedeutete, dass die Militärrichter der Garde-Kavallerie-Schützen-Division jetzt dafür zuständig waren, gegen die Offiziere und Soldaten zu ermitteln, die im Verdacht standen, an den Verbrechen im Hotel Eden mitgewirkt zu haben. Kein ziviler Richter wurde in den Fall eingeschaltet.[53] Gegen keinen der maßgeblichen Drahtzieher, weder gegen Pabst noch gegen Petri, wurde je wegen ihres Tatbeitrags ermittelt.[54] Pabst durfte sogar Charakterbeurteilungen für die Angeklagten schreiben.[55] Dem Zentralrat wurde immerhin gestattet, Einblick in die laufenden Ermittlungen zu nehmen und deren Fortgang zu überwachen. Dabei fiel seinen Vertretern auf, dass der anklageführende Offizier, Jörns, eher geneigt war, die Hauptverdächtigen zu schützen, als gegen sie zu ermitteln. Mehr als sechs Wochen nach dem Tod der Spartakistenführer saßen die Hauptverdächtigen noch nicht einmal in Haft.[56] Verstört über den schleppenden Fortgang der Ermittlungen, erstatteten die Vertreter des Zentralrats am 12. Februar der Regierung in Weimar Bericht. Ihre Hoffnung, Unterstützung zu erhalten, zerstob freilich umgehend: Otto Landsberg, designierter Justizminister im Kabinett Philipp Scheidemanns, erklärte ihnen, die Regierung könne sich nicht in einen laufenden Prozess einmischen. Daraufhin erklärten die Vertreter der Unabhängigen ihren Austritt aus dem Gremium und ließen ihrer Frustration gegenüber der Presse freien Lauf.[57]

Als endlich im Mai 1919 die Gerichtsverhandlung gegen die Hauptverdächtigen begann, war alles bestens vertuscht.[58] Man stellte den Soldaten Runge als Alleinschuldigen hin, als einen unbezähmbaren Psychopathen, der aus eigenem Entschluss gehandelt hatte.[59] Wie Runge später berichtete, hatte Jörns vor der Verhandlung seine Antworten mit ihm geprobt, und man hatte ihn wissen lassen, dass eine Granate unter seinem Bett auf ihn warten würde, wenn er vor Gericht keine überzeugende Vorstellung ablieferte.[60] Runge wurde am Ende zu zwei Jahren Gefängnis verurteilt. Der einzige weitere Schuldspruch erging gegen Vogel. Er wurde am 14. Mai zu zwei Jahren und vier Monaten verurteilt,[61] saß aber nicht einmal drei Tage ab. Am 17. Mai 1919 holte ihn ein Offizier aus dem Gefängnis ab, höchstwahrscheinlich Wilhelm Canaris, der spätere Chef der Abwehrabteilung im Reichskriegsministerium, der bei der Vertuschung der Wahrheit eine Schlüsselrolle gespielt hatte – er war einer der drei Richter am Militärgericht gewesen. Canaris versorgte Vogel mit neuen Papieren, die ihm ein neues Leben jenseits der deutschen Grenze ermöglichten. Runge wurde bis Dezember 1920 in den Niederlanden unter Arrest gehalten.[62]

Der politische Skandal, den diese »Justizposse«, wie ihre Kritiker sie nannten, auslöste, hatte es in sich: Auf einer Kabinettssitzung am 7. Oktober 1919 stimmte sogar Friedrich Ebert für einen neuen Prozess.[63] Er befand sich jedoch in der Minderheit, die Mehrheit erkannte das Urteil des Militärgerichts an und legitimierte das Vorgehen Gustav Noskes, des Mannes, der wie kein anderer die Rückendeckung der Regierung für die Garde-Kavallerie-Schützen-Division personifizierte, in Bausch und Bogen.[64] Die Botschaft des aufsehenerregendsten politischen Prozesses des Jahres 1919 (und wahrscheinlich der gesamten Weimarer Epoche) hätte nicht deutlicher und einfacher ausfallen können: Richter und Ankläger hatten einen Freibrief, Tatverdächtige und Tatbeteiligte an antikommunistischen Aktionen der Rechten vor Strafe zu schützen. Den Sozialdemokraten sollte ihr Einknicken vor diesem Militärgerichtsverfahren im Verlauf der nachfolgenden 14 Jahre noch schwer auf die Füße fallen.

Maschinengewehre gegen Trauernde

Monate bevor die Gerichtsverhandlung deutlich machte, dass die Mörder auf freiem Fuß bleiben und nicht zur Rechenschaft gezogen werden würden, ließen schon die Bestattungsfeiern für Karl Liebknecht und die beim Januaraufstand ums Leben gekommenen Rebellen erkennen, dass die Führung der Sozialdemokraten für diese Männer nur Verachtung übrighatte. Zum ersten Mal seit Beginn der Revolution setzten sie militärische Machtmittel ein, um gegen eine revolutionäre Totenfeier vorzugehen.[65] Die Bestattung der Toten fand am 25. Januar 1919 statt, doch zu den geplanten Trauerfeiern kam es nicht. Der ursprüngliche Plan hatte vorgesehen, dass die Trauernden sich in der Siegesallee versammeln würden und der Trauerzug sich am Hindenburg-Denkmal formieren würde. An der Spitze sollten die Familien der Getöteten und eine Musikkapelle marschieren. Ihnen sollten sich Kranzträger anschließen, dazu Gruppen aus jedem der sozialdemokratischen Parteibezirke Berlins – wie bei vorausgegangenen Demonstrationen praktiziert, sollten die sozialdemokratischen Gruppen sich in ihrem jeweiligen Bezirk treffen und sich sternmarschmäßig zum Sammelpunkt an der Siegesallee bewegen. Den SPD-Delegationen sollten sich Gruppen erwerbsloser Arbeiter anschließen, gefolgt von Vertretern anderer Organisationen und Gewerbe, ganz so wie es bei der Trauerfeier für die am 9. November 1918 Umgekommenen geschehen war. Nach der Aufstellung in der Siegesallee sollte der Trauerzug durch Berlin-Mitte zum städtischen Friedhof in Friedrichsfelde marschieren. Eine Bestattung auf dem Friedhof der Märzgefallenen in Friedrichshain wurde den im Januar Getöteten verwehrt. Dirigiert und begleitet werden sollte der Zug von Ordnern, die sich um zehn Uhr am Hindenburg-Denkmal einzufinden hatten, um dort ihre Anweisungen zu empfangen.[66]

Allein, die Regierung war entschlossen, dafür zu sorgen, dass dieser Trauerzug gar nicht stattfinden würde. Ungeachtet der Tatsache, dass Mitglieder ihrer eigenen Partei aus ganz Berlin an prominenter Stelle mitmarschieren wollten und sollten, untersagte die sozialdemokratische Regierung für den betreffenden Tag alle Demonstrationen und Versammlungen in Berlin-Mitte. Von dem Versammlungsverbot ausgenommen wurde lediglich ein Bereich im Osten Berlins zwischen Friedrichshain und dem Friedhof Friedrichsfelde; dort durften sich Trauernde versammeln und den Bestattungen beiwohnen. Später wurde behauptet, die Regierung habe diesen Beschluss gefasst, weil sie gefürchtet habe, der Trauerzug könne als Ausgangspunkt für einen Putsch benutzt werden. Die *Freiheit* kritisierte die staatliche Verbotsverfügung scharf: »Selbst unter dem alten System hat es keine Regierung gewagt, eine Trauerfeier in so brutalgewaltiger Weise zu stören, obwohl die damaligen Gesetze genügend Vorwände boten« – ein kaum verhüllter Vorwurf an die Revolutionsregierung, Verrat an den Idealen des 9. November 1918 zu üben, der doch angeblich die Versammlungsfreiheit für alle Deutschen erkämpft hatte.[67]

Die gedruckte Kritik zeitigte kaum Wirkung: Am Morgen des 25. Januar 1919 blockierten mit Maschinengewehren und Artillerie bestückte militärische Kommandotrupps die zur Siegesallee führenden Straßen. Deutlich sichtbare Schilder verkündeten: »Wer weiter geht, wird erschossen.« Auch vor dem Reichstagsgebäude waren Maschinengewehre und Kanonen aufgebaut, einige davon der Siegesallee zugewandt. In diversen Veröffentlichungen beschrieben Kritiker dieser staatlichen Machtdemonstration den Potsdamer Platz als ein einziges großes Heerlager.[68] Angesichts des militärischen Aufmarsches, der eine Abkehr vom ursprünglichen Plan erzwang, verlegten die Organisatoren des Trauerzuges ihren Sammelpunkt zum mehr als zwei Kilometer weiter östlich gelegenen Bülowplatz (dem heutigen Rosa-Luxemburg-Platz), wo sich die Volksbühne befand. Obwohl die von der SPD gestellten

Ordner den Teilnehmergruppen Anweisungen zuriefen, sorgte die durch die kurzfristige Verlegung ausgelöste Verwirrung dafür, dass viele Abordnungen durch die Straßen des Berliner Ostens irrten und nicht wussten, wohin sie marschieren sollten. Viele andere Trauernde brachen den Versuch, zum Sammelpunkt im Zentrum Berlins zu gelangen, früher oder später ab und machten sich direkt auf den Weg zu dem im Osten der Stadt gelegenen Friedhof. Der Bülowplatz, zu klein für die Hunderte mit Kränzen anrückenden Abordnungen, platzte bald aus allen Nähten, und viele Trauernde mussten umkehren oder weiterziehen.[69]

Trotz der militärischen Abriegelung des Gebiets um die Siegesallee geriet der Trauerzug für Liebknecht und Luxemburg zu einer der eindrucksvollsten revolutionären Begräbnisfeiern in der Geschichte der deutschen Hauptstadt. Von dem neuen Sammelpunkt aus marschierte der Zug durch die Friedenstraße vorbei am Park Friedrichshain, bog auf die Frankfurter Allee ein und erreichte schließlich gegen 14:30 Uhr den Friedhof Friedrichsfelde. Die Spitze bildeten neun von Pferden gezogene Kaleschen, die zusammen 32 Särge transportierten. Ihnen folgten 400–500 Kranzträger, die Organisationen der Arbeiterklasse aus Berlin und aus ganz Deutschland repräsentierten. Einer der Särge war leer; er war Rosa Luxemburg gewidmet, deren Leichnam noch nicht gefunden worden war. Manche von denen, die hinter den Sargträgern marschierten, hielten Schilder mit spartakistischen Parolen hoch, andere Banner mit der großformatigen Aufschrift »Mörder«.[70] Die Trauerreden an den Gräbern hielten Paul Levi von der KPD und die Sozialdemokratin Luise Zietz, die 1917 zu den Gründungsmitgliedern der USPD gehört hatte.[71] Selbst der *Vorwärts* gab zu, es sei eine der »eindrucksvollsten Leichenfeiern« gewesen, die »Berlin gesehen hat«; es sei keine Übertreibung zu sagen, die proletarischen Massen Berlins hätten der Bestattung beigewohnt.[72] Es wäre jedoch, so schränkte der *Vorwärts* ein, ein Fehler, in der großen Zahl der Teilnehmer einen Beweis dafür zu sehen, dass es für die politischen Ziele Liebknechts und Luxemburgs einen breiten Rückhalt gebe. Diese Vorstellung, propagiert von all denen, die der SPD Verrat an den wahren Interessen der Arbeiterklasse vorwarfen, sei falsch. Sowohl der *Vorwärts* als auch die *Freiheit*, die sonst in fast allem gegensätzliche Ansichten vertraten, zeigten sich einig darin, dass die Teilnahme einer so großen Zahl von Arbeitern dem Verlangen entsprungen war, den Toten die letzte Ehre zu erweisen, und nicht als rückhaltloses Bekenntnis zu Liebknecht und den Spartakisten zu werten war. Nach Ansicht der beiden Zeitungen honorierten die Arbeiter in diesem Moment Liebknechts Rolle als mutiger Kritiker des deutschen Militarismus im Ersten Weltkrieg. Als Aufbruchssignal für eine zweite Revolution sei dieser Tag nicht zu sehen.[73]

Die militärische Abriegelung der Berliner Stadtmitte empörte die *Freiheit* zutiefst. Sie verurteilte die Sperrung der Umzugsroute als »eine Schande« und betonte ein weiteres Mal, sogar das alte System habe mehr Achtung vor den Toten gezeigt. Unter den vielen Invektiven gegen die Regierung war auch die rhetorische Frage: »Fürchtet sie, dass die Wunden der Opfer wieder zu bluten anfangen, wenn sie durch die Wilhelmstraße getragen werden? Oder ist es nur der brutale Gewaltinstinkt des Siegers, der sie treibt, auch diese Demütigung der Berliner Arbeiterschaft anzutun?«[74]

Viele der Soldaten, die am 25. Januar die Mitte Berlins abriegelten, waren neue Mitglieder der Freikorps. Auf einer Sitzung des Kabinetts und des Zentralrats am 21. Januar hatte Noske bekanntgegeben, dass im Verlauf einer einzigen Woche insgesamt 22 000 Mann in diese neuen Freiwilligen-Formationen aufgenommen worden waren. Er hatte die Hoffnung geäußert, die Zahl werde innerhalb von zwei bis drei Wochen auf 50 000 steigen.[75] Die Aufgabe dieser Einheiten sah er darin, der Autorität der Regierung Geltung zu verschaffen und die Ordnung wiederherzustellen.[76] Während der ganzen Zeit ihrer Zusammenarbeit rechtfertigte und verteidigte Noske das Verhalten der Freikorps und bewahrte ihre Offiziere vor Ermittlungen und Strafverfahren, gleich was sich die unter ihrem Befehl stehenden Soldaten zuschulden kommen ließen.[77] Für Noske bildeten diese Männer das Fundament des neuen Staates; er durfte nichts dulden, was die Bereitschaft dieser Truppen, für die sozialdemokratisch geführte Regierung zu kämpfen, hätte untergraben können.

Ob Noske tatsächlich Pabst die Anweisung gab, die Spartakistenführer zu töten, wie Pabst es später behauptete, lässt sich nicht zweifelsfrei beweisen. Was jedoch feststeht, ist dass die beiden Männer in den Wochen und Monaten nach den Morden eine enge Arbeitsbeziehung entwickelten, wobei Noske auch eng mit anderen Freikorps-Kommandeuren zusammenarbeitete.[78] In der selbstgerechten Rückschau, die Noske nach seiner Entlassung 1920 veröffentlichte – als der antirepublikanische Kapp-Lüttwitz-Putsch der Regierung endlich keine andere Wahl mehr ließ, als ihn abzulösen –, verstieg er sich zu der Behauptung, es gebe keinen Beweis dafür, dass Liebknecht ermordet worden sei. In seiner Rechtfertigungsschrift fand sich die folgende verblüffende Feststellung: »Wahrheit ist, dass in jenen Schreckenstagen Tausende die Frage aufgeworfen hatten, ob denn niemand die Unruhestifter unschädlich mache. Von denen, die so frugen, hätte keiner die Tat begangen. Als sie grauenerregend geschehen war, gewann das Mitgefühl mit den Toten wieder die Oberhand. Jeden Mord verabscheue ich. Über den Tod Liebknechts und Luxemburgs haben sich aber diejenigen zu Unrecht am lautesten entrüstet, die bei nicht weniger bösen Fällen eine heitere Gemütsruhe an den Tag legten.«[79]

Vorgeführte Gewalt

Der politische Rückhalt für Noske resultierte daraus, dass er mit seiner Überzeugung, die unter seinem Befehl stehenden Soldaten, darunter auch die Garde-Kavallerie-Schützen-Division, seien die wichtigsten Verbündeten der Regierung, auf breite Zustimmung stieß. Die Bereitschaft dazu unterlag innerhalb der SPD einem erheblichen Wandel: Hatten vor dem 24. Dezember führende Sozialdemokraten, darunter Friedrich Ebert, noch gezögert, zur Wiederherstellung der Ordnung Gewalt einzusetzen, zeigten sie spätestens ab Mitte Januar keine nennenswerte Nachsicht mehr mit ihren politischen Gegnern.[80] Wie die Reaktion der Regierung auf die Verbrechen in der Dragoner-Kaserne und auf die Lynchmorde an Liebknecht und Luxemburg zeigt, war die Regierung im Januar 1919 entschlossen, militärische Gewalt zur Basis ihrer Herrschaft zu machen. Von diesem Zeitpunkt an wurde jede Opposition gegen die Regierung martialisch niedergeschlagen, die Regierung wollte beweisen, dass sie über die Mittel und den Willen verfügte, sich zu behaupten, gleich wie stark oder schwach ihre Gegner tatsächlich waren.

Der Prozess, der in Berlin begann, setzte sich in Bremen fort, als dort radikale Mitglieder des Soldatenrats die Stadt Ende Januar zur Räterepublik erklärten. Angesichts dieser Entwicklung entschied Noske, mit einer zweiten Demonstration brachialer Gewalt zu antworten. Obwohl der kurzlebige Versuch der Radikalen, Bremen unter ihre Herrschaft zu zwingen, bereits in sich zusammenfiel und eine militärische Intervention von außen gar nicht nötig gewesen wäre, erhielten Noskes Truppen Befehl, die Stadt einzunehmen und mit strafender Gewalt die Fähigkeit des Staates zu demonstrieren, linker Gewalt ein Mehrfaches an staatlicher Gewalt entgegenzusetzen.[81] Was das Ausmaß der Gewalt betraf, so stellte Bremen zwar einen Ausnahmefall dar, doch kam es zu ähnlichen Szenen auch anderswo, als Noskes Soldaten im Verlauf des Februar und März 1919 in einer ganzen Reihe deutscher Städte Stützpunkte der revolutionären Opposition besetzten. Ein Teilnehmer sprach im Rückblick auf die sukzessive Besetzung der Hochburgen der deutschen Revolution sogar von einem »Kreuzzug«.[82]

Es ist diese kompromisslose Entschlossenheit, Gewalt als Mittel zur Demonstration staatlicher Stärke einzusetzen, die es uns erlaubt, sie als »pädagogische« oder »vorgeführte Gewalt« zu verstehen, als eine Gewalt, die zum Zweck der symbolischen Kommunikation eingesetzt wird und dem Volk eine »drastische und leicht verständliche praktische Lektion« erteilen soll.[83] Es mag vielen Historikern der ersten deutschen Demokratie, die gerne betonen, die Weimarer Republik sei aus der Wahl vom 19. Januar und der im Anschluss daran erarbeiteten Verfassung hervorgegangenen, Unbehagen bereiten, doch es ist wichtig, nicht zu vergessen, dass ein anderer Grundpfeiler dieser Republik ihre

Bereitschaft und Fähigkeit war, durch demonstrative Gewalt ihre Macht zur Schau zu stellen. Die Artilleriegeschütze und Maschinengewehre auf den Straßen deutscher Städte, die Errichtung stacheldrahtbewehrter Straßensperren und Kontrollpunkte, die stolz neben ihren Flammenwerfern für Fotos posierenden Soldaten, die Schilder mit der Warnung, auf jeden, der den Anordnungen keine Folge leiste, werde geschossen – all dies war Teil der »Gründungsgewalt« der Weimarer Republik.

Die demonstrative Ausübung staatlicher Gewalt stieß in Deutschland auf verbreitete Zustimmung, wirkte sie doch wie eine Art Schutzschild für die vielen, denen der Verlust staatlicher Kontrolle über zentrale öffentliche Räume in den deutschen Großstädten und die von den Spartakisten real oder vermeintlich ausgehende Gefahr zunehmende Angst bereitet hatten. Unter diesen Voraussetzungen war ostentative Gewalt seitens der Staatsmacht eine willkommene und beruhigende Bestätigung dafür, dass die neue deutsche Republik nicht zulassen würde, dass einzelne Bürger und ihre Familien Opfer spartakistischer Gewalt wurden. Von daher erklärt sich das verbreitete Einverständnis mit demonstrativen Akten staatlicher Gewalt, zu denen es unter anderen Umständen vielleicht nie gekommen wäre, weil sie entweder vom strategischen Standpunkt aus unnötig oder weil sie politisch unklug waren.

Dieses Setzen auf Gewalt zwecks Demonstration der eigenen politischen Willenskraft sollte die Sozialdemokraten einen immensen Preis kosten, auch wenn das nicht sofort sichtbar wurde – in der Woche zwischen der Wahl zur deutschen Nationalversammlung am 19. Januar und der preußischen Parlamentswahl am 26. Januar verlor die SPD nur rund ein Prozent ihrer Wählerschaft an die Unabhängigen Sozialdemokraten. Doch im Verlauf der anschließenden Wochen und Monate führte die Tatsache, dass die Regierung den Kräften, die mit blutiger Gewalt gegen die Arbeiterschaft vorgingen, weiterhin den Rücken freihielt, zu einem Wiedererstarken der politischen Gegner der SPD. Die Folgen waren unter anderem eine neue Streikwelle und ein zunehmender Stimmungsumschwung gegen die Regierung. Nur wenige in der Arbeiterschaft hatten mit den Erfahrungen gerechnet, die die neue Ära für sie bereithielt: mit der Besetzung ihrer Städte durch antirevolutionäre Truppen und mit deren brutaler Besatzungsherrschaft, die zur Folge hatte, dass die militärische Gewalt zu einer ebenso kontrovers diskutierten Frage wurde wie die Verstaatlichung von Schlüsselindustrien und die Zukunft der Revolution.[84] Es war dies das wichtigste politische Ergebnis der Entschlossenheit und Konsequenz, mit der die Regierung militärische Gewalt zum Stützpfeiler ihrer Autorität machte.

Im Februar erschienen in der regierungskritischen Presse immer mehr Artikel, in denen entweder die Spartakisten oder allgemeiner die Arbeiterklasse als Opfer eines brutalen Kreuzzuges einer staatlich gedeckten Soldateska dargestellt wurden. Insbesondere die *Rote Fahne* lieferte zusätzlich zu ihren Reportagen über den Fall Liebknecht-Luxemburg eine Flut von Meldungen über Gewalt gegen Arbeiter, etwa über das Niederkartätschen eines Aufmarsches von Zivilisten in Berlin oder über den Einmarsch von Regierungstruppen im Ruhrgebiet.[85] Der staatliche Rückhalt, den antirevolutionäre Truppen und Männer wie Pabst und Horst von Pflugk-Harttung genossen – welch Letzterer es nie nötig hatte, aus Deutschland zu fliehen, wie es ihm Ernst von Weizsäcker geraten hatte, gehörte er doch zu den von der Militärjustiz unbehelligt Gelassenen –, verstärkte den Eindruck, dass die Teile der Arbeiterschaft, die der in Weimar kodifizierten neuen politischen Ordnung ablehnend gegenüberstanden, mit brutaler, staatlich sanktionierter Gewalt bekämpft wurden. Dieser Eindruck wurde ein zunehmend bedeutsamer Faktor für die politische Mobilisierung auf Seiten der radikalen Linken. Am 3. März 1919 eröffnete die *Rote Fahne* ihren nächsten Kampfappell mit den Worten: »Wieder ist die Stunde gekommen. Wieder stehen die Toten auf. Wieder reiten die Niedergerittenen.«[86]

KAPITEL ELF

Der Märzaufstand

»Aus geringer Höhe bestreichen sie mit Maschinengewehrfeuer die Dächer. Die außerordentlich radikale Wirkung des Fliegerfeuers, die den an der Front gewesenen Leuten sehr wohl bekannt ist, hat sich in der neuen Form des Kampfes abermals deutlichst gezeigt.« Diese Sätze waren am 10. März 1919 im SPD-Organ *Vorwärts* zu lesen. Es war die Schilderung einer Premiere: Zum ersten Mal waren in Berlin Zivilisten durch Beschuss aus Militärflugzeugen getötet worden. Aber nicht nur die Sozialdemokraten, auch die traditionellen Sprachrohre des Liberalismus sangen Loblieder auf die neue Technik. Im *Berliner Tageblatt* war die Rede von einem »besonderen Auftrag« der eingesetzten Flugzeuge, und die *Frankfurter Zeitung* lobte sie als »sehr wirkungsvoll«.[1] Noch euphorischer fiel die Reaktion der Nationalisten und Konservativen aus. Sicherlich hatte die Luftkriegstechnik noch nicht das Niveau erreicht, das sie in den 1930er und 1940er Jahren zur Geißel der Menschen machen sollte, doch selbst wenn die Luftwaffe 1919 noch nicht sehr weit entwickelt war, konnte man mit Flugzeugen schon Menschen umbringen. Auf einer Fotografie sind auf einer rußgeschwärzten Fahrbahn die Überreste verbrannter Menschen nach dem Abwurf einer Fliegerbombe auf die Linienstraße in Berlin zu erkennen. Beide Seiten beschuldigten einander, solche verbrecherischen Akte begangen zu haben. Anhänger der Regierung behaupteten sogar, ein von Spartakisten gesteuertes Flugzeug habe eine Bombe auf eine Menschenmenge abgeworfen, die größtenteils aus »Hausfrauen und einigen Kindern« bestanden habe, und dabei seien mindestens 25 Personen verwundet worden – die Behauptung wurde später widerlegt.[2]

Die Angriffe aus der Luft waren Teil einer Welle von Gewaltakten, die am 3. März 1919 anrollte und neun Tage später, am 12. März 1919, verebbte. In diesem Zeitraum fanden nach Schätzungen 1200 Menschen den Tod, eine Zahl, aus der sich ergibt, dass die erste Märzhälfte das blutigste Kapitel in der Geschichte Berlins im 20. Jahrhundert bis zum Zweiten Weltkrieg war – an das sich aber in der heutigen Bundesrepublik dennoch kaum jemand mehr erinnert. Unter den Getöteten waren 75 Regierungssoldaten, die bei Kämpfen mit bewaffneten Rebellen den Tod fanden. Der große Rest setzte sich aus Zivilisten und einer unbekannten Zahl von Rebellen zusammen.[3] Es war ein Crescendo der Gewalt, das alles übertraf, was seit Anbruch der Moderne in irgendeiner deutschen Stadt oder Großstadt an Blutvergießen stattgefunden hatte, und dabei geschah es keineswegs flächendeckend. Das meiste davon ereignete sich im Osten Berlins, während vielerorts, insbesondere in den wohlhabenderen Bezirken im Westen der Stadt, das tägliche Leben relativ ungestört weiterging, abgesehen vom Widerhall anderswo abgefeuerter Artilleriewaffen. Zerstörung und Tod gingen Hand in Hand mit einem relativ normalen Alltagsgeschehen in weiten Teilen der Stadt.

Der Berliner Streik vom März 1919

Die Spirale der Gewalt nahm ihren Anfang am 3. März 1919, als auf einer großen Konferenz der Berliner Arbeiterräte der Beschluss gefasst wurde, einen Streik auszurufen.[4] Der Streik war Ausfluss einer Protestwelle, die sich im Verlauf des Frühjahrs 1919 über West- und Mitteldeutschland ausgebreitet hatte. Immer mehr Arbeiter hatten sich Streikaktionen angeschlossen, als ihnen klarwurde, dass die Revolution vom November 1918 ihnen nicht die politische und wirtschaftliche Macht bringen würde, auf die viele von ihnen gehofft hatten. Auch Hunger war ein Faktor. Die britische Kriegsblockade blieb bis ins späte Frühjahr 1919 hinein in Kraft, und viele Deutsche, namentlich in den Großstädten, litten nach wie vor Hunger, obwohl der Krieg, wie sie meinten, doch vorbei war. Tatsächlich endete der Erste Weltkrieg erst mit der Unterzeichnung des Versailler Vertrages am 28. Juni 1919. Nur wenige Monate nachdem die deutschen Arbeiter das Kaiserreich gestürzt hatten, griffen sie zu ihrer schärfsten Waffe, dem Streik, um sich ein besseres Leben zu erkämpfen. Viele der Streikenden wollten vor allem wirtschaftliche Verbesserungen: höhere Löhne, mehr zu essen, kürzere Arbeitszeiten. Doch ein beträchtlicher Teil der Streikenden, namentlich die Wortführer, waren entschlossen, den Streik als Hebel für ein Durchrütteln der politischen Ordnung zu benutzen, die sich in der ersten Jahreshälfte 1919 zu konsolidieren begann.[5]

Der Berliner Streik vom März 1919 fiel eindeutig in die Kategorie der politischen Streiks. Ausgerufen und angeführt wurde er von einer losen Koalition aus Unabhängigen Sozialdemokraten, Kommunisten und einigen Sozialdemokraten.[6] Er firmierte als »Generalstreik«, brachte aber nicht die Strom-, Gas- und Wasserversorgung der Stadt zum Erliegen, und auch die Sicherheitsbehörden und Notfalldienste Berlins blieben arbeitsfähig.[7] Die Streikleitung forderte unter anderem eine offizielle Anerkennung der Rolle der Arbeiter- und Soldatenräte, mehr soziale Nivellierung bei den Streitkräften, die Auflösung aller Regierungstruppen und Freikorps und ihre Ersetzung durch ein Heer revolutionärer Arbeiter, die Freilassung aller politischen Häftlinge und ein Ende der Militärgerichtsbarkeit, die so nachsichtig mit den Mördern Karl Liebknechts und Rosa Luxemburgs umgegangen war.[8] Einige der radikalsten Wortführer des Streiks wollten sogar die Einrichtung eines Revolutionsgerichts durchsetzen, vor dem über die Ursachen des Ersten Weltkrieges verhandelt und vor dem Noske, Scheidemann und Ebert für ihre Verbrechen gegen die Revolution angeklagt werden sollten. Dieses letztere Ansinnen wurde jedoch von einer Mehrheit der den Streik befürwortenden Arbeiterräte abgelehnt.[9] Die Berliner Sozialdemokraten, die sich für den Streik starkmachten, gerieten in eine besonders schwierige Lage.

Sie sahen sich hin- und hergerissen zwischen dem wachsenden Unmut der Berliner Arbeiterschaft über die Regierung und ihrer Loyalität zu der in Weimar tagenden Parteiführung. Trotz einiger Zugeständnisse, die die Regierung sich in letzter Minute abrang, stimmte eine ausreichende Zahl der sozialdemokratischen Mitglieder der Berliner Arbeiterräte für den Streik.[10]

Die Nachricht, dass der Hauptstadt, die damals noch zu den industriellen Schwergewichten Deutschlands zählte, ein Generalstreik drohte, wirkte wie ein Schock und löste hysterische Reaktionen aus. Noch bevor es zu irgendwelchen Gewaltakten kam, wurde der Streik mit apokalyptischen Begriffen belegt, die unterstellten, er werde sich zu einer Schlacht zwischen den Kräften der »Finsternis« und den Kräften des »Lichts« auswachsen.[11] Es gab Leute, die fürchteten, die der Regierung zur Verfügung stehenden Freiwilligeneinheiten würden nicht stark genug sein, den Radikalen und ihrer sich abzeichnenden Tour der »Gräuel und Zerstörungen« Einhalt zu gebieten.[12] Am 3. März 1919 behauptete der *Vorwärts*, die Streikführer verfolgten das Ziel, die Regierung zu stürzen und der Nationalversammlung den Garaus zu machen.[13] Der *Reichsbote* warnte am selben Tag: »Es scheint, als habe die entscheidende Auseinandersetzung zwischen Demokratie und Rätesystem, d.h. zwischen Ordnung und Anarchie, zwischen Staatsidee und Bolschewismus, begonnen.«[14]

Die Alarmstimmung ergriff von ganz Deutschland Besitz.[15] Das sozialdemokratische *Hamburger Echo*, die zweitgrößte Tageszeitung der SPD, bezeichnete diejenigen, die für den Streik eintraten, als »Fanatiker des bolschewistischen Evangeliums«, deren »Massenstreikpropaganda« die deutsche Wirtschaft zu zerstören drohe und die Schrecknisse des russischen Bürgerkrieges nach Deutschland bringen werde.[16] Ludwig Haas, ein jüdisch-deutscher Kriegsveteran, der bei der Gründung der DDP mitgewirkt hatte, kleidete die herrschende Untergangsstimmung in einem Beitrag für den *Badischen Beobachter* in den Kassandraruf: »Weite Kreise unseres Volkes ahnen noch kaum, dass wir vor dem Abgrund stehen.«[17] Die *Rheinisch-Westfälische Zeitung* äußerte die von einer ganzen Reihe weiterer Blätter geteilte Befürchtung, wenn es nicht gelinge, den Berliner Streik zu beenden, »dann ist morgen der Anschluss Deutschlands an das bolschewistische Russland vollzogen, und Herr Lenin und Herr Trotzki würden am Brandenburger Tor, auf dem die rote Fahne gehisst wäre, durch die bolschewistische Frauen- und Männerwelt Berlins begrüßt werden.«[18] Das *Berliner Tageblatt* ergänzte dies in einem Kommentar zum Ausbruch des Streiks mit der Prophezeiung, falls die Regierung der Forderung der Streikführer nachgäbe, die Freikorps aufzulösen, würde dies einer Auslieferung ganz Deutschlands an die Spartakisten gleichkommen.[19]

In Weimar sah der Mann, dem man die Verantwortung für die Aufrechterhaltung der Ordnung in Berlin und ganz Deutschland übertragen hatte, Gustav Noske, in dem Berliner Streik eine offene Kampfansage sowohl an die Autorität des Staates als auch an die durch die Wahlen zur Nationalversammlung geschaffene politische Ordnung. Seine Antwort kam postwendend und war knochenhart: Er rief für Berlin den Belagerungszustand aus. Mit dieser Anordnung, getroffen unmittelbar nach Ausrufung des Streiks, setzte er die bürgerlichen Freiheitsrechte außer Kraft, und gleichzeitig ließ er Freikorps-Truppen in einer Stärke von 30 000 Mann aufmarschieren und erteilte ihnen den Auftrag, Berlin militärisch zu besetzen.[20] Ergriffen von einem wachsenden Pessimismus und einem sich steigernden Volkszorn, schrieb ein ratloser Gustav Mayer am 3. März 1919 in sein Tagebuch, Deutschland habe kaum Aussicht, »ohne großes Massensterben die Frühlingsmonate [zu] überleben«.[21]

Die militärische Besetzung Berlins

Gustav Noskes ranghöchster militärischer Befehlshaber war General Walther von Lüttwitz, der Mann, der seine Ernennung dem Versagen des moderateren Generals Arnold Lequis am 24. Dezember 1918 verdankte. Lüttwitz und sein Stab hatten bereits Pläne für die militärische Besetzung der deutschen Reichshauptstadt ausgearbeitet. Sobald die ersten Zugladungen mit Soldaten und

Waffen im Stadtzentrum eintrafen, begannen die Truppen mit der Errichtung von MG- und Geschützstellungen in den wichtigsten Straßen Berlins, während eine Militärkapelle durch die westlichen Stadtbezirke paradierte und Marschmusik spielte – das Wirbeln der Trommeln sollte einem furchtsamen Publikum die Zuversicht einflößen, dass alles gutgehen würde. Noske kehrte aus Weimar nach Berlin zurück. Er bezog Quartier in dem stacheldrahtbewehrten Reichsmarineamt an der Bendlerstraße – in just dem Gebäudekomplex, in dem 25 Jahre später Claus von Stauffenberg, Merz von Quirnheim, Friedrich Olbricht, Werner von Haeften und Ludwig Beck nach dem Scheitern des Attentats auf Hitler am 20. Juli liquidiert wurden. Unter den Soldaten, die im März 1919 für Noske in den Kampf zogen, waren viele spätere Nationalsozialisten. Das galt im Besonderen für Wilhelm Reinhard, der es einmal zum General der Waffen-SS bringen sollte.[22]

Die Nachricht, dass Noske an Verhandlungen nicht interessiert war, wurde auf breiter Front begrüßt. Eine katholische Zeitung verkündete sie mit den Worten: »Der Kampf muss durchgehalten werden, und auch das Bürgertum muss sich bewusst sein, dass es jetzt gilt, das Votum des deutschen Volkes vom 19. Januar wahr zu halten und zu verteidigen.«[23]

Ausgerechnet die ersten Aufrufe der KPD und der *Roten Fahne*, die doch die kleinste der den Streik unterstützenden Parteien waren, schürten die Erwartung, der Streik sei als Aufgalopp zu einem allgemeinen Aufstand gedacht. Ihre Aufrufe vom 3. März 1919 waren von militanter Rhetorik geprägt. Anders als die Streikführer aus den Reihen der USPD und der SPD, die die Arbeiter aufriefen, friedlich zu bleiben und keine Gewalt anzuwenden, gab sich die *Rote Fahne* sicher, dass Blut vergossen werden müsse: »Auf zum Kampfe! Auf zum Generalstreik! Nieder mit Ebert-Scheidemann-Noske, den Mördern, den Verrätern! Nieder mit der Nationalversammlung! Alle Macht den Arbeiterräten!«[24] Mehr als alles andere lieferte diese militante Botschaft die Rechtfertigung für das Vorgehen Noskes gegen die Streikenden.

Die Gewalt nahm ihren Anfang, kaum dass Lüttwitz und seine Männer in Berlin eingetroffen waren. Da das Regierungsviertel im Umkreis der Wilhelmstraße und des Boulevards Unter den Linden von starken Einheiten schwerbewaffneter regierungstreuer Soldaten bewacht waren, kam es zu den ersten Gewaltausbrüchen weiter östlich, im Bereich des Alexanderplatzes, wo der Streik Plünderern und Randalierern Gelegenheiten eröffnete.[25] Die meisten Deutschen erfuhren aus der Presse umgehend von diesen Ausschreitungen. Die Zeitungen beschrieben das spannende Umfeld des Alexanderplatzes, in dessen engster Nachbarschaft sich damals einige der ärmsten Elendsviertel Berlins befanden, und schilderten dann Fälle von Plünderei, Kleinkriminalität und Aufsässigkeit seitens gewaltbereiter Horden. Von diesem Augenblick an übernahmen Leute und Gruppen, die dem »Pöbel« zugerechnet wurden, eine zentrale Rolle sowohl in der Wahrnehmung und Darstellung des Konflikts und seiner gewalttätigen Auswüchse als auch in der Art und Weise, wie die Öffentlichkeit ihn deutete, fürchtete und zuweilen auch feierte.[26]

In einem vom Wolffschen Telegraphenbüro verbreiteten Bericht hieß es, am Mittag des 4. März habe ein Pöbelhaufen auf dem Alexanderplatz eine Gruppe von Regierungssoldaten angegriffen. Die Angreifer, die in der Überzahl gewesen seien, hätten die Soldaten in kleinere Gruppen zersprengt und seien dann über diese hergefallen. Angeblich gelang es der letzten Soldatengruppe nicht, ihren Angreifern zu entkommen. Ihre Waffen seien ihnen gestohlen worden, sieben Mann seien spurlos verschwunden.[27] Es war dies einer von mehreren Berichten, die Ausschreitungen des »Pöbels« in den Vordergrund stellten, zuweilen unter Verwendung sexueller Metaphern für die Beschreibung der Brutalität dessen, was passieren konnte, wenn eine außer Rand und Band geratene Pöbelhorde eine auf sich allein gestellte Gruppe von Opfern zu fassen bekam.[28] Die rechtslastige *Post* behauptete einmal sogar, ein Offizier sei aus einem Militärfahrzeug herausgezerrt und »in Stücke gerissen« worden: »Es war ein Anblick, der jeden anständigen Menschen, ganz gleich welcher Gesinnung, mit Schauder und Ekel erfüllen musste.«[29] Manche Zeitungen griffen zu biologistischen Bildern, um die Gefährlichkeit der Streikenden hervorzuheben, während andere berichteten, die kommunistischen Anführer des Streiks hätten die Parole ausgegeben, es müsse Tausende Tote geben.[30]

Es gibt gute Gründe, an der Wahrhaftigkeit solcher Presseberichte zu zweifeln. Das Kommando Lüttwitz fütterte die Zeitungen mit Propaganda.[31] Zur Gänze erfunden waren die Gräuelberichte freilich nicht. Selbst die Streikführer bestritten nicht, dass es am 4. März zu Plünderungen und Krawallen gekommen war.[32] Sie ließen ein Plakat kleben, auf dem sie die für Ausschreitungen Verantwortlichen als »Hyänen der Revolution« anprangerten und erklärten, diese »unsauberen Elemente« und dieses »lichtscheue Gesindel« würden den »ehrlichen« Kampf der »klassenbewussten Arbeiterschaft« in den Schmutz ziehen.[33]

Das Bild eines außer Kontrolle geratenen Straßenpöbels wuchs sich im Verlauf der nächsten zehn Tage zu einem wiederkehrenden Topos in den Berichten über Gewaltexzesse in Berlin aus. Diese Berichte waren wichtige Katalysatoren der zunehmenden Gewalt: Die ersten Schilderungen gewalttätiger Ausschreitungen schienen die Kassandrarufe vom Vortag zu bestätigen, denen zufolge der Streik der Auftakt zu einer politischen und gesellschaftlichen Destabilisierung war, die die Zukunft Deutschlands in Frage stellen konnte.[34] Die Sozialdemokraten verurteilten die Gewalt der Straße. Anders als in dem Jahrzehnt vor dem Ersten Weltkrieg, als die SPD für das Streikrecht der Arbeiter eingetreten war und sich gegen konservative Klischees von der Brutalität losgelassener Proletarierhorden gewandt hatte, verurteilten die Sozialdemokraten nunmehr die Streiks und legten ihnen gegenüber dieselbe Haltung an den Tag wie die politische Rechte. Die rechtslastige *Post* zeigte sich zumindest vorübergehend höchst angetan von diesem historischen Schwenk.[35]

An die Stelle der Gewalt »pöbelnder Horden« trat sehr schnell die Gewalt schwerbewaffneter Soldaten. Die Schlacht am Alexanderplatz begann am Mittwoch, dem 5. März, und dauerte die ganze Nacht hindurch bis zum Donnerstag, den 6. März. Vordergründig ging es bei diesem spektakulären Feuergefecht um die Herrschaft über das Polizeipräsidium. Es gab und gibt keine Klarheit darüber, wann die Schlacht ausbrach, und nur ungefähre Schätzwerte für dic Zahl der daran Beteiligten.[36] Als die ersten Schüsse fielen, befanden sich mindestens drei verschiedene bewaffnete Gruppen in der Nähe des Polizeipräsidiums: zum einen General Lüttwitz mit seinen regierungstreuen Truppen, zum anderen die Republikanische Sicherheitswehr und die Volksmarinedivision, zwei ernstzunehmende bewaffnete Verbände, die nominell ebenfalls regierungstreu waren, denen aber viele zutrauten, sie könnten sich auf die Seite der Revolutionäre schlagen. Einem in der *Berliner Morgenpost* veröffentlichten Bericht über die Vorgänge zufolge versuchten die Volksmarinedivision und die Spartakisten gemeinsam, das Polizeipräsidium zu erobern.[37] Auch die *Frankfurter Zeitung* und der *Berliner Lokal-Anzeiger* behaupteten, die Schlacht sei ausgebrochen, als Aufständische versucht hätten, das Polizeipräsidium in ihren Besitz zu bringen.[38]

Diese Darstellung des Ausbruchs der Kämpfe blieb nicht unwidersprochen. Das USPD Organ *Die Freiheit* führte den Ausbruch der Kämpfe darauf zurück, dass Soldaten unter dem Befehl von Lüttwitz in provokatorischer Absicht das Feuer auf die Volksmarinedivision eröffnet hätten.[39] Diese Version wurde in späteren Veröffentlichungen von Autoren, die mit den Streikenden sympathisierten, wiederholt und dahingehend präzisiert, die von Lüttwitz ausgegebenen Befehle seien bewusst widersprüchlich formuliert gewesen, um Schusswechsel zwischen den beiden Gruppen zu provozieren.[40] Der sozialdemokratische *Vorwärts* wies die Darstellung der *Freiheit* zurück. In Übereinstimmung mit der konservativen Presse warf er der Volksmarinedivision vor, sie habe die Feindseligkeiten eröffnet und sich mit dem Pöbel, der den Alexanderplatz unsicher machte, verbrüdert; damit habe sie die regierungstreuen Soldaten im Polizeipräsidium gezwungen, Warnschüsse in Richtung Alexanderplatz abzugeben.[41] Nach Darstellung des *Vorwärts* alarmierten Mitglieder der Volksmarinedivision, als die ersten Schusswechsel im Gang waren, andere Angehörige ihrer Truppe und sympathisierende Teile der Republikanischen Sicherheitswehr und nahmen, zum Alexanderplatz zurückgekehrt, die im Polizeipräsidium stationierten Soldaten unter Feuer.[42]

Die Vermutung ist nicht weit hergeholt, dass *agents provocateurs* am Werk gewesen sein könnten: Die Kommandeure der Freikorps, die nach der Ausrufung des Streiks den Auftrag erhielten, Berlin zu besetzen, hatten sowohl für die Republikanische Sicherheitswehr als auch insbesondere für die Volksmarinedivision nur Verachtung übrig. Letztere hatte, wie gesehen, am 24. Dezember 1918 der Garde-Kavallerie-Schützen-Division eine demütigende Lektion erteilt. Während der damalige Kommandeur Lequis abberufen war, dienten ranghohe Offiziere der Garde-Kavallerie-Schützen-Division, darunter Waldemar Pabst, jetzt im Stab von General Lüttwitz. Angesichts der dokumentierten Machenschaften dieser Männer im Verlauf der Revolution ist es sehr gut vorstellbar, dass sie Mittel und Wege suchten und fanden, den Streik für einen Vergeltungsschlag gegen die Volksmarinedivision zu nutzen.[43]

Andererseits sollte man die Möglichkeit, dass *agents provocateurs* für den Ausbruch der Kämpfe verantwortlich waren, gegen die Tatsache abwägen, dass auch noch andere Faktoren im Spiel waren. Wie für andere kritische Vorgänge im Verlauf der Revolution von 1918/19 gilt auch für den Märzaufstand von 1919, dass das Tempo, in dem die Ereignisse abliefen, die Entstehung wirkmächtiger Gerüchte begünstigte, die Mobilisierungseffekte auf Seiten aller Konfliktparteien zeitigten. So waren sich zum Beispiel der *Vorwärts* und die *Freiheit*, die sonst in fast allem gegensätzlicher Meinung waren, einig in der Einschätzung, dass, sobald die ersten Schüsse gefallen waren, Gräuelgeschichten über Brutalitäten der jeweils anderen Seite eine wichtige Rolle für die Eskalation der Gewalt spielten. Sowohl revolutionäre als auch regierungstreue Soldaten eilten zu den Tatorten, um die Grausamkeiten zu rächen, die man ihren Kameraden bzw. Genossen angeblich angetan hatte.[44] Nach Angaben der *Freiheit* handelten die Männer, die das Polizeipräsidium zu erstürmen versuchten, nicht zuletzt unter dem Eindruck des Gerüchts, es seien dort schon 60 Matrosen exekutiert worden.[45] Auch im *Vorwärts* war zu lesen, das Gerücht über dieses Massaker habe Soldaten in erheblicher Zahl zum Alexanderplatz strömen lassen. Eine der auf der Regierungsseite kursierenden Gräuelgeschichten besagte, die Rebellen hätten vor dem Polizeipräsidium zwei zu den regierungstreuen Truppen gehörende »Sanitätssoldaten« ermordet, die aus dem Gebäude gekommen waren, um verwundete Revolutionäre zu versorgen.[46]

Die Schlacht fand schließlich ihr Ende, als klarwurde, dass die Regierungsseite die Kontrolle über das Polizeipräsidium und dessen Umgebung behaupten konnte. Im Innern des Gebäudes waren ein Toter und fünf Schwerverwundete zu beklagen. Die Fassade des Polizeipräsidiums wies schwere Beschädigungen auf.[47]

Auch wenn wir dank der widersprüchlichen Angaben zum Ausbruch der Kämpfe vielleicht nie mit Sicherheit werden sagen können, wer oder was die Schlacht am Alexanderplatz auslöste, gibt es keinen Zweifel, was ihre politischen Folgen betrifft. Die blutige Gewalt, die sich hier entlud, lieferte Noske und der Regierung die denkbar wirksamste Rechtfertigung für ihr hartes Vorgehen gegen den Streik. Aus der Sicht Noskes und seiner Parteigänger war die Schlacht am Alexanderplatz der Beweis dafür, dass die regierungstreuen Truppen es mit einem gut organisierten und brutalen Gegner zu tun hatten, dessen Vorgehen einem wohlberechneten Plan zur Übernahme der Herrschaft in Deutschland folgte. Die Kämpfe schienen der Behauptung Glaubwürdigkeit zu verleihen, der Generalstreik solle den Aufmarsch bewaffneter Revolutionstruppen verschleiern, die Berlin unter ihre Kontrolle bringen und eine deutsche Räterepublik errichten würden, wie die Bolschewisten es im Oktober 1917 in Russland vorexerziert hatten.[48] Die »Spartakisten« wurden wieder einmal als diejenigen hingestellt, die das Ganze eingefädelt hatten und steuerten.[49] Diese Erklärung für den Ausbruch der Gewalt lieferte eine rückwirkende Rechtfertigung für alle von Regierungstruppen begangenen Gewaltexzesse und für Noskes hartes Vorgehen gegen den Streik, der unter dem Eindruck der Schlacht am Alexanderplatz in sich zusammenbrach.

Es wäre irreführend zu behaupten, die Regierungsseite habe sich diese Version des Geschehens voll und ganz aus den Fingern gesogen. Für den Vorwurf der Regierung, der Streik sei nur ein Tarnmanöver gewesen, konnten nie Beweise vorgelegt werden. Dennoch kann der Umstand, dass die Revolutionäre keine Anstalten machten, als Erstes den Berliner Zugverkehr unter ihre Kontrolle zu bringen – was sie bei Vorliegen eines durchdachten Umsturzplans sicher getan hätten –, nicht darüber hinwegtäuschen, dass es sich um einen Aufstand handelte. Es wurden nun einmal Straßenbarrikaden errichtet und Waffen gegen Regierungstruppen eingesetzt, und es gab Rädelsführer, die zur Übernahme der politischen Macht nach bolschewistischen Vorbild aufriefen. Andererseits war die Eskalation der Gewalt einem sehr viel breiteren Spektrum von Faktoren geschuldet, wobei die Verantwortung für das beispiellose Ausmaß der Gewalt beiden Seiten zufiel. Den Löwenanteil kann man dabei durchaus Noske, der Regierung und ihren Gefolgsleuten zurechnen. Nachdem sie den Beschluss gefasst hatten, die Stadt militärisch zu besetzen, musste mit schweren Straßenkämpfen in der deutschen Hauptstadt gerechnet werden, und genau das war es, was die Kommandeure der regierungstreuen Truppen unbedingt wollten – im März 1919 war die sozialdemokratisch geführte Regierung bereit, ihnen alles zu geben, was sie wollten.

Das Ende des Streiks

Als die Schlacht am Alexanderplatz entbrannte, lag der Streik bereits in seinen letzten Zügen. Im Verlauf hitziger Diskussionen am 5., 6. und 7. März entschied sich die Mehrheit der Initiatoren und Anführer des Streiks zu guter Letzt, diesen zu beenden, anstatt ihn auch noch auf die Gas-, Wasser- und Stromversorgungsbetriebe auszudehnen.[50] Es folgte eine offizielle Verlautbarung, die besagte, dass der Streik – der übrigens nie durch eine Urabstimmung mehrheitlich beschlossen worden war – am 7. März um 19 Uhr zu Ende sein würde.[51] Beim *Vorwärts* löste die Nachricht Triumphgefühle aus. Die Redakteure des SPD-Organs waren absolut überzeugt davon, dass einzig und allein die Anführer des Streiks für das »Meer von Blut und Trümmern«, das er hinterlassen hatte, verantwortlich waren. Wie schon im Januar wies der *Vorwärts* auch jetzt wieder jede Kritik am Vorgehen der Regierungstruppen als »Lügen« der Gegenseite zurück. Am 8. März verkündete er: »Wo die Bestialität anfängt, hört die Solidarität auf!« Wie dieser folgenschwere Satz zeigt, teilte die SPD-Zeitung zu diesem Zeitpunkt voll und ganz die Sichtweise der Konservativen, die dem Gegner die Menschlichkeit absprachen.[52]

Das liberale *Berliner Tageblatt* äußerte sich ähnlich. Nach seinem Urteil war der März-Streik der sinnloseste aller vergeblichen Streiks, die jemals in Berlin stattgefunden hatten. Das von Theodor Wolff herausgegebene Blatt attestierte den revolutionären Kämpfern vom März 1919, sie seien im Gegensatz zu den ehrenhaften Revolutionären des Jahres 1848 fehlgeleitete, von »blinden Trieben und von fanatischen Hetzern in die Straßenschlacht getriebene« Matrosen, Kumpane »der verbummelten Kasernenschläfer und des plündernden Mob«.[53] In der *Frankfurter Zeitung* war im Kommentarteil eines Korrespondentenberichts aus Berlin zu lesen, der Streik sei zwar beendet, doch gehe der »Terror« weiter. Anders als die Berliner Zeitungen räumte die *Frankfurter Zeitung* ein, eine direkte Verbindung zwischen dem Aufstand der Soldaten und dem Generalstreik sei noch nicht bewiesen. In einem der seltenen Versuche, Verständnis für die Wut der Arbeiter über den Stillstand der Revolution zu zeigen, gelangte sie zu der Diagnose, der Unmut, der die Berliner Arbeiter so empfänglich für den Streikaufruf gemacht hatte, sei die Folge einer »Hungerpsychose«.[54] Harry Graf Kessler kommentierte das Ende des Streiks mit der Mutmaßung, in der Reichskanzlei sei man »im Siegesrausch«. Dagegen dominierte in den Arbeitervierteln im

Norden Berlins nach allem, was er hörte, ein rasender Hass auf die Bastionen der Mittel- und Oberschicht im Westen der Stadt.[55]

Kesselschlacht im Osten Berlins

Das Ende des Streiks war nicht gleichbedeutend mit einem Ende der Gewalt. Als die Regierungstruppen das Polizeipräsidium unter ihre Kontrolle gebracht und den Alexanderplatz in Besitz genommen hatten, setzten sich die Männer, die dort gegen sie gekämpft hatten, in den proletarischen Osten der Stadt ab. Sie errichteten Barrikaden und riefen die Arbeitermassen auf, ihnen im Kampf gegen die von der Regierung in Marsch gesetzten Truppen beizustehen. Nach dem Beispiel der Pariser Kommune von 1871 bauten sie einen Parcours von Barrikaden entlang der Frankfurter Allee auf. Die Regierungstruppen setzten ihnen nach, und es entbrannten intensive Kämpfe in den dichtbebauten Stadtgebieten zwischen der Spree im Süden und der Großen Frankfurter Straße (der heutigen Karl-Marx-Allee) im Norden sowie zwischen der Warschauer Brücke und dem Schlesischen Bahnhof (dem heutigen Ostbahnhof) weiter östlich.[56] Zu Kampfhandlungen erheblichen Ausmaßes, einschließlich Scharfschützenfeuer, kam es auch an der Frankfurter Allee – hier zerfetzte Artilleriefeuer die Barrikaden der Regierungsgegner – und entlang der Ringbahn zwischen Lichtenberg und Neukölln.[57]

In dem Maß, wie sich das Epizentrum der Gewalt ostwärts verlagerte, veränderten sich auch die Kampftaktiken. Die *Berliner Zeitung am Mittag*, ein Boulevardblatt, das von den Kommandostellen der gegen die Aufständischen kämpfenden Truppen mit Informationen versorgt wurde, verbreitete am 8. März als Erste die Erkenntnis, die Rebellen griffen nach dem Scheitern ihres »einheitlichen großen Putschs« am Alexanderplatz nunmehr zu Taktiken des »Kleinkrieges« und versuchten ihr Glück mit »kleinen Putschen […], Barrikadenkämpfen und Überfällen«.[58] Eine ganze Reihe von Zeitungen übernahm diese Interpretation und operierte mit Begriffen wie »Kleinkrieg«, »Guerillakrieg« und

»Franktireurkrieg«, um die Wesensart der zwischen dem 8. und dem 12. März ausgetragenen Kämpfe zu charakterisieren.[59] Das *Berliner Tageblatt* gab die Parole aus, die Aufständischen hätten »eine Art Franktireurkrieg« entfesselt, um »so die friedliebende Bürgerschaft in Angst und Schrecken zu versetzen«.[60]

Als Reaktion auf die Guerillataktik der Aufständischen in Teilen des Berliner Ostens versuchte die Regierungsseite, sie mit einer mächtigen Einschnürungsoperation matt zu setzen.[61] Wie der *Vorwärts* seinen Lesern erklärte, bestand das Ziel der Operation darin, den Feind »konzentrisch einzuschließen und von allen Zufuhren abzuschneiden«, so dass die Regierungstruppen »die Spartakisten ausnehmen« konnten und sich tagelange Straßenkämpfe in den neuen Stadtquartieren ersparen würden.[62] Die Regierungstruppen setzten zur Erreichung dieses Ziels auf den fortdauernden Einsatz von Artilleriegeschützen, Mörsern, Maschinengewehren, Jagdflugzeugen und Handgranaten.[63] Dieses Aufgebot militärischer Machtmittel stieß auf breite publizistische Zustimmung. Die *Berliner Morgenpost* sprach euphemistisch von einer »Entwaffnungsaktion«, während der *Vorwärts* beifällig schilderte, wie vom Alexanderplatz aus »Granate um Granate nach dem in der Luftlinie nur vier Kilometer entfernen [Schlesischen] Bahnhof abgefeuert wurde«.[64] Der *Berliner Lokal-Anzeiger* feierte die »moralische Wirkung« des Granatenbeschusses auf den Feind und erklärte seinen Lesern stolz, jede in eine Straße einschlagende Granate reiße ein 6 bis 7 Meter großes Loch in den Boden.[65]

Die Logik hinter der Strategie der Einschnürungsoperation hatte Vorrang vor irgendwelchen Rücksichten auf zivile Opfer. Es handelte sich bei diesen Kampfzonen um dichtbebaute Stadtgebiete mit mehrstöckigen Wohnhäusern, deren Bewohner nur zum allergeringsten Teil aktive Rebellen oder Spartakisten waren.[66] Wie der *Vorwärts* in Anerkennung dieses Dilemmas einräumte: »Die unbeteiligte Bevölkerung hat außerordentlich schwer zu leiden. Es lässt sich jedoch leider augenblicklich zur Besserung ihrer Lage sehr wenig tun.«[67] In einer anderen Reportage berichtete das SPD-Organ, die Regierungstruppen seien, nachdem sie einen halben Tag lang 15-Zentimeter-Granaten gefeuert hätten, nach »Beschwerden« über die von diesen angerichteten Zerstörungen auf kleinere Granaten vom Kaliber 7,5 Zentimeter umgestiegen – nähere Angaben über den Inhalt der Beschwerden und über die angerichteten Zerstörungen blieb der *Vorwärts* schuldig. (Die im Ersten Weltkrieg am meisten verfeuerte Granate war die »kleinere« mit Kaliber 7,5 Zentimeter gewesen.)[68] Der *Berliner Lokal-Anzeiger* schrieb zu etwaigen Verlusten in der Berliner Zivilbevölkerung, in der Anfangsphase des Ersten Weltkrieges hätten »unsere Brüder und Schwestern in Ostpreußen« unter der Gewalt »barbarischer Russenhorden« leiden müssen; jetzt müssten eben die zivilen Bewohner des Berliner Ostens so lange »die schwersten Opfer bringen«, bis auch hier der Feind unschädlich gemacht sei. An anderer Stelle äußerte das Blatt die Meinung, die übrigen Berliner müssten die Bewohner der östlichen Stadtbezirke so weit entschädigen, dass diese die ihnen zugefügten Schrecknisse vergessen könnten.[69]

Es war bezeichnend für den unverhältnismäßigen Einsatz militärischer Gewalt, dass mancherorts Scharfschützenfeuer aus einer Rebellenstellung mit Artillerie- und MG-Beschuss quittiert wurde und dass während der Nachtstunden auf gepanzerten Fahrzeugen angebrachte Suchscheinwerfer Gebäude anleuchteten, aus denen angeblich Schüsse abgefeuert worden waren.[70] Als die Regierungstruppen am 12. März ihren Einkesselungsring fest geschlossen hatten, marschierten sie in den östlichen Teil des Bezirks Lichtenberg ein, der nach verbreiteter Ansicht die Hochburg der Aufständischen war.[71] Mit der Besetzung dieses Stadtteils durch Regierungstruppen war das militärische Vorgehen abgeschlossen, und die Regierung erklärte Berlin für »befreit«.[72]

Die Niederschlagung des Aufstands forderte so viele Todesopfer, dass die Zahl der eingelieferten Toten die Kapazität der städtischen Leichenhallen überstieg.[73] Hunderte, wenn nicht Tausende Berliner klapperten ab dem 10. März 1919 Leichenhalle um Leichenhalle ab, auf der Suche nach den sterblichen Überresten vermisster Familienmitglieder und Freunde. Was sie zu sehen bekamen, war grausig: von modernen Kriegswaffen zerfetzte menschliche Körper. Das sozialdemokratische Parteiorgan hatte nichts Eiligeres zu tun, als auf das Grauen, das der erste große industrielle Krieg der Geschichte gebracht hatte, zu verweisen. »Die fürchterlichen Wunden der Opfer«, schrieb der *Vorwärts*, »kennt jeder, der an der Front gewesen ist.« Das Entsetzen, das der Zustand der Leichen den Hinterbliebenen bereitete, war für die Zeitung indes kein Anlass, den Opfern und ihren Familien so etwas wie Mitgefühl zu erweisen. Das Unrecht ausblendend, das Hunderten getöteten Zivilisten widerfahren war, die zwischen die Fronten geraten waren, schrieb der *Vorwärts*, die Getöteten hätten genau die Physiognomie jener »Typen, wie man sie in den Reihen des auf Verelendung aufbauenden Spartakusbundes nur zu häufig findet. Noch im Tode steht ihnen Wut, Hass und Verzweiflung auf den Gesichtern geschrieben.«[74]

Nur vier Monate nachdem Deutschland sich zur Republik erklärt hatte und nur Wochen nachdem die deutsche Nationalversammlung erstmals in Weimar zusammengetreten war, hatte Deutschlands erste demokratisch gewählte Regierung eine militärische Operation in Berlin veranlasst, die mehr als tausend Menschen das Leben kostete. Die Republik unternahm nichts, um herauszufinden, wer diese Toten waren, und nie wurde ernsthaft der Versuch unternommen, zu ermitteln, wie viele von ihnen an Streik und Aufstand unbeteiligte Zivilisten waren. Die Logik der Gewalt hatte über das Recht und über die Bürgerrechte triumphiert. Die Weimarer Republik hatte ihr »Gründungsmassaker« hinter sich.

KAPITEL ZWÖLF

Schießbefehl

Am 9. März 1918, als der »Märzaufstand« gerade in seine zweite Woche gegangen war, verkündete Gustav Noske: »Die Grausamkeit und Bestialität der gegen uns kämpfenden Spartakisten zwingen mich zu folgenden Befehl: Jede Person, die mit der Waffe in der Hand gegen Regierungstruppen kämpfend angetroffen wird, ist sofort zu erschießen.«[1] Es war ein folgenschwerer Tabubruch: ein Befehl, der deutsche Bürger zu Objekten reduzierte, die die Garantien für ihre persönliche Unversehrtheit verwirkt hatten. Von nun an konnten Soldaten, wen immer sie wollten, festnehmen und hinrichten; sie konnten sogar – und taten das auch in einigen Fällen – die Leichen der Erschossenen spurlos verschwinden lassen. Innerhalb von drei bis vier Tagen wurden auf der Grundlage dieses Befehls mindestens 177 und möglicherweise sogar mehr als 200 Personen liquidiert.[2]

Es war ein entscheidender Schritt auf dem Weg zu den Schrecken des Dritten Reiches und des Zweiten Weltkrieges. Es war ein geschichtlicher Moment, in dem die Inhaber der staatlichen Macht zügellose Gewalt einsetzten, um ihre uneingeschränkte Herrschaft zu demonstrieren. Ein Moment am Anfang der Weimarer Republik, der funktionell der Gewalt der Nationalsozialisten am Anfang des Dritten Reiches entsprach. Insofern gebührt diesem Schießbefehl eine zentrale Position in der Debatte über die Rolle von Gewalt in der deutschen Geschichte des 20. Jahrhunderts. Tatsächlich sind jedoch der Befehl und die Folgen, die er hatte, im

Großen und Ganzen ebenso in Vergessenheit geraten wie die Abfolge der Ereignisse, die zu ihm führten. Lange Zeit erinnerte man sich nur in der DDR an diesen Befehl, und als das dortige Regime zusammenbrach, kam unter den Vorzeichen der Vereinigungseuphorie keine große Begeisterung für seine Wiederentdeckung auf. Im Gegenteil: Die Erinnerung an Noskes Schießbefehl ist in den letzten zwei Jahrzehnten eher noch unpopulärer geworden, da Historiker die Existenz historischer Vorspiele und Weichenstellungen für den Nationalsozialismus herunterzuspielen versuchen. Wenn heute überhaupt noch an den Schießbefehl erinnert wird, dann wird er fast ausschließlich mit der Person Gustav Noskes in Verbindung gebracht, des Militärbefehlshabers, dessen Name dem Wort »Schießbefehl« fast automatisch vorangestellt wird, als sei er allein dafür verantwortlich gewesen, und fast so, als habe er jede Erschießung persönlich vorgenommen. Die Verantwortung einzig Noske und den mit ihm gemeinsame Sache machenden Militärs in die Schuhe zu schieben ist ein bequemes Mittel, um vergessen zu machen, dass Noskes harte Linie damals breite Zustimmung fand und sein Schießbefehl weithin begrüßt wurde: Es war ebenso sehr Weimars wie Noskes Schießbefehl.

Der Beifall für den Befehl steigerte sich auch deswegen, weil am selben Tag eine aufgebauschte Gräuelgeschichte Schlagzeilen machte, die besagte, im Berliner Bezirk Lichtenberg hätten Spartakisten ein grausiges Massaker an Staatsbeamten verübt. Der erste Bericht über die angebliche Gräueltat erschien in der *Berliner Zeitung am Mittag*. In dem Bericht hieß es, Spartakisten hätten in Lichtenberg einen »furchtbaren Massenmord« begangen, nämlich mindestens 60 Polizeibeamte kaltblütig getötet, nachdem sich die Bediensteten des Polizeipräsidiums den Aufständischen ergeben hätten.[3] Im Verlauf der folgenden 24 Stunden erschienen immer neue Pressemeldungen, denen zufolge sogar 150 bis 200 Polizisten von Aufständischen, Männern wie Frauen, auf bestialische Weise abgeschlachtet worden waren.[4] Immer neue Reportagen überboten einander mit plastischen Einzelheiten zur Brutalität der Rebellen. Sie erschienen in weitgehend übereinstimmenden Versionen in führenden liberalen, sozialdemokratischen und konservativen Zeitungen und ebenso in der Boulevard Presse.[5] Die Berichte beruhten auf amtlich beglaubigten Darstellungen des Geschehens, deren Urheber die Presseoffiziere der von Hauptmann Pabst kommandierten Garde-Kavallerie-Schützen-Division waren. Diese wiederum beriefen sich auf Aussagen von Überlebenden, die angeblich das Gemetzel miterlebt hatten und denen anschließend die Flucht gelungen war.[6] In einem Bericht mit sexuellen Untertönen wurde geschildert, wie eine Gruppe Spartakistinnen einem Polizeibeamten den Stahlhelm abnahm und ihn dann zusammenschlug, bis er zu Boden ging; anschließend hätten die Frauen den in seinem Blut liegenden Mann »totgeschlagen«.[7]

Die Berichte über die »Lichtenberger Gräuel« beruhten auf einer Falschmeldung.[8] Es gab kein Massaker; nachdem Regierungstruppen am 12. März Lichtenberg eingenommen hatten, wurde schnell klar, dass die Männer, die angeblich von den Spartakisten brutal ermordet worden waren, noch lebten.[9] Schon vorher hatte die *Freiheit* Zweifel am Wahrheitsgehalt der Gräuelgeschichte geäußert.[10] Wenngleich das Ausmaß der Gewalt in den veröffentlichten Gräuelreportagen hemmungslos übertrieben wurde, war die Geschichte doch nicht zur Gänze erfunden; es hatte im Umfeld des Lichtenberger Polizeipräsidiums bewaffnete Auseinandersetzungen gegeben, wenn auch, wie bald deutlich wurde, kein Gemetzel und keine Massenerschießung, wie von der Garde-Kavallerie-Schützen-Division, von Gustav Noske und von der regierungstreuen Presse behauptet. Obwohl der Schießbefehl auf einer Lügengeschichte beruhte, blieb er bis zum 16. März in Kraft. Und selbst danach gab es auf der Regierungsseite nur wenige, die bereit waren zuzugeben, dass die »Lichtenberger Gräuel« ein Fall von geradezu atemberaubender Lügenpropaganda gewesen waren.[11] Das lag daran, dass die Geschichte eine wichtige politische Funktion erfüllte. Sie machte eine Koalition aus bis dahin inkompatiblen Kräften möglich, im Kern zwischen Sozialdemokraten, Liberalen und Konservativen, die sich jetzt einbilden konnten, gemeinsam gegen einen »bestialischen«, untermenschlichen spartakistischen Feind zu kämpfen. Diese Vorstellung war eine notwendige Voraussetzung dafür, dass sie das gewaltsame Vorgehen gegen die militante Linke (für die es bereits Präzedenzfälle gegeben hatte) akzeptierten und dessen Fortsetzung mit bislang unerhörten militärischen Mitteln in dichtbebauten Wohnbezirken der deutschen Hauptstadt gutheißen würden. Nützlich war die Gräuelgeschichte auch als Mittel der politischen Mobilisierung; zuzugeben, dass sie weitgehend erfunden war, wäre gleichbedeutend gewesen mit dem Eingeständnis einer Niederlage im Kampf um die Meinungs- und Bedeutungshoheit, der so konstitutiv für die Politik im Revolutionswinter 1918/19 war.

Die erste Reaktion des *Vorwärts* auf das Lügenmärchen aus Lichtenberg bestand nicht etwa darin, den Wahrheitsgehalt der Geschichte zu überprüfen, sondern es sogleich als probate Rechtfertigung für den Schießbefehl zu nutzen.[12] In ihrer Morgenausgabe vom 10. März forderte die wichtigste Tageszeitung der SPD: »Keine Gnade den Mördern.«[13] Auf ein in Krisenzeiten beliebtes rhetorisches Mittel zurückgreifend – das Schicksal der Gesellschaft in Analogie zum Schicksal von Tieren auf dem Weg zur Schlachtbank zu setzen –, schrieb das SPD-Organ: »Man muss fast glauben, dass die Nähe des Zentralschlachthofes auf die Phantasie der Mörder erregend eingewirkt hat.«[14] Für den *Vorwärts* stand fest, dass das, was in Lichtenberg passiert war, jeden normalen Menschen in höchste Empörung versetzen und für alle Zeit ein Schandmal auf der Stirn des Spartakismus bleiben würde. Die Zeitung warf den Spartakisten vor, sie hätten das »Lumpenproletariat« Berlins »wahllos bis an die Zähne« bewaffnet und »Schwerverbrecher aus der Stadtvogtei« entlassen, damit sie sich an dem Massaker beteiligen konnten.[15]

Wie der *Vorwärts* verbreitete auch das *Berliner Tageblatt* Trugbilder von der Brutalität der Spartakisten. Das *Tageblatt* verteidigte das Recht der Regierungstruppen, standrechtliche Erschießungen vorzunehmen, mit dem Argument, die Regierung führe einen »Kampf gegen die Bestie«, und fuhr fort: »Diese Mordtat, diese ruchlose und feige Massenerschießung, ist nur ein einziger, besonders hervorstehender Fall in der Unzahl der bestialischen Scheußlichkeiten, die von dem spartakistisch-kommunistischen Verbrechertum gegenwärtig verübt werden«.[16] In seinem Plädoyer für den Schießbefehl verstieg sich das *Berliner Tageblatt* zu der Aussage, dem Vorgehen der Regierung dürften in der aktuellen Situation keine Grenzen gesetzt werden: »Gegen die Bestialität und gegen diejenigen, die sie benutzen, muss ein Volk, das leben will, sich schützen. Es muss sich schützen mit allen Mitteln, über die es verfügt.« Man könne die Spartakisten nicht mehr als Menschen betrachten. Sie seien »Meuchelmörder oder Genossen von Meuchelmördern, Dieben und Strolchen, und diese angeblichen Menschheitsapostel stellen sich durch ihre Taten außerhalb jeden Menschentums.«[17]

Theodor Wolff warnte in seinem Leitartikel vor der Gefahr, dass »der Wahnwitz, der in den kranken Hirnen großer Volksmassen« brüte, eines Tages »in bestialischer Raserei jede Sicherungstruppe überrennen« könne.[18] Eine der meistgelesenen Zeitungen Berlins, der *Berliner Lokal-Anzeiger*, trat ebenfalls für den Schießbefehl ein: »Die entfesselte Bestie muss niedergerungen werden, koste es, was es wolle.« Die Zeitung gebrauchte in ihrer Lobrede auf den Schießbefehl Ausdrücke, die von großen Teilen der deutschen Presse nachgebetet wurden: »Mit diesen Leuten gibt es keine Verständigung, nicht für Sozialdemokraten, geschweige denn für die nicht-sozialistischen Bürger des Reiches. Sie sind es, die den Kampf bis aufs Messer wollen, und wahrlich, das Messer, das sie führen, kennt keine Gnade, keine Menschlichkeit.«[19]

Das war die politische Kultur staatlich lizenzierter Gewalt im März 1919. Diese Kultur hatte aus dem Krieg mitgebrachte Mentalitäten verinnerlicht, die im Feind das entmenschte Ungeheuer sahen, das nichts anderes verdient hatte, als vernichtet zu werden. Jegliches Ideal einer Gemeinschaft aller Menschen kam ebenso unter die Räder dieses Freund-Feind-Denkens wie die Bürgerrechte deutscher Zivilisten. Unter Missachtung aller humanistischen Traditionen, die seit mehr als einem halben Jahrhundert in Deutschland so sehr an Boden gewonnen hatten, feierte diese archaische Mentalität die Gewaltexzesse der Regierungstruppen und gab diesen freie Hand, auf den Straßen der deutschen Hauptstadt zu tun, was immer sie für richtig hielten.

Die Sprachrohre dieses Rückfalls lobten das Tun der Truppen als heldenhaft und sangen Hymnen auf die Männer, die angeblich dabei waren, Deutschland vor dem Sturz in den Abgrund zu bewahren. Sie ließen die staatliche Gewalt als etwas Charismatisches erscheinen, etwas, das einerseits in seiner Barbarei faszinierte und andererseits unentbehrlich war, weil die Verheißung dieser Gewalt die ängstlichen Teile der deutschen Gesellschaft von ihren schlimmsten Alpträumen erlöste. Ihre brutalen Konsequenzen hatte diese Kultur für all jene – vor allem in den östlichen Bezirken von Berlin –, die sich dort befanden, wo die Gründungsgewalt der Weimarer Republik zuschlug.

Töten im Schatten des Schießbefehls

Es wäre falsch zu glauben, der Schießbefehl sei nicht mehr gewesen als ein rhetorisches Propagandawerkzeug ohne Einfluss auf das Verhalten der Regierungstruppen. Deren Wege und Einsätze lassen sich zwar aus Mangel an historischen Belegen nur schwer rekonstruieren, aber immerhin liegen genügend Dokumentenbestände vor, aus denen klar hervorgeht, dass und wie die vermeintlichen Lichtenberger Gräuel die Soldaten radikalisierten. Einer dieser Bestände dokumentiert die Aktivitäten einer Gruppe, die nur Stunden nach dem ersten Erscheinen der Gräuelgeschichte im Hof des Gefängnisses Moabit zwei Männer brutal ermordete. Soldaten, die Zeugen der Mordtat wurden, bezeichneten die beiden Opfer als »Ausländer«, »Russen«, vor allem aber als »Galizier«. Letzteres eine damals gebräuchliche Bezeichnung für osteuropäische Juden. Später konnte festgestellt werden, dass es sich bei einem der Ermordeten um einen russischen Kriegsgefangenen namens Abraham Melichowitsch handelte. Der Name und die Nationalität des anderen Mannes sind unbekannt geblieben.[20]

Gleich nach ihrer Ankunft im Gefängnishof wurden die beiden Männer von einer Gruppe außer Kontrolle geratener, wutentbrannter Regierungssoldaten umringt und brutal zu Tode geprügelt. Ein Zeuge sprach später von einer »grenzenlosen Wut«

der Soldaten.[21] Ein 20-jähriger Soldat schlug mit seinem Gewehrkolben mehrmals auf einen der beiden Gefangenen ein, bis er aufhören musste, weil das Gewehr entzweiging. Ein anderer zertrümmerte mit einem schweren Holzhammer die Körper der Männer. Soldaten, die bei dieser atavistischen Gewaltorgie zusahen, feuerten die Täter mit Rufen wie »Schlag ihn!« an.[22] Im Anschluss an die brutalen Schläge wurden die Körper der Opfer noch aus kurzer Distanz mit Schüssen durchsiebt. Die Soldaten feuerten so viele Kugeln in die Leiber, dass sie ihre Waffen nachladen mussten.[23] Die Leichen wurden auf einen Abfallhaufen geworfen. Wie später verlautete, landeten sie im Tiergarten oder in der Spree.[24]

Über die Männer, die diesen brutalen Mord an zwei Gefangenen verübten, hieß es später, sie hätten in »blinder Wut« gehandelt. Einige der Soldaten, die Zeugen der Tat wurden, behaupteten, ein Eingreifen wäre zu gefährlich gewesen; jeder, der den Opfern zu helfen versucht hätte, wäre selbst an die Reihe gekommen.[25] Wie viele Männer sich insgesamt an der Bluttat beteiligten, wurde nie auch nur annähernd geklärt. Schätzungen bewegen sich zwischen einer kleinen Gruppe von vier oder fünf Soldaten und einer sehr viel größeren Horde aus bis zu 150 Männern.[26] Ein Mann sagte aus, er habe einen Boxhieb verpasst bekommen, als er die Soldaten aufforderte, von ihrem »bestialischen« Tun abzulassen.[27]

Dieser Fall erregte so großen Abscheu, dass zwei junge Männer mit Nachnamen Arndt und Schneider, der eine 18, der andere 20 Jahre alt, für ihre Mitwirkung an der Mordtat schließlich zu eineinhalb Jahren Gefängnis verurteilt wurden.[28] Wie Arndt bei einem seiner ersten Verhöre den Strafverfolgern erzählte, seien die Soldaten, die auf die Gefangenen losgingen, von großer Wut über »die Nachricht von dem Mord an dem Polizeikommandant in Lichtenberg und [an] Offizieren und Mannschaften von uns« erfüllt gewesen – die sich später, wie er selbst zugab, als »Falschmeldung« herausgestellt habe.[29] Auch ein Zeuge bestätigte ausdrücklich, die Soldaten hätten mit der Ermordung der Gefangenen Rache für die Verbrechen nehmen wollen, über die sie in den Zeitungen gelesen hatten. Er schilderte, wie sich »ein wüster

Haufen von allen drei Kompanien, die im Zellengefängnis untergebracht waren, in der großen Erregung über den Schutzmannsmord in Lichtenberg auf diese Leute geworfen haben«.[30] Zeugen berichteten den Vernehmern, die beiden Gefangenen seien bei ihrer Ankunft im Gefängnishof für Mörder eines Soldaten oder eines Beamten gehalten worden.[31] Bei ihrer Festnahme hätten sie »abgesägte Schrotflinten« versteckt unter der Jacke getragen. Man habe bei ihnen außerdem Wertgegenstände gefunden, darunter Schmuckstücke, die sie angeblich vor ihrer Festnahme gestohlen hatten.[32] Ein Zeuge erklärte später, die Soldaten, die gleich nach dem Erscheinen der Gefangenen im Gefängnishof angefangen hätten, auf sie einzuprügeln, hätten dies aus ihrer »sehr großen Erbitterung« über die Spartakisten heraus getan.[33] Auch andere Zeugen bestätigten, dass »die Erregung unter den Männern sehr groß war«[34] und dass erzählt wurde, die Gefangenen hätten zwei Beamte ermordet.[35] Die Staatsanwaltschaft bescheinigte den Soldaten in ihrem Bericht über den Vorfall, sie seien von blinder Wut besessen gewesen.[36] Der Richter vertrat später in der Urteilsbegründung die Ansicht, die Tat sei das Resultat der »ungeheuren Erregung [gewesen], welche sich gerade am Tage der Tat der Mannschaften bemächtigt hatte und die bis zur Siedehitze gestiegen war«.[37]

Das Massaker in der Französischen Straße

Der Mord an den »Galiziern« ist nicht das einzige Beispiel dafür, wie die Lichtenberger Gräuelgeschichte und der Schießbefehl den Boden für blutige Racheakte regierungstreuer Soldaten bereiteten. Rosa Luxemburgs Geliebter Leo Jogiches, der seit der Ermordung Luxemburgs und Liebknechts die *Rote Fahne* redigierte, wurde verhaftet und im Untersuchungsgefängnis Berlin-Moabit von einem Kriminalbeamten ermordet. Zur größten Massenhinrichtung unter der Ägide des Schießbefehls kam es am 11. März, als im Innenhof eines Gebäudes in der Französischen Straße in Berlin-Mitte Regierungstruppen 29 Mitglieder der Volksmarinedivision erschossen. Diese Massenerschießung hatte nichts Heimliches an sich. Der *Berliner Börsen-Courier* meldete am nächsten Tag, Regierungstruppen sei es gelungen, »ein großes Spartakistennest auszunehmen«.[38] In einem amtlichen Bericht hieß es, einige der Matrosen hätten sich mit Revolvern der Festnahme widersetzt und seien im Besitz der gefürchteten »Dumdum-Munition« gewesen.[39]

Das Massaker in der Französischen Straße wurde einige Monate später zum Gegenstand scharfer Auseinandersetzungen: Während diejenigen, die auf der Seite der Soldaten gestanden hatten, deren Vorgehen verteidigten, verurteilten ihre Gegner es als einen vorsätzlichen Versuch, Rache für die Demütigung zu nehmen, die die Gardedivision am 24. Dezember 1918 erfahren hatte.[40] Selbst die *Vossische Zeitung* kam zu der Erkenntnis, dass es hier offensichtlich nicht um einen offenen Kampf gegen Männer gegangen war, die sich mit der Waffe in der Hand gegen Regierungstruppen gewehrt hatten.[41] Die Soldaten, die das Massaker veranstalteten, standen unter dem Befehl von Oberleutnant Otto Marloh, einem Weltkriegsveteranen, der seine Befehle wiederum von Oberst Reinhard erhielt.[42] Dieser Fall war so skandalös, dass gegen Marloh ein militärisches Untersuchungsverfahren und im Dezember 1919 ein Prozess eröffnet wurden.

Wie sich im Verlauf der Ermittlungen und des Prozesses herausstellte, hatten sich Marlohs Männer schon seit den späten Nachtstunden in dem Gebäude versteckt gehalten. Man hatte sie dorthin beordert, weil sich in dem Gebäude die Zahlstelle der Volksmarinedivision befand. Obwohl die Division nach der »Schlacht am Alexanderplatz« offiziell aufgelöst worden war, war damit zu rechnen, dass an diesem Tag viele der Männer an der Zahlstelle auftauchen würden, um ihren ausstehenden Sold abzuholen, denn am Vortag war in der Presse ein Löhnungsappell für den 11. März bekannt gemacht worden. Einige der Matrosen kamen von der nahegelegenen Reichsbank, zu deren Wachpersonal sie seit November 1918 gehörten. Es ist wichtig, sich zu vergegenwärtigen, dass viele Angehörige der Volksmarinedivision regierungstreu geblieben waren; sie gehörten, wie in Berlin allgemein bekannt war, zum »zuverlässigen« Flügel der Volksmarinedivision.[43] Als im Lauf des Vormittags die Männer einzeln oder in Gruppen zum Gebäude kamen, wurden sie von Regierungssoldaten abgefangen und im Innenhof festgehalten. Marloh behauptete später, bis zur Mittagszeit hätten seine Leute auf diese Weise 200 bis 300 Mann festgesetzt, und er habe daraufhin Befehl gegeben, niemanden mehr ins Gebäude zu lassen. Wenig später wählte Marloh zusammen mit einem anderen Mann, den er später als seinen Cousin bezeichnete, 30 der Gefangenen zur Erschießung aus.[44]

Der Prozess brachte keine Klarheit darüber, wie die Männer erschossen worden waren. Zeugen widersprachen einander in der Frage, ob Gewehre oder Maschinengewehre als Hinrichtungswaffen eingesetzt wurden.[45] Ein Zeuge behauptete, die Gruppe der 30 Ausgewählten sei zwei Minuten lang unter MG-Feuer gesetzt worden. Nach seiner Aussage ertönten danach lautes Geschrei und Pistolenschüsse. Ein anderer Zeuge bestritt, dass Maschinengewehre eingesetzt worden waren. Seiner Aussage zufolge wurde die zur Erschießung bestimmte Gruppe in eine Ecke des Innenhofs geführt. Als den Männern klarwurde, dass sie vor einem Erschießungskommando standen, hätten sie zu schreien begonnen und zu entkommen versucht. In diesem Moment habe das Kommando das Feuer eröffnet. Der Zeuge erklärte, der Kugelhagel habe sechs bis acht Minuten angehalten und erst aufgehört, als »alle« auf dem Boden lagen. Dann hätten zwei der Todesschützen allen Opfern, die noch Lebenszeichen von sich gaben, Fangschüsse gegeben.[46]

Bei seiner Aussage vor Gericht verteidigte Marloh sein Vorgehen durch Verweis auf die Befehle, die Noske und Pabst erlassen hatten. (Pabst hatte den Regierungstruppen einen Zusatzbefehl erteilt, der im Detail erläuterte, wie Noskes Schießbefehl umgesetzt werden sollte.) Marloh behauptete, an seine Division sei zusätzlich zu diesen Befehlen die Anweisung ergangen, jeden zu erschießen, der Widerstand leistete, plünderte oder im Besitz einer Waffe war. Seinem Verständnis nach hätten auch Messer als Waffen gezählt. Er rechtfertigte das, was er getan hatte, auch mit den Berichten im *Berliner Lokal-Anzeiger* vom 10. März 1919 – dem Tag, an dem die Reportagen über die »bestialischen Verbrechen« der Spartakisten in Lichtenberg ihren Siedepunkt erreichten.[47] Er wiederholte darüber hinaus den Vorwurf, man habe bei den Matrosen »Dumdum-Patronen« gefunden.[48] Marloh bestritt, dass seine Soldaten den Toten Wertsachen abgenommen oder dass sie Leichenschändungen an ihnen begangen hatten. Der Vorsitzende Richter akzeptierte diese Aussagen mit dem Hinweis, die »Schusswirkung aus kurzer Entfernung« sei »immer explosiv«.[49] Keiner der Zeugen bestritt, dass die Regierungssoldaten in dem Innenhof Maschinengewehre aufgebaut hatten; man kann nicht ausschließen, dass die traumatische Erinnerung an das Geschehene bei einigen Augenzeugen dazu führte, dass sie glaubten, die MGs seien eingesetzt worden.[50] Der Vater eines der Getöteten sagte vor Gericht aus, dass sein Sohn »nicht erschossen worden, sondern buchstäblich bestialisch zerrissen worden sein müsse. Die Augen waren ihm ausgestochen, die Zähne eingeschlagen, er lag wie eine Rolle zusammengekrümmt.«[51]

Marloh hatte die Aufgabe, die Männer hinzurichten, an einen Mann namens Waldi Penther (oder Penter) delegiert, dem die Anklage die Tötung von 29 Männern zur Last legte. Wie wir anfangs gesehen haben, konnte Hugo Levin überleben, indem er sich tot stellte.[52] Penther hatte 24 Jahre Wehrdienst hinter sich, darunter Einsätze in den deutschen Kolonien. Die *Vossische Zeitung* beschrieb ihn als einen Mann mit einer »besonders großen Wut gegen die Spartakisten«.[53] Vor Gericht sagte Penther aus, er habe sich zu dem Gebäude in der Französischen Straße begeben, als seine Kompanie den Befehl erhielt, sich Marloh als Verstärkung zur Verfügung zu stellen. Über die Gefangenen im Hof des Gebäudes sagte er: »Man konnte doch sehen, wer ein Verbrecher war und wer nicht.« Er sei in der Lage gewesen, die »Verbrecher« an ihrer Physiognomie zu erkennen: »Man erkannte, wer vollgefressen war und Ringe und Ketten trug, die gestohlen sein mussten.« Und weiter: »Ich hatte allen Grund, die Bande zu erschießen. Denn die Kerle waren vaterlandslos und vom Militär ausgerissen. Und wer den Truppen gegenübertrat, verdient eine Kugel.«[54] In dem Protokoll von Penthers Aussage findet sich auch die Behauptung, er sei nur wenige Tage, bevor er die Hinrichtung befehligte, von Aufständischen gefangen genommen worden. In seiner Schilderung dessen, was er durchgemacht hatte, benutzte er Worte, die während jener Märztage in den Presseberichten immer wieder aufgetaucht waren. So behauptete er, nach seiner Festnahme von »Bestien« geschlagen worden und einmal von einer Gruppe minderjähriger Matrosen mit Fausthieben ins Gesicht traktiert worden zu sein.[55] Der Prozess endete mit einem Freispruch für Marloh.[56] Sein Verteidiger hatte ihm attestiert, er sei zum Opfer einer »Tragödie der Disziplin« geworden.[57] Die ultrarechte Zeitung *Der Reichsbote* veröffentlichte nach dem Prozess eine von Penther verfasste Serie von Artikeln voller Abenteuergeschichten, die die gewaltsame Ausmerzung der spartakistischen Untermenschen glorifizierten.[58]

Der Spartakistenmörder

Einen Tag nachdem Marloh und seine Männer das Massaker in der Französischen Straße begangen hatten, ging in einer Wohnung im dritten Stock eines Gebäudes in der Langen Straße in der Nähe des Schlesischen Bahnhofs (des heutigen Berliner Ostbahnhofs) eine zwölfjährige Schülerin zu einem offenen Fenster. Ihr Vorname ist als Helene oder Wladislawa überliefert, ihr Nachname als Slovek.[59] Sie hatte laute Rufe gehört, die von der Straße heraufdrangen. Sie war nicht schnell genug. Zwar gelang es ihr noch, einen Fensterladen zuzuziehen, aber dann traf eine Gewehrkugel den Kopf des zwischen Fenster und Vorhang stehenden Mädchens.[60] Sekunden nach dem Schuss schrillten die markerschütternden Schreie der Mutter des Mädchens durch die Straße, die sich kreischend und mit blutüberströmtem Gesicht aus dem Fenster lehnte.[61] Manche schockierten Passanten glaubten zuerst, die Frau sei die von dem Schuss Getroffene.[62] Der Mann, der auf die Schülerin geschossen hatte, drohte, ein weiteres Mal zu feuern, wenn die Frau nicht den Mund halte und das Fenster schließe.[63] Doch dann wurde das

Kreischen der Frau von den Stimmen wütender Zivilisten übertönt, die aus dem Inneren eines Bierlokals den Gewehrschuss auf das Mädchen gesehen hatten und den Schützen jetzt ausdauernd beschimpften, bis er sich zu ihnen umdrehte und sie mit seinem Gewehr bedrohte.[64]

Der Mann, der die Schülerin erschossen hatte, war Max Marcus, ein 23-jähriger Veteran des Ersten Weltkriegs. Er kommandierte an diesem 12. März 1919 eine aus 25 Mann bestehende Militärpatrouille.[65] Ein Zeuge sagte aus, dem Schützen habe kurz vor dem tödlichen Schuss das Mädchen »mit der Hand gewinkt, was wohl habe bedeuten sollen, er solle [...] fortgehen, er habe aber zu gleicher Zeit sein Gewehr angelegt und durch das Fenster geschossen«.[66] Die von Marcus befehligte Patrouille hatte die Lange Straße nach verbliebenen Aufständischen abgesucht, die den Regierungstruppen womöglich durch die Lappen gegangen waren.[67] Die Gegend war in den vorausgegangenen drei, vier Tagen stark umkämpft gewesen. In der Nacht vom 10. auf den 11. März war es in der Langen Straße zu Schusswechseln zwischen Regierungstruppen und Aufständischen gekommen, bei denen ein spartakistischer Heckenschütze »mit zerschmetterten Gliedern auf dem Pflaster liegen« geblieben war.[68] In einer Bekanntmachung der Militärführung vom 11. März erging an die Bewohner bestimmter Straßen, darunter auch der Langen Straße, die Warnung, Regierungstruppen würden jeden auf der Stelle erschießen, den sie nach 19 Uhr noch im Freien antrafen.[69] Am 12. März, wenige Stunden bevor Marcus' Patrouille gegen zehn Uhr morgens auf den Plan trat, hatte eine andere Einheit von Regierungssoldaten die Lange Straße abgeriegelt und die Häuser nach Aufständischen und Waffen abgesucht. Vielen Anwohnern und Passanten war nichts anderes übriggeblieben, als im nächstgelegenen Hauseingang, Ladengeschäft oder Wirtshaus Schutz und Deckung zu suchen. Gerade als Marcus seine Patrouille in die Lange Straße führte, gab einer der Soldaten der Durchsuchungseinheit bekannt, die Abriegelung sei aufgehoben.[70] Wie viele Menschen daraufhin aus ihrer Deckung kamen, ist unbekannt; sie kamen jedoch der Kompanie von Marcus in die Quere, die sich gerade in Stellung brachte. Marcus selbst ging in der Straßenmitte voran und gab laut das Kommando: »Straße frei, Fenster zu!«

Zwischen den Erinnerungen der Zeugen bestehen Unstimmigkeiten in Bezug auf die Abfolge der Ereignisse, doch legt die Mehrheit der Aussagen die Annahme nahe, dass Max Marcus unmittelbar vor oder nach seinem tödlichen Schuss auf die Schülerin einen weiteren Schuss abgab, der zwei Personen tötete: den 73-jährigen pensionierten Fliesenleger Karl Becker und eine junge Frau namens Erwine Dahle.[71] Becker ging die Straße entlang, als die tödliche Kugel seinen Körper durchschlug und anschließend Frau Dahle traf, die unweit davon im Eingang eines Ladens Deckung genommen hatte. Die junge Frau war auf der Stelle tot, während Becker sich noch ein paar Schritte weiterschleppte, bevor er zusammenbrach.[72] Marcus bestritt, den zweiten Schuss abgegeben zu haben.[73] Hingegen bestritt er nicht, das Schulmädchen erschossen zu haben. Er war wenig später mit einem Sanitäter in die Wohnung im dritten Stock gegangen. Laut seiner späteren Aussage fand er dort »ein etwa 12-jähriges Mädchen tot auf dem Fußboden, die ich durch Kopfschuss getötet hatte«.[74] Er sagte aus, das Mädchen sei im Augenblick der Schussabgabe acht Meter von ihm entfernt gewesen.[75] Später erzählte er einer Frau, er habe ein »kleines Mädchen« erschossen und das »Gehirn« der Toten auf dem Boden liegen sehen.[76] Marcus war nicht etwa ein harmloser Soldat, der in der Stresssituation des großstädtischen Guerillakampfes einen Schuss abfeuerte, der zufällig ein Schulmädchen traf und tötete. Tatsächlich wissen wir von seinem tödlichen Schuss auf die Schülerin nur, weil gegen ihn wegen des gewaltsamen Todes zweier weiterer Zivilisten im Osten Berlins zwischen dem 10. und dem 13. März 1919 ermittelt wurde. Wie die Ermittlungsakten offenbaren, hatte sich der »Ruhm« des jungen Mannes im gesamten Freikorps Lützow herumgesprochen, und man hatte ihm den Beinamen »Spartakistenmörder« verpasst.[77]

Die Ermittlungen zum Treiben des Max Marcus in den drei Märztagen wurden ausgelöst durch das bemerkenswerte Schicksal, das Alfred Musick widerfuhr, einem Bahnarbeiter, den Regierungssoldaten am 12. März zwischen 17 und 18 Uhr zusammen mit einigen anderen Männern festnahmen – wenige Stunden nachdem Marcus in der Langen Straße die Schülerin erschossen hatte.[78] Die Männer waren Nachbarn, und die Soldaten hatten sie in ihren Wohnungen in einem Gebäude im Osten Berlins verhaftet, in dem sie einen Heckenschützen vermuteten.[79] Obwohl die Soldaten weder eine Waffe noch Munition fanden, führten sie die festgenommenen Männer zur nahegelegenen Andreas-Schule. Das Schulgebäude stand zwischen der Andreasstraße, einer langen Straße, die von der Großen Frankfurter (heute Karl-Marx-Allee) zur Köpenicker Straße führte, und der Koppenstraße.

Regierungstruppen hatten in der Schule kurz vorher ihre Einsatzzentrale eingerichtet. Als die Gruppe um Alfred Musick in das Gebäude geführt wurde, musste sie sich an einer Wand aufstellen und sich die Schmähungen und Drohungen der Soldaten anhören. Dann wurde Musick aus der Gruppe herausgeholt und zu einer anderen Gruppe von Häftlingen gesperrt. Die Trennung von seinen Nachbarn erfolgte offenbar mit der willkürlichen Begründung, er sei nicht im Besitz gültiger Ausweispapiere gewesen.[80] Später führten Soldaten Musick mit vier oder fünf anderen Männern von der Schule weg; unter ihnen war keiner von denen, mit denen Musick ursprünglich festgenommen worden war. Nach Recherchen des pazifistischen Mathematikers Emil Julius Gumbel stand dieses Soldatenkommando unter dem Befehl von Oberleutnant Wecke.[81] An der Schillingbrücke wurden die Häftlinge nebeneinander aufgestellt, erschossen und in die Spree geworfen. Musick war jedoch nicht tödlich verwundet. Trotz Treffern an den Händen, durch den Magen und in den Rücken konnte er davonschwimmen und wurde schließlich von der Besatzung eines vorbeikommenden Bootes gerettet. Er machte sich auf den Heimweg, brach aber unterwegs in der Koppenstraße zusammen. Passanten sammelten sich um ihn, und unter ihnen war ein Arbeitskollege, der ihn erkannte und in eine nahe gelegene Kneipe brachte. Während er dort zu sich kam, erhielten Regierungssoldaten von jemandem den Tipp, dass sich ein verwundeter Mann durch die Straße geschleppt hatte. Sie brauchten nicht lange, um die Kneipe zu finden; trotz der Proteste derjenigen, die sich um

Musick kümmerten, wurde dieser erneut verhaftet und wieder zur Andreas-Schule geschleppt. Er hatte jedoch die Zeit genutzt, um seinen Helfern zu erzählen, was passiert war.[82]

Der Soldat, der den verwundeten Musick wieder festnahm, war Max Marcus. Er räumte später zwar ein, Musick verhaftet zu haben, behauptete aber, er habe ihn lediglich zum Schulgebäude gebracht, seine Wunden verbunden und eine Decke über ihn gelegt.[83] Zeugen bestritten diese Darstellung. Nach ihrer Aussage stellte sich Marcus vor den liegenden Musick und befahl ihm, aufzustehen und vorwärts zu gehen. Als Musick dies tat, habe Marcus sich ihm von hinten genähert und ihm in den Kopf geschossen. Diesmal war die Wirkung tödlich.[84] Von Marcus wurde auch vermutet, er sei Mitglied der Gruppe gewesen, die die Gefangenen zur Schillingbrücke geführt und exekutiert hatte.[85] Marcus bestritt, irgendetwas mit dem Marsch zur Brücke und mit der Ermordung Musicks zu tun zu haben. Er behauptete, ein anderer Soldat von ähnlichem Rang und ähnlichem Aussehen habe Musick erschossen und sich mit der Exekution auf der Schillingbrücke gebrüstet.[86]

Nur den gemeinsamen Bemühungen der Witwe Musicks und des USPD-Organs *Die Freiheit*, einer der wenigen Zeitungen, die dem Treiben der Regierungstruppen äußerst kritisch gegenüberstanden, war es zu verdanken, dass es überhaupt zu Ermittlungen kam. Nachdem Frau Musick mit angesehen hatte, wie ihr Mann von Regierungssoldaten weggeführt wurde, hatte sie das Schlimmste befürchtet, erst recht als die Männer aus der Nachbarschaft, die zusammen mit Musick festgenommen worden waren, nach Hause zurückkehrten. Wie die Witwe später aussagte, war sie sich nach einer Begegnung mit einem Offizier, die völlig fruchtlos verlief, sicher, dass »mein Mann tot war«. Sie begann daraufhin die überfüllten Leichenschauhäuser der Stadt abzuklappern.[87] Eine Woche später, am 19. März, fand sie die Leiche ihres Mannes. Wie sie der Polizei sagte, konnte sie feststellen, dass man ihm in die Brust und ins Auge geschossen hatte.[88] Auf der Suche nach ihm hatte sie auch einiges über seine letzten Stunden erfahren, darunter Details über seine erneute Festnahme kurz vor seiner Ermordung. Sie wandte sich mit dem, was sie in Erfahrung gebracht hatte, an die *Freiheit*, die daraufhin einen Bericht über Musick veröffentlichte und »Marcus (oder Markus)« als seinen Mörder namhaft machte.[89] Die Zeitung landete in den Händen eines unvermuteten Lesers: des Militärgerichts der Garde-Kavallerie-Schützen-Division, zu dessen Aufgaben die Untersuchung krimineller Vergehen von Militärpersonen gehörte. Veranlasst durch die von der *Freiheit* veröffentlichten Aussagen, leitete das Gericht Ermittlungen gegen Marcus ein.

Der Verlauf des Verfahrens gegen Marcus lässt sich unschwer erraten. Er galt zunächst als tatverdächtig in sechs Tötungsfällen, doch bei Prozessbeginn waren davon nur noch zwei Fälle übrig, nämlich die tödlichen Schüsse auf die Schülerin Slovek und den pensionierten Fliesenleger Becker. Am Ende wurde Marcus lediglich zu sechs Monaten Haft wegen »Unterschlagungen« verurteilt. In den Augen der Weimarer Justiz war er unschuldig. Schon vor dem ersten Verhandlungstag hatte sein Anwalt Freispruch für ihn gefordert. Er hatte als Verteidiger angesichts der öffentlichen Verkündung des Schießbefehls leichtes Spiel. Nach Ansicht nicht nur des Anwalts, sondern auch des Gerichts hatte Marcus nur seine Befehle befolgt. Dazu kam, dass das Gericht manche Zeugen als glaubwürdiger einstufte als andere, was konkret bedeutete, dass Aussagen von Offizieren mehr zählten als Aussagen von Arbeitern mit Wohnsitz in einer der angeblichen Hochburgen der Spartakisten. »Könnten die Zeugen«, fragte Marcus' Verteidiger, »durch die Psychose des Bürgerkrieges, durch die Verhetzung der linksradikalen Blätter usw. vielfach Phantasie und Wirklichkeit vermischen?«[90]

Auch wenn die politisierte Rechtsprechung der jungen Weimarer Republik zur Folge hatte, dass Marcus straflos ausging, brachten die Ermittlungen gegen ihn doch immerhin Dokumente hervor, die für Historiker, die die Geschichte der Gewalt erforschen, von höchstem Wert sind. Die Ermittlungen führten im Nachhinein zur Aufdeckung der Morde an der Schülerin Slovek, an dem Pensionär Becker und an der jungen Frau Dahle. Sie brachten auch Aufschluss über die letzten Stunden im Leben zweier weiterer Männer, als deren Mörder Max Marcus in Frage kommt. Der eine war Karl Löffelmacher. Wie seine Frau den Ermittlern berichtete, war ihr Mann festgenommen und zur Andreas-Schule gebracht worden. Der Anführer der Gruppe von Soldaten, die Löffelmacher am 13. März um ca. acht Uhr morgens mitnahm, nachdem sie seine Wohnung nach Waffen und Munition durchsucht hatte, war vermutlich Marcus. Eine halbe Stunde nachdem man ihren Mann abgeführt hatte, erfuhr seine Frau, dass Nachbarskinder ihn reglos im Schulhof hatten liegen sehen. Andere Zeugen bekundeten, der Soldat, der die »Hinrichtung« Löffelmachers befehligt hatte, habe Marcus ähnlich gesehen. Als Frau Löffelmacher später den Leichnam ihres Mannes in einem Leichenschauhaus fand, stellte sie, wie sie den Ermittlern sagte, fest, dass er vier Einschüsse aufwies.[91] Der zweite Mann hieß Pianowski. Er wurde am 10. März von einer Gruppe Soldaten festgenommen, der Marcus nicht angehörte, und seine Leiche wurde am 26. April 1919 in der Nähe der Waisenbrücke in der Spree gefunden. Wie und wann er ums Leben kam, geht aus den Ermittlungsakten nicht hervor. Marcus geriet jedoch in Verdacht, Pianowski ermordet zu haben, weil er in einem belauschten Gespräch Dinge gesagt hatte, die darauf hindeuteten, dass er der Todesschütze gewesen war. Nach der Auffindung des Leichnams ergab die Autopsie, dass Pianowski an einer Kopfverletzung durch einen aus größerer Entfernung abgefeuerten Gewehrschuss gestorben war.[92]

Die Anhaltspunkte, die bei den Ermittlungen gegen Marcus zusammengetragen wurden, weisen allesamt auf die Andreas-Schule hin. Emil Julius Gumbel, der später seinen Lehrauftrag an der Universität Heidelberg wegen seiner zu liberalen politischen Überzeugungen verlieren sollte, dokumentierte in der Folge weitere fünf Hinrichtungen, die in dieser Schule stattfanden. Am 10. März wurden drei Jugendliche, zwei 16-jährige und ein 18-jähriger, aus einer Wohnung am Schlesischen Bahnhof geholt. Ihre Leichen wurden am 11. März als nichtidentifizierte Personen in ein Leichenschauhaus eingeliefert. Ihre Verletzungen verrieten, dass sie schwer verprügelt und aus nächster Nähe erschossen worden waren. Wie Gumbel schreibt, war das Gesicht eines der Jugendlichen,

Otto Werner, »beinahe unkenntlich«.[93] Zwei weitere Personen, von denen man vermuten kann, dass sie in der Andreas-Schule hingerichtet wurden (nachdem Regierungssoldaten bei der Suche nach Waffen in ihrer Wohnung verdächtige Werkzeuge gefunden hatten), waren ein Vater und sein Sohn.[94] In der Zusammenschau der weiter oben geschilderten Fälle mit den von Gumbel recherchierten tritt ein deutliches Muster zutage: Die Hinrichtungen fanden in oder vor demselben Gebäude statt, in dem die Soldaten schliefen, aßen, tranken und sich erholten. Es scheint, dass die Leichen der Ermordeten in vielen Fällen von Feuerwehrleuten in den Leichenschauhäusern der Stadt abgeliefert wurden. Ein ähnliches Muster aus Festnahme, Wegführung und späterer Hinrichtung findet sich im Fall der Männer, die im Polizeipräsidium, in der Alexander-Kaserne und in einem zeitweiligen Hauptquartier des Stabes des Regiments Reinhard hingerichtet wurden.[95] Nur in vier der mehr als 20 Fälle, die Gumbel aufklärte, wurden die Opfer in unmittelbarer Nähe ihres Wohnsitzes exekutiert: einmal im Innenhof ihres Wohngebäudes, einmal auf der Straße davor und in einem Fall den Berichten zufolge in der Wohnung des Opfers vor den Augen seiner Frau und seines Kindes.[96]

Wenn wir diese Fälle in ihrer Gesamtheit betrachten, wird ein makabres Muster deutlich. Im Gegensatz zum Wortlaut von Noskes Befehl: »Jede Person, die mit der Waffe in der Hand gegen Regierungstruppen kämpfend angetroffen wird, ist *sofort* zu erschießen«, verging in den meisten Fällen offenbar eine längere Zeit zwischen Festnahme und Erschießung. Daraus lassen sich wichtige Schlüsse ziehen: Die Zeit, die zwischen Festnahme und Hinrichtung verstrich, eröffnete den Soldaten die Möglichkeit, ein Verfahren in Gang zu setzen, das die Abwälzung der Verantwortung erlaubte: Die Soldaten, die eine Gruppe von Zivilisten festnahmen, konnten sie an Kameraden übergeben, die für die Durchführung des Schießbefehls verantwortlich waren; diese wiederum konnten sich auf die Annahme berufen, die Soldaten, die die Festnahme durchgeführt hatten, hätten die Schuld der Opfer bereits festgestellt. Und damit nicht genug: Jeder Soldat, der einmal den Herrn über Leben und Tod seiner Gegner spielen wollte, hatte jede Menge Gelegenheiten, einen Vorwand dafür zu schaffen: Es gab keine einengenden Vorschriften darüber, wer Hinrichtungen durchführen durfte und wer nicht. In einer der ganz wenigen erhalten gebliebenen schriftlichen Stellungnahmen eines für die Durchführung von Hinrichtungen gemäß Noskes Schießbefehl verantwortlichen Offiziers erläuterte Max Marcus' direkter Vorgesetzter, Major Brosius, wie das Verfahren in der Praxis ablief:

> Wir bekamen häufig den Befehl, ergriffene Spartakisten zu erschießen. Das wurde entweder in der Schule oder nachts auf der Schillingbrücke ausgeführt, um unnötiges Aufsehen zu vermeiden. Im Allgemeinen konnte/musste jeder, der mit der Waffe in der Hand angetroffen wurde, von jedem Angehörigen der Truppenmacht auf der Stelle erschossen werden. Waren die Leute aber ergriffen [...], so geschah es auf besonderen Befehl. [...] Derartige Befehle wurden von mir nicht schriftlich, sondern nur mündlich erteilt, selbst ich bekam die Befehle nicht schriftlich. Es handelte sich teils um Leute, die wir selbst ergriffen hatten, teils auch um solche, die uns nur zur Vollstreckung des Erschießens zugeführt waren. Über den einzelnen dem Beschuldigten zur Last gelegten Fall kann ich keine Angaben machen, da die Fälle zu häufig waren.[97]

Ein von Ermittlern verhörter Soldat erklärte, die der Garde-Kavallerie-Schützen-Division vorliegenden »Ausführungsbestimmungen« seien »höchst unverständlich« gewesen, so dass in manchen Einheiten »einzelne Offiziere leider zu diesen Ausführungsbestimmungen auf eigene Faust wiederum ihren unterstellten Mannschaften besondere, noch verschärftere Befehle gaben, die dann zu den beklagenswertesten Vorfällen führten. Die ›Lützower‹ waren als besonders rigoros verschrien.«[98] Unter diesen Vorzeichen erlangten die Männer, die die Exekutionen ausführten, den Nimbus von Mördern.[99]

Am selben Tag, an dem Marcus die Schülerin Slovek erschoss, lobte Hunderte Kilometer entfernt, in Süddeutschland, der *Schwäbische Merkur* Noskes Schießbefehl. Die Zeitung war sich sicher, dass es »dem energischen Zugreifen des Reichswehrministers Noske gelungen [ist], Berlin zunächst vor dem bolschewistischen Umsturz zu bewahren«. Sie dankte den Regierungstruppen für ihre »übermenschlichen« Leistungen und fügte beschwörend hinzu, wenn es den Aufständischen gelungen wäre, die Hauptstadt, »in der [...] alle Pulse unseres politischen Lebens schlagen«, zu »überrumpeln«, wäre wohl auch der Rest des Deutschen Reiches unter die Räder gekommen.[100]

Der Kontrast zwischen der Vorstellung, heroische Regierungstruppen hätten Deutschland vor dem Sturz in den Abgrund gerettet, und der Realität ermordeter Zivilisten im Osten Berlins demonstriert den fundamentalen Aspekt, den die Geschichte des Schießbefehls bereithält. Sowohl Noskes ursprünglicher Schießbefehl als auch die ihn interpretierenden »Ausführungsbestimmungen« der Garde-Kavallerie-Schützen-Division waren für die Soldaten an der »Front« kaum handhabbar. In Ermangelung eines sicht- und fassbaren Feindes, aber unter dem Druck höchst eindringlicher Befehle zum Vorgehen gegen diesen Feind, blieb ihnen kaum etwas anderes übrig, als sich alternative Opfer zu suchen, an denen sie Noskes Schießbefehl vollziehen konnten. Das dynamische Spannungsverhältnis zwischen den hohen Zielen des Schießbefehls und den praktischen Schwierigkeiten seiner Durchführung führte die Soldaten in Versuchung, sich die leichtesten Ziele auszusuchen: Zivilisten, die ihnen bei der Durchsuchung von Wohnhäusern nach Waffen in die Hände fielen, Passanten, die ihnen beim Patrouillieren durch die Straßen bedrohlich vorkamen, Verhaftete, die ihnen übergeben wurden, oder auch ihre verhassten Gegenspieler von der Volksmarinedivision. Jeder Gegenstand, den man als Waffe ansehen konnte, wurde in dieser Situation für sie zum willkommenen Ersatz für den Feind, den sie kaum zu sehen und oft nicht zu fassen bekamen. So wurde der Schießbefehl eben auf Menschen angewandt, die sich mit weniger Mühe finden, beschuldigen und letzten Endes erschießen ließen. An diesen Opfern reagierten die Regierungstruppen ihren Rachedurst gegen einen Feind ab, dem sie die brutale Ermordung ihrer eigenen Kameraden anlasteten.

All das kümmerte Noske wenig. Dass sein Schießbefehl sich an der »Front« als untauglich erwies, minderte nicht seinen Erfolg auf einer höheren Ebene, nämlich dort, wo es darum ging, zu demonstrieren, dass der Staat mehr Gewalt aufbieten konnte als seine Gegner. Ein Erfolg war der Schießbefehl auch insofern, als er Noske Lob und Unterstützung aus all den Lagern eintrug, denen es Hochgefühle bereitete, wenn sie lasen, wie unnachsichtig die Regierungstruppen bei ihren Säuberungsaktionen in den östlichen Bezirken Berlins vorgingen, die in der Vorstellung der staatstreuen Bürger das Unterweltreich der großstädtischen Armen waren.[101]

KAPITEL DREIZEHN

Gustav Noske, der Held

Die deutsche Nationalversammlung trat am 6. Februar 1919 in Weimar erstmals zusammen. Friedrich Ebert war der erste Redner. Nur 31 Tage bevor Gustav Noske am 9. März 1919 in Berlin seinen Schießbefehl erließ, verkündete Ebert der deutschen Öffentlichkeit: »Jetzt muss der Geist von Weimar, der Geist der großen Philosophen und Dichter, wieder unser Leben erfüllen. Wir müssen die großen Gesellschaftsprobleme in dem Geiste behandeln, in dem Goethe sie im zweiten Teil des *Faust* und in *Wilhelm Meisters Wanderjahre* erfasst hat: nicht ins Unendliche schweifen und sich nicht im Theoretischen verlieren. Nicht zaudern und schwanken, sondern mit klarem Blick und fester Hand ins praktische Leben hineingreifen!« Dann führte er seine Rede mit einer der berühmtesten Goethe-Passagen zu Ende: »Denn der Mensch, der zur schwankenden Zeit auch schwankend gesinnt ist, der vermehret das Übel und breitet es weiter und weiter; aber wer fest auf dem Sinne beharrt, der bildet die Welt sich.«[1]

Dem Berliner Historiker Gustav Mayer war nach Spott zumute, als er Kenntnis von Eberts Rede erlangte. Wie er seinem Tagebuch anvertraute: »Nun hat gestern der olle ehrliche Ebert die Nationalversammlung in Weimar sogar mit Zitaten aus Faust II und den Wanderjahren, die er sicherlich beide nie gelesen hat, eröffnet.« Mayer hatte besondere Gründe, verärgert zu sein. Es war erst wenige Wochen her, dass in sein Wohnhaus in Berlin-Zehlendorf eine Gruppe von Soldaten eingedrungen war, die nach seiner Vermutung mit der im Hotel Eden einquartierten Garde-Kavallerie-Schützen-Division in Verbindung stand.[2] Wie sich herausstellte, hatten diese Soldaten seit Wochen seine Telefonate abgehört. Gegen drei Uhr morgens hatten sie mit Hilfe ihrer Gewehrkolben die Tür seines Hauses eingeschlagen. Mit gezogenen Pistolen hatten sie das Gebäude durchkämmt, hatten Glastüren zerschmettert und mit der Zündung der Handgranaten gedroht, die sie an ihren Gürteln baumeln hatten. Der 47-jährige Professor, seine Frau und die beiden Kinder hatten Todesangst ausgestanden. Als die Haushälterin der Mayers einem der Soldaten sagte, sie sei eine überzeugte Anhängerin Philipp Scheidemanns, drohte er sie zu erschießen, wenn sie nicht den Mund hielt.[3]

Die Soldaten waren auf der Suche nach Karl Radek, dem wichtigsten Agenten Moskaus in Berlin, der im Winter 1918/19 illegal nach Deutschland eingereist war, sich allerdings im Januar gegen den Spartakus-Aufstand gewandt hatte, weil er dessen Erfolgschancen als gering einschätzte. Auf Mayer waren die Soldaten aufmerksam geworden, weil er den Sozialdemokraten nahestand und über gute Verbindungen verfügte. Mayer war indes ein entschiedener Gegner der Spartakisten und hatte sich politisch auf deren Bekämpfung festgelegt. Als die Männer seine Haustür eintraten, glaubte er zunächst, es handele sich um ein Kommando von Spartakisten. Er war zu der Zeit dabei, eine Biographie über Friedrich Engels zu schreiben, und arbeitete außerdem im Auftrag des deutschen Außenministeriums an einem Weißbuch, das die international vertretene Auffassung widerlegen sollte, Deutschland trage die Hauptschuld am Ausbruch des Ersten Weltkrieges.

Die Soldaten ließen erst von Mayer und seiner Familie ab, als einem von ihnen endlich klarwurde, dass sie auf einer falschen Fährte waren. Mayer hatte gute Referenzen. Als die Soldaten ihn und seine Frau in getrennten Zimmern verhörten, verlangte er, telefonisch zu Friedrich Ebert oder Philipp Scheidemann durchgestellt zu werden, die er beide persönlich kannte. Als die Soldaten abgezogen waren, schrieb der wütende Historiker an die beiden führenden Sozialdemokraten. »Ein Lockspitzeltum von so gemeiner Art«, ließ er sie wissen, »ist selbst in den schlimmsten

Zeiten des Sozialistengesetzes nicht vorgekommen. Wie wäre es möglich, dass eine sozialistische Regierung dies dulde?«[4] Er wurde am nächsten Tag sogar bei Philipp Scheidemann persönlich vorstellig und forderte Konsequenzen für die für den Überfall Verantwortlichen, fand damit jedoch kein Gehör.

Der Kontrast zwischen unkontrollierter staatlich gebilligter Gewalt und dem Anspruch der neuen Regierung, die Tradition Goethes und Schillers hochzuhalten, sprang ins Auge. Die Weimarer Republik ist zwar unauflöslich mit ihren kulturellen Errungenschaften verbunden, sie war aber auch ein Hort der Gewalt. Der Überfall auf das Haus von Professor Mayer gehörte ebenso wie die von Regierungstruppen im Januar und März 1919 verübten Gräuel zum neuen deutschen Staat und war Ausdruck des Willens seiner politischen Führer, ihre Macht zu demonstrieren. Nichts von alledem war ein Geheimnis. Die Regierung war voll und ganz informiert darüber, was ihre Soldaten machten – Mayers persönliches Vorsprechen bei führenden Sozialdemokraten nach dem Überfall auf sein Haus lässt daran keinen Zweifel. Doch die Regierung stellte nicht etwa die Soldaten zur Rede oder forderte die Offiziere auf, ihre Männer im Zaum zu halten, sondern billigte im Gegenteil deren Taten. Nirgendwo tritt das klarer zutage als in der Rede Gustav Noskes vor der Weimarer Nationalversammlung am 13. März 1919, einen Tag nachdem Max Marcus eine unbekannte Zahl von Zivilisten getötet hatte, darunter die Schülerin Slovek in der Langen Straße in Berlin.

Während Ebert mit seinem Versprechen, im Geist der »großen Philosophen und Denker« zu arbeiten, gedämpften Beifall auf der linken Seite des Hauses erntete, wurde der Auftritt Noskes mit lautem Jubel von allen Seiten quittiert. Als er den Wortlaut seines Schießbefehls zitierte – »Jede Person, die mit der Waffe in der Hand gegen Regierungstruppen kämpfend angetroffen wird, ist sofort zu erschießen« –, schwoll der Beifall der Abgeordneten sogar noch an. Er kam von allen Mehrheitsparteien, wie auch von der rechten Seite des Hauses. Schon vorher war Jubel aufgebrandet, als Noske bekanntgab, die Regierungstruppen hätten in Berlin den Sieg errungen.[5]

Noske war nach Weimar gekommen, um sich für seinen Schießbefehl feiern zu lassen und ihn zu rechtfertigen. Bedauern war ihm fremd. Für ihn waren und blieben seine politischen Gegner »Bestien in Menschengestalt«.[6] Auch wenn sich die Lichtenberger Gräuel als Fiktion herausgestellt hatten, verteidigte er vehement das Recht des Staates, standrechtliche Erschießungen vorzunehmen. »Was geschehen ist, ist noch immer grauenhaft genug. Freilich, wenn statt 150 nur 15 Menschen bestialisch umgebracht wurden, heißt es hinterher, das sei doch gar nicht so schlimm, da sei nicht sonderlich viel los gewesen. Es steht fest, dass Bestien in Menschengestalt sich ausgerast haben wie Amokläufer.«[7]

Schon vorher hatte Noske die Unabhängigen Sozialdemokraten, die *Freiheit* und die *Rote Fahne* für die Spirale der Gewalt verantwortlich gemacht. »Monatelang haben diese Organe die Berliner Bevölkerung in der skrupellosesten Weise aufgewiegelt und in der gemeingefährlichsten Weise belogen«, erklärte er. Dagegen bedachte er seine Soldaten mit höchstem Lob: »Die Freiwilligentruppen wurden beschimpft und verlästert, trotzdem wir es lediglich diesen Männern zu danken haben, dass wir nicht in ein grauenhaftes Chaos versanken. In rasender Weise war versucht worden, die Berliner Arbeiter aufzupeitschen.«[8]

Wie vor ihm Major Stephani im Januar, betrauerte auch Noske ausschließlich die Verluste auf Seiten der Regierungstruppen; deren Gefallene bezeichnete er als Opfer der »tierischen Bestialität« ihrer Gegner. Noske behauptete, schon vor Ausrufung des Streiks hätten »Verbrecher« die »Tage der Revolution« für Morde und Plünderungen missbraucht. Als dann der Streik begonnen hatte, floss er förmlich über vor Mitgefühl für seine Soldaten: »Mancher fiel einem Geschoss zum Opfer. Grausen muss aber jeden fühlenden Menschen packen bei der Erinnerung an die viehische Bestialität, mit der eine Anzahl Soldaten dahingemordet worden sind. In Berlin sind solche Opfer zahlreich zu beklagen.«[9]

Nach Überzeugung Noskes war der Schießbefehl die einzige legitime Antwort auf die Gewalttätigkeit der Gegner. Er nannte ihn »das härteste Abschreckungsmittel« und behauptete, ohne den Schießbefehl hätten sich die für die Ordnung kämpfenden Soldaten womöglich von der Regierung abgewandt. »Wenn ich das nicht getan und dadurch eine gewisse Kontrolle geschaffen hätte, insofern wenigstens, als eine Anzahl Offiziere und Mannschaften zusammentreten müssen, um darüber klar zu werden, ob Erschießung stattzufinden habe, wäre die Truppe nicht mehr in der Hand zu halten gewesen, und es hätte entsetzlich viel mehr Blut gekostet als so.«[10] Er fügte dieser These die Behauptung hinzu, auch die russischen Revolutionäre hätten von dem »Recht der Revolution«, Plünderer zu erschießen, Gebrauch gemacht.

Während seiner Rede vor der Nationalversammlung wurde Noske von den anwesenden Unabhängigen Sozialdemokraten (es waren nicht mehr als eine Handvoll) mit Beschimpfungen überschüttet. Sie nannten ihn einen »unverschämten Gesellen« und warfen ihm »unverschämte Lügen« und »schamlose Verleumdung« vor.[11] Oft wurden jedoch die Zwischenrufe seiner Kritiker vom dröhnenden Beifall seiner Anhänger übertönt. Als Luise Zietz es wagte, Noske anzugreifen – sie nannte ihn einen »Amokläufer« –, wurde sie als »Hyäne« beschimpft. Von anderen Abgeordneten bekamen die Unabhängigen die Aufforderung zu hören: »Raus, raus, geht nach Russland!«[12]

Die Unabhängigen Sozialdemokraten beharrten darauf, dass Noskes Schießbefehl rechtswidrig sei. Noske kümmerte das nicht. Seine Antwort wies starke Analogien zu den Ausführungen auf, mit denen einige Jahre später Carl Schmitt die von den Nationalsozialisten geschaffene Rechtsordnung rechtfertigte: »Ich lasse mich auf juristische Tüfteleien nicht ein«, rief er in Triumphatorpose. »Wenn in den Straßen Berlins Tausende Menschen die Waffen gegen die Regierung führen, Mörder und Plünderer Orgien feiern, besteht ein Zustand außerhalb jedes Rechts. Die Staatsnotwendigkeit gebot, so zu handeln, dass so rasch wie möglich wieder Ruhe und Sicherheit hergestellt werden.«[13]

Die Rede Noskes machte Schlagzeilen.[14] Die *Freiheit* sprach von seinem »Siegesbericht«. Sie warf Noske vor, er habe »ohne Beweis« die »Pogromstimmung« geschürt. Als das Schlimmste befand die Zeitung jedoch, was Noske über Recht und Gesetz gesagt hatte. »Noch nie hat eine Regierung so offen und brutal erklärt, dass sie auf das Gesetz pfeift. [...] Und sie verkünden es in einer Sache, wobei es sich um Menschenleben handelt, indem sie die Rückkehr zur Gesetzlichkeit von den anderen verlangen!« Wie die Zeitung der Unabhängigen notierte, hatte die Versammlung Noske keine Fragen gestellt; er habe vielmehr nur Beifall für seine »Gewaltpolitik« geerntet, eine Politik, für die das Organ der Unabhängigen Sozialdemokraten, ebenso wie ihre Abgeordneten, nur Verachtung übrighatte.[15]

So vehement die *Freiheit* die Rede Noskes verurteilte, so entschieden fiel die Zustimmung zu ihr auf Seiten der Parteigänger der Regierung aus. Manche Kommentatoren meinten sogar, das Standrecht hätte noch früher eingeführt werden sollen. Für andere stand fest, die Milde, die man gegenüber den im Zuge des Januaraufstandes Verhafteten habe walten lassen, habe die Aufständischen ermutigt, erneut zu den Waffen zu greifen.[16] Eine in Hannover erscheinende Zeitung lobte Noske am Tag nach seiner Rede für seine »Tatkraft«. Nach ihrer Überzeugung hatte er die »richtigen Maßnahmen« ergriffen, hatte gegenüber den Spartakisten und ihren »feigen Hintermännern« die »richtigen Töne« angeschlagen. Als erstes Mitglied der Regierung habe Noske sich »aus dem Nebel der grauen Theorie gerettet« – womit die Zeitung ein frühes Beispiel für den politischen Antiintellektualismus des 20. Jahrhunderts lieferte. Die Unabhängigen hätten Noske, so klagte die Zeitung, wegen seines Vorgehens zum »Bluthund« und »Amokläufer« gestempelt. Dabei habe Deutschland es doch nur der Verhängung des Standrechts durch Noske zu verdanken, dass es auf ein »Ende des Schreckens« hoffen könne.[17]

Ebenso wie Noskes Schießbefehl in der Presse und in der Nationalversammlung Zustimmung fand, wurde er auch von der Mehrheit der Abgeordneten in der Verfassungsgebenden preußischen Landesversammlung begrüßt, die am 13. März 1919 in Berlin erstmals zusammentrat.[18] Hier fiel die Aufgabe, den Einsatz militärischer Gewalt zu rechtfertigen, dem der SPD angehörenden preußischen Justizminister Wolfgang Heine zu.[19] Er erfüllte diesen Auftrag mit Hingabe und erntete Beifall auf breiter Front, als er bekanntgab, der verhängte Ausnahmezustand werde in Kraft bleiben, bis »Frieden« und »Ordnung« wiederhergestellt seien.[20] Wie Noske beschuldigte auch Heine die Unabhängigen Sozialdemokraten, heimlich einen Bürgerkrieg vorbereitet zu haben. Er machte sie für alles Geschehene verantwortlich: die Toten durch Scharfschützenfeuer, die Straßenkämpfe, das anschließende Plündern und Morden. Er hob ausdrücklich die Bedeutung der Zeitungslektüre für die Fanatisierung der Massen hervor und beschuldigte die *Freiheit* und die *Rote Fahne*, für die Gewalt mitverantwortlich gewesen zu sein: »Wir lasen dort täglich die Aufforderung, dass diese Regierung gestürzt werden müsse. Das alles musste eine Stimmung schaffen, die sich nur in Gewalttätigkeit entladen konnte, trotz gelegentlicher heuchlerischer Verwahrungen, man wolle keine Gewalt. Was wollte man denn sonst?« Heine hielt den Unabhängigen entgegen, sie könnten die Regierung jederzeit stürzen, wenn sie eine Mehrheit der Wählerstimmen erreichten.[21] »Heuchelt doch nicht«, rief er ihnen zu, »und stellt Euch nicht harmlos!«[22] An einer anderen Stelle seiner Rede hielt Heine den Unabhängigen vor, ihr Verhältnis zu den Spartakisten entspreche dem des »Zuhälters zur Prostituierten«.[23]

Heine fügte hinzu, ohne die Freikorps wäre Deutschland den Polen und Russen in die Hände gefallen.[24] Er verstieg sich sogar zu der Aussage, jede Kritik am Verhalten der Soldaten ziele darauf ab, die Auflösung der Freikorps zu erreichen, damit Berlin zur Beute des »roten Soldatenbundes der berühmten Volksmarinedivision« werden könne. Zusätzlich zu der gewohnten Apostrophierung der Gegner als Mörder, Plünderer und Matrosen bezeichnete er sie auch als »Spartakiden«. Der Gebrauch dieses Ausdrucks war verräterisch. Er gehörte normalerweise zum Vokabular rechter Blätter wie des *Reichsboten* oder der *Deutschen Zeitung*, während die sozialdemokratische Presse ihn in aller Regel nicht benutzte. Heine beendete seine Rede mit dem Satz: »Kein Maschinengewehr werde mehr gebraucht werden, sobald die Spartakisten die gestohlenen Waffen ordnungsmäßig ablieferten.«[25] Für die *Freiheit* war die Rede Heines eine »Verherrlichung der Gewaltpolitik«.[26] Dagegen druckte der *Vorwärts* die gesamte

Rede ab und gab ihr die Überschrift: »Die Unabhängigen auf der Anklagebank.«[27]

Wenige Tage nachdem im preußischen Abgeordnetenhaus der Sozialdemokrat Heine den Schießbefehl Noskes als »taktische Notwendigkeit, um die kein Militärbefehlshaber herumkommen kann«,[28] gerechtfertigt hatte, hielt der preußische Kriegsminister Walther Reinhardt an gleicher Stelle ebenfalls ein Plädoyer für diese radikale Option. Er erklärte den Parlamentariern, es sei die »Pflicht« der Regierung gewesen, den Aufstand mit allen zur Verfügung stehenden Mitteln niederzuschlagen.[29] Der Schießbefehl sei das »Gebot einer äußersten Notlage«. »Ich kann als Soldat da nur hinzufügen«, fuhr er fort, »[dass wir] seit vier Monaten gegen die bewaffnete Vergewaltigung [kämpfen]. Die bis Januar angewendeten Mittel haben nicht genügt, die Verbrecher niederzuhalten und sie von Wiederholungen abzuschrecken. Die Staatsgewalt war daher verpflichtet, zu schärferen Mitteln zu greifen.«

Reinhardt kam nicht an der Tatsache vorbei, dass die sogenannten Lichtenberger Gräuel eine groteske Überzeichnung dessen waren, was sich damals tatsächlich zugetragen hatte; er erklärte jedoch, jeder, der die bei solchen Kämpfen auftretenden Erregungszustände erlebt habe, werde verstehen, warum die ersten Angaben zu den Opferzahlen übertrieben gewesen seien.[30] Er wies die Kritik der Unabhängigen Sozialdemokraten in Bausch und Bogen zurück und behauptete, es sei nicht wahr, dass die Kämpfe einseitig gewesen seien.[31] Er wies darauf hin, dass allein eine Division 100 Tote und Verletzte zu beklagen gehabt hatte, 20 Offiziere und 80 Mann.

Unter Hinweis darauf, dass die Zahlen nur eine Seite der Medaille seien, illustrierte Reinhardt anhand einiger Beispiele die unmenschliche Brutalität der Spartakisten – wahrscheinlich waren einige der Beispiele sogar zutreffend.[32] Unbeirrt vertrat er die Linie, die Schuld liege allein bei den »Spartakisten«. Es stehe in ihrer Macht, für ein Ende des »Blutvergießens« zu sorgen. Sie bräuchten nur ihre Waffen niederzulegen und »dem verbrecherischen Kampf ein für allemal [zu] entsagen«. »Daher ist es Pharisäertum«, fuhr er fort, »über das Standrecht zu jammern, aber die

Urheber der ganzen Not mit dem Mantel der Liebe zuzudecken.«[33] An einer anderen Stelle seiner Rede erklärte er es zur »Legende«, dass Noske von den regierungstreuen Soldaten oder deren Kommandeuren zur Ausrufung des Standrechts gedrängt worden sei.[34]

Die Linie, die Reinhardt vertrat, wurde in der preußischen Landesversammlung von dem sozialdemokratischen Abgeordneten Paul Hirsch gestützt, der den Schießbefehl gegen den Vorwurf der Unrechtmäßigkeit verteidigte. Er wies mit Nachdruck darauf hin, dass in Lichtenberg Polizisten umgebracht worden seien, und führte Beispiele an, die die Brutalität der Spartakisten belegen sollten; mit solchen Untaten hätten die Spartakisten selbst, so erklärte er, genügend Rechtfertigungsgründe für die »verschärften militärischen Bestimmungen« geliefert. Wie nicht anders zu erwarten, warf auch dieser SPD-Politiker der USPD-Presse vor, ihre Anhänger durch Hasspropaganda aufgehetzt zu haben.[35]

Die Debatten über den Schießbefehl Noskes in der Nationalversammlung und in der Landesversammlung waren Teil einer heftigen politischen Auseinandersetzung, die seit der Bekanntgabe des Befehls am 9. März anhielt. Die ersten begründeten Zweifel daran, dass sich die »Lichtenberger Gräuel« tatsächlich zugetragen hatten, waren aus den Reihen des Vollzugsrats der Arbeiter- und Soldatenräte von Groß-Berlin gekommen. Wenige Stunden nach Veröffentlichung der ersten Berichte über das angebliche Massaker an den Polizisten hatte der Vollzugsrat eine Delegation nach Lichtenberg entsandt, die ermitteln sollte, ob eine Bluttat des berichteten Ausmaßes tatsächlich stattgefunden hatte. Die Delegation bestritt in ihrem in der *Freiheit* abgedruckten Bericht nicht, dass es in Lichtenberg zu Gewaltausbrüchen gekommen war. Sie zitierte sogar die aufschlussreiche Aussage einer Rotkreuzschwester, die gesehen hatte, wie Spartakisten auf einen Regierungssoldaten geschossen hatten, nachdem der einem von ihnen einen Faustschlag ins Gesicht versetzt hatte. Die Ermittler des Vollzugsrats kamen jedoch zu dem Ergebnis, dass es keine Massenhinrichtung von Gefangenen gegeben hatte. Tatsache sei vielmehr, dass die Verteidiger des Polizeipräsidiums von Lichtenberg nach einem kurzen Schusswechsel, bei dem ein Polizeibeamter getötet und ein anderer schwer verwundet wurde, kapituliert hatten.[36]

Einen Tag nachdem die *Freiheit* erstmals die Authentizität der Gräuelgeschichte bestritten hatte, erschien sie mit der Schlagzeile »Einhalt dem Morden!«[37] Der *Vorwärts* konterte in seiner Abendausgabe vom selben Tag mit der Schlagzeile: »Tut Einhalt dem Morden!«[38] In dem zugehörigen Artikel leugnete der *Vorwärts*, dass die Gräuelgeschichte erfunden war, und beharrte darauf, vier verschiedene Quellen, darunter der Polizeipräsident von Lichtenberg, hätten bezeugt, dass das Massaker tatsächlich stattgefunden habe.[39] Die *Freiheit* blieb die Antwort nicht schuldig. Sie schrieb, sie könne zwar nicht erwarten, dass alle Welt ihren Angaben Glauben schenkte, beschwor ihre Leser jedoch, gegenüber Aussagen, die auf die Garde-Kavallerie-Schützen-Division zurückgingen, äußerst skeptisch zu sein. Sie erinnerte daran, dass dies dieselbe Division war, die im Januar Lügenmärchen über die Morde an Rosa Luxemburg und Karl Liebknecht verbreitet hatte.[40] Die *Freiheit* vertrat den Standpunkt, dass immer dann, wenn den Militärs standrechtliche Erschießungen erlaubt würden, »das Todesurteil mehr Unschuldige als Schuldige« treffe.[41] In ihrer Ausgabe vom 12. März 1919 forderte sie ein weiteres Mal, den Regierungstruppen müsse das Recht entzogen werden, standrechtliche Erschießungen durchzuführen.[42]

Die Mahnungen der *Freiheit* blieben unbeachtet. Genau wie die Politiker in der Nationalversammlung und im preußischen Parlament, hatten sich die meisten Zeitungen zu sehr an der Idee festgebissen, in einem Kampf auf Leben und Tod gegen »Bestien« zu stehen, um sich eingestehen zu können, dass die Bestialität, die für das größte Aufsehen sorgte – die »Lichtenberger Gräuel« –, vielleicht nur eine Phantasmagorie war. Am 11. März 1919 veröffentlichte der *Vorwärts* ein Plädoyer für Noske; er warf darin der *Freiheit* vor, sich so sehr in ihre falsche Sicht der Dinge verrannt zu haben, dass sie inzwischen über Noske schreibe, »als ob [dieser] zu seinem Privatvergnügen schießen ließe und nur nach Vorwänden suchte, um seine neurotischen Leidenschaften zu befriedigen«.[43] Noch unnachsichtiger gab sich das *Berliner Tageblatt.* Es forderte zwar in seiner Reportage vom 12. März eine Untersuchung darüber, wie es zu solchen Falschmeldungen kommen konnte, verteidigte aber die Regierungstruppen und wischte die Aussage der Unabhängigen, der Streik sei nicht als Ouvertüre für einen allgemeinen Aufstand gedacht gewesen, vom Tisch. In einer Diktion, die das vorbehaltlose Eintreten des Blattes für die Regierung und ihre Truppen deutlich machte, hieß es weiter: »Kein ehrlicher und vernünftiger Mensch kann glauben, die Ruhe und das Leben des deutschen Volkes seien gegenwärtig durch andere Mittel zu schützen als durch diejenigen, mit denen die Regierung sich heute behilft.«[44] Selbst wenn nur eine kleine Zahl von Polizisten ermordet worden wäre, hieß es in dem Kommentar weiter, müsse das ausreichen, um jeden vernünftigen Menschen mit Abscheu zu erfüllen.[45]

Als das ursprüngliche Alibi für den Schießbefehl zunehmend ins Zwielicht geriet, gab das Reichswehrministerium ein vierseitiges Propagandablatt heraus, das vermutlich in den Reihen der Regierungstruppen kursierte. Es trug den Titel »Gräueltaten der Spartakisten« und enthielt sechs Fotografien, die die Leichen von Personen zeigten, von denen behauptet wurde, es seien regierungstreue Soldaten, die von spartakistischen Rebellen brutal ermordet worden waren. Während die Beine der Toten und ihr Unterleib bis zur Hüfte auf den Fotos abgedeckt waren, war die obere Rumpfpartie entblößt, so dass man die Wunden erkennen konnte. Der jedem der Bilder beigefügte Text erläuterte das Zustandekommen der Wunden, etwa durch Stiche in Brust und Bauch. Ausdrücklich wurde hervorgehoben, dass die auf den Bildern erkennbaren Verstümmelungen nicht von »militärischen Waffen« herrühren konnten. Auf der Rückseite der Broschüre prangten zwei Bilder getöteter Regierungssoldaten, dazu ein Bericht über die zu ihrer Ermordung führenden Vorgänge. Wir wissen nicht, von wem diese Broschüre erstellt wurde, und nichts darüber, ob die darin verwendeten Bilder retuschiert waren – auf der Titelseite findet sich aber die misstrauisch machende Behauptung, die Leichen seien in ein Militärlazarett eingeliefert und dort »unzweifelhaft« als Regierungssoldaten identifiziert worden. Die Zahl der erhalten gebliebenen Exemplare der Broschüre lässt vermuten, dass sie in hoher Auflage verbreitet wurde, womöglich während der Aufstand noch andauerte.[46] Sie ist ein wichtiges Beispiel für die Art und Weise, wie im März 1919 die Physiognomie der Gewalt für explizit politische Zwecke eingespannt wurde.

Es fand nie eine Untersuchung statt über das Zustandekommen des Schießbefehls und darüber, wie die Presse manipuliert wurde. Eine sorgfältige Analyse des empirischen Belegmaterials lässt uns die Wahl zwischen zwei Möglichkeiten, was die Entstehung der Gräuelgeschichte betrifft. Bei der ersten gerät die Rolle Waldemar Pabsts in den Blick, des Mannes, der die Ermordung von Karl Liebknecht und Rosa Luxemburg organisiert hatte. In den Tagen unmittelbar nachdem Noske seinen Schießbefehl erlassen hatte, behaupteten seine Kritiker, dieser sei das Ergebnis einer von Offizieren aus dem Stab von General Lüttwitz inszenierten Kabale gewesen – was Kriegsminister Reinhardt am 17. Mai 1919 vor der preußischen Landesversammlung ausdrücklich bestritt. Pabst selbst bekräftigte aber nach dem Zweiten Weltkrieg diese Version. In seinen unveröffentlichten Erinnerungen an die Revolutionszeit schrieb er, er habe die Gräuelgeschichte zusammen mit Horst von Pflugk-Harttung (einem der Männer, die in der Nacht vom 15. auf 16. Januar Karl Liebknecht erschossen) in die Welt gesetzt, um Noske zum Erlass des Schießbefehls zu veranlassen.[47] Wenn Pabst verhindern wollte, dass der Konflikt auf dem Verhandlungsweg beigelegt wurde, wäre ein solches Szenario plausibel. Was wir sicher wissen, ist, dass Pabst im März 1919 eng in die praktische Umsetzung des Schießbefehls eingebunden war. Sobald sich klar abzeichnete, dass Noske die erhoffte harte Linie fahren würde, erließ Pabst am 10. März einen »Geheimbefehl« an die Kommandeure der Regierungstruppen, in dem er ihnen »Ausführungsbestimmungen« für die Umsetzung von Noskes Anweisung an die Hand gab – dies waren die Leitlinien, von denen viele Soldaten später sagten, sie seien »höchst missverständlich« gewesen.[48]

Wir können allerdings auch sicher sein, dass Pabst es zu

dem Zeitpunkt, als er seine Erinnerungen niederschrieb, darauf anlegte, sein Tun im März 1919 – und eigentlich während der gesamten Revolutionszeit – als wohlbedacht und gerechtfertigt darzustellen, und dass er zu diesem Zweck die damaligen Vorgänge bewusst so retuschierte, dass sie wie Produkte eines rationalen Entscheidungsprozesses aussahen, der sich im Kopf eines wichtigen militärischen Befehlshabers abspielte, bei dem alle Fäden zusammenliefen. Tatsächlich können wir mit ebenso großer Plausibilität vermuten, dass die Entscheidungen, die Pabst im März 1919 traf, aus einem Zusammenwirken von Gerüchten, Ängsten und Autosuggestionen resultierten.[49]

Ob so oder so, die Reaktion auf die ursprüngliche Gräuelgeschichte und der breite Rückhalt für Noskes Schießbefehl waren auf einer allgemeineren Ebene aufschlussreiche Indikatoren des damaligen politischen Bewusstseinszustandes – und Kontrollmacht über diesen zu besitzen konnte sich nicht einmal der Egomane Waldemar Pabst einbilden. Die Gräuelgeschichte konnte deshalb funktionieren, weil sie an einen breiten vorhandenen Fundus von Vorstellungen über den Sittenverfall in den Großstädten anschloss. Indem die Verbreiter der Geschichte den Begriff des Zivilisten umdeuteten und die Zivilisten, die den Regierungstruppen in die Quere kamen, zu typischen Vertretern der Berliner Unterwelt machten – z. B. Prostituierte und Kriminelle –, zogen sie eine Trennlinie zwischen der Zeitung lesenden Öffentlichkeit und denen, gegen die sich die von den Regierungstruppen angewendete Gewalt richtete. Diese Abgrenzung trug dazu bei, dass die Öffentlichkeit den Einsatz von Kriegswaffen und Kriegstaktiken in einzelnen Bezirken Berlins akzeptierte.[50] Dank der weiten Verbreitung, die die Gräuelgeschichte fand, konnte sie vorhandene Klischeevorstellungen über die von Elementen der großstädtischen Unterwelt ausgehende Gefahr verstärken und die paranoiden Ängste vor gewalttätigen Pöbelhorden weiter schüren. Die Gewalt wurde insoweit zu einem sich selbst legitimierenden Mittel, als diejenigen, die sie ausübten, die im Vorhinein beschworenen Schreckensbilder in der Realität produzierten und so das eigene harte Vorgehen rechtfertigten.

Dieser Prozess der Produktion von Phantasien war ein wesentlicher Bestandteil der Kultur der Gewalt im Frühjahr 1919. Natürlich ging es dabei nicht um reine Fiktionen; es gab durchaus reale Akte von Straßengewalt, die in der Wechselwirkung mit erfundenen Gräuelgeschichten den Darstellungen des Konflikts in der Presse ihre Wirkungsmacht verliehen. Einer der bedeutsamsten Vorfälle ereignete sich Anfang März in Halle, 150 Kilometer südwestlich von Berlin; ein ranghoher Heeresoffizier, Oberstleutnant Klüber, wurde dort von einer Gruppe wütender und gewalttätiger junger Leute unter Führung eines 24-jährigen Kriegsinvaliden übel zugerichtet.[51] Nachdem sie ihn fast bewusstlos geprügelt hatten, warfen sie ihn in den Fluss und erschossen ihn, als er sich ans Ufer zu retten versuchte.[52] Die lokale Presse berichtete zeitnah über diese brutale Mordtat, die dann eine Woche später, zwischen dem 10. und dem 12. März, von Zeitungen in Berlin und anderswo im Reich aufgegriffen und parallel zu den Berichten über die »Lichtenberger Gräuel« abgehandelt wurde.[53] In der rechtskonservativen *Post* war am 10. März sogar zu lesen, Spartakisten hätten dem Offizier beide Hände abgehackt, als er sich zu retten versuchte.

Der Tod des Offiziers Klüber beschäftigte die Abgeordneten der Nationalversammlung besonders, hatte er doch einem Kommando angehört, das Schutz- und Bewachungsaufgaben in Weimar wahrnahm. Abgeordnete der Nationalversammlung ehrten Klüber posthum mit einer Gedenkminute.[54] Das Klischee von der Gewalttätigkeit des Pöbels übte eine so hypnotische Wirkung aus, dass kaum ein Zeitgenosse auf die Idee kam, einmal in Ruhe über den Kontrast zwischen den Berichten über den Tod Klübers und dem realen Ausmaß von Pöbelgewalt in Halle nachzudenken. Dabei ergibt ein genauerer Blick auf die damalige Lage, dass anarchische Straßengewalt zu jener Zeit in Halle keine große Rolle spielte: Außer dem Mord an dem Offizier Klüber kam es zu keinen willkürlichen Akten brutaler Gewalt gegen Angehörige des Bürgertums. Der maßgebliche Historiker der Hallenser Lokalgeschichte des Jahres 1919 vertritt die Ansicht, der Anschlag auf Klüber sei ein symbolischer Bestrafungsakt gegen das Militär gewesen, das in einen »bis dahin friedlich ausgetragenen Konflikt« Gewalt hineingetragen hatte.[55] Während auf der Seite der Anhänger der Regierung ein deutliches Missverhältnis zwischen der propagandistisch aufgebauschten und angeprangerten Gewalt einerseits und der Realität andererseits bestand, berichtete die regierungskritische Presse einigermaßen objektiv über die von den Regierungstruppen tatsächlich verübten Gewalttaten.

Die Unterstützer von Noskes Schießbefehl sahen in jeder Kritik am Gebaren regierungstreuer Soldaten eine Aufforderung zum bewaffneten Kampf gegen den Staat. Männer wie Noske oder Heine konnten den Gedanken nicht ertragen, dass zwischen ihnen und ihren Gegnern irgendwelche Gemeinsamkeiten in Bezug auf politische Ziele oder Maßstäbe bestanden. Sie warfen allen, die sich ihnen entgegenstellten, vor, Deutschland in den Abgrund stürzen zu wollen – ein Bild, das Heine in seiner zitierten Rede vor der preußischen Landesversammlung benutzte. Somit lässt sich sagen, dass die politische Kultur der Weimarer Republik von Anfang an durch eine Art Urangst vor einer Eruption der Gewalt gegen die uniformierten Beschützer des Staates geprägt war – wie auch durch die Erfahrung realer und brutaler Gewaltakte, begangen von kämpfenden Vertretern beider Konfliktparteien.

Dieses Geburtstrauma der Weimarer Republik erklärt die Übereinstimmung zwischen dem, was die Zeitungen schrieben, und dem, was Militärs und politische Parteien dachten und wollten. Es verrät uns aber auch etwas ebenso Wichtiges über den Boden, aus dem die politischen Institutionen und die politische Kultur der neuen Republik erwuchsen. Die politische Kultur der Weimarer Republik entstand zu einer Zeit, in der der wechselseitige Vorwurf brutaler Gewalttaten die Abgeordneten entzweite und sie so gegeneinander aufbrachte, dass sie einander mit Verachtung begegneten. Zwar bestand Einigkeit darüber, dass eine ausführliche Debatte über politische Gewalt nötig war, und die Nationalversammlung setzte zu diesem Zweck auch einen Untersuchungsausschuss ein. Allein, dessen Tätigkeit entartete schnell zu einem Austausch von Beschimpfungen, und der Bericht, den der Ausschuss schließlich vorlegte, bekräftigte einfach nur die vorgefassten Meinungen beider Seiten.

Was der von einem Sozialdemokraten erstellte offizielle Abschlussbericht des Untersuchungsausschusses vor allem lieferte, waren Rechtfertigungen für das Handeln der SPD-Politiker in den gewaltträchtigen Konflikten im Januar und März 1919, und Bewertungen, die sich überwiegend mit denen der konservativen Presse deckten.[56] Die entscheidende Einsicht, die sich aus den Debatten sowohl der Nationalversammlung als auch der preußischen Landesversammlung ergibt, ist die, dass die Weimarer Staatsgründung in einem Augenblick intensiver Gewalterfahrungen erfolgte, aus denen sich das Streben der Regierung nach absoluter Macht erklärte. Politischer Dissens und Kritik wurden toleriert, waren aber ohnmächtig und zu keinem Zeitpunkt in der Lage, die einander aufschaukelnden Wellen der Gewalt zu glätten.

Ein Respekt gebietender Gründungsmythos, gespeist von einer Reihe positiver Errungenschaften, konnte unter diesen Umständen nicht entstehen. Der Anspruch, den Ebert der in Weimar tagenden Nationalversammlung vorgab – dass die neue Republik sich auf den Geist Weimars, den Geist Goethes und Schillers, gründen werde –, geriet schnell in Vergessenheit. Die wirklichen Gründungspfeiler der Republik waren Gewalt und negative Mythen über die im Magma der Revolution rumorenden Gefahren. Eine Kombination dieser Faktoren verhinderte, dass sich gleich in der Frühphase der Weimarer Republik starke pro-republikanische Narrative und Strukturen herausbildeten. Noske war 1919 der gefeierte Held, weil es eine übermächtige Angst gab, ein Fortgang der Revolution werde zu noch schlimmeren Gewaltexzessen führen. Diese Angst sorgte dafür, dass Noske und den unter seinem Befehl agierenden Truppen breite Unterstützung zuteilwurde. In diesem Klima der Angst, in dem die vermeintlich hinter jeder Ecke lauernde Gefahr immer neue Wellen von Gewaltszenarien entstehen ließ, von denen viele in Form von Gerüchten weiterverbreitet und von einem verängstigten Publikum geglaubt wurden, setzten Untergangsphantasien und die Ängste vor der proletarischen Unterwelt den neuen Staat und seine führenden Männer unter einen gebieterischen Druck, wirksamere Gewalt zu mobilisieren, als ihre Gegner es konnten. Nur ein paar Wochen später sollten Ereignisse in München beweisen, dass der Einsatz ungezügelter staatlicher Gewalt auf den Straßen Berlins kein Ausnahmefall gewesen war.

KAPITEL VIERZEHN

Geiselmord in München

Am 30. April 1919, genau 26 Jahre bevor sich Hitler im Bunker der Reichskanzlei das Leben nahm, wurden im Hof des Luitpold-Gymnasiums in der Münchner Isarvorstadt neun Männer und eine Frau hingerichtet.[1] Sieben von ihnen waren Mitglieder der antisemitischen und antirepublikanischen Thule-Gesellschaft, eines rassistischen Geheimbundes, der sich dem Kampf gegen die Revolution und die Demokratisierung Deutschlands verschrieben hatte – schon 1919 verwendete die Thule-Gesellschaft auf ihren Dokumenten das damals noch weitgehend unbekannte Hakenkreuz-Symbol, verbunden mit einem Appell an die Deutschen, ihr Blut rein zu halten.[2] Die Namen der Männer, die die Erschießung vornahmen, konnten nie mit Gewissheit festgestellt werden. Es waren Mitglieder der Roten Garde, des militärischen Arms der Münchner Räterepublik, des kurzlebigen Projekts der Münchner Arbeiter- und Soldatenräte, nach bolschewistischem Vorbild eine Diktatur des Proletariats zu errichten.

Jede der Geiseln wurde vor ein Erschießungskommando gestellt, das sich 6–8 Meter vor den Opfern postierte. Mindestens zwei der Opfer wurden vor ihrer Exekution schwer misshandelt. Der 62-jährige Kunstprofessor Ernst Berger, der als Letzter erschossen wurde und nicht der Thule-Gesellschaft angehörte, wurde sehr wahrscheinlich brutal verprügelt, bevor die Gewehrkugeln ihm den Rest gaben.[3] Zu denen, die die Erschießungen mit ansahen, gehörten Soldaten der Roten Garde sowie in dem Schulgebäude inhaftierte Gegner der Räterepublik. Ihre Anwesenheit verlieh dem Ritual, das den Exekutionen vorausging, eine besondere Note. Den Verurteilten wurde, selbst nach vorheriger Misshandlung durch Prügel, Gelegenheit gegeben, einen Abschiedsbrief zu schreiben oder eine letzte Botschaft zu diktieren. Sie durften sogar die Zuschauer bitten, zu ihren Gunsten einzugreifen und sie vor der Erschießung zu bewahren. Zwei Verurteilte taten dies mit Erfolg. Als sie auf den Hof geführt wurden, flehten sie lauthals um Verschonung, und tatsächlich griff ein Rotgardist zu ihren Gunsten ein – einer der beiden brach spontan in Tränen aus und sank überwältigt zu Boden.[4]

Die Henker gewährten ihren Opfern auch die Wahl, von vorne erschossen zu werden oder von hinten, mit dem Gesicht zur Mauer. Zwei von ihnen entschieden sich dafür, den Männern, die auf sie zielten, in die Augen zu sehen. Einer legte sich die Hand aufs Herz in der Hoffnung, so vielleicht den Kugelhagel zu überleben. Es nützte ihm jedoch nichts, die Kugeln zerfetzten seinen Körper so brutal, dass nur ein verstümmelter Leichnam übrig blieb.[5] Einer der im Schulhof aktiven Schützen setzte nicht weniger als sechs Mal einen Gnadenschuss – er jagte den Opfern, die nach der Salve des Erschießungskommandos noch Lebenszeichen von sich gaben, aus kurzer Entfernung eine Pistolenkugel in den Kopf.[6]

Unter den Hingerichteten war eine Frau, die 33-jährige Haila Gräfin von Westarp. Sie wurde auf den Hof geführt, nachdem bereits sechs Erschießungen durchgeführt worden waren. Wie die Männer vor ihr, flehte auch sie um ihr Leben, indem sie ihren Henkern zurief: »Helft mir, lasst mich noch eine Stunde leben, vernehmt mich noch einmal, ich bin unschuldig.«[7] Einige der Männer sprachen sich lautstark dagegen aus, eine Frau zu erschießen. Doch viele andere wollten die Gräfin tot sehen.[8] Ihre Begründung lautete, die Rechten würden dasselbe mit ihnen machen. Wie ein Zeuge später behauptete, habe, während die Männer noch über das Schicksal der Gräfin berieten, ein Mann, der das Geschehen aus einem Fenster beobachtete, gebrüllt: »Hin mit der [Hure], wegen der haben schon viele fallen müssen.«[9] Sein Wille geschah. Die Gräfin versuchte zwar noch, Zeit zu gewinnen, indem sie einen besonders langen Abschiedsbrief schrieb, doch wenig später wurde sie, als Vorletzte der zehn, erschossen.[10]

Dieser Akt des Terrors wirkte sich maßgeblich auf das militärische Vorgehen gegen die Münchner Räterepublik aus. Zum Zeitpunkt des Geiselmords hatten die Truppen der Weimarer Republik die Stadt bereits eingeschlossen, die seit dem 7. April 1919 von Räten regiert wurde. Oberkommandierender der Regierungstruppen war Reichswehrminister Gustav Noske. Er legte die militärischen Operationen in die Hände seiner Bündnispartner aus den Märzkämpfen in Berlin und übertrug die Führung dem Freiherrn von Lüttwitz, der als General das Reichswehrgruppenkommando I befehligte. Die beiden ranghöchsten bayerischen Offiziere in der Einsatzleitung waren Generalleutnant von Oven und Generalleutnant von Möhl. Die Truppe, die sich auf München zubewegte, war in vier Gruppen (Nord, Süd, Ost, West) eingeteilt; jeder von ihnen waren mehreren Freikorps zugeteilt, die jeweils nach ihren Befehlshabern benannt waren.[11] Das berühmteste bayerische Freikorps stand unter dem Befehl des Generals Franz Ritter von Epp, eines weiteren Veteranen der deutschen Kolonialkriege; er sollte später für die Nationalsozialisten in den Reichstag einziehen und von 1933 bis 1945 als Reichsstatthalter in Bayern amtieren. Zu den gen München marschierenden Truppen gehörte auch Hermann Ehrhardts II. Marine-Brigade, aus der später der harte Kern der ultrarechten Terrorgruppe »Organisation Consul« hervorging, die für die Ermordung Matthias Erzbergers (1921) und Walther Rathenaus (1922) ebenso verantwortlich zeichnete wie für ein fehlgeschlagenes Attentat auf Philipp Scheidemann.[12]

Mit einer Streitmacht aus 15 000 »Reichssoldaten« und den sie verstärkenden bayerischen Freikorps-Divisionen planten die leitenden Männer der Operation, am 2. Mai um 14 Uhr München einzunehmen. Die Pläne sahen vor, dass die Regierungstruppen aus den vier Himmelsrichtungen konzentrisch auf das Stadtzentrum vorrücken würden. Doch als die Nachricht von der Terrortat an der Schule die Runde machte, stürmten einzelne Einheiten, ohne sich um die Befehle zu kümmern, nach München hinein, während das Gros der Truppe noch in den Startlöchern stand.

Mag sein, dass einige der Kämpfer wussten, dass der ranghöchste bayerische Kommandeur, General von Oven, ein Onkel der Gräfin Haila von Westarp war.

Die Undiszipliniertheit blieb nicht ohne Folgen: Teile der Regierungstruppen sahen sich, anstatt mit der Wucht einer hoch überlegenen Streitmacht alles niederzuwalzen, durch ihr Vorpreschen auf sich allein gestellt und gerieten in eine gefährlich exponierte Position. Zudem wählten sie für ihren Einmarsch in die Stadt Ziele, an denen die ansonsten nicht sehr gut aufgestellten Roten Garden ihre stärksten Bastionen hatten. Es kam zu erbitterten Kämpfen in der Umgebung des Hauptbahnhofs, des Karlsplatzes und des Rathauses. Die Verluste, die den Regierungstruppen als Folge ihrer eigenen Undiszipliniertheit entstanden, verstärkten die Neigung, die Kampfstärke der Roten zu überschätzen, was wiederum als zusätzliche Rechtfertigung für den von den Regierungstruppen geübten Vergeltungsterror diente.

Als die Hauptmacht der Regierungstruppen wie geplant am 2. Mai vorrückte, brauchte sie nicht lange, um die Stadt unter ihre Kontrolle zu bringen; damit waren die Kämpfe zu Ende, auch wenn Regierungssoldaten in den Tagen danach noch immer über Beschuss durch feindliche Heckenschützen berichteten.[13] So heftig die Kämpfe an einzelnen Schauplätzen im Stadtgebiet waren, so locker und fast karnevalesk ging es anderswo zu, wo einmarschierte Soldaten und einheimische Gegner der Räterepublik, darunter viele Angehörige der Münchner Mittel- und Oberschicht, in gemeinsamen Siegesparaden auf ausgewählten Straßen und Plätzen der Stadt lautstark und farbenfroh demonstrierten, dass sie ihr München wieder in Besitz genommen hatten.

Für Tausende bedeutete die »Befreiung« Münchens den Verlust ihnen nahe stehender Menschen. Die Schätzungen für die Zahl derer, die zwischen dem 29. April und dem 6. Mai 1919 umkamen, bewegen sich zwischen 600 und über 1000. Dabei fiel die Bilanz der Verluste extrem einseitig aus: 58 Regierungssoldaten fielen während der gesamten Operation, 93 der Getöteten waren bewaffnete Anhänger der Räterepublik, die im Kampf den Tod fanden; dazu kamen mindestens 42 von den Regierungstruppen

Exekutierte.[14] Beim größten Teil der ums Leben Gekommenen handelte es sich um unbeteiligte Zivilisten, die Opfer ungezielten Geschützfeuers nervöser Regierungstruppen wurden. Die Münchner Tageszeitungen aus den ersten Maitagen 1919 sind voll von Traueranzeigen für Familienmitglieder, die von einer »verirrten Kugel« getroffen wurden. In einer dieser Traueranzeigen hieß es, der Betreffende sei »schnell und unerwartet der Verletzung eines Kopfschusses [erlegen], welche ihm in seiner Wohnung [...] beigebracht wurde«, und eine andere trauernde Familie klagte: »Nachdem er während des ganzen Krieges im Felde gestanden«, sei ihr Sohn als Opfer »eines unglücklichen Zufalls am Karlsplatz von einem Geschosse getötet« worden.[15] Ein Zeitgenosse rechnete aus, dass allein am 2. Mai 1919 nicht weniger als 103 Personen auf diese Weise den Tod fanden.[16]

Wie Monate zuvor in Berlin, begingen auch in München die Regierungstruppen zahlreiche Gräueltaten. Der größte Einzelvorfall dieser Art ereignete sich am 2. Mai in Gräfelfing bei München, wo bei Tagesanbruch 53 russische Kriegsgefangene unter dem Vorwurf, auf Seiten der Rebellen gekämpft zu haben, erschossen wurden. In dem Dorf Perlach führte am 5. Mai der Verfolgungswahn eines evangelischen Pfarrers zur Verhaftung und Hinrichtung von zwölf Arbeitern, darunter Mitglieder des örtlichen SPD-Ortsvereins. Einen Tag später wurden 21 bayerische Katholiken, in der Mehrzahl junge Männer, die einem Münchner Gesellenverein angehörten, verhaftet und im Keller eines Gebäudes in der Stadtmitte brutal zu Tode geprügelt.[17]

Die von Regierungssoldaten begangenen Bluttaten waren kein Geheimnis, am wenigsten die auf breiter Front verübten standrechtlichen Erschießungen. Die hingerichteten Männer wurden laut Presseberichten stets »mit der Waffe in der Hand« angetroffen.[18] Die *Deutsche Zeitung* verstieg sich in ihrer Ausgabe vom 1. Mai zu der abenteuerlichen Darstellung: »Die russischen Kriegsgefangenen, die von den Kommunisten als Avantgarde benutzt werden, ergreifen nach dem ersten Kugelwechsel regelmäßig die Flucht. Als Kriegsgefangene müssen sie nach dem internationalen Kriegsrecht ihr Waffentragen mit dem Tode büßen.«[19]

In anderen Zeitungsberichten wurde behauptet, die in Gräfelfing erschossenen Russen hätten deutsche Uniformen getragen.[20] Die *Münchener Neuesten Nachrichten* schilderten, was auf einem Polizeirevier geschah, das die Regierungstruppen vorübergehend zu einem ihrer Stützpunkte umfunktionierten: »Zahlreiche Gefangene wurden gleich darauf eingebracht. Darunter waren wahre Verbrechertypen, Strolche, denen wir aus den Hosentaschen die Dumdum-Geschosse herauszogen, die sie selbst fabriziert hatten. Einen dieser Verbrecher ereilte sofort das verdiente Schicksal der Erschießung.«[21]

Trotz der vielen Gewalttaten, die verübt wurden, war es die Erschießung der zehn Geiseln auf dem Hof des Luitpold-Gymnasiums, die mehr als jedes andere Einzelereignis das Bild prägte, das die Zeitgenossen und die Nachwelt von der Revolution in München im Gedächtnis behielten. Das galt in besonderem Maß für die antirepublikanische Rechte. Schnell bürgerte sich für die Bluttat die Bezeichnung »Geiselmord« ein. Anders als die »Lichtenberger Gräuel« von Berlin war der Geiselmord von München keine propagandistische Erfindung. Er war, für sich betrachtet, ein reales Vorkommnis, das das Leben einer Gruppe z. T. reicher und hochgestellter Deutschen auslöschte. Sieben der neun gehörten entweder adligen oder wohlhabenden Oberschichtsfamilien an, zwei von ihnen, Friedrich von Seydlitz und Gustav von Thurn und Taxis, sogar der Crème de la Crème des deutschen Adels. Es war ein Terrorakt, der in der Folge zur rückwirkenden Legitimierung aller antirevolutionären Gewalt diente, die im Verlauf des Winters 1918/19 ausgeübt worden war. Die prägende Wirkung dieses Vorfalls war so tief und nachhaltig, dass sich wohl kaum irgendein anderes Ereignis auf bayerischem Boden finden ließe, das für das von der antirepublikanischen Rechten in den verbleibenden Jahren der Weimarer Republik und anschließend im Dritten Reich gezeichnete Bild von der revolutionären Periode von größerer Bedeutung wäre.

Die Radikalisierung der bayerischen Revolution

Heute verbindet alle Welt mit Bayern die Vorstellung eines frommen katholischen Konservatismus und einer Dauerherrschaft der CSU. Doch am Ende des Ersten Weltkrieges liebäugelte auch Bayern mit einer kommunistischen Utopie. Schon vor dem Krieg war München zum Sammelbecken einer bunten Mischung politischer Idealisten und experimenteller Künstler geworden. Revolution und Niederlage eröffneten ihnen unvermittelt ein kurzes Zeitfenster für die Übernahme der politischen Macht in der bayerischen Hauptstadt. Am 21. Februar 1919, als ihr Experiment sich schon in den letzten Zuckungen zu befinden schien, wurde der bayerische Ministerpräsident Kurt Eisner (USPD) auf den Straßen der Münchner Altstadt ermordet. Sein Tod und die unverzüglich erfolgende Vergeltung, zu der eine Schießerei im bayerischen Parlament gehörte, bei der es einen Toten gab, machten jede Chance auf eine friedliche Beendigung des bayerischen Revolutionsexperiments zunichte. Die Räteherrschaft weigerte sich, die Macht abzugeben, und schlug einen zunehmend radikaleren Kurs ein. Inspiriert von Vorgängen in Budapest, wo sich nur wenige Wochen vorher, am 21. März 1919, eine kommunistische Räterepublik etabliert hatte, bekam der Rätegedanke auch in München neuen Auftrieb. Am Abend des 6. April wurde vom Zentralen Arbeiter- und Soldatenrat unter der Leitung von Ernst Niekisch die Ausrufung der Räterepublik beschlossen. Bereits am 5. April hatte sich die Regierung des am 17. März gewählten Ministerpräsidenten Johannes Hoffmann (SPD) nach Bamberg abgesetzt.[22]

Die Räterepublik war kein Wunschkind der überwiegenden Mehrheit der bayerischen Bürger, die ihre Wählerstimmen der Bayerischen Volkspartei und der SPD gegeben hatten. Am 13. April versuchten Anhänger der nach Bamberg ausgewichenen bayerischen Regierung die Räteherrschaft in München zu stürzen – im sogenannten Palmsonntagsputsch, der heftige Kämpfe in der Umgebung des Münchner Hauptbahnhofes mit sich brachte, die 21 Menschenleben kosteten. Unter dem Eindruck dieses Umsturzversuchs wurde die erste, von den Kommunisten abgelehnte Räterepublik von einer zweiten Münchner Räterepublik unter Führung Eugen Levinés und Max Leviens abgelöst, die beide der KPD angehörten. Ihre Herrschaft dauerte bis zum 27. April 1919, an dem auf einer Versammlung aller Münchner Räte das Ende der Räterepublik verkündet wurde. Obgleich eine Mehrheit der versammelten Räte der Meinung war, das radikale kommunistische Experiment sei fehlgeschlagen, gelang es nicht, den gefassten Beschluss durchzusetzen; die Folge war, dass die politische Landschaft in München, die seit jeher zersplittert gewesen war, jetzt ganz aus den Fugen geriet und in ihre Bestandteile zerfiel.[23] Eine der radikalsten Anhängergruppen der Räterepublik hatte ihren Sitz am Luitpold-Gymnasium und hielt dort eine erhebliche Zahl politischer Häftlinge gefangen, darunter Mitglieder der Thule-Gesellschaft, die am 26. April 1919 festgenommen worden waren.[24]

Die Bluttat, die im Hof des Gymnasiums stattfand, wurde gern und oft als typisches Beispiel kommunistischer Barbarei angesehen. Analysiert man jedoch genauer, wie sie zustande kam, so zeigt sich, dass sie das Resultat des Ineinandergreifens mehrerer Faktoren war, vor allem gruppendynamischer Prozesse in der Schule und deren Einbettung in den Teufelskreis der Gewalt, der sich in der Schlussphase des Räte-Experiments in und um München entfaltete. Um diese dynamischen Prozesse zu verstehen, müssen wir uns zunächst die Vorgänge anschauen, die am 30. April 1919 in dem Schulgebäude abliefen.

Das Luitpold-Gymnasium

Wenige Stunden vor ihrer Erschießung sah Haila Gräfin von Westarp zu, wie Rotarmisten zwei junge Männer erschossen – an derselben Stelle, an der auch sie später an diesem Nachmittag zu Tode kommen würde. Die Hingerichteten waren Regierungssoldaten, die am 29. April von Kämpfern der von der Räterepublik aufgestellten Roten Armee in Oberschleißheim gefangen genommen worden waren, einem Vorort von München, etwa 15 Kilometer vom Stadtzentrum entfernt. Die zwei Gefangenen waren Angehörige eines preußischen Husarenregiments. Sie wurden nach München ins Kriegsministerium verfrachtet und dort dem 23-jährigen Rudolf Egelhofer übergeben, den die Räterepublik zum Stadtkommandanten – und damit zum nominell für die Ordnung in München Verantwortlichen – ernannt hatte und der als Oberbefehlshaber der Roten Armee auch die Aufgabe hatte, die Räterepublik gegen die im Anmarsch befindlichen Reichstruppen und bayerischen Freikorps zu verteidigen.[25] Egelhofer erteilte Befehl, die beiden jungen Husaren ins Luitpold-Gymnasium zu überführen. Dieses diente seit dem fehlgeschlagenen »Palmsonntagsputsch« als provisorischer Stützpunkt für Soldaten der Roten Armee und war als wichtiger Treffpunkt von Radikalen bekannt.[26] In den letzten Apriltagen diente das Schulgebäude auch als Gefängnis für mutmaßliche »Konterrevolutionäre«. Sein Kommandant war Fritz Seidel; er war nominell der ranghöchste Offizier dieses Stützpunktes, wobei es jedoch angesichts der ständigen Machtwechsel in diesen letzten Apriltagen schwer zu sagen ist, wie viel Autorität Seidel zu diesem Zeitpunkt noch innehatte. In der Schule angekommen, wurden die beiden Gefangenen mit Drohungen begrüßt, und der jüngere der beiden, der 19-jährige Walter Hindorf, erhielt von seinen Bewachern Prügel. Die beiden wurden beschuldigt, der Truppe anzugehören, die Rosa Luxemburg und Karl Liebknecht auf dem Gewissen hatte.[27] Später, als ihre Häscher erst mal mit ihnen fertig waren, wurden sie in demselben Raum eingesperrt, in dem sich auch die Geiseln von der Thule-Gesellschaft befanden. Der Alptraum hatte für sie gerade erst begonnen.

Am Morgen des 30. April zwischen fünf und sechs Uhr stürmten Rote Garden, die kurz zuvor ein Propagandaplakat der Roten Armee gesehen hatten, auf dem von Gräueltaten von Regierungstruppen an Rotarmisten in den Außenbezirken Münchens die Rede war, in den Raum, in dem sich die zwei Soldaten befanden.[28] Die Rotarmisten brüllten die beiden an: »Sauhunde, Bluthunde, Noskehunde, die sollte man alle erschießen, die ganze Bande da drüben gehört an die Wand.«[29] In dieser Situation wurden die beiden Soldaten misshandelt. Der jüngere, dessen Gesicht noch durch Blutkrusten und blaue Flecken von den am Abend zuvor bezogenen Prügeln gezeichnet war, erfuhr erneut die schlimmere Behandlung. Die Rotarmisten, die ihn misshandelten, sagten ihm, »er könne heute noch das Kreuz machen«.[30] Später wurde behauptet, um acht Uhr morgens sei ein Befehl Egelhofers an die Bewacher ergangen, die Soldaten unverzüglich zu erschießen. Ob ein solcher Befehl tatsächlich erging oder nicht, die beiden Männer wurden jedenfalls kurz vor zehn Uhr aus ihrer behelfsmäßigen Zelle geholt. Im Innenhof der Schule wurden sie vor ein in aller Eile zusammengestelltes, aus acht bis zehn Mann bestehendes Erschießungskommando gestellt. Die anderen Gefangenen wurden herausgeführt und mussten zusehen, wie die beiden Soldaten mit einer Gewehrsalve getötet wurden.[31]

Nach der Hinrichtung der Soldaten wurden die anderen Häftlinge in die Turnhalle der Schule geführt, wo sie, wie später überliefert wurde, Kartoffeln schälen mussten. Anschließend wurden sie wieder weggesperrt, zusammen mit weiteren, neu eingetroffenen Gefangenen. Einer von diesen war der Kunstprofessor Ernst Berger. Rotarmisten hatten ihn am Nachmittag verhaftet, nachdem sie ihn über ein Plakat der Räterepublik hatten lästern hören – womöglich dasselbe Plakat, das frühmorgens die Schergen Seidels in der Schule so in Rage versetzt hatte. Hätte der Professor seine Zunge gehütet, er wäre wahrscheinlich nie verhaftet worden.[32] Im weiteren Verlauf des Nachmittags erreichten wiederholt nicht nachprüfbare Gerüchte die Schule, denen zufolge Regierungssoldaten barbarische Mordtaten an Rotarmisten begingen.[33]

Angeblich forderte Egelhofer nach der Mittagspause die Hinrichtung weiterer Geiseln als Vergeltungsmaßnahme für die Erschießung von Rotarmisten durch Regierungstruppen – tatsächlich hatten Regierungssoldaten am 29. April mit der Hinrichtung von Gefangenen in den Außenbezirken Münchens begonnen.[34] Ob wirklich Egelhofer die treibende Kraft hinter den Geiselmorden gewesen ist, steht nicht fest, aber was in der Folge geschah, ist zweifelsfrei überliefert. Auf dem Schulhof wurde ein aus acht bis zehn Männern bestehendes Erschießungskommando zusammengestellt, während in der »Zelle« die zu erschießenden Häftlinge ausgewählt wurden. Zum zweiten Mal zahlte Berger einen hohen Preis für seine Unbeherrschtheit. Er war sich keiner Schuld bewusst und glaubte, die Bewacher erstellten eine Liste der freizulassenden Häftlinge. Er ersuchte um die Aufnahme in diese Liste, und sein Wunsch wurde erfüllt. Die Gruppe der zur Erschießung Ausgewählten wurde von den anderen getrennt und dann zweigeteilt. Die Erschießungen begannen um 16:30 Uhr und waren um 17:30 Uhr vorbei.

Bald nach der Hinrichtung der Geiseln räumten die Rotarmisten die Schule. Wahrscheinlich suchten einige derer, die Zeugen des Geschehens wurden, sogar schon das Weite, bevor das blutige Schauspiel der Erschießungen zu Ende war. Infolgedessen verbreitete sich die Nachricht, dass Rotarmisten der Räterepublik Hinrichtungen vorgenommen hatten, wie ein Lauffeuer. Als sie bei den gerade tagenden, inzwischen gemäßigten Betriebsräten der Münchner Fabriken eintraf, sorgte sie dort für heillosen Schrecken. Einer der wichtigsten Leute auf dieser Versammlung, der Dramatiker Ernst Toller, der als Stellvertreter des Stadtkommandanten Egelhofer am 16. April 1919 bei Dachau Kämpfer für die Räterepublik zu einem ihrer wichtigsten Siege über Freikorpsverbände geführt hatte, verließ die Versammlung auf der Stelle, um herauszufinden, ob die Nachricht von den Erschießungen der Wahrheit entsprach. Als er an der zu diesem Zeitpunkt fast menschenleeren Schule ankam, traf er, wie er sich später erinnerte, unter den wenigen Anwesenden zwei russische Kriegsgefangene an, die »zur Roten Armee übergetreten« waren. Er schickte sie fort und fand anschließend noch sechs Häftlinge vor, die die abgezogene Rotarmisten-Truppe in einem verschlossenen Raum zurückgelassen hatte. Diese Männer wussten von der Hinrichtung ihrer Mitgefangenen und waren vor Todesangst fast gelähmt, als Toller sie aus ihrem Gefängnis befreite, eine Tat, die in dem späteren Prozess gegen ihn eine große Bedeutung erlangte.[35]

Wenig später erschien ein von Toller unterzeichnetes Plakat der Betriebs- und Soldatenräte, das den Mord an den Geiseln bestätigte und das Entsetzen der Räte über diese »bestialische Tat« zum Ausdruck brachte.[36] Gerüchte geisterten durch die Stadt. Ihre Botschaft bestand darin, die Brutalität der Erschießungen hervorzuheben und die barbarische Zurichtung der Leichen der Getöteten anzuprangern. Einige der Gerüchte besagten, die Leichen seien schwer verstümmelt und die Gräfin von Westarp sei vor ihrer Ermordung sexuell missbraucht worden.[37] Viele Münchner waren überzeugt, Russen hätten die Morde verübt. Auch die Behauptung, die Gesichter der Toten seien bis zur Unkenntlichkeit zerschmettert worden, machte die Runde. In anderen Gräuelgeschichten hieß es, die Opfer seien mit MG-Salven oder Dumdum-Geschossen zerfetzt worden, seien nackt gewesen, als man sie erschoss, und ihre Leichen seien anschließend zu Brei gestampft worden.[38] Eines der Gerüchte besagte, Anton Graf von Arco auf Valley, der junge Adlige, der im Februar Kurt Eisner ermordet hatte, und seine Mutter seien unter den Hingerichteten gewesen.[39] Thomas Mann erfuhr von den Erschießungen am Vormittag des 1. Mai. Wie gewohnt war seine Schwiegermutter die Erste, die sich mit der Neuigkeit meldete: »In der Nacht sind die im Luitpoldgymnasium internierten bürgerlichen u. adligen Geiseln, man kennt ihre Namen nicht, es sollen 10 sein, unter Verstümmelungen ermordet worden.«[40]

Am 3. Mai erschienen in München wieder Tageszeitungen, von denen viele unter der Räteherrschaft verboten gewesen waren. Ein typisches Beispiel für die Art und Weise, wie die Zeitungen die Botschaft unter die Leute brachten, die Regierungstruppen seien als Befreier in die Stadt gekommen, lieferten die *Münchener Neuesten Nachrichten* mit der Aussage: »Es herrschte Freude in der Stadt.«[41] Die *Frankfurter Zeitung* schrieb, es könne »gegenüber Herrn Levien und seinem kommunistisch-bolschewistischen Anhang [...] nur eins [geben]: siegen oder unterliegen. Kompromisse, die von ihm nur als Etappe zu neuen Umsturzversuchen benutzt würden, sind einem derartigen Gegner gegenüber nicht angebracht.«[42]

Die ersten Ausgaben der Tageszeitungen widmeten sich auch den seit dem Geiselmord kursierenden Gerüchten.[43] Die *Mün-*

chener Neuesten Nachrichten handelten das Thema am 3. Mai erstmals unter der Überschrift »Die bestialische Ermordung der Geiseln« ab.[44] Überall in Deutschland beriefen sich Zeitungen, darunter die *Vossische Zeitung* und die *Frankfurter Zeitung*, auf Meldungen aus München, die besagten, die Geiseln seien auf »so bestialische Weise getötet [worden], dass man Sonnabend erst drei der Opfer festzustellen vermochte. Man fand sie im Hofe des Luitpold-Gymnasiums auf einem Haufen liegen. Den Leichen waren die Schuhe abgezogen. Die noch unbekannte Frauenleiche trug Spuren ganz besonderer Mörder. Den anderen Toten waren die Augen ausgestochen, die Zungen und Hände abgeschnitten.«[45] Die *Münchener Neuesten Nachrichten* lieferten am 5. Mai neue haarsträubende Details nach, wobei sie sich auf Informationen aus dem Polizeipräsidium beriefen. In der Schule seien, so hieß es in ihrem Bericht, »ein männliches Geschlechtsteil« und »Eingeweide« gefunden worden.[46]

Nach wie vor gingen viele Leute davon aus, Russen seien für die Gräueltat verantwortlich. Die Behauptung machte die Runde, die Russen hätten die Geiseln mit ihren Gewehrkolben und mit Bajonetten abgeschlachtet. Solche Behauptungen wurden weithin geglaubt. Josef Hofmiller schrieb am 4. Mai in sein Tagebuch: »Zuerst wurden die Geiseln im Keller des Gymnasiums ermordet. Und zwar ganz bestialisch: Man machte Russen betrunken, bis sie vollkommene Tiere geworden waren, und ließ sie dann auf die unglücklichen Geiseln los.«[47] Diese Gerüchte über die Zerfleischung der Opfer und die sexuelle Schändung der Gräfin Westarp prägten für Jahrzehnte die Wahrnehmung des Geiselmords und die Art und Weise seiner Überlieferung. Sie waren frei erfunden.[48] Bei nachträglich vorgenommenen gerichtsmedizinischen Untersuchungen ergaben sich keine Anzeichen für den behaupteten sexuellen Missbrauch der Gräfin Westarp.[49] Auch wiesen die Leichen der Getöteten keine von spitzen oder stumpfen Werkzeugen wie Bajonetten, Gewehren oder Hämmern verursachten Verletzungen auf, die auf Misshandlungen vor der Erschießung oder auf die Schändung der Leichen hätten schließen lassen. Die angeblich menschlichen Leichenteile, die in der Schule gefunden und Anfang Mai einem medizinischen Institut zur Begutachtung übergeben wurden, stammten, wie sich herausstellte, von einem geschlachteten Schwein.[50]

Der »Geiselmord« am Luitpold-Gymnasium hatte zur Folge, dass für weite Teile der Bevölkerung die Ausschreitungen der Regierungstruppen, ihre Gewaltexzesse und willkürlichen standrechtlichen Erschießungen, akzeptabel wurden. Damit nicht genug, wurde der »Geiselmord« zu dem herausragenden Ereignis hochgeschrieben, das die Legitimation für den Beschluss der Regierung in Berlin lieferte, die Münchner Räterepublik mit demonstrativer Gewalt niederzuwerfen. Hatte im März in Berlin eine weitgehend erfundene Gräuelgeschichte Regierungstruppen als Alibi für willkürliche Hinrichtungen gedient, hatte in München tatsächlich eine Gräueltat stattgefunden. Die Schockwellen, die der »Geiselmord« auslöste, und die wilden Phantasien, die sich daran emporrankten, schlossen für den Moment jede Möglichkeit der Kritik am Verhalten der Regierungstruppen aus. In beiden Fällen – Berlin wie München – führte die Vorstellung von der vermeintlichen Bösartigkeit des jeweiligen Gegners dazu, dass die Menschen etwas akzeptierten und tolerierten, das in Wirklichkeit eine Rolleninversion war: Regierungstruppen begingen die grausamen Gewalttaten, vor denen die Deutschen zu schützen ihr Auftrag war. Angesichts des erheblichen gesellschaftlichen Rückhalts für das Vorgehen der Regierungstruppen gab es keinen politischen oder kulturellen Freiraum für Fragen zu dem anhaltend gewaltsamen Agieren der Regierungstruppen, Fragen, die Abstoßungsmechanismen gegen diese exzessive Regierungsgewalt hätten auslösen können.

Der Schock und das Entsetzen, die der »Geiselmord« auslöste, verrät uns viel über die hochgradige gesellschaftliche Traumatisierung, die von der Münchner Bevölkerung unter dem Eindruck der zwischen dem 29. April und dem 6. Mai 1919 verübten Gewalttaten Besitz ergriff. Die Gewalt und die von ihr bewirkten Traumatisierungen liefern eine teilweise Erklärung dafür, dass die Stadt München, die bis 1914 zu den Inseln der Liberalität in Süddeutschland gehört hatte, in den Jahren der Weimarer Republik zu einer Hochburg des rechten Antirepublikanismus werden und sich den ihr von Adolf Hitler verliehenen Ehrentitel »Hauptstadt der Bewegung« verdienen konnte.

Die Dynamik der Gewalt in München unter der Räteherrschaft

In dem Prozess gegen einige der Beteiligten am Geiselmord vom 30. April 1919 und in der Zeit danach setzte sich auf breiter Front die Auffassung durch, bei den Tätern habe es sich um rassisch minderwertige »jüdische Bolschewisten« gehandelt und das barbarische Verbrechen sei ein »natürlicher« Ausdruck ihrer Verkommenheit gewesen. Viel später, im Zeichen des Kalten Krieges, trat an die Stelle dieser Erklärung eine andere simplifizierende Deutung. Jetzt machte man für die Gräueltat eine auf die Spitze getriebene kommunistische Ideologie verantwortlich. Keine dieser Erklärungen ist haltbar. Eine eingehende Analyse der historischen Vorgänge führt zu dem Ergebnis, dass der Geiselmord alles andere als unausweichlich war. Während in der historischen Erinnerung die Zeit der Münchner Räterepublik als eine Periode »spartakistischen Terrors« abgehakt wurde, war das tatsächliche Ausmaß der Gewalt in der Stadt bis zum Zeitpunkt des Aufmarschs von Regierungstruppen vor den Toren Münchens Ende April ziemlich überschaubar. München war in den drei Wochen der Räterepublik ein deutlich weniger lebensgefährlicher Ort als in den sieben Tagen nach dem Einmarsch der Regierungstruppen. Ein ausführlicher Polizeibericht über gewalttätige Vorkommnisse in München unter der Räteherrschaft liefert uns besonders aufschlussreiche historische Anhaltspunkte. Obwohl dieser Bericht in der Phase nach dem Zusammenbruch der Räterepublik entstand, in der ein Klima der Abrechnung herrschte, räumte er ein, »schlimmere Gewalttaten gegen Leib und Leben« hätten sich »glücklicherweise unter der Kommunistenherrschaft zunächst nicht [ereignet], so sehr auch von den Spartakisten ständig mit Ermordung und Erschießen u. dgl. gedroht wurde«.[51] Anders ausgedrückt: Bevor der Aufmarsch von Regierungstruppen vor den Toren Münchens seine Wirkung tat, hatte die Räteherrschaft den Schritt von der verbalen zur tatsächlich ausgeübten Gewalt noch nicht vollzogen.

Eine wichtige Einsicht in die Gründe dafür liefert eine Analyse der Art und Weise, wie die während der Räteherrschaft in München aktiven politischen Kräfte einander neutralisierten. Sowohl die erste Räterepublik (unter Leitung von Ernst Niekisch, Ernst Toller und Gustav Landauer) als auch die anschließende zweite (unter Eugen Leviné und Max Levien) legten zwar die Macht in die Hände radikaler Kräfte, doch konnten weniger extreme Sozialisten und andere gemäßigte Kräfte bis zur Ankunft der Regierungstruppen den Einfluss der Radikalen neutralisieren. Am deutlichsten können wir den Mechanismus der Neutralisierung herausarbeiten, wenn wir uns mit der Geschichte der Revolutionsgerichte beschäftigen, die unter der ersten Räterepublik als Instrumente für die Durchsetzung ihrer Herrschaft eingerichtet und von der zweiten zu demselben Zweck beibehalten wurden. Diese Revolutionsgerichte traten vom 10. bis 12. April 1919 erstmals im Münchner Justizpalast zusammen und hatten den Auftrag, sowohl politische als auch gewöhnliche Verbrecher ihrer Bestrafung zuzuführen. Bis zum Zusammenbruch der Räterepublik saßen die Revolutionsgerichte über rund 300 Personen zu Gericht.[52] Auch wenn es schwierig ist, zu fundierten Schätzwerten für die Zahl der Menschen zu gelangen, die in Haft genommen wurden, ohne je vor ein Revolutionsgericht gestellt zu werden, oder die von Hausdurchsuchungen betroffen waren, lässt sich mit Sicherheit feststellen, dass die Revolutionsgerichte mit Richtern besetzt waren, die keine fanatischen Revolutionäre waren: In den drei Wochen ihrer Tätigkeit gelang es diesen Richtern im Gegenteil weitgehend, die Angeklagten vor willkürlichem Machtmissbrauch der Räterepublik zu bewahren.[53] Während umherzielende Gruppen von Rotarmisten, die häufig unter Alkoholeinfluss standen, viele bürgerliche Zivilpersonen schikanierten und verhafteten, hatten die Festgenommenen, sobald sie einmal an die Gerichte überstellt waren, gute Chancen, straflos davonzukommen. Die

Richter waren besonnen genug, Willkür als Willkür zu erkennen – was jedoch nicht heißt, dass man den extremsten Anhängern der Räterepublik so etwas wie Gutmütigkeit oder Harmlosigkeit attestieren könnte.[54]

Mit der Neutralisierung der politischen Kräfte war es am 27. April 1919 vorbei, als die Münchner Betriebs- und Soldatenräte die Herrschaft der zweiten Räterepublik für beendet erklärten. Extremisten wie Egelhofer empfanden diesen Beschluss aber allenfalls als Ansporn. Sie waren zum Kampf entschlossen. Angesichts des Vormarschs der »Weißen« auf München verkündete Egelhofer, die Stadt müsse jetzt, »koste es, was es wolle«, gegen den »weißen Terror« verteidigt werden.[55] Die von der Regierung entsandten Kräfte waren ebenso kampfentschlossen. Es war diese Kampfentschlossenheit beider Seiten, die eine Dynamik in Gang setzte, die in dem »Geiselmord« mündete. Kaum hatten die Regierungstruppen die Vororte Münchens erreicht, begannen sie Männer, die sie für feindliche Kämpfer hielten, zu erschießen. In Starnberg, 25 Kilometer südwestlich von München, verhafteten und exekutierten sie am 29. April Männer, von denen sie glaubten, sie seien feindliche Kämpfer. Einem Zeitungsbericht zufolge wurden die Regierungstruppen bei ihrer Ankunft in Starnberg von der Zivilbevölkerung willkommen geheißen. Dennoch sei es zu Scharmützeln gekommen, bei denen 13 »Spartakisten« ums Leben gekommen seien, während die Regierungstruppen keine Verluste erlitten.[56] Wie spätere Ermittlungen ergaben, hatten die Regierungstruppen gleich nach ihrer Ankunft in Starnberg neun Männer ergriffen und eingesperrt. Ein paar Stunden später waren diese Männer aus ihrem Gefängnis herausgeholt und erschossen worden.[57] Insgesamt wurden in Starnberg und Umgebung nahezu 30 Personen hingerichtet.[58] Aus einer Aufstellung der von Regierungssoldaten durchgeführten Exekutionen geht hervor, dass 19 der Opfer von Angehörigen der »Gruppe Seutter« erschossen wurden, eines Kampfverbandes aus Württemberg, der zu den sechs Einheiten gehörte, die von Westen her auf München vorrückten.[59]

Anders als im Fall des »Geiselmords«, bei dem niemals zweifelsfrei aufgeklärt werden konnte, ob die Rotarmisten die

Erschießungen auf Befehl von oben durchführten, handelten die Regierungssoldaten, die Hinrichtungen vornahmen, eindeutig auf der Grundlage ihnen erteilter Befehle. Ungeachtet der Tatsache, dass Noske seinen Schießbefehl vom 9. März 1919 auf der Basis einer falschen Gräuelgeschichte erteilt hatte, wurde ebendieser Befehl Ende April für den Militäreinsatz gegen München reaktiviert. Auch jetzt wieder war es kein Geheimnis, dass die Soldaten Anweisung hatten, jeden zu erschießen, den sie »mit der Waffe in der Hand« antrafen. Bevor die Regierungstruppen die Münchner Stadtgrenze erreichten, wurde in der Stadt ein gemeinschaftlich von der Militärführung und der Regierung Hoffmann unterzeichnetes Kommuniqué veröffentlicht, das ausdrücklich konstatierte: »Wer den Regierungstruppen mit der Waffe in der Hand entgegentritt, wird mit dem Tode bestraft. [...] Jeder Angehörige der Roten Armee wird als Feind des bayerischen Volkes und des Deutschen Reiches behandelt.«[60] Ein fast gleichlautender Befehl erging separat an die auf der Regierungsseite eingesetzten militärischen Einheiten: »Wer den Regierungstruppen mit der Waffe in der Hand gegenübertritt, wird ohne weiteres erschossen.«[61] Wie seinerzeit in Berlin, blieb es auch jetzt den Kommandeuren der einzelnen Einheiten überlassen zu entscheiden, wie mit diesem Befehl konkret umzugehen war. Wie es scheint, verstanden einige regierungstreue Truppenverbände den Befehl als Freibrief für die Erschießung ziviler Gegner nach demselben Muster, wie sie es bei ihren Einsätzen gegen bewaffnete Gegner in Berlin getan hatten.[62]

Sowohl Friedrich Ebert als auch Gustav Noske befürworteten die Reaktivierung des Schießbefehls für den militärischen Einsatz gegen die Münchner Räterepublik.[63] Schon Anfang April hatte der erste Präsident der Weimarer Republik einem bayerischen Politiker erklärt: »Die Erfahrung an anderen Stellen hat gelehrt, daß, je rascher und durchgreifender dieses [militärische Vorgehen] erfolgt, umso weniger Widerstand und Blutvergießen zu erwarten ist.«[64] Dieselbe Botschaft fand sich in einem militärischen Handbuch, das die Garde-Kavallerie-Schützen-Division Anfang 1919 auflegte und flächendeckend an alle Freikorps verteilte, auch an die an der Operation gegen München beteiligten.[65] Es enthielt

Richtlinien für Offiziere, wie der Kampf gegen »Spartakisten« in deutschen Städten zu führen sei. Ganz im Sinne von Eberts oben zitierter Maßregel schärfte das Handbuch den Kommandeuren ein: »Je schärfer die Mittel, desto schneller der Erfolg.«[66] Das Recht, standrechtliche Erschießungen durchzuführen, war laut dem Handbuch eine notwendige Voraussetzung für alle künftigen Operationen. Das Handbuch enthielt des Weiteren Anweisungen an Freikorps-Kommandeure, in großstädtischen Kampfgebieten Stoßtrupps einzusetzen. Es spricht für die weitverbreitete Bereitschaft, den uneingeschränkten Einsatz militärischer Machtmittel zu akzeptieren, dass das Handbuch als wichtigste Waffen im Straßenkampf Handgranaten, Bajonette und Gewehrkolben aufführte. Dazu kam die Empfehlung, den Soldaten, wann immer möglich, den Einsatz von Flammenwerfern zu erlauben.[67] Am 25. April erging an die Kommandeure die Anweisung: »Die Gruppen haben ihre Aufträge mit Gewalt durchzuführen, jedes Verhandeln mit dem Feinde oder mit der Bevölkerung ist verboten. Milde wird als Schlappheit, Gutmütigkeit als Unzuverlässigkeit der Truppen gedeutet.«[68] Kurz nach dem Ende der militärischen Operationen in München zog ein Kommandeur die Bilanz, die im Handbuch der Garde-Kavallerie-Schützen-Division enthaltenen Richtlinien hätten sich »voll bewährt«.[69]

Die Soldaten, die die Erschießungen in München durchführten, befolgten nicht nur Befehle. In den Wochen vor ihrem Einmarsch in die Stadt hatten sie serienweise Belehrungen über die Verkommenheit der Gegner erhalten, mit denen sie es in München zu tun haben würden.[70] Man hatte ihnen eingebläut, die »Spartakisten« würden jeden, bei dem sie einen »Noske-Ausweis« fanden – so nannte man umgangssprachlich die Kärtchen, mit denen sich Regierungssoldaten ausweisen konnten –, auf der Stelle umbringen.[71] Es gab unter den Soldaten auch solche, die entschlossen waren, an den »Spartakisten« Rache zu nehmen. Die Soldaten, die die Erschießungen in Starnberg durchführten, und die Gruppe, die 53 russische Kriegsgefangene hinrichtete, waren durch ihre erst kurz zurückliegenden Kämpfe gegen Rebellen in Augsburg radikalisiert worden. Das knapp 60 Kilometer westlich von München gelegene Augsburg war eine der wenigen bayerischen Städte, in denen es eine nennenswerte linksradikale Bewegung gab.[72] Die Einsätze der Regierungstruppen in Augsburg und Umgebung dauerten vom 16. bis 23. April, wobei die wichtigsten Kämpfe am 22. April stattfanden.[73] An diesem Tag kamen zehn Regierungssoldaten und 34 Bewohner Augsburgs, darunter vier Frauen und ein Kind, ums Leben. Die meisten waren unbeteiligte Passanten.[74]

Diese Erfahrung bestärkte die Regierungssoldaten in der Überzeugung, bei ihren Gegnern handle es sich um hinterhältige Rebellen, die sich nicht um die Regeln für soldatisches Verhalten scherten. Im Besonderen beschuldigten die Regierungssoldaten die Augsburger Kämpfer für die Räteherrschaft eines heimtückischen Anschlags gegen sie. Nach ihrer Überzeugung hatten ihre Gegner in Augsburg einen Waffenstillstand dazu genutzt, sie aus dem Hinterhalt zu dezimieren. Etwas mehr erfährt man dazu aus der Aussage des Offiziers Graeter, der bei der Hinrichtung der Russen in Gräfelfing das Kommando führte. Wie er später zu Protokoll gab, waren die unter seinem Befehl kämpfenden Männer nach der Episode in Augsburg äußerst schlecht auf ihre Gegner zu sprechen. Graeter erwähnte im Besonderen eine aus Studenten der Universität Tübingen zusammengestellte Kompanie, die nach den Ereignissen in Augsburg von »heftigem Zorn« erfüllt gewesen sei.[75]

Während in der Geschichtsschreibung die Auffassung vorherrscht, der »Geiselmord« von München habe eine Welle blutiger Racheaktionen ausgelöst, hält das Quellenmaterial einige, wenn auch nicht völlig schlüssige, Belege für die These bereit, dass die routinemäßige Tötung von Zivilisten und die für ihre Hinrichtung angegebenen Gründe schon zum Repertoire der Regierungstruppen gehörten, bevor sie von den Geiselmorden erfuhren.[76] In den erhalten gebliebenen Akten zu diesen Hinrichtungen heißt es immer wieder, man habe die Betreffenden erschossen, weil sie Anführer örtlicher Gruppen von Spartakisten gewesen seien oder sich für die Spartakisten oder für Geiselnahmen ausgesprochen hätten.[77] Ein Mann wurde mit der Begründung erschossen, er sei »Anhänger und tätiges Mitglied der Räteregierung« gewesen.[78] In einem anderen Bericht heißt es, man habe zwei Männer erschossen, weil man bei ihnen zu Hause Waffen und Dumdum-Geschosse gefunden habe.[79] Ein Militärjurist rechtfertigte später das Vorgehen der Regierungssoldaten mit dem Argument, die Männer hätten sich wegen »der stets u. überall drohenden Kugel aus dem Hinterhalt« in »einer begreiflichen Nervosität« befunden. Überhaupt habe »der von den Rebellen geliebte Franktireurkrieg« den Soldaten zu schaffen gemacht.[80]

Man kann nur darüber spekulieren, ob die Geiseln vom Luitpold-Gymnasium lebend davongekommen wären, wenn es am 29. April keine Serie von Hinrichtungen durch Regierungstruppen gegeben hätte. Was wir sicher sagen können, ist, dass die Dynamik, die die Regierungstruppen mit ihren Hinrichtungen in Gang setzten, einen Druck aufbaute, der die Wahrscheinlichkeit erhöhte, dass radikale Vertreter der Münchner Räterepublik Vergeltung an Geiseln üben würden. Berichte über von Regierungssoldaten verübte Hinrichtungen erreichten die Schule in der Nacht vom 29. auf den 30. April. Im Zusammenwirken mit den Gerüchten über noch schlimmere von Regierungstruppen begangene Gewaltexzesse gegen die Räterepublik dürften diese Berichte wohl dazu beigetragen haben, die Rotarmisten im Schulgebäude noch unversöhnlicher zu stimmen. Der Beschluss der Reichsregierung und der bayerischen Regierung, standrechtliche Erschießungen zuzulassen, hatte eine Spirale der Gewalt in Gang gesetzt, die für die in der Schule festgehaltenen Geiseln schreckliche Folgen hatte und die das Vorgehen der Regierungssoldaten noch bis mindestens zum 6. Mai prägen sollte, an dem es zu einer weiteren Gräueltat kam, die 21 unschuldige junge Bayern das Leben kostete. Daraufhin beschlossen die bayerische Regierung und die Kommandeure der in München operierenden Truppen endlich, ihren Soldaten den Freibrief für willkürliche Akte blutiger Gewalt zu entziehen. Ausschlaggebend dafür dürfte die Tatsache gewesen sein, dass an diesem 6. Mai die Opfer bayerische Katholiken waren, Mitglieder eines kirchlichen Vereins. Ihr Tod schreckte die katholische Kirche auf; sie verurteilte diese Mordtat, und das bedeutete, dass die Mörder nicht straflos davonkommen würden.

KAPITEL FÜNFZEHN

Gesellenmord in München

Am 6. Mai 1919 hielten 25 junge bayerische Katholiken ein Treffen in den Räumen ihres Gesellenvereins in der Augustenstraße ab, die vom Münchner Hauptbahnhof aus nordwärts zieht. Das Versammlungslokal des Gesellenvereins lag nicht weit von der Technischen Hochschule entfernt, in unmittelbarer Nachbarschaft der Kirche St. Joseph, deren Gemeinde die meisten Teilnehmer des Treffens angehörten. Es war ihre erste Zusammenkunft nach dem Ende der Münchner Räterepublik, und die Teilnehmer waren überwiegend junge Männer zwischen 20 und 30, teils miteinander verwandt. Viele von ihnen hatten im Ersten Weltkrieg in bayerischen Armeeeinheiten gedient. Sie waren das genaue Gegenteil der spartakistischen Klassenkämpfer, die versucht hatten, in Bayern eine kommunistische Republik zu errichten. Die jungen Leute waren entspannt, und einige von ihnen hatten sich auch schon ein Bier gegönnt, als ihr Beisammensein um ca. 21 Uhr plötzlich gestört wurde. Rund 15 Männer drangen mit gezogenen Pistolen in den Versammlungsraum ein. Es waren regierungstreue Soldaten, Mitglieder des Freikorps Bayreuth. Mit lauten Kommandorufen gaben sie den Gesellen zu verstehen, sie seien alle verhaftet. Die jungen Männer mussten die Hände hochnehmen und durften keinen Mucks machen.[1] Jemand hatte den Soldaten den Hinweis gegeben, in dem Gebäude, in dem die jungen Katholiken beim Bier saßen, würden sich heimlich Spartakisten treffen. Es war ein irreführender Tipp mit furchtbaren Folgen.[2]

Kurz darauf wurden die Mitglieder des katholischen Gesellenvereins St. Joseph auf die Straße hinausgeführt und mussten sich in einer Reihe aufstellen. Man befahl ihnen, die Hände nach oben gestreckt zu halten, und drohte jeden zu erschießen, der seine Arme sinken ließ.[3] Die Soldaten ignorierten, ebenso wie die den Einsatz beaufsichtigenden Offiziere, die Beteuerungen der Männer, sie seien unschuldig und hätten mit der Räterepublik nichts zu tun. Jedes Mal, wenn sie gegen den Schweigebefehl verstießen, wurde ihnen unter Drohungen wieder der Mund verboten. Auch der Hinweis, dass unter ihnen viele Weltkriegsveteranen seien, beeindruckte die Soldaten nicht.[4] Einer von ihnen beschimpfte sie als »Spartakisten«, aber auch als »Katholiken« und »Saubayern«.[5] Als einer der Gesellen den Soldaten erneut eine Unschuldsbeteuerung zurief, erhielt er als Antwort einen Gewehrkolbenhieb gegen den Schädel und die Zurechtweisung: »Halt dein Maul, du Hund!«[6] Einige der Soldaten feierten ihren Fang durch Schüsse in die Luft.[7]

Bald darauf wurden die Gesellen wie gefangene Verbrecher durch die noblen Straßen der Münchner Maxvorstadt zum Prinz-Georg-Palais am Karolinenplatz geführt, das seit seiner Errichtung vor über 100 Jahren Angehörigen des bayerischen Adels als Stadtresidenz gedient hatte. (Heute beherbergt das fünfstöckige Gebäude den Bayerischen Sparkassenverband. In den Tagen der Niederschlagung der Räterepublik hatten das Grundstück und insbesondere die Kellerräume des Palais einem Bataillon des Regiments Alexander als provisorischer Stützpunkt gedient.) Auf dem höchstens eineinhalb Kilometer langen Marschweg schlossen sich den Mitgliedern des Freikorps Bayreuth weitere Regierungssoldaten an, darunter etliche, die in den Wirtshäusern und Cafés entlang der Strecke schon Bier und Wein getrunken hatten. Als sie ihre Kameraden mit einer Gruppe von Gefangenen vorbeimarschieren sahen, war das für sie eine Einladung, die zu verlockend war, um sie auszuschlagen. Sie strömten aus den Lokalen ins Freie und reihten sich bei den Freikorps-Soldaten ein, erfreut über die Gelegenheit, noch einmal ein Strafgericht an einer Gruppe von »Spartakisten« vollziehen zu können. Niemand fand sich bereit zu fragen, ob die Abführung dieser Gefangenen, von denen die meisten in der Umgebung wohnten und der lokalen Kirchengemeinde angehörten, rechtens war; eine Gruppe Zivilisten feuerte die Soldaten sogar an und deckte die Gefangenen mit Schmährufen und Beleidigungen ein.[8] Angeblich wurden die Soldaten sogar von einigen Passanten aufgefordert, kurzen Prozess zu machen: »Schießt sie nieder!«[9] Mehrmals während des Marsches wurden die Gefangenen angehalten und durchsucht und fingen sich dabei auch etliche Schläge ein.[10] Das gehörte zu diesem Zeitpunkt zur Normalität soldatischen Verhaltens: Es liegen jede Menge Belege dafür vor, dass alle, die das Pech hatten, von Regierungssoldaten ergriffen zu werden, nach ihrer Festnahme und dann noch einmal nach der Ankunft in einem der provisorischen Internierungszentren geschlagen und geprügelt wurden.[11]

Der Umstand, dass es für Soldaten zur Routine geworden war, Gefangene zusammenzuschlagen, hatte für die katholischen Gesellen an diesem Abend schreckliche Folgen. Bei einer der Leibesvisitationen, bei der auch wieder Schläge ausgeteilt wurden, fiel ein Schuss, und Zehntelsekunden später lag einer der Soldaten, ein Sanitätsgefreiter, tot am Boden. Er war von einer aus kurzer Distanz abgefeuerten Kugel getroffen worden. Voller Hass auf ihre »spartakistischen« Gefangenen, die nach ihrer Überzeugung ohnehin heimtückische Kreaturen und keine ehrlichen Kämpfer waren, nahmen die Soldaten den tödlichen Schuss zum Anlass, die Gesellen einer verschärften Prügelstrafe zu unterziehen. Sie schlugen auch mit ihren Gewehrkolben und Revolvern zu und gingen so brutal vor, dass nach kurzer Zeit fast alle 25 verhafteten Gesellen in ihrem Blut lagen. Eines der Opfer war so vehement traktiert worden, dass sein linker Augapfel ein Stück weit aus der Augenhöhle heraushing.[12] Die Soldaten vollzogen diese Bestrafung, obwohl sie bei ihren Gefangenen keine einzige Waffe gefunden hatten; sie waren dennoch überzeugt, dass einer der katholischen Gesellen den Schuss, der ihren Kameraden getötet hatte, verdeckt abgefeuert hatte. Tatsächlich waren die Gesellen allesamt unbewaffnet: Der getötete Sanitäter hatte den Schuss selbst verschuldet, als er einem der Gefangenen eine Kopfnuss mit seinem Revolverknauf versetzt hatte. Dabei hatte er die Waffe so umgedreht, dass der Lauf auf ihn zeigte, und dann hatte sich versehentlich der tödliche Schuss gelöst. Die hilflos ausgelieferten Gesellen konnten nur entsetzt mit ansehen, wie der Soldat zu Boden stürzte.[13] Bald darauf erreichte die Marschkolonne den Karolinenplatz mit seinem Obelisken aus dem frühen 19. Jahrhundert, errichtet zu Ehren der bei Napoleons Russlandfeldzug gefallenen bayerischen Soldaten. Das wütende Gebrüll der Soldaten war von weitem zu hören. Sie hörten nicht auf, ihre Gefangenen zu verwünschen und zu schlagen.[14] Einige der Soldaten gaben die Parole aus, alle Gefangenen müssten erschossen werden.[15] Beim Prinz-Georg-Palais angekommen, konnten einige der Gefangenen nicht einmal mehr stehen. Sie sanken zu Boden, woraufhin ihre Peiniger ihnen Tritte versetzten und sie zwangen, wieder aufzustehen.[16] Im Innenhof des Palais stürzte sich eine Gruppe aus 10–15 Soldaten mit neu entflammter Wut auf die Gefangenen. Die Schläge, die sie austeilten, waren so brutal, dass ein Zeuge sie später als »bestialisch« beschrieb.[17] Sechs der katholischen Gesellen wurden in den hinteren Teil des »langgestreckten Hofraumes« getrieben und dort gegen das Tor eines Schuppens gestoßen; dann eröffneten die Soldaten mit Gewehren und Pistolen das Feuer auf sie, bis alle sechs tot waren.[18] Die verbliebenen 19 Gesellen wurden zum Eingang des Kellers geführt. Dort erwischte es einen siebten Gefangenen: Er wurde auf den Boden geworfen und mit einem Pistolenschuss erledigt. Die Übrigen wurden jetzt zu Zielscheiben sadistischer Spiele ihrer Peiniger: Sie wurden durch einen fünf Meter langen Durchgang getrieben, der zur Kellertreppe führte. In diesem Korridor stand ein Soldat, der jedem Gefangenen, der vorbeikam, einen Hieb verpasste, um ihn dann mit Flüchen und Beschimpfungen die Treppe hinunterzustoßen. Einer der Häftlinge wurde sogar aus dem Keller noch einmal nach draußen geholt, damit die Soldaten einen weiteren Durchgang des grausamen Spiels erleben konnten.[19]

In dem Keller hielten sich zu dem Zeitpunkt, als die Gefangenen hineingetrieben wurden, zwei Angehörige des Regiments Alexander auf, die sich dort schlafen gelegt hatten.[20] Es dauerte ca. fünf Minuten, bis alle noch lebenden Gesellen und ihre Peiniger in dem jetzt drangvollen Kellerraum Platz gefunden hatten. Die Gefangenen wurden in eine Nische an einer Seite des Kellers hineingedrängt.[21] In der Gewissheit, dass sie jetzt alle dem Tod geweiht waren, rief einer der jungen Katholiken die Gesellen zum Gebet auf.[22] Sie begannen das Vaterunser zu sprechen, als die Soldaten ihre Pistolen zogen und ihnen befahlen, sich mit dem Gesicht zum Boden hinzulegen.[23] Einige der Soldaten, die Militärstiefel anhatten, begannen, den Betenden Tritte gegen den Kopf zu versetzen.[24] Dann luden sie ihre Waffen nach und begannen zu feuern. Mehrere der Opfer sprangen auf, während andere liegen blieben. Einige stellten sich tot, und von diesen überlebten vier das Massaker. Einer von ihnen, Josef Acher, schilderte später das Verhalten eines der Soldaten: »Ich sah, wie [er] auf uns, wie ein wahnsinniger einschoss aus seinem Revolver in einer Entfernung von etwa 2 bis 3 m. Nachdem er seine Munition geschossen hatte, schlug er mit dem Seitengewehr [Bajonett] zu.« Acher schätzte, dass acht bis zehn Soldaten gleichzeitig auf die Männer feuerten.[25] Ein anderer Überlebender, Otto Bachhuber, berichtete den Ermittlern: »[Meines Erachtens] haben mehrere gleichzeitig geschossen. Ich hörte 3 bis 4 Schüsse so schnell aufeinander fallen, dass sie nicht von einer Person abgeschossen sein konnten. Ich erhielt dabei einen Kopfschuss und wurde einige Zeitlang bewusstlos, dann ging die Stehlerei los.« Wie Bachhuber sich erinnerte, machte einer der Soldaten Anstalten, ihm seine Schuhe auszuziehen, gab den Versuch dann aber mit den Worten auf: »Diese Spartakistennummer ist mir zu klein.«[26]

Anton Wolf, der das Massaker ebenfalls überlebte, erzählte den Ermittlern: »Nachdem ich mich hingelegt hatte, ging die Schießerei los, dazwischen hinein wurde wieder gerufen: ›Nicht schießen!‹« Nach Ende des Kugelhagels hätten die Soldaten, so berichtete Wolf weiter, die Toten und sterbenden Männer durchsucht und ihnen ihre Wertsachen abgenommen, um dann erneut loszuballern. Nach Wolfs Darstellung wiederholte sich dies »zwei bis drei Mal«, wobei er selbst erstaunlicherweise »ziemlich lange unverletzt blieb«, jedoch »im Gesichte von dem Blut eines unserer

Leute überströmt« war.[27] Einer der Soldaten drehte Wolf, der sich tot stellte, auf den Rücken und begann ihm Schuhe, Brieftasche und Kleidungsstücke abzunehmen. Wolf tat sein Möglichstes, kein Lebenszeichen von sich zu geben, da rief der Soldat: »Schau, dem schlägt der Puls noch«, und versetzte ihm »drei Bajonettstiche in die Brust, wodurch meine Lunge verletzt wurde«. Mit dem Ausruf »›Jetzt ist er immer noch nicht tot‹, gab er mir noch einen Bajonettstich ins Gesicht.«[28]

Ähnliches zu berichten hatte der vierte Überlebende, Georg Samberger. Ihn traf ein Schuss ins linke Schulterblatt. Am Boden liegend und sich tot stellend, hörte er, wie die Soldaten umherliefen, sich zu schaffen machten und einander hin und wieder zuriefen, dass sie noch Lebenszeichen bemerkten. Zwei der Soldaten tasteten ihn ab, und einer von ihnen sagte: »Der lebt noch, stich ihn nieder, eine Kugel ist zu gut für ihn.« Dann erhielt Samberger, wie er sich später erinnerte, »zwei Bajonett[stiche] im Kopf [und] am Ohr und einen oben am Kopf und wurde dann bewusstlos«.[29] Wie Anton Wolf sich erinnerte, kamen später andere Soldaten in den Keller und riefen, die Gefangenen seien unschuldig; diejenigen, die noch lebten, sollten sich regen. Wolf wurde dann von Sanitätern weggebracht.[30] Josef Acher sah zwei Soldaten mit gezogenen Bajonetten auf sich zukommen, doch dann rettete ihn das Eingreifen eines Mannes, der nach seinem Eindruck ein preußischer Offizier war, und er wurde aus dem Keller herausgetragen.[31] Er war der einzige der 25 Gesellen, der sein Überleben bewusster Verschonung verdankte. Für die anderen gab es keine Gnade: Weniger als zwei Stunden nachdem die Männer sich im Vereinsheim ihrer Kirchengemeinde getroffen hatten, um zu beten, zu reden und ein Bier zu trinken, fand ihr Alptraum sein grausames Ende. 21 von ihnen lagen brutal ermordet im Keller des Prinz-Georg-Palais.

In einer einzigen Beziehung waren die katholischen Gesellen im Vergleich zu den Opfern der anderen Mordtaten im Vorteil. Nicht dass das Verhaltensmuster, das zu ihrer Ermordung führte, ungewöhnlich gewesen wäre – nach wie vor stand Regierungssoldaten das Recht zu, jeden auf der Stelle zu erschießen, der sich ihnen widersetzte. Sie konnten willkürlich entscheiden, wie der Schießbefehl zu interpretieren und anzuwenden war, und namentlich konnten sie selbst definieren, wann ein »widersetzliches« Verhalten vorlag. Für die einen war das dann der Fall, wenn sie bei einem Verdächtigen eine Waffe fanden; anderen genügte schon der Fund eines Messers. Für die meisten galt jedoch, dass allein die Behauptung, jemand habe die Spartakisten unterstützt, als Hinrichtungsgrund ausreichte. Was bei den katholischen Gesellen den entscheidenden Unterschied ausmachte, war die Reaktion auf ihre Ermordung. Anders als in allen anderen Fällen der standrechtlichen Erschießung von Personen oder Gruppen, die angeblich »mit der Waffe in der Hand« gegen Regierungstruppen gekämpft hatten, stieß die Abschlachtung der Mitglieder des Gesellenvereins St. Joseph nicht auf allgemeine öffentliche Zustimmung, sondern wurde sogleich als unerhörter und unakzeptabler Gewaltexzess verurteilt. Es war eine Mordtat, und anders als bei vielen anderen in diesem Buch geschilderten Mordtaten wurde in diesem Fall der Ausdruck »Mord« von Anfang an zur Beschreibung dessen, was geschehen war, gebraucht.[32] Man erwies den Opfern auch die Ehre, ihnen einen Namen und ein Gesicht zu geben: Die Öffentlichkeit erfuhr umgehend, wer sie waren und welcher schrecklichen Gräueltat sie zum Opfer gefallen waren.

Die bayerische Presse beschränkte sich nicht darauf, zu berichten, was den katholischen Gesellen zugestoßen war, sie erhob ihre Stimme auch, um Gerechtigkeit einzufordern.[33] Anders als der in Berlin erscheinende *Vorwärts*, der es nie über sich gebracht hatte, von Regierungstruppen begangene Gräueltaten beim Namen zu nennen und zu verurteilen, forderte die wichtigste Zeitung der bayerischen Sozialdemokratie eine Untersuchung und sagte voraus, diese werde »ein solch erdrückendes Anklagematerial gegen das Standrechtsverfahren überhaupt an den Tag bringen, dass dieses als völlig unhaltbar erkannt wird«. In ihrer Ausgabe vom 8. Mai zitierte die Zeitung einen der Offiziere, die mit ihrem Eingreifen das Massaker beendet hatten, mit den Worten: »Das Bild, das sich mir [im Keller] bot – ich habe im Krieg viel erlebt – war eines der eindrucksvollsten, das ich je gesehen habe.« »Ist das nicht vielsagend?«, fragte die Zeitung ihre Leser und appellierte an sie, Mitgefühl für die ermordeten Katholiken zu zeigen.[34] Es sei an der Zeit, sich »über dem Massengrab unserer unschuldig getöteten Brüder und Schwestern [...] die Hand [zu] reichen und feierlich [zu] geloben: Fort mit der gehässigen Kampfesweise unter Arbeitern: fort mit der Kultus der Gewalt.«[35]

Schon vor diesen ersten Pressereaktionen ging das Oberkommando Möhl, die höchste bayerische Militärinstanz, in deren Zuständigkeit der Einsatz stattgefunden hatte, daran, die zu erwartende öffentliche Empörung über das Blutbad abzumildern. Nur Stunden nach dem Massaker veröffentlichte es eine Erklärung, in der es sich mit dem »Ausdruck tiefer Entrüstung« von dem Geschehen im Prinz-Georg-Palais distanzierte. Gleichwohl wurde den Regierungstruppen weiterhin ausdrücklich das Recht zugestanden, Spartakisten standrechtlich zu erschießen, »die mit der Waffe in der Hand Widerstand leisten«, wenn auch unter dem vage formulierten Vorbehalt, dass Missbräuche bestraft werden müssten.[36] Manche Zeitungen zeigten sich eher nachsichtig mit den Tätern und machten für die Gräueltat die Heimtücke der Spartakisten verantwortlich, die den Regierungstruppen angeblich keine andere Wahl ließ, als mit solcher Härte vorzugehen. Der *Regensburger Anzeiger* zum Beispiel gab seinen Lesern »zu bedenken, dass die Säuberung Münchens vom spartakistischen Gesindel kein Maiausflug ist«. Jeder, der sich mit Regierungssoldaten unterhalte und von ihnen zu hören bekomme, wie »gemein und hinterhältig die Rote Garde kämpft«, müsse ihre große Erbitterung verstehen.[37] Eine wichtige Illustration der Art und Weise, wie die Presse standrechtliche Erschießungen nach wie vor rechtfertigte, lieferte die halbamtliche *Bayerische Staatszeitung* mit der Aussage: »Die Bevölkerung verurteilt aufs Schwerste jene feigen Häuserschützen, die aus dem Hinterhalt Angehörige der Regierungstruppen heimtückisch niederknallen, und versteht es, dass solche Schützen, wo sie auf der Tat oder mit der Schusswaffe ertappt werden, nach dem Grundsatze ›Auge um Auge, Zahn um Zahn!‹ an die Wand gestellt werden.« Man musste nach Ansicht der *Bayerischen Staatszeitung* Verständnis dafür haben, »dass in der Erregung des Augenblicks vielleicht Missgriffe nicht ganz vermieden werden können«. Andererseits merkte sogar der Verfasser dieses Beitrags trotz seines entschiedenen Eintretens für den Schießbefehl kritisch und in dunkler Vorahnung an: »Aber wenn derartige Vorfälle wie die am Karolinenplatz möglich sind, so wird man sich mit Entsetzen fragen: Sind hier vollkommen Ahnungslose und Unschuldige in großer Zahl in einem Augenblick der Verwirrung gemordet worden, wo ist dann die Grenze? Es wäre ein Unheil an unserm Volke, wollte man hier die Augen verschließen.«[38]

Die Politiker, die die Besetzung Münchens durch Militärkräfte angeordnet hatten, meldeten sich umgehend zu Wort. Der bayerische Ministerpräsident Johannes Hoffmann bemühte sich in einer am 10. Mai veröffentlichten Erklärung, dem Skandal die Spitze zu nehmen.[39] Seine Stellungnahme war deutlich zurückhaltender als andere amtliche Reaktionen auf Gewaltexzesse in Berlin und München in den verflossenen Tagen und Monaten: »Schrecklich ist der Krieg, am schrecklichsten der Bürgerkrieg. Entsetzliche Bluttaten sind in München geschehen, Verbrechen auf beiden Seiten. Das unschuldig vergossene Blut der grausam ermordeten Geiseln schreit zum Himmel. Die Kunde von der Erschießung der 21 friedlichen Bürger durch wahnsinnig erregte Soldaten erfüllte uns mit tiefstem Entsetzen.«[40] Im gleichen Atemzug verteidigte Hoffmann jedoch die Rückendeckung seiner Regierung für das den Truppen erteilte Gewaltmandat. Er tat dies mit der Behauptung, man habe monatelang Geduld walten lassen und damit nichts anderes erreicht, als den »blutigen Taten einer Diktatur der Gewalt« Tür und Tor zu öffnen. Auf den »Terror des Kommunismus und der Roten Armee«, fuhr Hoffmann fort, könne man nur mit Kampf und nicht mit Verständigung antworten. Während er so auf der einen Seite seine Gegner für das Blutvergießen verantwortlich machte, fand er andererseits doch auch versöhnliche Worte und sprach von Opfern auf beiden Seiten (etwas, das Noske nicht über sich brachte). Er beklagte die Toten und versprach, man wolle »ein strenges Gericht für die Verbrecher, ein gerechtes Gericht für die durch Krieg und Hunger Irrgeführten und für eine ehrliche Überzeugung Kämpfenden, ein mildes Gericht für die vom Drange eines unklaren Idealismus erfüllte Jugend und die Freiheit für alle Unschuldigen. Keine Rachsucht, keine Leidenschaft und kein Hass darf das Urteil der Richter trüben. Es wird abgeurteilt über Menschen, über unsere Volksgenossen und Brüder.«[41]

Dieses Versprechen hielt Hoffmann wenigstens teilweise.[42] Auch wenn das, was folgte, ein mängelbehaftetes Verfahren war, das vor allem politischen Zwecken diente – unter anderem sicherzustellen, dass keine preußischen Soldaten und keine Offiziere eines Verbrechens überführt würden –, setzte die bayerische Regierung durch, dass die Ermordung der katholischen Gesellen vor Gericht aufgearbeitet wurde. Bedeutsam ist dabei der politische Hintergrund: Das Verhältnis zwischen Bayern und Preußen war im Frühjahr 1919 ein höchst heikles Thema, weil viele der Meinung waren, ein unabhängiges Bayern könne in Versailles auf bessere Friedensbedingungen hoffen.

In einer Zeitungsreportage über den Prozess nahm sich der Berichterstatter die Zeit, seinen Lesern zu erzählen, dass in einem Moment, als im Gerichtssaal völlige Stille herrschte, ein Geräusch die Stille durchzuckte, das eindeutig als das Schluchzen einer Frau zu erkennen war. Die Frau war die Mutter eines der beiden Angeklagten, eines Mannes namens Müller. Sie brach in Tränen aus, als ihr Sohn als der schlimmste der Übeltäter beschrieben wurde. Der Journalist, um den herum Angehörige der getöteten jungen Männer saßen, sprach von einem »bewegenden Augenblick«.[43] Frau Müller musste sich anhören, wie das Gericht beschrieb, welche körperlichen Misshandlungen die Soldaten den katholischen Gefangenen zugefügt hatten: »Die Ärmsten wurden wie Holzklötze hin und her gezerrt, an die Wände geschleudert und übereinander geworfen.« In einem vom Richter in seinem Urteilsspruch zitierten Autopsiebericht hieß es, einer der Männer sei so übel zugerichtet gewesen, dass sein Gesicht das Aussehen einer »Briefmarke« gehabt habe. Alle Opfer, die noch irgendein Lebenszeichen zeigten, seien getreten, mit Pistolenknäufen geschlagen und mit Bajonettstichen traktiert worden. Begleitet hätten die Soldaten ihre wüste Zerstörungsarbeit an den Körpern der Gefangenen mit »unflätigen Beschimpfungen« und mit Aufforderungen wie: »Erstecht sie, eine Kugel sind sie doch nicht wert.«[44] Aus den ärztlichen Berichten über die Verwundungen der vier Überlebenden ging hervor, dass ihnen Bajonettstiche zugefügt worden waren.[45] Das Morden hatte erst ein Ende gefunden, als ein Offizier den Tätern Einhalt gebot. Eine Analyse der Vorgänge an jenem Abend kam zu dem Ergebnis, dass der Offizier, der gegen das Gemetzel einschritt, Oberst Kundt, der einzige der zehn anwesenden Offiziere und Offiziersanwärter war, der es wagen konnte, die Täter zur Ordnung zu rufen.[46]

Eine Mehrheit der von den Ermittlern vernommenen Soldaten bestritt, sich an dem Massaker an den katholischen Gesellen beteiligt zu haben. Müller, der Sohn der Frau, deren Schluchzen den Gerichtssaal durchdrungen hatte, gehörte zu den wenigen, die ihre Beteiligung gestanden. Welche Motive er dafür hatte, lässt sich nicht ergründen, aber seine Aussage ist unabhängig davon von besonderem Wert, liefert sie doch eines der seltenen Beispiele dafür, wie ein an Gräueltaten der Regierungstruppen im Verlauf der Revolution von 1918/19 beteiligter Soldat seine Erfahrung in Worte fasste. Am 21. Juni 1919 gab Müller in seinem Verhör zu Protokoll:

> Ich war sehr erregt. Im Hofe vor dem Spartakistenkeller ging die Schießerei an und ich habe mitgeschossen und habe dabei ein oder zwei Mann, so genau kann ich das nicht sagen, erschossen. Schon haben sich verschiedene Soldaten am Erschießen beteiligt. [...] Ich habe auch im Keller auf die Leute geschossen, weil auch die anderen geschossen haben. Ich kann nicht angeben, wer noch mitgeschossen hat, insbesondere nicht, ob die mit mir heute Vorgeführten beteiligt waren. [...] Daran, dass ich mit dem Bajonett zugestoßen habe, kann ich mich nicht erinnern. Betrunken war ich nicht, wohl aber aus Wut über die Spartakisten so erregt, dass ich nicht mehr wusste, was ich tat. An Einzelheiten kann ich mich nicht mehr erinnern, wohl aber weiß ich noch, dass ich mit meinem Ba-

jonett auf die angeblichen Spartakisten eingeschlagen habe. Ich bin im Felde verschüttet worden, rege mich leicht auf und weiß dann nicht mehr, was ich tue.[47]

Später, im Oktober 1919, sagte Müller vor Gericht Folgendes aus:

> Von unseren Vorgesetzten wurde uns gesagt, wir sollen keine Rücksicht nehmen, wenn wir Spartakisten erwischen, es sei dies meist ausländisches Gesindel, Russen, Ungarn und dergleichen. Diese Leute seien vom ausländischen Kapital bezahlt. Es wurde auch gesagt, wir sollten keinen Spartakisten schonen, diese würden von uns auch keinen schonen, wenn sie einen erwischen. Unter uns Soldaten wurde erzählt, dass von Spartakisten auf den Kopf jedes Regierungssoldaten 300 Mark ausgesetzt seien und dass jeder, der erwischt werde, von den Spartakisten erschossen werde. Unser Hauptmann Hofmann sagte persönlich, wir sollten keinen Spartakisten schonen, wenn wir einen erwischen.[48]

Des Weiteren behauptete Müller, ihm und seinen Kameraden sei von ihren Vorgesetzten gesagt worden, die Spartakisten hätten am 2. oder 3. Mai in der Nähe des Münchner Hauptbahnhofs eine 80 Mann starke Patrouille von Regierungssoldaten bis auf vier Mann niedergemetzelt. In der Folge erzählte er, als seine Gruppe sich der Patrouille anschloss, die die Mitglieder des Gesellenvereins verhaftet hatte, sei ihnen gesagt worden, die Gefangenen seien Spartakisten und man habe sie im Besitz von Maschinengewehren und anderen Waffen angetroffen. Er gab an, den Tod des Sanitäters mit angesehen zu haben. Über die Ankunft der Marschkolonne im Hof des Prinz-Georg-Palais sagte er:

> Alles schrie: »Erschießt sie gleich, sie haben unseren Kameraden erschossen.« Die Gefangenen wurden von Soldaten überfallen. Es wurden den Gefangenen Waffen und andere Sachen abgenommen. Es waren auch etliche Vorgesetzte dabeigestanden. Plötzlich ging die Schießerei los, und ich schoss

mit. Ich schoss mit, weil ich es nach den Anweisungen unseres Hauptmanns für meine Pflicht gehalten habe. Ein Teil der Leute wurde dann in den Keller hinuntertransportiert. Ich ging dann mit anderen Soldaten auch in den Keller. Alles stürzte sich über die Gefangenen her. Ich schoss mit meiner Pistole auf die Leute. Es war eine mächtige Schießerei. Ich wurde sehr aufgeregt und kann mich an weitere Vorgänge nicht mehr erinnern. Wenn ich gewusst hätte, dass das unschuldige Leute waren, hätte ich keinen erschossen. [...] Wenn ich wirklich zugestochen habe, dann tut es mir leid, es sind halt meine Nerven daran schuld.[49]

Müller war sich nicht sicher, ob das Bajonett, das das Gericht ihm vorlegte, seines war, und bestritt, im Keller einen Feuerbefehl gegeben zu haben. »Es tut mir selber heute weh«, erklärte er. »Ich wollte Gutes tun, ich hielt es für meine Pflicht. Es kann möglich sein, dass ich mit dem Seitengewehr zugehauen habe, aber ich kann mich nicht mehr daran erinnern.«[50] Das Gericht stellte fest, mehrere Zeugen hätten bestätigt, dass Müller vor, während und nach dem brutalen Gemetzel betrunken gewesen sei. Er habe sich in »erheblicher psychischer Erregung« befunden, doch gebe es keine Anhaltspunkte dafür, dass bei ihm ein »pathologischer Rauschzustand« vorlag.[51] Müller wurde zu 14 Jahren Gefängnis wegen des »in Mittäterschaft verübten Verbrechens des Totschlags« verurteilt. (Die gesetzliche Höchststrafe betrug 15 Jahre.) Im Zuge einer von Reichspräsident Hindenburg im Oktober 1927 gewährten Amnestie wurde er vorzeitig entlassen.[52]

Auch wenn Müller diese Aussagen unter erheblichem emotionalen Stress machte, gibt es gute Gründe, ihnen in wesentlichen Teilen Glauben zu schenken. Die Regierungssoldaten wurden in den Tagen vor ihrem Einmarsch in München intensiv indoktriniert. Man schärfte ihnen ein, dass ihnen die sofortige Hinrichtung drohte, wenn sie den Spartakisten in die Hände fielen. Gleichzeitig waren die Soldaten andauernder Indoktrination ausgesetzt, jeder Feind sei ein minderwertiger Ausländer. Der Befehl, jeden zu erschießen, der sich den Regierungstruppen widersetzte, stieß unter diesen Vorzeichen auf breite Zustimmung.

Dass der Prozess überhaupt stattfand, war ein Zugeständnis an die politischen Kräfte in Bayern, die vehement eine gerechte Bestrafung der Schuldigen forderten. Die Ermittlungen und das Gerichtsverfahren mögen mangelhaft gewesen sein, doch das mindert nicht den hohen Wert des öffentliche Aufschreis, der die Eröffnung des Verfahrens erzwang, und der Erkenntnisse, die es zutage förderte, denn sie liefern den Beweis dafür, dass die Möglichkeit bestand, Regierungssoldaten anzuklagen und zu verurteilen, wenn der politische Wille dazu vorhanden war. Wer weiß, wie die Dinge gelaufen wären, wenn man den Versuch gemacht hätte, schon zum Zeitpunkt der ersten Truppeneinsätze gegen die Rebellen im Januar 1919 so zu verfahren. Dass die Truppen nie zur Ordnung gerufen wurden, lag daran, dass Gustav Noske dies entschieden ablehnte. Im Frühjahr und Sommer 1919 lautete seine Begründung, wenn man Regierungssoldaten wegen begangener Gewaltverbrechen vor Gericht stelle, laufe man Gefahr, den Rückhalt bei der Truppe zu verlieren. In einem der erhalten gebliebenen Erlasse Noskes an Freikorps-Kämpfer vom Sommer 1919 findet sich die Aussage, wenn Offiziere mit Verweisen und Strafen für Fehlverhalten rechnen müssten, würden sie und ihre Truppen ihren Wert als Kampfinstrument verlieren. Sehr wahrscheinlich manifestiert sich in dieser Auffassung der Einfluss von Noskes engsten militärischen Kampfgenossen, nicht zuletzt des Hauptmanns Pabst.[53] Die Reaktion auf den Gesellenmord zeigt, dass es, wenn die öffentliche Entrüstung groß genug war, trotz allem möglich war, das Vorgehen der Regierungstruppen anzuprangern. Der Erste Weltkrieg hatte die Deutschen nicht derart brutalisiert, dass sie nicht mehr fähig gewesen wären, von Regierungssoldaten verübte Verbrechen zu verurteilen. Die Tatsache, dass auf der politischen Ebene eine solche Verurteilung ausblieb – sieht man von den lauten Zwischenrufen der Unabhängigen Sozialdemokraten ab, die die vorangegangenen Kapitel füllen –, gemahnt uns eindringlich daran, wie tief sich die Angst vor den Spartakisten in die Psyche der Deutschen eingegraben hatte: Bis zu dem Blutbad im Prinz-Georg-Palais unterstützten die politischen Kräfte den Einsatz brutaler staatlicher Gewalt um jeden Preis, weil zu viele Menschen fürchteten, wenn sie es nicht täten, würden sie dem Untergang Deutschlands Tür und Tor öffnen.

Die knappe Woche blutiger Gewalt, die das Ende der bayerischen Revolution markierte, stellt einen Wendepunkt in der deutschen Geschichte des 20. Jahrhunderts dar. Im November 1918 war München ein Ort mit einem eher geringen Aufkommen an revolutionärer und gegenrevolutionärer Gewalt; aus Panik geborene Gewehrschüsse waren die gefährlichste Spielart dieser Gewalt. Dank dieser Kultur der Besonnenheit ging das November-Kapitel der bayerischen Revolution ohne einen einzigen Toten über die Bühne.[54] Anfang Mai 1919 war die Lage jedoch eine völlig andere geworden.[55] Schockwellen der Gewalt liefen durch die bayerische Hauptstadt, als Regierungstruppen Mittel der Kriegführung wie Maschinengewehre, Artillerie, Flugzeuge oder mit Handgranaten und Äxten bewaffnete Stoßtrupps zum Einsatz brachten.[56] Viele Zeitgenossen erkannten die Analogien zum Weltkrieg. Wie Josef Hofmiller am 5. Mai von seinem Schwager zu hören bekam, waren in dessen Wohnviertel »die Straßenkämpfe schlimm, ähnlich wie 1914 in Belgien. Wer mit einer Waffe in der Hand angetroffen wurde, wurde auf der Stelle erschossen. Es ist jetzt so weit gekommen, dass viele Gewehre von Kindern mitgeführt werden, die angeben, sie hätten sie gefunden.«[57] Auch Gustav Noske verwies auf den Krieg, als er das Vorgehen der Männer verteidigte, deren Oberkommandierender er war: »Beispiele aus Häuserkämpfen im Kriege zeigen, dass selbst ältere besonnene Leute so die Nerven verloren, dass sie blindlings um sich schossen und die eigene Truppe gefährdeten.«[58]

Gewiss waren die Menschenverluste, die München 1919 zu beklagen hatte, im Vergleich mit dem vierjährigen Weltkrieg oder mit den schlimmsten Exzessen tödlicher Gewalt im 20. Jahrhundert eher gering. Der Warschauer Aufstand vom August 1944 kostete nach den zuverlässigsten verfügbaren Schätzungen etwa 150-mal mehr Menschen das Leben.[59] Zum einen kam in den ersten Maitagen 1919 nur ein relativ kleiner Teil der Einwohnerschaft

Münchens ums Leben, zum anderen beging nur ein relativ kleiner Teil der insgesamt eingesetzten Regierungstruppen Gräueltaten. Als die Ordnung in Bayern wiederhergestellt war, gingen die meisten der eingesetzten Soldaten einfach nach Hause.[60] Aber auch wenn der Blutzoll, den München in der ersten Maiwoche 1919 entrichtete, im Vergleich zu den schlimmsten Auswüchsen politischer Gewalt im 20. Jahrhundert bescheiden ausfiel, übertraf er doch beträchtlich die Opferbilanz des Novembers 1918, die in München bei null lag.

Diese Diskrepanz ist von fundamentaler Bedeutung: München erlebte im November 1918 einen weitgehend friedlichen und gewaltlosen, von dem Verlangen nach mehr Demokratie getriebenen politischen Umsturz, einen Moment, der sehr viel mit anderen, wichtigen Momenten politischer Umwälzung im 20. Jahrhundert gemein hatte. Im Kontrast dazu erlebte dieselbe Stadt Anfang Mai 1919 einen kurzen und blutigen Vorgeschmack auf die »totale Gewalt« des 20. Jahrhunderts: Für die Dauer einiger Tage stand es bewaffneten Gruppen frei, in einem de facto rechtsfreien großstädtischen Raum blutige Gewalt gegen willkürlich ausgewählte Gruppen oder Individuen anzuwenden.[61] Wir sollten uns nicht darin täuschen lassen, wer die Hauptverantwortung für diese Wende trug: Sie wurde möglich, weil die Herren des neuen Staates entschlossen waren, dem Volk zu demonstrieren, dass sie allen Gegnern ihrer Autorität mit rücksichtsloser Gewalt begegnen würden. Das wird am Beispiel Bayerns besonders deutlich: In dem von einem durch und durch katholischen und konservativen Land umgebenen München hatte die Räterepublik von vornherein nur eine geringe Überlebenschance. Es kann kein Zweifel daran bestehen, dass ohne den Aufmarsch der Regierungstruppen Ende April der Beitrag Münchens zum Utopia einer neuen Sowjetherrschaft in der Mitte Europas schlicht und einfach in sich zusammengefallen wäre. Dieser Prozess hatte bereits vor der Ankunft der Regierungstruppen eingesetzt. Nur zwei Wochen nach ihrer Ausrufung blieb die Räterepublik bereits weit hinter den hohen Erwartungen zurück und musste erleben, dass viele ihrer eher gemäßigten Anhänger ihr den Rücken kehrten. Angesichts des kollabierenden Rückhalts näherte sich die Räteherrschaft schon ihrem absehbaren Ende, bevor die ersten Regierungstruppen das Stadtgebiet erreicht hatten.[62] Am 29. April 1919, dem Tag, an dem die Regierungstruppen mit ihrer Hinrichtungsaktion in Starnberg die Gewaltspirale in Gang setzten, die in dem »Geiselmord« und in weiteren Gräueltaten mündete, erschien in der *Deutschen Zeitung*, die nicht im Verdacht stand, die »spartakistische Gefahr« zu unterschätzen, ein aus München herausgeschmuggelter Bericht, der den Eindruck vermittelte, die Räteherrschaft sei gar nicht so schlimm wie befürchtet.[63] Dieser Eindruck änderte sich im Verlauf der folgenden sieben Tage, und die Erinnerung an die Ereignisse dieser blutigen Woche sollte in den nächsten drei Jahrzehnten der deutschen Geschichte tiefgreifende Nachwirkungen entfalten.

Epilog

Als der Sommer kam, war die Revolution vorbei. Im Juni 1919 akzeptierte die deutsche Republik den Versailler Vertrag. Im August trat die neue Verfassung in Kraft. Zwar hielten die Turbulenzen der Nachkriegsära noch bis zur Mitte der 1920er Jahre an, doch das Staatsgebäude der Weimarer Republik stand schon ein knappes Jahr nach der Revolution und dem Waffenstillstand vom November 1918 auf recht festem Boden. Eine der epochalsten politischen Revolutionen des 20. Jahrhunderts hatte das deutsche Kaiserreich in eine der modernsten konstitutionellen Republiken verwandelt. Anders als diejenigen es wahrhaben wollten, für die die Weimarer Republik von Anfang an dem Untergang geweiht war, schuf die Revolution eines der stabilsten politischen Ordnungssysteme, die auf den Trümmerfeldern der mittel- und osteuropäischen Kaiserreiche entstanden. Im Verlauf des folgenden Jahrzehnts bewies es seine Widerstandskraft – der Niedergang der Weimarer Republik hatte nichts Zwangsläufiges an sich, und ihre Errungenschaften sollten, wie die Meriten der Revolution, aus der sie hervorgegangen war, nicht in Vergessenheit geraten. Diese Revolution bescherte zum ersten Mal in der Geschichte Deutschlands jedem erwachsenen Deutschen, ob Mann oder Frau, eine Stimme bei der Wahl einer verfassunggebenden Nationalversammlung. (Die französischen Frauen mussten auf dieses Recht noch 25 Jahre warten.) Mit gutem Grund sprach Theodor Wolff am 10. November 1918 von der »größte[n] aller Revolutionen«.[1]

Was Leute wie der Lehrling Völkert, die Hilfskraft Fräulein Stender, der Hausmeister Oldenburg und die anderen Sparkassenmitarbeiter, die am 5. November 1918 in den Kellerräumen ihrer Filiale Schutz gesucht hatten, über die Novemberrevolution dachten, wenn sie in den späteren Jahren der Weimarer Republik auf jene Schicksalstage zurückblickten, können wir uns nur vorstellen. Ähnliches gilt für den Ingenieur, der am 6. Dezember 1918 unter MG-Beschuss geriet und mit dem Schrecken (und mit blutgetränkter Kleidung) davonkam: Wir wissen nicht, wie sich diese Erfahrung in seiner Erinnerung niederschlug. Auf festerem Grund bewegen wir uns im Fall der Familie von Wolfgang Fernbach, der am 11. Januar 1919 auf dem Hof der Dragonerkaserne brutal ermordet wurde. Seine Eltern und seine Witwe hörten nie auf, um ihn zu trauern, und sie kämpften auf politischer Ebene darum, dass seine Mörder zur Rechenschaft gezogen würden. Ebenso wissen wir, dass Hugo Levin noch viele Monate, nachdem man ihn zusammen mit seinem Bruder auf den Hof des Gebäudes Französische Straße 32 gezerrt hatte, von der Erinnerung an die Todesschreie des Bruders gequält wurde. Man kann sich vorstellen, dass er dieses einschneidende Erlebnis nie vergaß. Auch über die Erinnerungen der Anwohner der Langen Straße erfahren wir aus Aktenbeständen eine Menge. Noch lange nachdem Max Marcus am 12. März 1919 den Gewehrschuss abgefeuert hatte, der das Schulmädchen Slovek tötete, hallten die Entsetzensschreie der Mutter im kollektiven Gedächtnis der Nachbarn nach. Anderswo im Berliner Osten pflegten der Sohn des am selben Nachmittag erschossenen 73-jährigen Karl Löffelmacher und die Familie von Erwine Dahle, der jungen Frau, die wenige Schritte neben ihm starb, die Erinnerung an ihre getöteten Angehörigen. Dasselbe taten die Witwe Alfred Musicks sowie die Familien des erschossenen Pianowski und die des Jugendlichen Otto Werner. Letzterer war am 10. März 1919 aus der Wohnung der Familie beim Schlesischen Bahnhof abgeholt worden. Seinen Leichnam entdeckte man einen Tag später mit »beinahe unkenntlichem« Gesicht in einem Leichenschauhaus.

Während das politische Deutschland sich nach und nach mit dem Versailler Vertrag und der im Sommer 1919 in Kraft getretenen Verfassung arrangierte, taten sich in München Josef Acher,

Otto Bachhuber, Anton Wolf und Georg Samberger, die Überlebenden des »Gesellenmords«, schwer, mit den Nachwirkungen ihres grausigen Erlebnisses fertig zu werden. Wie wir aus ihren erhalten gebliebenen ärztlichen Behandlungsunterlagen wissen, wurden die vier Bayern noch lange von Alpträumen heimgesucht, in denen sie die Schrecknisse, die ihnen am Abend des 6. Mai 1919 widerfahren waren, immer wieder durchlebten. Die Familien der anderen Opfer teilten ihren Gram, ebenso die Kirchengemeinde St. Joseph, die im Sommer 1919 mit Erfolg für die Errichtung eines Gedenksteins zu Ehren der Ermordeten kämpfte. Auch die Familien der in Starnberg, im Luitpold-Gymnasium oder an anderen Schauplätzen in der Stadt und ihrer Umgebung Getöteten schafften es nicht, schnell mit dem Verlust ihrer Lieben fertig zu werden und nach vorne zu blicken. Während wir uns nicht sicher sein können, ob irgendjemand um getötete russische Kriegsgefangene wie den »Galizier« Abraham Melichowitsch trauerte, spricht einiges dafür, dass die Bewohner von Gräfelfing bei München die Hinrichtung von 53 russischen Kriegsgefangenen am 2. Mai 1919 in ihrem Dorf nicht in Vergessenheit geraten lassen wollen. 1921 wurde auf dem Friedhof von Gräfelfing ein Gedenk-Grabstein aufgestellt, der während des Dritten Reiches entfernt, aber bald nach dem Zweiten Weltkrieg wieder aufgestellt wurde. Seit 2014 erinnert zusätzlich eine Stele mit den eingravierten Namen der 53 ermordeten Russen an die Bluttat.

So wie wir wissen, dass die Familien, deren Leben durch die Gewaltexzesse von 1918/19 für immer verändert wurden, den erlittenen Verlust dauerhaft betrauerten, wissen wir auch, dass die Männer, die die tödlichen Kugeln abfeuerten, ihre Taten für den Rest ihres Lebens rechtfertigten und sich ihrer sogar rühmten. Major von Stephani gehörte zu denen, die sich kein Gewissen machten. Er sah die Schuld immer bei der Gegenseite. Die Brüder Pflugk-Harttung, Hauptmann Pabst und ihre Clique blieben sowohl der Gewaltanwendung als auch ihrem langfristigen Ziel treu, die von ihnen verachtete Republik zu zerstören. Pabst musste sich nach dem Scheitern des Kapp-Lüttwitz-Putsches im März 1920 aus Deutschland absetzen und verbrachte den größten Teil der

1920er Jahre als Anstifter rechter Umsturzkomplotte in Österreich. Heinz von Pflugk-Harttung kam beim Kapp-Lüttwitz-Putsch ums Leben. Auch die anderen Gewalttäter zeigten kaum oder gar kein Bedauern: Die meisten bestritten ihre Mitwirkung an den Gräueln, tauchten unter oder blockten gegen sie erhobene Vorwürfe durch Vertuschungsmanöver ab. Manche fanden Aufnahme in Freikorpsverbänden, die sich auf den Weg ins Baltikum machten, um dort die im Krieg eingeübten Gewaltpraktiken weiterzutreiben. Einige schlossen sich den ersten rechtsterroristischen Organisationen an, die in der Folge für die Morde an Matthias Erzberger 1921 und Walther Rathenau 1922 verantwortlich zeichneten. Männer wie der Major Brosius, der sich an die nächtlichen Exekutionen auf der Schillingbrücke nicht genau erinnern konnte, weil »die Fälle zu häufig waren«, zeigten wenig Reue. Marloh und Penther, die Verantwortlichen für die Morde in der Französischen Straße, entgingen jeder Bestrafung. Penther veröffentlichte Anfang 1920 eine Artikelserie, in der er sich seiner Bluttaten rühmte. Stolz auf sein Wirken war offenbar auch der »Spartakistenmörder« Max Marcus, der, wenn wir den Briefen seines auf seine Entlassung aus der Untersuchungshaft drängenden Verteidigers glauben dürfen, der Meinung war, er habe genug gelitten. Gustav Noske, der sozialdemokratische Oberbefehlshaber all dieser Männer, war und blieb ein Täter ohne Reue. Am 10. Jahrestag der Revolution, 1928, bekräftigte er seine oft geäußerte Überzeugung, Deutschland vor dem Bolschewismus gerettet zu haben. Selbst nach dem Zweiten Weltkrieg rechtfertigte er sein Vorgehen und machte für den Blutzoll der Revolution die Spartakisten verantwortlich.

Was wäre passiert, wenn Anton Wolf, Georg Samberger, Josef Acher, Otto Bachhuber und Hugo Levin im Sommer 1919 zusammengetroffen wären? Hätten sie sich über die Erfahrung des Sich-Totstellens, um einen Gräuelmord zu überleben, ausgetauscht? Zu welcher Art von Gesprächen wäre es gekommen, wenn diese Überlebenden dem Lehrling Völkert, der Hilfskraft Fräulein Stender, dem Hausmeister Oldenburg und den anderen Sparkassen-Mitarbeitern begegnet wären, die die Schießerei in Kiel am 5. November 1918 überlebt hatten? Vielleicht hätten alle diese

Überlebenden der Gewaltakte Gemeinsamkeiten entdeckt, die schwerer wogen als die Unterschiede zwischen den Traditionen ihrer nord-, süd- oder mitteldeutschen Heimat. Vielleicht hätten sie ihre persönlichen Alpträume in einem kollektiven Therapie-Erlebnis miteinander geteilt.

Natürlich ist es nicht die Aufgabe des Historikers, Vermutungen über Gespräche anzustellen, die aus solchen Begegnungen hervorgehen hätten können. Unser Auftrag ist es vielmehr, darüber nachzudenken, was uns der Kontrast zwischen ihren Erfahrungen über die Rolle der Gewalt in der deutschen Revolution von 1918/19 und über deren Platz im »Zeitalter der Extreme« verrät. Ich habe in diesem Buch die These vertreten, dass wir, wenn wir die Radikalisierung der Gewalt in dieser Zeit verstehen wollen, unseren Blick nach unten richten müssen, auf die Straßen und in die Innenhöfe und Keller, in denen sich die tödliche Gewalt vollzog. Wir müssen die Dynamik hinter der Brutalisierung erfassen, die für eine Verhärtung der politischen Mentalitäten stand, nicht nur bei den direkt Beteiligten, sondern bei einer deutlich größeren Zahl von Menschen. Wir müssen versuchen, die Hauptakteure jeder dieser Gewaltepisoden zu verstehen und zu begreifen, wie sich ihre Taten auf die Stimmungslage einer breiteren Öffentlichkeit beziehen. Würden wir das unterlassen, so würden wir Gefahr laufen, die Gewalt irgendwelchen undefinierten, unpersönlichen Kräften zuzuschreiben, die sich über unbegrenzte geographische Gebiete und historische Zeiträume erstrecken, und wären nicht in der Lage zu erkennen, was das Einzigartige an jedem Kontext und an der menschlichen Motivation war, die jede dieser Gewalttaten möglich machte.

Die Geschichte, die sich aus diesem Ansatz ergibt, kreist um Akte des Tabubruchs. Zwischen November 1918 und Mai 1919, zwischen der Befreiung des Hausmeisters Oldenburg durch Kieler Revolutionäre und dem Gesellenmord in München, durchlief die deutsche Politik eine Abfolge von Tabubrüchen, in deren Verlauf die Spirale der Gewalttaten sich intensivierte und beschleunigte und die Schranken für das, was politisch möglich war, zunehmend niedriger wurden. Der Wunsch der neuen Herren des deutschen Staates, ihren unbedingten Herrschaftswillen zu demonstrieren, war der innere Motor dieser Entwicklung. Als die sozialdemokratisch geführte Regierung Ende Dezember 1918 den Rubikon endgültig überschritten hatte – mit einem erheblichen Maß an öffentlicher Rückendeckung –, ging der erste wahrhaft demokratische Staat auf deutschen Boden dazu über, Gewalt als Kommunikationsmittel einzusetzen: Staatlich verordnete Gewalt vermittelte die Botschaft, Deutschland werde sich nicht in die »Zerfallszone« aus den Restbeständen der besiegten Kaiserreiche Mittel-, Ost- und Südeuropas einreihen.[2] Die von Regierungstruppen und Freikorps begangenen Gewaltexzesse waren Teil des Gründungsaktes der Weimarer Republik. Sie gaben sowohl der deutschen Gesellschaft als auch der internationalen Gemeinschaft zu verstehen, dass die neue Regierung in der von Revolution und militärischer Niederlage geschaffenen Situation für Ordnung sorgen werde. Auch die Gestalt, in der die Gewalt auftrat, spielte eine Rolle. In einem von Gerüchten, Autosuggestionen und dunklen Vorahnungen bevorstehender Gewalt geprägten gesellschaftlichen Klima nahm die von Regierungstruppen vorgeführte Gewalt einen charismatischen Charakter an: Sie war der Schutzschild, der die Zeitgenossen davor bewahrte, in Ängsten davor zu versinken, was ihnen und ihren Familien zustoßen würde, falls die gesellschaftliche und politische Ordnung vollends zusammenbrach. Diese Ängste manifestierten sich, wie wir gesehen haben, in einer Vielfalt erschreckender Aussagen und gewaltgetränkter Phantasmagorien sowie in allgemeineren öffentlichen Debatten, bei denen das Schicksal der Gesellschaft mit dem Los von Tieren auf dem Weg zum Schlachthof verglichen wurde.

Dass die Regierung militärische Gewalt als Kommunikationsmittel einsetzte, bietet eine Erklärung dafür, dass die staatlich legitimierte Gewalt im Verhältnis sehr viel mehr Menschenleben kostete als die Gewalttaten der Regierungsgegner von der äußersten Linken. Aus der charismatischen Wirkung der Gewalt erklärt sich auch, dass politische Gruppen, die bis 1914 auf weit harmlosere Akte staatlicher Gewalt mit heftigem Protest reagiert hatten, unter dem Eindruck der Revolution den Einsatz kriegsmäßig bewaffneter Truppen billigten. Womöglich hätte es eines so massiven Einsatzes militärischer Gewalt gar nicht bedurft, um die dürftig bewaffneten und amateurhaft geführten Aufständischen zu bezwingen, aber von der massiven Gewalt ging eine unerbittliche Botschaft aus: dass die neue Regierung gewillt war, ihre wirklichen oder vermeintlichen Gegner zu vernichten. Grundsätze der Rechtsstaatlichkeit traten unter diesen Vorzeichen hinter das Bedürfnis der Staatsmacht zurück, ihre absolute Macht zu demonstrieren.

Zu den Ursachen für die anschwellende Woge der Gewalt in der Gründungsphase der Weimarer Republik gehören etliche von der bisherigen (sowohl deutschen als auch europäischen) Geschichtsschreibung außer Acht gelassene Faktoren: die Allgegenwart unüberprüfbarer Gerüchte; fehlgeleitete Überzeugungen, »Autosuggestionen« und vor allem politisch geschürte Ängste vor zukünftig drohenden revolutionären Gewaltexzessen noch schlimmerer Größenordnung. Jedes dieser geschichtlichen Phänomene spielte in den entscheidenden Phasen der Revolution eine ausschlaggebende Rolle. Ihre Wirkkraft bezogen sie aus dem gleichzeitigen Zusammenbruch von Ordnungssystemen in Deutschland wie auch in weiten Teilen des übrigen Europa. Dieser Prozess schuf eine dynamische Konstellation, in der innere und grenzüberschreitende Ereignisse in der Wahrnehmung der Zeitgenossen mit der tief eingegrabenen Erinnerung an frühere Revolutionen als Ausbrüche unkontrollierter Gewalt verschmolzen – wie in Frankreich zwischen 1789 und 1795 oder bei der Pariser Kommune von 1871. Wenn Mitglieder der kulturellen Avantgarde sich in einem »Traumland des Waffenstillstands« wähnten, müssen wir uns vergegenwärtigen, dass für viele Deutsche, nicht zuletzt für einen großen Teil der politischen und publizistischen Elite und deren Gefolge, der Winter 1918/19 ein traumatischer historischer Moment war.[3]

Weimar war kein einzigartiger Fall. Vom Ende des 18. Jahrhunderts bis heute gilt, dass das Ringen um die politische Macht, das sich an einen revolutionären Umsturz anschließt, oft erst ein Ende findet, wenn eine der Parteien ihren Herrschaftsanspruch durch die gezielte Anwendung exzessiver Gewalt durchgesetzt hat. Als die aus der Revolution hervorgegangene Französische Republik 1794 die Zivilbevölkerung der Vendée brutal niedermetzelte, markierte das den Beginn einer Tradition der Gewaltanwendung seitens revolutionärer Regime.[4] Im Frankreich des 19. Jahrhunderts griffen die Inhaber der staatlichen Macht in vier weiteren Fällen zu demonstrativer übermächtiger Gewalt, um revolutionäre Situationen unter Kontrolle zu bringen. Zu »Gründungsmassakern« dieses Typs kam es im April 1832, im Juni 1848, im Dezember 1851 und schließlich im Mai 1871, als die Dritte Republik ihre Geburt mit der gewaltsamen Niederschlagung der Pariser Kommune einleitete. Die Erinnerung an speziell dieses Massaker prägte nachhaltig die Reaktion der Deutschen auf das, was sich im Zuge der Revolution von 1918/19 ereignete.[5] Auch in Italien kulminierte der Prozess der nationalen Einigung im 19. Jahrhundert in Wellen staatlich geförderter Gewalt mit in einzelnen Fällen Tausenden Todesopfern.[6] Bis zum Ausbruch des Ersten Weltkriegs spielten Akte militanter »Gründungsgewalt« auch eine zentrale Rolle bei der Geburt neuer europäischer Staaten entlang der Peripherie des schrumpfenden Osmanischen Reichs – mit, wie sich letzten Endes zeigte, katastrophalen kurz- und langfristigen Folgen.[7]

Ähnliche Muster zeichneten sich in der Endphase des Ersten Weltkriegs ab: Finnland und das bolschewistische Russland liefern uns Beispiele dafür, wie eine neue politische Nachkriegsordnung mit Gewalt durchgesetzt wurde. Und als in Ungarn das kommunistische Experiment des Béla Kun schiefging, zögerte das autoritäre Regime des Admirals Horthy nicht, alle zu massakrieren, die nach seinem Urteil für die Revolution und die militärische Niederlage verantwortlich waren. Auch der neue türkische Staat trumpfte mit mehreren Akten blutiger Gründungsgewalt auf – in Smyrna (heute Izmir) massakrierten türkische Truppen nach der Rückeroberung der Stadt 1922 rund 30 000 griechische Einwohner.[8] Ein weiteres Beispiel lieferte der 1921 gegründete irische Freistaat mit der Verkündung eines Erlasses, der Gemeinsamkeiten mit dem Schießbefehl Gustav Noskes aufwies.[9] So gesehen markierte die

Gewalt, die mit der Gründung der Weimarer Republik einherging, einen Berührungspunkt zwischen Deutschland und der allgemeineren Geschichte der europäischen Staatsgründungen.

Die Eskalation staatlich legitimierter Gewalt in der Gründungsphase der ersten deutschen Republik markierte indes auch einen Wendepunkt in der jüngeren deutschen Geschichte: den Moment nämlich, in dem ein lang anhaltender Prozess, in dessen Verlauf der Staat seine Bereitschaft und Fähigkeit, Gewalt gegen Gruppen der eigenen Bevölkerung anzuwenden, nach und nach abgebaut hatte, sich plötzlich umkehrte. Der besagte Prozess hatte sich in Deutschland seit der Mitte des 19. Jahrhunderts vollzogen. Anders als das Osmanische Reich, das zaristische Russland, das liberale Italien oder die Dritte Republik in Frankreich, hatten von 1848 an Preußen und später das Deutsche Reich ein staatliches Monopol der Ausübung politischer und polizeilicher Gewalt institutionalisiert, ohne je zu spektakulären Gewaltakten gegen die eigene Bevölkerung zu greifen – auch wenn militärische Planspiele für solche Einsätze existierten und sie hin und wieder verbal angedroht wurden.[10] In den letzten zwei Jahrzehnten vor Ausbruch des Ersten Weltkriegs war es nicht zuletzt das kontinuierliche Erstarken der SPD, das dem deutschen Staat die Neigung austrieb, auf eigenem Boden militärische Gewaltmittel einzusetzen. Das änderte sich schlagartig im Revolutionswinter 1918/19, als politisch motivierte und staatlich geförderte Gewalt eine in der neueren deutschen Geschichte bis dahin ungekannte Intensität erreichte.

Von diesem Wendepunkt aus führte keineswegs ein direkter und selbstverständlicher Weg zum Nationalsozialismus und in den Zweiten Weltkrieg. Er markierte jedoch eine bedeutsame Etappe auf diesem Weg, insbesondere insofern, als der in dieser Phase begründete Kult der Militanz Spielarten der Gewalt ins politische Leben der Weimarer Republik einführte, die mit unterschiedlicher Intensität bis zur Errichtung des Dritten Reiches fortdauerten.[11] Als zwischen 1930 und 1933 die Gewalt auf Deutschlands Straßen immer bedrohlichere Formen annahm, feierten Muster des gewalttätigen Straßenterrors, die im Winter

1918/19 erstmals aufgetaucht waren, ihre Wiedergeburt bei den Straßenkämpfen zwischen NS-Braunhemden und Kommunisten um die Herrschaft über den öffentlichen Raum in Berlin und anderen deutschen Großstädten. Auch wenn bei diesen Kämpfen um die Straßenhoheit nicht dieselben Taktiken und Waffen eingesetzt wurden – es kam zu keiner Neuauflage der »Aufstände« vom Januar und März 1919 –, schöpften sie doch aus derselben kollektiven Metaphorik. So schwer es manchen Historikern fallen wird, dies zu akzeptieren: Die politischen und kulturellen Rechtfertigungen für nationalsozialistische Gewalt in der Schlussphase der Weimarer Republik wiesen viele Gemeinsamkeiten mit der Sprache und der kollektiven Metaphorik auf, die zur Rechtfertigung staatlich legitimierter Gewalt in ihrer Gründungsphase gedient hatten.[12] 1919 wie 1933 lieferte die Vorstellung, in Deutschland stehe ein kommunistischer Umsturz bevor, die Legitimation für den Einsatz von Gewaltmitteln; und beide Male war es ein ähnliches Klima der Paranoia und des Freund-Feind-Denkens, dramatisch verstärkt durch Gerüchte und die verbreitete Angst vor einem barbarischen großstädtischen Proletariat, das diese Vorstellung möglich machte.[13] Desgleichen galt für beide geschichtlichen Umbruchphasen, dass die Gewalt gegen Links für die Täter und deren Anhänger Aspekte der Bestrafung mit solchen der Läuterung und Säuberung vereinte.

Als Hitler am 30. Januar 1933 zum Reichskanzler ernannt wurde, wuchs dem Vermächtnis des Revolutionswinters 1918/19 eine noch größere Bedeutung zu. Zunächst einmal bescherte die Behauptung, die Nationalsozialisten hätten Deutschland vor einer Neuauflage des »sozialistischen Terrors« von 1918/19 bewahrt, ihnen und ihren Sympathisanten ein politisches Narrativ, das es ihnen leichtmachte, gewalttätige Ausbrüche des »Volkszorns« gegen Sozialdemokraten, Kommunisten und Juden zu dulden.[14] Auch wenn Historiker noch darüber streiten, in welchem Ausmaß Männer, die sich in der Revolutionszeit als Regierungssoldaten oder Freikorpskämpfer betätigt hatten, Einfluss auf die Gewaltkultur von SA und SS nahmen, steht zweifelsfrei fest, dass Veteranen der staatlich geförderten Gewaltexzesse des Jahres

1919 ein tragendes soziales Element der nationalsozialistischen Schlägertrupps bildeten und dass ihre Ideen den Verlauf des Geschehens beeinflussten. Es ist in der Tat weitgehend in Vergessenheit geraten, dass die von den Nationalsozialisten gewählte Bezeichnung »Sturmabteilung« (SA) ihre Herkunft ebenso sehr den Sturmangriffen der Freikorps im Revolutionswinter 1918/19 verdankt wie den an der Westfront praktizierten Kampftaktiken.[15] Beim neueröffneten Lager Dachau, dem ersten Konzentrationslager, das als Modell für alle weiteren diente und sich zu einer Schulungsstätte für die Gewaltkultur des Nationalsozialismus entwickelte, reichten die Verknüpfungen mit der Revolution von 1918/19 von dem für das Lager gewählten Standort – Dachau war, wie im vorigen Kapitel erwähnt, im April 1919 Schauplatz der einzigen siegreichen Schlacht der Rätekommunisten gewesen – bis zu ausdrücklichen Akten des Gedenkens. Einer Darstellung zufolge zeigte der erste Kommandant des KZ Dachau, Hilmar Wäckerle, kurz nach der Eröffnung des Lagers seinen Untergebenen Bilder der am Luitpold-Gymnasium ermordeten Geiseln. Es war dies nur eines von vielen Beispielen dafür, wie die Nationalsozialisten die Erinnerung an Gewaltepisoden des Jahres 1919 zur Unterstützung ihrer stereotypen Alibi-Behauptung nutzten, die Kommunisten würden mit »national gesinnten« Deutschen ebenso kurzen Prozess machen.[16]

Dass die Erinnerung an 1918/19 als geschichtlicher Bezugspunkt für den Aufbau des KZ-Systems genutzt wurde, sollte uns nicht weiter überraschen. Die nationalsozialistische Bewegung gedieh in einem antirepublikanischen Milieu, in dem man die Revolution verabscheute und sie als Alleinschuldige an der deutschen Niederlage im Ersten Weltkrieg abstempelte. Wer versucht, die Gesellschafts-, Wirtschafts-, Rüstungs- und Rassenpolitik des Dritten Reiches und deren strategischen Kurs zu verstehen, tut gut daran, sich zu vergegenwärtigen, dass das Bestreben der Nationalsozialisten, die Revolution von 1918/19 mitsamt ihrer politischen und kulturellen Errungenschaften ungeschehen zu machen, in alle diese Politikfelder hineinwirkte. Von seinen ersten Reden an bis zu seinen letzten Monologen im Führerbunker im April

1945 verwünschte Hitler die »Novemberverbrecher« für ihren 1918 begangenen Verrat an Deutschland. In *Mein Kampf* schmähte er (mit Formulierungen, wie sie sich nahezu wortgleich in zahlreichen Zeitungsartikeln aus den Revolutionsmonaten November 1918 bis Mai 1919 finden) die führenden Köpfe der Revolution als »jüdische Drahtzieher«, als »Volksverräter«, als eine »Horde von Dieben«, als »elende und verkommene Verbrecher«. Unter Verwendung von Schimpfwörtern, die schon im März 1919 zur Rechtfertigung von Noskes Schießbefehl gedient hatten, tat er die Vorkämpfer der Weimarer Republik als »lichtscheues Gesindel« ab.[17] Anlässlich wichtiger Entscheidungen auf dem Weg in den Zweiten Weltkrieg beschwor Hitler in zunehmendem Maß die Gefahr, dass sich 1918 wiederholen könnte. Im April 1939 verkündete er in einer Reichstagsrede, das Elend des deutschen Volkes habe mit der Revolution begonnen; die Masse der Deutschen sei damals »schwach« genug gewesen, auf die Versprechungen des US-Präsidenten Wilson hereinzufallen. Später im selben Jahr erklärte er seinen versammelten Generälen, Deutschland hätte im Ersten Weltkrieg den Sieg erringen können, wenn es sich nicht hätte entzweien lassen, und am Tag des deutschen Überfalls auf Polen, dem 1. September 1939, versprach er ein weiteres Mal, eine Wiederholung des November 1918 werde es nicht geben. Nur Wochen später, Anfang Oktober 1939, bekräftigte er, Deutschland werde in seiner Geschichte keinen weiteren »November 1918« erleben.[18]

Hitler und seine Helfershelfer sorgten dafür, dass dieses Versprechen gehalten wurde. Die NS-Diktatur tat von dem Augenblick an, da sie fest im Sattel saß, bis zum Ende des Zweiten Weltkriegs in Europa im Mai 1945 alles Nötige, um sicherzustellen, dass sie sich nie mit denselben Faktoren konfrontiert sehen würde, die nach ihrer Überzeugung im Ersten Weltkrieg die deutsche Wehrkraft zersetzt hatten.[19] Als Hitlers katastrophaler Kriegskurs schließlich und endlich eine kleine Gruppe deutscher Wehrmachtsoffiziere zu dem Attentat vom 20. Juli 1944 bewog, bestärkte das Scheitern des Anschlags Hitler nur in seinem Glauben an den »Dolchstoß« in den Rücken der kämpfenden Front und in seiner Entschlossenheit, nie zuzulassen, dass Deutschland noch einmal Opfer eines solchen Dolchstoßes würde. Jetzt, da er über einen Terrorapparat verfügte, der die Gewähr bot, dass selbst das kleinste Aufflackern von Widerstand mit tödlicher Gewalt ausgelöscht wurde, war es so gut wie unmöglich, mit gesellschaftlichem Protest von unten dem »Führerwillen« zu widerstehen.[20] So kam es, dass die Vorstellung, Deutschland könne und müsse selbst in aussichtslos erscheinender Lage den Krieg als »Endkampf« um sein nationales Überleben weiterführen – eine Idee, die 1918/19 nur in der Phantasie nationalistischer Militaristen existiert hatte –, 1944 und 1945 bittere Wirklichkeit wurde, um den Preis von Millionen Menschenleben.[21]

2014, hundert Jahre nach Ausbruch des Ersten Weltkriegs, erreichte das Interesse der deutschen Öffentlichkeit an diesem Krieg zur großen Überraschung und Freude der Historiker eine nie gekannte Intensität. Triebkraft für das neuerwachte Interesse war eine Neufokussierung des historischen Blicks auf die Jahre 1914–18 unter Verzicht auf das Gebot, auch die Jahre zwischen 1939 und 1945 in den Blick zu nehmen. Anders als in früheren Perioden durften die Deutschen jetzt endlich eine Geschichte des Ersten Weltkriegs kennenlernen, bei der sich nicht alles darum drehte, was dieser Konflikt uns über den Zweiten Weltkrieg verraten kann. Der Erste Weltkrieg bekam seine eigene Geschichte. Dieser Ansatz war und ist erfrischend. Doch auch wenn jeder Zeitabschnitt des geschichtlichen Kontinuums seine eigene Einzigartigkeit besitzt, heißt das nicht, dass wir die Revolution von 1918/19 und die Weimarer Republik als isolierte Geschichtskapitel betrachten können. Weimar war zwar sicher keine »Republik ohne Republikaner« und auch nicht »von Anfang an dem Untergang geweiht«, aber es war sehr wohl der Inkubationsraum für das Dritte Reich und all den von ihm angerichteten Horror. Die Vernichtung von Menschenleben, die uns in allen Kapiteln dieses Buches begegnet, ist eine wichtige Mahnung daran, dass die dunklen Zeiten der deutschen Geschichte im 20. Jahrhundert nicht erst 1933 oder 1939 begannen.

Danksagung

Die Forschung, auf der dieses Buch basiert, wäre nicht möglich gewesen ohne viele wichtige Forschungsgelder der irischen Regierung. Ich bin der irischen Regierung sehr dankbar für einen dreijährigen Forschungsaufenthalt am European University Institute (EUI) in Fiesole bei Florenz; dem Irish Research Council für ein zweijähriges *postdoctoral fellowship* (2012–14), das ich am Centre for War Studies des Historischen Instituts des Dubliner University College (UCD) absolvierte; und dem Irish Research Council außerdem für ein dreijähriges International Career Development »Elevate« Fellowship (2014–17), mitfinanziert vom Marie Curie Actions Programme der EU. Dieses Fellowship erlaubte mir, zwei Jahre als Forschungsstipendiat an der Freien Universität Berlin zu verbringen, gefolgt von einem weiteren Jahr wieder am UCD. Mein Dank gilt auch dem Deutschen Akademischen Austauschdienst für die Bezuschussung eines kurzen Forschungsaufenthalts in Berlin; der Graduate School in History and Sociology an der Universität Bielefeld für ein kurzfristiges Gaststipendium; und dem Dubliner University College für eine Abfolge kleinerer Förderstipendien.

Dublin ist und bleibt der weltweit beste Ort für das Studium des Ersten Weltkriegs und seiner Folgen. Von den ersten Atemzügen des Projekts an hatte ich das Glück, auf die Hilfe Robert Gerwarths vom UCD zurückgreifen zu können, der sich als Musterbeispiel eines Mentors erwies. Auch andere Dubliner wie John Horne, Alan Kramer und William Mulligan gewährten mir großzügig ihre Zeit und Unterstützung. Besonderen Dank schulde ich allen Mitgliedern des Centre for War Studies am UCD, den Mitarbeitern und Studenten des Historischen Instituts am UCD und unseren Kollegen und Freunden am Trinity College Dublin (TCD). Es sind zu viele, um sie hier alle namentlich aufzuzählen, aber es wäre unmanierlich, nicht wenigstens eine Auswahl von Namen zu nennen: Tomas Balkelis, Sean Brady, Maurice Bric, Edward Collins, Niamh Cullen, Suzanne D'Arcy, Selena Daly, Judith Devlin, Aaron Donaghy, Declan Downey, Irial Glynn, Susan Grant, Carole Holohan, Tomás Irish, Laura Kelly, Eoin Kinsella, James Kitchen, Matthew Lewis, Edward Madigan, James Matthews, John McCafferty, Niamh Reilly, Paul Rouse, Martina Salvante, Claudia Siebrecht, Gajendra Singh, Patrick Walsh, Jennifer Wellington.

Um in Irland zu bleiben, möchte ich außerdem danken Anthony McElligott von der University of Limenick, John Paul Newman von der Maynooth University und Róisín Healy und Gearóid Barry von der National University of Ireland in Galway. In Berlin gilt mein Dank Sebastian Conrad für die Betreuung während meiner Zeit an der Freien Universität Berlin, ebenso meinem Doktorvater Heinz-Gerhard Haupt. Besonders möchte ich Richard Evans danken: Er unterstützt mich seit den Tagen, da ich ihn als Magisterstudent an der Cambridge University das erste Mal konsultiert habe.

Zu Dank verpflichtet bin ich Michael Watson vom Verlag Cambridge University Press und den ungenannten Redakteuren, die mich in der Phase der Fertigstellung des Manuskripts mit wertvoller Hilfe unterstützten. Bei der Überarbeitung und Vorbereitung des Buches für die deutsche Ausgabe waren mir Kristin Rotter, Tanja Ruzicska, Christian Seeger und insbesondere Karl Heinz Siber eine unschätzbare Hilfe. Meine Literaturagentin Barbara Wenner in Berlin war eine verlässlich sprudelnde Quelle des Zuspruchs und guten Rates. Dank schulde ich schließlich Andras Bereznay für die Gestaltung der Stadtpläne. Die übliche Vorbehaltsklausel gilt natürlich auch hier: Alle verbliebenen Irrtümer gehen auf meine Kappe.

Über Dublin und Berlin hinaus haben während der Entstehungszeit dieses Buches viele Gelehrte großzügig ihre Zeit und ihre Hilfe gewährt. Für nützliche Empfehlungen, Archivtipps, gutes Zureden und Rückmeldungen nach der Lektüre einzelner Kapitel sowie für die vielen Fingerzeige darauf, wie man es anstellt, aus Stapeln von Notizblättern ein kohärentes Buch zu machen, danke ich Eveline Bouwers, Kathleen Canning, Roger Chickering, Christopher Clark, Christopher Dillon, Norman Domeier, Andrew Donson, Michael Geyer, Fritz Georg von Graevenitz, Oliver Janz, Jörn Leonhard, Brandy und Christopher Mapes, Paul Moore, Dirk Moses, Jannis Panagiotidis, Kiran Patel, Ute Planert, Markus J. Prutsch, Arfon Rees, James Retallack, Antonella Romano, Johannes Rosenplänter, Dirk Schumann, Hugo Service, Vera Simon, Steve Smith, Daniel Steinbach, Philipp Ther, Thomas Weber, Klaus Weinhauer, Bernd Weisbrod, Thomas Welskopp, Arthur Weststeijn, Niall Whelehan, Michael Wildt und Philipp Zessin. Wie alle wissenschaftlichen Werke ist auch dieses Buch aus Ideen erwachsen, die vorher in etlichen Gesprächsforen präsentiert und diskutiert wurden. Mein Dank gilt geduldigen Zuhörern auf Kongressen und bei Forschungskolloquien in Amherst (Massachusetts), Bielefeld, Berlin, Cardiff, Dublin, Edinburgh, Florenz, Freiburg, Galway, Göttingen, Kiel, Köln, London, San Diego und Toronto sowie der International Society for First World War Studies und dem Deutschen Historischen Institut in London. Danken möchte ich ferner den Mitarbeitern der zahlreichen Archive und Bibliotheken, in die mich meine Recherchen für dieses Buch geführt haben.

In Dublin, Florenz, Berlin und anderswo half mir die Unterstützung, die ich von Freunden erfuhr, dabei, meine Recherchen und meine Arbeit am Manuskript deutlich produktiver zu machen. In Deutschland geht mein Dank an Karsten Bernhardt, Julie Deering-Kraft, Johann Heyde, Matthias Niebsch, Ina Heger, insbesondere aber an Christine und den verstorbenen Arild Johansson, der eine große Lücke hinterlässt; in Dublin vor allem an John Corrigan, Stephen Smith, Harry Leech, Emma Sharkey, Nigel Clarke, Fidelma Whelan, an William, Graham, Jane und Amanda Villiers-Tuthill und an Dwight Owen (bitte komm zurück!). Großen Dank schulde ich auch meiner »Großfamilie«, allen voran Ashley,

Dorothy, Glynis, Cynthia und Hilary. Mein ganz besonderer Dank gilt Ulrike Ruemer. Wir hatten das Glück, uns bei meiner ersten Rechercheise nach Deutschland kennenzulernen, und seither steht Ulrike mir zuverlässig zur Seite. Ich bin ihr überaus dankbar für alles, was sie für mich getan hat, seit ich ihr weisgemacht habe, ich sei dabei, einen Bestseller zu schreiben! Unser Sohn Luke, der inzwischen geboren wurde, hat das vorliegende Buch in den letzten Stadien seiner Fertigstellung aufmerksam durchgesehen.

Zu guter Letzt bleibt mir nur übrig anzumerken, dass ich sehnsüchtig darauf warte, ein akademisches Forum mit einem so reichen intellektuellen Angebot zu finden wie das Haus, in dem ich aufgewachsen bin. Es ist kein Wunder, dass meine Schwester Heather zu den führenden Historikern des Ersten Weltkriegs gehört. Meine Mutter las in dem Sommer, in dem ihre Krebserkrankung wiederkehrte, große Teile der Dissertation, aus der dieses Buch hervorgegangen ist – die schlimme Nachricht von ihrer erneuten Erkrankung vertraute sie mir erst an, als ich die Doktorarbeit eingereicht hatte. Nach langem und tapferem Kampf starb sie im Frühjahr 2014. Des Lichts seines Lebens beraubt, folgte mein Vater ihr im Herbst des gleichen Jahres nach. Ich widme dieses Buch dem Gedenken an meine Eltern und danke all denen, die es mir möglich machten, in ihrer schwersten Zeit an ihrer Seite zu bleiben.

Abkürzungsverzeichnis

AA Abendausgabe
BArch-Berlin Bundesarchiv, Berlin Lichterfelde
BArch-Berlin-SAPMO Stiftung Archiv der Parteien und Massenorganisationen der DDR im Bundesarchiv
BArch-MA Bundesarchiv Militär-Archiv Freiburg im Breisgau
BBC Berliner Börsen-Courier
Bl. Blatt
BLA Berliner Lokal-Anzeiger
BM Berliner Morgenpost
BNN Berliner Neueste Nachrichten
BSZ Bayerische Staatszeitung
BT Berliner Tageblatt
Bü. Bündel
BVZ Berliner Volkszeitung
BZaM Berliner Zeitung am Mittag
CEH Contemporary European History
CZ Coburger Zeitung
DDP Deutsche Demokratische Partei
DLA Deutsches Literaturarchiv Marbach
DTZ Deutsche Tageszeitung
DZ Deutsche Zeitung
EA Erstausgabe
ERH European Review of History
FrZ Freiburger Zeitung
FZ Frankfurter Zeitung
GG Geschichte und Gesellschaft
GH German History
GKSD Garde-Kavallerie-Schützen-Division
GLA Generallandesarchiv Karlsruhe
GSR German Studies Review
GStA PK Geheimes Staatsarchiv Preußischer Kulturbesitz
GWU Geschichte in Wissenschaft und Unterricht
HE Hamburger Echo
HN Hamburger Nachrichten
HStAS Hauptstaatsarchiv Stuttgart
IWK Internationale Wissenschaftliche Korrespondenz zur Geschichte der deutschen Arbeiterbewegung
JCH Journal of Contemporary History
JMEH Journal of Modern European History
JMH Journal of Modern History
KAM Bayerisches Hauptstaatsarchiv, Abteilung IV, Kriegsarchiv München
KNN Kieler Neueste Nachrichten
KPD Kommunistische Partei Deutschlands
KrZ Kreuz-Zeitung (Neue Preußische Zeitung)
KZ Kieler Zeitung
LAB Landesarchiv Berlin
LVZ Leipziger Volkszeitung
MA Morgenausgabe
MM Militärgeschichtliche Mitteilungen
MNN Münchner Neueste Nachrichten
MP Münchener Post
MZ Münchener Zeitung
NAZ Norddeutsche Allgemeine Zeitung
NHZ Neue Hamburger Zeitung
NL Nachlass
OHL Oberste Heeresleitung
PP Past and Present
Priv. Tel. Privat-Telegramm
RF Die Rote Fahne
SH Social History
SHV Schleswig-Holsteinische Volkszeitung
SKL Seekriegsleitung
SPD Sozialdemokratische Partei Deutschlands
StAM Staatsarchiv München
TR Tägliche Rundschau
USPD Unabhängige Sozialdemokratische Partei Deutschlands
VfZG Vierteljahrshefte für Zeitgeschichte
VZ Vossische Zeitung
WTB Wolffs Telegraphisches Bureau
ZfM Zeitschrift für Militärgeschichte

Mit der Angabe *Nationalversammlung* werden die Verhandlungen der Verfassungsgebenden deutschen Nationalversammlung zitiert.

©András Bereznay; www.historyonmaps.com
Wik
Düsternbrook
Marineschule
Marinestation
Haftanstalt
Feldstraße
Feldstraße
Langer Segen
Karlstraße
Düsternbrooker Weg
Brunswikerstraße
Gewerkschaftshaus
Muhliusstraße
Dänische Straße
Schloss
ALTSTADT
Holstenstraße
Exerzierplatz
Prüne
MILITÄRHAFEN
Kaiserliche
Werften
Sophienblatt
Hauptbahnhof
HANDELSHAFEN
Germania
Werften
Hamburger Chaussee
Waldwiese
Viehburger Gehölz
Meimersdorf
0
Meter
500

Karte 1: Kiel

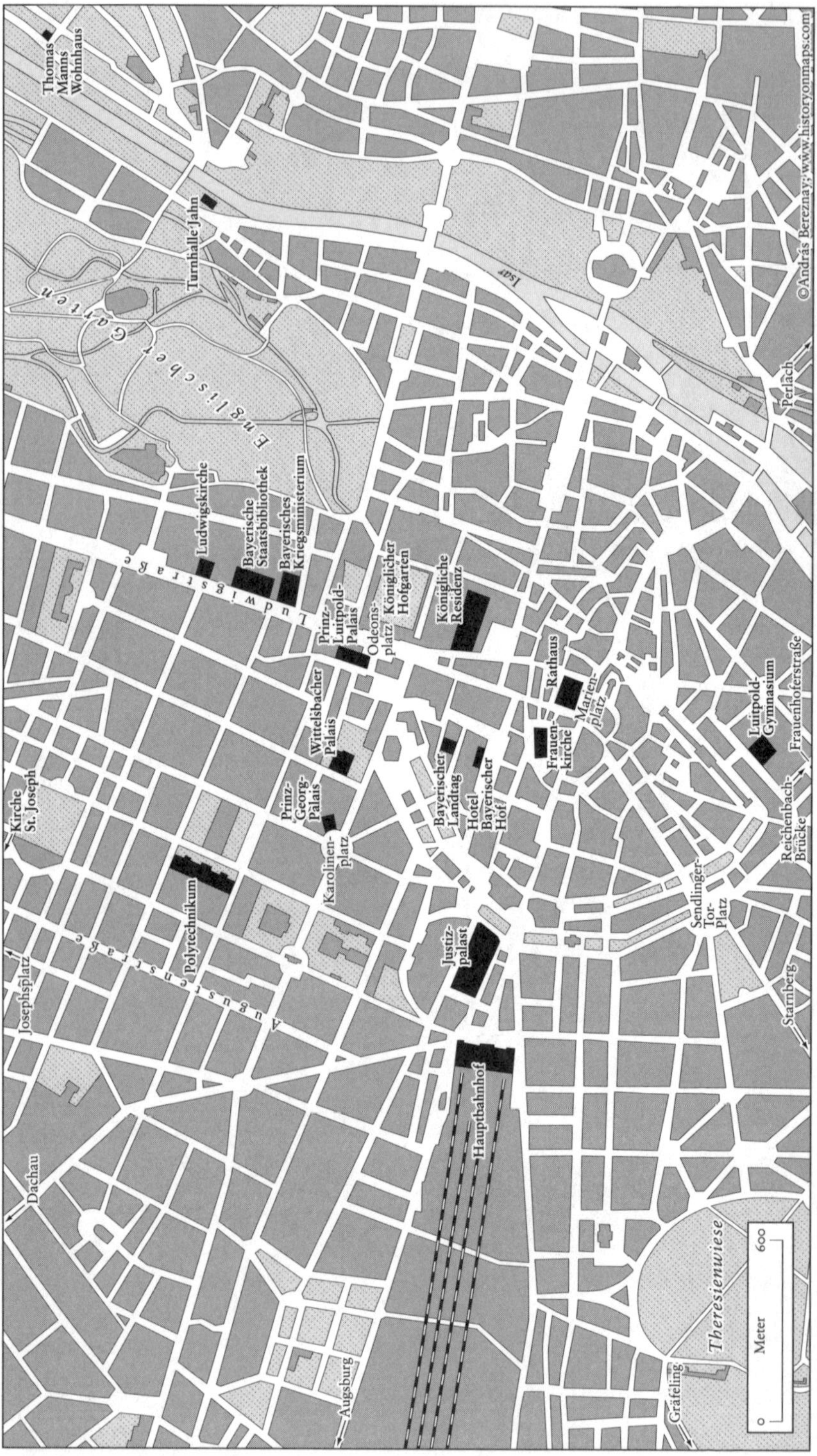

Karte 2: München

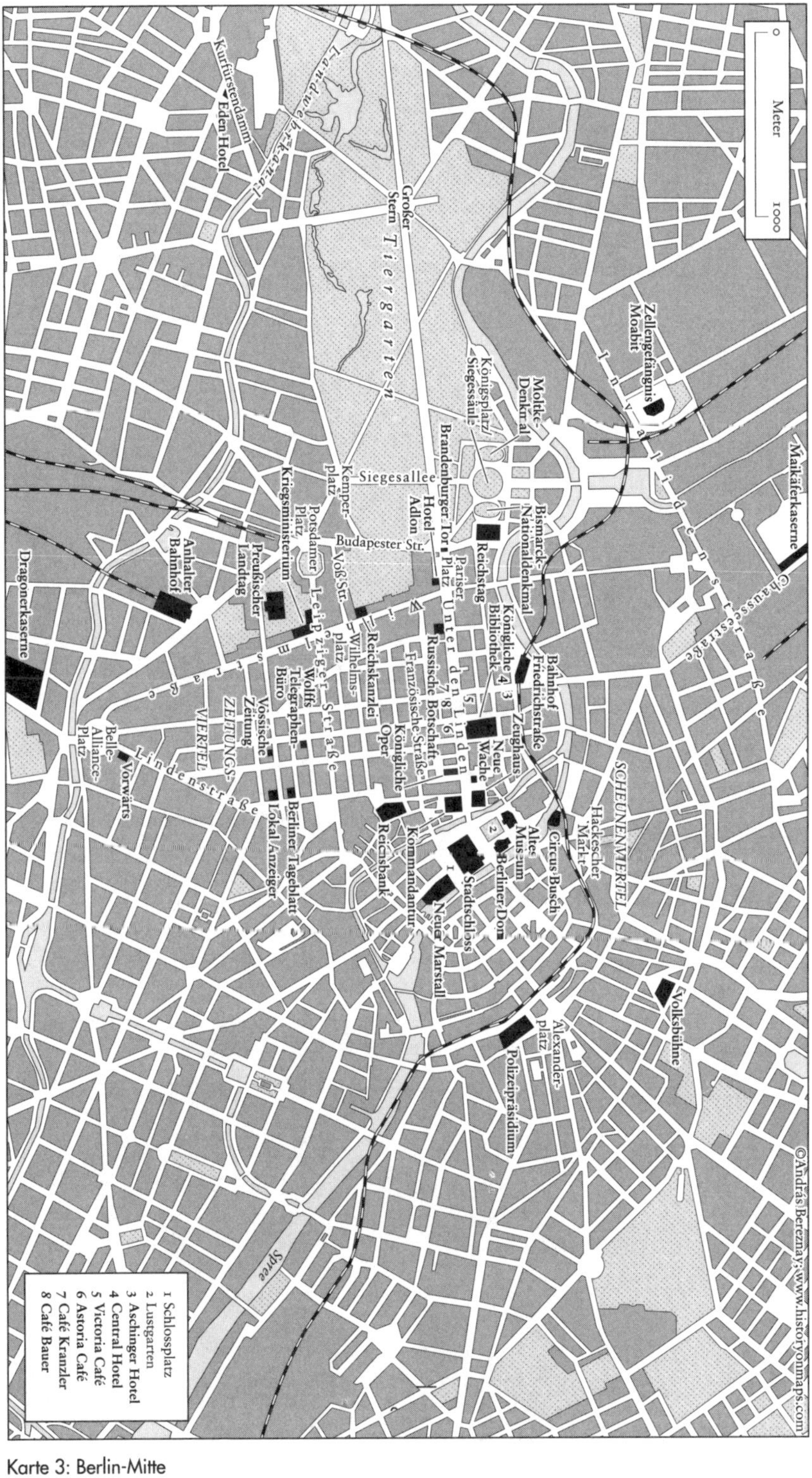

Karte 3: Berlin-Mitte

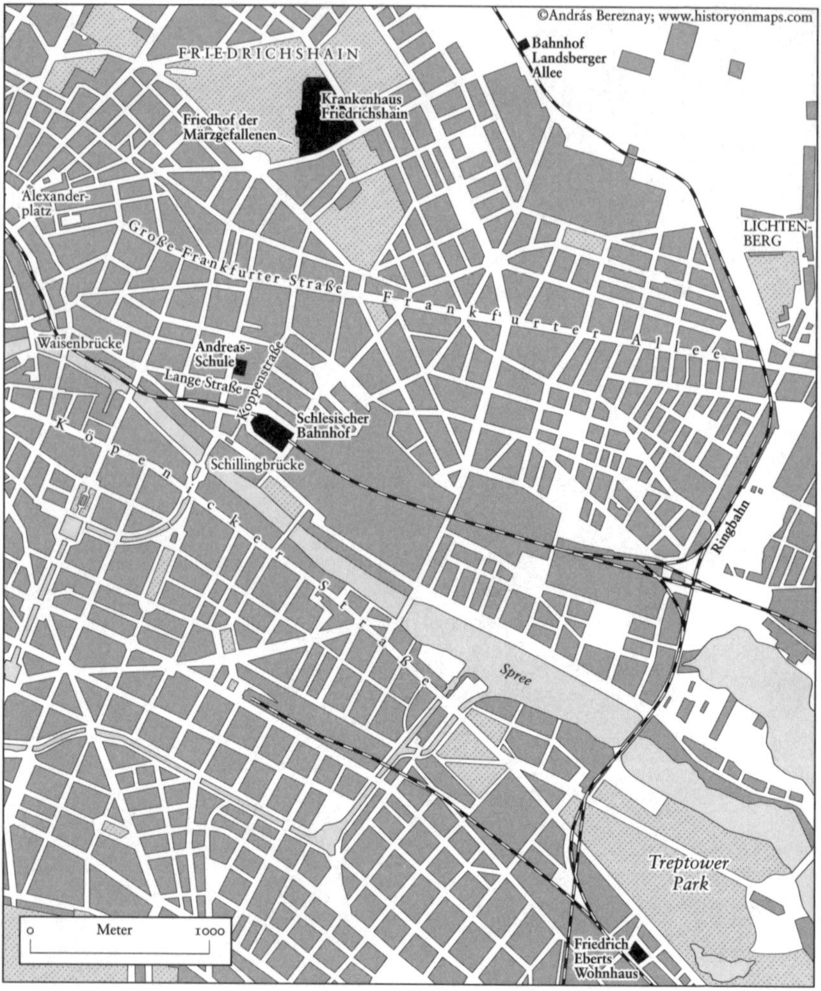

Karte 4: Berliner Osten

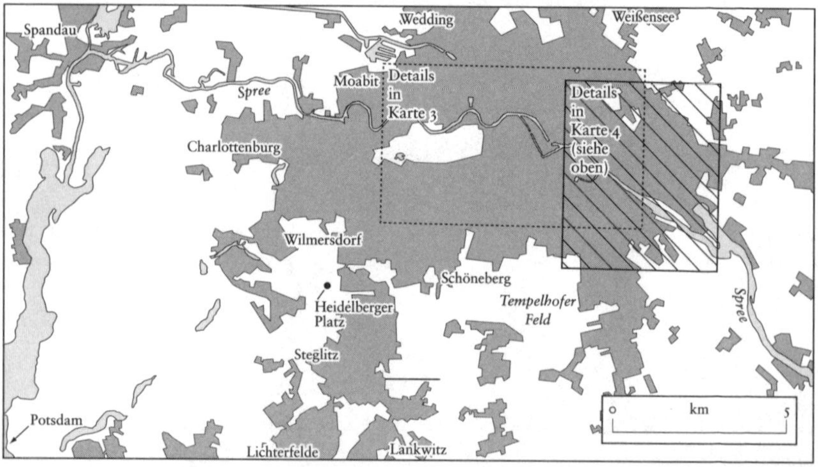

Karte 5: Berlin im Überblick

Anmerkungen

Einleitung

1 »Das Zeugnis eines Überlebenden«, VZ Nr. 620, 5. Dez. 1919 AA.
2 Zu den Opferzahlen s. unten.
3 Einen bemerkenswert schwachen Versuch, eine Bilanz der von Freikorps begangenen Gräueltaten zu ziehen, hat Hagen Schulze vorgelegt: *Freikorps und Republik*, S. 52.
4 Einen aktuellen Überblick über die historiographische Aufarbeitung der deutschen Revolution bietet Niess, *Die Revolution von 1918/19*. Zu den wegweisenden Veröffentlichungen gehören Kolb, *Die Arbeiterräte in der deutschen Innenpolitik 1918–19* (1962); Oertzen, *Betriebsräte in der Novemberrevolution* (1963); Rürup, *Probleme der Revolution in Deutschland 1918/1919* (1968); Kluge, *Soldatenräte und Revolution* (1975); Kluge, *Die deutsche Revolution 1918/1919* (1996); Mommsen, »Die deutsche Revolution 1918–1920« (1978); Winkler, *Von der Revolution zur Stabilisierung* (1984); Rürup; Brandt, *Volksbewegung und demokratische Neuordnung* (1991); *The Problem of Revolution in Germany* (2000). In jüngster Zeit hinzugekommen ist *Germany 1916–1923* (2015).
5 Zur These vom ostentativen Charakter der Gewalt siehe Juergensmeyer, *Terror im Namen Gottes*, S. 124; Weisbrod, »Terrorism as Performance«; Weisbrod, »Religious Languages of Violence«.
6 Aus Anlass des 90. Jahrestages der Revolution von 1918/19 zog immerhin eine einsame Aufsatzsammlung ein vernichtendes Fazit der Beschäftigung akademischer Historiker mit den Ereignissen des Winters 1918/19, indem sie von der »vergessenen Revolution« sprach: Gallus (Hrsg.), *Die vergessene Revolution von 1918/19* (2010).

Kapitel 1

1 Thaer, *Generalstabsdienst*, 30. Sept. 1918 [20 Uhr], S. 233 f. Als Thaer von dem Gerücht erfuhr, weigerte er sich zunächst, sich vorzustellen, dass an dieser Schreckensnachricht etwas Wahres dran sein könnte.
2 Zu der Entscheidung Ludendorffs siehe insbes. Geyer, »Insurrectionary Warfare«, S. 468; Foerster, *Ludendorff*, S. 90–94; Petzold, »Die Entscheidung«, S. 517–534; Kessel, »Ludendorffs Waffenstillstandsforderungen«, S. 65–86. Siehe ferner: *Vorgeschichte des Waffenstillstandes*, Nr. 11, Telegramm, 21. Sept. 1918, S. 29, und Nr. 12, Aufzeichnung, Berlin, 28. September 1918, S. 29; Kitchen, *The Silent Dictatorship*; Nebelin, *Ludendorff*.
3 Thaer, *Generalstabsdienst*, 1. Okt. 1918, S. 235. Siehe ferner Ernst von Eisenhart-Rothe, *Im Banne der Persönlichkeit. Aus den Lebenserinnerungen des Generals der Infanterie a. D.* (Berlin 1931).

4 Mitschrift v. Thaers in Thaer, *Generalstabsdienst*, S. 235. Abgedruckt auch in Ritter und Miller (Hrsg.), Die deutsche Revolution, S. 25f.

5 Hintze, zit. Geyer, »Insurrectionary Warfare«, S. 467 f.

6 Pyta, *Hindenburg*; Nebelin, *Ludendorff*; siehe auch Kitchen, *Silent Dictatorship*.

7 Watson, *Enduring the Great War*, S. 184–231.

8 *Die Regierung des Prinzen Max*, Dok. Nr. 63, Sitzung des Kriegskabinetts, 17. Okt. 1918, S. 227, sowie mit leicht abweichendem Wortlaut Ludendorff, *Kriegserinnerungen*, S. 547.

9 Watson, *Ring of Steel.*, S. 523–535, insbes. S. 529.

10 Horne, Alan Kramer, *German Atrocities*, arbeiten diese Facette eindrucksvoll heraus.

11 HStAS E 40/72 Bü 713: »Die innere Lage in Rußland«, NAZ Nr. 99, 23. Feb. 1918; HStAS E 40/72 Bü 713: »Der Kampf um Petersburg«, MNN Nr. 575, 13. Nov. 1917; HStAS E 40/72 Bü 713: »Die innere Lage in Rußland«, NAZ Nr. 99, 23. Feb. 1918; HStAS E 40/72 Bü 713: »Wie es in Rußland wirklich aussieht«, Schwäbischer Merkur Nr. 325, 13. Juli 1918; siehe auch: HStAS E 40/72 Bü 713: »Russland«, *Deutscher Reichsanzeiger* Nr. 33, 7. Feb. 1918; HStAS E 40/72 Bü 713: *Beilage zum Staats-Anzeiger für Württemberg*, 22 Feb. 1918.

12 Liulevicius, »German-Occupied Eastern Europe«, S. 447–463. Siehe ferner Liulevicius, *War Land on the Eastern Front*; Conrad, *Globalisierung und Nation*, S. 321 ff.

13 Liulevicius, »German-Occupied Eastern Europe«, S. 458; Goltz, *Meine Sendung*.

14 Nach einer Untersuchung wurde der verantwortliche Offizier schließlich befördert. Siehe dazu die luzide Analyse Lieb, »The German Occupation of the Ukraine« . Zur Ukraine siehe ferner: Yekelchyk, »Freischärler«; Graziosi, *The Great Soviet Peasant War*.

15 Herwig, *The First World War*, S. 386. Siehe Bothmer, *Graf Mirbach*; Katkov, »The Assasination«. Siehe auch HStAS E 40/72 Bü 713: »Aus dem Reich. Berlin, 6 Juli (amtlich)«, *Staats-Anzeiger für Württemberg*, Nr. 157, 8. Juli 1919; »Lenin deplores Mirbach murder«, *New York Times*, 8. Juli 1918; »Revolver und Handgranate«, *Volksstimme* Nr. 158, 9. Juli 1918; »Nikolaus Romanow erschossen«, *Volkstimme* Nr. 170, 23. Juli 1918.

16 Zu der Befürchtung, russische Kriegsgefangene könnten Gewalttaten begehen, s. auch: Blücher, *An English Wife*, 9. Nov. 1918, S. 282. Siehe ferner ihre Bemerkungen über freigelassene italienische Kriegsgefangene in Österreich, ebd., 3. Nov. 1918, S. 272. Für einschlägige Statistiken Doegen, *Kriegsgefangene Völker*, S. 28. Zu Gefangenen Kramer, *Dynamic of Destruction*, S. 65; Heather Jones, *Violence*, S. 54; Rachamimov, *POWS*. Die Zahlen für Migranten stammen aus Blackbourn, »Das Kaiserreich«, S. 313.

17 Zu Prinz Max siehe Machtan, *Prinz Max*.

18 Zum Kontrast zwischen konservativen und liberalen Einschätzungen der Berufung von Prinz Max siehe auch Conrad Hausmann, »Auf dem Weg zur Lösung der Krisis«, BT Nr. 503, 2. Okt. 1918 MA; »Seine Großherzogliche Hoheit der Herr Reichskanzler«, DZ Nr. 506, 4. Okt. 1918. In seinem Tagebuch nannte Admiral Franz von Hipper den 5. Oktober den Tag, an dem das Reich Bismarcks unterging: BArch-MA N162/8 (Nachlass Hipper), Bl. 33, *Tagebuch*, 5. Okt. 1918.

19 Mayer, *Als deutsch-jüdischer Historiker*, 1. Okt. 1918, S. 152.

20 *Mein lieber Schatz!*, Nr. 20, Spa, 29. Sept. 1918. Siehe auch ebd., Nr. 23, Spa, 30. Sept. 1918.

21 Ebd.

22 Zum Notenaustausch s. Ludendorff, *Urkunden*.

23 Sowohl die Prophezeiung der *Vossischen Zeitung* als auch der Wortlaut der Rede von Prinz Max wurden von Wolffs Telegraphenbüro verbreitet und danach in einer Reihe regionaler Zeitungen abgedruckt, z. B. in der *Coburger Zeitung*: »Vor der

Kanzlerrede«, VZ Nr. 509, 5. Okt. 1918 MA; CZ Nr. 235, 6. Okt. 1918; »Der Friedensschritt der neuen deutschen Regierung«. WTB, Berlin, 5. Okt., CZ Nr. 236, 8. Okt. 1918. Es lohnt sich, den Wortlaut der Rede von Prinz Max mit der irreführenden Darstellung derselben Rede in seinen Memoiren zu vergleichen: Prince Max von Baden, *Erinnerungen und Dokumente*, S. 353–386.

24 Wie der Reichstag sich selbst per Abstimmung überflüssig machte (mit Unterstützung der Sozialdemokraten), ist in Reichstag 6153 protokolliert. (In der von der *Coburger Zeitung* abgedruckten Fassung nicht enthalten.)

25 »Was kommen könnte«, *Volksstimme* [Madgeburg] Nr. 230, 1. Okt. 1918; B Arch-Berlin R901/55958 Bl. 118 »Wo stehen wir?«, *Rheinische Zeitung* Nr. 228, 30. Sept. 1918. Für einen Kommentar zur Argumentation der Sozialdemokraten siehe auch R901/55958, Bl. 116 »Sammeln!«, *Kieler Zeitung* Nr. 458 30. Sept. 1918; B Arch-Berlin R901/55958, Bl. 125: »Berlin, 28 Sept.«, *Germania* Nr. 455, 29. Sept. 1918, Morgenausgabe; R901/55958, Bl. 122: »Verteidigungskrieg!«, *Deutsche Tageszeitung* Nr. 495, 29. Sept. 1918.

26 *Die Regierung des Prinzen Max*, S. 216 f.

27 Zum Begriff der Ehre im wilhelminischen Deutschland s. Ute Frevert, *Ehrenmänner. Das Duell in der bürgerlichen Gesellschaft*, München 2005.

28 *Mein lieber Schatz*, Nr. 28: »Gr.Hpt.Qu, 6. Okt. 1918«, S. 127.

29 Die meistverkaufte liberale Tageszeitung Berlins vermutete, die Rede von Prinz Max signalisiere, dass Deutschland sowohl »friedensbereit« als auch »kampfentschlossen« sei: »Des Kanzlers Friedensschritt«, *BM* Nr. 277, 6. Okt. 1918.

30 »Der neue Friedensschritt der Mittelmacht««, BLA Nr. 511, 6. Okt. 1918, Sonntagsausgabe.

31 »Die schweren Kämpfe im Westen«, TW [Theodor Wolff], BT Nr. 512, 7. Okt. 1918. Am 8. Okt. schrieb er, er halte einen Frieden nach wie vor für erreichbar: »Das Ausland und das Friedensangebot«, BT Nr. 514, 8. Okt. 1918 MA. Siehe auch seinen Tagebucheintrag vom 10. Okt. 1918, S. 631.

32 *Vorwärts*, zit. n. *Münchener Zeitung*, »Unter dem Eindruck des Waffenstillstandsangebots«, Nr. 275, 7. Okt. 1918; »Was wird Wilson antworten?« *Volksstimme* Nr. 236, 8. Okt. 1918.

33 Zu Parallelplanungen in der Heeresleitung s. Geyer, »Insurrectionary Warfare«, S. 488–502.

34 BArch-MA N239/25 (Nachlass v. Levetzow), Bl. 5–6: Brief Michaelis an Levetzow, 5. Okt. 1918.

35 Ebd.; BArch-MA N162/9 (Nachlass Hipper), Bl. 1, »Überlegungen in ernster Stunde«, 7. Okt. 1918; Brief Trotha an Levetzow, 8. Okt. 1918, zit. n. Deist, »Die Politik der Seekriegsleitung«, S. 353; Mein lieber Schatz, Nr. 39: »In der Bahn, 27. Okt. 1918«, S. 149.

36 Siehe ferner Geyer, »Endkampf 1918 and 1945«.

37 BArch-Berlin R901/55958, Bl. 110, »Festigkeit«, *BT*, Nr. 503, 2. Okt. 1918, Walther Rathenau.

38 BArch-Berlin R901/55958, Bl. 83, »Ein dunkler Tag«, *Reichsbote* Nr. 507, 7. Okt. 1918, Morgenausgabe.

39 »Ist kein Yorck da?« Generalleutant Keim, *DZ* Nr. 530, 17. Okt. 1918, Abendausgabe.

40 *Mein lieber Schatz*, Nr. 31, »Gr.H.Qu., 8. Okt. 1918«, S. 134.

41 »Festigkeit«, Walther Rathenau, BT Nr. 503, 2. Okt. 1918 MA; »Ein dunkler Tag«, Walther Rathenau, VZ 7. Okt. 1918; Walther Rathenau, »Die Stunde drängt«, in *Politische Schriften*, S. 68 f. Rathenau erntete sogar Lob seitens der antisemitischen alldeutschen Presse: »Ist kein Yorck da?«, Generalleutnant Keim, DZ Nr. 530, 17. Okt. 1918 AA; BArch Berlin R901/55958, Bl. 83: »Ein dunkler Tag«, *Reichsbote* Nr. 507, 7. Okt. 1918 MA.

42 *Die Regierung des Prinzen Max*, S. 245.

43 Zum Eintreten des *Vorwärts* für den »Endkampf« siehe auch: BArch-Berlin R901/55958, Bl. 16, »Einzige Rettung«, *Vorwärts* Nr. 291, 22. Okt. 1918 MA; Geyer, »Insurrectionary Warfare«, S. 479 f. Zu Presseappellen für den »Endkampf« siehe die Ausschnittsammlung in BArch-Berlin R901/55366 und R901/55958. Siehe ferner Barth, *Dolchstoßlegenden*, S. 87 f.

44 BArch-Berlin R901/55958, Bl. 14, »Erneuerung«, *Weser-Zeitung*, 24. Okt. 1918.

45 Boff, *Winning and Losing*.

46 *Amtliche Urkunden*, Nr. 54, 61–64; Die Regierung des Prinzen Max Nr. 61, »Sitzung des Kriegskabinetts, 16. Okt. 1918«, S. 210.

47 Ebd.

48 Watson, *Ring of Steel*, S. 548.

49 *Amtliche Urkunden*, Nr. 57, 17. Okt. 1918, S. 67–86, Zit. S. 85.

50 Deist, »Die Politik der Seekriegsleitung«, S. 355–360; *Amtliche Urkunden*, Nr. 64–85, S. 91–105.

51 Watson, *Ring of Steel*, S. 550 f.; Geyer, »Insurrectionary Warfare«, S. 493 ff.; Pyta, *Hindenburg*, S. 344–359.

52 Zu Aufopferungsmotiven in der deutschen Marine siehe auch Holger Afflerbach, »Mit wehender Fahne untergehen. Kapitulationsverweigerungen in der deutschen Marine«, VfZG 49 (2001), S. 595–612; Rüger, *The Great Naval Game*; Wolz, *Das Lange Warten*.

53 Wehler, *Deutsche Gesellschaftsgeschichte*, S. 179.

54 Zu Beispielen zeitgenössischer Reaktionen s. das Tagebuch von Gustav Mayer: Mayer, *Als deutsch-jüdischer Historiker*, insbes. 2. Okt. 1918, S. 152 f.; 9. Okt. 1918, S. 157 f.; 16. Okt. 1918, S. 162 f.; 23. Okt. 1918, S. 170 f.

55 Geyer, »Insurrectionary Warfare«.

56 Deist, »Die Politik der Seekriegsleitung«, S. 359.

57 Ebd.; Horn, *The German Naval Mutinies*; Hill, »Signal zur Konterrevolution?«; Groß, *Seekriegsführung*, S. 404–428; Groß, »Eine Frage der Ehre?«, insbes. S. 364 f.

58 BArch-MA NL162/9 (Nachlass Hipper), Bl. 9 Hipper, *Tagebuch*, 31. Okt. 1918.

59 *Mein lieber Schatz*, Nr. 39, »In der Bahn«, 27. Okt. 1918, S. 149.

60 *Die deutsche Revolution*, S. 42 f.; Günther-Forstner, *Die Marine-Meuterei*, S. 8.

61 *Die deutsche Revolution*, S. 42.

62 Dähnhardt, *Revolution in Kiel*, S. 54 f.

63 Zu den frühen Demonstrationen s. ferner Artelt; Popp, *Ursprung und Entwicklung*, S. 11 ff., und Rausch, *Springquell*. Siehe Jones, »The Crowd in the German November Revolution«.

64 Ebd.; Dähnhardt, *Revolution in Kiel*, S. 54 f.

65 BArch-MA RM31/2373 (Marinestation der Ostsee), Bl. 9–16, insbes. Bl. 9, »Kriminal-Kommissariat 5, Kiel, den 2. November 1918«; Bl. 10: »Kiel, 2. Nov. 1918, Aussage v. Kölsch & Beck«; Bl. 11–14: »Kiel, 3. Nov. 1918. Kriminal-Kommissariat 5. Betrifft heimliche Versammlung von Marinemannschaften am 2. November 1918. Geheim!«; Bl. 16: »Kiel, 3. Nov. 1918. Fernschreiben an Marineamt Berlin«. Siehe auch Dähnhardt, *Revolution*, S. 55 f. Zu Polizeiberichten als Quelle für den Historiker s. Richard Evans' bahnbrechende Arbeit *Kneipengespräche im Kaiserreich*, S. 7–37.

66 BArch-MA RM31/2373, Bl. 9–16, Zit. auf Bl. 12, »3. Nov. 1918. Kriminal-Kommissariat 5. Betrifft heimliche Versammlung von Marinemannschaften am 2. November 1918. Geheim!«

67 Ebd. Siehe auch Dähnhardt, *Revolution in Kiel*, S. 55 f.

68 Siehe ferner: Kolb, *Arbeiterräte*, S. 72; Dähnhardt, *Revolution in Kiel*, S. 62; Artelt; Popp, *Ursprung und Entwicklung*, S. 12 f.; *Die Regierung des Prinzen Max*, Nr. 122, »Sitzung des Kriegskabinetts, 4. Nov. 1918«, S. 491 f.

69 BArch-MA RM31/2373, Bl. 20–21: »Kiel, 4. Nov. 1918«, Polizeibericht über die Demonstration v. 3 November 1918.

70 Ebd. Siehe außerdem BArch-MA RM31/2373, Bl. 18–19: »Abschrift, Kiel. 4. Nov. 1919. Kriminal-Kommissariat«, und Bl. 22: Bericht über die Ereignisse v. 3. November 1918.
71 BA-MA RM31/2373, Bl. 20–21.
72 Über seine Verwundungen s. Dähnhardt, *Revolution in Kiel*, S. 66, Anm. 299.
73 BA-MA RM31/2373, Bl. 20–21.
74 Ebd., Bl. 21.
75 Dähnhardt, *Revolution in Kiel*, S. 65.
76 Vorschrift über den Waffengebrauch des Militärs und seine Mitwirkung zur Unterdrückung innerer Unruhen. 19. März 1914, GStA PK Rep.84a Nr. 2245, Rechte und Pflichten der Militärwachen usw. bei Verhaftungen und dergleichen (Gebrauch der Waffen usw.) Bd. III 1845–1918, Bl. 337.
77 Dähnhardt, *Revolution in Kiel*, S. 65.
78 Ebd.
79 Ebd., Anm. 298.
80 Aussage Steinhäuser, 20 Jan. 1919, BA-MA RM31/2373, Bl. 23.
81 Dähnhardt, *Revolution in Kiel*, S. 66.
82 *KNN*, 5. Nov. 1918.
83 Dähnhardt, *Revolution in Kiel*, S. 68 ff.; Archivalische Forschung Nr. 770, S. 1739; BArch-MA RM31/2373, Bl. 59–60: »Bartels, 12. Nov. 1918. Bericht über die Ereignisse bei der ITD am Montag, den 4. November 1918«.
84 Archivalische Forschung Nr. 779, S. 1740.
85 Dähnhardt, *Revolution in Kiel*, S. 73–80; Kluge, *Soldatenräte und Revolution*, S. 35–48; zu Souchon s. insbes. S. 39.
86 Dähnhardt, *Revolution in Kiel*, S. 75.
87 Artelt; Popp, *Ursprung und Entwicklung*, S. 21 f.; Wilhelm Deist (Hrsg.), *Militär und Innenpolitik*, Bd. II, Nr. 503, S. 1363–1371.
88 *Die Regierung des Prinzen Max*, Nr. 122, »Sitzung des Kriegskabinetts, 4. Nov. 1918, vorm.«, S. 491 f.; Noske, *Von Kiel bis Kapp*, S. 8.
89 *Die Regierung des Prinzen Max*, Nr. 129: »Sitzung des Gesamtkabinetts mit General Groener, 5. Nov. 1918«, S. 536.
90 »Die Unruhen in Kiel«, HN Nr. 567, 5. Nov. 1918 AA.
91 Noske, *Von Kiel bis Kapp*, S. 8; Dähnhardt, *Revolution in Kiel*, S. 85; Wette, *Noske*, S. 198–209.
92 Zur Revolution in den norddeutschen Küstenstädten s. auch: Kolb, *Die Arbeiterräte*, S. 1–82; Zeisler, »Die Revolutionäre Matrosenbewegung«; Kluge, *Soldatenräte und Revolution*, S. 35–52.
93 Siehe die Karte »Ausbreitung der Revolution in Deutschland« im Anhang zu den Memoiren des Prinzen Max von Baden.
94 Ullrich, *Die Hamburger Arbeiterbewegung*.
95 Carsten, *Revolution in Central Europe*; Mitchell, *Revolution in Bavaria*, S. 92–109; Watt, *The Kings Depart*, S. 182–200.
96 Schmidt, *Heimatheer und Revolution 1918*.
97 Stephenson, *The Final Battle*.
98 BArch-Berlin R901/55625, Bl. 31: »Zweihundertvierundzwanzigste Kriegswoche«, TR Nr. 590, 18. Nov. 1918 MA; BArch-Berlin R901/55625, Bl. 42. Siehe BArch-Berlin R901/55577, Bl. 42: »1848–1918«, BBC Nr. 528, 9. Nov. 1918, Abendausg.; BArch-Berlin R901/55625, Bl. 31; »Die deutsche Revolution«, Erwin Barth, *Vorwärts* Nr. 31/32, 18. Jan. 1919.
99 Erklärung gegenüber einem Dienstboten der Fürstin Blücher: Blücher, *An English Wife*, 9. Nov. 1918 (1. Eintrag), S. 278 f.
100 Winkler, *Von der Revolution*, S. 45–58.
101 MacMillan, *Paris 1919*.

Kapitel 2

1 Berichte über die Abläufe in der Sparkasse finden sich in: Stadtarchiv Kiel Nr. 32665. Akten des Magistrats zu Kiel (November 1918). Mein Dank gilt Dr. Johannes Rosenplänter (Landeshauptstadt Kiel, Stadtarchiv) für seine Hilfe beim Auffinden dieses Aktenbestandes.

2 Dähnhardt, *Revolution in Kiel*, S. 100, siehe insbes. Anm. 433. Diese endgültige Zahl war geringfügig höher als die von den Zeitungen am Folgetag berichtete Zahl von acht Toten und zwölf Verwundeten. Zu der Frage, wie es zu der Schießerei kam, s. auch: BA-MA RM8/1024 (Kriegswissenschaftliche Abteilung der Marine (Marinearchiv)), Bl. 22–34: »Kiel, 12. Nov. 1918, Bericht über die Tätigkeit des Fl. Ob.Mt. Gossrau während der Zeit vom 4.–11. Nov. 1918«.

3 *KNN*, zit. n. HN Nr. 569, 6. Nov. 1918 AA.

4 »Eine regellose Schießerei«, SHV Nr. 261, 6. Nov. 1918.

5 Ebd.

6 Geschossen wurde z.B. auch in Freiburg, siehe Chickering, *Freiburg im Ersten Weltkrieg*, S. 539 f.

7 SHV Nr. 260, 5. Nov. 1918. Siehe auch Rausch, *Am Springquell der Revolution*, S. 49.

8 Dähnhardt, *Revolution in Kiel*, S. 70.

9 Kolb, *Arbeiterräte*, S. 75; Zeisler, »Die Revolutionäre Matrosenbewegung«, S. 204; Artelt; Popp, *Ursprung und Entwicklung*, S. 24; Dähnhardt, *Revolution in Kiel*, S. 96.

10 Zit. n. Horne; Kramer, *German Atrocities 1914*, S. 91.

11 Färber, *Wandsbeker Husaren*.

12 Dähnhardt, *Revolution in Kiel*, S. 96; Artelt; Popp, *Ursprung und Entwicklung*, S. 22; Noske, *Von Kiel bis Kapp*, S. 19.

13 Dähnhardt, *Revolution in Kiel*, S. 96–100.

14 »Zur Lage in Kiel«, KZ Nr. 519, 5. Nov. 1918 AA.

15 »Die Unruhen in Kiel«, KZ Nr. 519, 5. Nov. 1918 MA.

16 *Archivalische Forschung* Nr. 779, S. 1740.

17 Ebd.

18 »Die Unruhen in Kiel«, HN Nr. 567, 5. Nov. 1918 AB.

19 Ebd.

20 »Die Unruhen in Kiel«, KZ Nr. 519, 5. Nov. 1918.

21 »Die Unruhen in Kiel«, HN Nr. 567, 5. Nov. 1918 AA.

22 »Die Unruhen in Kiel«, KZ Nr. 519, 5. Nov. 1918 MA.

23 Haußmann, *Schlaglichter*, 4. Nov. 1918, S. 264.

24 »Zur Lage in Kiel«, KZ Nr. 519, 5. Nov. 1918 AB.

25 Ebd.

26 Dähnhardt, *Revolution in Kiel*, S. 97; Noske, *Von Kiel bis Kapp*, S. 15.

27 »Die Unruhen in Bremen und Hamburg [Berlin. WTB, 7. Nov.]«, FZ, 8. Nov. 1918 2. MA.

28 Saul, *Sailors in Revolt*, S. 69. Nach Schätzungen wurden in der Anfangsphase des Matrosenaufstandes in Kronstadt 51 oder 75 Marineoffiziere von Revolutionären umgebracht, dazu an die 30 Gendarmen, Polizisten und Polizeispitzel. Siehe Getzler, *Kronstadt 1917–1921*, S. 24.

29 »Die Lage in Kiel«, KZ Nr. 521, 6. Nov. 1918 MA.

30 »Kiel und Umgegend [Kiel, 7. Nov. 1918. Zur Lage in Kiel.]«, SHV Nr. 262, 7. Nov. 1918.

31 Ebd.

32 Zit. n. HN Nr. 569, 6. Nov. 1918 AB.

33 Noske, *Von Kiel bis Kapp*, S. 99.

34 »Zur Lage in Kiel«, KZ Nr. 524, 7. Nov. 1918 AB; »Die Matrosenbewegung in Kiel«, SHV Nr. 262, 7. Nov. 1918.

35 »Zur Lage in Kiel«, KZ Nr. 524, 7. Nov. 1918 AB.

36 Ebd.
37 »Kiel. Eigene Drahtmeldung. 6. Nov.«, HN Nr. 570, 7. Nov. 1918 MA.
38 In Hamburg wurden in den ersten Revolutionstagen mindestens zehn Personen getötet. Zu den Trauerfeiern für die Opfer am 12. November 1918 siehe auch »Die Bestattung der Umwälzungs-Opfer«, NHZ Nr. 579, 12. Nov. 1918 AA; »Die Bestattung der Umwälzungs-Opfer«, NHZ Nr. 580, 13. Nov. 1918 MA; »Trauerfeier in Ohlsdorf«, HN Nr. 580, 13. Nov. 1918 MA [Beiheft]. Berichte über Schießereien, die aufgrund von Gerüchten über eine Offiziersverschwörung ausbrachen, finden sich in: HE, 7. Nov. 1918; *Die deutsche Revolution*, S. 56; Ullrich, *Hamburger Arbeiterbewegung*, Bd. I, S. 626; »Die Umwälzung in Hamburg [Der Hamburger Hauptbahnhof]«, NHZ Nr. 570, 7. Nov. 1918 MA; »Tagesbericht. Zu den Vorgängen in Hamburg«, HN Nr. 570, 7. Nov. 1918 MA; »Die gestrigen Vorgänge in Hamburg«, HN Nr. 571, 7. Nov. 1918 AB; »Berliner Soldaten für Hamburg«, NHZ Nr. 570, 7. Nov. 1918 MA.
39 MP, 8. Nov. 1918, in Ritter und Miller (Hrsg.), *Die deutsche Revolution*, S. 58.
40 Mann, *Tagebücher*, 7. Nov. 1918, S. 59; »München, 8 Nov.«, CZ Nr. 265, 10. Nov. 1918.
41 Fechenbach, *Der Revolutionär Kurt Eisner*, S. 45.
42 Mann, *Tagebücher*, 8. Nov. 1918, S. 61. Denselben Vorfall hielt Josef Hofmiller in seinem Tagebuch fest: Hofmiller, *Tagebuch*, 8. Nov. 1918, S. 28.
43 »München, 8. Nov.«, CZ Nr. 265, 10. Nov. 1918, basierend auf dem Artikel »Unsinnige Gerüchte«, in den *Münchener Neuester Nachrichten*. Siehe auch »Der Sieg der Revolution in Berlin«, MZ Nr. 309, 10. Nov. 1918.
44 Mann, *Tagebücher*, 9. Nov. 1918, S. 66.
45 Wie dargestellt in Hofmiller, *Tagebuch*, 10. Nov. 1918, S. 44, schnappte ein Zeuge die Reaktion eines der Soldaten auf die Panik auf: »Die können mich am Arsch lecken, ich gehe heim.« Weitere Beispiele finden sich bei Hofmiller, *Tagebuch*, 10. Nov. 1918, S. 43.
46 Siehe z.B. Salomon, *Die Geächteten*, sowie *Das Buch vom deutschen Freikorpskämpfer*.
47 Wolff, *Tagebücher*, S. 646.
48 Ebd., 8.Nov. 1918, S. 277 ff.
49 *Mein lieber Schatz!*, Mile an Scheer, 8. Nov. 1918, S. 171.
50 Ebd.
51 *Regierte der Kaiser?, 4.–9. Nov. 1918*, S. 444–448; der Hinweis auf die Feuerwaffe findet sich auf S. 448. »Von Stufe zu Stufe«, *Deutsche Zeitung* Nr. 572, 9. Nov. 1918 MA. Siehe auch Hampe, *Kriegstagebuch*, 8. Nov. 1918, S. 772 f.
52 Winkler, *Von der Revolution*, S. 45–58; Fritzsche, *Germans into Nazis*, S. 85–92.
53 *Die Regierung der Volksbeauftragten*, S. 18 ff., Zit. S. 20.
54 »Die Neuordnung in Berlin«, *Die Post* Nr. 575, 9. Nov. 1918 AB.
55 Wolff, *Tagebücher 1914–1919*, 9. Nov. 1918, S. 648.
56 »Schießerei im Schloßhof«, FZ Nr. 313, 11. Nov. 1918 MA. Zum Waffenstillstand s. Verhey, *Der »Geist von 1914«*.
57 Wolff, *Tagebücher 1914–1919*, 9. Nov. 1918, S. 648.
58 »Maschinengewehrfeuer aus dem Marstall«, BM Nr. 312, 10. Nov. 1918; »Schießerei im Schloßhof«, FZ Nr. 313, 11. Nov. 1918 MA.
59 Kessler, *Tagebücher*, 9. Nov. 1918. Der Historiker Friedrich Meinecke befragte später den Grafen Westphalen zu den Schüssen vom 9. November. Westphalen erklärte ihm, der Schusswechsel habe damit begonnen, dass ein einzelner Matrose einen einzigen Schuss in Richtung der Menschenmenge gefeuert habe, worauf aus der Menge Schüsse in Richtung Schloss und Marstall abgegeben worden seien. Westphalen erklärte, er habe persönlich eine aus 15–20 Soldaten und Zivilisten bestehende Gruppe durch das Schloss geführt und sie die Zimmer besichtigen lassen, aus denen angeblich geschossen worden war. Nach dieser Inspizierung habe

sogar ein Mann, der vorher geschworen hatte, aus einem Maschinengewehr einen Rauchpilz entweichen gesehen zu haben, eingeräumt, dass aus dem Gebäudeinneren heraus nicht geschossen worden war. Diese Version, der zufolge ein von einem einzelnen Matrosen in Provokationsabsicht abgefeuerter Schuss der Auslöser für alles Weitere war, könnte sicherlich auch das Produkt einer traumatischen Erfahrung sein: Westphalen verlor, als der »Pöbel« das Schloss zu belagern begann, den Kontakt zu seiner minderjährigen Tochter und geriet in höchste Sorge um sie. BArch-MA, N38/7 (Nachlass Lequis): »Rundschreiben der Historischen Reichskommission (Friedrich Meinecke) ›Die Vorgänge im Marstall am 9. Nov. 1918‹, gez. Westphalen«. Siehe auch Blücher, *Tagebuch*, 11. Nov. 1918, S. 290 f.

60 »Der Tag der Revolution«, »Kampf zwischen Königstreuen und Revolutionären«, FZ, Nr. 313, 11. Nov. 1918 MA.

61 Wolff, *Tagebücher 1914–1919*, 9. Nov. 1918, S. 649.

62 Kessler, *Tagebücher*, 9. Nov. 1918, S. 20.

63 Ebd.

64 Ebd.

65 Ebd.

66 »Kampf zwischen Königstreuen und Revolutionären in Berlin [Drahtmeldung unseres ständigen Mitarbeiters, Berlin, 10. Nov.]«, HN Nr. 576 [Sonderausgabe], 11. Nov. 1918. Eine ähnliche Darstellung findet sich im Bericht des WB.

67 Der Bericht ist mit der gewohnten Angabe versehen, dass er auf »10. Nov. WB« beruht. Er enthält keine Auskunft darüber, ob er von den Revolutionären redigiert oder zensiert oder gar von ihnen selbst aufgesetzt wurde. Da die Revolutionäre zu der Zeit das Telegraphenbüro besetzt hielten, können wir jedoch davon ausgehen, dass deren Präsenz den Verfassern des Berichts zumindest bewusst war. »Kampf zwischen Königstreuen und Revolutionären [Berlin 10. Nov. WB]«, FZ, 11. Nov. 1919 MA. Siehe auch: »Der 10. Nov. in Berlin. Unter den Linden und in der Friedrichstraße«, *Die Post*, 11. Nov. 1918 MA.

68 »Kampf zwischen Königstreuen und Revolutionären [Berlin 10. Nov. WB]«, FZ, 11. Nov. 1919 MA. Siehe auch »Kampf zwischen Königstreuen und Revolutionären in Berlin [Drahtmeldung unseres ständigen Mitarbeiters. Berlin 10 Nov.]«, HN Nr. 576 [Sonderausgabe], 11. Nov. 1918.

69 BArch Berlin R901/55625, Bl. 29: »Die Umwälzung in Berlin«, *Reichsbote* Nr. 589, 21. Nov. 1918.

70 »Kampf zwischen Königstreuen und Revolutionären [Berlin 10. Nov. WB]«, FZ, 11. Nov. 1919 MA.

71 Ebd.

72 BArch Berlin R901/55625, Bl. 29: »Die Umwälzung in Berlin«, *Reichsbote* Nr. 589, 21. Nov. 1918.

73 Ebd.

74 »Kampf zwischen Königstreuen und Revolutionären [Berlin 10. Nov. WB]«, FZ, 11. Nov. 1919 MA, sowie »Kampf zwischen Königstreuen und Revolutionären in Berlin [Drahtmeldung unseres ständigen Mitarbeiters. Berlin, 10. Nov.]«, HN Nr. 576 [Sonderausgabe], 11. Nov. 1918.

75 Ebd.

76 Horne; Kramer, *German Atrocities 1914*, S. 195 f.

77 Ebd.

78 Im Gegensatz zu der HN-Reportage finden im Bericht des WB die angeblichen Dumdum-Geschosse keine Erwänhung: »Kampf zwischen Königstreuen und Revolutionären [Berlin, 10. Nov. WB]«, FZ, 11. Nov. 1919 MA.

79 Eines der Todesopfer war Erich Habersaath. Er war seit 1911 SPD-Mitglied gewesen und hatte sich der USPD bei ihrer Gründung angeschlossen. Er war gewerkschaftlicher Vertrauensmann in der Maschinenfabrik Schwartzkopff. http://www.

luise-berlin.de/lexikon/mitte/h/habersaath_erich.htm (24. Januar 2017). Zu dem Vorfall siehe auch BArch Berlin R901/55724, Bl. 54: WTB Nr. 3148, 10. Nov. 1918; »Die Übernahme der Kasernen«, RF Nr. 1, 9. Nov. 1918; »Sieg der Arbeiter und Soldaten in Berlin«, FZ, 10. Nov. 1918 MA; »Die Bewegung in Berlin und im Reich [Die Revolution in Berlin.] Berlin, 9. Nov. (Drahtmedlung unseres Berliner Bureaus)«, NHZ Nr. 575, 10. Nov. 1918 MA.

80 »Meldung des Soldaten- und Arbeiterrates, [WB. Berlin 10. Nov. 1918]«, FZ, 11. Nov. 1918 MA.

81 »Der Sturm auf das Polizei-Präsidium«, RF Nr. 1, 9. Nov. 1918. Nach allem, was wir wissen, kam in den drei Revolutionstagen in Berlin kein einziger Polizist ums Leben.

82 »Der Sonntag in Berlin«, BM Nr. 313, 11. Nov. 1918.

83 BArch Berlin R901/55594, Bl. 33: BZaM Nr. 264, 11. Nov. 1918; »Berliner Blätter«, FZ Nr. 313, 11. Nov. 1918 MA.

84 »Das Oberkommando über die Schießereien«, BM Nr. 314, 12. Nov. 1918.

85 BArch Berlin R901/55594, Bl. 23: »Ein falsches Gerücht«, BLA Nr. 582, 14. Nov. 1918 AA.

86 »In Berlin. Berlin, 11. Nov. [Priv. Tel.]«, FZ Nr. 314, 12. Nov. 1918 2MA. Zu ähnlichen Fällen panischen Schusswaffengebrauchs am 11. November siehe auch: BArch Berlin R901/55594, Bl. 31: »Der 8-Uhr Schluß des Verkehrs«, BT Nr. 579, 12. Nov. 1918 MA; BArch Berlin R901/55594, Bl. 28: »Ruhiger Tag«, BVZ Nr. 579, 13. Nov. 1918 MA.

87 BArch Berlin R901/55594, Bl. 24: »Aus dem roten Berlin«, DZ Nr. 578, 13. Nov. 1918 MA.

88 BArch Berlin R901/55594, Bl. 26: »Die Urheber der Berliner Schießereien. Raufbolde, nicht Offiziere«, *Deutscher Kurier* Nr. 315, 14. Nov. 1918.

89 BArch Berlin R901/55625, Bl. 29, »Die Umwälzung in Berlin«, *Reichsbote* Nr. 589, 21. Nov. 1918.

90 Winkler, *Von der Revolution*, S. 58. Zum Beleg dieser Behauptung führt Winkler in einer Anmerkung die Darstellung des Leiters der Revolutionären Obleute Richard Müller an, Müller, *Vom Kaiserreich zur Republik* Bd. II, S. 12–15. Winkler fügt die irreführende Aussage hinzu, am 10. November sei in Berlin wieder Normalität eingekehrt. (Tatsächlich gingen die sporadischen Schießereien noch volle zwei Tage weiter.) Sein Gewährsmann hierfür ist Ernst Troeltsch, der jedoch seine Tage in den westlichen Außenbezirken Berlins zubrachte und nicht mitbekam, was im Stadtzentrum vorging. Siehe Winkler, *Weimar*, S. 39; Troeltsch, *Spektator-Briefe*.

91 Zu weiteren Beispielen s. auch Mark Jones, »Violence and Politics in the German Revolution 1918–19«, Diss., European University Institute, Florenz 2011, S. 13–64.

92 Georges Lefèbvre, *La grande peur de 1789* (Paris 1932); dt. Teilübersetzung in *Geburt der bürgerlichen Gesellschaft: 1789*, Hrsg. v. Irmgard A. Hartig, Frankfurt/Main 1979. Siehe auch Schama, *Citizens*, S. 428–441.

93 Lefèbvre, *La grande peur*. Die meisten Historiker tun sich schwer damit, sich von Lefèbvre inspirieren zu lassen. Zu den Ausnahmen gehören einige Autoren bahnbrechender Arbeiten in ihrem jeweiligen Spezialfach wie Horne; Kramer, *German Atrocities 1914*, siehe insbes. S. 92 f., oder Pandey, *Remembering Partition*.

94 »Wir und der Bolschewismus«, SHV Nr. 264, 9. Nov. 1918; »Die letzte Viertelstunde«, CZ Nr. 263, 8. Nov. 1918; »Die Vorgänge in Berlin«, FZ Nr. 313, 11. Nov. 1918 MA; »Reichskanzler Ebert ans Volk«, *Volksstimme* [Magdeburg] Nr. 266, 12. Nov. 1918.

95 »In Hamburg. Die heutigen Vorgänge. Der Zug der Werftarbeiter«, NHZ Nr. 569, 6. Nov. 1918 AB.

96 »Schicksalsstunden. Der Ernst der Lage«, BM Nr. 311, 9. Nov. 1918. Wie die *Morgenpost*, kennzeichnete auch Theodor Wolff die in Berlin am 8. November 1918 herr-

schende Stimmungslage als »Fieberhafte Spannung«. Wolff, *Tagebücher 1914–1919*, 8. Nov. 1918, S. 646.

97 Kessler, *Tagebücher*, 9. Nov. 1918.

98 Wolff, *Tagebücher 1914–1919*, 9. Nov. 1918, S. 648.

99 In ihrem Schrecken über das Gewehrgeknatter gerieten Manns Frau und seine Kinder (darunter vermutlich auch Golo Mann) in eine solche Angst vor Plündereien, dass sie in ihrem Haus Lebensmittel horteten. Siehe Mann, *Tagebücher*, 9. Nov. 1918, S. 65.

100 Troeltsch, »Der Ausbruch der Revolution«, S. 24.

Kapitel 3

1 Zum russischen Einfall in Ostpreußen siehe Watson, *Ring of Steel*, S. 170–181.

2 Armierungs-Bataillone bestanden aus Männern, die nicht willens waren oder denen man es aus gesundheitlichen Gründen, wegen ihrer politischen Einstellung oder wegen Vorstrafen nicht erlaubte, Waffen zu tragen.

3 Trotnow, *Karl Liebknecht*, S. 249. Siehe auch die einschlägigen Artikel im *Vorwärts*, die betonten, dass die Sozialdemokraten gegen die Inhaftierung Liebknechts gewesen waren und dass für seine Freilassung Scheidemann verantwortlich war. Siehe »Karl Liebknechts Befreiung«, *Vorwärts* Nr. 292, 23. Okt. 1918.

4 »Liebknecht in Freiheit«, *Volksstimme* Nr. 251, 25. Okt. 1918. Die *Volkstimme* berief sich auf die *Berliner Volkszeitung*. Siehe auch »Wir grüßen Dich, Liebknecht!«, *Leipziger Volkszeitung*, 23. Okt. 1918, in Laschitza; Keller, *Karl Liebknecht*, S. 374.

5 »Liebknecht in Freiheit«, *Volkstimme* Nr. 251, 25. Okt. 1918.

6 »Liebknechts Rückkehr«, BM Nr. 295, 24. Okt. 1918. Siehe auch: »Die Ankunft Liebknechts in Berlin«, BT Nr. 544, 24. Okt. 1918; »Die Freilassung Liebknechts«, MZ Nr. 291, 23. Okt. 1918.

7 »Aus Erinnerungen Fritz Globigs«, in Laschitza; Keller, *Karl Liebknecht*, S. 375 f.

8 Ebd. Zu den diplomatischen Kontakten zwischen den beiden Ländern siehe auch Carr, *The Bolshevik Revolution*, S. 71–108.

9 Mayer, *Als deutsch-jüdischer Historiker*, 23. Okt. 1918, S. 170 f.

10 Anders als es ein Gerücht wahrhaben wollte, das einige Historiker für bare Münze genommen haben, endete der Umzug zur Feier von Liebknechts Freilassung nicht damit, dass er in Triumphatorpose das Gebäude der russischen Botschaft betrat. Siehe z. B. Nettl, *Luxemburg*, S. 440; »Aus Erinnerungen Fritz Globigs«, in Laschitza und Keller, *Karl Liebkecht, Eine Biographie in Dokumenten*, S. 375–376. »Liebknecht in Freiheit«, *Volksstimme* Nr. 251, 25. Okt. 1918; Laschitza, *Die Liebknechts*, S. 376–377.

11 Mathilde Jacob, *Rosa Luxemburg: An Intimate Portrait*, ins Engl. übers. v. Hans Fernbach (London 2000), S. 87–88; Mathilde Jacob, *Von Rosa Luxemburg und ihren Freunden in Krieg und Revolution 1914–1919*, hrsgg. u. eingeleitet von Sibylle Quack und Rüdiger Zimmermann, in »Internationale Wissenschaftliche Korrespondenz zur Geschichte der deutschen Arbeiterbewegung«, Berlin, Heft 4, 1988. Sieh auch Laschitza, *Die Liebknechts*, S. 377–379.

12 Zur damaligen Situation Luxemburgs siehe Nettl, *Rosa Luxemburg*, S. 437–499.

13 Hampe, *Kriegstagebuch*, 24. Okt. 1918, S. 763. Der Berliner Polizeipräsident war derselben Meinung. Er drängte die Staatsanwaltschaft zur Erhebung einer Anklage gegen Liebknecht wegen Hochverrats und beantragte einen Haftbefehl gegen ihn. Siehe Laschitza, *Die Liebknechts*, S. 380 f.; Blücher, *Tagebuch*, 24. Okt. 1918, S. 277 f.

14 Blücher, *Tagebuch*, 3. Nov. 1918, S. 295.

15 *Die Regierung des Prinzen Max*, 414, Anm. 5 und 6.

16 Ebd., S. 414. Siehe ferner »Die russische Botschaft in Berlin ein Herd des Bolschewismus?«, *Die Post*, 4. Nov. 1918 MA. Siehe auch HStAS E 40/72 Bü 713, Bl. 190: »Die

russische Vertretung in Berlin und der Bolschewismus. Eine amtliche Erklärung«, *NAZ*, 3. Nov. 1918.

17 Ritter; Miller, *Die Deutsche Revolution*, S. 338; »Abbruch der Beziehungen mit Sowjet-Rußland«, BM Nr. 308, 6. Nov. 1918.

18 Sowohl Oscar Cohn von der USPD als auch Ernst Meyer, ein führender Spartakist, wurden von Joffe finanziell unterstützt. Wenn jedoch später behauptet wurde, Russland habe die deutsche Revolution finanziert, so stellt das eine hemmungslose Überschätzung von Joffes Einfluss dar. Siehe Carr, *The Bolshevik Revolution*, Bd. III, S. 76ff.

19 »Russische Bolschewistenumtriebe in Deutschland«, »Schwere Unruhen in Kiel«, DZ Nr. 565, 5. Nov. 1918 AA; »Abbruch der deutsch-russischen Beziehungen«, DZ Nr. 566, 6. Nov. 1918 MA; »Bolschewiki-Gelder für die Unabhängigen«, »Die bolschewistische Gefahr«, DZ Nr. 567, 6. Nov. 1918 AB; »Abbruch der diplomatischen Beziehungen zur Sowjetregierung«, *Reichsbote* Nr. 562, 6. Nov. 1918 MA; »Die revolutionäre Wühlarbeit der russischen Botschaft«, *Reichsbote* Nr. 566, 8. Nov. 1918 MA; »Maßnahmen gegen das Treiben der russischen Verretung«, FrZ Nr. 303, 6. Nov. 1918 MA.

20 *Die Regierung des Prinzen Max*, S. 510, Anm. 7; NAZ, 5. Nov. 1918 AB. Siehe auch BArch Berlin R901/55619, Bl. 23: »Der Kampf gegen den Bolschewismus«, NAZ Nr. 569, 6. Nov. 1918.

21 FZ, 6. Nov. 1918 2MA. Vgl. dazu »Die bolschewistische Gefahr«, DZ Nr. 567, 6. Nov. 1918 AA. Siehe ferner BArch Berlin R901/55619, Bl. 23: »Der Kampf gegen den Bolschewisums«, NAZ Nr. 569, 6. Nov. 1918 AB.

22 »Russische revolutionäre Propaganda in Deutschland. Berlin, 5. Nov.«, FZ, 6. Nov. 1918 MA.

23 »Abbruch der Beziehungen mit Sowjet-Rußland«, BM Nr. 308, 6. Nov. 1918.

24 Siehe die Zusammenfassung des *Vorwärts*-Berichts in CZ Nr. 262, 8. Nov. 1918. Genau wie der *Vorwärts*, zeigte sich auch die aristokratische Fürstin Blücher erschreckt über den Fund. Sie schrieb, die Flugschriften seien angefüllt mit »anarchistischen Aufrufen an das Volk, die zum Blutvergießen und Plündern aufreizten«. Blücher, *An English Wife*, 3. Nov. 1918, S. 297.

25 Ebd.

26 VZ, 10. Nov. 1918, in Inst. für Marxismus-Leninismus beim ZK d. SED (Hrsg.), Liebknecht, *Gesammelte Reden und Schriften*, Bd. IX, Mai 1916 bis 15. Januar 1919: »Für die freie sozialistische Republik Deutschland. Rede am Berliner Schloß (nach einem Zeitungsbericht.), 9. Nov. 1918«, S. 594f.

27 »Liebknecht am Kaiserfenster«, BM Nr. 312, 10. Nov. 1918.

28 Ebd.

29 Ebd. Liebknecht fiel mit der bildhaften Beschwörung einer Rückkehr der Toten von den Schlachtfeldern nicht aus dem Rahmen. Parallelen dazu finden sich in der nach wie vor höchst anregenden klassischen Studie von Winter, *Sites of Memory*, S. 15–28.

30 Ebd.

31 Eberts Appell fand weite Verbreitung. Siehe »Aufruf zur Ordnung«, DZ Nr. 574, 10. Nov. 1918 MA.

32 »Die rote Fahne«, RF Nr. 2, 10. Nov. 1918.

33 »Die neue Regierung«, BM Nr. 313, 11. Nov. 1918; »Der Sonntag in Berlin«, *BM* Nr. 313, 11. Nov. 1918; »Die Bewegung im Reich. Völlige Ruhe in Berlin. Berlin, 12. Nov. [Priv-Tel.]«, FZ, 13. Nov. 1918 2MA; »Berlin am dritten Revolutionstage«, BM Nr. 314, 12. Nov. 1918; Kessler, *Tagebücher*, 17. Nov. 1918; Blücher, *An English Wife*, 13. Nov. 1918, S. 322.

34 Zit. n. Gustav Mayer, *Als deutsch-jüdischer Historiker*, 12. Nov. 1918, S. 186f.

35 Nettl, *Luxemburg*, S. 448f.; Jacob, *Rosa Luxemburg*, S. 92f.

36 »Die rote Fahne«, RF Nr. 2, 10. Nov. 1918.
37 Winkler, *Von der Revolution*, S. 45–59.
38 Haußmann, *Schlaglichter*, 10. Nov. 1918, S. 271. Am Tag danach reiste Haußmann nach Stuttgart ab. In Sachen Unterstützung für die Sozialdemokratie siehe »Keine Rote Garde in Berlin«, BM Nr. 316, 14. Nov. 1918; »Die Soldaten gegen den Terror«, BM Nr. 316, 14. Nov. 1918.
39 »Ein Appell des Kanzlers an die Andersgesinnten. Berlin, 9. Nov.«, CZ Nr. 266, 12. Nov. 1918; vgl. »Scheidemann ruft die Republik aus«, in Ritter, Miller (Hrsg.), *Die Deutsche Revolution*, Nr. 17, S. 77 f.
40 Siehe ferner Krumpholz, *Wahrnehmung und Politik*, S. 171–208. S. auch Mühlhausen, *Friedrich Ebert*, S. 120 und S. 150–164.
41 Hampe, *Kriegstagebuch*, 9. Nov. 1918, S. 774 f.
42 Ebd., 9. Nov. 1918, S. 775.
43 Ebd.
44 Ebd., 10. Nov. 1918, S. 776.
45 Ebd., 11. Nov. 1918, S. 777.
46 Ebd., 12. Nov. 1918, S. 779; 14. Nov. 1918, S. 780; 15. Nov. 1918, S. 781; 16. Nov. 1918, S. 782; 19. Nov. 1918, S. 784.
47 Für deutsche Marineoffiziere waren Revolution und Niederlage ein Horror; zu Beispielen siehe Hopman, *Das ereignisreiche Leben eines »Wilhelminers«*, 11. Nov. 1918, S. 1140; Wolz, *Das lange Warten*, S. 423–426 und S. 441–449. Weniger drastisch fielen die Kommentare von Graf Kessler aus: Kessler, *Tagebücher*, 9. Nov. 1918, S. 16–20.
48 Riezler, *Tagebücher, Aufsätze, Dokumente*, 12. Nov. 1918, S. 487 f.
49 Wolff, *Tagebücher 1914–1919*, 12. Nov. 1918, S. 652.
50 Gustav Mayer, *Als deutsch-jüdischer Historiker*, 13. Nov. 1918, S. 187.
51 Ebd., S. 189.
52 Ebd., S. 188 ff. Siehe auch Wolff, *Tagebücher 1914–1919*, 16. Nov. 1918, S. 565.
53 *Adjutant*, 18. Nov. 1918, S. 84. Siehe auch »Die Fälscher der Demokratie. Notwendige Feststellungen«, BM Nr. 321, 19. Nov. 1918.
54 Mann, *Tagebücher*, 19. Nov. 1918, S. 84.
55 Ebd., S. 85.
56 BArch Berlin R901/555724, Bl. 44: »Die Trauerfeier für die Revolutionsopfer«, BT Nr. 594, 21. Nov. 1918 MA; BArch Berlin R901/555724, Bl. 39: WTB Nr. 3280, 21. Nov. 1919 Abend-Nacht; BArch Berlin R901/555724, Bl. 36: »Das Begräbnis der Revolutionsopfer«, RF Nr. 6, 21. Nov. 1918.
57 Ebd.
58 Mayer, *Als deutsch-jüdischer Historiker*, 20. Nov. 1918, S. 191.
59 Ebd., S. 192 f.; 22. Nov. 1918, S. 193 f. In Wirklichkeit hatten die Sozialdemokraten am Ort die Oberhand über die Kieler USPD gewonnen: Wette, *Gustav Noske*, S. 209–243; Noske, *Von Kiel bis Kapp*, S. 25–54.
60 Mayer, *Als deutsch-jüdischer Historiker*, 23. Nov. 1918, S. 194.
61 Ebd., 22. Nov. 1918, S. 193.
62 *Mann, Tagebücher*, 2./3. Dez. 1918, S. 99 f.; 5. Dez. 1918, S. 102.
63 Troeltsch, »Der Ausbruch der Revolution. [30. Nov. 1918]«, in *Spektator-Briefe*, S. 23, Hervorh. v. Autor.
64 Ebd., S. 19, Hervorh. v. Autor.
65 Klemperer, *Tagebücher*, 30. Nov. 1918, S. 11.
66 Ebd.; s. ferner Mayer, *Als deutsch-jüdischer Historiker*, 29. Nov. 1918, S. 197; Barth, *Dolchstoßlegende*, S. 199.
67 Zu den Statistiken des »Januaraufstands«, siehe Kap. 6.
68 »Brief des Oberleutnants Knoerzer über die Bildung von Sicherheitsverbänden und die Haltung der Regierung«, *Zwischen Revolution und Kapp-Putsch*, S. 23–26, hier S. 24.

69 Rosa Luxemburg, »Das alte Spiel«, RF Nr. 3, 18. Nov. 1918. Siehe ferner: Rosa Luxemburg, »Der Anfang«, RF Nr. 3, 18. Nov. 1918; Rosa Luxemburg, »Ein Gewagtes Spiel. Wer braucht die Putsche?«, RF Nr. 9, 24. Nov. 1918; Karl Liebknecht, »Der neue Burgfrieden«, RF Nr. 4, 19. Nov. 1918.

70 »Bolschewismus oder Demokratie?«, BM Nr. 328, 21. Nov. 1918.

71 »Brief des Oberleutnants Knoerzer über die Bildung von Sicherheitsverbänden und die Haltung der Regierung«, *Zwischen Revolution und Kapp-Putsch*, S. 24 f., Hervorh. v. Autor.

72 Ebd. Zu Reinhardt s. auch Mulligan, *The Creation of the Modern German Army*.

73 Z.B. »Spartakusstreiche in Essen«, *Die Post* Nr. 619, 4. Dez. 1918 MA.

74 »Brief des Oberleutnants Knoerzer über die Bildung von Sicherheitsverbänden und die Haltung der Regierung. 6 Dez. 1918 Berlin«, *Zwischen Revolution und Kapp-Putsch*, HstA Stuttgart, M 10, Bd. XXII. Masch. Ausfertigung, S. 23–26.

75 Gay, *Weimar Culture*; Weitz, *Weimar Germany*.

76 Im Gegensatz zu Schivelbusch, *Die Kultur der Niederlage*, S. 21 ff.

77 Gerwarth, *Der Bismarck-Mythos*; Goltz, *Hindenburg*.

78 Auch wenn bei den angeführten Beispielen keine Frauen als Kronzeuginnen dabei sind – abgesehen von den Befürchtungen, die Katja Mann und die Frau von Ernst Troeltsch äußerten, und von Rosa Luxemburgs spöttischen Bemerkungen über verbreitete Ängste –, besteht kein Grund zu der Annahme, die hier beschriebenen Befürchtungen seien nicht gleichermaßen von Frauen und Männern geteilt worden. Andererseits könnte es sein, dass speziell die geäußerten Ängste um die Sicherheit des eigenen Heims bei Männern besonders ausgeprägt waren, zu deren Rollenverständnis es gehörte, ihre Familie vor äußeren Gefahren zu schützen.

Kapitel 4

1 BArch Berlin-SAPMO NY 4131/25 (Nachlass Eichhorn), Bl. 86–87: »Friedrich Neddermeyer. An den Polizeipräsidenten von Berlin. 7. Dez. 1918«.

2 »Ein Spartakus-Putsch in Berlin«, DZ Nr. 622, 7. Dez. 1918 MA; »Die Vorgänge in Berlin [Priv. Tel. Berlin 7. Dez.]«, FZ, 7. Dez. 1918 AA; »Sturmzeichen in Berlin«, »Eine Spartakus-Versammlung. Maschinengewehrfeuer in der Chausseestraße«, *Die Post* Nr. 625, 7. Dez. 1918 MA.

3 »Spartakus gegen Maikäfer«, VZ Nr. 625, 7. Dez. 1918 MA; »Ein bewegter Tag in Berlin«, BM Nr. 339, 7. Dez. 1918.

4 »Ein Spartakus-Putsch in Berlin«, DZ Nr. 622, 7. Dez. 1918 MA.

5 Kluge, *Soldatenräte und Revolution*, gibt die Zahl der Getöteten mit 16 und die der Schwerverwundeten mit 12 an. Am 7. Dezember 1918 nannte die *Rote Fahne* die Zahl von 14 Todesopfern, während in der *Vossischen Zeitung* vom selben Tag von 24 Toten und 60 Verwundeten die Rede war: RF Nr. 22, 7. Dez. 1918; *VZ* Nr. 625, 7. Dez. 1918 MA. Die *Berliner Morgenpost* berichtete in ihrem Leitartikel vom 7. Dezember, die aktuellsten, am späten Abend des Vortages eingegangenen Nachrichten sprächen von 16 Toten und 15 Verwundeten: »Ein bewegter Tag in Berlin«, BM Nr. 339, 7. Dez. 1918. Der Historiker Karl Heinz Luther gibt an, dass 14 Personen getötet und 12 verwundet worden seien: Luther, »Die nachrevolutionären Machtkämpfe«, S. 199.

6 »Ein Spartakus-Putsch in Berlin«, DZ Nr. 622, 7. Dez. 1918 MA; »Die Vorgänge in Berlin [Priv. Tel. Berlin 7. Dez.]«, FZ 7. Dez. 1918 AB; »Sturmzeichen in Berlin«, »Eine Spartakus-Versammlung. Maschinengewehrfeuer in der Chausseestraße«, *Post* Nr. 625, 7. Dez. 1918 MA.

7 »Der Straßenkampf in der Chausseestraße«, VZ Nr. 625, 7. Dez. 1918 MA.

8 »Ein Putsch in Berlin [Berlin 6. Dez. Eigene Meldung]«, NHZ Nr. 621, 7. Dez. 1918 MA; »Ein bewegter Tag in Berlin«, BM Nr. 339, 7. Dez. 1918.

9 »Blutige Straßenkämpfe in Berlin«, *Reichsbote*, 7. Dez. 1918 MA.

10 Der Verlauf der Demobilisierung ist eingehend erforscht worden. Siehe insbes. Bessel, *Germany after the First World War*, S. 69–90; Bessel, »The Great War in German Memory«, S. 20–34; Wette, »Die militärische Demobilmachung«, S. 36–80; Stephenson, *The Final Battle*.

11 »Die Soldaten gegen das Chaos«, VZ Nr. 625, 7. Dez. 1918 MA; »Ein Überfall auf den Vollzugsrat«, BBC Nr. 573, 7. Dez. 1918 MA. Die akribischste Nachzeichnung der Verschwörung bietet Kluge, *Soldatenräte und Revolution*, S 220–223. Siehe ferner Winkler, *Von der Revolution*, S. 97. Die *Rote Fahne* kritisierte die Zurückweisung der Forderungen Spiros durch Ebert als nicht überzeugend, ein Urteil, dem sich seither einige Historiker angeschlossen haben, darunter Peter Nettl. Siehe auch »Der Anschlag«, RF Nr. 23, 8. Dez. 1918; Nettl, *Luxemburg*, S. 461; Kluge, *Soldatenräte und Revolution*, S. 232 f. Der USPD-Politiker Georg Ledebour äußerte dieselben Kritikpunkte in seiner ersten Ansprache an den Nationalkongress der Arbeiter- und Soldatenräte: Siehe »Volksbeauftrage gegen Vollzugsrat«, »Der Verhandlungsbericht«, VZ Nr. 644, 17. Dez. 1918 AB. Wer will, kann diese Vorwürfe mit Eberts eigener Darstellung seiner Rolle im Ablauf der Ereignisse vergleichen, wie er sie auf einer gemeinsamen Sitzung des Vollzugsrats und des Rates der Volksbeauftragten am 7. Dezember 1918 zum Besten gab; siehe *Die Regierung der Volksbeauftragten* 1, Nr. 4 4B, »Sitzung des Vollzugsrats in Gegenwart des Kabinetts am 7. Dezember 1918, abends 7 Uhr, in der Reichskanzlei«, S. 286–299. Siehe ferner Mühlhausen, *Ebert*, S. 133 ff.

12 BArch Berlin R43/2510, Bl. 159: »Bericht betr. Waffengebrauch des Militärs gegenüber Demonstranten. Polizeirevier. Berlin, den 7.12.1918. Abschrift«.

13 Lindenberger, *Straßenpolitik*, S. 241–303.

14 Zu der Rolle, die Wels am 9.–10. November spielte, s. Winkler, *Von der Revolution*, S. 55–58.

15 »Ein Spartakus-Putsch in Berlin«, DZ Nr. 622, 7. Dez. 1918 MA. Siehe auch »Der Straßenkampf in der Chausseestraße«, VZ Nr. 625, 7. Dez. 1918 MA.

16 »Der Stand der Krise [7 Dez. Priv. Tel.]«, FZ Nr. 340, 8. Dez. 1918 2. MA.

17 »Ein stürmischer Tag in Berlin«, BBC Nr. 573, 7. Dez. 1918.

18 »Spartakusleute gegen Maikäfer«, VZ Nr. 625, 7. Dez. 1918 MA. Die *Rote Fahne* hob in ihrer ersten Reportage über den Vorfall hervor, dass die Spartakisten unbewaffnet waren. »Der vorbereitete Überfall«, RF Nr. 22, 7. Dez. 1918.

19 Luther, »Die nachrevolutionären Machtkämpfe in Berlin«, S. 200. Luther zitiert aus der Erklärung des Stadtkommandanten Otto Wels im *Vorwärts* vom 8. Dezember 1918. Siehe ferner Müller, *Geschichte*, S. 390–400, und *Bericht des Untersuchungsausschusses über die Januar-Unruhen 1919 in Berlin*, Drucksache 4121 (Teile A-D), S. 7669–8192; Teil C, Urkundenband, in: *Sammlung der Drucksachen der Verfassunggebenden Preußischen Landesversammlung* (Anlagen zu den Sitzungs-Berichten), Tagung 1919/1921, XV. Band, Drucksachen Nr. 4094 bis 4154, S. 7611–8262, Berlin 1921. Siehe ferner ebd., Aktenstück 5, Aussage Fischer. Zu Wels' Nervenzusammenbruch s. Mühlhausen, *Ebert*, S. 157, Anm. 286.

20 »Generalkommando gegen Polizei-Präsidium«, DZ Nr. 623, 7. Dez. 1918 AB.

21 Es ist sogar denkbar, dass ein lautes Geräusch, das die Straßenbahn machte, fälschlicherweise als Echo von Gewehrschüssen gedeutet wurde und die Soldaten veranlasste, das Feuer zu »erwidern«. Man denke daran, dass in der FZ von der »Nervosität der Soldaten« die Rede war. »Die Situation in Berlin [8. Dez. Priv. Tel.]«, FZ, 8. Dez. 1918 MA.

22 BArch Berlin-SAPMO NY 4131/25 (Nachlass Eichhorn), Bl. 86–87: »Friedrich Neddermeyer. An den Polizeipräsidenten von Berlin, 7. Dez. 1918«.

23 »Der Kampf an der Chausseestraße«, DZ Nr. 622, 7. Dez. 1918 MA.

24 »Ein Spartakus-Putsch in Berlin«, DZ Nr. 622, 7. Dez. 1918 MA.

25 »Spartakusleute gegen Maikäfer«, VZ Nr. 625, 7. Dez. 1918 MA; »Wie es kam«, DZ Nr. 622, 7. Dez. 1918 MA.

26 »Der vorbereite Überfall«, RF Nr. 22, 7. Dez. 1918.
27 RF Nr. 22, 7. Dez. 1918.
28 »Das Blutbad in der Chausseestraße. Dumdum-Geschosse. Die helfenden Russen«, RF Nr. 23, 8. Dez. 1918; »Niemand will's gewesen sein!« RF Nr. 23, 8. Dez. 1918. Siehe ferner Luther, »Die nachrevolutionären Machtkämpfe«, S. 200.
29 »Gesindel«, *Die Freiheit*, 7. Dez. 1918 MA. Siehe ferner Gerwarth; Horne, »Bolschewismus als Phantasie«.
30 »Gegenrevolutionärer Putsch in Berlin!«, RF Nr. 22, 7. Dez. 1918; Kluge, *Soldatenräte und Revolution*, S. 228.
31 RF Nr. 22, 7. Dez. 1918; RF Nr. 23, 8. Dez. 1918.
32 »Der Generalstreik fehlgeschlagen«, BM Nr. 340, 8. Dez. 1918.
33 »Maschinengewehr in der Siegesallee«, VZ Nr. 626, 7. Dez. 1918 AA.
34 »Neue Straßen-Demonstrationen in Berlin«, VZ Nr. 626, 7. Dez. 1918 AA.
35 »Die Situation in Berlin [Berlin, 7. Dez., priv. Tel.]«, FZ, 8. Dez. 1918 MA. Siehe auch »Vor neuen Unruhen in Berlin? Der Marsch nach dem Pariser Platz«, DZ Nr. 623, 7. Dez. 1918 AA.
36 »Maschinengewehre in der Siegesallee«, VZ Nr. 626, 7. Dez. 1918 AA.
37 »Die gestrigen Demonstrationen«, VZ Nr. 627, 8. Dez. 1918 MA. Zum Auftritt Liebknechts s. ferner »Die Situation in Berlin [Berlin, 7. Dez., priv. Tel.]«, FZ, 8. Dez. 1918 MA; »Vor neuen Unruhen in Berlin? Der Marsch nach dem Pariser Platz«, DZ Nr. 623, 7. Dez. 1918 AA.
38 Ebd.
39 »Die Zuspitzung der Lage«, BM Nr. 340, 8. Dez. 1918.
40 »Die Situation in Berlin [Berlin, 7. Dez. Priv. Tel.]«, FZ, 8. Dez. 1918 MA. Siehe auch »Vor neuen Unruhen in Berlin? Der Marsch nach dem Pariser Platz«, DZ Nr. 623, 7. Dez. 1918 AA.
41 »Mehrheitswille oder Terror«, VZ Nr. 626, 7. Dez. 1918 AA.
42 »Der Schrei nach einer Regierung«, BM Nr. 339, 7. Dez. 1918.
43 »Terrorismus der Spartacus-Leute«, BT Nr. 628, 9. Dez. 1918; Wolff, *Tagebücher 1914–1919*, S. 819 f.
44 FZ, 7. Dez. 1918 AA.
45 »Die Vorgänge in Berlin [Berlin, 7. Dez. Priv. Tel.]«, FZ 7. Dez. 1918 AA.
46 Ebd., »Die Situation in Berlin [8. Dez. Priv. Tel.]«, FZ, 8. Dez. 1918 1. MA.
47 »Maschinengewehr-Politik«, VZ Nr. 629, 9. Dez. 1918 AA.
48 Man beachte die Kongruenz zwischen dem Drängen der Medien auf Entwaffnung und den Plänen der Militärs zur Entwaffnung der Hauptstadt, die zur selben Zeit ausgearbeitet wurden. Zu den Planungen der OHL s. Stephenson, *The Final Battle*, S. 254 f. Wie Eichhorn erklärte, wurden bis zum 6. Dezember Demonstrationen nur unter der Bedingung genehmigt, dass alle Teilnehmer unbewaffnet kamen. S. BArch Berlin-SAPMO NY 4131/25 (Nachlass Eichhorn), Bl. 93: »Der Polizeipräsident, 7. Dez. 1918. An das Preußische Staatsministerium, an die Reichsregierung, z.Hd. des Reichskanzlers Herrn Ebert«.
49 »Der Feind steht links!« DZ Nr. 623, 7. Dez. 1918 AA. Die Schlagzeile war eine Retourkutsche an die Adresse der *Freiheit*.
50 »Liebknecht geht zum Kampf über«, *Reichsbote*, 7. Dez. 1918 AA.
51 Ebd.
52 »Unhaltbare Zustände in Berlin [Berlin, 7. Dez.]«, CZ Nr. 289, 10. Dez. 1918.
53 »An die Bevölkerung Berlins! [Berlin, 7. Dez. 1918. Die Volksbeauftragten.]«, »Aufklärung der Freitags-Vorgänge«, VZ Nr. 627, 8. Dez. 1918 [Sonntagsausgabe]. Siehe auch *Die Regierung der Volksbeauftragten* 1 Nr. 43: »Samstag, 7. Dez. 1918 mittags: Kabinettssitzung«, S. 282 ff.
54 Zit. n. »Die Vorgänge in Berlin [Priv. Tel. Berlin, 7. Dez.]«, FZ, 7. Dez. 1918 AA.
55 Siehe unten.

56 »Der Sieg der Ordnung«, CZ Nr. 290, 11. Dez. 1918.
57 Ebd.
58 Ebd. (Hervorh. v. Autor). Zu Sprachbildern, die Parallelen zwischen dem Schicksal der Gesellschaft und dem Schicksal von Tieren ziehen, siehe Sofsky, *Zeiten des Schreckens.*, S. 9 ff.
59 »Die Situation in Berlin [8 Dez. Priv. Tel.]«, FZ, 8. Dez. 1918 MA. Siehe auch »Der Stand der Krise – Die Haltung der Arbeiterschaft [Berlin 7 Dez. Priv. Tel.]«, FZ Nr. 340, 8. Dez. 1918 2. MA.
60 »Ruhiger Sonntag [Priv. Tel. 10N]«, FZ, 9. Dez. 1918 MA; »Spartakus in Treptow«, BM Nr. 341, 9. Dez. 1918.
61 Mühlhausen, *Ebert*, S. 158.
62 »Ruhiger Sonntag [Priv. Tel. 10N]«, FZ, 9. Dez. 1918 MA; »Vor dem Reichskanzlerhaus«, BM Nr. 341, 9. Dez. 1918.
63 Ebd.
64 *Adjutant im Preußischen Kriegsministerium*, 8. Dez. 1918, S. 99 f. Als Ebert genug gesehen hatte, verließ er die Reichskanzlei angeblich durch einen zum Außenministerium führenden unterirdischen Gang. Siehe Mühlhausen, *Ebert*, S. 158 f.
65 »Ruhiger Sonntag [Priv. Tel. 10N]«, FZ, 9. Dez. 1918 MA.
66 Für welche Zwecke und Veranstaltungen der Lustgarten in den Jahren der Weimarer Republik genutzt wurde, hat Robert Gerwarth erforscht: »The Past in Weimar History«.
67 »Die Vorgänge in Berlin. Kampfansage Eberts an die Spartakusleute [Berlin 9 Dez. Priv. Tel.]«, FZ, 9. Dez. 1918 AA.
68 Zit. n. »Die Lage in Berlin [Berlin, 9. Dez. Priv. Tel.]«, FZ, 10. Dez. 1918 2. MA. Dieselbe Botschaft verbreitete auch die *Freiburger Zeitung* in ihrer Zusammenfassung der Berliner Ereignisse: »Die Vorgänge in Berlin«, FrZ Nr. 338, 11. Dez. 1918 MA.
69 BArch Berlin R901/55594: *Hannoverscher Kurier* Nr. 34150, 10. Dez. 1918; BArch Berlin R901/55631, Bl. 44: »Der Terror und seine Wirkung«, *Magdeburgische Zeitung* Nr. 927, 13. Dez. 1918 MA; »Unmittelbar vor der Katastrophe?«, CZ Nr. 293, 14. Dez. 1918.
70 »Der Sieg der Ordnung«, CZ Nr. 290, 11. Dez. 1918.
71 Thaer, *Generalstabsdienst*, S. 280.
72 Ebd.
73 »Einmarsch der Gegenrevolution«, RF Nr. 25, 10. Dez. 1918. Siehe auch »Die Sünden der Revolution«, RF Nr. 25, 10. Dez. 1918; »Gegenrevolutionäre Truppen vor Berlin?« DZ Nr. 625, 9. Dez. 1918 MA; BArch Berlin R901/55630, Bl. 22: »Das Schreckgespenst der Gegenrevolution«, BM Nr. 342, 10. Dez. 1918.
74 Mayer, *Als deutsch-jüdischer Historiker*, 7. Dez. 1918, S. 199 f. Siehe auch Thaer, *Generalstabsdienst*, S. 280.
75 *Hampe, Kriegstagebuch*, 7. Dez. 1918, S. 795.
76 Ebd., *S.* 795 f.
77 *Aus der Geburtsstunde der Weimarer Republik*, S. 54. Gustav Böhm fürchtete, die »Massen« wollten zu einer Wiederholung des Streiks vom 9. November aufrufen; *Adjutant*, 7. Dez. 1919, S. 98 f.
78 *Die Regierung der Volksbeauftragten* 1 Nr. 44: »Samstag, 7. Dez. 1918 abends: Gemeinsame Sitzung von Kabinett und Vollzugsrat«, S. 285–299. insbes. S. 294 f.
79 *Aus der Geburtsstunde der Weimarer Republik*, 9. Dez. 1918, S. 54.
80 Ebd., S. 54 f.
81 BArch Berlin NY 4035/1 (Nachlass Pabst – Kriegstagebuch der Division), Bl. 135: »9. Dez. 1918, Berlin-Dahlem«.
82 Vgl. Barth, *Dolchstoßlegenden*, S. 212–220; Schivelbusch, *Kultur der Niederlage*, S. 203–208; Achilles, »Re-forming the Reich«.
83 »Der Einzug der Fronttruppen in Berlin [Berlin. 10 Dez. WTB]«, FrZ Nr. 338, 11. Dez. 1918.

84 Ebd. Siehe auch Stephenson, *The Final Battle*, S. 240–245.

85 Ein Sitzungsprotokoll wurde 1919 veröffentlicht, siehe *Allgemeiner Kongreß der Arbeiter- und Soldatenräte*. Wichtige historische Analysen liegen u. a. vor von: Kolb, *Arbeiterräte*, S. 197–216; Kluge, *Soldatenräte und Revolution*, insbes. S. 197–204; Miller, *Die Bürde der Macht*, S. 121–129; Winkler, *Von der Revolution*, S. 100–109.

86 Als einer der Anhänger Liebknechts die Delegierten aufforderte, sich für den Mann zu erheben, »der vier Jahre im Gefängnis gesessen ist«, erntete er viele Buhrufe und wurde niedergeschrien. Nettl, *Luxemburg*, S. 466 f.; Miller, *Die Bürde der Macht*, S. 126 f.; *Allgemeiner Kongreß der Arbeiter- und Soldatenräte*, S. 27.

87 »Erfolgloser Spartakusrummel«, VZ Nr. 643, 17. Dez. 1918 MA; »Die Reichskonferenz der A.- u. S.-Räte«, VZ Nr. 642, 16. Dez. 1918 AA; »Dittmann als Regierungsvertreter«, VZ Nr. 643, 17. Dez. 1918 MA; »Das Urteil des Volkes«, BM Nr. 361, 30. Dez. 1918.

88 Richard Müller nahm zu der Zeit den *Vollzugsrat* gegen eine Reihe von Anschuldigungen in Schutz, die die Presse erhoben hatte; siehe Müller, *Geschichte der Novemberrevolution*, S. 427–443, insbes. S. 429. Zu der Pressekampagne gegen die Arbeiterräte s. Kolb, *Arbeiterräte*, S. 183–196.

89 »Die Reichskonferenz der A.- u. S.-Räte«, VZ Nr. 642, 16. Dez. 1918 AA; »Dittmann als Regierungsvertreter«, VZ Nr. 643, 17. Dez. 1918 MA.

90 RF Nr. 32, 17. Dez. 1918 in KLGA, S. 646.

91 »250 000 Demonstranten«, RF Nr. 32, 17. Dez. 1918.

92 »Nationalversammlung oder Räteregierung?«, RF Nr. 32, 17. Dez. 1918. Privat waren viele Spartakisten weniger euphorisch. Als Eugen Leviné zwei Tage nach Ende des Kongresses seinen Bericht darüber abfasste, schrieb er, er habe zwar schon vorher keine »großen Hoffnungen« in die Veranstaltung gesetzt, sei aber geradezu geschockt gewesen über das »trostlose Gepräge« des Kongresses. Siehe Eugen Leviné, »Bericht über den 1. Reichsrätekongress«, in Meyer-Leviné, *Leviné*. S. 180–187, Zit. S. 180.

93 »Die A.- u. S.-Räte über die Nationalversammlung«, VZ Nr. 648, 19. Dez. 1918 AA; »Wahl zur National-Versammlung am 19 Januar«, »Die Entscheidung«, VZ Nr. 649, 20. Dez. 1918 MA. Zur Rolle Eberts auf dem Kongress s. Mühlhausen, *Ebert*, S. 127 ff., S. 152 f.

94 Kluge, *Soldatenräte und Revolution*, S. 197–204; Winkler, *Von der Revolution*, S. 100–109; S. Miller, *Die Bürde der Macht*, S. 136 f. Zum Verhältnis zwischen Offizieren und Soldaten in dieser Phase s. ferner: Kluge, *Soldatenräte und Revolution*, S. 243 f., S. 250–260, S. 273–278; Scott Stephenson, *The Final Battle*, S. 249–252. In der jüngeren Geschichtsliteratur bleiben Differenzen in der Frage bestehen, wie viel Rückhalt Hindenburg noch besaß; siehe die divergierenden Einschätzungen dazu bei Goltz, *Hindenburg*, S. 66–69, und Ziemann, *Front und Heimat*, S. 266.

95 *Mayer, Als deutsch-jüdischer Historiker*, 18. Dez. 1918, S. 202; 22. Dez. 1918, S. 203.

96 Kessler, *Tagebücher*, 19. Dez. 1918, S. 72. Die Fürstin Blücher, die sich aus Berlin auf den Landsitz ihres Mannes zurückgezogen hatte, bekam um diese Zeit einen Brief von einer Berliner Bekannten, die ihr berichtete, Liebknecht sei jetzt zu einem »Kobold« geworden, mit dem Eltern ihren Kindern Angst machten, wenn sie abends nicht schlafen gehen wollten. Wie ernst es den Leuten mit ihrer Angst war, lässt sich aus den anschließenden Gedankengängen erschließen: »Heute kann niemand von uns sagen, wie bald wir neben der kleinen, blassen, siebzehnjährigen Putzmacherin, die auf ihrem Nachhauseweg erschossen wurde, in dem grünen, schattigen Friedrichshain schlafen werden, wo die Opfer der Märzrevolution von 1848 bestattet sind.« Zit n. Blücher, *An English Wife*, Dez. 1918, S. 336. Mit dem 17-jährigen Mädchen dürfte eines der Opfer der Kanonade vom 6. Dezember 1918 gemeint sein, vielleicht das Mädchen, das in der Straßenbahn tödlich getroffen wurde.

97 BArch Berlin R901/55724, Bl. 27: »Revolutionäre Totenfeier«, DZ Nr. 649, 21. Dez. 1918 AA. Liebknecht stand auch im Fokus von Berichten in anderen konservativ-nationalistischen Blättern: BArch Berlin R901/55724, Bl. 17: »Liebknechts Agitationszug«, TR Nr. 653, 22. Dez. 1918 MA; BArch Berlin R901/55724, Bl. 20: KrZ Nr. 651, 22. Dez. 1918 MA; BArch Berlin R901/55724, Bl. 26: »Die Beisetzung der Opfer des 6. Dezember«, *8-Uhr-Abendblatt* Nr. 298, 21. Dez. 1918.

98 *Mayer, Tagebücher,* 8.–15. Dez. 1918, S. 202.

99 BArch Berlin R901/55615, Bl. 8: »Schlesien. Was lehrt uns die russische Revolution?«, *Schlesische Zeitung* Nr. 627, 9. Dez. 1918 MA; BArch Berlin R901/55615, Bl. 23: »Der Bolschewismus in Rußland und seine Lehren für Deutschland«, *Hamburger Fremdenblatt* Nr. 333, 1. Dez. 1918; BArch Berlin R901/55620, Bl. 52: »Die russische und die deutsche Revolution. Von Dr. R. v. Ungern-Sternberg«, NAZ Nr. 606, 28. Nov. 1918 AA; BArch Berlin R901/55566, Bl. 20: »Gruß des russischen Rätekongresses an den deutschen Zentralrat [Moskau, Dez. 15]«, RF, 17. Dez. 1918; »Rußland und Deutschland«, FrZ Nr. 337, 10. Dez. 1918; BArch Berlin R901/55566, Bl. 21: »Ein russischer Funkspruch an Liebknecht«, BT Nr. 644, 17. Dez. 1918 AA; BArch Berlin R901/55566, Bl. 27: »Deutsch-Russische Parallelen. Nr. 3: Das Bürgertum«, *TR* Nr. 634, 12. Dez. 1918 MA; BArch Berlin R901/55566, Bl. 19: »Liebknecht und die russische Räterepublik«, NAZ Nr. 641, 17. Dez. 1918 AA; BArch Berlin R901/55566, Bl. 17: »Russische Einwirkung auf die deutschen Revolutionäre«, TR Nr. 645, 18. Dez. 1918 MA; BArch Berlin R901/55566, Bl. 114: »Deutsch-Russische Parallelen. Nr. 4: Neukölln und Kronstadt«, TR Nr. 655, 23. Dez. 1918 AA.

100 »Berlins Selbstmord«, *Volksstimme* Nr. 298, 20. Dez. 1918; »Der Rätekongreß«, *Volksstimme* Nr. 296, 18. Dez. 1918; »Die Tragödie der Unabhängigen«, *Volksstimme* Nr. 297, 19. Dez. 1918; »Spartakus gegen die Räte«, *Volksstimme* Nr. 298, 20. Dez. 1918.

101 BArch Berlin R901/55631: »Berliner Revolutionsbilder«, *KrZ* Nr. 652, 23. Dez. 1918 MA. Siehe ferner den in Blücher, *An English Wife*, Dez. 1918, S. 334–337, zitierten Brief.

Kapitel 5

1 »Matrosen gegen ein Panzerauto«, VZ Nr. 656, 24. Dez. 1918 MA; »Nach dem Kampf [Kein Schuß aus der alten Bibliothek]«, *Vorwärts* Nr. 354, 25. Dez. 1918.

2 Die überlieferten Darstellungen geben keinen hieb- und stichfesten Aufschluss darüber, zu welchem Zeitpunkt die Geiselnahme erfolgte. Es ist denkbar, dass sie eine Reaktion auf den Schusswaffengebrauch auf der Straße war. Aus der Warte der Matrosen wäre das eine logische Antwort gewesen: Auf dem Papier war Wels der Oberbefehlshaber aller militärischen Einheiten in der Hauptstadt. Beweisen in einem strengen Sinn lässt sich diese Annahme freilich nicht. Eine Quelle, die die Geiselnahme als Reaktion auf die Schießerei darstellt, ist »Die Unruhen in Berlin. Der Putschversuch der Matrosen [24. Dez. Priv. Tel.]«, FZ, 24. Dez. 1918 AA. Dieselbe Kausalkette postulierten die *Rote Fahne*, »Ein neuer Gewaltstreich des Wels und die Antwort der Marinedivision«, RF Nr. 39, 24. Dez. 1918, und der *Vorwärts* in seiner erster Reportage über den Vorfall: »Putsch der Matrosen«, *Vorwärts* Nr. 353, 24. Dez. 1918 MA. Auch in der Geschichtsschreibung ist dies die am häufigsten unterstellte zeitliche Abfolge. So beispielsweise bei Luther, »Die nachrevolutionären Machtkämpfe«, S. 203, das Winkler, *Von der Revolution*, S. 109, als Quelle für seine Chronologie der Ereignisse angibt. In der »offiziellen« Version des WTB bleibt die zeitliche Abfolge unbestimmt: »Gefangennahme des Stadtkommandanten. Gefechte zwischen Matrosen und Soldaten [Berlin, 24 Dez. WTB]«, FrZ Nr. 351, 24. Dez. 1918. Eine sehr ähnliche, wenn auch nicht identische Darstellung findet sich in »Der Gewaltstreich«, VZ Nr. 656, 24. Dez. 1918 MA. Wels behauptet in seiner eigenen Version, er sei in seinem Amtszimmer von Matrosen bedrängt worden und habe ihnen zugesagt, sie würden ihren Sold bekommen; in diesem Moment

seien von der Straße her Gewehrschüsse zu hören gewesen. Er habe den Männern vom Fenster aus befohlen, das Feuer einzustellen, und sei dann von den Matrosen verschleppt worden. »Zur Vorgeschichte der Straßenschlacht, Bericht des Stadtkommandanten [WTB]«, *Vorwärts* Nr. 355, 27. Dez. 1918 AA.

3 Schon am Nachmittag wurde Kessler das Gerücht zugetragen, die Schießerei habe bis zu zwanzig Todesopfer gefordert. Er kommentierte: »Wenn die Regierung Energie hat, wird sie sie benutzen, um die ganz radikalisierte Matrosen Division aus Berlin hinaus zu bringen, wenn nötig mit Gewalt.« Kessler, *Tagebücher*, 23. Dez. 1918, S. 76f. Siehe auch Wolff, *Tagebücher 1914–1919*, 23. Dez. 1918, S. 671. In dieselbe Kerbe hieben auch die Berliner Zeitungen in ihren Abend- und Morgenausgaben.

4 Welche Rolle genau Ebert in den Vorgängen der Nacht vom 23. auf den 24. Dezember spielte, darüber entbrannten streitige Diskussionen. Wir können trotzdem mit Bestimmtheit sagen, dass er unter dem kumulierten Eindruck der Ereignisse vom 23. Dezember eine Abkehr von seiner bisherigen Politik der Mäßigung vollzog und die OHL ermächtigte, mit militärischen Mitteln gegen die Volksmarinedivision vorzugehen. Den eingehendsten Aufschluss über das Handeln der sechs Männer, die zum Zeitpunkt der Krise vom 23./24. Dezember 1918 im Rat der Volksbeauftragten vertreten waren, gewinnen wir aus der Lektüre von *Dokumente über die Untersuchungen der Januarunruhen 1919*, Teil C, 2, Nr. 70–72, S. 30–35, und Nr. 75–81, S. 52–138. Siehe auch Barth, *Aus der Werkstatt der Revolution*, S. 97–107, S. 111–118.

5 Am 28. Dezember behauptete Ebert, sogar der Kommandeur der Division habe diese als eine »organisierte Räuberbande« bezeichet: *Dokumente über die Untersuchungen der Januarunruhen 1919*, Teil C, 2, Nr. 77, »Samstag, 28.12.1918 mittags: Gemeinsame Sitzung von Kabinett und Zentralrat«, S. 73–107, Zit. S. 75.

6 Wie General Groener, der Nachfolger Ludendorffs, später erklärte, war der Einsatz ursprünglich dazu bestimmt, die Macht und das Ansehen des Heeres wiederherzustellen. Siehe Luther, »Die nachrevolutionären Machtkämpfe in Berlin«, S. 204. Vgl. Stephenson, *The Final Battle*, S. 280–283.

7 BArch-MA (Nachlass Lequis) N38/7, »Generalkommando Lequis, Ic Nr. 81, Berlin, den 25.12.18, Bericht des Generalkommando Lequis über die Vorgänge am 23. und 24.12.18«. (In dieser Akte fehlt die Blattnummerierung.) Nach dem Fehlschlagen des Sturmangriffs wurden sogar ein paar Offiziere gefangen genommen und im Polizeipräsidium abgeliefert. Man ließ sie unter dem Schutz der Dunkelheit, in Zivilkleider gesteckt, gehen. Nach Aussage des Chefs des Sicherheitsdienstes hatte man sie zu ihrer eigenen Sicherheit der Polizei übergeben: BArch Berlin-SAPMO NY 4131/25 (Nachlass Eichhorn), Bl. 192–200, »Kritik der Geschäftsführung des Polizeipräsidiums«, Berlin, 3. Jan. 1919, hier Bl. 197–199, »Erklärung der Leitung des Sicherheitsdienstes«, Bl. 197.

8 BArch-MA Nl.620/v., Bl. 31: Pabst, *Erinnerungen*, Teil 3.

9 VZ Nr. 637, 24. Dez. 1918 AA, »Die Berliner Ereignisse. Ruhiger Verlauf der Feiertage [priv. tel. 25 Dez.]«, FZ, 27. Dez. 1918 1. MA. Eine besonders eindrückliche Illustration des empfundenen Kontrasts zwischen der gewohnten prachtvollen Ausstrahlung des Schlosses und dem, was der Artilleriebeschuss davon übrig ließ, findet sich in BArch Berlin R901/55583, Bl. 36: »Ein Rückblick«, *Düsseldorfer General-Anzeiger* Nr. 661, 29. Dez. 1918 MA.

10 »Blutige Weihnachten«, DZ Nr. 654, 24. Dez. 1918 AA; »Blutige Straßenkampf in Berlin«, *Reichsbote* Nr. 650, 24. Dez. 1918 AA.

11 »Die Straßenkampf am Schloß und im Marstall«, BBC Nr. 602, 24. Dez. 1918 AA; »Blutige Weihnachten«, DZ Nr. 654, 24. Dez. 1918 AA.

12 »Priv. Tel. Berlin 24 Dez.«, FZ Nr. 357, 25. Dez. 1918 2. MA; »Blutige Weihnachten«, DZ Nr. 654, 24. Dez. 1918 AA; »Der Kampf um den Marstall«, *Vorwärts*, 24. Dez. 1918.

13 »Blutige Weihnachten«, DZ Nr. 654, 24. Dez. 1918 AA; »Spartakus dringt in das Schloß ein«, BBC Nr. 602, 24. Dez. 1918 AA.

14 Ebd.

15 BArch Berlin R901/55599, Bl. 7: »Der Terror der Volksmarinedivision«, *Die Post* Nr. 659, 27. Dez. 1918 MA. Wie *Die Post* weiter ausführte, hatte Friedrichs Pferd »am Kopf und an der Brust zahlreiche Treffer erhalten«. Hingegen wies das Standbild Kaiser Wilhelms I. nach Angaben der *Frankfurter Zeitung* keine schweren Beschädigungen auf: »Die Berliner Ereignisse. Ruhiger Verlauf der Feiertage [Priv. Tel. 25 Dez.]«, FZ, 27. Dez. 1918 1. MA.

16 »Rote Weihnachten«, BM Nr. 357, 25. Dez. 1918.

17 Besonders deutlich wird dies im Fall des Generals Lequis, des für den Sturmangriff verantwortlichen Offiziers. Er hatte am 14. Dezember 1918 vor heimgekehrten Frontsoldaten verkündet: »Gesiegt haben wir in allen Himmelsrichtungen, den Krieg haben wir verloren.« Schivelbusch, *Die Kultur der Niederlage*, S. 243; Barth, *Dolchstoßlegenden*, S. 216.

18 Das spektakuläre Schauspiel dieses Sturmangriffs ließ diejenigen, die es erlebten, wie vom Donner gerührt zurück. Viele waren fasziniert von der Wirkung des Artilleriebeschusses auf die Schlossfassade und den Marstall. Zu den herausragenden Beispielen gehören: »Blutige Weihnachten«, DZ Nr. 654, 24. Dez. 1918 AA; »Blutige Straßenkampf in Berlin«, *Reichsbote* Nr. 650, 24. Dez. 1918 AA; »Der Kampf um den Marstall«, *Vorwärts*, 24. Dez. 1918; »Die Verluste«, DZ Nr. 655, 25. Dez. 1918 MA; »Berlin 24. Dez. Priv. Tel.«, FZ Nr. 357, 25. Dez. 1918 2MA.

19 Was die Feststellung Ernst Cassirers bestätigt, dass Mythen in Krisenzeiten oft eine besonders tiefe Wirkung entfalten. Cassirer war einer der ersten deutschen Gelehrten, die sich mit der Rolle von Mythen als Basis von Überzeugungen befassten: Cassirer, *Der Mythus des Staates*. Siehe ferner die Überlegungen zur Rolle von Mythen bei Goltz, *Hindenburg*, S. 4–8, und bei Horne; Kramer, *German Atrocities 1914*, S. 89–139.

20 »Der Kommandeur der Garde über die Lage«, VZ Nr. 637, 24. Dez. 1918 AA; »Darstellung von Gen. Hofmann«, DZ Nr. 655, 25. Dez. 1918 MA; »Eine Schilderung des Generalleutnants v. Hofmann. Berlin 24 Dez. Priv. Tel.«, FZ Nr. 357, 25. Dez. 1918, 2. MA; »Der Matrosenputsch in Berlin«, FrZ, 27. Dez. 1918.

21 »Generalleutnant Lequis über die Lage«, VZ Nr. 658, 25. Dez. 1918 MA; »Eine Darstellung von Generalleutnant Lequis«, FZ, 27. Dez. 1918 MA. Es ist nicht überraschend, dass sich ein Exemplar in den staatlichen Aktenbeständen aus der Zeit findet: BArch Berlin R43/2511, Bl. 18. Siehe auch Lequis' Stellungnahme an Groener: BArch-MA (Nachlass Lequis) N38/7: »Generalkommando Lequis. Ic Nr. 81. Berlin, den 25.12.18, Bericht des Generalkommando Lequis über die Vorgänge am 23. und 24.12.18«.

22 Hampe, *Kriegstagebuch*, 25. Dez. 1918, S. 806. Weitere Beispiele dafür, wie schnell für das Fehlschlagen des Einsatzes Frauen verantwortlich gemacht wurden, finden sich in: Böhm, *Adjutant*, 24. Dez. 1918, S. 116 f., 26. Dez. 1918, S. 119 f.; *Aus der Geburtsstunde der Weimarer Republik*, 25. Dez. 1918, S. 63–68, insbes. S. 66; Thaer, *Generalstabsdienst*, 2. Jan. 1919, S. 286 f.

23 »Wiederaufnahme des Kampfes«, DZ Nr. 654, 24. Dez. 1918 AA; »Die Truppen der Regierung haben die Oberhand«, FZ 24. Dez. 1918 AA; »Die Unruhen in Berlin. Die neuesten Ereignisse [Berlin. 24. Dez. Priv. Tel.]«, FZ 25. Dez. 1918 MA; »Priv. Tel. Berlin 24 Dez«, FZ Nr. 357, 25. Dez. 1918 2. MA; »Die Kämpfe am Marstall«, BBC Nr. 602, 24. Dez. 1918 AA; »Spartakus dringt in das Schloß ein«, BBC Nr. 602, 24. Dez. 1918 AA; »Der Kampf um den Marstall«, *Vorwärts* Nr. 353, 24. Dez. 1918 AA; »Der 24 Dezember«, RF 25. Dez. 1918; »Der Kampf um den Marstall«, *Vorwärts* Nr. 353, 25. Dez. 1918 AA; »Die Straßenschlacht in Berlin. Der Stand des Kampfes gegen Mittag«, *Vorwärts* Nr. 353, 25. Dez. 1918 AA; »Der 24. Dezember«, RF

Nr. 40, 25. Dez. 1918; *Der Ledebour-Prozess*, Aussage Ledebours am 20. Mai 1919, S. 41. Vgl. hingegen Stephenson, *The Final Battle*, S. 289, wo Stephenson betont, wie entscheidend das Dazwischengehen der Volksmenge war. Er stützt sich an dieser Stelle seiner Schilderung der Vorgänge allerdings auf eine Reihe problematischer Quellen, darunter auf mythisch verklärte Darstellungen aus der Zeit des NS-Regimes und aus der DDR.

24 Heinrich August Winkler schildert in seiner bahnbrechenden Arbeit zwar die Ereignisse am Vormittag des 24. Dezember 1918, doch das Dazwischengehen der Volksmenge kommt dabei als mit-ursächlicher Faktor für das Scheitern der Garde-Kavallerie-Schützen-Division nicht vor. Winkler meint, das Blatt habe sich entscheidend gewendet, als die Matrosen Verstärkung aus den Reihen der »Sicherheitswehr des Polizeipräsidenten Eichhorn, durch die rote Soldatenwehr und bewaffnete Arbeiter« erhielten; Winkler, *Von der Revolution*, S. 110. Ein vom Sicherheitsdienst angefertigter Bericht untermauert diese Einschätzung Winklers zunächst einmal. Er behauptet, nach den Streitigkeiten vom 23. Dezember habe sich eine kleine Zahl von Männern, einen Angriff befürchtend, mit den Matrosen verbündet. Als dann einen Tag später der Sturmangriff tatsächlich kam, seien den Matrosen weitere Verstärkungen zugelaufen: BArch Berlin-SAPMO NY 4131/25 (Nachlass Eichhorn), Bl. 192–200: »Kritik der Geschäftsführung des Polizeipräsidiums«, Berlin, 3. Jan. 1919, Der Polizeipräsident, hier Bl. 197–199: »Erklärung der Leitung des Sicherheitsdienstes«, Bl. 199.

25 Zu den neugierigen Beobachtern des Geschehens gehörten Kessler, *Tagebücher*, 24. Dez. 1918, S. 77 f und Böhm, *Adjutant*, 24. Dez. 1918, S. 116.

26 Die Matrosen bestritten in einer öffentlichen Erklärung, dass sie den Waffenstillstand genutzt hätten, um sich in eine günstiger Stellung zu bringen: »Die Darstellung der Matrosen«, VZ Nr. 658, 25. Dez. 1918 MA. Siehe auch »Erklärungen der Volksmarine-Division. Aus der Zeitung *Republik* vom 29. Dezember 1918«, *Dokumente über die Untersuchungen der Januarunruhen 1919 in Berlin*, Teil C, S. 44. Dieser Darstellung zufolge war es das Eingreifen von Angehörigen der Volksmarinedivision, von Spartakisten, von »einer Masse von Gewerkschaftern« und von großen Teilen der Republikanischen Sicherheitswehr, das zur Einstellung der Kämpfe führte. Erwähnt wird in dem Bericht auch das Auftauchen eines »wütenden Pöbels«.

27 Siehe den Nachlass Lequis im BArch-MA N38/27, wo sich auch seine an Hindenburg gerichtete Stellungnahme und seine Kommentare zu dem Interview in der *Vossischen Zeitung* finden: »Abschrift. Generalleutnant Lequis an den Chef des Generalstabes des Feldheeres, Generalfeldmarschall von Hindenburg. (Entwurf des Generalleutnants Lequis.) Berlin, den 8. Februar 1919«; »Betr. Veröffentlichung einer Unterredung des Hauptmanns von Salzmann mit Generalleutnant Lequis in der *Vossischen Zeitung* vom 25.12.1918«. (In dieser Akte gibt es keine nummerierten Blätter.) Siehe ferner BArch-MA N38/45 (Nachlass Lequis), Bl. 12: »Warum konnte General Lequis Dezember 1918 gelegentlich seines Einzuges in Berlin dort nicht die erwünschte Ordnung schaffen?« Major von Hammerstein verwendete bei seiner öffentlichen Einvernahme vor dem Preußischen Landtag im April 1919 den Ausdruck »Blamage«: *Dokumente über die Untersuchungen der Januarunruhen 1919 in Berlin*, Teil B, 55. S. auch Stephenson, *The Final Battle*, S. 302 f.

28 Hull, *Absolute Destruction*. Die Vorschläge, die Lequis Groener unterbreitete, finden sich in BArch-MA N38/7 (Nachlass Lequis). Schwerpunktmäßig deutet der Dokumentenbestand freilich darauf hin, dass die Lernkurve der Militärs sich in die entgegengesetzte Richtung neigte. Siehe z.B. HStAS M357/2 (1. Württ. Freiwilligen-Regiment: Regiments- und Detachementsbefehle beim Einsatz des 1. Württembergischen Freiwilligen-Regiments in Bayern gegen die Spartakisten, 15.4.1919–13.5.1919): Generalkommando Oven: »Erfahrungen aus den Stra-

ßenkämpfen der Garde Kav.-Schuetzen Division«; GLA Abt. 456 F134/135 (XIV. Armeekorps. Bad. Reichswehrbrigade 14), Nr. 30–32: »Berichte und Befehle über Maßnahmen bei inneren Unruhen«; GLA Abt. 456 F134/135, Nr. 32: »Gardekürassier Regiment. J Nr. 1268 Bericht über Erfahrungen in den letzten Straßenkämpfen [Berlin 28 März 1919]«; GLA Abt. 456 F134/135, Nr. 32: »Erfahrungen über Bekämpfung innerer Unruhen (in Stichworten zusammengestellt nach den Berichte der unterstellten Reichswehrbrigaden) [Berlin 14 Mai, Reichswehrgruppenkommando 1 (Abteilung Lüttwitz) Id. Nr. 7328 AI]«. Siehe ferner GLA Abt. 456 F134/135, Nr. 3: »Zusammenstellung von Erfahrungen aus den letzten Unruhen in den verschiedenen Gegenden des Reiches [5. Mai 1919]«; GLA Abt. 456 F134/135, Nr. 34: Bayer. Schützenbrigade 31: »Ia Nr. 11683 München 28 Juli 1919«; HStAS M357/2: Generalkommando Oven: »Ia. Ic Nr. 57. Abschrift. M.St. Qu. 27, April 1919: Erfahrungen aus den Straßenkämpfen der Garde Kav.-Schuetzen Division«. Offenbar erachtete die Militärführung die »Erfahrungen« der Garde-Kavallerie-Schützen-Division als so bedeutsam, dass eine auf zwei Seiten kondensierte Zusammenfassung davon Aufnahme in die amtliche Geschichte der deutschen Militäroperationen nach dem Ersten Weltkrieg fand: *Darstellungen*, Bd. VI, S. 104 f.

29 »Der Zusammenbruch«, BM Nr. 358, 27. Dez. 1918.

30 »Anarchie«, VZ Nr. 656, 24. Dez. 1918 MA.

31 »Die Anarchie dauert an«, VZ Nr. 637, 24. Dez. 1918 AA.

32 »Im Anfang war die Tat«, Alexander Redlich, VZ Nr. 658, 25. Dez. 1918 MA; »Die Vorgänge am Dienstag«, VZ Nr. 658, 25. Dez. 1918 MA. Der Kommentar Redlichs stand im Blatt neben dem vielgelesenen Interview mit Lequis, auf das weiter unten Bezug genommen wird.

33 Mayer, *Als deutsch-jüdischer Historiker*, 24. Dez. 1918, S. 203. In den Tagebucheintragungen Mayers finden sich zahlreiche Hinweise auf Dinge, die er in der Berliner Presse gelesen hatte.

34 Ebd., 25. Dez. 1918, S. 203.

35 »Die Regierung kapituliert«, *Post* Nr. 658, 25. Dez. 1918 MA; BArch Berlin R901/55599, Bl. 11: »Kapitulation der Regierung«, DTZ, 25. Dez. 1919; »Kapitulation der Regierung«, DZ Nr. 655, 25. Dez. 1918 MA. Siehe auch BArch Berlin R901/55599, Bl. 12: »Der Kapitulationsvertrag«, DTZ. Auch das *Berliner Tageblatt* sah in der Vereinbarung einen Sieg der Matrosen und bezeichnete sie als eine »Kapitulation« der Regierung. Siehe Müller, *Geschichte*, S. 425.

36 »Blutige Straßenkampf in Berlin«, *Reichsbote* Nr. 650, 24. Dez. 1918 AA.

37 Ebd.

38 »Die Erstürmung des Schlosses«, *Die Post* Nr. 657, 24. Dez. 1918 AA; »Der Terror der Volksmarinedivision«, *Die Post* Nr. 658, 25. Dez. 1918 MA.

39 Zum Verhältnis zwischen Ebert und Groener und zu den Vorgängen im Vorfeld des Sturmangriffs s. Kluge, *Soldatenräte und Revolution*, S. 260–270.

40 »Ein Matrosenputsch in Berlin«, *Vorwärts* Nr. 353, 24. Dez. 1918 MA; BArch Berlin R901/55584, Bl. 20: BVZ Nr. 657, 24. Dez. 1918 MA; »Priv. Tel. Berlin 24. Dez«, FZ Nr. 357, 25. Dez. 1918 2. MA.

41 Siehe Stampfer, *Die ersten 14 Jahre der Deutschen Republik*; Stampfer, *Erfahrungen und Erkenntnisse*.

42 Friedrich Stampfer, »Volksherrschaft oder Verbrecherherrschaft?«, *Vorwärts* Nr. 353, 24. Dez. 1918 AA. Auch die *Frankfurter Zeitung* brachte dieses Zitat: »Weitere Presseäußerungen, [Priv. Tel. Berlin, 24. Dez. 1918]«, FZ Nr. 357, 25. Dez. 1918 2. MA.

43 Friedrich Stampfer, »Volksherrschaft oder Verbrecherherrschaft?«, *Vorwärts* Nr. 353, 24. Dez. 1918 AA.

44 »Der Weihnachtsfrieden von Berlin. Abkommen zur Einstellung des Bürgerkrieges«, *Vorwärts* Nr. 354, 25. Dez. 1918.

45 Zit. n. Müller, *Geschichte*, S. 425.

46 »Die Vorbereitung des Putsches. Der Sicherheitsdienst Groß-Berlins im Solde Liebknechts«, DZ Nr. 655, 25. Dez. 1918 MA; BArch Berlin R901/55619, Bl. 14: »Eine Warnung der Mehrheitssozialisten«, DTZ Nr. 655, 25. Dez. 1918 MA; BArch Berlin R901/55599, Bl. 14: BBC Nr. 603, 25. Dez. 1918 MA; »Die Berliner Regimenter sind spartakistisch verseucht«, DZ Nr. 655, 25. Dez. 1918 MA; »Die augenblickliche Lage«, FZ, 27. Dez. 1918 MA.

47 Der Störer war ein Mann, der an einer psychischen Krankheit litt. »Eine Störung der Christnachtfeier im Dom«, DZ Nr. 656, 27. Dez. 1918 MA. »30 000 Matrosen auf dem Wege nach Berlin?«, BBC Nr. 602, 24. Dez. 1918 AA. Die Zeitung bezweifelte den Wahrheitsgehalt dieses Gerüchts, u. a. mit dem Hinweis, für den Transport einer so großer Zahl von Männern nach Berlin stünden einfach nicht genug Züge zur Verfügung. Immerhin ist die Meldung eine Bestätigung dafür, dass es das Gerücht gab.

48 »Die Berliner Ereignisse. Ruhiger Verlauf der Feiertage. [26 Dez. Priv Tel.]«, FZ, 27. Dez. 1918 1. MA.

49 BArch Berlin R901/55584, Bl. 8: »Die Verbrüderung der Volksmarine und des Proletariats«, RF Nr. 41, 27. Dez. 1918; BArch Berlin R901/55584, Bl. 19: »Der Protest der Massen«, *Die Republik* Nr. 24, 27. Dez. 1918; BArch Berlin R901/55599, Bl. 8: DTZ Nr. 656, 27. Dez. 1918 MA; »Protestversammlung des Spartakus-Bundes«, DZ Nr. 656, 27. Dez. 1918 MA; BArch Berlin R901/55599, Bl. 7: »Der Terror der Volksmarinedivision«, *Die Post* Nr. 659, 27. Dez. 1918 MA. Die Zahl 3000 findet sich in der Meldung der *Republik*, die Angabe »4000 bis 4500« in der DTZ. In einer kürzlich erschienen Arbeit hat Scott Stephenson fälschlicherweise geschrieben, am 25. Dezember seien »bis zu mehrere Hunderttausend« Menschen bei Schneefall durch Berlin marschiert, um »Ebert, Landsberg und Scheidemann als Bluthunde zu denunzieren«. (Stephenson, *The Final Battle*, S. 299) Hier ist Stephenson ein Opfer der kritiklosen Übernahme der Angaben Wrobels in dessen DDR-spezifischer Geschichte der Revolution von 1918/19 geworden.

50 Zu den Gerüchten siehe auch BArch Berlin R901/55584, Bl. 5: »Weihnachten in Berlin«, VZ Nr. 669, 27. Dez. 1918 MA. Zu den in dieser Phase in Berlin umlaufenden Gerüchten s. BArch Berlin R901/55538, Bl. 49: »Die Hoffnung auf den Zentralrat«, BLA Nr. 657, 28. Dez. 1918 AA; BArch Berlin R901/55583: »Die rote Schloßwache«, BNN Nr. 661, 29. Dez. 1918 MA; »Ein neuer Gewaltstreich der Spartakus-Leute«, »Spartakus im *Vorwärts*« [Teleunion, Berlin, 26 Dez.]«, DZ Nr. 656, 27. Dez. 1918 MA. Philipp Scheidemann berichtete auf einer Kabinettssitzung am 26. Dezember, die Spartakistenführer seien im *Vorwärts*-Gebäude gewesen: *Dokumente über die Untersuchungen der Januarunruhen 1919 in Berlin*, Teil C, 2, Nr. 73: »Donnerstag, 26.12.1918 vorm. Kabinettssitzung«, S. 36 f. Am 25. und 26. Dezember schrieb Rosa Luxemburg an Clara Zetkin. Siehe Rosa Luxemburg, *Gesammelte Briefe*, Bd. V, S. 422 f.

51 Mayer, *Als deutsch-jüdischer Historiker*, 26. Dez. 1918, S. 205.

52 Mann, *Tagebücher*, 25. Dez. 1918, S. 115.

53 BArch Berlin R901/55584, Bl. 6: »Liebknecht regiert! [Berlin, 26 Dezember]«, BNN Nr. 675, 27. Dez. 1918 MA.

54 BArch Berlin R901/55583, Bl. 27: *Weser-Zeitung* Nr. 912, 31. Dez. 1918 MA. Siehe auch die Verurteilung der Volksmarinedivision in Berlin durch die Matrosen: »Marinesoldaten gegen die Berliner Matrosendivision«, VZ Nr. 664, 30. Dez. 1918; BArch Berlin R901/55583, Bl. 35: »Die Marine für die Regierung«, KZ Nr. 304, 29. Dez. 1918 MA. Siehe auch die Petitionen mit Aufforderungen zum Handeln, die bei der Regierung eingingen: BArch Berlin R43/2508, Bl. 50.

55 »Gegen den Terror«, *Vorwärts*, 27. Dez. 1918 AA; »Alarmbereitschaft«, DZ, 27. Dez. 1918 MA. Siehe auch »Wie man Straßenkämpfe inszeniert«, DZ 27. Dez. 1918 MA. Siehe auch die »Werbung« für die *Rote Fahne*: »Deutschlands Leichentuch«, Sonderdruck der *Deutschen Zeitung*, in DZ, 27. Dez. 1918 MA.

56 BArch Berlin R901/55584, Bl. 3: »Der Zusammenbruch«, BM Nr. 358, 27. Dez. 1918.
57 Mayer, *Als deutsch-jüdischer Historiker*, 26. Dez. 1918, S. 205.
58 Kessler, *Tagebücher*, 26. Dez. 1918, S. 80f.
59 Hampe, *Kriegstagebuch*, 26. Dez. 1918, 27. Dez. 1918, S. 807.
60 »Weitere Presseäußerungen, Priv. Tel. Berlin, 24. Dez. 1918«, FZ Nr. 357, 25. Dez. 1918 2. MA.
61 Zit. n. Lösche, *Der Bolschewismus*, S. 173.
62 *Aus der Geburtsstunde der Weimarer Republik*, 25. Dez. 1918, S. 66. Van den Bergh glaubte, Liebknecht werde mit der Machtergreifung warten, bis das Feldheer vollständig demobilisiert war; Stephenson, *The Final Battle*, S. 301f.
63 Mühlhausen, *Ebert*, S. 158ff. Auch Landsberg meinte später rückblickend, er würde jeden Abschnitt seines Lebens gerne ein zweites Mal durchleben, nur nicht seine Zeit als Volksbeauftragter. Zun Friedrich Eberts Vorstellungen von Ordnung und Chaos s. Krumpholz, *Wahrnehmung und Politik*, S. 171–207.
64 *Dokumente über die Untersuchungen der Januarunruhen 1919 in Berlin*, Teil B, Aussage Stahl, 5. Mai 1919, S. 95.
65 »Nach den Kämpfen. Bericht der sozialdemokratischen Volksbeauftragten«, *Vorwärts*, 27. Dez. 1918 MA. Siehe auch Barth, *Aus der Werkstatt*, S. 111–114.
66 »Im Schloß«, DZ Nr. 656, 27. Dez. 1918 MA.
67 BArch Berlin R901/55584, Bl. 2: BM Nr. 358, 27. Dez. 1918.
68 *Vorwärts*, zit. n. »Die Regierungskrise«, VZ Nr. 661, 28. Dez. 1918 MA. Man beachte, wie der Ausdruck »blutige Diktatur des Spartakusbundes« die Runde machte: KZ Nr. 608, 30. Dez. 1918 AA.
69 »Die unterlegene Regierung [Hauptüberschrift: ›Der Spartakus und Matrosen-Terror‹]«, *Die Post* Nr. 661, 28. Dez. 1918.
70 »Rätselhafte Vorgänge« und »Die Todesdrohung gegen Wels«, VZ Nr. 660, 27. Dez. 1918 AA.
71 BArch Berlin R901/55583, Bl. 58: »So kann es nicht weitergehen!«, *Chemnitzer Volksstimme* Nr. 300, 28. Dez. 1918 AA.
72 »Massendemonstranten der Mehrheitssozialisten«, DZ Nr. 656, 27. Dez. 1918 MA.
73 »Die unterlegene Regierung [Hauptüberschrift: ›Der Spartakus und Matrosen-Terror‹]«, *Die Post* Nr. 661, 28. Dez. 1918; BArch Berlin R901/55599, Bl. 7: »Der Terror der Volksmarinedivision«, *Die Post* Nr. 659, 27. Dez. 1918 MA.
74 BArch Berlin R901/55584, Bl. 15: »Die letzte Frage«, BBC Nr. 693a, 27. Dez. 1918 MA.
75 Siehe z.B. die Sammlung von Flugschriften in HStAS E131, Bü 151: »Flugblätter, Flugschriften (zur Innen-, Aussen- und Wirtschaftspolitik), Parteiflugblätter / 1918–1919«.
76 BArch Berlin R901/55584, Bl. 16: »Keine neue Unruhen«, VZ Nr. 660, 27. Dez. 1918 AA; »Sich hinter die Regierung stellen«, DZ, 29. Dez. 1918 MA. Siehe auch »Völlige Anarchie im Reiche«, DZ Nr. 663, 31. Dez. 1918 MA; BArch Berlin R901/55583, Bl. 57: »Gegen den roten Terror«, *Schlesische Zeitung* Nr. 669, 28. Dez. 1918 AA; BArch Berlin R901/55583, Bl. 33: *Kölnische Zeitung* Nr. 1184, 30. Dez. 1918 MA; BArch Berlin R901/55599, Bl. 5: »Ausbau nach links?« *Dresdner Anzeiger*, 27. Dez. 1918; BArch Berlin R901/55584, Bl. 9: »Bürgerkrieg«, *Leipziger Tageblatt* Nr. 657, 27. Dez. 1918 MA; BArch Berlin R901/55583, Bl. 42: »Chaos«, *Magdeburgische Zeitung* Nr. 966, 29. Dez. 1918 MA.

Kapitel 6

1 »Die Vorgänge in Berlin. Die Entscheidung steht noch aus. Massenkundgebungen gegen den Minderheitsterror [Priv. Tel. 28 Dez.]«, FZ, 29. Dez. 1918 2. MA.
2 »Die Berliner Kundgebungen gegen Spartacus«, BT Nr. 664, 30. Dez. 1918; Wolff, *Tagebücher 1914–1919*, S. 820–824, Zit. S. 822.
3 Ebd.

4 Miller, *Bürde der Macht*, S. 210–215. Auch Winklers Darstellung ist in diesem Punkt irreführend. Er erwähnt die Protestdemonstrationen der Spartakisten anlässlich der Trauerfeiern, verliert aber kein Wort über die zeitgleichen Demonstrationen der SPD und der DDP. Winkler, *Von der Revolution*, S. 110.

5 Gustav Mayer war besonders verärgert über die Sozialdemokraten. Nach seiner Meinung hätten sie mit ihrer Demonstration bis zum Neujahrstag warten können, er empfand es als »taktlos und unlogisch«, die Arbeiterschaft zur Teilnahme an einer Demonstration aufzurufen, die ausdrücklich dem Zweck diente, gegen eine revolutionäre Totenfeier aufzutrumpfen. Nur die Geschichte werde, so meinte Mayer, das Urteil darüber fällen, ob die Entscheidung Eberts und Scheidemanns, die Regierung zu spalten, anstatt ihre Ämter aufzugeben, zu rechtfertigen war. Mayer, *Als deutsch-jüdischer Historiker*, 29. Dez. 1918, S. 206. Vgl. Hampe, *Kriegstagebuch*, 29. Dez. 1918, S. 808, und 3. Jan. 1918, S. 813; Kessler, *Tagebücher*, 30. Dez. 1918.

6 Die Protokolle der am 28. Dezember geführten Debatten sowohl zwischen den sechs Volksbeauftragten als auch zwischen ihnen und dem Zentralrat, die sich über mehrere Stunden hinzogen, finden sich in *Bericht des Untersuchungsausschusses über die Januar-Unruhen 1919 in Berlin*, Teil C, 2, Nr. 78–84, S. 107–145.

7 »Rücktritt der unabhängigen Volksbeauftragten«, VZ Nr. 663, 29. Dez. 1918; *Dokumente über die Untersuchungen der Januarunruhen 1919 in Berlin*, Teil C, 2, Nr. 84: »Die amtliche Bekanntmachung über die Lösung der Regierungskrise vom 29.12.1918«, S. 144 ff.

8 »Die Berliner Kundgebungen gegen Spartacus«, BT Nr. 664, 30. Dez. 1918, Zur Mobilisierung des Bürgertums seit November 1918 siehe Fritzsche, *Rehearsals for Fascism*, S. 21–38.

9 »Die Regierungskrise«, VZ Nr. 661, 28. Dez. 1918 MA; »Demokraten heraus!«, VZ Nr. 662, 28. Dez. 1918 AA.

10 »Auf zu den Massenkundgebungen!« BM Nr. 361, 30. Dez. 1918.

11 »Ohne Regierung«, *Kreuz-Zeitung* Nr. 664, 31. Dez. 1918, Morgenausgabe, BArch Berlin R.901/55583, Bl. 22: »Herrschaft der Straßen«.

12 »Hundertausende im Tiergarten«, BM Nr. 361, 30. Dez. 1918.

13 BArch Berlin R901/55583, Bl. 23: »Ein Volksheer – die Lehre aus den Berliner Vorgängen [Berlin 30 Dez]«, *Kölnische Zeitung* Nr. 1189, 31. Dez. 1918; »Sozialdemokratische Versammlungen. Wels gegen Spartakus«, VZ Nr. 664, 30. Dez. 1918; »Der Demonstrations-Sonntag«, VZ Nr. 664, 30. Dez. 1918.

14 Ebd. zit. auch nach »Sozialdemokratische Versammlungen. Wels gegen Spartakus«, VZ Nr. 664, 30. Dez. 1918.

15 BArch Berlin R901/55583, Bl. 30: »Die Berliner auf der Straße«, HE Nr. 312, 30. Dez. 1918 AA.

16 »Die Massenkundgebung der sozialdemokratischen Partei in der Wilhelmstraße«, DZ Nr. 661, 30. Dez. 1918 MA.

17 BArch Berlin R901/55583, Bl. 30: »Die Berliner auf der Straße«, HE Nr. 312, 30. Dez. 1918 AA.

18 »Die Massenkundgebung der sozialdemokratischen Partei. In der Wilhelmstraße«, DZ Nr. 661, 30. Dez. 1918 MA. Zit. auch nach »Sozialdemokratische Versammlungen. Wels gegen Spartakus«, VZ Nr. 664, 30. Dez. 1918.

19 »Hundertausende im Tiergarten«, BM Nr. 361, 30. Dez. 1918.

20 Ebd.

21 »Die Massenkundgebung der sozialdemokratischen Partei in der Wilhelmstraße«, DZ Nr. 661, 30. Dez. 1918 MA.

22 BArch Berlin R901/55583, Bl. 30: »Die Berliner auf der Straße«, HE Nr. 312, 30. Dez. 1918 AA.

23 »Die Massenkundgebung der sozialdemokratischen Partei in der Wilhelmstraße«, DZ Nr. 661, 30. Dez. 1918 MA.

24 »Sozialdemokratische Versammlungen. Wels gegen Spartakus«, VZ Nr. 664, 30. Dez. 1918.
25 »Das Urteil des Volkes«, BM Nr. 361, 30. Dez. 1918.
26 »Der Demonstrations-Sonntag«, VZ Nr. 664, 30. Dez. 1918. Siehe auch: »Die Massenkundgebung der sozialdemokratischen Partei in der Wilhelmstraße«, DZ Nr. 661, 30. Dez. 1918 MA.
27 Ebd.
28 »Der Demonstrations-Sonntag«, VZ Nr. 664, 30. Dez. 1918; »Die Kundgebungen der Demokraten«, BM Nr. 361, 30. Dez. 1918. Die Siegessäule stand zu der Zeit auf dem Königsplatz vor dem Reichstag. Erst 1939 wurde sie an ihren heutigen Standort auf dem Großen Stern versetzt.
29 »Die Berliner Kundgebungen gegen Spartacus«, BT Nr. 664, 30. Dez. 1918; Wolff, *Tagebücher 1914–1919*, S. 820–824, Zit. S. 821.
30 »Der Demonstrations-Sonntag«, VZ Nr. 664, 30. Dez. 1918.
31 »Berlin. 30 Dez. Priv. Tel.«, FZ, 31. Dez. 1918 MA.
32 »Die Massenkundgebung der sozialdemokratischen Partei in der Wilhelmstraße«, DZ Nr. 661, 30. Dez. 1918 MA.
33 Zu den aufgebahrten Särgen s. BArch Berlin R901/55583, Bl. 38: »Die rote Schloßwache«, BNN Nr. 661, 29. Dez. 1918 MA.
34 »Die Bestattung der gefallenen Matrosen«, DZ Nr. 661, 30. Dez. 1918 MA; »Die Bestattung der Matrosen«, BM Nr. 361, 30. Dez. 1918.
35 BArch Berlin R901/55583, Bl. 30: »Die Berliner auf der Straße«, HE Nr. 312, 30. Dez. 1918 AA.
36 »Das Urteil des Volkes«, BM Nr. 361, 30. Dez. 1918.
37 Meine Darstellung des Demonstrationsgeschehens stützt sich auf BArch Berlin R901/55583, Bl. 28: »Die Bestattung der sieben Matrosen«, RF 30. Dez. 1918; BArch Berlin R901/55583, Bl. 30: »Die Berliner auf der Straße«, HE Nr. 312, 30. Dez. 1918 AA; »Berlin. 30 Dez. Priv. Tel.«, FZ 31. Dez. 1918 1. MA; »Die Beerdigung der Opfer des 24. Dezember«, VZ Nr. 664, 30. Dez. 1918.
38 BArch Berlin R901/55583, Bl. 30: »Die Berliner auf der Straße«, HE Nr. 312, 30. Dez. 1918 AA.
39 »Die Bestattung der gefallenen Matrosen«, DZ Nr. 661, 30. Dez. 1918 MA.
40 »Der Demonstrations-Sonntag«, VZ Nr. 664, 30. Dez. 1918.
41 Kessler, *Tagebücher*, 29. Dez. 1918, S. 85f.
42 »Der Demonstrations-Sonntag«, VZ Nr. 664, 30. Dez. 1918.
43 Ebd.
44 Georg Bernhard, »Volksheer oder Zusammenbruch?«, VZ Nr. 664, 30. Dez. 1918.
45 »Die Lösung der Krise«, BM Nr. 361, 30. Dez. 1918.
46 »Die Berliner Kundgebungen gegen Spartacus«, BT Nr. 664, 30. Dez. 1918; Wolff, *Tagebücher 1914–1919*, S. 820–824, Zit. S. 822.
47 Wette, *Noske*, S. 281–289.

Kapitel 7

1 »Raubmord im Hotel Adlon«, BM Nr. 4, 4. Jan. 1919.
2 Deutsche Historiker, allen voran Heinrich August Winkler, haben seit den 1970er Jahren immer wieder auf die Fragwürdigkeit der Bezeichnung »Spartakusaufstand« hingewiesen. Sie lehnen diese Etikettierung deswegen ab, weil sie suggeriert, die Spartakusgruppe habe bei dem Aufstand Regie geführt. Die Geschichtsforschung hat zweifelsfrei nachgewiesen, dass das nicht der Fall war. Die Scheu vieler deutscher Historiker, vom »Spartakusaufstand« zu sprechen, hat auch damit zu tun, dass die Nationalsozialisten ihre Darstellung der Novemberrevolution um den Terminus »Spartakusaufstand« herum entwickelt haben. Wer tatsächlich die Anführer des Aufstandes waren, erfährt man bei Winkler, *Von der Revolution*, S. 122 f., sowie bei Winkler, *Weimar 1918–1933*, S. 58.

3 »Schwere Blutopfer«, *Freiheit* Nr. 15, 9. Jan. 1919 MA; Bernstein, *Die deutsche Revolution*, S. 150; »Der weiße Schrecken«, *Freiheit* Nr. 15, 9. Jan. 1919 MA.

4 »Die Zahl der Erschossenen«, *Die Post* Nr. 13, 8. Jan. 1919 MA.

5 BArch Berlin R901/55724, Bl. 14: »Die Zahl der bisherigen Opfer«, TR Nr. 19, 11. Jan. 1919. Die Gesamtzahl der im Verlauf dieses Aufstands getöteten Personen konnte nie verbindlich ermittelt werden. Die Schätzungen reichen von 156 bei Friedrich Stampfer bis zu rund 200 laut einer in der DDR angestellten Untersuchung. Ein Beamter des preußischen Innenministeriums erklärte im April 1919 vor dem Untersuchungsausschuss der Verfassungsgebenden preußischen Landesversammlung, 196 Personen hätten im Zuge des Aufstands ihr Leben verloren. Zu finden sind diese Zahlen in: Stampfer, *Die ersten 14 Jahre der Deutschen Republik*, S. 92; Wette, *Noske*, S. 308; Baudis, Dieter; Roth, Hermann: »Berliner Opfer der Novemberrevolution 1918/19«, S. 87.

6 »Die Zahl der Opfer«, BLA Nr. 9, 13. Jan. 1919; »Spartakiden schießen auf Verwundete und Sanitäter«, BLA Nr. 11, 14. Jan. 1919 MA; »Das befreite Ullsteinhaus«, BM Nr. 6–12, 13. Jan. 1919.

7 *Dokumente über die Untersuchungen der Januarunruhen 1919 in Berlin*, Teil A, 30; ebd., Teil B, S. 165–283 (siehe insbes. die Anhörungen vom 7. und 23. Juli 1919).

8 »Hunderttausende im Tiergarten«, BM Nr. 361, 30. Dez. 1918; »Aus der Reichshauptstadt. Eichhorns Widerspenstigkeit« [Priv. Tel. Berlin 5. Jan.] FZ, 6. Jan. 1919 1. MA; Aussage Ledebours am 20. Mai 1919 in: *Der Ledebour-Prozeß*, S. 44; »Eichhorn entlassen. Der neueste Streich der Gegenrevolution«, *Rote Fahne* Nr. 5, 5. Jan. 1919. Bernstein, *Die deutsche Revolution*, S. 132. BArch Berlin-SAPMO NY 4131/27 (Nachlass Eichhorn), Bl. 1–4, und NY 4131/25 (Nachlass Eichhorn), Bl. 192–200: »Kritik der Geschäftsführung des Polizeipräsidiums«, Berlin, 3. Jan. 1919, Der Polizeipräsident, hier Bl. 197–199: In der »Erklärung der Leitung des Sicherheitsdienstes« finden sich Zurückweisungen dieser Vorwürfe. Siehe ferner Nettl, *Luxemburg*, S. 477 f.; Winkler, *Von der Revolution*, S. 121 f.; Laschitza, *Die Liebknechts*, S. 425.

9 Morgan, *The Socialist Left*, S. 213–240.

10 Bernstein, *Die deutsche Revolution*, S. 131–135; »Noch keine Klärung in Berlin [Berlin 7. Jan. 1919 Priv. Tel.]«, FZ, 8. Jan. 1919 2. MA; »Ganz Berlin gegen Spartakus«, *Die Post* Nr. 13, 8. Jan. 1919 MA; »Vor dem Reichskanzlerpalais«, *Die Post* Nr. 13, 8. Jan. 1919 MA.

11 Eichhorn, *Eichhorn über die Januar-Ereignisse, S.* 69; Aussage Ledebours vom 20. Mai 1919, *Der Ledebour-Prozeß*, S. 44; Bernstein, *Die deutsche Revolution*, S. 134; Winkler, *Von der Revolution*, S. 120. Zu Eichhorn siehe ferner Wette, *Noske*, S. 298. Was die Politik der Obleute in den Betrieben und ihr Verhältnis zu den Parteien betrifft, siehe »Eine Erklärung der Revolutionären Obleute«, *Die Freiheit*, 3. Jan. 1919 AA.

12 Bernstein, *Die deutsche Revolution*, S. 134 f.; Eichhorn, *Eichhorn über die Januar-Ereignisse*, S. 69. Zu dem Aufruf vom 5. Jan. 1919 s. *Illustrierte Geschichte der Deutschen Revolution*, S. 273. Siehe auch »Eichhorn entlassen. Der neueste Streich der Gegenrevolution«, RF Nr. 5, 5. Jan. 1919; »Die Henkersknechte des Zechenkapitals«, RF Nr. 5, 5. Jan. 1919.

13 »Massenkundgebungen [Berlin 5. Jan. Priv. Tel.]«, FZ, 6. Jan. 1919 MA.

14 Ebd. Siehe auch »Gegen die Nationalversammlung«, CZ Nr. 6, 8. Jan. 1919.

15 »Der 5. Januar«, RF Nr. 6, 6. Jan. 1919; »Die Straßenkundgebungen«, *Post* Nr. 10, 6. Jan. 1919 AA. Siehe auch »Die Demonstration«, *Freiheit* Nr. 9, 6. Jan. 1919 MA.

16 »Eichhorn-Demonstrationen [BS]«, KrZ Nr. 9, 6. Jan. 1919 MA.

17 »Es gibt keine Ruhe!« KrZ Nr. 10, 7. Jan. 1919 MA.

18 »Der 5. Januar«, RF Nr. 6, 6. Jan. 1919.

19 »Eichhorn-Demonstrationen [BS]«, KrZ Nr. 9, 6. Jan. 1919 MA; »Massenkundgebungen [Berlin. 5. Jan. Priv. Tel.]«, FZ, 6. Jan. 1919 MA.

20 »Der 5. Januar«, RF Nr. 6, 6. Jan. 1919. Siehe auch die Aussage Ledebours vom 20. Mai 1919 in *Der Ledebour-Prozeß*, S. 45. Däumig, einer der Revolutionären Obleute, gehörte zu den entschiedenen Gegnern der Absicht der SPD, die Macht einer Nationalversammlung zu übertragen. Zur Rolle Däumigs in der Revolution s. Müller, *Geschichte*, und Morgan, »Ernst Däumig and the German Revolution of 1918«.
21 »Die Demonstration«, *Die Freiheit* Nr. 9, 6. Jan. 1919 MA.
22 »Massenkundgebungen [Berlin 5. Jan. Priv. Tel.]«, FZ, 6. Jan. 1919 MA. Siehe auch »Gegen die Nationalversammlung«, CZ Nr. 6, 8. Jan. 1919.
23 »Eichhorn-Demonstrationen [BS]«, KrZ Nr. 9, 6. Jan. 1919 MA.
24 »Die Demonstration«, *Die Freiheit* Nr. 9, 6. Jan. 1919 MA; »Massenkundgebungen [Berlin. 5. Jan. Priv. Tel.]«, FZ, 6. Jan. 1919 MA.
25 »Der 5. Januar«, RF Nr. 6, 6. Jan. 1919.
26 Kessler, *Tagebücher*, 5. Jan. 1919.
27 »Der 5. Januar«, RF Nr. 6, 6. Jan. 1919.
28 Aussage Haecks vom 11. Juni 1919, *Der Ledebour-Prozeß*, S. 505.
29 »Die Demonstration«, *Die Freiheit* Nr. 9, 6. Jan. 1919 MA. Die Menge begann sich gegen 17 Uhr zu zerstreuen: »Massenkundgebungen [Berlin. 5. Jan. Priv. Tel.]«, FZ, 6. Jan. 1919 MA. Siehe auch »Eichhorn über die Gründe seiner Entlassung«, KrZ Nr. 9, 6. Jan. 1919 MA.
30 Zum Eindringen ins Gebäude des *Vorwärts* siehe »Die Demonstration«, *Die Freiheit* Nr. 9, 6. Jan. 1919 MA. Siehe auch »Weitere Besetzungen von Berliner Zeitungen«, *Die Freiheit* Nr. 9, 6. Jan. 1919 MA; »Der *Vorwärts* abermals besetzt«, KrZ Nr. 9, 6. Jan. 1919 MA; »Eichhorn bleibt«, RF Nr. 6, 6. Jan. 1919; »Besetzung des *Vorwärts* und des *Wolffbüros* [Berlin Priv. Tel. 5. Jan]«, FZ, 6. Jan. 1919 MA.
31 »Die Demonstration«, *Die Freiheit* Nr. 9, 6. Jan. 1919 MA; »Besetzung des *Vorwärts* und des *Wolffbüros* [Berlin Priv. Tel. 5. Jan]«, FZ, 6. Jan. 1919 MA; »Die Demonstration«, *Die Freiheit* Nr. 9, 6. Jan. 1919 MA.
32 »Der *Vorwärts*«, *Die Freiheit* Nr. 10, 6. Jan. 1919 AA.
33 Siehe auch Kolb, *Die Arbeiterräte*, S. 238.
34 Wie nach der Niederschlagung des Aufstands ein Staatsanwalt bemerkte, rechtfertigten viele Angeklagte ihre Beteiligung an der Besetzung des *Vorwärts* mit dem Argument, der Verlag gehöre eigentlich der Arbeiterschaft, die ihn seit jeher finanziell unterstützt habe. Siehe ferner *Dokumente über die Untersuchungen der Januarunruhen 1919 in Berlin*, Teil B, Laschke (15. Apr. 1919), S. 17f.
35 Winkler, *Von der Revolution*, S. 121 f.
36 Miller, *Die Bürde der Macht*, S. 226 f.
37 Nettl, *Luxemburg*, S. 478; Winkler, *Von der Revolution*, S. 121 f.
38 In den Tagen danach erklärte sich die Volksmarinedivision jedoch für neutral: Sie werde nur noch Gewalt anwenden, um die Gebäude zu schützen, mit deren Bewachung sie betraut war, zum Beispiel die Reichsbank, die Museen and das Stadtschloss. Siehe »Eine Kundgebung der Volksmarine-Division«, *Die Freiheit* Nr. 17, 10. Jan. 1919 MA. Im Abschlussbericht des Untersuchungsausschusses der Verfassungsgebenden preußischen Landesversammlung findet sich die Behauptung, die Volksmarinedivision habe bei einem Treffen 16 Tage zuvor, bei dem auch Dorrenbach zugegen gewesen sei, die geheime Zusage gegeben, auf der Seite des linken Flügels der USPD (also der Spartakisten) zu kämpfen. Siehe *Dokumente über die Untersuchungen der Januarunruhen 1919 in Berlin*, Teil A, S. 38 und S. 338 ff.
39 Aussage Ledebours vom 20. Mai 1919 in *Der Ledebour-Prozeß*, S. 52; Müller, *Geschichte*, S. 546–549; Bernstein, *Die deutsche Revolution*, S. 136; Winkler, *Weimar*, S. 57.
40 Aussage Ledebours vom 20. Mai 1919 in *Der Ledebour-Prozess*, S. 52. Zu Liebknechts Reaktion, wie von Müller geschildert, siehe Ritter; Miller, *Die deutsche*

Revolution 1918/19, S. 177. Siehe auch Winkler, *Weimar*, S. 57. Die Reaktion Rosa Luxemburgs beschreibt Ullrich, *Die Revolution von 1918/19*, S. 70 f.

41 Siehe Aussage Ledebours vom 20. Mai 1919 in *Der Ledebour-Prozess*, S. 62 f. und S. 505. Den Vorwurf, die Besetzung sei von langer Hand geplant gewesen, erhob Heine vor dem Untersuchungsausschuss der Verfassungsgebenden preußischen Landesversammlung: *Dokumente über die Untersuchungen der Januarunruhen 1919 in Berlin*, Teil B, S. 3 f.; Bernstein, *Die deutsche Revolution*, S. 138 f.

42 Luban, »Demokratische Sozialistin oder ›blutige Rosa‹?«.

43 Die Zahl 53 geht auf Richard Müller zurück, Müller, *Geschichte*, S. 547. Dieselbe Zahl findet sich bei Winkler, *Von der Revolution*, S. 122, und bei Miller, *Die Bürde der Macht*, S. 227. Abweichend davon spricht Eduard Bernstein von 33 Mitgliedern, Bernstein, *Die deutsche Revolution*, S. 136. Infolgedessen findet sich die Zahl 33 auch bei anderen einflussreichen Autoren, etwa bei Nettl, *Rosa Luxemburg*, S. 479. Siehe ferner: Aussage Ledebours vom 20. Mai 1919 in *Der Ledebour-Prozess*, S. 53 f.

44 »Arbeiter! Soldaten! Genossen!«, *Die Freiheit* Nr. 9, 6. Jan. 1919 MA. Siehe auch: Bernstein, *Die deutsche Revolution*, S. 138; Haffner, *Die deutsche Revolution 1918/19*, S. 158.

45 »Eichhorn bleibt«, RF Nr. 6, 6. Jan. 1919.

46 Hobsbawm, *The Age of Extremes*; Mayer, *The Furies*.

47 Einer ihrer heftigsten Kritiker, Emil Barth, sagte über die Männer, die den Beschluss durchsetzten, sie seien ganz wild darauf gewesen, sich »ihren revolutionären Glorienschein […] zu erhalten«. Barth, *Aus der Werkstatt*, S. 129.

48 Den Wechselwirkungen zwischen Ideologie und aktueller Situation kommt eine umso größere Bedeutung zu, als die meisten Teilnehmer der Versammlung im Polizeipräsidium, die sich jetzt spontan entschlossen, aufs Ganze zu gehen, wenige Tage vorher, wie wir uns erinnern, ihren Widerstand gegen eine putschistische Strategie bekundet hatten, weil sie sie für wenig erfolgversprechend hielten. Die Revolutionären Obleute sprachen sich ungeachtet ihres Namens gegen den Versuch aus, nach der Macht zu greifen. Sie hatten sich Ende Dezember 1918 gegen ein Zusammengehen mit den Spartakisten zur Kommunistischen Partei entschieden, unter anderem, weil sie sich nicht mit deren antiparlamentarischen Tendenzen anfreunden konnten. Siehe ferner Winkler, *Von der Revolution*, S. 119; Miller, *Die Bürde der Macht*, S. 222 f.

49 Aussage Ledebours vom 21. Mai 1919 in *Der Ledebour-Prozeß*, S. 88.

50 Rosa Luxemburg, »Was machen die Führer?«, RF Nr. 7, 7. Jan. 1919.

51 Zur Rolle Eberts in dieser Krise siehe Mühlhausen, *Ebert*, S. 145–150.

52 Noske, *Von Kiel bis Kapp*, S. 66 f.

53 »Die Abwehrdemonstration der Mehrheitssozialisten [Berlin, 6. Jan.]«, CZ Nr. 6, 8. Jan. 1919; »Die Demonstration der Arbeitslosen«, *Die Freiheit* Nr. 10, 6. Jan. 1919 AA.

54 »Der 6. Januar«, RF Nr. 7, 7. Jan. 1919.

55 Beispiele für Konfrontationen und nicht-tödliche Gewalt finden sich auch bei Kessler, *Tagebücher*, 6. Jan. 1919. Siehe auch »Der Aufmarsch der beiden Parteien. Blutige Zusammenstöße [Berlin 6. Jan. Priv. Tel.]«, FZ, 7. Jan. 1919 2. MA; »Der 6. Januar«, RF Nr. 7, 7. Jan. 1919; *Adjutant im Preußischen Kriegsministerium*, 13. Jan. 1919, S. 128; vgl. »Vom Rathaus zum Schloßplatz [Der Bürgerkrieg in Berlin]«, *Germania* Nr. 10, 7. Jan. 1919 AA.

56 »Der Bürgerkrieg in Berlin«, *Germania* Nr. 10, 7. Jan. 1919 AA.

57 »Wir sind der tatbereite Teil«, *Die Republik*, 7. Jan. 1919 in Liebknecht, *Gesammelte Reden und Schriften*, S. 708.

58 »Der Kampf um die Macht. Die Vorgänge in Berlin [6 Jan Berlin Priv. Tel.]«, FZ, 7. Jan. 1919 MA. Siehe ferner »Die Abwehrdemonstration der Mehrheitssozialisten

[Berlin, 6 Jan]«, CZ Nr. 6, 8. Jan. 1919; »Die zweite Phase der Revolution«, KrZ Nr. 10, 7. Jan. 1919 MA. Siehe auch »Vor dem Reichskanzlerpalais [BS]«, *Die Post* Nr. 11, 7. Jan. 1919 MA; »Der 6. Januar«, RF Nr. 7, 7. Jan. 1919. Noske sagte derselben Zuhörerschaft: »Seid gute Kinder, wir werden die Ordnung in Berlin wieder herstellen«, »Ordnung oder Anarchie [Berlin 6. Jan. Priv. Tel.]«, FZ, 7. Jan. 1919 2. MA. Auf einem mit dem Namen Noskes signierten Plakat prangte das Versprechen, Noskes Truppen würden »säubern, nicht vernichten«. Das Plakat ist Teil der Sammlung HStAS E131 Bü 151: »Flugblätter, Flugschriften (zur Innen-, Außen- und Wirtschaftspolitik), Parteiflugblätter / 1918–1919«.

59 »Die Abwehrdemonstration der Mehrheitssozialisten [Berlin, 6 Jan]«, CZ Nr. 6, 8. Jan. 1919.

60 »Der Kampf um die Macht [Berlin Priv. Tel. 6 Jan 12.05 Nachmittag]«, FZ, 7. Jan. 1919 MA.

61 Ebd.

62 Ebd. Vgl. die Darstellung derselben Ereignisse in der *Roten Fahne*, die von einem schwachen Rückhalt spricht und den Beifall als »sehr lahm« bezeichnet: »Der 6. Januar«, RF Nr. 7, 7. Jan. 1919.

63 »Berlin. 7. Jan. [Priv. Tel.]«, FZ, 8. Jan. 1919 MA.

64 »Vollmachten für die Regierung«, *Germania* Nr. 10, 7. Jan. 1919 AA.

65 »Die Garde rückt an«, VZ Nr. 656, 24. Dez. 1918 MA.

66 »Ordnung oder Anarchie [Berlin 6. Jan. Priv. Tel.]«, FZ, 7. Jan. 1919 2. MA.

67 Mayer, *Als deutsch-jüdischer Historiker*, 1. Jan. 1919, S. 207 f., 6. Jan. 1919, S. 209.

68 Kessler, *Tagebücher*, 6. Jan. 1919.

69 »Die Straßenkundgebungen«, *Die Post* Nr. 10, 6. Jan. 1919 AA; »Berlin. 6. Jan. Priv. Tel.«, FZ 7. Jan. 1919 MA.

70 »Berlin. 6. Jan. [WTB]«, FZ, 7. Jan. 1919 2. MA. Zu beachten ist, dass das WTB aus einer Reportage der *Deutschen Abendzeitung* schöpfte.

71 »Liebknecht an der Spitze? [Berlin, 7. Jan.]«, CZ Nr. 7, 9. Jan. 1919.

72 *Adjutant im Preußischen Kriegsministerium*, 13. Jan. 1919, S. 129.

73 *Dokumente über die Untersuchungen der Januarunruhen 1919 in Berlin*, Teil B, Aussage von Stephani, 15. April 1919, S. 29.

74 »Der 6. Januar«, RF Nr. 7, 7. Jan. 1919.

75 »Ein Zusammenstoß am Wilhelmplatz [BS]«, *Die Post* Nr. 11, 7. Jan. 1919 MA; »Schießerei vom Auto am Leipziger Platz«, *Die Post* Nr. 11, 7. Jan. 1919 MA; »Ein Zusammenstoß Unter den Linden«, *Die Post* Nr. 11, 7. Jan. 1919 MA; »Die Kämpfe am Montag«, KrZ Nr. 11, 9. Jan. 1919 MA; »Der Aufmarsch der beiden Parteien. Blutige Zusammenstöße [Berlin 6. Jan. Priv. Tel.]«, FZ, 7. Jan. 1919 2. MA.

76 Kessler, *Tagebücher*, 6. Jan. 1919, S. 92-96 Vgl. *Adjutant im Preußischen Kriegsministerium*, 13. Jan. 1919, S. 129.

77 »Die Straßenkämpfe«, *Die Freiheit* Nr. 14, 8. Jan. 1919 AA.

78 Ebd. Siehe auch: »Keine Besetzung der Kaserne des 3. Garde-Regiments durch Spartakus [BS]«, *Die Post* Nr. 14, 8. Jan. 1919 AA.

79 »Schüsse am Wilhelmplatz [Der Bürgerkrieg in Berlin]«, *Germania* Nr. 10, 7. Jan. 1919 AA; »Straßenkämpfe in der Wilhelmstraße, Tote und Verwundete«, *Die Post* Nr. 11, 7. Jan. 1919 MA.

80 »In der Köpenicker Straße [Der Bürgerkrieg in Berlin]«, *Germania* Nr. 10, 7. Jan. 1919 AA; »Die Kämpfe um die Garde-Pionier-Kaserne«, *Die Freiheit* Nr. 13, 8. Jan. 1919 MA.

81 »Fortdauer der Kraftprobe [Berlin. 7. Jan. Priv. Tel. 12.10]«, FZ, 8. Jan. 1919 MA; »In der Köpenicker Straße [Der Bürgerkrieg in Berlin]«, *Germania* Nr. 10, 7. Jan. 1919 AA.

82 »Fortdauer der Kraftprobe [Berlin. 7. Jan. Priv. Tel. 12.10]«, FZ, 8. Jan. 1919 MA.

83 Ebd.

84 Bernstein, *Die deutsche Revolution*, S. 150.
85 Winkler, *Von der Revolution*, S. 123.
86 »Das Straßenbild«, *Die Freiheit* Nr. 13, 8. Jan. 1919 MA; »Auf dem Alexanderplatz«, *Die Freiheit* Nr. 13, 8. Jan. 1919 MA. Vgl. im Kontrast dazu die Beschreibungen des Polizeipräsidiums als Munitionslager: »Der Berliner Polizeidienst«, *Germania* Nr. 12, 8. Jan. 1919 AA; »Die Lage im Polizeipräsidium [Bn]«, *Die Post* Nr. 14, 8. Jan. 1919 AA. Siehe auch »Hochs auf Eichhorn und Liebknecht [BS]«, *Die Post* Nr. 13, 8. Jan. 1919 MA.
87 »Die Straßenkämpfe«, *Die Freiheit* Nr. 14, 8. Jan. 1919 AA; »Der Spartakus-Terror [Berlin 7. Jan. Priv. Tel.]«, FZ, 8. Jan. 1919 2. MA.
88 Winkler, *Von der Revolution*, S. 123 f.; Wehler, *Deutsche Gesellschaftsgeschichte*, S. 398 f.
89 »Das Straßenbild am heutigen Morgen«, *Germania* Nr. 14, 9. Jan. 1919 AA. Siehe auch »Die Kämpfe in der Nacht«, *Germania* Nr. 14, 9. Jan. 1919 AA.
90 »Berliner Straßenbilder«, *Die Post* Nr. 15, 9. Jan. 1919 MA.
91 »Vor dem Reichskanzlerpalais«, *Die Post* Nr. 13, 8. Jan. 1919 MA.
92 Zu den Verhandlungen s. Bernstein, *Die deutsche Revolution*, S. 145–156.
93 »Vereinbarung oder Bürgerkrieg?« *Die Freiheit* Nr. 13, 8. Jan. 1919 MA. Siehe auch: »Verhandlungen noch nicht wieder aufgenommen«, *Die Freiheit* Nr. 14, 8. Jan. 1919 AA.
94 Siehe ferner ihren Artikel »Was machen die Führer?«, RF, 7. Jan. 1919.
95 Wir sollten Rosa Luxemburgs wiederholten Aufrufen zur Tat ihre übrigen Schriften zum Problem des »Terrors« und ihre Ansichten über die russische Revolution im Allgemeinen gegenüberstellen. Siehe Luxemburg, *Gesammelte Briefe*, Bd. 5.
96 Rosa Luxemburg, »Versäumte Pflichten«, RF Nr. 8 [Extrablatt], 8. Jan. 1919.
97 Schüddekopf, *Karl Radek in Berlin*, S. 133. *Siehe auch* Nettl, *Luxemburg*, S. 475.
98 »Das Berliner Chaos. Ergebnislose Verhandlungen [8. Jan. Priv. Tel.]«, FZ, 8. Jan. 1919 AA; »Neue Verhandlungen statt Taten«, *Germania* Nr. 12, 8. Jan. 1919 AA.
99 »Schwäche und Entschlußlosigkeit«, *Die Post* Nr. 13, 8. Jan. 1919 MA. Siehe auch »Spartakus zum Sprung bereit«, *Die Post* Nr. 14, 8. Jan. 1919 AA. Die Titelschlagzeile lautete: »Die große Machtprobe«, *Die Post* Nr. 14, 8. Jan. 1919 AA.
100 »Ganz Berlin gegen Spartakus«, *Die Post* Nr. 13, 8. Jan. 1919 MA. Siehe ferner: »Studentische Propaganda zum Schutz der Regierung [BS]«, *Die Post* Nr. 14, 8. Jan. 1919 AA. In dem Artikel wird geschildert, wie ein Professor an der Berliner Universität seine Studenten drängt, sich freiwillig zu den Regierungstruppen zu melden.
101 »Frankfurt, 8 Januar«, FZ Nr. 20, 8. Jan. 1919 AA. Siehe auch »Die Machtmittel der Regierung [8. Jan. Priv. Tel.]«, FZ Nr. 20, 8. Jan. 1919 AA.
102 »Frankfurt, 8 Januar«, FZ Nr. 20, 8. Jan. 1919 AA.
103 »8. Jan. Priv. Tel. Berlin«, FZ, 9. Jan. 1918 2. MA.

Kapitel 8

1 Bernstein, *Die deutsche Revolution*, S. 151; Ullrich, *Die Revolution von 1918/19*, S. 72.
2 HStAS E 131 Bü 151: »Flugblätter, Flugschriften (Zur Innen-, Aussen- und Wirtschaftspolitik), Parteiflugblätter / 1918–1919«.
3 »Gewalt gegen Gewalt. Die Wiederherstellung der Staatsautorität von Octavia Freiherr von Zedlitz und Neukirch«, *Die Post* Nr. 17, 10. Jan. 1919 MA; »Die Stunde der Abrechnung naht!«, *Reichsbote*, 9. Jan. 1919 MA.
4 Zit. n. »Wie sie hetzen«, *Die Freiheit* Nr. 16, 9. Jan. 1919 AA.
5 »Zu den Waffen«, *Germania* Nr. 14, 9. Jan. 1919 AA.
6 »Neue Straßenkämpfe [Berlin, 8. Januar]«, *Germania* Nr. 13, 9. Jan. 1919 MA; »Kein Ergebnis der Verhandlungen«, *Germania* Nr. 13, 9. Jan. 1919 MA.
7 Zu Stein siehe auch: [Stein], *Irenaeus*.
8 »Berlin. 8 Jan [Priv. Tel.]«, FZ, 9. Jan. 1919 2. MA; »Erfolg der Regierungstruppen

[Berlin 9. Jan. Priv. Tel.]«, FZ, 10. Jan. 1919 MA; »Fortdauer der Kämpfe [8. Jan. Priv. Tel.]«, FZ, 8. Jan. 1919 AA. *Die Freiheit* nannte dasselbe Stadtviertel eine »regelrechte Festung«. Siehe ferner »Die Straßenkämpfe«, *Die Freiheit* Nr. 14, 8. Jan. 1919 AA; »Das Straßenbild«, *Die Freiheit* Nr. 15, 9. Jan. 1919 MA.

9 BArch Berlin R901/55610, Bl. 12: »[Berlin 9 Jan]«, *Hannoverscher Kurier*, 10. Jan. 1919 MA.

10 »Die Berliner Pest«, CZ Nr. 7, 9. Jan. 1919.

11 BArch Berlin R901/55620, Bl. 2: »Der Kampf ums Recht. Von Prof. S. Säner«, BBC Nr. 15, 10. Jan. 1919 MA.

12 »20 Millionen Rubel für Joffe in Deutschland«, *Die Post* Nr. 15, 9. Jan. 1919 MA; BArch Berlin R901/55610, Bl. 7: »Wenn die Alliierten einmarschieren«, *Die Post* Nr. 17, 10. Jan. 1919 MA. Siehe auch: »Die bolschewistische Propaganda in Deutschland«, FZ, 1. Jan. 1919 MA; »Die Zustände in Berlin«, CZ Nr. 4, 5. Jan. 1919.

13 Siehe den Sammelbestand in HStAS E131 Bü 151: »Flugblätter, Flugschriften (Zur Innen-, Außen- und Wirtschaftspolitik), Parteiflugblätter / 1918–1919«.

14 »Russischer Zuzug? [Berlin, 8. Jan. Priv. Tel.]«, FZ, 8. Jan. 1919 AA.

15 »Entwaffnung – Bewaffnung«, *Die Post* Nr. 17, 10. Jan. 1919 MA.

16 HStAS E131 Bü 151: »Flugblätter, Flugschriften (Zur Innen-, Außen- und Wirtschaftspolitik), Parteiflugblätter / 1918–1919«.

17 HStAS E131 Bü 151: »Das Bolschewistische Tollhaus. Von Erich Kuttner, Redakteur des *Vorwärts*«.

18 HStAS E131 Bü 151: »Flugblätter, Flugschriften (Zur Innen-, Außen- und Wirtschaftspolitik), Parteiflugblätter / 1918–1919«.

19 HStAS E131 Bü 151 o. D. [Januar 1919].

20 BArch Berlin R901/55610, Bl. 7: »Wenn die Alliierten einmarschieren«, *Die Post* Nr. 17, 10. Jan. 1919 MA. Siehe auch: BArch Berlin R901/55610, Bl. 12: »Der Augenblick und die Feinde«, DTZ Nr. 15, 9. Jan. 1919 MA; BArch Berlin R901/55610, Bl. 18: »Der Eindruck des Berliner Chaos im Auslande«, HN 10 Jan 1919; BArch Berlin R901/55610, Bl. 19: »Entente und deutsche Revolution«, *Volksfreund*, 10. Jan. 1919.

21 BArch Berlin R901/55610, Bl. 20: »Entente und Spartacusaufruhr«, MNN Nr. 11, 9. Jan. 1919 MA. Siehe ferner: BArch Berlin R901/55610, Bl. 21: *Leipziger Tageblatt* Nr. 13, 9. Jan. 1919 MA; »Scheidemann über die Lage in Berlin«, TR Nr. 16, 9. Jan. 1919 AA.

22 »Die Wirkung auf die Entente. Ewige Schuldknechtschaft«, *Die Post* Nr. 13, 8. Jan. 1919 MA.

23 »Die Straßenkämpfe«, *Die Freiheit* Nr. 14, 8. Jan. 1919 AA. Siehe auch »Fortdauer der Kämpfe [8. Jan. Priv. Tel.]«, FZ, 8. Jan. 1919 AA; »Kampf um die Eisenbahndirektion Berlin«, KrZ Nr. 11, 9. Jan 1919 MA; »An unsere Leser«, RF Nr. 8 »Extrablatt«, 8. Jan. 1919; »Der Kampf um die Rote Fahne«, RF Nr. 9, 9. Jan. 1919. Siehe auch »Zu dem Anschlag auf die Rote Fahne«, RF Nr. 10, 10. Jan. 1919; »Die Zeitungsnot in Berlin«, KrZ Nr. 11, 9. Jan. 1919 MA; »Auf den Straßen Berlins«, *Die Post* Nr. 17, 10. Jan. 1919 MA; »Neue nächtliche Schießereien am Schlesischen Bahnhof«, *Germania* Nr. 16, 10. Jan. 1919 AA.

24 Weitere Beispiele, darunter eine Schilderung des Angriffs auf das Verlagshaus Mosse, siehe »Die Kämpfe des 9. Januar«, RF Nr. 10, 10. Jan. 1919; »Die Nachkämpfe«, *Die Freiheit* Nr. 16, 9. Jan. 1919 AA; »Berlin. Priv. Tel. 10. Jan.«, FZ, 10 Jan. 1919 AA; »Die Kämpfe in der Nacht«, *Germania* Nr. 14, 9. Jan. 1919 AA; »Der Schauplatz des Kampfes«, *Germania* Nr. 16, 10. Jan. 1919 AA; »Beschießung besetzter Druckereien [BS]«, *Die Post* Nr. 17, 10. Jan. 1919 MA; »Schwere Kämpfe in der Jerusalemer Straße«, *Die Post* Nr. 17, 10. Jan. 1919 MA.

25 »Vergeblicher Sturm von Regierungstruppen auf das WTB«, *Germania* Nr. 12, 8. Jan. 1919 AA. Siehe ferner: »Die Bruderkämpfe«, *Die Freiheit* Nr. 18, 10. Jan. 1919 AA; »Heftige Kämpfe um WTB«, KrZ Nr. 11, 9. Jan. 1919 MA.

26 »In der Lindenstraße«, *Die Freiheit* Nr. 13, 8. Jan. 1919 MA; »Am Brandenburger

Tor«, *Die Freiheit* Nr. 13, 8. Jan. 1919 MA. Siehe auch: »Ein Bericht der Regierung«, *Die Freiheit* Nr. 14, 8. Jan. 1919 AA; »Schüsse am Leipziger Platz«, *Die Freiheit* Nr. 13, 8. Jan. 1919 MA; »Maschinengewehrfeuer auf Passanten«, *Die Freiheit* Nr. 14, 8. Jan. 1919 AA.

27 »Die Straßenkämpfe«, *Freiheit* Nr. 14, 8. Jan. 1919 AA.

28 »Der Bürgerkrieg«, *Die Freiheit* Nr. 15, 9. Jan. 1919 MA.

29 »Das Straßenbild«, ebd. Weitere Beispiele: »Der weiße Schrecken«, *Die Freiheit* Nr. 15, 9. Jan. 1919 MA; »Die Nachkämpfe«, *Die Freiheit* Nr. 16, 9. Jan. 1919 AA; »Der Bruderkämpfe«, *Die Freiheit* Nr. 18, 10. Jan. 1919 AA.

30 »Systematische Provokationen«, RF Nr. 8, 8. Jan. 1919, »Extrablatt«.

31 »Schwere Blutopfer«, *Die Freiheit* Nr. 15, 9. Jan. 1919 MA; »Der weiße Schrecken«, *Die Freiheit* Nr. 15, 9. Jan. 1919 MA.

32 »Wahnsinn oder Methode?«, *Die Freiheit* Nr. 15, 9. Jan. 1919 MA. Siehe auch »Provozierende Offiziere«, *Die Freiheit* Nr. 17, 10. Jan. 1919 MA.

33 »Dum-Dum-Geschosse gegen Wehrlose«, *Die Freiheit* Nr. 17, 10. Jan. 1919 MA; »Eine Tatsache«, *Die Freiheit* Nr. 17, 10. Jan. 1919 MA. Siehe auch »Die Mißachtung des Roten Kreuzes durch Regierungstruppen«, RF Nr. 10, 10. Jan. 1919; »Die Kämpfe des 10. Januar«, RF Nr. 11, 11. Jan. 1919. Der *Reichsbote* behauptete in seiner Abendausgabe vom 10. Januar, es seien Gasgranaten eingesetzt worden: »Schrecken ohne Ende«, *Reichsbote*, 10. Jan. 1919 AA.

34 BArch Berlin R901/55724, Bl. 14: »Die Zahl der bisherigen Opfer«, TR Nr. 19, 11. Jan. 1919.

35 »Neue Angriffe auf das Reichskanzler-Palais«, *Die Post* Nr. 14, 8. Jan. 1919 AA. Vgl. »Der Kampf ums Reichstaggebäude [Berlin 8. Jan. Priv. Tel.]«, FZ, 9. Jan. 1918 2. MA. Siehe auch »Die Kämpfe in der Nacht«, *Germania* Nr. 14, 9. Jan. 1919 AA.

36 *Dokumente über die Untersuchungen der Januarunruhen 1919 in Berlin*, Teil B, Aussage von Stephani am 15. April 1919, S. 29 f.

37 »Nicht Verständigung – Bruderkrieg«, *Die Freiheit* Nr. 15, 9. Jan. 1919 MA.

38 Ebd.

39 Ebd.

40 »Verleumdung«, *Die Freiheit* Nr. 16, 9. Jan. 1919 AA.

41 »Verhandlungen und Handlungen«, RF Nr. 9, 9. Jan. 1919.

42 »Das Reich nimmt den Kampf auf«, RF Nr. 9, 9. Jan. 1919. Siehe ferner: »Revolutionstreue Arbeiter Berlins!« *Die Freiheit* Nr. 15, 9. Jan. 1919 MA. Auskunft über den Gang der Verhandlungen gibt »Weitere Vermittlungsversuche«, *Die Freiheit* Nr. 15, 9. Jan. 1919.

43 »Auf zum Generalstreik«, RF Nr. 10, 10. Jan. 1919; »Der Todeskampf der Ebert-Scheidemann«, RF Nr. 10, 10. Jan. 1919.

44 Ebd.

45 »Politische Übersicht, Einigung!« RF Nr. 10, 10. Jan. 1919.

46 Rosa Luxemburg, »Das Versagen der Führer«, RF Nr. 11, 11. Jan. 1919.

47 Ebd.

48 »Auf zum Generalstreik«, RF Nr. 10, 10. Jan. 1919; »Der Todeskampf der Ebert-Scheidemann«, RF Nr. 10, 10. Jan. 1919.

49 Ausgewählte Beispiele: Bericht des preußischen Innenministers Heine (SPD) vom 8. April 1919, in *Dokumente über die Untersuchungen der Januarunruhen 1919 in Berlin*, Teil B, 2; Bernstein, *Die deutsche Revolution*, S. 135; Aussage Ledebours vom 20. Mai 1919 in *Ledebour-Prozeß*, S. 51; Müller, *Der Bürgerkrieg*, S. 30–66; Ritter; Miller, *Die deutsche Revolution*, S. 175.

50 Noske, *Von Kiel bis Kapp*, S. 66 f. Aus demselben Bericht zitiert Salomon, *Die Geächteten*, S. 49 ff.

51 Siehe z. B. Haffner, *Die Deutsche Revolution 1918/19*, insbes. S. 159; Ullrich, *Die Revolution von 1918/19*, S. 71.

52 Zum Verhalten der Massen am 5. Januar siehe auch die Äußerungen Ledebours zur Rolle der Revolutionären Obleute als Ordner: Aussage Ledebours vom 21. Mai 1919 in *Ledebour-Prozeß*, S. 89.

53 Von 400 Personen, gegen die wegen ihrer Rolle bei den Besetzungen ermittelt wurde, waren mehr als 70 Prozent zwischen 15 und 35 Jahre alt; 78 Prozent hatten keine Vorstrafen; 11,5 Prozent hatten kleine Vorstrafen, 7,25 Prozent schwerwiegende Vorstrafen. Nur 10 Prozent hatten an der Front gedient. Als Rädelsführer der Besetzungen wurden Intellektuelle genannt. Viele der Beschuldigten erklärten den Strafverfolgern, man habe sie mit der Aussicht auf 20 Mark Tagelohn zur Teilnahme verleitet. GStA PK. Rep.84a. (Justizministerium) Nr. 11759, Bl. 61–83: »Der Erste Staatsanwalt bei dem Landgericht I, Berlin, 14.2.1919. Bericht über die Beteiligung an den Spartakusunruhen und Beweggründe hierfür. Berichtverfasser: Staatsanwalt Schönner«. Wie ein Staatsanwalt später vor dem Untersuchungsausschuss der Verfassunggebenden preußischen Landesversammlung berichtete, hatten sich in der Endphase, als klarwurde, dass der Aufstand scheitern würde, 100 oder sogar bis zu 200 Aufständische aus den besetzten Gebäuden verdrückt: *Dokumente über die Untersuchungen der Januarunruhen 1919 in Berlin*, Teil B, Aussage Zumbroich, 15. April 1919, S. 24.

54 Zu zeitgenössischen Beispielen siehe auch BArch Berlin R901/55614, Bl. 46: »Warnung von Professor Gerland«, *Neue Badische Landeszeitung*, 19. Jan. 1919. Siehe ferner: BArch Berlin R901/55635, Bl. 10: *Die Post* Nr. 42, 23. Jan. 1919 AA; BArch Berlin R901/55635, Bl. 2: »Die Studenten gegen den Bolschewismus«, *Die Post* Nr. 165, 2. April 1919; BArch Berlin R901/55594, Bl. 11: »Revolutionsbilder aus Berlin. Gabriele Reuter. Berlin im Januar«, *Neue Freie Presse* Nr. 19541, 19. Jan. 1919; BArch Berlin R901/55594, Bl. 14: »Das besetzte Berlin«, BNN Nr. 24, 19. Jan. 1919 MA.

55 Vgl. dagegen Wirsching, *Vom Weltkrieg zum Bürgerkrieg*, S. 124–135, insbes. S. 127 f., wo Wirsching treffend auf die Gleichartigkeit der von beiden Parteien gebrauchten Sprache hinweist.

Kapitel 9

1 Wette, *Noske*, S. 305.

2 »Die Erstürmung des Vorwärts«, *Vorwärts* Nr. 22, 13. Jan. 1919.

3 »Das Ende der Spartacus-Herrschaft«, *Vorwärts* Nr. 22, 13. Jan. 1919.

4 »Die Kämpfe in Berlin. Die Wiedereroberung des *Vorwärts* [11. Jan. Priv. Tel.]«, FZ, 11. Jan. 1919 AA. Die *Frankfurter Zeitung* behauptet in ihrer Reportage, bei dem Angriff sei ein Flammenwerfer zum Einsatz gekommen.

5 Die Zahl der im *Vorwärts*-Gebäude verschanzten Rebellen lag bei mindestens 300 und höchstens 500. Als ihr Anführer wurde später ein Willi Ostermann genannt. Seine Männer waren in vier Kompanien aufgeteilt. Ihr Arsenal bestand aus Hunderten Gewehren und 16 Maschinengewehren. Die Rebellen hatten vor und hinter dem Areal Barrikaden aufgebaut und quer durch den Innenhof einen Schützengraben gezogen. Dieser war mit einer aus Wasserleitungsrohren zusammengebastelten Brustwehr befestigt und durch einen Wall aus Baumstümpfen geschützt. Doch anders als die Belagerer verfügten sie über keine Artillerie. *Dokumente über die Untersuchungen der Januarunruhen 1919*, Heine (8. April 1919), S. 4; *Dokumente über die Untersuchungen der Januarunruhen 1919*, Teil B, Untersuchungsrichter Laschke, 15. April 1919, S. 23 ff.

6 Major von Stephani machte bei seiner Befragung am 10. Mai 1919 leicht abweichende Zahlenangaben. Er erklärte jetzt, im Zuge des abgewehrten ersten Sturmangriffs seien 5 seiner Männer gefallen und 11 verwundet worden. Dokumente über die Untersuchungen der Januarunruhen 1919, Aussage von Stephani, 10. Mai 1919, S. 118.

7 Von Stephani befehligte am 11. Januar 1919 eine Streitmacht von mehr als

700 Mann. Es handelte sich hauptsächlich um Angehörige von in Potsdam stationierten Einheiten, darunter 200 Mann vom 1. Garde-Regiment, 200 Mann vom Garde-Jäger-Bataillon, 250 Offiziersanwärter und 70 Angehörige anderer Divisionen; dazu kamen zwei Artilleriebatterien aus Potsdamer Regimentern. Von Stephani beschrieb die Männer später als erfahrene Soldaten, die »den Krieg satt« hatten. Sie seien nur nach Berlin marschiert, weil sie es für ihre Pflicht gegenüber der neuen Regierung hielten: *Dokumente über die Untersuchungen der Januarunruhen 1919 in Berlin*, Teil B, Aussage von Stephani, 15. April 1919, S. 29f., hier S. 29. *Dokumente über die Untersuchungen der Januarunruhen 1919*, Aussage von Stephani, 21. Mai 1919, S. 118. In den späteren Jahren der Weimarer Republik gehörte Stephani zu den führenden Köpfen des antirepublikanischen Veteranenverbandes »Der Stahlhelm« in Berlin und saß für die NSDAP im Reichstag. Im Januar 1919 war er Anfang 40 und Kommandeur der Potsdamer Jäger.

8 Siehe auch *Dokumente über die Untersuchungen der Januarunruhen 1919 in Berlin*, Teil B, Aussage von Stephani, 15. April 1919, S. 29f.

9 »Das Ende der Spartakus-Herrschaft«, *Vorwärts*, 13. Jan. 1919; *Dokumente über die Untersuchungen der Januarunruhen 1919 in Berlin*, Teil B, Aussage von Stephani, 15. April 1919, S. 31.

10 »Das Ende der Spartakus-Herrschaft«, *Vorwärts*, 13. Jan. 1919. Ähnliches wusste die *Deutsche Zeitung* zu berichten: Als die ersten Gefangenen aus dem *Vorwärts*-Gebäude geführt wurden, habe »die verständliche Erregung der tapferen Regierungstruppen und der Anwohner keine Grenze gekannt«. Aus der Menge der Zuschauer seien die Soldaten mit Rufen wie »Schlagt sie nieder!« und »Nieder mit den Hunden!« angefeuert worden. Die Zeitung entschuldigte den brutalen Umgang mit den Gefangenen mit der »nur allzu verständlichen Wut« der Soldaten: DZ, 11. Jan. 1919, Sonderausgabe; »Der Kampf um den *Vorwärts*«, DZ Nr. 11, 12. Jan. 1919 MA. Siehe auch »Der Sturm auf den *Vorwärts*«, *Die Freiheit*, 12. Jan. 1919 MA.

11 »Spartakus in Auflösung«, *Reichsbote*, 13. Jan. 1919 AA; Ähnliche Schilderungen finden sich in: »Der Sturm auf den *Vorwärts* [11. Jan. Priv. Tel.]«, FZ, 12. Jan. 1919, 2. MA; »Letzte Meldungen [Berlin 11. Jan. Priv. Tel]«, FZ, 11. Jan. 1919 AA; »Die Einnahme des Büxensteinschen Druckereigebäudes«, DZ Nr. 11, 12. Jan. 1919 MA; HStAS M660/034 (Nachlass Reinhardt) Bü 19, Bl. 73: »Die Einnahme des Schlesischen Bahnhofs«, BLA, 13. Jan. 1919.

12 »Das Ende der Spartacus-Herrschaft«, *Vorwärts* Nr. 22, 13. Jan. 1919. Siehe auch »Die Krisis«, DZ Nr. 11, 12. Jan. 1919 MA.

13 BArch Berlin-SAPMO NY 4131/27 (Nachlass Eichhorn), Bl. 122–137: »Die Ermordung der *Vorwärts*-Parlamentäre« von Eugen Fernbach (dem Vater Wolfgang Fernbachs), hier Bl. 127.

14 *Dokumente über die Untersuchungen der Januarunruhen 1919 in Berlin*, Teil B, »Gericht der 1. Garde-Division, Amtsstelle Potsdam – als Verfahren wider Unbekannt wegen Erschießung des Schriftstellers Fernbach«. Kurzfassung der Zeugenaussage Köhns vor dem Militärgericht, der Verfassunggebenden preußischen Landesversammlung am 12. September 1919 vorgetragen, S. 284.

15 *Dokumente über die Untersuchungen der Januarunruhen 1919 in Berlin*, Teil B, Befragung Stettins am 3. Juli 1919, S. 129.

16 Gumbel, *Vier Jahre Mord*, S. 9; Gedenktafel im Finanzamt Kreuzberg.

17 *Dokumente über die Untersuchungen der Januarunruhen 1919 in Berlin*, Teil B, Befragung Stettins am 3. Juli 1919, S. 129. Auch die *Deutsche Zeitung* bezeichnete in ihrem Bericht einen der Gefangenen als Russen: »Der Kampf um den *Vorwärts*«, DZ Nr. 11, 12. Jan. 1919 MA.

18 *Dokumente über die Untersuchungen der Januarunruhen 1919 in Berlin*, Teil B, Befragung Stettins am 3. Juli 1919, S. 129.

19 Ebd.

20 Ebd., Befragung Helms' am 5. Mai 1919, S. 86.
21 Ebd., S. 87.
22 BArch Berlin SAPMO NY 4131/27 (persönlicher Nachlass Emil Eichhorns), Bl. 122–137: »Die Ermordung der Vorwärts-Parlamentäre«, von Eugen Fernbach, hier Bl. 123 und Bl. 132.
23 *Dokumente über die Untersuchungen der Januarunruhen 1919 in Berlin*, Teil B, Aussage von Stephani, 3. Juli 1919, S. 131.
24 BArch Berlin-SAPMO NY 4131/27 (Nachlass Eichhorn), Bl. 122–137: »Die Ermordung der Vorwärts-Parlamentäre« von Eugen Fernbach, hier Bl. 134 f. Siehe auch die *Dokumente über die Untersuchungen der Januarunruhen 1919 in Berlin*, Teil B, 21. Mai 1919, 4. Juni 1919; 3. Juli 1919, S. 112–145.
25 Gumbel, *Vier Jahre politischer Mord*, S. 9 f.
26 »Das Ende der Spartacus-Herrschaft«, *Vorwärts* Nr. 22, 13. Jan. 1919.
27 »Ledebour vor dem Schwurgericht«, DZ Nr. 259, 4. Juni 1919 MA. Diesem Zeitungsbericht zufolge erhielt die Frau »ein paar Ohrfeigen«. Siehe auch die Aussage von Major von Stephani, der den Sturmangriff leitete: *Dokumente über die Untersuchungen der Januarunruhen 1919 in Berlin*, Teil B, 15. April 1919, S. 31.
28 Aussage Steinbring, *Ledebour-Prozeß*, 3. Juni 1919, S. 395.
29 Ebd., S. 392 f.
30 Ebd., S. 393. Siehe auch *Dokumente über die Untersuchungen der Januarunruhen 1919 in Berlin*, Teil B, Bericht v. 7. Nov. 1919, S. 352; Frau Steinbring wird darin eine »Spartakistenhure« genannt.
31 *Dokumente über die Untersuchungen der Januarunruhen 1919 in Berlin*, Teil B, Aussage von Stephani, 15. April 1919, S. 33.
32 Aussage Steinbring, *Ledebour-Prozeß*, 3. Juni 1919, S. 392 f.
33 »Erstürmung des Vorwärts-Gebäudes«, *Germania* Nr. 18, 11. Jan. 1919 AA.
34 Zum Einsatz von Gerätschaften, die normalerweise zur Züchtigung von Tieren verwendet wurden, siehe Sofsky, *Zeiten des Schreckens*, S. 29.
35 Aussagen von Braß und Schwahn, *Lebedour-Prozeß*, 3. Juni 1919, S. 384 f., S. 389.
36 BArch Berlin-SAPMO NY 4131/27 (Nachlass Eichhorn), Bl. 122–137: »Die Ermordung der Vorwärts-Parlamentäre« von Eugen Fernbach, hier Bl. 134.
37 *Dokumente über die Untersuchungen der Januarunruhen 1919 in Berlin*, Teil B, Aussage eines Gefangenen, 5. Mai 1919, S. 96.
38 Aussage Schwahn, *Ledebour-Prozeß*, 3. Juni 1919, S. 390.
39 Aussage Steinbring, ebd., 3. Juni 1919, S. 394.
40 *Dokumente über die Untersuchungen der Januarunruhen 1919 in Berlin*, Teil B, Aussage von Stephani am 15. April 1919, S. 31.
41 Ebd., Aussage von Helms, 5. Mai 1919, S. 86. An Helms' Zuverlässigkeit als Zeuge kamen Zweifel auf, siehe ebd., S. 127. Helms gehörte der SPD an, bevor er sich der USPD anschloss. Eine Bestätigung für das Eingreifen Stephanis findet sich auch in BArch Berlin-SAPMO NY 4131/27 (Nachlass Eichhorn), Bl. 122–137: »Die Ermordung der Vorwärts-Parlamentäre« von Eugen Fernbach, Bl. 134.
42 *Dokumente über die Untersuchungen der Januarunruhen 1919 in Berlin*, Teil B, Aussage von Helms, 5. Mai 1919, S. 89.
43 Ebd., Aussage von Stephani am 15. April 1919, S. 33; ebd., »Gericht der 1. Garde-Division, Amtsstelle Potsdam – als Verfahren wider Unbekannt wegen Erschießung des Schriftstellers Fernbach«. Zusammenfassung der Verhandlungen vor dem Mililtärgericht, der Verfassunggebenden preußischen Landesversammlung am 12. September 1919 vorgetragen, S. 284; ebd., Aussage von Helms am 5. Mai 1919, S. 86.
44 BArch Berlin-SAPMO NY 4131/27 (Nachlass Eichhorn), Bl. 122–137: »Die Ermordung der Vorwärts-Parlamentäre« von Eugen Fernbach, Bl. 135–136.
45 *Dokumente über die Untersuchungen der Januarunruhen 1919 in Berlin*, Teil B, 12. September 1919, »Gericht der 1. Garde-Division, Amtstelle Potsdam – als Verfah-

ren wider Unbekannt wegen Erschießung des Schriftstellers Fernbach«. Zusammenfassung der Verhandlungen vor dem Militärgericht, der Verfassunggebenden preußischen Landesversammlung am 12. September 1919 vorgetragen, S. 284.

46 Stampfer, *Erfahrungen und Erkenntnisse*, S. 233. Auch noch nach dem Zweiten Weltkrieg hielt Stampfer es für nötig, seine Leser wissen zu lassen, die Vorgänge in der Dragonerkaserne hätten ihm »nie eine schlaflose Nacht« bereitet. Siehe Stampfer, *Die ersten 14 Jahre der Deutschen Republik*, S. 91 f.

47 Unter dem unmittelbaren Eindruck des erfolgreichen Sturmangriffs fiel es den Anhängern der Regierung relativ leicht, das Massaker in der Garde-Dragoner-Kaserne zu ignorieren. Was die Zeitgenossen in dieser Phase von den Ereignissen in der Kaserne erfuhren und wie sie darauf reagierten, ordnete sich in einen breiten Horizont kursierender Berichte, Vorwürfe und Gegenvorwürfe ein, von denen einige lediglich Gerüchte waren, die sich später als unwahr herausstellten.

48 »Der Sieg über den Terror«, BM Nr. S. 6–13, 13. Jan. 1919; »Das Ende der Spartacus-Herrschaft«, *Vorwärts* Nr. 22, 13. Jan. 1919; »Der Sieg der Ordnung in Berlin. Die entscheidenden Ereignisse [Berlin 12. Jan. Priv. Tel.]«, FZ, 13. Jan. 1919 MA; »Liebknechts Niederlage«, FZ, 13. Jan. 1919 AA; »Der Zusammenbruch der Spartakiden«, *Reichsbote*, 11. Jan. 1919 AA; »Berlin von dem Joche der Spartakiden befreit«, *Reichsbote*, 13. Jan. 1919 MA; »Das Ende der Spartakus-Herrschaft in Berlin«, DZ, 13. Jan. 1919 MA.

49 »Berlin, 13. Jan. [Priv. Tel.]«, FZ, 13. Jan. 1919 AA.

50 Sein Vater Eugen hatte sich kurz nach Wolfgangs Geburt vom jüdischen Glauben abgewandt; dennoch hatte Wolfgang in seinen jungen Jahren mit dem Zionismus geliebäugelt, und seine Schwester hatte einen russischen Zionisten geheiratet – zum großen Verdruss ihres Vaters.

51 Fernbach, »Memories of Spartacus«. Fernbachs äußere Erscheinung mag eine Rolle gespielt haben – 1910 war er schon einmal Zielscheibe antisemitischer Schmähungen geworden. Mir ist jedoch kein Hinweis darauf begegnet, dass im Zusammenhang mit seiner Ermordung seine jüdische Abkunft thematisiert worden wäre.

52 Wolfgang Fernbach war an der Veröffentlichung von Rosa Luxemburgs »Junius«-Broschüre ebenso beteiligt wie am Druck der Spartakusbriefe und der umstrittenen Denkschrift des früheren deutschen Botschafters in London, Fürst Lichnowsky, *Meine Londoner Mission*, worin er die deutsche Regierung für den Kriegsausbruch verantwortlich machte.

53 *Dokumente über die Untersuchungen der Januarunruhen 1919 in Berlin*, Teil B, Aussage von Stephani, 21. Mai 1919, S. 122–127. Siehe auch GStA PK Rep.84a (Justizministerium) Nr. 11759, Bl. 51–51RS: Brief Reinhardts an Staatsanwalt Weissmann, 3. März 1919; GStA PK Rep.84a (Justizministerium), Nr. 11759, Bl. 52–52RS: »Anzeige gegen die bei der Erstürmung der *Vorwärts* gefangen genommenen Personen wegen Mordes und Mordversuchs (vom 16. 1. 1919). Aus der Erinnerung am 6 März 1919 niedergeschrieben. Major von Stephani und Ltn. Graf Westarp«. Am 15. Januar ließ Walther Reinhardt, der kurz zuvor die Nachfolge Heinrich Scheuchs als preußischer Kriegsminister angetreten hatte, das *Berliner Tageblatt* wissen, die regierungstreuen Soldaten, die das *Vorwärts*-Gebäude gestürmt hatten, seien so erregt gewesen, dass sie jeden, bei dem diese Munition gefunden worden sei, auf der Stelle erschossen hätten. Im weiteren Verlauf seines Plädoyers erklärte er, niemand müsse sich vor den neuen Freiwilligenverbänden fürchten; es seien Soldaten, die bereit seien, sich für die Wiederherstellung der Ordnung zu opfern. »Der Kampf gegen Spartacus«, BT Nr. 13, 15. Jan. 1919 MA; HStAS M660/034 (Nachlass Reinhardt) Bü 19, Bl. 73: »Kriegsminister Reinhardt über die Lage«, BLA, 13. Jan. 1919.

54 »Beisetzung der *Vorwärts*-Opfer«, *Vorwärts* Nr. 25–28, 16. Jan. 1919.

55 Zu der These, Gräuel seien eine »kulturell konstruierte und geschichtlich verfestigte Kategorie«, s. Horne; Kramer, *German Atrocities 1914*, S. 430.

56 »Ein Pyrrhussieg«, *Die Freiheit* Nr. 21, 12. Jan. 1919 MA; »Der Proteststurm der Arbeiter«, *Die Freiheit* Nr. 21, 12. Jan. 1919 MA.
57 »Einigkeit«, Friedrich Stampfer, *Vorwärts* Nr. 22, 13. Jan. 1919.
58 »Dreiste Verdrehung [Berlin 12. Jan. Priv. Tel.]«, FZ, 13. Jan. 1919 MA.
59 Ebd.
60 »Liebknechts Niederlage«, FZ, 13. Jan. 1919 AA.
61 Ebd. Ein ähnliches Beispiel findet sich in »Der wahre Volksfeind«, BM Nr. 6–13, 13. Jan. 1919.
62 »Die entfesselte Soldateska«, RF Nr. 12, 12. Jan. 1919. Siehe ferner die in Artikeln in der Ausgabe vom Folgetag aufgestellten Behauptungen: »Blutorgien der Scheidemänner« und »Der weiße Schrecken«, RF Nr. 13, 13. Jan. 1919. In dem ersten Artikel, »Die entfesselte Soldateska«, hieß es, die Spartakistenführer hätten erst durch Reportagen in der Zeitung *Der Reichsbote* erstmals von den Gräueln erfahren. In der RF-Ausgabe vom 14. Januar erschien dann ein ausführlicher Beitrag über die Gräueltat: »Der Meuchelmord an Parlamentären der *Vorwärts*-Besatzung«, RF Nr. 14, 14. Jan. 1919.
63 Fernbach, »Memories of Spartacus«, S. 216. Mathilde Jacob wurde in den Redaktionsräumen der *Roten Fahne* verhaftet.
64 Rosa Luxemburg, »Ordnung herrscht in Berlin«, RF Nr. 14, 14. Jan. 1919.
65 »Fünf Tage Verhandlungen – dann erst Sturm auf den *Vorwärts*«, *Vorwärts* Nr. 23, 14. Jan. 1919. Ebert und seine Regierung rechtfertigten, ebenso wie der *Vorwärts*, das Vorgehen der Soldaten und ihr Recht auf Gewaltanwendung. Den Vorwurf, die Regierungstruppen hätten übermäßig brutale Gewalt angewendet, taten sie als Propaganda der extremen Linken ab. »Das Spiel mit dem weißen Schrecken«, *Vorwärts* Nr. 23, 14. Jan. 1919.
66 Siehe Grzesinski, *Im Kampf um die deutsche Republik*, S. 11–27.
67 Winkler, *Von der Revolution*, S. 125.
68 *Dokumente über die Untersuchungen der Januarunruhen 1919 in Berlin*, Teil C, 2, Nr. 96 und Nr. 97: »Dienstag, 7.1.1919 vorm.: Gemeinsame Sitzung von Kabinett und Zentralrat über die Unruhen in Berlin«, sowie »Dienstag, 7.1.1919 nachm.: Gemeinsame Sitzung von Kabinett und Zentralrat«, S. 197–201. Wichtige Überlegungen zu semantischen Parallelen zwischen den Wortführern des Spartakismus und der Regierung stellt Wirsching an: *Vom Weltkrieg zum Bürgerkrieg*, S. 124–135, insbes. S. 127 f.
69 *Dokumente über die Untersuchungen der Januarunruhen 1919 in Berlin*, Teil B, Aussage von Stephani am 15. April 1919, S. 29 f.
70 Stampfer, *Erfahrungen und Erkenntnisse*, S. 234; »Die Krisis«, DZ Nr. 11, 12. Jan. 1919 MA; »Berlin. 11 Jan [Priv. Tel.]«, FZ, 12. Jan. 1919 2. MA.
71 GStA PK. Rep.84a. (Justizministerium) Nr. 11759, Bl. 61 f.: »Der Erste Staatsanwalt bei dem Landgericht I. 67. Gen. Berlin, 14 Feb. 1919. Bericht über die Beteiligung an den Spartakusunruhen und Beweggründe hierfür. Berichtverfasser: Staatsanwalt Schönner«. Siehe auch den Vortrag des preußischen Innenministers Wolfgang Heine (SPD), der ebenfalls die Rolle der Russen betonte: *Dokumente über die Untersuchungen der Januarunruhen 1919 in Berlin*, Teil B, 8. April 1919, S. 4.
72 »Noske über die Lage in Berlin und im Osten«, *Vorwärts* Nr. 22, 13. Jan. 1919.
73 Der Gedanke, es könne beim Sturmangriff auf das *Vorwärts*-Gebäude auch darum gegangen sein, den absoluten Herrschaftswillen der Regierung zu demonstrieren, kommt in Wolfram Wettes Überlegungen zur Verhältnismäßigkeit der von den Regierungstruppen ausgeübten Gewalt nicht vor. Siehe Wette, *Noske*, S. 315–321.

Kapitel 10

1 BArch-MA PH8v/11 [Preußische Armee 1867–1918/19: Kavallerie-Divisionen der Preußischen Armee (Gericht des Garde Kav. (Sch.) Korps.]: »Personalbogen & Dienstleistungs-Zeugnis des Hauptmanns von Pflugk-Harttung«.

2 Siehe ferner Rüger, *The Great Naval Game.*

3 Wolz, *Das lange Warten.*

4 Zur Niederlage Deutschlands im U-Boot-Krieg von 1918 s. Groß, *Seekriegsführung der Kaiserlichen Marine im Jahre 1918*, S. 249–293. Wie Tirpitz 1924 feststellte, wussten die Kriegsfreiwilligen der U-Boot-Besatzungen sehr genau, dass von fünf zum Einsatz auslaufenden Booten im Durchschnitt nur drei zurückkehrten. Siehe auch Jones, »From ›Skagerrak‹ to the ›Organisation Consul‹«, S. 257 ff.

5 Zum abschüssigen Weg von der Hochseeflotte in den paramilitärischen Untergrund der Weimarer Republik siehe ebd.

6 BArch-MA: RM122/70, Bl. 1–12: »Freg. Kapt. V. Pflugk-Harttung (OKW. Abt. Ausland) an OKM/Kriegswissenschaftliches Abteilung (Kr.) Betr. ›Marine-Offizier-Schwadron Pflugk‹, 21. Nov. 1940. Marineoffizier-Schwadron Pflugk A. Vorgeschichte«, hier Bl. 3. Zur Vernehmung Horsts nach dem Zweiten Weltkrieg siehe auch: KV 2/2643 British Security Service file on Horst von Pflugk-Harttung (4. Dezember 1931–22. März 1946).

7 *Weizsäcker-Papiere*, S. 325.

8 Nettl, *Luxemburg*, S. 476; Laschitza, *Die Liebknechts*, S. 432 f.

9 Fernbach, »Memories of Spartacus«, S. 216 f.; Nettl, *Luxemburg*, S. 485.

10 GStA PK Rep.84a (Justizministerium) Nr. 11759, Bl. 187–191: »Erster Staatsanwalt beim Landgericht II, 24. Feb. 1919, zweiter Bericht in der Untersuchungssache Liebknecht und Frau Luxemburg«, hier Bl. 188.

11 Zur Entdeckung und Ergreifung der Spartakistenführer s. Gietinger, *Eine Leiche im Landwehrkanal*, S. 18–31.

12 BArch-MA PH8v/11 (Preußische Armee 1867–1918/19: Kavallerie-Divisionen der Preußischen Armee, Gericht der Garde Kav. [Sch. Div.]) birgt detaillierte persönliche Angaben zu den Hauptverdächtigen. Bü 1–11 enthalten Ermittlungsakten, Bü 12–19 das stenographische Protokoll der Gerichtsverhandlungen.

13 BArch-MA Ph8v/1, Bl. 94/95: »Protokoll über Rosa Luxemburg, Obtl. a. D. Vogel, 16. Jan. 1919«.

14 Runge wechselte später die Seiten und vertraute sich der *Freiheit* an, die seine Beschuldigungen 1921 veröffentlichte. Bald darauf wurde er von Strafverfolgern erneut vernommen, die neue Ermittlungen zu dem Fall einleiten wollten. Siehe ferner die in BArch-MA PH8v/10 abgelegte Akte, insbes. Bl. 1–3, »Das Geständnis. Otto Runge, 22. Jan. 1921«. Siehe auch Gietinger, *Eine Leiche im Landwehrkanal*, S. 27 f.

15 BArch-MA PH8v/2, Bl. 4: Brief an Jörns vom 28. Jan. 1919.

16 Zur »Sonderbehandlung« Liebknechts siehe die Kurzfassung der Beweisaufnahme in BArch-MA Ph8v/2, Bl. 206–220: »Schriftsatz in der Untersuchungssache gegen von Pflugk-Harttung und Genossen. Berlin, den 15 März 1919«, Bl. 221–227.

17 »Auch Liebknecht ermordet?« *Vorwärts* Nr. 31/32, 18. Jan. 1919. Gietinger, *Eine Leiche im Landwehrkanal*, S. 29.

18 BArch-MA PH8v/1, Bl. 120 ff.: Aussage Gorkow.

19 Gietinger, *Eine Leiche im Landwehrkanal*, S. 29. In der 2008 ausgestrahlten ZDF-Serie *Die Deutschen* wurde die Ermordung Rosa Luxemburgs in einer Szene nachgestellt, die die Brutalität der Tat fast völlig negierte.

20 BArch-MA Ph8v/1, Bl. 94 f.: »Protokoll über Rosa Luxemburg Obtl. a. D. Vogel, 16. Jan. 1919«.

21 BArch-MA Ph8v/2, Bl. 206–220: »Schriftsatz in der Untersuchungssache gegen von Pflugk-Harttung und Genossen, Berlin, den 15 März 1919«.

22 Wie ein Staatsanwalt in Erfahrung gebracht hatte, war der Plan, die Leiche Rosa Luxemburgs in den Kanal zu werfen, spontan entstanden, nachdem die Männer ein Stück weit vom Hotel entfernt waren. GStA PK Rep.84a Nr. 11759 (Justizministerium), Bl. 192–197: »Erster Staatsanwalt beim Landgericht II, Berlin, 13 März

1919. Dritter Bericht in der Untersuchungssache Liebknecht und Frau Luxemburg«, hier Bl. 195.

23 BArch-MA Ph8v/10, Bl. 1–3, »Das Geständnis. Otto Runge, 22. Jan. 1921«, hier Bl. 2.

24 Zu den Drohungen gegen Liebknecht und Luxemburg Anfang Dezember siehe Kluge, *Soldatenräte und Revolution*, S. 241.

25 »Gesindel«, *Die Freiheit*, 7. Dez. 1918 MA. Siehe ferner Gerwarth und Horne, »Bolschewismus als Phantasie«, S. 94–107.

26 *Illustrierte Geschichte der Deutschen Revolution*, S. 236–243, Zit. 241.

27 Zur Kampagne gegen Liebknecht s. Stadtler, *Als Antibolschewist 1918/19*; Wette, *Noske*, S. 312 f.; Laschitza, *Die Liebknechts*, S. 405 f., S. 424.

28 Gietinger, *Eine Leiche im Landwehrkanal*, S. 137.

29 BArch-MA N620/2 (Nachlass Pabst), Bl. 65–80; Wette, *Noske*, S. 308–315. Zum allgemeinen Hintergrund siehe Gietinger, *Eine Leiche im Landwehrkanal*.

30 BArch-MA Ph8v/1, Bl. 6, »Protokoll über den Tod von Dr. Karl Liebknecht 16.1.19 – 2 Uhr vorm.«

31 Gietinger, *Eine Leiche im Landwehrkanal*, S. 35 ff., S. 117 f.

32 »Karl Liebknecht and Rosa Luxemburg getötet«, »Liebknecht und Luxemburgs Ende. Die amtliche Darstellung [WTB Berlin 16. Jan]«, VZ Nr. 29, 16. Jan. 1919 AA. Der erste Bericht überhaupt erschien in der BZaM: »Liebknecht auf der Flucht erschossen. Rosa Luxemburg von der Menge getötet«, sowie »Der Verlauf der Doppeltragödie«, »Karl Liebknecht«, *BZaM* Nr. 7, 16. Jan. 1919.

33 BArch-MA N620/2 (Nachlass Pabst), Bl. 71, Bl. 65 f.

34 Vgl. hingegen Gietinger, *Der Konterrevolutionär*, S. 106–116, S. 120–137, insbes. S. 134–137.

35 »Das Leichenhaus«, *Vorwärts* Nr. 22, 13. Jan. 1919. Zicklers Gedicht erwähnt Winkler, *Von der Revolution*, S. 128 Anm. 276. Die Gedanken, die sich Friedrich Stampfer nach 1945 über das Gedicht machte, sind nachzulesen in Stampfer, *Erfahrungen und Erkenntnisse*, S. 234 f.

36 Aufschlussreicherweise kürzte der *Vorwärts* in seinem Bericht die Rede Scheidemanns um diese Sätze: »Sie haben Spazierfahrten durch Berlin mit Maschinengewehren veranstaltet, die sie uns wiederholt vor die Reichskanzlei fuhren, sie haben Tag für Tag ihre Anhänger bis zur Siedehitze aufgepeitscht, sie haben, nachdem durch ihre Schuld Arbeiter- und Soldaten-Blut im Strömen geflossen, uns als Mörder und Bluthunde Tag für Tag in ihren Zeitungen und in ihren Versammlungen beschimpft.« Zu Scheidemanns Reaktion s. ferner Gietinger, *Eine Leiche im Landwehrkanal*, S. 158, Anm. 57.

37 »Scheidemann über Bolschewismus und Gewaltfrieden«, *Germania*, 17. Jan. 1919 AA.

38 »Eine Rede Scheidemanns. Zum Tode Liebknechts und Rosa Luxemburgs [Kassel, 16. Jan.]«, *Vorwärts* Nr. 29/30, 17. Jan. 1919.

39 Zur Reaktion Eberts s. Mühlhausen, *Ebert*, S. 148 f.

40 »Scheidemann über Bolschewismus und Gewaltfrieden«, *Germania*, 17. Jan. 1919 AA; »Eine Rede Scheidemanns. Zum Tode Liebknechts und Rosa Luxemburgs [Kassel, 16. Jan.]«, *Vorwärts* Nr. 29/30, 17. Jan. 1919.

41 »Die Tragödie der Spartakus-Führer«, BM Nr. 17, 17. Jan. 1919.

42 Bevor die Nachricht vom Tod der beiden öffentlich wurde, feierte die *Deutsche Zeitung* die Festnahme Liebknechts mit der Überschrift »Liebknecht verhaftet! Endlich erwischt«, DZ, 16. Jan. 1919 MA. Siehe auch *Der Mord an Rosa Luxemburg und Karl Liebknecht*, S. 35–58.

43 »Liebknecht erschossen! Luxemburg gelyncht! Das Ende der Spartakidenhäupter«, *Reichsbote*, 16. Jan. 1919 AA. Besonnenere Töne schlug die *Kreuz-Zeitung* an: »Liebknechts Ende«, KrZ Nr. 21, 17. Jan. 1919 MA.

44 Zit. nach einem kritischen Artikel im *Vorwärts:* »Selbst den Tod respektieren sie nicht«, *Vorwärts*, Nr. 29/30, 17. Jan. 1919.

45 Hampe, *Kriegstagebuch*, 17. Jan. 1919, S. 820 f.

46 »Karl Liebknecht und Rosa Luxemburg«, FZ, 17. Jan. 1919, 2. MA; »Karl Liebknechts Ende«, BT [P.W] Nr. 16, 16. Jan. 1919 AA; »Rosa Luxemburg« BT [P.W]«, Nr. 16, 16. Jan. 1919 AA. Siehe auch »Richter Lynch«, VZ Nr. 29, 16. Jan. 1919 AA; Hampe, *Kriegstagebuch*, 17. Jan. 1919, S. 820 f.; Kessler, *Tagebücher*, 16. Jan. 1919.

47 »Die Bestien«, Nr. 29, *Die Freiheit*, 16. Jan. 1919 AA.

48 Das Rätsel um den Verbleib der Leiche Rosa Luxemburgs gab diversen Gerüchten und Unterstellungen Nahrung. Auf einer politischen Kundgebung Mitte Februar soll einer der Redner behauptet haben, ihre Leiche sei an die Tiere im benachbarten Zoologischen Garten verfüttert worden. Als der Leichnam schließlich am 31. Mai entdeckt wurde, hielt Gustav Noske die Sache für so brisant, dass er Befehl erteilte, ihn zu einem Truppenstandort südlich von Berlin zu bringen, womit er wiederum gesteigerte Empörung im Lager der Regierungsgegner provozierte: »Suche nach der Leiche Rosa Luxemburgs«, BT Nr. 16, 16. Jan. 1919 AA. Siehe ferner: BArch-MA Ph8v/7, Bl. 20; BArch-MA Ph8v/1, Bl. 147, Bl. 166 f.; BArch-MA Ph8v/2, Bl. 50; BArch-MA Ph8v/3, Bl. 24; BArch-MA Ph8v/6, insbes. Bl. 9.

49 »Der Mord und die Mörder«, *Die Freiheit* Nr. 32, 18. Jan. 1919 MA; »Massenproteste gegen den Meuchelmord«, *Die Freiheit* Nr. 32, 18. Jan. 1919 MA; »Neue Beweise für den Meuchelmord«, *Die Freiheit* Nr. 33, 18. Jan. 1919 AA; »Zwei Welten« und »Gegen die Mörder«, *Die Freiheit* Nr. 33, 18. Jan. 1919 AA; »Wer trägt die Schuld an der Ermordung Liebknechts und Luxemburgs?«, *Die Freiheit* Nr. 33, 18. Jan. 1919 AA; »An die Leser!«, RF Nr. 17, 3. Feb. 1919; »Mord, Mörder und Richter«, RF Nr. 30, 16. Feb. 1919.

50 »Die Untersuchung. Die Freiheit hetzt und verleumdet«, *Vorwärts* Nr. 31/32, 18. Jan. 1919.

51 »Selbst den Tod respektieren sie nicht«, *Vorwärts* Nr. 29/30, 17. Jan. 1919. Wie der *Vorwärts*, warf auch die *Berliner Morgenpost* der USPD vor, sie hätten in den Tagen nach dem Tod der beiden falsche Anschuldigungen erhoben. »Der Tod Liebknechts. Falsche Beschuldigungen der Unabhängigen«, BM Nr. 18, 18. Jan. 1919.

52 »Gewaltsamer Tod Liebknechts und R. Luxemburgs«, *Vorwärts* Nr. 29/30, 17. Jan. 1919; »Die Regierung über die Bluttat. Mahnung zur Einkehr [Berlin. 17. Jan. Amtlich]«, *Vorwärts* Nr. 29/30, 17. Jan. 1919. Siehe auch »Die Haltung der Regierung und des Zentralrates«, *Vorwärts* Nr. 29/30, 17. Jan. 1919. Siehe auch »Die Regierung zum Tode der Spartakusführer«, KrZ Nr. 21, 17. Jan. 1919 MA.

53 Auch die zivile Anklagebehörde leitete Ermittlungen zum Tod Rosa Luxemburgs ein, weil aus der Darstellung von Pabst hervorzugehen schien, dass Luxemburg vor dem Hotel aus einer Menschenmenge heraus attackiert worden war. Ein Teil der Ermittlungsergebnisse findet sich in GStA PK Rep.84a Nr. 11759 (Justizministerium), Bl. 174–207.

54 Gietinger, *Eine Leiche im Landwehrkanal*, S. 50–55.

55 Die Akten sind im Bestand BArch-MA PH8v/11. Siehe z. B. »Dienstleistungs-Zeugnis des Kapitänleutnant von Pflugk-Harttung. Berlin, 15. März 1919«.

56 Siehe die Briefe in: BArch-MA Ph8v/1, Bl. 64: Wegmann an Jörns, 20. Jan. 1919; BArch-MA Ph8v/2, Bl. 4: Wegmann an Jörns, 28. Jan. 1919. Siehe auch den Brief von Hugo Haase, BArch-MA Ph8v/1, Bl. 168, 23. Jan. 1919, Hugo Haase an Jörns. Erst Ende Februar wurden die eigentlichen Drahtzieher der Morde verhaftet. Siehe auch: BArch-MA RM122/70: »Freg. Kapt. V. Pflugk-Harttung (OKW. Abt. Ausland) an OKM/Kriegswissenschaftliche Abteilung (Kr.) Betr. Marine-Offizier-Schwadron Pflugk«, 21. Nov. 1940. »Marineoffizier-Schwadron Pflugk A. Vorgeschichte«, hier Bl. 7 und Bl. 9.

57 »Mord, Mörder und Richter«, RF Nr. 30, 16. Feb. 1919. Siehe ferner BArch-MA,

Ph8v/3, Bl. 192: »Das Zechgelage der Mörder im Edenhotel«, RF Nr. 29, 15. Feb. 1919, und RF Nr. 34, 20. Feb. 1919.

58 *Der Mord an Rosa Luxemburg und Karl Liebknecht.*

59 Ein stenographisches Protokoll der Gerichtsverhandlung findet sich in BArch-MA Ph8v/12 bis Ph8v/17. Speziell beziehe ich mich hier auf: BArch-MA Ph8v/14, Bl. 493–513; BArch-MA Ph8v/15, Bl. 600; BArch-MA Ph8v/16, Bl. 851.

60 BArch-MA Ph8v/10, Bl. 1–3, »Das Geständnis. Otto Runge, 22. Jan. 1921«, hier Bl. 3.

61 BArch-MA Ph8v/17, Bl. 1035.

62 BArch-MA Ph8v/4, Bl. 228; BArch-MA Ph8v/19, Bl. 160; Gietinger, *Eine Leiche im Landwehrkanal*, S. 56–67, S. 128 f.

63 Mühlhausen, *Ebert*, S. 148 f.

64 Zeitgenössische Reaktionen auf den Prozess finden sich hier: Stefan Großmann, »Der Moabiter Urteilsspruch«, VZ Nr. 244, 15. Mai 1919 MA.

65 Die bei dem Sturmangriff vom 11. Januar ums Leben gekommenen Regierungssoldaten wurden im Rahmen einer öffentlichen Feierstunde in Potsdam bestattet. Stephani hielt die Grabrede in Anwesenheit von Vertretern des *Vorwärts*-Verlages und der SPD. Er bezeichnete die gefallenen Soldaten als Männer, die nach vier Jahren Kriegseinsatz ihre Pflicht getan hätten. Im Anschluss an Stephani brachte ein Vertreter des *Vorwärts* in einer ebenfalls kurzen Rede seine Anerkennung zum Ausdruck. Es war ein symbolträchtiger Moment, der die Partnerschaft zwischen der SPD und den Militärs vertiefte: Vertreter beider Organisationen legten imposante Blumenkränze nieder, desgleichen Abgesandte der Firmen Mosse, Büxenstein und Vorwärts. Siehe »Beisetzung der *Vorwärts*-Opfer«, *Vorwärts* Nr. 25–28, 16. Jan. 1919.

66 »Zur Bestattung der Revolutionsopfer«, *Die Freiheit* Nr. 43, 25. Jan. 1919 MA.

67 Ebd.

68 »Die Totenfeier der Revolutionsopfer«, *Die Freiheit* Nr. 44, 25. Jan. 1919 AA.

69 Ebd. »Die Beerdigung Liebknechts«, *Vorwärts* Nr. 47, 26. Jan. 1919.

70 »Das Leichenbegängnis Liebknechts«, *Vorwärts* Nr. 46, 25. Jan. 1919 AA.

71 »Die Beerdigung der Revolutionsopfer«, *Die Freiheit* Nr. 45, 26. Jan. 1919 MA; »Die Beerdigung Liebknechts«, *Vorwärts* Nr. 47, 26. Jan. 1919.

72 Ebd.

73 »Die Beerdigung der Revolutionsopfer«, *Die Freiheit* Nr. 45, 26. Jan. 1919 MA; »Die Beerdigung Liebknechts«, *Vorwärts* Nr. 47, 26. Jan. 1919.

74 »Schande«, *Die Freiheit* Nr. 44, 25. Jan. 1919 AA. Siehe ferner »Das Leichenbegängnis Liebknechts«, *Vorwärts* Nr. 45, 25. Jan. 1919 AA; »Die Beerdigung der Revolutionsopfer«, *Freiheit* Nr. 45, 26. Jan. 1919 MA.

75 *Dokumente über die Untersuchungen der Januarunruhen 1919 in Berlin*, Teil C, 2, Nr. 114: »Dienstag, 21. 1. 1919 mittags: Kabinettssitzung«, S. 285–297, hier S. 287.

76 Zu den Freikorps siehe auch: Waite, *Vanguard of Nazism*; Schulze, *Freikorps und Republik*; Gerwarth, »The Central European Counter-Revolution«.

77 BArch-MA RM122/79, Bl. 110 f.: »An die Division von Lettow. 13. Juni 1919«. Dieselbe Akte liegt auch in RM122/96, Bl. 28 f. Siehe auch Kap. 8.

78 Wette, *Noske*, S. 308–315, 421; BArch-MA N620/2 (Nachlass Pabst), S. 88–95.

79 Noske, *Von Kiel bis Kapp*, S. 75 f.

80 Aus diesem Grund nannte Detlev Peukert diese zehn Wochen zu Recht eine »Zeit der Entscheidungen«. Peukert, *Die Weimarer Republik*, S. 39.

81 Zu Bremen siehe »Bremen nach Kampf besetzt«, BM Nr. 36, 5 Feb. 1919. Siehe ferner: Kolb, *Die Arbeiterräte*, S. 339–347; Winkler, *Von der Revolution*, S. 132 f.; Miller, *Die Bürde der Macht*, S. 236–240; Wette, *Noske*, S. 401–410; Müller; Breves, *Bremen in der deutschen Revolution.*

82 Barth, *Dolchstoßlegenden*, S. 240–247; Maercker, *Vom Kaiserheer zur Reichswehr*; »Der Kreuzzug eines Freikorps 1918/9. Auszug aus dem Kriegstagebuch des frei-

willigen Landesjägerkorps General Maercker«, in: *Das Buch vom deutschen Freikorpskämpfer*, S. 54–62.
83 Juergensmeyer, *Terror im Namen Gottes.*
84 Beispiele dafür, wie die Empörung über Gewaltexzesse bei der *Roten Fahne* neue Kräfte mobilisierte, darunter Fotos – die sonst in der RF eher selten auftauchten –, finden sich in: »Gegen die Mörder Karl Liebknechts«, RF Nr. 18, 4. Feb. 1919; »Der Mord an Liebknecht und Luxemburg. Die Tat und die Täter«, RF Nr. 26, 12. Feb. 1919; »Der Mord und die Mörder«, RF Nr. 27, 13. Feb. 1919; »Die Zwangsaushebung beginnt. Der Mord und die Mörder«, RF Nr. 28, 14. Feb. 1919; »Die Verschwörung des Schweigens«, RF Nr. 30, 16. Feb. 1919; »Die Richter und die Regierung«, RF Nr. 31, 17. Feb. 1919, mit einem mit »Schande« unterschriebenen Bild, RF Nr. 33, 19. Feb. 1919; »Die Mitschuldigen«, RF Nr. 34, 20. Feb. 1919; »Der verschwundene Runge«, RF Nr. 40, 26. Feb. 1919; »Aus dem Verbrecheralbum«, RF Nr. 44, 2. März 1919.
85 »Noskes Blutbad unter Arbeitslosen«, RF Nr. 23, 9. Feb. 1919; »Amtliche Lügen«, RF Nr. 24, 10. Feb. 1919; »Der neue Krieg. Eberts Offensive«, RF Nr. 24, 11. Feb. 1919.
86 »Arbeiter, Proletarier!«, RF Nr. 45, 3. März 1919.

Kapitel 11

1 »Fortdauer der Kämpfe. Berlin, 9. März (Priv. Tel.)«, FZ Nr. 185, 10. März 1919 MA; »Die Streiktage in Berlin. Der spartacistische Matrosenaufstand«, BT Nr. 98, 8. März 1919 MA »Wer hat begonnen? Die ersten Straßenschlachten«, *Vorwärts* Nr. 126, 10. März 1919 MA.
2 »Der Kampf gegen die Spartacisten in Berlin«, BT Nr. 100, 9. März 1919 MA; »Eine rätselhafte Fliegerbombe«, *Post* Nr. 120, 9. März 1919, Sonntagsausgabe; »Berlin, 9. März (WB)«, FZ Nr. 185, 10. März 1919 MA. Das Dementi findet sich in *Die Wahrheit über die Berliner Straßenkämpfe*, S. 8.
3 Die Zahl 75 stammt aus amtlicher Quelle: *Darstellung*, Bd. 6, S. 103.
4 *Groß-Berliner Arbeiter- und Soldatenräte.*
5 Winkler, *Von der Revolution*, S. 153–178; Oertzen, *Betriebsräte in der Novemberrevolution*, S. 109–180; Miller, *Bürde der Macht*, S. 119–162; Kolb, *Die Arbeiterräte*, S. 325–339; Lange, *Massenstreik und Schießbefehl*, S. 53–58.
6 Müller, *Geschichte*, S. 662 f.
7 »Frankfurt, 4 März«, FZ Nr. 170, 4. März 1919 AA.
8 Miller, *Bürde der Macht*, S. 260 f.; Barth, *Dolchstoßlegenden*, S. 243 f.
9 »Der Abbruch des Generalstreiks«, BT Nr. 98, 8. März 1919 MA.
10 Ebd.
11 Siehe z. B. auch: BArch Berlin R901/55653, Bl. 21: *Weser-Zeitung* Nr. 154, 4. März 1919 MA; BArch Berlin R901/55653, Bl. 23: »Dämmerung. Hamburg 4. März«, *Hamburgischer Correspondent*, 4. März 1919; BArch Berlin R901/55614, Bl. 11: »Die neue Spartakus-Bewegung«, *Weser-Zeitung* Nr. 156, 4. März 1919; BArch Berlin R901/55614, Bl. 14: »Seht euch die Kommunisten an!« *Volksstimme*, 4. März 1919.
12 BArch Berlin R901/55653, Bl. 25: »Was wird?«, BBC Nr. 103, 3. März 1919 MA; »Belagerungszustand über Halle. Berlins kritische Stunden«, BBC Nr. 104, 3. März 1919 AA; »Vor der Entscheidung«, BBC Nr. 104, 3. März 1919 AA. Siehe auch »Die Führer der Spartakisten«, BBC Nr. 104, 3. März 1919 AA.
13 »Berlin vor der Entscheidung« und »Die Generalstreikhetze«, *Vorwärts* Nr. 114, 3. März 1919 AA.
14 BArch Berlin R901/55653, Bl. 37: »Politische Wochenschau«, *Reichsbote* Nr. 110, 3. März 1919 MA. Mit ahnungsvollem Unterton berichtete der *Reichsbote*, die Spartakisten verfügten jetzt auch über gepanzerte Fahrzeuge: BArch Berlin R901/55614, Bl. 18: »Spartakiden in Panzerautos«, *Reichsbote* Nr. 111, 3. März 1919 AA.
15 Siehe auch BArch Berlin R901/55915, Bl. 53: »Der Spartakismus in Mitteldeutsch-

land [Weimar 28. Feb]«, DTZ Nr. 110, 1. März 1919 MA; BArch Berlin R901/55614: »Die Spartakische Literatur«, *Kölnische Volkszeitung* Nr. 169, 1. März 1919; BArch Berlin R901/55653, Bl. 28: »Der Abmarsch nach links«, DTZ Nr. 114, 3. März 1919 AA; BArch Berlin R901/55653, Bl. 29: »Bedingungslose Kapitulation«, *Reichsbote* Nr. 111, 3. März 1919 AA; BArch Berlin R901/55614, Bl. 10: »Es tut sich was«, *Schlesische Zeitung* Nr. 115, 4. März 1919 MA; BArch Berlin R901/55614, Bl. 12: »Spartakus im Stuttgarter Konsumverein«, *Süddeutsche Zeitung* Nr. 61, 4. März 1919 MA; BArch Berlin R901/55614, Bl. 15: »Spartakus über sich selbst«, *Post.*

16 BArch Berlin R901/55915, Bl. 21: »Die neue Massenstreikpropaganda. Drohende Selbstzerstörung der Arbeiterbewegung«, HE Nr. 100, 1. März 1919 AA.

17 BArch Berlin R901/55653, Bl. 42: »Das Vaterland ist in Gefahr«, *Badischer Beobachter* Nr. 104, 3. März 1919 AA.

18 BArch-Berlin R901/55653, Bl. 24: »Entweder – Oder«, *Rheinisch-Westfälische Zeitung* Nr. 188, 4. März 1919. Ins gleiche Horn stieß die *Frankfurter Zeitung*, die in einem Leitartikel fragte, wer, wenn die Nationalversammlung unter die Räder käme, die Schaffung eines »bolschewistischen Blocks vom Ural bis an den Rhein« verhindern könne. »Frankfurt, 4 März«, FZ Nr. 170, 4. März 1919 AA.

19 »Der Abbruch des Generalstreiks«, BT Nr. 98, 8. März 1919 MA.

20 Die preußische Regierung schloss sich später der Lesart an, der Streik sei der erste Akt eines Geheimplans zur Ausrufung einer »Räterepublik« gewesen. Wette, *Noske*, S. 413, Anm. 87.

21 Mayer, *Als deutsch-jüdischer Historiker*, 3. März 1919, S. 215.

22 »Die Streiktage in Berlin. Der spartacistische Matrosenaufstand«, BT Nr. 98, 8. März 1919; Wette, *Noske*, S. 416. Man beachte die Erwähnung von Stacheldraht in Kessler, *Tagebücher*, 10. März 1919, S. 155.

23 »Berlin, 3. März«, *Germania* Nr. 103, 4. März 1919 MA. Die Schlagzeile lautete: »Berlin im Belagerungszustand«.

24 »Arbeiter, Proletarier!«, RF Nr. 45, 3. März 1919. Siehe dazu auch Wette, *Noske*, S. 412 f.

25 »Das innere Chaos [Berlin, 5. März Priv. Tel.]«, FZ Nr. 173, 5. März 1919 AA.

26 »Nächtliche Stürme auf die Polizeireviere, Plünderungen und Schießereien [Berlin, 4 März]«, BBC Nr. 106, 4. März 1919 AA; »Generalstreik und Belagerungszustand in Berlin«, *Vorwärts* Nr. 115, 4. März 1919 MA; »Erstürmung von Polizeirevieren. Plünderung von Geschäften. Bei einem Feuergefecht in Lichtenberg 10 Tote. Berlin 4. März«, *Germania* Nr. 104, 4. März 1919 AA; »Der Generalstreik in Berlin [Berlin, Priv. Tel.]«, FZ Nr. 170, 4. März 1919 AA. Der *Berliner Lokal-Anzeiger* bezeichnete, als er nach dem Streik wieder erscheinen konnte, die Plünderer als »Landsknechte« und beschuldigte sie, Wertgegenstände im Wert von Millionen Mark zu stehlen: »Die Berliner Märzschlacht«, BLA Nr. 98, 8. März 1919 MA.

27 »Der Kampf gegen das Gesindel«, *Germania* Nr. 106, 5. März 1919 AA; »Truppen-Verstärkung im Zentrum. Sieben Soldaten verschwunden«, *Post* Nr. 118, 5. März 1919 AA.

28 »Blutige Tumulte auf dem Alexanderplatz. Kein vollkommener Generalstreik«, BBC Nr. 106, 4. März 1919 AA; »Schwere Ausschreitungen [An zuständiger Stelle erfahren die P.P.R.]«, *Germania* Nr. 104, 4. März 1919 AA; »Blutopfer des Generalstreiks«, *Germania* Nr. 104, 4. März 1919 AA. »Keine Erstürmung des Polizeipräsidiums«, BBC Nr. 106, 4. März 1919 AA; »Zusammenstöße am Alexanderplatz«, *Die Post* Nr. 117, 5. März 1919 MA; »Ausschreitungen am Schlesischen Bahnhof [BS]«, *Die Post* Nr. 117, 5. März 1919 MA; »Die Unruhen im Reich. Berlin [Berlin, 4 März. WB]«, FZ Nr. 171, 5. März 1919 1. MA.

29 »Menschliche Bestien am Alexanderplatz«, *Die Post* Nr. 118, 5. März 1919 AA.

30 BArch Berlin R901/55653, Bl. 12: »Socialismus asiaticus«, TR Nr. 116, 5. März 1919; BArch Berlin R901/55654, Bl. 49: »Bolschewismus als Pest«, KZ Nr. 114, 8. März 1919

AA; »Menschliche Bestien am Alexanderplatz«, *Die Post* Nr. 118, 5. März 1919 AA; BArch Berlin R901/55614, Bl. 5: »Mordpropaganda«, HE Nr. 106, 5. März 1919 AA.

31 Man beachte, wie kritisch sich die *Frankfurter Zeitung* zur Pressearbeit der Militärführung äußerte: Siehe Leitartikel »Frankfurt, 15 März«, FZ Nr. 201, 15. März 1919 AA.

32 Siehe insbes. Müller, *Geschichte*, S. 675–681. Siehe auch Wette, *Noske*, S. 413.

33 Zit. n. Wette, *Noske*, S. 415.

34 »Berlin unter dem roten Terror«, *Die Post* Nr. 117, 5. März 1919 MA; BArch Berlin R901/55653, Bl. 14: »Der Streikwahnsinn«, *Magdeburgische Zeitung* Nr. 171, 5. März 1919 MA; die *Pommersche Tagespost* sah in dem Streikaufruf einen Ausdruck »nackten Wahnsinns«, BArch Berlin R901/55653, Bl. 8: *Pommersche Tagespost*, 5. März 1919. Siehe ferner: BArch Berlin R901/55653, Bl. 11: »Streik ist Bürgerkrieg«, *Königsberger Hartungsche Zeitung* Nr. 108, 5. März 1919 AA; BArch Berlin R901/55653, Bl. 18: »Radikalismus«, BNN Nr. 101, 5. März 1919 AA; BArch Berlin R901/55654, Bl. 66: »Weimar oder Räte-Terror? Berlin 5 März«, *Hannoverscher Kurier* Nr. 343, 6. März 1919 MA; BArch Berlin R901/55654, Bl. 53: »Der Abgrund«, *Kölnische Volkszeitung* Nr. 188, 8. März 1919.

35 »Menschliche Bestien am Alexanderplatz«, *Die Post* Nr. 118, 5. März 1919 AA. Eine glänzende Arbeit über die politischen Facetten einer Vorkriegs-Krawallsituation ist Evans, »›Red Wednesday‹ in Hamburg«.

36 Nach Mutmaßungen mehrerer Gewährsleute waren an die 10 000 Aufständische beteiligt. Dazu sollen Arbeiter aus einigen der größten Berliner Fabriken gehört haben, Deserteure und aus der Militärhaft befreite Mitglieder des *Roten Soldatenbundes*, Angehörige der Volksmarinedivision und die Besatzung zweier Arsenale der Republikanischen Soldatenwehr. Der *Berliner Börsen-Courier* bezeichnete die genannte Zahl von 10 000 Aufständischen als eine »vage Schätzung«. »Die Lage in Berlin«, BBC Nr. 116, 10. März 1919 AA.

37 »Die neue Spartakus-Woche«, BM Nr. 68, 9. März 1919.

38 »Die Kämpfe um das Polizeipräsidium«, FZ Nr. 176, 6. März 1919 AA; »Die Berliner Märzschlacht«, BLA Nr. 98, 8. März 1919 MA.

39 Wette, *Noske*, S. 416.

40 *Die Wahrheit über die Berliner Straßenkämpfe*, S. 6; Müller, *Geschichte*, S. 675–680.

41 »Wer hat begonnen? Die ersten Straßenschlachten«, *Vorwärts* Nr. 126, 10. März 1919 MA.

42 Ebd.

43 Diesen Vorwurf erhob die USPD in ihrer Veröffentlichung *Die Wahrheit über die Berliner Straßenkämpfe*, S. 6; desgleichen Müller, *Geschichte*, S. 663, S. 680 f. Siehe auch: BArch-MA RM122/70: »Freg. Kapt. V. Pflugk-Harttung (OKW. Abt. Ausland) an OKM / Kriegswissenschaftliches Abteilung (Kr.) Betr. Marine-Offizier-Schwadron Pflugk« 21. Nov. 1940. »Marineoffizier-Schwadron Pflugk A. Vorgeschichte«, siehe insbes. Bl. 7 und Bl. 9.

44 »Die Straßenkämpfe in Berlin«, *Die Freiheit* Nr. 114, 9. März 1919 MA.

45 Ebd.

46 Ebd., »Wer hat begonnen? Die ersten Straßenschlachten«, *Vorwärts* Nr. 126, 10. März 1919 MA.

47 Ebd.

48 »Im Berliner Norden und Osten«, BZaM Nr. 46–51, 8. März 1919. Siehe auch: »Kämpfe und Plünderungen«, BZaM Nr. 46–51, 8. März 1919; »Das Ende des Berliner Generalstreiks«, *Die Post* Nr. 119, 8. März 1919 AA; »Niederlage der Berliner Spartakiden. Über 1000 Tote und verwundete – Ende des Generalstreiks«, *Reichsbote*, 8. März 1919 AA; »Der Kampf gegen die Spartacisten in Berlin«, BT Nr. 100, 9. März 1919 MA; BArch Berlin R901/55620, Bl. 10: [Heinrich Schäfer], »Menetekel!«,

Rheinische Zeitung, 8. März 1919; BArch Berlin R901/55654, Bl. 41: »Mord und Selbstmord«, *Nationalzeitung* Nr. 54, 9. März 1919 MA; BArch Berlin R901/55654, Bl. 45: »Leben oder Tod?«, *Kölnische Volkszeitung* Nr. 191, 9. März 1919; BArch Berlin R901/55654, Bl. 44: »Die Aufgabe des Bürgertums«, *Schlesische Zeitung*, 9. März 1919; »Die Berliner Märzschlacht«, BLA Nr. 98, 8. März 1919 MA.

49 Die *Berliner Morgenpost* und das *Berliner Tageblatt* bezeichneten den Streik als »Die neue Spartakuswoche« bzw. als »spartakistischen Matrosenaufstand«: Siehe BM Nr. 68, 9. März 1919, und BT Nr. 98, 8. März 1919.

50 Miller, *Bürde der Macht*, S. 260–263; Lange, *Massenstreik und Schießbefehl*, S. 116–125.

51 »Der Abbruch des Generalstreiks«, BT Nr. 98, 8. März 1919 MA. Siehe auch »Der offizielle Bericht über die Kämpfe mit den Spartakisten [WTB]«, BT Nr. 98, 8. März 1919 MA. Eine Auswahl aktueller Pressereportagen über die Haltung von Arbeitern zum Streik findet sich in »Das innere Chaos [Berlin, 5 März Priv. Tel.]«, FZ Nr. 173, 5. März 1919 AA.

52 »Nach der Katastrophe/Was war es?«, *Vorwärts* Nr. 124, 8. März 1919 AA.

53 »Die neue Märzschlacht«, BT Nr. 99, 8. März 1919 AA. Siehe auch »Der Abbruch des Generalstreiks«, BT Nr. 98, 8. März 1919 MA.

54 »Die Wirren im Reich. Berlin, 9 März [Priv. Tel.]«, FZ Nr. 185, 10. März 1919 MA. Der Autor des Artikels übernahm seine Schlagworte aus dem *Berliner Tageblatt*: »Generalstreik und Hungerpsychose«, BT Nr. 100, 9. März 1919 MA.

55 Kessler, *Tagebücher*, 8. März 1919. S. 152f.

56 »Der Krieg um Berlin«, *Vorwärts* Nr. 128, 11. März 1919 MA; »Der Bürgerkrieg in Berlin«, *Vorwärts* Nr. 131, 12. März 1919 AA; »Die Straßenkämpfe im Osten Berlins«, BT Nr. 100, 9. März 1919 MA.

57 Zu den Kämpfen in der Frankfurter Allee siehe auch »Die Kämpfe in Groß-Berlin. Berlin, 11 März (Priv. Tel.)«, FZ Nr. 189, 11. März 1919 AA. Zur Beschießung der Barrikaden siehe »Die heutigen Straßenkämpfe«, BLA Nr. 106, 12. März 1919 AA.

58 »Im Berliner Norden und Osten«, BZaM Nr. 46–51, 8. März 1919; siehe auch »Kämpfe und Plünderungen«, BZaM Nr. 46–51, 8. März 1919.

59 »Die Straßenkämpfe dauern fort«, *BM* Nr. 68, 9. März 1919; »Der Bandenkrieg in den Berliner Vororten«, *Germania* Nr. 112, 11. März 1919 AA; »Die Straßenkämpfe im Berliner Osten«, DZ Nr. 105, 10. März 1919 MA; »Die Berliner Märzschlacht«, BLA Nr. 98, 8. März 1919 MA; »Weitere Erfolge der Regierungstruppen«, BLA Nr. 100, 9. März 1919.

60 »Der Kampf gegen die Spartacisten in Berlin«, BT Nr. 100, 9. März 1919 MA. Siehe auch »Der Kleinkrieg gegen die Spartacisten«, BT Nr. 108, 13. März 1919 AA.

61 »Bevorstehender Hauptangriff gegen Lichtenberg«, BT Nr. 103, 11. März 1919 MA; »Einmarsch der Truppen in Lichtenberg«, »Konzentrisches Vorrücken«, BZaM Nr. 54, 12. März 1919; »Vormarsch der Regierungstruppen auf Lichtenberg«, DZ Nr. 105, 10. März 1919 MA; »Einschließung der Spartakisten in Lichtenberg«, DZ Nr. 109, 12. März 1919 MA; »Die Frankfurter Allee nach Kampf erreicht [In Lichtenberg, 11 Uhr vormittags]«, BZaM Nr. 54, 12. März 1919. Siehe auch »Einschließung der Spartakisten in Lichtenberg«, DZ Nr. 109, 12. März 1919 MA.

62 »Der Bürgerkrieg in Berlin«, *Vorwärts* Nr. 131, 12. März 1919 AA.

63 »Scharfe Gefechte im Norden, Süden und Osten Berlins. – Das Ende des Streiks«, BT Nr. 99, 8. März 1919 AA. Siehe auch die von Harry Kessler festgehaltenen Beobachtungen am 9. März 1919.

64 »Die Straßenkämpfe dauern fort«, *BM* Nr. 68, 9. März 1919; *Vorwärts* Nr. 131, 12. März 1919 AA.

65 »Die Berliner Märzschlacht«, BLA Nr. 98.

66 Siehe ferner: »Aushebung einer Spartakistennestes«, BT Nr. 104, 11. März 1919 AA; »Die Vorbereitungskämpfe in der Warschauer Straße«, BZaM Nr. 54, 12. März

1919; BArch Berlin R901/55654, Bl. 34: »Der Bürgermord«, BLA, 10. März 1919; »Die Straßenkämpfe im Berliner Osten«, DZ Nr. 105, 10. März 1919 MA.
67 »Der Bürgerkrieg in Berlin«, *Vorwärts* Nr. 128, 12. März 1919 MA. Siehe auch »Berlin. 11 März (Priv. Tel.)«, FZ Nr. 189, 11. März 1919 AA.
68 »Beschwerden«, *Vorwärts* Nr. 130, 12. März 1919 MA.
69 »Der Bürgermord«, BLA Nr. 102, 10. März 1919 AA.
70 »Der Kampf um Lichtenberg«, »Die Dachschützen«, BBC Nr. 116, 10. März 1919 AA; »Nachtkämpfe in der Frankfurter Allee«, BBC Nr. 118, 11. März 1919 AA; »Nächtlicher Angriff in Neukölln«, BBC Nr. 118, 11. März 1919 AA; »Die Straßenkämpfe im Osten Berlins«, BT Nr. 102, 10. März 1919 AA; »Spartakistische Flieger am Friedrichshain«, BT Nr. 102, 10. März 1919 AA; »Lichtenberg unter Feuer«, *Germania* Nr. 110, 10. März 1919 AA.
71 »Lichtenberg besetzt!«, DZ Nr. 110, 12. März 1919 AA.
72 »Aufhebung des Standrechts in Berlin«, BT Nr. 114, 17. März 1919; »Ein Gang durch das zerstörte Viertel«, BLA Nr. 99, 8. März 1919 AA.
73 »Die Opfer des Aufruhrs. Das Leichenschauhaus überfüllt«, BM Nr. 72, 13. März 1919.
74 »Totenschau«, *Vorwärts*, Nr. 126, 10. März 1919 MA. Zur Identifizierung der Toten in den Leichenschauhäusern Berlins s. auch »Die Zahl der Toten«, *Germania* Nr. 110, 10. März 1919 AA; »Die Opfer der Kämpfe«, BT Nr. 103, 11. März 1919 MA; »Die Zahl der Opfer«, BM Nr. 68, 9. März 1919; »Die Opfer des Aufruhrs. Das Leichenschauhaus überfüllt«, BM Nr. 72, 13. März 1919.

Kapitel 12

1 »Sofortige standrechtliche Erschießung [Berlin. 9 März]«, DZ Nr. 105, 10. März 1919 MA. Die Titelschlagzeile lautete: »Verhängung des Standrechts über Berlin«. Siehe auch Wette, *Noske*, S. 421.
2 Siehe »Die standrechtlichen Erschießungen«, *Freiheit* Nr. 117, 11. März 1919 AA. Siehe ferner: »Standrechtliche Erschießungen«, BT Nr. 102, 10. März 1919 AA; »Keine widerrechtliche Erschießung von Gefangenen [Berlin. 11 März]«, BBC Nr. 119, 12. März 1919 MA; »Der amtliche Abendbericht über die Lage in Berlin, Berlin 10 März (WTB)«, BT Nr. 103, 11. März 1919 MA. Die Zahl 177 stammt aus »Der Schrecken des Standrechts«, *Freiheit* Nr. 123, 14. März 1919 AA.
3 Wette, *Noske*, S. 420.
4 »Das Blutbad in Lichtenberg. Die Zahl der Ermordeten in Lichtenberg 151 Beamte, Offiziere und Soldaten«, TR Nr. 121, 10. März 1919 AA; »Das Standrecht über Berlin verhängt. Blutbad in Lichtenberg. Über 200 Gefangene von Spartakisten erschossen«, BM Nr. 69, 10. März 1919.
5 »Die Kämpfe gegen die Spartacisten« und »Weitere Gräueltaten der Spartacisten«, BT Nr. 101, 10. März 1919; »Der Polizistenmord in Lichtenberg. Weiterer Mitteilungen des Polizeipräsidenten«, BT Nr. 103, 11. März 1919 MA; »Der Angriff gegen Lichtenberg«, BT Nr. 106, 12. März 1919 AA; »Massenmord durch Spartakus in Lichtenberg«, BLA Nr. 101, 10. März 1919; »Die Lichtenberger Morde. Die Aussage eines Offiziers der Postbesatzung«, BM Nr. 71, 12. März 1919; »Die Lichtenberger Erschießungen. Weitere Protokolle von Augenzeugen«, BM Nr. 72, 13. März 1919; »Der Kampf gegen die Aufrührer«, VZ Nr. 128, 11. März 1919 MA; BArch Berlin R901/55654: »Wie lange noch?«, BBC Nr. 109/115a.
6 »Spartakistischen Gräueltaten«, BLA Nr. 106, 12. März 1919 MA.
7 BArch Berlin R901/55654, Bl. 29: »Der Massenmord in Lichtenberg«, BZaM 10. März 1919.
8 »Mordgesellen«, BZaM Nr. 52, 10. März 1919.
9 »Die Wahrheit über Lichtenberg. Die totgeglaubten Beamten wieder im Dienst«, BM Nr. 72, 13. März 1919; »Frankfurt, 15. März«, FZ Nr. 201, 15. März 1919 AA.
10 »Das Blutbad in Lichtenberg«, *Freiheit* Nr. 116, 11. März 1919 MA; »Gräuel und Lü-

gen«, *Freiheit* Nr. 116, 11. März 1919 MA; »Die Verhetzung«, *Freiheit* Nr. 117, 11. März 1919 AA.

11 »Aufhebung des Standrechts in Berlin«, BT Nr. 114, 17. März 1919.

12 »Der Lichtenberger Gefangenenmord«, *Vorwärts* Nr. 126, 10. März 1919 MA. Siehe ferner: BAB R901/55623: »Wer ist Verräter?« [Max Leuteritz] HE Nr. 116, 11. März 1919 AA.

13 »Keine Gnade den Mördern«, »Die Lage am Sonntagabend«, »Der Kampf gegen die Massenmörder«, *Vorwärts* Nr. 126, 10. März 1919 MA.

14 »Der Lichtenberger Gefangenenmord«, *Vorwärts* Nr. 126, 10. März 1919 MA. Viele Zeitungsberichte machten von dieser Metapher Gebrauch. Siehe: »Der Polizistenmord«, *Germania* Nr. 110 [Beilage zur *Germania*], 10. März 1919 AA. Siehe auch »Spartakus als Massenmörder«, »Bestialische Rohheiten der Spartakisten, [Berlin, 9. März] Meldung der GSKD«, *Germania* Nr. 110 [Beilage zur *Germania*] 10. März 1919 AA.

15 »Der Lichtenberger Gefangenmord«, *Vorwärts* Nr. 126, 10. März 1919 MA.

16 »Der Kampf gegen die Bestie«, BT Nr. 102, 10. März 1919 AA.

17 Ebd.

18 »Standrecht in Berlin«, TW, BT Nr. 101, 10. März 1919. Es waren Kommentare wie diese, die Graf Kessler bewogen, in seinem Tagebuch festzuhalten: »Das *Berliner Tageblatt* heult gegen Spartakisten und Unabhängige wie ein Derwisch, dem der Schaum vor dem Munde steht: Blutdurst-Exhibitionismus, berechnet auf die Bourgeoisie von Berlin W.« Kessler, *Tagebücher*, 10. März 1919, S. 156.

19 »Der Bürgermord«, BLA Nr. 102, 10. März 1919 AA. Die rechte Presse schmückte die Gräuelgeschichte und die militärische Reaktion darauf mit weiteren Details aus: Die *Kreuz-Zeitung* schrieb, Lichtenberg durchlebe denselben Horror wie Moskau und St. Petersburg. In einer Reportage, die sprachliche Ähnlichkeiten mit einschlägigen Berichten in mehreren anderen Zeitungen aufwies, behauptete sie, »Augenzeugen« hätten in Lichtenberg mit ansehen müssen, wie der »Pöbel« sich auf einen Mann gestürzt und mit allen erdenklichen Werkzeugen auf ihn eingedroschen habe, bis »die Kopfhaut des Unglücklichen im Stücken herabhing«. Ein anderer Gewährsmann schilderte, wie ein Regierungssoldat, der nach seiner Gefangennahme stark blutete, entkleidet und mitten auf die Straße gelegt wurde; seine Peiniger hätten dann so lange Handgranaten auf ihn geworfen, bis sein Körper »vollständig in Stücke gerissen« gewesen sei. Die *Tägliche Rundschau* berichtete am selben Tag, »Zeugen« hätten »übereinstimmend« bestätigt, dass auch Frauen an den Übergriffen auf Polizeibeamte beteiligt waren. Sie hätten die Männer »fürchterlich bearbeitet« und ihnen »den Adler von [den] Mützen« abgerissen. Der *Reichsbote* sprach von »Morden« und beschrieb das Geschehen als einen »Hexensabbat«. Ein amtlicher Bericht enthielt die Behauptung, eine Spartakistin, die sich an der Tötung von mindestens 20 Soldaten »aktiv beteiligt« habe, sei verhaftet worden. »Bestien in Menschengestalt! Die Spartakisten als Massenmörder. [WTB. Berlin 9. März]«, DZ Nr. 105, 10. März 1919 MA. Siehe auch: »Weitere Bestialitäten der Spartakisten«, DZ Nr. 105 10. März 1919 MA; »Bestien in Menschengestalt«, *Die Post* Nr. 121, 10. März 1919; »Standrechtliche Erschießung«, KrZ Nr. 108, 11. März 1919 MA. Siehe in derselben Ausgabe: »Die Straßenkämpfe«, KrZ Nr. 108, 11. März 1919 MA. Siehe auch: »Dem Tode entronnen!«, BM Nr. 69, 10. März 1919; »Das Blutbad in Lichtenberg. Die Zahl der Ermordeten in Lichtenberg 151 Beamte, Offiziere und Soldaten«, TR Nr. 121, 10. März 1919 AA; »Einmarsch der ersten Bataillone in Lichtenberg«, TR Nr. 122, 11. März 1919 MA; BArch Berlin R901/55654, Bl. 37: *Reichsbote* Nr. 119, 10. März 1919 MA. An weiterem Sperrfeuer herrschte kein Mangel. Siehe »Berlin. 10. März«, *Germania* Nr. 111, 11. März 1919 MA; »Die Einkreisung der Spartakisten«, BLA Nr. 103, 11. März 1919 MA; Geh. Justizrat Hugo Freudenthal, »Standrecht«, BT Nr. 104, 11. März 1919 AA; BArch Berlin R901/55655,

Bl. 2: »Standrecht«, DZ Nr. 114, 14. März 1919 AA. Zur Schützenhilfe für Noske von ultranationalistischer Seite siehe auch: BArch Berlin R901/55655, Bl. 59: »Die äußere Politik der Woche«, *Kreuz-Zeitung* Nr. 110, 12. März 1919 MA; BArch Berlin R901/55655, Bl. 23: *Reichsbote* Nr. 125, 13. März 1919 AA.

20 Gumbel, *Vier Jahre Politischer Mord*, S. 17–20. Laut Gumbels Recherchen waren die Soldaten »mehr oder weniger betrunken«.

21 LAB 358 Nr. 2028 Bd. I, Bl. 54–Bl. 55: »Zeugenaussage v. August Kluster, 6. Aug. 1919«.

22 LAB 358 Nr. 2028 Bd. I [Bl.-Nr. Unklar]: Brief des Chefredakteurs der *Freiheit* an den Gouverneur von Berlin, 3. April 1919.

23 LAB 358 Nr. 2028 Bd. II [Bl.-Nr. unklar]: »Gericht der früheren Landwehr-Inspektion Berlin, 14. August 1920«.

24 LAB 358 Nr. 2028 Bd. I [Bl.-Nr. unklar]: Brief des Chefredakteurs der *Freiheit* an den Gouverneur von Berlin, 3. April 1919.

25 LAB 358 Nr. 2028 Bd. II [Bl.-Nr. unklar]: »Gericht der früheren Landwehr-Inspektion Berlin, 14. August 1920«.

26 Ebd.

27 LAB 358 Nr. 2028 Bd. III, Bl. 38: »Zeugenaussage des Alfred Heinitz, 10. April 1922«.

28 LAB 358 Nr. 2028 Bd. II [Bl.-Nr. unklar]: »Gericht der früheren Landwehr-Inspektion Berlin, 14. August 1920«.

29 LAB 358 Nr. 2028 Bd. I [ohne Bl.-Nr.]: »Berlin, 16. April 1919. 2 Garde Infanterie Brigade (Brigade Reinhard) Nr. 705/19 III. Betrifft Erschießung zweier Galizier«. Die Unterstellung, Spartakisten seien gewohnheitsmäßige Plünderer und Schmuckräuber, war ein Standardelement der Kampagne gegen sie: »Für 800 000 Mark geraubte Juwelen«, *Tägliche Rundschau* Nr. 122, 11 Mar. 1919 MA. Siehe auch: »Erstürmung von Polizeirevieren. Plünderung von Geschäften. Bei einem Feuergefecht in Lichtenberg 10 Tote. Berlin, 4. März«, *Germania* Nr. 104, 4. März 1919 AA.

30 LAB 358 Nr. 2028 Bd. I, [Bl.-Nr. unklar], »Zeugenaussage Arndt, 5 April 1919«.

31 LAB 358 Nr. 2028 Bd III, Bl. 4: »Zeugenaussage Freimuth, 12. Mai 1922«.

32 LAB 358 Nr. 2028 Bd. I, Bl. 58: »Zeugenaussage Willi Konicker, 13. Aug. 1919«. Siehe ferner LAB 358 Nr. 2028, Bl. 125: »Zeugenaussage Breitkopf, 19. Juni 1920«, Bl. 156.

33 LAB 358 Nr. 2028 Bd. I. Bl. 156 f.: »Zeugenaussage Hugo Anger, 30. April 1920«.

34 LAB 358 Nr. 2028 Bd. I. Bl. 158: »Zeugenaussage Adolf Freimuth, 30. April 1920«.

35 LAB 358 Nr. 2028 Bd. I, Bl. 206: »Zeugenaussage Otto Beuermann, 15. Juli 1920«.

36 LAB 358 Nr. 2028 Bd. I, Bl. 54 f.: »Zeugenaussage August Kluster, 6. August 1919«. Siehe auch die Aussagen von Anger, Freimuth und Beuermann.

37 LAB 358 Nr. 2028 Bd. IV, Bl. 15 f.: »Beglaubigte Abschrift. Im Namen des Volkes! In der Strafsache gegen Albert Arndt […] und Arthur Schneider […], 20.–21. März 1922«.

38 »Massenverhaftung bei der Volksmarinedivision«, BBC Nr. 119, 12. März 1919 MA.

39 »Die Verhaftungen bei der Volksmarinedivision. 24 Mann standrechtlich erschossen«, DZ Nr. 109, 12. März 1919 MA. Die halboffizielle »Amtliche Meldung« über die Verhaftung der Matrosen findet sich in »Massenverhaftung bei der Volksmarinedivision«, BBC Nr. 119, 12. März 1919 MA. Siehe auch »Die Beute im Volksmarinehaus«, DZ Nr. 109, 12. März 1919 MA. Vgl. »Die Erschießung der Matrosen«, *Die Freiheit* Nr. 122, 14. März 1919 MA. Zum Einsatz von Dumdum-Munition im Ersten Weltkrieg siehe auch Horne; Kramer, *German Atrocities 1914*, S. 195 f.

40 Aussage Ledebours vom 20. Mai 1919 in *Der Ledebour-Prozess*, S. 44.

41 »Marloh«, Georg Bernhard, VZ Nr. 624, 8. Dez. 1919 MA.

42 Marloh war 1893 in Hildesheim geboren und 1912 zum Wehrdienst eingezogen worden. Im Krieg diente er in Frankreich als Zugführer. Mehrmals verwundet, geriet er schließlich in Gefangenschaft; nach ärztlicher Behandlung und Rekonvaleszenz in Frankreich verbrachte er den Rest des Krieges in britischer Gefangenschaft und

kehrte dann im Rahmen eines Gefangenenaustauschs nach Deutschland zurück. Zum Zeitpunkt der Revolution befand er sich auf Urlaub in Berlin und schloss sich dort dem Freikorps Reinhard an. Siehe »Der Prozeß gegen Oberleutnant Marloh«, VZ Nr. 616, 3. Dez. 1919 AA; »Der Prozeß Marloh«, *Vorwärts*, 3. Dez. 1919.

43 »Der Strafantrag gegen Marloh«, VZ Nr. 625, 8. Dez. 1919 AA.

44 »Der Prozeß Marloh«, *Vorwärts* Nr. 618, 3. Dez. 1919 AA; »Mordprozeß Marloh«, *Vorwärts* Nr. 619, 4. Dez. 1919 MA.

45 »Neben Reinhard noch Kessel«, *Vorwärts* Nr. 623, 6. Dez. 1919 MA.

46 »Dritter Tag des Marloh-Prozesses«, VZ Nr. 620, 5. Dez. 1919 AA.

47 »Der Prozeß Marloh«, *Vorwärts* Nr. 618, 3. Dez. 1919 AA.

48 Der Hinweis auf Dumdum-Geschosse findet sich in »Mordprozeß Marloh«, *Vorwärts* Nr. 619, 4. Dez. 1919 MA.

49 »Verdächtige Zeugen«, *Vorwärts* Nr. 625, 7. Dez. 1919.

50 »Dritter Tag des Marloh-Prozesses«, VZ Nr. 620, 5. Dez. 1919 AA.

51 »Neben Reinhard noch Kessel«, *Vorwärts* Nr. 623, 6. Dez. 1919.

52 »Der Prozeß Marloh«, *Vorwärts* Nr. 618, 3. Dez. 1919 AA.

53 »Der Prozeß gegen Oberleutnant Marloh«, VZ Nr. 616, 3. Dez. 1919 AA.

54 »Neben Reinhard noch Kessel«, *Vorwärts* Nr. 623, 6. Dez. 1919 MA.

55 Ebd.

56 Gumbel, *Zwei Jahre Mord*, S. 20 ff. Marloh wurde am Ende wegen unerlaubter Entfernung von der Truppe und wegen des Versuchs, sich mit falschen Papieren der Festnahme zu entziehen, im Sommer 1918 zu einer geringfügigen Strafe verurteilt.

57 »Beginn der Plädoyers«, *Vorwärts*, 8. Dez. 1919 AA.

58 »Im Kampf gegen Spartakus«, *Reichsbote*, 7. Jan 1919 MA, sowie 13. Jan. 1919 AA. Siehe den kritischen Artikel »Über Marloh«, *Vorwärts* Nr. 23, 13. Jan. 1920 AA.

59 Ihr Vorname wird im gesamten Aktenbestand mit Helene or Wladislawa angegeben. Gumbel nennt sie die »Schülerin Slovek«; Gumbel, *Vier Jahre*, S. 23.

60 LAB 358/2027 Bd. VII, Bl. 5–15: Anklage, 22. Okt. 1920. Aussagen v. Johann und Bertha Kaiser.

61 Ebd.

62 Ebd., Aussage von Bertha Kaiser.

63 Ebd., Aussage von Grunkte.

64 Ebd., Aussagen von Johann Kaiser, Anna Kaiser, Richard Werner.

65 Einzelheiten zur Zusammensetzung der Patrouille und zu den nachfolgenden Vorgängen finden sich in LAB 358/2027 Bd. VII.

66 Ebd., Zit. auf Bl. 9: »Berlin, 22. Okt. 1920. Der Oberstaatsanwalt bei dem Landgericht I. 67 J 394/20«.

67 Die Straße erlangte später eine gewisse Berühmtheit, als herauskam, dass in ihr der berüchtigte Serienmörder Carl Großmann wohnte, der seine weiblichen Opfer, darunter Prostituierte, in seine Wohnung in der Langen Straße lockte. Der Fall erregte so großes Aufsehen, dass sogar die *Vossische Zeitung* einen ausführlichen Bericht über die Festnahme Großmanns brachte: »Der Mord in der Langen Straße«, VZ Nr. 394, 23. Aug. 1921 MA. Über Sexualmorde in der Weimarer Republik siehe auch Tatar, *Lustmord*.

68 »Nachtkämpfe in der Frankfurter Allee«, BBC Nr. 118, 11. März 1919 AA. Die Zeitung vermutete, der Mann sei aus einem Fenster des Gebäudes gesprungen, um der Verhaftung zu entgehen.

69 »Geht nicht auf die Straßen! Berlin, 11. März«, DZ Nr. 108, 11. März 1919 AA.

70 LAB 358/2027 Bd. VII, Bl. 5–15: »Anklage, 22. Okt. 1920«, Johann Kaiser, Müller.

71 Ebd., Johann Kaiser, Frau Kaiser, Bertha Kaiser und Hans Kaiser – allesamt Zeugen, die das Geschehen von der gegenüberliegenden Straßenseite beobachtet hatten – gaben diese Version zu Protokoll; LAB 358 Nr. 358. 2027 Bd. I, Bl. 35RS-37: Nach

Aussage des Zeugen Lietzow wurde Becker zuerst getroffen, nach Angaben Rudolf Beckers und Frau Beckers (protokolliert am 17. April 1920) die Schülerin Slovek.

72 LAB 358/2027 Bd. VII, Bl. 5–15: »Anklage, 22 Okt. 1920«; LAB 358 Nr. 358/2027 Bd. I, Bl. 34 f.: Aussage v. Rudolf Becker (17. April 1920).

73 Zu seiner Verteidigung erfand Marcus die Alibigeschichte, ein Offizier habe ihm befohlen, einen Warnschuss abzugeben, als die Frau seiner Anweisung, das Fenster zu schließen, nicht Folge geleistet habe. Er behauptete in seiner Aussage sogar, die Frau habe auf seine lautgerufene Anweisung hin, das Fenster zu schließen, mit einem Lachen reagiert und ihm etwas zugerufen, das er nicht verstand: LAB 358/2027 Bd. I, Bl. 29–32: Aussage v. Marcus (April 1919).

74 LAB 358/2027 Bd. VII, Bl. 5–15: »Anklage, 22. Okt. 1920«: Aussage v. Marcus; BAB 358/2027 Bd. I, Bl. 29–32: Aussage v. Marcus (April 1919), Zit. Bl. 32.

75 LAB 358/2027 Bd. VII, Bl. 5–15: »Anklage, 22 Okt. 1920«.

76 LAB 353/2027 Bd. IV, Bl. 9–10: Zeugenaussage v. (Frau) Wolf (21. April 1920), Zit. Bl. 10Rs.

77 LAB 358/2027 Bd. II, Bl. 13–16: Aussage v. Kurt Braun (23. April 1920); LAB 358/2027 Bd. II, Bl. 31 ff., Brief v. Kurt Braun (23. April 1920).

78 LAB 358/2027 Bd. VII, Bl. 5–15: »Anklage, 22 Okt. 1920«; LAB 258/2027 Bd. IV. Bl. 16 ff.: Zeugenaussage Anna Musick (23. April 1920).

79 LAB 358/2027 Bd. VII, Bl. 5–15: »Anklage, 22 Okt. 1920«; LAB 358/2027 Bd. IV [unnummeriertes Blatt], Zeugenaussagen v. Karl Schmidt, Otto Hoffmann, Ullrich, alle 4. Mai 1920.

80 Ebd., Zeugenaussage v. Friedrich Krause, 8. Mai 1920.

81 Gumbel, *Vier Jahre*, S. 23. Gumbel zitiert einen der Soldaten mit der Aussage: »Die Fünf schwimmen schon.«

82 LAB 358/2027 Bd. IV, Bl. 14: »Wieder ein Mord enthüllt«, *Die Freiheit* (ca. 31. März 1919). Siehe auch LAB 358/2027 Bd. IV [unnummeriertes Blatt], »Zeugenaussage v. Friedrich Krause, 8. Mai 1920«.

83 LAB 358/2027 Bd. VII, Bl. 5–15: »Anklage, 22 Okt. 1920«; LAB 358/2027 Bd. III, Bl. 6–8: »Aussage v. Marcus, 19. August 1920«.

84 LAB 358/2027 Bd. IV, Bl. 14: »Wieder ein Mord enthüllt«, *Die Freiheit* (ca. 31. März 1919); LAB 358/2027 Bd. VII, Bl. 5–15: »Anklage, 22 Okt. 1920«; insbes. Bl. 8.

85 Auf der Brücke: ebd.; LAB 353/2027 Bd. IV, Bl. 9–10: Zeugenaussage v. (Frau) Wolf (21. April 1920).

86 LAB 358 Nr. 2027 Bd. IX, Bl. 43: »Berlin, 1.12.19. Gericht Reichswehrbrigade III Berlin«.

87 LAB 358/2027 Bd. VII, Bl. 5–15. »Anklage, 22. Okt. 1920«; LAB 358/2027 Bd. IV, Bl. 16 ff.: Anna Musick (23. April 1920).

88 Ebd.

89 LAB 358/2027 Bd. IV, Bl. 14: Brief der Redaktion der *Freiheit* an das Landgericht I, Untersuchungsrichter (20. April 1920).

90 LAB 358/2027 Bd. I, Bl. 81: Brief an Untersuchungsrichter, 29. April 1919.

91 LAB 358/2027 Bd. VII, Bl. 5–15: Anklage, 22 Okt. 1920.

92 Ebd.

93 Gumbel, *Vier Jahre*, S. 19.

94 Ebd., S. 20. Siehe auch den Artikel in der *Freiheit*: »Der Mord rast durch die Straßen«, *Die Freiheit* Nr. 124, 15. März 1919 MA. S. auch »Schwere Vorwürfe«, *Der Tag*, 22. März 1919, BArch Berlin R901/55656, Bl. 27.

95 Gumbel, *Vier Jahre*, S. 16–26.

96 Ebd., S. 24.

97 LAB 358/2027 Bd. IV, Bl. 74 f.: Brief v. Brosius an Staatsanwaltschaft, 26. Juni 1920. Im Original steht das Wort »musste« über dem Wort »konnte«. Die Auslassungspunkte markieren Stellen, an denen der Text des Dokuments nicht entzifferbar ist.

98 LAB 358/2027 Bd. II, Bl. 31ff.: Brief v. Kurt Braun (23. April 1920) Zit. Bl. 32Rs.
99 LAB 358/2027 Bd. II, Bl. 13ff.: Aussage v. Kurt Braun (23. April 1920); LAB 358/2027 Bd. II, Bl. 31ff.: Brief v. Kurt Braun (23. April 1920). Auf den letzten beiden Seiten seines Briefes zeigt Braun deutlich, wie sehr ihn Gewalt und die Liquidierung von »Spartakisten« faszinieren.
100 BArch Berlin R901/55655, Bl. 38: »Nach dem Sturme«, *Schwäbischer Merkur* Nr. 118, 12. März 1919. Siehe auch BArch Berlin R901/55655, Bl. 24: »Politischer Tagesspiegel«, BBC Nr. 118, 13. März 1919 AA.
101 Kessler, Tagebuch, 10. März 1919, S. 85; s. auch Fritzsche, *Reading Berlin 1900*, S. 114f.

Kapitel 13

1 Mayer, *Als deutsch-jüdischer Historiker*, S. 213f. Siehe ferner Mühlhausen, *Ebert*, S. 166.
2 Siehe seinen Brief »An den Rat der Volksbeauftragten. Zehlendorf, 30. Jan. 1919«, in Mayer, *Als deutsch-jüdischer Historiker*, S. 432–436.
3 Ebd., S. 435.
4 Ebd., S. 436.
5 »Nationalversammlung zu Weimar [27. Sitzung, 13 März]«, *Vorwärts* Nr. 134, 14. März 1919 MA.
6 Eine Gruppe von Abgeordneten der Nationalversammlung war offenbar tags zuvor von Offizieren des Freikorps Lüttwitz bei einer Rundfahrt an den Hauptschauplätzen der Märzkämpfe herumgeführt worden: »Mitglieder der Nationalversammlung an der Berliner Kampffront«, BZaM, Nr. 54, 12. März 1919.
7 *Nationalversammlung* [27. Sitzung, 13. März], S. 741f.
8 Ebd., S. 740.
9 Ebd., S. 741.
10 Ebd., S. 742.
11 Ebd., S. 740.
12 »Nationalversammlung zu Weimar, [27. Sitzung, 13 März]«, *Vorwärts* Nr. 134, 14. März 1919 MA. »Lärmszenen in der Nationalversammlung«, BT Nr. 108, 13. März 1919 AA.
13 *Nationalversammlung* [27. Sitzung, 13. März], S. 742.
14 »Sturmszenen in der Nationalversammlung«, *Die Post* Nr. 128, 13. März 1919 AA; »Noske über Berlin«, *Vorwärts* Nr. 134, 14. März 1919 MA; »Noske über die Berliner Unruhen«, »Lärmszenen in der Nationalversammlung«, BT Nr. 108, 13. März 1919 AA; »Die Erklärung Noskes in der Nationalversammlung«, BT Nr. 109; 14. März 1919 MA.
15 »Verblendung«, *Die Freiheit* Nr. 122, 14. März 1919 MA; siehe auch »Noske, der Potsdamer«, *Die Freiheit*, Nr. 123, 14. März 1919 AA.
16 »Noske über den Berliner Aufruhr«, BLA Nr. 108, 13. März 1919 AA. Siehe auch die Reaktionen auf die zweite Debatte über den Schießbefehl später im März: BArch Berlin R901/55669, Bl. 4: BBC, 31. März 1919 MA; BArch Berlin R901/55656, Bl. 22: »Gerechtigkeit«, DTZ Nr. 149, 24. März 1919 AA.
17 »Tatkraft«, *Hannoverscher Kurier* Nr. 34318, 14. März 1919 AA; BArch Berlin R901/55655, Bl. 1. Auch traditionell liberale Zeitungen, von denen man hätte erwarten können, dass sie den Schießbefehl und Noskes Pfeifen auf Recht und Gesetz kritisch sahen, stellten sich auf die Seite des sozialdemokratischen Hardliners. Die *Berliner Morgenpost* gab durchaus zu, dass sie mit ihren Berichten über die Lichtenberger Gräuel vollkommen danebengelegen hatte, tat das Geschehene aber dennoch mit dem Fazit ab, alle hätten bekommen, was sie verdienten. Auch die *Frankfurter Zeitung* gestand der Regierung das Recht zu, sich unter Anwendung von Gewalt zu verteidigen, und machte USPD und Spartakisten

für das verantwortlich, was passiert war. Immerhin beklagte sie, dass es in Berlin keine Instanz gab, die beide Seiten hätte zwingen können, zur Vernunft zu kommen: »Die Wahrheit über Lichtenberg. Die totgeglaubten Beamten wieder im Dienst«, BM Nr. 72, 13. März 1919; »Frankfurt, 15 März«, FZ Nr. 201, 15. März 1919 AA.

18 »Eröffnung der preußischen Landesversammlung«, BBC Nr. 123, 14. März 1919 MA; »Eröffnung der preußischen Landesversammlung«, *Germania* Nr. 115, 13. März 1919 MA; *Die Post* Nr. 128, 13. März 1919 AA.

19 »Justizminister Heine über den Berliner Aufruhr«, *Germania* Nr. 119, 15. März 1919 MA; »Die Debatte über den Belagerungszustand«, BBC Nr. 125, 15. März 1919 MA; »Spartacus-Debatte in der Landesversammlung«, BT Nr. 111, 15. März 1919 MA.

20 »Die Debatte über den Belagerungszustand«, BBC Nr. 125, 15. März 1919 MA.

21 »Preußische Landesversammlung«, *Germania* Nr. 119, 15. März 1919 MA.

22 »Die Debatte über den Belagerungszustand«, BBC Nr. 125, 15. März 1919 MA.

23 »Justizminister Heine über den Berliner Aufruhr«, *Germania* Nr. 119, 15. März 1919 MA.

24 Ebd.

25 »Justizminister Heine über den Berliner Aufruhr«, *Germania* Nr. 119, 15. März 1919 MA.

26 *Die Freiheit* Nr. 124, 15. März 1919 MA.

27 »Die Unabhängigen auf der Anklagebank«, [Beilage] *Vorwärts* Nr. 136, 15. März 1919 MA.

28 »Preußische Landesversammlung«, *Germania* Nr. 119, 15. März 1919 MA.

29 HStAS, M660/34 (Reinhardt) Nr. 19, Bl. 72–53. Zitat Bl. 70. Die Akten sind rückläufig nummeriert. Bl. 19 ist bezeichnenderweise mit »Kampf gegen Spartakus« beschriftet.

30 Ebd., Bl. 72–53, Bl. 69.

31 Siehe Wette, *Noske.*

32 HStAS, M660/34 (Reinhardt) Nr. 19, Bl. 72–53, Bl. 67–64. Siehe auch Wette, *Noske*, S. 424 ff. HStAS, M660/34 (Reinhardt) Nr. 19, Bl. 72–53, hier Bl. 63–62.

33 Ebd., hier Bl. 61–60.

34 »Kampf gegen Spartakus«, *8-Uhr-Abendblatt* Nr. 61, 17. März 1919, HStAS, M660/34 (Reinhardt) Nr. 19, Bl. 61; *Norddeutsche Allgemeine Zeitung* Nr. 130, 18. März 1919; HStAS, M660/34 (Reinhardt) Nr. 19, Bl. 52; »Kriegsminister Reinhardt über den Kommunistenaufstand«, *Der Tag* Nr. 116, 18. März 1919 MA; HStAS, M660/34 (Reinhardt) Nr. 19, Bl. 51, »Der Kriegsminister über die Berliner Unruhen«, VZ [Zweite Beilage] 18. März 1919 MA, HStAS, M660/34 (Reinhardt) Nr. 19, Bl. 50; BBC Nr. 125, 18. März 1919 MA, HStAS, M660/34 (Reinhardt) Nr. 19, Bl. 41; BNN Nr. 119, 18. März 1919 MA; HStAS, M660/34 (Reinhardt) Nr. 19, Bl. 46.

35 »Fortsetzung der Spartakus-Debatte«, »Preußische Landesversammlung«, *Germania* Nr. 123, 18. März 1919 MA.

36 »Die Erschießungen in Lichtenberg. Untersuchung des Berliner Vollzugsrats«, *Vorwärts* Nr. 129, 11. März 1919 AA, unter Berufung auf *Die Freiheit.*

37 »Einhalt dem Morden!«, *Die Freiheit* Nr. 116, 11. März 1919 MA.

38 »Tut Einhalt dem Morden!«, *Vorwärts* Nr. 129, 11. März 1919 AA.

39 »Die Erschießungen in Lichtenberg. Untersuchung des Berliner Vollzugsrats«, *Vorwärts* Nr. 129, 11. März 1919 AA.

40 »Die Verhetzung«, *Die Freiheit* Nr. 117, 11. März 1919 AA.

41 »Die standrechtlichen Erschießungen«, *Die Freiheit* Nr. 117, 11. März 1919 AA. Siehe auch »Blindwütiges Schießen«, *Die Freiheit* Nr. 117, 11. März 1919 AA.

42 »Gesetzlosigkeit«, »Die Kämpfe in Berlin«, »Gräuelerzählungen und Standrecht«, *Die Freiheit* Nr. 118, 12. März 1919 MA; »Das Wüten des Standrechts«, »Neue

Alarmnachrichten«, *Die Freiheit* Nr. 119, 12. März 1919 AA. Siehe auch BArch Berlin R901/55655, Bl. 42: »Noske und Lüttwitz. Gewalt! Gewalt! Gewalt!«, *Leipziger Volkszeitung* Nr. 58, 12. März 1919 MA.

43 »Tut Einhalt dem Morden!«, *Vorwärts* Nr. 129, 11. März 1919 AA.

44 »Die Unabhängigen und die Revolte«, BT Nr. 105, 12. März 1919 MA.

45 Ebd.

46 Die Broschüre *Gräueltaten der Spartakisten* ist einsehbar in: LAB 358 Nr. 2028 Bd. II [keine Blatt-Nr.]; HStAS P2 NL Kurt Schimmel Bü 72, Bl. 31–34; GStA PK Bildarchiv Preußischer Kulturbesitz, Nr. 30040790–97. Das Bildarchiv Preußischer Kulturbesitz gibt als Erscheinungsdatum den 20. März 1919 an.

47 BArch-MA N620/2 (Nachlass Pabst), Bl. 95.

48 »Garde-Kav-Division, Abt. Ia Nr. 20 950, Div.-St.-Qu., 10. 3. 19«, zit. n. Wette, *Noske*, S. 423 f.

49 Diese Interpretation stützt sich auf das unvollendete Manuskript der Memoiren Pabsts, das ich vollständig gelesen habe. Es enthält allerdings zahlreiche Fehler und Irreführungen. Das Manuskript befindet sich in BA-MA N620 (Nachlass Pabst).

50 BArch Berlin R901/55654, Bl. 9: »Besinnung«, BVZ, 11. März 1919.

51 Schumann, *Politische Gewalt in der Weimarer Republik*, S. 57.

52 BArch Berlin R8038/14 (Schlageter Gedächtnis-Museum) Bl. 77 f.: »Der 1. März in Halle«.

53 Siehe Schumann, *Politische Gewalt*, S. 57 und Anm. 59.

54 »Die Ermordung des Oberleutnants von Klüber, Eine Schandtat ohnegleichen«, *Die Post*, Nr. 121, 10. März 1919; »Ehrung des ermordeten Oberstleutnants von Klüber [Weimar, 11. März]«, *Die Post* Nr. 124, 11. März 1919 AA; »Ehrung des ermordeten Oberstleutnants v. Klüber [Halle, 11. März]«, *Reichsbote*, 12. März 1919 AA.

55 Schumann, *Politische Gewalt*, S. 57.

56 *Dokumente über die Untersuchungen der Januarunruhen 1919 in Berlin.*

Kapitel 14

1 Das Gebäude stammte aus dem späten 18. Jahrhundert und hatte in den ersten 100 Jahren seines Bestehens als Militärlazarett gedient. Im Zug der rasanten Entwicklung, die München im 19. Jahrhundert nahm, veränderte das Stadtquartier um das Lazarett seinen Charakter, und um 1880 wurde beschlossen, das Gebäude zur Schule umzubauen. Im Zweiten Weltkrieg wurde das Schulgebäude zerstört. Nach dem Krieg wurde das Luitpold-Gymnasium im Lehel wieder errichtet.

2 Dass die Thule-Gesellschaft aktiv die Revolution und die Räteherrschaft bekämpfte, steht außer Zweifel. Am treffendsten lässt sie sich als eine extrem antisemitische und ultranationalistische Freimaurerloge charakterisieren. Ihre Mitglieder hatten aber wohl kaum gefährlichere Aktivitäten in petto, als Plakate gegen die Räterepublik zu kleben und vielleicht heimlich Botschaften an die Exilregierung in Bamberg zu schicken: Hillmayr, *Roter und Weißer Terror*, S. 54, S. 102 f.; BArch Berlin NS26/2095: »Die Sühne für den Geiselmord, 7. Verhandlungstag«, MZ Nr. 244, 9. Sept. 1919. Zur Thule Gesellschaft s. BArch-Berlin NS26/2234, Freiherr von Sebottendorf (Thule-Gesellschaft).

3 BArch Berlin NS26/2095: »Die Sühne für den Geiselmord, 9. Verhandlungstag«, MZ Nr. 246, 11. Sept. 1919. Hillmayr, *Roter und Weißer Terror*, S. 111.

4 BArch Berlin NS26/2095: »Die Sühne für den Geiselmord, 6. Verhandlungstag«, MZ Nr. 243, 8. Sept. 1919.

5 BArch Berlin NS26/2095: »Der Leichenbefund der ermordeten Geiseln. 2. Verhandlungstag«, MZ Nr. 238, 3. Sept. 1919.

6 Zu dieser Praxis s. Putkowski; Sykes, *Shot at Dawn.*

7 BArch Berlin NS26/2095: »Die Sühne für den Geiselmord, 10. Verhandlungstag«,

MZ Nr. 247, 12. Sept. 1919. Siehe auch die Aussage Hubers: BArch Berlin NS26/2095: »Die Sühne für den Geiselmord, 2. Verhandlungstag«, MZ Nr. 238, 3. Sept. 1919.

8 BArch Berlin NS26/2095: »Die Sühne für den Geiselmord. 10. Verhandlungstag«, MZ Nr. 247, 12. Sept. 1919. Siehe auch die Aussage Hubers in BArch Berlin NS26/2095: »Die Sühne für den Geiselmord, 2. Verhandlungstag«, MZ Nr. 238, 3. Sept. 1919.

9 BArch Berlin NS26/2095: »Die Sühne für den Geiselmord, 3. Verhandlungstag«, MZ Nr. 239, 4. Sept. 1919; BArch Berlin NS26/2095: »Die Sühne für den Geiselmord, 2. Verhandlungstag«, MZ Nr. 238, 3. Sept. 1919.

10 BArch Berlin NS26/2095: Bayerische Zeit-Dokumente Nr. 10 o. D.

11 *Darstellung*, Bd. 4, S. 195–207.

12 Sabrow, *Der Rathenaumord*; Jones, »From ›Skagerrak‹ to the ›Organization Consul‹«.

13 Siehe die Berichte über die Operation in KAM RWGrKdo 4, Ordner 48 [Alte Signatur: KAM, Gruko 4, Bund 11, (Akt. 2)] z. B. »Ia Nr. 737 Bayer. Gruppenkommando Nr. 4 München 19.5.1919, An das Ministerium für militärische Angelegenheiten«; »13 Mai 1919. KHQu. Generalkommando Oven, Abteilung Ia, Bericht über die Operation zur Befreiung Münchens«. Oder: »Die Befreiung Münchens. Erinnerungsblatt der 2. Marine Brigade (Wilhelmshaven) (München, 16. Mai 1919)«; *Darstellung*, Bd. 4, S. 121–167.

14 Heinrich Hillmayr nennt Zahlen zwischen 557 und 1200: Hillmayr, *Roter und Weißer Terror*, S. 149. Im Handbuch der bayerischen Geschichte findet sich die Angabe »mehr als tausend«: Bd. 4, S. 432, zit. n. Baur, *Die russische Kolonie in München*, S. 59. Hans-Ulrich Wehler geht ebenfalls von »mehr als tausend« aus: Wehler, *Deutsche Gesellschaftsgeschichte*, Bd. 4, S. 401. Heinrich August Winkler und Ian Kershaw nennen die Zahl 606, davon 38 Regierungssoldaten und 335 Zivilisten: Winkler, *Weimar*, S. 81; Ian Kershaw, *Hitler. 1889–1936*, S. 124. Die Anzahl von 58 Regierungssoldaten (8 Offizieren und 50 Mann) findet sich in: BArch-MA Ph26/31: »Bericht über die Operation zur Befreiung Münchens. 13. Mai 19, KHQ«.

15 Traueranzeigen für Joseph Köglmaier, Joseph Schütz, Joseph Braun, Michael Spiegl, Johann Wimmer in den MNN Nr. 175, 7. Mai 1919 AA.

16 Gumbel, *Vier Jahre*, S. 30–50, hier S. 30. Siehe die Traueranzeigen in den MNN Nr. 175, 7. Mai 1919 AA. Siehe ferner die Schilderungen, die den Anträgen auf Entschädigung beigeheftet sind: KAM, MKr (Kriegsministerium) 11442, »Entschädigungsforderung v. Priv. anl. innerer Unruhen«; siehe auch den aufschlussreichen Bericht über den versehentlichen Beschuss eines im Dienst der Regierungstruppen operierenden Flugzeugs durch eigene Leute: BArch-MA Ph26/31: »Anlage 27 Bericht über Tätigkeit der Flieger, 12. Mai 1919«.

17 Heinrich Hillmayr, *Roter und Weißer Terror*, S. 131–155; StAM, StA Mü 1, Nr. 3082/I, »Verfahren gegen Pälzing und Genossen«.

18 »Der Hauptschlag gegen München steht bevor [Drahtmeldung der DZ]«, DZ Nr. 199, 1. Mai 1919 MA; »Die Kämpfe vor der Einnahme Münchens [WTB. Starnberg, 30 April]«, DZ Nr. 200, 2. Mai 1919 AA. »Opfer der Münchener Kämpfe [Teleunion. München 5 Mai]«, DZ, 6. Mai 1919 MA. Am 7. Mai teilte die führende Lokalzeitung, die *Münchner Neuesten Nachrichten*, ihren Lesern mit, auf den Friedhöfen der Stadt seien bis dato mehr als 400 Opfer bestattet worden: »In den Münchener Friedhöfen«, MNN Nr. 175, 7. Mai 1919 AA.

19 DZ Nr. 199, 1. Mai 1919 MA.

20 »›Geiseln‹ von den Münchener Bolschewisten erschossen [Drahtmeldung der DZ]«, DZ Nr. 201, 3. Mai 1919 MA; »Bayern. Die Besetzung Münchens«, FZ, 2. Mai 1919 AA.

21 »Das Vordringen der Regierungstruppen von Norden her«, MNN Nr. 171, 5. Mai 1919 AA

22 Pranckh, *Der Prozess gegen den Grafen Anton Arco-Valley.*
23 Hillmayr, *Roter und Weißer Terror*, S. 104.
24 Siehe die Erklärung Egelhofer: »Zwischen Schwäche und Verrat«, *Münchener Rote Fahne* Nr. 29, 29. April 1919, zit. n. Mitchell, *Revolution in Bavaria*, S. 328.
25 Ebd.
26 Hillmayr, *Roter und Weißer Terror*, S. 104.
27 Ebd., S. 105 f. Siehe auch BArch Berlin NS26/2095, »Die Geheimnisse des Geiselgymnasiums«, MZ Nr. 239, 4. Sept. 1919.
28 Das Plakat hatte Fritz Seidel im Lauf der Nacht anfertigen lassen. Es sollte die Arbeiter und Soldaten Münchens für den Kampf gegen die »preußische weiße Garde« mobilisieren. Im Text hieß es, die Regierungstruppen hätten 50 Mark auf den Kopf jedes Offiziers der Roten Garden und 30 Mark auf den Kopf jedes gewöhnlichen Rotgardisten ausgesetzt. Des Weiteren behauptete das Plakat, die Regierungstruppen hätten bereits eine große Zahl Rotgardisten, die ihnen in die Hände gefallen waren, erschossen. In Starnberg sei, so eine weitere Mitteilung auf dem Plakat, ein 68 Jahre alter Mann an einen Baum gestellt und erschossen worden. Den Regierungstruppen warf das Plakat vor, vier Sanitäter erschossen zu haben, die Verwundete versorgen wollten. Hillmayr, *Roter und Weißer Terror*, S. 106. Siehe auch BArch Berlin NS26/2095: »Die Sühne für den Geiselmord, 6. Verhandlungstag«, MZ Nr. 243, 8. Sept. 1919. Siehe ferner Mann, *Tagebücher*, 30. April 1919, S. 217.
29 BArch Berlin NS26/2095: »Die Sühne für den Geiselmord, 6. Verhandlungstag«, MZ Nr. 243, 8. Sept. 1919.
30 Ebd.
31 Hillmayr, *Roter und Weißer Terror*, S. 107 f.
32 Welche wütenden Reaktionen Seidel mit seinem Plakat erntete, zeigen beispielhaft die bissigen Kommentare des Tagebuchschreibers Josef Hofmiller, *Tagebuch*, 1. Mai 1919, S. 207–210.
33 Neue Gerüchte wollten u. a. wissen, in den Außenbezirken Münchens würden Arbeiter und Soldaten in großer Zahl hingerichtet. Ein Gerücht besagte, allein in Dachau seien an die 40 Rotgardisten erschossen worden.
34 Hillmayr, *Roter und Weißer Terror*, S. 108 ff.
35 Toller, *Eine Jugend in Deutschland.*
36 Hofmiller, *Tagebuch*, 1. Mai 1919, S. 211.
37 BArch Berlin NS26/2095: »Der Leichenbefund der ermordeten Geiseln. 2. Verhandlungstag«, MZ Nr. 238, 3. Sept. 1919; BArch Berlin NS26/2095: »Die Sühne für den Geiselmord, 9 Verhandlungstag«, MZ Nr. 246, 11. Sept. 1919.
38 Hillmayr, *Roter und Weißer Terror*, S. 111–114.
39 Hofmiller, *Tagebuch*, 4. Mai 1919, S. 215 ff.
40 Mann, *Tagebücher*, 1. Mai 1919, S. 218.
41 »Der Kampf um München«, MNN Nr. 169, 3. Mai 1919. Weitere Beispiele: »Die Befreiung Münchens. Vier Wochen Rätediktatur«, VZ Nr. 222, 3. Mai 1919 MA; »Die Befreiung Münchens [Drahtmeldungen]«, und »Das Ende der Münchener Gewaltherrschaft«, VZ Nr. 224, 4. Mai 1919; »Aus den Münchener Sturmtagen«, »Die Kämpfe um Starnberg«, MNN Nr. 171, 5. Mai 1919 AA; »Nach der Münchener Sturmtagen«, MNN Nr. 173, 6. Mai 1919 AA; »Bayern. Die Besetzung Münchens«, FZ, 2. Mai 1919 AA; »Das Vordringen der Regierungstruppen von Norden her«, »Standrecht und Standgericht«, *MNN* Nr. 171, 5. Mai 1919 AA; »Münchens Befreiung. Weitere Meldungen über die Ermordung der Geiseln. – Erschießung von Kommunistenführern«, TR Nr. 217, 4. Mai 1919 MA. Siehe auch die Tagebücher von Josef Hofmiller und Thomas Mann: Hofmiller, *Tagebuch*, 1. Mai bis 5. Mai 1919, S. 211–222; Mann, *Tagebücher*, 2. Mai bis 7. Mai, S. 221–229.
42 »Bayern. Die Besetzung Münchens«, FZ, 2. Mai 1919 AA.

43 »Erschießung von Geiseln in München«, *Reichsbote*, 2. Mai 1919 MA; BSZ Nr. 112/114, 4. Mai 1919, in Hillmayr, *Roter und Weißer Terror*, S. 114.

44 »Die bestialische Ermordung der Geiseln«, *MNN* Nr. 169, 3. Mai 1919. Siehe ferner: »Die Ermordung der Geiseln«, *MNN* Nr. 170, 5. Mai 1919 MA; »Der Geiselmord in München. Eine amtliche Darstellung«, *MNN* Nr. 171, 5. Mai 1919 AA.

45 »Die Ermordung der Münchener Geiseln, die Bluttat der Kommunisten [Drahtmeldung der VZ]«, VZ Nr. 128, 5. Mai 1919. Siehe auch: »Die Ermordung der Geiseln in München. Die Mitschuld der Kommunistenführer [WTB. München, 4. Mai]«, DZ Nr. 204, 5. Mai 1919. Siehe ferner: »Das Schicksal der Münchener Gewalthaber«, TR Nr. 217, 4. Mai 1919 MA; »Münchner Opfer«, *Volksstimme* Nr. 105, 7. Mai 1919; »Die Ermordung der Geiseln«, *Bergische Wacht* Nr. 103, 5. Mai 1919; »Die Ermordung der Geiseln«, *Hochheimer Stadtanzeiger*, Nr. 53, 8. Mai 1919.

46 »Der Geiselmord in München. Eine amtliche Darstellung«, MNN Nr. 171, 5. Mai 1919 AA. Aus diesem Bericht erfuhren die Leser, dass man noch immer nach weiteren Leichen suchte, aber bislang keine gefunden hatte, und dass sich auch keine weiteren Zeugen gemeldet hatten. Gleichwohl sei es vielleicht nur eine Frage der Zeit, bis weitere Gräueltaten der Roten entdeckt würden.

47 Hofmiller, *Tagebuch*, 4. Mai 1919, S. 217.

48 Über die längerfristigen Folgewirkungen hat Ian Kershaw geschrieben: »Die Auswirkung der Ereignisse zwischen November 1918 und Mai 1919 auf das politische Bewusstsein in Bayern kann kaum überschätzt werden, das gilt ganz besonders für die Räterepublik.« Kershaw, *Hitler 1889–1936*, S. 114.

49 BArch Berlin NS26/2095: »Die Sühne für den Geiselmord, 9. Verhandlungstag«, MZ Nr. 246, 11. Sept. 1919.

50 BArch Berlin NS26/2095: »Der Leichenbefund der ermordeten Geiseln. 2. Verhandlungstag«, MZ Nr. 238, 3. Sept. 1919.

51 StAM StA Mü Nr. 3124: »Denkschrift der Polizeidirektion München über die Münchener Räterepublik und ihrer Gewalttaten«, S. 57. Siehe auch die Kommentare ebd., S. 62. Beachtenswert ist auch, dass die militärischen Kommandostellen das Gewaltniveau in München am 27. April 1919 ähnlich niedrig einschätzten: BArch-MA Ph26/31 Nr. 3: »Nachrichtenblatt I (bis 27.4. Mittag) KH Qu. 27. April 1919«.

52 Hillmayr, *Roter und Weißer Terror*, S. 54 f.

53 Ebd., S. 54 und S. 62–65.

54 Siehe die Darlegungen im Polizeibericht: StAM StA Mü Nr. 3124: »Denkschrift der Polizeidirektion München über die Münchener Räterepublik und ihrer Gewalttaten«.

55 Hillmayr, *Roter und Weißer Terror*, S. 101. Siehe Egelhofers Stellungnahme: »Zwischen Schwäche und Verrat«, *Münchener Rote Fahne* Nr. 29, 29. April 1919, zit. n. Mitchell, *Revolution in Bavaria*, S. 328.

56 »Die Kämpfe um Starnberg«, MNN Nr. 171, 5. Mai 1919 AA.

57 HStAS M355/27, Bl. 1489: »Stadtmagistrat Starnberg an Gruppenkommando West, 17. Mai 1919«.

58 Hillmayr, *Roter und Weißer Terror*, S. 139.

59 KAM Stadtkommandantur Bund 24: »Akte Erschießungen«. HStAS M355/12: »Gruppenkommando West: Verschiedene Angelegenheiten des Regiments. 19.12.1918–Juli 1919«. BArch-MA Ph26/31: »Bericht über die Operation zur Befreiung Münchens, 13. Mai 19. KHQ«.

60 Zit. n. Wette, *Noske*, S. 440.

61 HStAS M 357/24: »Erschießung von Spartakisten durch Freiwillige der Abteilung Haas 1919–1922«. Siehe auch: KAM Bund 24 Stadtkommandantur: »Akte Erschießungen«.

62 Siehe beispielsweise die Aussage von Kurt Braun: LAB 358/2027 Bd. II, Bl. 13–16: Aussage v. Kurt Braun (23. April 1920). Die Anhänge zu den amtlichen Chroni-

ken enthalten Informationen darüber, welche Einheiten in Berlin und München kämpften: *Darstellung*, Bd. 4, S. 190; *Darstellung*, Bd. 6, S. 177–207.

63 »Noske gegen den Terror«, DZ, 29. April 1919 MA; Wette, *Noske*, S. 435.

64 Zit. n. Mitchell, *Revolution in Bavaria*, S. 315. »Reichspräsident Ebert an Legationssekretär Jordan«, 11. April 1919. *Ursachen und Folgen. Vom deutschen Zusammenbruch 1918 und 1945 bis zur staatlichen Neuordnung Deutschlands in der Gegenwart*, 8 Bde., Berlin 1958–1963, Bd. 3, S. 126.

65 BArch-MA Ph26/31: »Generalkommando Oven, München. Bericht über die Operation zur Befreiung Münchens, 13. Mai 1919«.

66 HStAS M357/2: »Generalkommando Oven. Ia. Ic Nr. 57. Abschrift. M.St. Qu. Den. 27.4.19. Erfahrungen aus den Straßenkämpfen der Garde Kav.-Schützen Division«.

67 GLA Abt. 456 F134/135 Bü. 30–32: »Berichte und Befehle über Maßnahmen bei inneren Unruhen«. Siehe insbes. GLA Abt. 456 F134/135 Nr. 32: »Gardekürassier-Regiment. J Nr. 1268 Bericht über Erfahrungen in den letzten Straßenkämpfen [Berlin 28 März 1919]«; GLA Abt. 456 F134/135 Nr. 32: »Erfahrungen über Bekämpfung innerer Unruhen (in Stichworten zusammengestellt nach den Berichten der unterstellten Reichswehrbrigaden) [Berlin 14. Mai, Reichswehrgruppenkommando 1 (Abteilung Lüttwitz) Id. Nr. 7328 AI]«; GLA Abt. 456 F 134/135 Nr. 3: »Zusammenstellung von Erfahrungen aus den letzten Unruhen in den verschiedenen Gegenden des Reiches [5. Mai 1919]«; GLA Abt. 456 F 134/135 Nr. 34: »Bayer-Schützenbrigade 31. Ia Nr. 11683 München, 28. Juli 1919«. HStAS M357/2: »Generalkommando Oven. Ia. Ic Nr. 57. Abschrift. M.St. Qu. Den. 27.4.19. Erfahrungen aus den Straßenkämpfen der Garde Kav.-Schützen Division«.

68 BArch-MA Ph26/31: »Korps-Befehl, Berlin, 25. April 1919«.

69 BArch-MA RM122/96, Bl. 9–14: »Besondere Anordnungen und Divisionsbefehle. Brigade Ehrhardt«, Zit. Bl. 12.

70 Siehe die Sammlung HStAS M355/14: »Flugschriften über die Münchner Räterepublik. April–Mai 1919«. Ferner: HStAS M355/11, Bl. 84, 22. April 1919.

71 BArch-MA RM122/79, Bl. 25: »Auszug aus den Agentennachrichten der letzten Zeit. 13 April 1919«. Weitere Beispiele finden sich in BArch-MA Ph26/31.

72 »Die Räterepublik in Bayern verlangt [Augsburg, 4. April]«, CZ Nr. 82, 6. April 1919.

73 *Darstellung*, Bd. 4, S. 60–76, insbes. S. 65 ff.

74 Ebd., S. 67.

75 KAM HS2416 Graetner/Russenmord: 2–3. HStAS M355/12: »Gruppe Graeter. Bericht vom 20. April 1919«.

76 KAM Bund 24 Stadtkommandantur: »Akte Erschießungen«. Die Auflistung ist unvollständig und enthält z.B. nicht die 53 russischen Gefangenen. HStAS M 355/10: »Gruppenkommando West. Abt. Ia Nr. 1452. München 16.5.1919, Gruppenbefehl Nr. 6«.

77 HStAS M 357/24: »Erschießung von Spartakisten durch Freiwillige der Abteilung Haas / 1919–1922«, Bericht 4.

78 Ebd.

79 Ebd., Berichte 1–6.

80 Ebd.

Kapitel 15

1 Siehe KAM MKr (Kriegsministerium) 11445: »Urteil im Gesellenmord«. S. auch StAM StA Mü Nr. 2766/1, Bl. 27: Aussage Acher, 8. Mai 1919.

2 »Verbrecherische Gerücht«, MNN Nr. 170, 5. Mai 1919 MA.

3 StAM, StA Mü 1 Nr. 2766/1, Bl. 27: Aussage Acher, 8. Mai 1919.

4 *Revolution und Räterepublik*, S. 379.

5 StAM StA Mü 1 Nr. 2766/2, Bl. 91 RS: Aussage Bachhuber, 21. Juni 1919; StAM StA Mü 1 Nr. 2766/2, Bl. 92: Aussage Wolf, 21. Juni 1919.

6 StAM StA Mü 1 Nr. 2766/2, Bl. 92: Aussage Samberger, 21. Juni 1919.

7 StAM, StA Mü 1 Nr. 2766/1, Bl. 27: Aussage Acher, 8. Mai 1919.

8 Ebd.; KAM MKr 11445: »Urteil in Gesellenmord«.

9 StAM StA Mü 1 Nr. 2766/2, Bl. 277 RS: Zeugenaussage Müller; Zeugenaussage Kreiner.

10 StAM, StA Mü 1 Nr. 2766/1, Bl. 27: Aussage Acher, 8. Mai 1919. Einer der Überlebenden, Otto Bachhuber, sagte später aus, die erste Gruppe von Männern, die die Gesellen verhaftete, habe sich »im großen und ganzen anständig benommen«. In sein traumatisiertes Gedächtnis hatte sich eingebrannt, dass er und seine Kameraden vor allem von den Soldaten, die sich dem Marsch unterwegs anschlossen, »unmenschlich misshandelt« worden waren. StAM StA Mü 1 Nr. 2766/2, Bl. 91 RS: Aussage Bachhuber, 21. Juni 1919.

11 Dementsprechende Berichte liegen z. B. auch über das Landesjägerkorps des Generals Maercker vor; siehe »Nun aber Schluß«, »Hände hoch!« *Volksstimme [Magdeburg]* Nr. 106, 8. Mai 1919. Konkrete Beispiele finden sich in KAM HS2416, Aussage des befehlshabenden Offiziers Graeter, sowie bei Hillmayr, *Roter und Weißer Terror*, S. 127; siehe auch KAM. Gruko 4. Bund 59, Akt. 7 (alte Signatur).

12 KAM MKr 11445: »Urteil im Gesellenmord«. Zur Augenverletzung des Gefangenen siehe auch StAM StA Mü 1 Nr. 2766/2, Bl. 91 RS: Aussage Bachhuber, 21. Juni 1919; StAM StA Mü 1 Nr. 2766/2, Bl. 91: Aussage Acher, 21. Juni 1919.

13 Ärztliche Untersuchungsberichte bestätigten, dass Acher während des Transports einen Revolverhieb ins Gesicht abbekommen hatte. Es ist allerdings denkbar, dass sich bei ihm, traumatisiert wie er war, später die Erinnerung festsetzte, er selbst sei im Mittelpunkt dieses entscheidenden Vorfalls gestanden. Arztberichte über die Überlebenden finden sich in KAM MKr. 11445.

14 StAM StA Mü 1 Nr. 2766/1, Bl. 3: Aussage Dahmann.

15 Hillmayr, *Roter und Weißer Terror*, S. 145.

16 KAM MKr 11445: »Urteil im Gesellenmord«.

17 Ebd.

18 Ebd., Bl. 8 f.; Hillmayr, *Roter und Weißer Terror*, S. 145.

19 StAM StA Mü 1 Nr. 2766/2, Bl. 91: Aussage Acher, 21. Juni 1919; KAM MKr 11.445: »Urteil in Gesellenmord«, Bl. 8 ff.; Hillmayr, *Roter und Weißer Terror*, S. 145 f.

20 StAM StA Mü 1 Nr. 2766/2, Bl. 91: Aussage Acher, 21. Juni 1919.

21 KAM MKr 11445: »Urteil in Gesellenmord«, Bl. 10 f.

22 Lt. Aussage des Überlebenden Josef Acher: »Gerichtsaal. Der Überfall im Prinz Georg-Palais«, MNN Nr. 428, 22. Okt. 1919 MA.

23 KAM MKr 11445: »Urteil in Gesellenmord«; StAM, StA Mü 1 Nr. 2766/2, Bl. 91: Aussage Acher; StAM StA Mü 1 Nr. 2766/2, Bl. 92 RS: Aussage Wolf.

24 StAM StA Mü 1 Nr. 2766/2, Bl. 91: Aussage Acher, 21. Juni 1919.

25 Ebd.

26 StAM StA Mü 1 Nr. 2766/2, Bl. 91 RS: Aussage Bachhuber, 21. Juni 1919.

27 StAM StA Mü 1 Nr. 2766/2, Bl. 92 RS: Aussage Wolf, 21. Juni 1919.

28 Ebd.

29 StAM StA Mü 1 Nr. 2766/2, Bl. 92: Aussage Samberger, 21. Juni 1919.

30 Ebd.

31 StAM StA Mü 1 Nr. 2766/2, Bl. 91 RS: Aussage Acher, 21. Juni 1919.

32 »Recht, nicht blinde Gewalt [München, 7. Mai]«, MNN Nr. 176, 8. Mai 1919 MA. Thomas Mann sprach in seinem Tagebucheintrag vom 7. Mai von einer »schlechten Nachricht«: Mann, *Tagebücher*, 7. Mai 1919, S. 229. Auch das Generalkommando von Oven nannte das, was geschehen war, in seinem Bericht über die Einsätze in München ein »Verbrechen« und gebrauchte den Ausdruck »Mord«: BArch-MA Ph26/31: »Bericht über die Operation zur Befreiung Münchens. 13. Mai 1919«.

33 »Eine Tat des Wahnsinns. 21 Unschuldige erschossen«, MZ Nr. 121, 8. Mai 1919; »Der verhängnisvolle Überfall auf das Prinz-Georg-Palais«, MNN Nr. 177, 8. Mai 1919 AA.
34 KAM RWGrKdo 4. Nr. 296 (alte Signatur Bund 47 Akt 8) Presseausschnitte: MP Nr. 107, 8. Mai 1919.
35 KAM RWGrKdo 4. Nr. 296: MP Nr. 106, 7. Mai 1919. Siehe auch die dort erhobene Forderung, Denunzierungen strenger zu prüfen: MP Nr. 107.
36 KAM RWGrKdo 4. Nr. 4: »7. Mai 1919. Ia d. Nr. 256 AHQu. 7.5.1919 Bayr. Oberkommando Möhl. An das Ministerium für Militärische Angelegenheiten«. »Ein entsetzlicher Vorfall«, MNN Nr. 175, 7. Mai 1919 AA.
37 KAM RWGrKdo 4. Nr. 296: *Regensburger Anzeiger* Nr. 220, 8. Mai 1919.
38 KAM RWGrKdo 4. Nr. 296: BSZ Nr. 118, 8. Mai 1919.
39 »Bamberg, 9. Mai 1919«, MNN Nr. 180, 10. Mai 1919 MA.
40 Ebd.
41 Ebd.
42 Siehe StAM StA Mü 1 Nr. 2766/1, Bl. 1: 23. Sept. 1918 Brief Hoffmanns an Noske mit der Frage, wann der Prozess stattfinden werde. Siehe auch Bl. 7 Reichswehrbrigade, 20. Okt. 1919, ein Bericht, der jegliche Vertuschung bestreitet.
43 »Zum Tod der Einundzwanzig«, MZ Nr. 289, 24 Okt. 1919. Weitere Berichte über den Prozess finden sich in Nr. 287 und 288, 22. und 23. Okt. 1919.
44 KAM MKr 11445: »Urteil im Gesellenmord«, Bl. 11.
45 KAM MKr 11445: Heeresabwicklungsamt Bayern, 1. Okt. 1920.
46 Hillmayr, *Roter und Weißer Terror*, S. 119.
47 StAM StA Mü 1 Nr. 2766/2, Bl. 83: Aussage Jakob Müller, 21. Juni 1919.
48 StAM StA Mü 1 Nr. 2766/2, Bl. 273: Aussage Müller.
49 Ebd., Bl. 273 RS und Bl. 274: Aussage Müller.
50 StAM StA Mü 1 Nr. 2766/2, Bl. 274 RS: Aussage Müller.
51 StAM StA Mü 1 Nr. 2766/2, Bl. 299: Urteil im Gesellenmord.
52 StAM StA Mü 1 Nr. 2766/1 [keine Blatt-Nr.].
53 BArch-MA RM122/79, Bl. 110 f.: »An die Division von Lettow. 13. Juni 1919«; BArch-MA RM122/96, Bl. 28 f.. Pabst sorgte dafür, dass dieses Dokument Anfang Juni 1919 an alle Freikorps-Kommandeure verteilt wurde.
54 Mitchell, *Revolution in Bavaria*; Carsten, *Revolution in Central Europe*, S. 178–210.
55 Man mag meinen Ansatz mit dem von Ziemann, *Front und Heimat*, vergleichen oder mit dem von Adam Seipp, *The Ordeal of Peace*.
56 »Der Ring um München schließt sich«, VZ Nr. 219, 30. April 1919 AA; »München eingeschlossen«, DZ, 1. Mai 1919 MA; »Die Säuberung des Münchener Augiasstalles [Drahtmeldung der DZ]«, DZ Nr. 201, 3. Mai 1919 MA; »Die Straßenkämpfe in München«, FrZ Nr. 120, 3. Mai 1919; »Wie München befreit wurde [Drahtmeldung der DZ]«, DZ, 4. Mai 1919. Auch in Pressemeldungen war die Rede davon, dass die Regierungstruppen Flammenwerfer einsetzten. »Die Befreiung Münchens«, VZ Nr. 224, 4. Mai 1919.
57 Hofmiller, *Tagebuch*, 5. Mai 1919, S. 220 f.
58 BArch-MA RM122/79, Bl. 110 f.: »An die Division von Lettow, 13. Juni 1919«. Dieselbe Akte befindet sich auch in RM122/96, Bl. 28 f.
59 Mazower, *Hitler's Empire*; Norman Davies, *Rising 44*.
60 Ziemann, *Front und Heimat*.
61 Eine gute Einführung ins Thema gibt *Bloxham, Gerwarth (Hrsg.), Political Violence in Twentieth Century Europe*.
62 Mitchell, *Revolution in Bavaria*, S. 322–331.
63 »Die Wahrheit über München«, DZ Nr. 195, 29 April 1919 MA.

Epilog

1 »Der Erfolg der Revolution«, TW, BT Nr. 576, 10. Nov. 1918, in Wolff, *Tagebücher*, S. 814 ff.
2 Zur Gewalt in den imperialen Zerfallszonen siehe die brillante Studie von Robert Gerwarth *Die Besiegten. Das blutige Erbe des Ersten Weltkriegs.*
3 Schivelbusch, *Die Kultur der Niederlage.*
4 Siehe David Bell, *The First Total War.*
5 Siehe Tombs, *The Paris Commune*, S. 173 f.
6 Duggan, *The Force of Destiny*, S. 217–228 und S. 254 f.
7 Üngör, *The Making of Modern Turkey.*
8 Gerwarth; Üngör, »The Collaps of the Ottoman and Habsburg Empires«. Siehe auch Geyer, »Some Hesitant Observations Concerning ›Political Violence‹«.
9 Hopkinson, *Green against Green.*
10 Schmidt, *Heimatheer und Revolution.*
11 Rosenhaft, *Beating the Fascists?*; Reichardt, *Faschistische Kampfbünde*; Schumann, *Politische Gewalt in der Weimarer Republik.*
12 Siehe ferner Fulda, *Press and Politics in the Weimar Republic*, S. 13–44.
13 Mommsen, »Der Reichstagsbrand und seine politischen Folgen«.
14 Herbst, *Das nationalsozialistische Deutschland*, S. 62–88; Longerich, *Die braunen Bataillone*, S. 165–179.
15 Eine statistische Analyse findet sich bei Reichardt, *Faschistische Kampfbünde.*
16 Dillon, »›We'll Meet again in Dachau‹«, S. 544–547. Siehe ferner Dillon, *Dachau and the SS.*
17 Mason, »The Legacy of 1918 for National Socialism«, S. 220. Hitler, *Mein Kampf*, S. 586.
18 Barth, *Dolchstoßlegenden und politische Desintegration*, S. 550.
19 Siehe ferner Evans, *Das Dritte Reich, Diktatur*, und Evans, *Das Dritte Reich, Krieg.*
20 Siehe ferner Kershaw, *Das Ende.*
21 Geyer, »Endkampf 1918 and 1945«.

Bibliographie

Ungedruckte Quellen

Bundesarchiv, Berlin Lichterfelde (BArch Berlin)

NS26/2095; NS26/2250; R901: 55366, 55538, 55561, 55566, 55568, 55569, 55571, 55572, 55577, 55583, 55584, 55594, 55599, 55610, 55613, 55614, 55615, 55616, 55619, 55620, 55621, 55623, 55625, 55630, 55631, 55632, 55635, 55638, 55639, 55640, 55641, 55642, 55653, 55654, 55655, 55656, 55669, 55724, 55725, 55785, 55910, 55911, 55912, 55915, 55958; R8038; R43: 2504, 2508, 2510, 2511; N94

BArch Berlin-SAPMO (Stiftung Archiv der Parteien und Massenorganisationen der DDR im Bundesarchiv)

NY4035; NY 4131/25

Bayerisches Hauptstaatsarchiv, Abteilung IV, Kriegsarchiv München. (KAM)

HS2416; HS2240; HS Band 4 Akte 10, KAM 11442; KAM 11443; KAM 11445; RWGrKdo 4, 48, 49, 65, 293, 296, 384, 466; Stadtkommandantur München: 11, 24, 28

Bundesarchiv Militär-Archiv Freiburg im Breisgau (BArch-MA)

NL23 Heinrich Scheuch; NL38 Arnold Lequis; NL103 Paul von Lettow Vorbeck; NL162 Franz Ritter von Hipper; NL239 Magnus von Levetzow; NL620 Waldemar Pabst; RM8/1024; RM31/2373; RM122: 70, 71, 79, 80, 81, 82, 83, 84, 88, 90, 91, 92, 93, 96; PH8V 1–19; PH26: 1, 2, 3, 7, 8, 9, 31, 32, 40

Deutsches Literaturarchiv Marbach (DLA)

NL Ernst von Salomon; NL Ernst Jünger

Geheimes Staatsarchiv Preußischer Kulturbesitz, Berlin-Dahlem (GStA PK)

Rep. 84a (Justizministerium): 2245; 2246; 4348; 5729; 11746; 11759; 11760

Generallandesarchiv Karlsruhe (GLA)

Abt. 456 F 134/135: 3, 9, 14, 29, 30, 31, 32, 33, 34, 35, 36, 54, 55, 56, 57, 58, 145; E 40/72; E 131: 138, 151, 152; M355: 10, 11, 12, 14, 22, 27; M357: 1, 2, 3, 13, 14, 19, 21, 24, 44, M737: 129, 138, 171; M660/34, P.2 NL Kurt Schimmel

Landesarchiv Berlin (LAB)

358–01: 2025, 2026, 2027, 2028

Landeshauptstatdt Kiel, Stadtarchiv Nr. 32665

Staatsarchiv München (StAM)

2766: 1, 2; 3082/1; 3122; 3124

The National Archives of the UK (TNA)

KV 2/2643

Zeitungen

8-Uhr-Abendblatt
Badischer Beobachter
Bayerische Staatszeitung
Berliner Börsen-Courier

Berliner Lokal-Anzeiger
Berliner Morgenpost
Berliner Neueste Nachrichten
Berliner Tageblatt
Berliner Volkszeitung
Berliner Zeitung am Mittag
Chemnitzer Volkstimme
Deutscher Reichsanzeiger
Deutsche Tageszeitung
Deutsche Zeitung
Dresdner Anzeiger
Düsseldorfer General-Anzeiger
Frankfurter Zeitung
Die Freiheit
Germania
Hannoverscher Kurier
Hamburgischer Correspondent
Hamburger Echo
Hamburger Fremdenblatt
Hamburger Nachrichten
Kieler Zeitung
Kieler Neueste Nachrichten
Kölnische Volkszeitung
Kölnische Zeitung
Kreuz-Zeitung (Neue Preußische Zeitung)
Leipziger Tageblatt
Leipziger Volkszeitung
Magdeburgische Zeitung
Münchner Neueste Nachrichten
Münchener Post
Münchner Rote Fahne
Münchener Zeitung
Nationalzeitung
Neue Badische Landeszeitung
Neue Freie Presse
Neue Hamburger Zeitung
New York Times
Norddeutsche Allgemeine Zeitung
Pommersche Tagespost
Die Post
Reichsbote
Regensburger Anzeiger
Rheinisch-Westfälische Zeitung
Rheinische Zeitung
Die Republik
Schlesische Zeitung
Schleswig-Holsteinische Volks-Zeitung
Schwäbischer Merkur
Staats-Anzeiger für Württemberg
Tägliche Rundschau
Vorwärts
Vossische Zeitung
Weser Zeitung

Digitalisierte Zeitungen
Bergische Wacht: http://s2w.hbz-nrw.de/ulbbn/periodical/structure/491672
Coburger Zeitung: http://digipress.digitale-sammlungen.de/de/fs1/calendar-1396849-x/select.html
Freiburger Zeitung: http://az.ub.uni-freiburg.de/show/fz.cgi?pKuerzel=FZ
Hochheimer Stadtanzeiger: http://dokumentserver.hlb-wiesbaden.de/HochheimerStadtanzeiger/
Königsberger Hartungsche Zeitung: http://zefys.staatsbibliothek-berlin.de/list/title/zdb/2812988X/
Die Rote Fahne: http://zefys.staatsbibliothek-berlin.de/list/title/zdb/24352111/0/
Volksstimme. Sozialdemokratisches Organ für den Regierungsbezirk Magdeburg: http://library.fes.de/inhalt/digital/volksstimme-magdeburg.htm

Andere digitalisierte Quellen
Verhandlungen der verfassungsgebenden deutschen Nationalversammlung, Bände 326 und 327, Reichstagsprotokolle 1919/1920, 1: http://www.reichstagsprotokolle.de/Band2_wv_bsb00000010.html

Gedruckte Quellen und Literatur
Afflerbach, Holger: *Kaiser Wilhelm II. als Oberster Kriegsherr im Ersten Weltkrieg. Quellen aus der militärischen Umgebung des Kaisers 1914–1918*, München 2005
Ablovatski, Eliza: *»Cleansing the Red Nest«: Counterrevolution and White Terror in Munich and Budapest, 1919*, Promotion Columbia University 2004
Achilles, Manuela: Re-forming the Reich. Symbols of the Republican Nation in Weimar Germany, PhD thesis, University of Michigan 2005
Adjutant im Preußischen Kriegsministerium Juni 1918 bis Oktober 1919. Aufzeichnungen des Hauptmanns Gustav Böhm, Hrsg. Heinz Hürten, Georg Meyer, Stuttgart 1977
The Age of Revolutions in Global Context 1760–1840, Hrsg. David Armitage, Sanjay Subrahmanyam, Basingstoke 2010
Alapuro, Risto: *State and Revolution in Finland*, Berkeley 1988
Allgemeiner Kongreß der Arbeiter- und Soldatenräte Deutschlands. Vom 16. bis 21. Dezember 1918 im Abgeordnetenhause zu Berlin. Stenographische Berichte, Hrsg. Zentralrat der sozialistischen Republik Deutschlands, Berlin 1919
Alpaugh, Micah: *Non-Violence and the French Revolution. Political Demonstrations in Paris, 1787–1795*, Cambridge 2015
Andress, David: *The Terror. Civil War in the French Revolution*, London 2005
Arosalo, Sirkka, »Social Conditions for Political Violence: Red and White Terror in the Finnish Civil War of 1918«, Journal of Peace Research, 35 (1998), S. 147–66
Artelt, Karl; Popp, Lothar: *Ursprung und Entwicklung der November-Revolution 1918*, Kiel 1919
Aus der Geburtsstunde der Weimarer Republik. Das Tagebuch des Obersten Ernst van den Bergh, Hrsg. Wolfram Wette, Düsseldorf 1991
Die Auswirkungen der Großen Sozialistischen Oktoberrevolution auf Deutschland. Archivalische Forschungen zur Geschichte der deutschen Arbeiterbewegung, Hrsg. Leo Stern, Bd. 4, Teil IV, Berlin 1959
Baden, Prinz Max von: *Erinnerungen und Dokumente*, Berlin, 1927
Balkelis, Tomas: »War, Revolution and Terror in the Baltic States and Finland after the Great War«, Journal of Baltic Studies, 46/1 (2015), S. 1–9
Balla, Erich: *Landsknechte wurden wir …: Abenteuer aus dem Baltikum*, Berlin 1932
Barth, Boris: *Dolchstoßlegenden und politische Desintegration. Das Trauma der deutschen Niederlage im Ersten Weltkrieg 1914–1933*, Düsseldorf 2003
Barth, Emil: *Aus der Werkstatt der Revolution*, Berlin, 1920
Bartov, Omer: *Murder in Our Midst. The Holocaust, Industrial Killing, and Representation*, New York 1996

Baudis, Dieter; Roth, Hermann: »Berliner Opfer der Novemberrevolution 1918/19«, Jahrbuch für Wirtschaftsgeschichte, 9/3 (1968), S. 73–110
Baur, Johannes: *Die russische Kolonie in München 1900–1945. Deutsche-russische Beziehungen im 20. Jahrhundert*, Wiesbaden 1998
Die Befreiung Münchens. Erinnerungsblatt der 2. Marine Brigade (Wilhelmshaven), Division Lettow-Vorbeck, München 1919
Bell, David: *The First Total War. Napoleon's Europe and the Birth of Modern Warfare*, London 2007
Bergman, Jay: »The Paris Commune in Bolshevik Mythology«, English Historical Review 129/541 (2014), S. 1412–1441
Bernstein, Eduard: *Die deutsche Revolution. Ihr Ursprung, Ihr Verlauf und ihr Werk*, Berlin, 1921
Bessel, Richard: »The Potempa Murder«, Central European History, 10 (1977), S. 241–254
–: »Militarismus im innenpolitischen Leben der Weimarer Republik. Von den Freikorps zur SA«, in: *Militär und Militarismus in der Weimarer Republik*, Hrsg. Klaus-Jürgen Müller, Eckardt Opitz, Düsseldorf 1978, S. 193–222
–: *Political Violence and the Rise of Nazism. The Storm Troopers in Eastern Germany 1925–1934*, Yale 1984
–: »The Great War in German Memory: the Soldiers of the First World War, Demobilization and Weimar Political Culture«, GH 6 (1988), S. 20–34
–: *Germany after the First World War*, Oxford 1993
–: »Revolution«, in: The Cambridge History of the First World War, Bd. 2: The State, Cambridge 2014, S. 126–44
Bischoff, Josef: *Die letzte Front. Geschichte der Eisernen Division im Baltikum 1919*, Berlin 1935
Blackbourn, David: *The Marpingen Visions. Rationalism, Religion and the Rise of Modern Germany*, London 1995
–: »Das Kaiserreich transnational. Eine Skizze«, in: *Das Kaiserreich transnational, Deutschland in der Welt 1871–1914*, Hrsg. Sebastian Conrad, Jürgen Osterhammel 2. Aufl. Göttingen 2006, S. 303–24
Bloxham, Donald: *The Final Solution. A Genocide*, Oxford 2009
Blücher, Evelyne: *An English Wife in Berlin. A Private Memoir of Events, Politics and Daily Life in Germany throughout the War and the Social Revolution*, London 1920
Bodó, Béla: »Paramilitary Violence in Hungary after the First World War«, East European Quarterly 38/2 (2004), S. 129–172
Boff, Jonathan: Winning and Losing on the Western Front. The British Third Army and the Defeat of Germany in 1918, Cambridge 2012
Bothmer, Karl Freiherr von: *Mit Graf Mirbach in Moskau*, Tübingen 1922
Brenner, Arthur D.: *Emil J. Gumbel. Weimar German Pacifist and Professor*, Boston 2001
Bronnen, Arnolt: *Roßbach*, Berlin 1930
Boysen, Jens: »Simultaneity of the Un-simultaneous. German Social Revolution and Polish National Revolution in the Prussian East 1918/19«, in: *Germany 1916–1923. A Revolution in Context*, Hrsg. Klaus Weinhauer, Anthony McElligott, Kirsten Heinsohn, Bielefeld 2015, S. 229–51
Das Buch vom deutschen Freikorpskämpfer, Hrsg. Ernst von Salomon, Berlin 1938
Cains [= Paul Levi]: *Generalstreik und Noske-Blut-Bad in Berlin*, Berlin 1919
Canetti, Elias: *Masse und Macht*, Hamburg 1960
Canning, Kathleen, »Sexual Crisis and the Writing of Citizenship: Reflections on States of Exception in Germany, 1914–1920«, in: *Ausnahmezustand und Polizeigewalt*, Hrsg. Alf Lüdtke, Michael Wildt, Göttingen 2009, S. 168–211
Carr, E.H., *The Bolshevik Revolution 1917–1923*, Bd. 3, New York 1951
Carsten, Francis L.: *Revolution in Central Europe*, 1918–1919, London 1972

Cassirer, Ernst: *Der Mythus des Staates. Philosophische Grundlagen politischen Verhaltens*, Frankfurt 1988

Chickering, Roger: *Freiburg im Ersten Weltkrieg. Totaler Krieg und städtischer Alltag 1914–1918*, Paderborn 2009

Clark, Christopher: *Kaiser Wilhelm II*, London 2009

–: *The Sleepwalkers. How Europe went to War in 1914*, London 2012

Collins, Randall: *Violence. A Micro-Sociological Theory*, Princeton 2008

Colm, Gerhard: *Beitrag zur Geschichte und Soziologie des Ruhraufstandes vom März–April 1920*, Essen, 1921

A Companion to World War I, Hrsg. John Horne, Oxford 2010

Conrad, Sebastian: *Globalisierung und Nation im deutschen Kaiserreich*, München 2006

Conway, Martin; Gerwarth Robert : »Revolution and Counter-revolution«, in: *Political Violence in Twentieth Century Europe*, Hrsg. Robert Gerwarth, Donald Bloxham, Cambridge 2011, S. 140–175

Dähnhardt, Dirk: *Revolution in Kiel. Der Übergang vom Kaiserreich zur Weimarer Republik 1918/19*, Neumünster 1984

Darstellung aus den Nachkriegskämpfen deutscher Truppen und Freikorps, Bd. 4: Die Niederwerfung der Räteherrschaft in Bayern 1919, Hrsg. Kriegsgeschichtliche Forschungsanstalt des Heeres, Berlin 1939

Darstellung aus den Nachkriegskämpfen deutscher Truppen und Freikorps, Bd. 6: Die Wirren in der Hauptstadt, Hrsg. Kriegsgeschichtliche Forschungsanstalt des Heeres, Berlin 1940

Davies, Norman: *Rising 44. The Battle for Warsaw*, London 2003

Davis, Belinda: *Home Fires Burning. Food, Politics and Everyday Life in World War I Berlin*, Chapel Hill 2000

Deak, Istvan: »Budapest and the Hungarian Revolutions of 1918–19«, The Slavonic and East European Review, 46/106 (1968), S. 129–40

Deist, Wilhelm: »The Military Collapse of the German Empire. The Reality Behind the Stab-in-the-Back Myth«, War in History 3/2 (1996), S. 186–207

–: »Die Politik der Seekriegsleitung und die Rebellion der Flotte Ende Oktober 1918«, VfZG 14 (1966), S. 341–68

Die Deutsche Revolution 1918/1919. Dokumente, Hrsg. Gerhard A. Ritter, Susanne Miller, Frankfurt/Main 1983

Deutsche Zeitungen des 17. bis 20. Jahrhunderts, Hrsg. Hans-Dietrich Fischer, München 1972

Dillon, Chris: »We'll Meet again in Dachau«. The Early Dachau SS and the Narrative of Civil War«, JCH 45/3 (2010), S. 535–54

–: Dachau and the SS. A Schooling in Violence, Oxford 2015

Dittmann, Wilhelm: *Die Marine-Justizmorde von 1917 und die Admirals-Rebellion von 1918*, Berlin 1926

Döblin, Alfred, *November 1918. Eine deutsche Revolution*, 3 Bde., München 1948–1950

Doegen, Wilhelm: *Kriegsgefangene Völker. Der Kriegsgefangenen Haltung und Schicksal in Deutschland*, Berlin 1921

Dokumente über die Untersuchungen der Januarunruhen 1919 in Berlin, Nr. 4121 A: Bericht des Untersuchungsausschusses über die Januar-Unruhen 1919 in Berlin, in: Sammlung der Drucksachen der Verfassunggebenden Preußischen Landesversammlung, Berlin, 1921

Dokumente über die Untersuchungen der Januarunruhen 1919 in Berlin, Nr. 4121 B: Niederschriftenband über die erhobenen Beweise zum Bericht über die Januarunruhen 1919 in Berlin, in : Sammlung der Drucksachen der Verfassunggebenden Preußischen Landesversammlung, Berlin, 1921

Dokumente über die Untersuchungen der Januarunruhen 1919 in Berlin, Nr. 4121 C: Ur-

kundenband zum Bericht über die Januar-Unruhen 1919 in Berlin, in : Sammlung der Drucksachen der Verfassunggebenden Preußischen Landesversammlung, Berlin, 1921
Dokumente über die Untersuchungen der Januarunruhen 1919 in Berlin, Nr. 4121 D: Anlage zum Urkundenband. Drucksache Nr. 4121 C, in : Sammlung der Drucksachen der Verfassunggebenden Preußischen Landesversammlung, Berlin, 1921
Dokumente und Materialien zur Geschichte der deutschen Arbeiterbewegung, Hrsg. Institut für Marxismus-Leninismus beim Zentralkomitee der Sozialistischen Einheitspartei Deutschlands, 3 Bde., Berlin 1958
Duggan, Christopher: The Force of Destiny. A History of Italy Since 1796, London 2007
Edele, Mark; Gerwarth, Robert: »The Limits of Demobilization. Global Perspectives on the Aftermath of the Great War«, JCH 50/1 (2015), S. 3–14
Eichenberg, Julia: ›The Dark Side of Independence: Paramilitary Violence in Ireland and Poland After the First World War‹, CEH, 19 (2010), S. 231–248
Eichenberg, Julia; Newman, John Paul : ›Empires after the First World War‹, CEH, 19/3 (2010), 183–194
Eichhorn, Emil: *Eichhorn über die Januar Ereignisse, Meine Tätigkeit im Berliner Polizeipräsidium und mein Anteil an den Januar-Ereignissen*, Berlin 1919
Eley, Geoff: »Memories of Underdevelopment: Social History in Germany«, Social History 6 (1977), S. 785–91
Eliasberg, George J.: *Der Ruhrkrieg von 1920*, Bonn 1974
Empires at War 1911–1923, Hrsg. Robert Gerwarth, Erez Manela, Oxford 2014
Epstein, Catherine: *The Last Revolutionaries. German Communists and their Century*, Cambridge/MA 2003
Evans, Richard: »Red Wednesday« in Hamburg: Social Democrats, Police and Lumpenproletariat in the Suffrage Disturbances of 17 January 1906«, Social History 4 (1979), S. 1–31
–: *Kneipengespräche im Kaiserreich. Die Stimmungsberichte der Hamburger Politischen Polizei 1892–1914*, Reinbek 1989
–: »Weimarama«, London Review of Books 12/21 (1990), S. 27
–: *Tales from the German Underworld. Crime and Punishment in the Nineteenth Century*, (New Haven, 1998)
–: *Das Dritte Reich. Aufstieg*, München 2004
–: *Das Dritte Reich. Diktatur*, 2 Bände, München 2006
–: *Das Dritte Reich. Krieg*, München 2009
–: *Veränderte Vergangenheiten. Über kontrafaktisches Erzählen in der Geschichte*, München 2014
Färber, Hans-Werner: *Wandsbeker Husaren. Eine Episode preußischer Kavalleriegeschichte*, Hamburg 1991
Fechenbach, Felix: *Der Revolutionär Kurt Eisner. Aus persönlichen Erlebnissen*, Berlin 1929
Feldman, Gerald: *Army, Industry and Labor in Germany 1914–1918*, Princeton 1966
Fernbach, David: »Memories of Spartacus: Mathilde Jacob and Wolfgang Fernbach«, History Workshop Journal, 48 (1999), S. 202–21
Figes, Orlando: *A People's Tragedy. The Russian Revolution 1891–1924*, London 1996
Fitzpatrick, Sheila: *The Russian Revolution*, 2. Aufl. Oxford 2001
Foerster, Wolfgang: *Der Feldherr Ludendorff im Unglück. Eine Studie über seine seelische Haltung in der Endphase des 1. Weltkrieges*, Wiesbaden 1952
Freksa, Friedrich: *Kapitän Ehrhardt. Abenteuer und Schicksale*, Berlin 1924
The French Revolution in Global Perspective, Hrsg. Suzanne Desan, Lynn Hunt, William Max Nelson, Ithaca 2013
Frevert, Ute: »Europeanizing German History«, GHI Bulletin 36 (2005), S. 9–24
Fritzsche, Peter: *Rehearsals for Fascism: Populism and Political Mobilization in Weimar Germany*, New York 1990

–: *Reading Berlin 1900*, Cambridge/MA 1996
–: »Did Weimar Fail?«, The Journal of Modern History, 68/3 (1996), S. 629–656
–: *Germans into Nazis*, Cambridge/MA 1998
Fulda, Bernhard: *Press and Politics in the Weimar Republic*, Oxford 2009
Furet, François: Interpreting the French Revolution, Cambridge 1981
Gatrell, Peter: *A Whole Empire Walking. Refugees in Russia During World War I*, Bloomington 1999
–: »War after the War. Conflicts 1919–1923«, in: A Companion to World War I, Hrsg. John Horne, Oxford, 2010, S. 558–575
Gay, Peter: *Weimar Culture. The Outsider as Insider*, New York 1968
Gerwarth, Robert: *Der Bismarck-Mythos. Die Deutschen und der Eiserne Kanzler*, München 2007
–: »The Continuum of Violence«, in: *The Cambridge History of The First World War*, Bd. 2, Cambridge 2014, S. 638–662
–: »The Past in Weimar History«, CEH 15/1 (2006), S. 1–22
–: »The Central European Counter-Revolution: Paramilitary Violence in Germany, Austria and Hungary after the Great War«, PP 200 (2008), S. 175–209
–: *Die Besiegten. Das blutige Erbe des Ersten Weltkriegs*, München 2017
Gerwarth, Robert; Horne, John, »Bolschewismus als Phantasie. Revolutionsangst und konterrevolutionäre Gewalt 1917 bis 1923«, in: Krieg im Frieden. Paramilitärische Gewalt in Europa nach dem Ersten Weltkrieg, Hrsg. Robert Gerwarth, Johne Horne, Göttingen 2013, S. 94–107
Gerwarth, Robert; Üngör, Uğur Ümit, »The Collapse of the Ottoman and Habsburg Empires and the Brutalisation of the Successor States«, JMEH 13:2 (2015), 226–48
Geyer, Martin: *Verkehrte Welt. Revolution, Inflation und Moderne. München 1914–1924*, Göttingen 1998
–: »Insurrectionary Warfare. The German Debate about a Levée en Masse in October 1918«, JMH 73 (2001), S. 459–527
–: »Endkampf 1918 and 1945. German Nationalism, Annihilation and Self-Destruction«, in: *No Man's Land of Violence. Extreme Wars in the 20th Century*, Hrsg. Alf Lüdtke, Bernd Weisbrod, Göttingen 2006, S. 35–68
–: »Some Hesitant Observations Concerning ›Political Violence‹«, Kritika: Explorations in Russian and Eurasian History, 4/3 (2003), S. 695–708
Getzler, Israel: *Kronstadt 1917–1921. The Fate of a Soviet Democracy*, Cambridge 1983
Gietinger, Klaus: *Eine Leiche im Landwehrkanal. Die Ermordung Rosa Luxemburgs*, Hamburg 2008
–: *Der Konterrevolutionär. Waldemar Pabst – eine deutsche Karriere*, Hamburg 2009
Ginzburg, Carlo: »Microhistory. Two or Three Things That I Know About It«, Critical Inquiry 20/1 (1993), S. 10–35
Goltz, Anna von der: *Hindenburg. Power, Myth and the Rise of the Nazis*, Oxford 2009
Goltz, Rüdiger von der: *Meine Sendung in Finnland und im Baltikum*, Leipzig 1920
Graziosi, Andrea: *The Great Soviet Peasant War. Bolsheviks and Peasants 1917–1933*, Cambridge/MA 1996
Grimmer, Ian, »›Moral Power‹ and Cultural Revolution. Räte geistiger Arbeiter in Central Europe, 1918–19«, in Weinhauer, Klaus, Anthony McElligott and Kirsten Heinsohn (eds.), Germany 1916–1923: A Revolution in Context (Bielefeld, 2015), 205–28
Groß, Gerhard P.: *Seekriegsführung der Kaiserlichen Marine im Jahre 1918*, Mainz 1989
–: »Eine Frage der Ehre? Die Marineführung und der letzte Flottenvorstoß 1918«, in: *Kriegsende 1918. Ereignis, Wirkung, Nachwirkung*, Hrsg. Jörg Duppler and Gerhard P. Groß, München 1999, S. 349–365
Groß-Berliner Arbeiter und Soldatenräte in der Revolution 1918/19, 3 Bde., Hrsg. Gerhard Engel, Bärbel Holz, Ingo Materna, Berlin, 1993–2002
Grunwald, Henning: *Courtroom to Revolutionary Stage*, Oxford 2012

Grzesinski, Albert: *Im Kampf um die deutsche Republik. Erinnerungen eines Sozialdemokraten*, Hrsg. Eberhard Kolb, München 2009
Günther-Forstner, Georg: *Die Marine-Meuterei*, Berlin 1919
Guldi, Jo; Armitage, David, *The History Manifesto*, Cambridge 2014
Gumbel, Emil Julius: *Zwei Jahre Mord*, Berlin 1921
–: *Vier Jahre politischer Mord*, Berlin 1922
Haapala, Pertti; Tikka, Marko, »Revolution, Civil War and Terror in Finland in 1918«, in: *War in Peace: Paramilitary Violence in Europe after the Great War*, Hrsg. Robert Gerwarth, John Horne, Oxford 2013, S. 71–83
Haffner, Sebastian: *Die verratene Revolution. Deutschland 1918–1919*, München 1969
–: *Die deutsche Revolution 1918/19*, Köln 2008
Hahn, Hans Werner: »Ohne Jena kein Sedan«, Die Erfahrung der Niederlage von 1806 und ihre Bedeutung für die deutsche Politik und Erinnerungskultur des 19. Jahrhunderts«, HZ 285 (2007), S. 599–642
Hampe, Karl: *Kriegstagebuch 1914–1919*, Hrsg. Folker Reichert, Eike Wolgast, München 2007
Haußmann, Conrad: *Schlaglichter. Reichstagsbriefe und Aufzeichnungen*, Hrsg. Ulrich Zeller, Frankfurt/Main 1924
Heinz, Friedrich Wilhelm, *Sprengstoff*, Berlin 1930
Herbst, Ludolf: *Das nationalsozialistische Deutschland 1933–1945. Die Entfesselung der Gewalt. Rassismus und Krieg*, Frankfurt/Main 1996
Herwig, Holger: *The First World War. Germany and Austria-Hungary 1914–1918*. London 2014
–: »Tunes of Glory at the Twilight Stage. The Bad-Homburg Crown Council and the Evolution of German Statecraft 1917/1918«, GSR 6 (1983), S. 475–494
Hill, Leonidis E.: »Signal zur Konterrevolution? Der Plan zum Vorstoß der deutschen Hochseeflotte am 30. Oktober 1918«, VfZG 36 (1988), S. 113–130.
Hillmayr, Heinrich: *Roter und Weißer Terror in Bayern nach 1918*, München 1974
Hitler, Adolf: *Mein Kampf*, 2 Bde. in 1 Bd., 543. Aufl. München 1940
Hobsbawm, Eric: *Primitive Rebels. Studies in Archaic Forms of Social Movement in the 19th and 20th Centuries*, Manchester 1959
–: *The Age of Extremes. A History of the World 1914–1991*, New York 1994
Hofmiller, Josef: *Revolutionstagebuch 1918/19. Aus den Tagen der Münchner Revolution*, Leipzig 1939
Holquist, Peter: »Violent Russia, Deadly Marxism? Russia in the Epoch of Violence, 1905–21«, Kritika. Explorations in Russian and Eurasian History, 4/3 (2003), S. 627–52
–: *Making War, Forging Revolution. Russia's Continuum of Crisis*, 1914–1921, Cambridge/MA 2002
Hopkinson, Michael: *Green Against Green. The Irish Civil War*, Dublin 1988
Hopman, Albert: *Das ereignisreiche Leben eines »Wilhelminers«. Tagebücher, Briefe, Aufzeichnungen 1901 bis 1920*, Hrsg. Michael Epkenhans, München 2004
Horn, Daniel: *The German Naval Mutinies of World War I*, New Brunswick 1968
Horne, John: »Kulturelle Demobilmachung, Ein sinnvoller historischer Begriff?«, in: *Politischer Kulturgeschichte der Zwischenkriegszeit 1918–1939*, Hrsg. Wolfgang Hardtwig, Göttingen 2005, S. 129–50
Horne, John; Kramer, Alan: *German Atrocities 1914. A History of Denial*, New Haven 2001
Hull, Isabel V.: *The Entourage of Kaiser Wilhelm II 1888–1918*, Cambridge 1982
–: *Absolute Destruction: Military Culture and the Practices of War in Imperial Germany*, Ithaca 2005
Illustrierte Geschichte der Deutschen Revolution, Berlin 1929
Ilsemann, Sigurd von: *Der Kaiser in Holland. Bd. 1: Amerongen und Doorn 1918–1923*, 2. Aufl. München 1968

Jacob Mathilde: *Von Rosa Luxemburg und ihren Freunden in Krieg und Revolution 1914–1919*, Hrsg. Sibylle Quack/Rüdiger Zimmermann, IWK, Jg. 24/1988, Heft 4, S. 435–515
Jahr, Christoph: »Armageddon an der Isar. Medien, Macht und Massenmobilisierung während der Revolution in Bayern 1918/19«, in: *Kommunikation und Revolution*, Hrsg. Kurt Imhof, Peter Schulz, Zürich 1998, S. 171–184
Jones, Heather: *Violence against Prisoners of War in the First World War: Britain, France and Germany 1914–1920*, Cambridge 2011
Jones, Mark: »From Caporetto to Garibaldiland. Interventionist War Culture as a Culture of Defeat«, ERH, 16/6 (2008), S. 659–674
–: »From »Skagerrak« to the »Organization Consul.« War Culture and the Imperial German Navy 1914–1922«, in: *Other Combatants, Other Fronts. Competing Histories of the First World War*, Hrsg. Laura Rowe, Alisa Miller, James Kitchen, Newcastle 2011, S. 249–274
–: »Graf von Spee's Untergang and the Corporate Identity of the Imperial German Navy«, in: *Maritime History and Identity. the Sea and Culture in the Modern World*, Hrsg. Duncan Redford, London 2013, S. 183–202
–: »The Crowd in the German November Revolution«, in: *Germany 1916–1923: A Revolution in Context*, Hrsg. Klaus Weinhauer, Anthony McElligott, Kirsten Heinsohn, Bielefeld 2015, S. 37–57
Juergensmeyer, Mark: *Terror im Namen Gottes. Ein Blick hinter die Kulissen des gewalttätigen Fundamentalismus*, Freiburg im Breisgau 2004
Katkov, George: »The Assasination of Count Mirbach«, Soviet Affairs 3 (1962), S. 53–93
Keiner fühlt sich hier mehr als Mensch ...: Erlebnis und Wirkung des Ersten Weltkriegs, Hrsg. Gerhard Hirschfeld/Gerd Krumeich, in Verbindung mit Irina Renz, Essen 1993
Kershaw, Ian: »War and Political Violence in Twentieth-Century Europe«, CEH, 14/1 (2005), S. 107–23
–: *Hitler. 1889–1936. Hubris*, London 1998
–: *Das Ende. Kampf bis in den Untergang. NS-Deutschland 1944/45*, München 2011
Kessel, Eberhard: ›Ludendorffs Waffenstillstandsforderungen am 29. September 1918‹, MM 2 (1968), S. 65–86
Kessler, Harry Graf: *Das Tagebuch*, Hrsg. Roland S. Kamzelak/Ulrich Ott, Sechster Band: 1916–1918, Hrsg. Günther Riederer, Stuttgart 2006
–: *Das Tagebuch*, Hrsg. Roland S. Kamzelak/Ulrich Ott. Siebter Band: 1919–1923, Hrsg. Angela Reinthal, Stuttgart 2007
Killinger, Manfred von, *Heiteres aus dem Seemannsleben*, Dresden 1923
–: *Ernstes und Heiteres aus dem Putschleben*, Berlin 1928
–: *Die SA*, Leipzig 1932
–: *Kampf um Oberschlesien 1921*, Leipzig 1934
–: *Der Klabautermann*, München 1936
–: *Das waren Kerle!*, Berlin 1937
Kitchen, Martin: *The Silent Dictatorship. The Politics of the German High Command Under Hindenburg and Ludendorff 1916–1918*, London 1976
Klemperer, Victor: *Tagebücher 1918–1919*, Berlin 2000
Kluge, Ulrich: Soldatenräte und Revolution: Studien zur Militärpolitik in Deutschland 1918/19 (Göttingen, 1975)
–: Die deutsche Revolution. 1918/1919. Staat, Politik und Gesellschaft zwischen Weltkrieg und Kapp-Putsch, Frankfurt/Main 1996
Knox, MacGregor: *To the Threshold of Power, 1922/33. Origins and Dynamics of the Fascist and National Socialist Dictatorships*, Bd. 1, Cambridge 2007
Kocka, Jürgen: *Klassengesellschaft im Krieg. Deutsche Sozialgeschichte 1914–1918*, Göttingen 1973

Könczöl, Barbara: *Märtyrer des Sozialismus. Die SED und das Gedenken an Rosa Luxemburg und Karl Liebknecht*, Frankfurt/Main 2008
Kolb, Eberhard: *Die Arbeiterräte in der deutschen Innenpolitik 1918/19*, Düsseldorf 1962
Kolb, Eberhard; Dirk Schumann, *Die Weimarer Republik*, München 2013
Kommandant in Auschwitz. Autobiographische Aufzeichnungen des Rudolf Höß, Hrsg. Martin Broszat, 14. Aufl. München 1994
Konrad, Helmut: »Drafting the Peace«, in: The Cambridge History of the First World War, Bd. 2, S. 606–37
Koselleck, Reinhart: *The Practice of Conceptual History. Timing History, Spacing Concepts*, Stanford 2002
Kramer, Alan: »Combatants and Noncombatants. Atrocities, Massacres, and War Crimes«, in: (Hrsg.), *A Companion to World War I*, Hrsg. John Horne, Oxford 2010, S. 188–201
–: *Dynamic of Destruction*, Oxford, 2007
Krumpholz, Ralf: *Wahrnehmung und Politik. Die Bedeutung des Ordnungsdenkens für das politische Handeln am Beispiel der deutschen Revolution von 1918–1920*, Münster 1998
Lange, Dietmar: *Massenstreik und Schießbefehl. Generalstreik und Märzkämpfe in Berlin 1919*, Berlin 2012
Langenhove, Ferdinand van: *The Growth of a Legend. A Study Based Upon the German Accounts of Francs-Tireurs and »Atrocities« in Belgium*, London 1916
Laschitza, Annelies: *Die Liebknechts. Karl und Sophie, Politik und Familie*, Berlin 2009
Laschitza, Annalies; Keller, Elke: *Karl Liebknecht. Eine Biographie in Dokumenten*, Berlin 1982
Lawrence, Jon: »Public Space, Political Space«, in: *Capital Cities at War: Paris, London, Berlin 1914–1919*, Hrsg. Jay Winter, Jean-Louis Robert, Bd. 2: A Cultural History, Cambridge 2007, S. 280–312
Der Ledebour-Prozeß. Gesamtdarstellung des Prozesses gegen Ledebour wegen Aufruhr etc. vor dem Geschworenengericht Berlin-Mitte vom 19. Mai–23. Juni 1919, Hrsg. Georg Ledebour, Berlin 1919
Lefebvre, Georges: *The Great Fear of 1789: Rural Panic in Revolutionary France*, London 1973
–: *La Révolution française. La première terreur*, Paris 1952
Meyer-Leviné, Rosa: *Leviné. Leben und Tod eines Revolutionärs. Erinnerungen.* Mit einem dokumentarischen Anhang, Frankfurt/Main 1974
Lieb, Peter: »The German Occupation of the Ukraine 1918«, in: *World War I Companion*, Hrsg. Matthias Strohn, Oxford 2013, 210–225
Liebknecht, Karl: *Gesammelte Reden und Schriften, Bd. 9: 9 Mai 1916–15 Jan. 1919*, Berlin 1968
Leonhard, Jörn: *Die Büchse der Pandora. Geschichte des Ersten Weltkriegs*, München 2014
Lindenberger, Thomas: *Straßenpolitik. Zur Sozialgeschichte der öffentlichen Ordnung in Berlin 1900–1914*, Bonn 1995
–: »Die »verdiente Tracht Prügel«: Ein kurzes Kapitel über das Lynchen im wilhelminischen Berlin«, in: *Physische Gewalt. Studien zur Geschichte der Neuzeit*, Hrsg. Thomas Lindenberger, Alf Lüdkte, Frankfurt/Main 1995, S. 190–212
Liulevicius, Vejas G.: »German-Occupied Eastern Europe«, in: *A Companion to World War I*, Hrsg. John Horne, Oxford 2010, S. 479–93
–: *War Land on the Eastern Front. Culture, National Identity and German Occupation in World War I*, Cambridge 2000
Lösche, Peter: *Der Bolschewismus im Urteil der deutschen Sozialdemokratie 1903–1920*, Berlin 1967
Longerich, Peter: *Die brauen Bataillone. Geschichte der SA*, München 1989

Luban, Ottokar: »Demokratische Sozialistin oder »blutige Rosa«? Rosa Luxemburg und die KPD-Führung im Berliner Januaraufstand 1919«, IWK, 35/2 (1999), S. 176–207
Lucas, Colin: »The Crowd and Politics Between »Ancien Régime« and Revolution in France«, JMH 60/3 (1988), S. 421–57
–: ›Revolutionary Violence, the People and the Terror‹, in: *The French Revolution and the Creation of Modern Political Culture*, Hrsg. Keith Michael Baker, Bd. IV: The Terror (Oxford, 1994), 57–79
Lucas, Erhard, *Märzrevolution 1920*, 3 Bde. Frankfurt/Main 1973/78
Ludendorff, Erich: *Meine Kriegserinnerungen 1914–1918*, Berlin 1919
–: *Urkunden der Obersten Heeresleitung über ihre Tätigkeit 1916–1918*, Berlin 1920
Luther, Karl-Heinz: »Die nachrevolutionären Machtkämpfe in Berlin, November 1918 bis März 1919«, Jahrbuch für Geschichte Mittel- und Ostdeutschlands (1959), S. 187–222
Luxemburg, Rosa: *Gesammelte Werke*, Band 4. August 1914 bis Januar 1919, Berlin 1974
–: *Gesammelte Briefe*, 5 Bde., Berlin 1982–1987
–: *Gesammelte Briefe*, Bd. 6, Hrsg. Annelies Laschitza, Berlin 1993
Machtan, Lothar: *Prinz Max von Baden. Der letzte Kanzler des Kaisers*, Berlin 2013
MacMillan, Margaret: *Paris 1919. Six Months that Changed the World*, New York 2003
Maercker, Georg: *Vom Kaiserheer zur Reichswehr. Ein Beitrag zur Geschichte der deutschen Revolution*, Leipzig 1921
Mann, Thomas: *Tagebücher 1918–1921*, Frankfurt/Main 2003
Mason, Tim: »The Legacy of 1918 for National Socialism«, in: *German Democracy and the Triumph of Hitler*, Hrsg. Anthony Nicholls, Erich Matthias, Oxford 1971, S. 215–240
Materna, Ingo: *Der Vollzugsrat der Berliner Arbeiter- und Soldatenräte 1918/19*, Berlin 1978
Matthias, Erich: *Die deutsche Sozialdemokratie und der Osten*, Tübingen 1954
–: *Die Regierung der Volksbeauftragten 1918/1919*, 2 Bde., Düsseldorf 1969
Mayer, Arno: *The Furies: Violence and Terror in the French and Russian Revolutions*, Princeton 2000
Mayer, Gustav: *Als deutsche-jüdischer Historiker in Krieg und Revolution 1914–1920. Tagebücher, Aufzeichnungen, Briefe*, Hrsg. Gottfried Niedhart, München 2009
Mazower, Mark: *Hitler's Empire. Nazi Rule in Occupied Europe*, London 2008
–: *Rethinking the Weimar Republic. Authority and Authoritarianism 1916–1936*, London 2014
Mein lieber Schatz! Briefe von Admiral Reinhard Scheer an seine Ehefrau. August bis November 1918, Hrsg. Michael Epkenhans, Bochum 2006
Merkl, Peter: *Political Violence Under the Swastika*, Princeton 1975
–: *The Making of a Stormtrupper*, Princeton 1980
Merriman, John, Massacre: *The Life and Death of the Paris Commune of 1871*, New Haven 2014
Militär und Innenpolitik im Weltkrieg 1914–1918, 2 Bde., Hrsg. Wilhelm Deist, Düsseldorf 1970
Miller, Susanne: *Burgfrieden und Klassenkampf. Die deutsche Sozialdemokratie im Ersten Weltkrieg*, Düsseldorf 1974
–: *Die Bürde der Macht. Die deutsche Sozialdemokratie 1918–1920*, Düsseldorf 1978
Mitchell, Alan: *Revolution in Bavaria 1918–1919. The Eisner Regime and the Soviet Republic*, Princeton 1965
Mommsen, Hans, »Der Reichstagsbrand und seine politischen Folgen«, *VfZG* 12 (1964), Heft 4, S. 351–413
Mommsen, Wolfgang J.: »Die deutsche Revolution 1918–1920. Politische Revolution und soziale Protestbewegung«, GG 4 (1978), S. 362–391

Der Mord an Rosa Luxemburg und Karl Liebknecht. Dokumentation eines politischen Verbrechens, Hrsg. Elisabeth Hannover-Drück; Heinrich Hannover, Frankfurt/Main 1967
Morgan, David W.: *The Socialist Left and the German Revolution. A History of the German Independent Social Democratic Party 1917–1922*, London 1975
–: »Ernst Däumig and the German Revolution of 1918«, CEH 15/4 (1982), S. 303–331
Mosse, George L., *Fallen Soldiers. Reshaping the Memory of the World Wars*, Oxford 1990
Mühlhausen, Walter, *Friedrich Ebert 1871–1925. Reichspräsident der Weimarer Republik*, Bonn 2006
Müller, Paul; Breves, Wilhelm: *Bremen in der deutschen Revolution von November 1918 bis März 1919*, Bremen 1919
Müller, Richard, *Eine Geschichte der Novemberrevolution, Bd. 1: Vom Kaiserreich zur Republik – Bd. 2: Die Novemberrevolution – Bd. 3: Der Bürgerkrieg in Deutschland*, (EA 1924/25) Berlin 2012
Mulligan, William: *The Creation of the Modern German Army. General Walther Reinhardt and the Weimar Republic 1914–1930*, New York 2005
–: *The Great War for Peace*, New Haven 2014
Nebelin, Manfred: *Ludendorff. Diktator im Ersten Weltkrieg*, München 2010
Nettl, Peter: *Rosa Luxemburg*, Oxford 1969
Nationalsozialismus und Erster Weltkrieg, Hrsg. Gerd Krumeich, Essen 2010
Neue Politikgeschichte. Perspektiven einer historischen Politikforschung, Hrsg. Ute Frevert, Heinz-Gerhard Haupt, Frankfurt 2005
Niemann, Alfred: *Revolution von Oben. Umsturz von Unten*, Berlin 1928
Niess, Wolfgang: *Die Revolution von 1918/19 in der deutschen Geschichtsschreibung. Deutungen von der Weimarer Republik bis ins 21. Jahrhundert*, Berlin 2013
Noske, Gustav: *Wie ich wurde*, Berlin 1919
–: *Von Kiel bis Kapp. Zur Geschichte der deutschen Revolution*, Berlin 1920
–: »Die Abwehr des Bolschewismus«, in: *Zehn Jahre deutsche Geschichte*, Hrsg. Hermann Müller, Berlin 1928, S. 21–35
Noske, Gustav; Köster, Adolf, *Kriegsfahrten durch Belgien und Nordfrankreich 1914*, Berlin 1914
Oertzen, Friedrich Wilhelm von: *Kamerad, reich mir die Hände*, Berlin 1933
Oertzen, Peter von: *Betriebsräte in der Novemberrevolution*, Düsseldorf 1963
Pandey, Gyanendra: *Remembering Partition. Violence, Nationalism and History in India*, Cambridge 2001
Paulus, Gunther: »Die soziale Struktur der Freikorps in den ersten Monaten nach der Novemberrevolution«, ZfG 3/5 (1955), S. 685–704
Penser par cas, Hrsg. Jacques Revel, Jean-Claude Passeron, Paris 2005
Petzold, Joachim: »Die Entscheidung vom 29. September 1918«, ZfM 4 (1965), S. 517–34
Peukert, Detlev: *Die Weimarer Republik*, Frankfurt/Main 1987
Political Violence in Twentieth Century Europe, Hrsg. Donald Bloxham, Robert Gerwarth, Cambridge 2011
Pranckh, Hans von: *Der Prozeß gegen den Grafen Anton Arco-Valley, der den bayerischen Ministerpräsidenten Kurt Eisner erschossen hat*, München 1920
The Problem of Revolution in Germany 1789–1989, Hrsg. Reinhard Rürup, New York 2000
Prusin, Alexander V.: *The Lands Between. Conflict in the East European Borderlands 1870–1992*, Oxford 2010
Putkowski, Julian; Sykes, Julian: *Shot at Dawn*, Barnsley 1989
Pyta, Wolfram, *Hindenburg. Herrschaft zwischen Hohenzollern und Hitler*, München 2009
Rachamimov, Alon: *POWs and the Great War. Captivity on the Eastern Front*, Oxford 2002

Radkau, Joachim: *Das Zeitalter der Nervosität. Deutschland zwischen Bismarck und Hitler*, München 1998
Rathenau, Walther: *Politische Schriften*, Berlin 1928
Rausch, Bernhard: *Am Springquell der Revolution. Die Kieler Matrosenerhebung*, Kiel 1918
Regierte der Kaiser? Kriegstagebücher, Aufzeichnungen und Briefe des Chefs des Marine-Kabinetts Admiral Georg Alexander von Müller 1914–1918, Hrsg. Walter Görlitz, Göttingen 1959
Die Regierung der Volksbeauftragten 1918/19, eingeleitet von Erich Matthias, bearbeitet von Susanne Miller unter Mitwirkung von Heinrich Potthoff, 2 Bde., Düsseldorf 1969
Die Regierung des Prinzen Max von Baden, Hrsg. Erich Matthias, Rudolf Morsey, Düsseldorf 1962
Reichardt, Sven: *Faschistische Kampfbünde. Gewalt und Gemeinschaft im italienischen Squadrismus und in der deutschen SA*, Köln 2002
–: »Klaus Theweleits »Männerphantasien« – ein Erfolgsbuch der 1970er-Jahre«, Zeithistorische Forschungen/Studies in Contemporary History, 3/3 (2006), S. 401–421
Reinhard, Wilhelm: *Die Wehen der Republik*, Berlin 1933
Revel, Jacques: *Giochi di scala. La microstoria alla prova dell'esperienze*, Rom 2006
Revolution in History, Hrsg. Roy Porter, Mikulas Teich, Cambridge 1986
Revolution und Fotografie. Berlin 1918/19, Berlin 1990
Revolution und Räterepublik in München 1918/19 in Augenzeugenberichten, Hrsg. Gerhard Schmolze, Düsseldorf 1969
Reynolds, Michael A.: *Shattering Empires. the Clash and Collapse of the Ottoman and Russian Empires*, Cambridge 2011
Riall, Lucy: *Garibaldi. Invention of a Hero*, London 2007
Riezler, Kurt: *Tagebücher, Aufsätze, Dokumente*, Hrsg. Holger Afflerbach, Göttingen 2008
Roche, Daniel: »La violence vue d'en bas: Réflexions sur les moyens de la politique en période révolutionnaire«, Annales. Economies, Sociétés, Civilisations 44/1 (1989), S. 47–65
Röhl, John C.G.: *Wilhelm II. Der Weg in den Abgrund 1900–1941*, München 2008
Rosenberg, Arthur: *Die Entstehung der deutschen Republik 1871–1918*, Berlin 1928
Rosenhaft, Eve: *Beating the Fascists? German Communism and Political Violence*, Cambridge 1983
Ross, Corey: *Media and the Making of Modern Germany. Mass Communications, Society, and Politics from the Empire to the Third Reich*, Oxford 2008
Rudé, George: *The Crowd in the French Revolution*, Oxford 1959
Rüger, Jan: *The Great Naval Game: Britain and Germany in the Age of Empire*, Cambridge 2007
Rürup, Reinhard: »Problems of the German Revolution«, JCH 3/4 (1968), S. 109–135
–: »Demokratisches Revolution und »dritter Weg«. Die deutsche Revolution 1918/19 in der neueren wissenschaftlichen Diskussion«, GG 9 (1983), S. 278–301
Rürup, Reinhard; Brandt, Peter: *Volksbewegung und demokratische Neuordnung in Baden 1918/19*, Sigmaringen 1991
Sabrow, Martin: *Der Rathenaumord. Rekonstruktion einer Verschwörung gegen die Republik von Weimar*, München 1994
Salomon, Ernst von: *Die Geächteten*, Berlin 1930
Sanborn, Joshua A.: *Imperial Apocalypse. The Great War and the Destruction of the Russian Empire*, Oxford 2014
Sauer, Bernhard: »Vom ›Mythos des ewigen Soldatentums‹. Der Feldzug deutscher Freikorps im Baltikum im Jahre 1919«, ZfG 43 (1995), S. 869–902
Saul, Norman E.: *Sailors in Revolt*, Kansas 1978

Schama, Simon: *Citizens. A Chronicle of the French Revolution*, New York 1989
Schivelbusch, Wolfgang: *Die Kultur der Niederlage, Der amerikanische Süden 1865 – Frankreich 1871 – Deutschland 1918*, Berlin 2001
Schmidt, Ernst-Heinrich: *Heimatheer und Revolution 1918: die militärischen Gewalten im Heimatgebiet zwischen Oktoberreform und Novemberrevolution*, Stuttgart 1981
Schüddekopf, Otto-Ernst, *Karl Radek in Berlin. Ein Kapitel deutsch-russischer Beziehungen im Jahre 1919*, Hannover 1962
Schulze, Hagen: *Freikorps und Republik*, Boppard am Rhein 1969
Schumann, Dirk: *Politische Gewalt in der Weimarer Republik 1918–1933. Kampf um die Straße und Furcht vor dem Bürgerkrieg*, Essen 2001
–: »Europa, der Erste Weltkrieg und die Nachkriegszeit: eine Kontinuität der Gewalt?«, JMEH 1 (2003), S. 24–43
Seipp, Adam: *The Ordeal of Peace. Demobilization and Urban Experience in Britain and Germany 1917–1921*, Farnham 2009
Shatterzone of Empires. Coexistence and Violence in the German, Habsburg, Russian and Ottoman Borderlands, Hrsg. Omer Bartov, Eric D. Weitz, Bloomington 2012
Siltala, Juha: »Dissolution and Reintegration in Finland, 1914–1932. How Did a Disarmed Country Become Absorbed into Brutalization?«, Journal of Baltic Studies, 46/1 (2015), S. 11–33
Smith, Steve: Red Petrograd: *Revolution in the Factories 1917–1918*, Cambridge 1985
Society and Politics in Wilhelmine Germany, Hrsg. Richard Evans, London 1978
Sofsky, Wolfgang: *Traktat über die Gewalt*, Frankfurt/Main 1996
–: *Zeiten des Schreckens. Amok, Terror, Krieg*, Frankfurt/Main 2002
Sontheimer, Kurt, *Antidemokratisches Denken in der Weimarer Republik*, 4. Aufl. München 1994
Soziologie der Gewalt. Hrsg. Trutz von Trotha, Wiesbaden 1997 (= Kölner Zeitschrift für Soziologie und Sozialpsychologie, Sonderheft 37)
Sprenger, Matthias: *Landsknechte auf dem Weg ins Dritte Reich? Zu Genese und Wandel des Freikorpsmythos*, Paderborn 2008
Stadtler, Eduard: *Als Antibolschewist 1918/19*, Düsseldorf 1936
Stampfer, Friedrich: *Die ersten 14 Jahre der Deutschen Republik*, Offenbach 1947
–: *Erfahrungen und Erkenntnisse: Aufzeichnungen aus meinem Leben*, Köln 1957
State, Society and Mobilization in Europe During the First World War, Hrsg. John Horne, Cambridge 1997
[Stein, August:] *Irenaeus. Aufsätze August Steins*, Frankfurt/Main 1921
Steiner, Zara: *The Lights That Failed. European International History 1919–1933*, Oxford 2005
Stephenson, David: *With Our Backs to the Wall. Victory and Defeat in 1918*, London 2011
Stephenson, Scott: *The Final Battle. Soldiers of the Western Front and the German Revolution of 1918*, Cambridge 2009
The Street as Stage. Protest Marches and Public Rallies Since the Nineteenth Century, Hrsg. Matthias Reiss, Oxford 2007
Sutherland, D.M.G.: *Murder in Aubagne. Lynching, Law and Justice During the French Revolution*, Cambridge 2009
Swett, Pamela: *Neighbours and Enemies. The Culture of Radicalism in Berlin 1929–1933*, Cambridge 2004
Tampere 1918. A Town in the Civil War, Hrsg. Tuomas Hoppu, Pertti Haapala, Tampere 2010
Tatar, Maria: *Lustmord. Sexual Murder in Weimar Germany*, Princeton 1995
Techow, Ernst-Werner: *»Gemeiner Mörder –?!«. Das Rathenau-Attentat*, Leipzig 1934
Thaer, Albrecht von : *Generalstabsdienst an der Front und in der O.H.L.: aus Briefen und Tagebuchaufzeichnungen 1915–1919*, Hrsg. Siegfried A. Kaehler, Göttingen 1958

Theweleit, Klaus: *Männerphantasien*, 2 Bde., Reinbek 1980
Thompson, Edward P.: *The Making of the English Working Class*, London 1963
Toller, Ernst: *Eine Jugend in Deutschland. Autobiographie*, Amsterdam 1933
Tombs, Robert: *The Paris Commune*, London 1999
–: *The War Against Paris*, Cambridge 1981
[Troeltsch, Ernst]: *Spektator-Briefe, Aufsätze über die deutsche Revolution und die Weltpolitik 1918/1922*, Geleitwort von Friedrich Meinecke, Hrsg. Hans Baron, Tübingen 1924
Trotnow, Helmut: *Karl Liebknecht. Eine politische Biographie*, Frankfurt/Main 1980
Ullrich, Volker: *Die Hamburger Arbeiterbewegung vom Vorabend des Ersten Weltkrieges bis zur Revolution 1918–19*, 2 Bde., Hamburg 1976
–: *Die nervöse Großmacht 1871–1918. Aufstieg und Untergang des deutschen Kaiserreichs*, Frankfurt/Main 2007
–: *Die Revolution von 1918/19*, München 2009
Üngör, Uğur Ümit: *The Making of Modern Turkey. Nation and State in Eastern Anatolia 1913–1915*, Oxford 2011
Upton, Anthony: *The Finnish Revolution 1917/18*, Minneapolis 1980
–: *Die Ursachen des Deutschen Zusammenbruches im Jahre 1918. Zweite Abteilung: Der Innere Zusammenbruch*, 12 Bde., Berlin 1928
–: *Die vergessene Revolution von 1918/19*, Hrsg. Alexander Gallus, Göttingen 2010
Verhey, Jeffrey: *Der »Geist von 1914« und die Erfindung der Volksgemeinschaft*, Hamburg 2000
Volkmann, Erich Otto: *Revolution über Deutschland*, Oldenburg 1930
Von Brest-Litovsk zur deutschen Novemberrevolution. Aus den Tagebüchern, Briefen und Aufzeichnungen von Alfons Paquet, Wilhelm Groener und Albert Hopman, März bis November 1918, Hrsg. Winfried Baumgart, Göttingen 1971
Vorgeschichte des Waffenstillstandes. Amtliche Urkunden, herausgegeben im Auftrage des Reichsministeriums von der Reichskanzlei, Berlin 1919
Die Wahrheit über die Berliner Straßenkämpfe, Berlin, 1919
Waite, Robert G.L.: *Vanguard of Nazism. The Free Corps Movement in Post-war Germany 1918–1923*, Cambridge/MA 1952
War in Peace. Paramilitary Violence in Europe after the Great War, Hrsg. Robert Gerwarth, Oxford 2013
Watson, Alexander: *Enduring the Great War. Combat, Morale and Collapse in the German and British Armies 1914–1918*, Cambridge 2008
–: *Ring of Steel. Germany and Austria-Hungary in World War I. The People's War*, London 2014
Watt, Richard: *The Kings Depart*, New York 1968
Weber, Max: *Politik als Beruf*, (EA 1919) Stuttgart 1992
Weber, Thomas: *Hitler's First War. Adolf Hitler, the Men of the List Regiment, and the First World War*, Oxford 2010
Wehler, Hans-Ulrich: *Deutsche Gesellschaftsgeschichte, Bd. 4: Vom Beginn des Ersten Weltkrieges bis zur Gründung der beiden deutschen Staaten 1914–1949*, 2. Aufl. München 2003
Weimar Germany, Hrsg. Anthony McElligott, Oxford 2009
Weimar Publics/Weimar Subjects: Rethinking the Political Culture of Germany in the 1920s, Hrsg. Kathleen Canning , Kerstin Brandt, Kristen McGuire, New York 2010
Weinhauer, Klaus: »Protest, kollektive Gewalt und Polizei in Hamburg zwischen Versammlungsdemokratie und staatlicher Sicherheit 1890–1933«, in: *Gewalt in europäischen Großstädten im ersten Drittel des 20. Jahrhunderts*, Hrsg. Friedrich Lenger, München 2013, S. 69–103
Weisbrod, Bernd: »Gewalt in der Politik. Zur politischen Kultur in Deutschland zwischen den beiden Weltkriegen«, GWU 43 (1992), S. 391–404

–: »Terrorism as Performance. The Assassinations of Walther Rathenau and Hanns-Martin Schleyer', in: *Control of Violence. Historical Perspectives on Violence in Modern Societies*, Hrsg. Willhelm Heitmeyer u. a., New York 2010, S. 365–394
–: »Religious Languages of Violence: Some Reflections on the Reading of Extremes«, in: No Man's Land of Violence: Extreme Wars in the 20th Century, Hrsg. Alf Lüdtke, Bernd Weisbrod, Göttingen 2006, S. 251–276
Weitz, Eric D.: *Weimar Germany. Promise and Tragedy*, Princeton 2013
Die Weizsäcker-Papiere 1900–1932, Hrsg. Leonidas E. Hill, Berlin – Frankfurt/Main – Wien 1982
Wette, Wolfram: *Gustav Noske. Eine politische Biographie*, Düsseldorf 1988
–: »Die militärische Demobilmachung in Deutschland 1918/19 unter besonderer Berücksichtigung der revolutionären Ostseestadt Kiel«, GG 12 (1986), S. 36–80
Winkler, Heinrich August: *Die Sozialdemokratie und die Revolution von 1918/19 ein Rückblick nach sechzig Jahren*, Berlin 1980
–: *Von der Revolution zur Stabilisierung. Arbeiter und Arbeiterbewegung in der Weimarer Republik 1918 bis 1924*, Bonn 1984
–: *Weimar 1918–1933. Die Geschichte der Ersten Deutschen Demokratie*, München 1998
Winter, Jay: *Sites of Memory, Sites of Mourning. The Great War in European Cultural History*, Cambridge 1995
–: *Capital Cities at War. Paris, London, Berlin 1914–1919*, 2 Bde., Hrsg. Jay Winter, Jean-Louis Robert, Cambridge 1999–2007
–: *The Cambridge History of the First World War*, 3 Bde., Cambridge 2014
Wirsching, Andreas: *Vom Weltkrieg zum Bürgerkrieg? Politischer Extremismus in Deutschland und Frankreich 1918–1933/39. Berlin und Paris im Vergleich*, München 1998
Wohlgemuth, Heinz: *Karl Liebknecht. Eine Biographie*, Berlin 1975
Wolff, Theodor, Tagebücher 1914–1919. Der erste Weltkrieg und die Entstehung der Weimarer Republik in Tagebüchern, Leitartikeln und Briefen des Chefredakteurs am »Berliner Tageblatt« und Mitbegründer der Deutschen Demokratischen Partei, Hrsg. Bernd Sösemann, 2 Bde., Boppard am Rhein 1984
Wolz, Nicolas: *Das lange Warten. Kriegserfahrungen deutscher und britischer Seeoffizier 1914 bis 1918*, Paderborn 2008
Wrobel, Kurt: *Die Volksmarinedivision*, Berlin 1957
–: *Der Sieg der Arbeiter und Matrosen im Dezember 1918. Berliner Arbeiterveteranen berichten über ihren Kampf in der Novemberrevolution*, Berlin 1958
Wróbel, Piotr: »The Seeds of Violence. The Brutalization of an East European Region, 1917–1921«, JMEH 1 (2003), S. 125–49
Yekelchyk, Serhy: »Freischärler als Baumeister der Nation? Rebellion und Ideologie im Ukrainischen Bürgerkrieg«, in: Krieg im Frieden. Paramilitärische Gewalt in Europa nach dem Ersten Weltkrieg, Hrsg. Robert Gerwarth, John Horne, Göttingen 2013, S. 177–200
Zeisler, Kurt: »Die Revolutionäre Matrosenbewegung in Deutschland im Oktober/November 1918«, in: *Revolutionäre Ereignisse und Probleme in Deutschland während der Periode der Großen Sozialistischen Oktoberrevolution 1917/1918*, Berlin 1957, S. 185–224
Ziemann, Benjamin: *Front und Heimat. ländliche Kriegserfahrungen im südlichen Bayern 1914–1923*, Essen 1997
–: »Weimar was Weimar: Politics, Culture and the Emplotment of the German Republic«, German History, 28/4 (2010), S. 542–571
–: *Contested Commemorations. Republican War Veterans and Weimar Political Culture*, Cambridge 2013
Zwischen Revolution und Kapp-Putsch. Militär und Innenpolitik 1918–1920, Hrsg. Heinz Hürten, Düsseldorf 1977

Personenregister